FRANKFURTER BEITRÄGE
ZUR GERMANISTIK
Band 37

Herausgegeben von
Volker Bohn
Klaus von See

»Spielende Vertiefung ins Menschliche«

Festschrift für
INGRID MITTENZWEI

Herausgegeben von
MONIKA HAHN

Universitätsverlag
C. WINTER
Heidelberg

Die Deutsche Bibliothek – CIP-Einheitsaufnahme
Ein Titeldatensatz für diese Publikation
ist bei der Deutschen Bibliothek erhältlich.

TITELBILD
Theodor Fontane: Entwurf zu den letzten Kapiteln von *Effi Briest.*
Für die freundliche Genehmigung des Abdrucks
danken wir dem Deutschen Literaturarchiv in Marbach/Neckar

IISBN 3-8253-1146-5

Imprimé en Allemagne · Printed in Germany
Druck: Betz-Druck, Darmstadt

Gedruckt auf umweltfreundlichem, chlorfrei gebleichtem
und alterungsbeständigem Papier

INHALT

Vorbemerkungen 9

ULRIKE KIENZLE (Frankfurt/M.)
»Die Töne verhallen, aber die Harmonie bleibt«. Orpheus-Gestalten in Goethes Dichtungen 11

RENATE MOERING (Frankfurt/M.)
»Ja winkt nur, ihr lauschenden Bäume ...«. Das Wandern eines Gedichts Achim von Arnims durch seine Werkentwürfe 21

MONIKA HAHN (Frankfurt/M.)
Doppelte und dreifache Mißverständnisse. Subjektive Befangenheit und »trügerische Zeichen« in Eduard Mörikes »Maler Nolten« 33

MICHAEL SCHEFFEL (Göttingen)
Beschränktes Biedermeier? Franz Grillparzers »Der Traum ein Leben« oder: Die Geburt der Moral aus dem Geist der Psychologie 65

KLAUS JEZIORKOWSKI (Frankfurt/M.)
Die verschwiegene Mitte. Zu Adalbert Stifters »Turmalin« 79

DIETRICH NAUMANN (Frankfurt/M.)
Zeitungsroman und Zeitroman. Zu Gutzkows »Die Ritter vom Geiste« 91

DIETER KIMPEL (Frankfurt/M.)
»Meine Gedanken verklagten und entschuldigten sich unter einander«. Zur Bedeutung des Gewissens in C. F. Meyers Novelle »Das Amulett« 109

HELMUTH NÜRNBERGER (Freienwill)
Theodor Fontane und Theodor Mommsen. Mit ungedruckten Briefen 125

ROLAND BERBIG (Berlin)
Theodor Fontanes Akte der Deutschen Schiller-Stiftung. Mit einem unveröffentlichten Gutachten Fontanes für Karl Weise 149

BETTINA PLETT (Köln)
Aufbruch ins Eisenbahnzeitalter. Fontanes frühe Erzählung »Zwei Post-Stationen« 167

HUGO AUST (Köln)
Fontanes »Fein Gespinnst« in der Gartenlaube des Realismus: »Unterm Birnbaum« 179

EDA SAGARRA (Dublin)
Berliner Göre und brave Mädchen in der deutschsprachigen Erzählliteratur des Realismus: Zum Beispiel Olga Pittelkow 193

CHARLOTTE JOLLES (London)
Unwiederbringlich – der Irrweg des Grafen Holk 203

CHRISTINE HEHLE (Potsdam)
Venus und Elisabeth. Beobachtungen zu einigen Bildfeldern in Theodor Fontanes Roman »Unwiederbringlich« 219

WALTER MÜLLER-SEIDEL (München)
Alterskunst. Fontanes autobiographischer Roman »Meine Kinderjahre« an der Epochenschwelle zur Moderne 235

HANNA DELF VON WOLZOGEN (Potsdam)
»Dazwischen immer das Philosophenhaus«. Abschweifende Überlegungen zu Schopenhauer und den Melusinen 263

HENRY H. H. REMAK (Bloomington/Indiana)
Ehe und Kinder im Leben Theodor Fontanes und Thomas Manns. Vorstufe zur Werkanalyse 269

LEONHARD M. FIEDLER (Frankfurt/M.)
Fülle des Herzens, Poetisierung der Sprache. Zu einem Blatt aus dem Nachlaß Hugo von Hofmannsthals (Ein Brief) 283

GABRIELE ROHOWSKI (Frankfurt/M.)
»Der verlorene Sohn« – Narration und Motivation in Prosatexten von André Gide, Rainer Maria Rilke, Franz Kafka und Robert Walser 289

RALPH-RAINER WUTHENOW (Frankfurt/M.)
Die Bücher als Fluchtburg: Elias Canettis Roman »Die Blendung« 303

REINHOLD GRIMM (Riverside/California)
Intertextuelles und kein Ende. Ein paar weitere Belege aus Günter Kunerts Lyrikschaffen 315

ERNST ERICH METZNER (Frankfurt/M.)
»Und die Dichter lügen zu viel«: Ricarda Huchs aufgeklärt-neuromantische Mittelalterbild-Berichtigung in der Erzählung »Der arme Heinrich« von 1898/99 331

DIETER SEITZ (Frankfurt/M.)
Das verweigerte Gespräch. Dimensionen der Personengestaltung im »Herzog Ernst« 345

WALTER RAITZ (Frankfurt/M.)
Literarische Unterweisung. Über Erzählerintervention und Rezeptionssteuerung in Hartmanns von Aue »Erec« 359

Siglen der Fontane-Ausgaben 371

Tabula gratulatoria 373

VORBEMERKUNGEN

»Es gibt eine zarte Empirie, die sich mit dem Gegenstand innigst identisch macht und dadurch zur eigentlichen Theorie wird.«
(Johann Wolfgang von Goethe)

Sie, sehr verehrte Frau Mittenzwei, sind im Dezember 2000 sechzig Jahre geworden, und wir haben dieses besondere Datum zum Anlaß genommen für ein Zeichen der Anerkennung und der Achtung für Ihre langjährige literaturwissenschaftliche Tätigkeit ebenso wie für den Menschen, der dahintersteht, und da Sie – bescheiden wie Sie sind – große Feiern nicht lieben, haben Kollegen, Schüler und Lehrer mit dieser Festschrift einen leisen und zugleich doch beredten Weg gewählt, Ihnen zu gratulieren.

Da sich Ihre Lehrveranstaltungen durch ein breites Themenspektrum auszeichnen – Goethe und Schiller, die Romantiker, E.T.A. Hoffmann, Eduard Mörike, Adalbert Stifter, Hugo von Hofmannsthal, Rainer Maria Rilke und Thomas Mann gehören zu Ihren Spezialgebieten –, sollte auch hier keine zu enge thematische Begrenzung vorgenommen werden. Einen Schwerpunkt Ihrer Forschungen und zugleich den thematischen Schwerpunkt dieses Bandes bilden Studien zur Literatur des 19. Jahrhunderts (auch wenn Keller und Raabe hier fehlen und Storm nur am Rande hineinkommt), vor allem aber zu Theodor Fontane.

Mit Arbeiten zu Theodor Fontane, insbesondere Ihrer Dissertation *Sprache als Thema. Untersuchungen zu Fontanes Gesellschaftsromanen* bei Heinz Otto Burger haben Sie begonnen, und Fontane sind Sie stets treu geblieben. Ein 1993 im *Jahrbuch der Deutschen Schillergesellschaft* erschienener Aufsatz über die Altersbriefe Fontanes trägt den Titel *Spielraum für Nuancierungen* – und das führt uns zur Charakterisierung Ihres eigenen Stils, in dem sich verbindet, was man nicht häufig vereint findet: Bei allem Bemühen um Verständlichkeit, um gedankliche und sprachliche Klarheit verzichten Sie nie zugunsten eindeutiger Aussagen auf die Vielfalt der Perspektiven. Auch hier halten Sie es mit Fontane: Einseitige Wahrheiten gibt es nicht. An deren Stelle treten Differenzierung und Nuancierung; Grundlage Ihrer Interpretation bildet stets die sorgfältige Lektüre des Primärtextes.

Nichts scheint uns Ihre Zielsetzung literaturwissenschaftlichen Arbeitens treffender zu charakterisieren als jene »kostbare Maxime« Goethes von der »zarten Empirie« – darin waren wir uns alle einig –, einig aber waren wir uns auch darin, daß dieses Zitat als Titel der Festschrift nicht in Frage kam, da es – Sie wissen es am besten – als Buchtitel bereits existiert: es ist Titel einer Aufsatzsammlung des von Ihnen so geschätzten Herman Meyer.

Um den Zusammenhang von menschlicher Erfahrung und künstlerischer Gestaltung geht es auch in dem nun gewählten Titelzitat. In seinem Essay *Die geistige Situation des Schriftstellers in unserer Zeit* spricht Thomas Mann von »jene[r] spielende[n] Vertiefung ins Menschliche, die man Kunst nennt«. Dabei ist es der – wechselseitige – Zusammenhang von Kunst und Wirklichkeit, von Literatur und Humanität, auf den es ankommt.

Eines noch darf hier nicht unerwähnt bleiben: Ihr Engagement in der Lehre – stets haben Sie hier den Schwerpunkt gesetzt und der verantwortungsvollen Aufgabe der Weitergabe des als wichtig Erkannten besondere Aufmerksamkeit geschenkt.

Mein herzlicher Dank gilt allen Beiträgern, denn nur ihre Mitarbeit hat dieses Buch möglich gemacht. Darüber hinaus danke ich besonders Frau Sibylle Leon, M. A. (Wien) für die Unterstützung beim Korrekturlesen, Frau Dr. Christine Hehle (Theodor-Fontane-Archiv, Potsdam) für stets hilfsbereite Auskunft in redaktionellen Detailfragen sowie Herrn Prof. Klaus von See für manch wichtigen Rat.
Dem Universitätsverlag C. WINTER danke ich für die Aufnahme in die Reihe *Frankfurter Beiträge zur Germanistik*, eben jener Reihe, in der einst Ihre eigene Dissertation erschienen ist. So schließt sich gewissermaßen ein Kreis, doch soll dies in keiner Weise Abschluß bedeuten, vielmehr verbinden wir mit dieser Festschrift die besten Wünsche für Ihr weiteres Wirken.

Monika Hahn

Ulrike Kienzle

»Die Töne verhallen, aber die Harmonie bleibt«

Orpheus-Gestalten in Goethes Dichtungen

Um die sagenhafte Gestalt des thrakischen Kitharöden Orpheus ranken sich antike Überlieferungen, die in einem Punkt übereinstimmen: Die Taten und Leiden des begnadeten Sängers illustrieren eine sonst unbekannte Wirkungskraft der Musik, die imstande ist, scheinbar unumstößliche Naturgesetze zu brechen. Sie vermag die Unabwendbarkeit des Todes außer Kraft zu setzen, wilde Tiere zu zähmen, Bäume und Felsen zu bewegen. Orpheus hat nicht nur Pluto und Persephone, die Herrscher der Unterwelt, zu Tränen gerührt, den wilden Cerberus besänftigt und das Rad des Ixion still stehen lassen. Er hat als Teilnehmer der Argonautenfahrt durch die Zaubermacht seines Spiels in gefährlichen Situationen mehrfach das drohende Scheitern der Expedition abgewehrt, indem er den niemals schlafenden Drachen eingeschläfert und die Sirenen zum Schweigen gebracht hat. Orpheus, Sohn der Muse Kalliope und eines sterblichen Königs, steht zwischen Apollon, dessen Instrument (die Lyra oder Kithara) er spielt, und Dionysos, dessen Tod dem seinen ähnlich ist – wie Dionysos wird er bei lebendigem Leib zerrissen. Dies gelingt allerdings nur, weil die lärmende Musik der Mänaden mit Flöten, Trommeln und wildem Geschrei Orpheus' Gesang und Saitenspiel übertönt und seine Zauberkraft wirkungslos macht.

Die mythischen Berichte von der wunderbaren Musik des Orpheus enthalten einen philosophischen Kern: die Überzeugung, daß die tönende Musik des Menschen eine universale Ordnung repräsentiert, welche dem Kosmos als ganzem zugrunde liegt. Nach der Vorstellung der Pythagoreer beruht das Tonsystem der Musik, insbesondere das Verhältnis der reinen Intervalle Oktave, Quinte und Quarte, das durch Teilung der Saiten in einfachen Proportionen mathematisch erkannt werden kann, auf denselben Zahlenverhältnissen, die auch den Aufbau des Weltgefüges konstituieren und den Umlauf der Sterne bestimmen.[1] Die tönende Harmonie der Sphären ist für den Menschen zwar unhörbar, in jeder schönen Musik erklingt aber ein Abglanz von ihr. Auch die mikrokosmische Welt – Menschen, Tiere und Pflanzen – spiegelt diese universale Ordnung; in jedem Körper, in jeder Seele manifestieren sich dieselben musikalischen Proportionen. Daher schrieb man der Musik in der Antike heilende Kraft zu, weil sie die aus dem Gleichgewicht geratenen Seelenkräfte wie auch die geschwächte körperliche Konstitution mit der kosmischen Ordnung in Übereinstimmung bringen kann.

---

1 Vgl. Hans Schavernoch: Die Harmonie der Sphären. Die Geschichte der Idee des Welteneinklangs und der Seeleneinstimmung. Freiburg, München 1981.

Orpheus ist nach alter Überlieferung der Entdecker dieser Musik der Sphären. Seine siebensaitige Lyra repräsentiert die Harmonie der sieben Planeten; daher stimmt seine Musik die Seelen der Tiere und Menschen auf den Einklang mit dem Universum. Orpheus ist – nach dem Zeugnis der antiken und der neuplatonischen Philosophen – nicht nur ein göttlich inspirierter Sänger, sondern auch ein Religionsstifter und Mystiker, vertraut mit dem geheimen Wissen der orientalischen Welt und insbesondere mit den ägyptischen Mysterien. Die religiöse Bewegung der Orphiker, die sich mit seinem Namen verbindet, gewann seit dem 6. Jahrhundert v. Chr. Einfluß auf Griechenland. Sie entwickelte eine komplexe Kosmogonie, in deren Mittelpunkt eine ihrem Wesen nach monotheistische Gottesvorstellung steht: Nach dem Zeugnis der Neuplatoniker und der Kirchenväter, die aus den (mittlerweile verlorenen) orphischen Hymnen zitieren, stellten die Orphiker dem Polytheismus der griechischen Welt die Religion des All-Einen Gottes entgegen. Sie glaubten an einen Sturz der göttlichen Seele durch die Sternenwelt des Tierkreises hinab zur Erde, an ihre Inkarnation als Pflanze, Tier und Mensch und an die Katharsis der Seele in wechselnden Verkörperungen bis zu ihrem Wiederaufstieg in die Sternenwelt.[2] Durch die erneute Hinwendung zur Spätantike und insbesondere zur Philosophie der Neuplatoniker erhielt der Mythos von Orpheus und der Zauberkraft seiner Musik seit der Renaissance neue Aktualität; in der Geschichte der um 1600 entstandenen Oper nimmt der Orpheus-Stoff eine prominente Stellung ein.

Als Kenner der Antike war Johann Wolfgang Goethe mit dem Orpheus-Mythos und seinen Rezeptionsformen vertraut. Bereits in seiner Frankfurter Zeit lernte er 1764 Grundzüge der orphischen Kosmogonie durch das Studium des *Kleinen Brucker*, eines verbreiteten Lehrwerks zur Geschichte der Philosophie in lateinischer Sprache, kennen.[3] Später wurde er durch Herder und dessen *Älteste Urkunde des Menschengeschlechts* zu einer neuen Sicht auf das orphische Altertum angeregt. 1817 befaßte er sich intensiv mit Fragen der frühesten griechischen Religion und Mythologie; daraus resultieren die in Stanzen abgefaßten *Urworte. Orphisch.* Sie lehnen sich an zentrale Begriffe der orphischen Kosmogonie, nicht aber an die Mythen von Orpheus als Sänger und Musiker an.[4] Dies sind nur einige Stationen von Goethes lebenslanger Auseinandersetzung mit Orpheus und den Orphikern. Zwar hat er dem mythischen Sänger kein eigenes Gedicht gewidmet, keine Schrift über ihn verfaßt und ihn in seinen Briefen und Gesprächen nur ab und zu erwähnt. Gleichwohl haben die Mythen von Orpheus ihre Spuren in seinem dichterischen

---

2 Vgl. dazu Robert Eisler: Orphisch-dionysische Mysteriengedanken in der christlichen Antike. Leipzig, Berlin 1925 (Vorträge der Bibliothek Warburg. 2: 1922 / 23,2).

3 Johann Wolfgang von Goethe: Dichtung und Wahrheit. 6. Buch. In: J. W. G.: Werke. Hamburger Ausgabe in 14 Bänden. Hrsg. v. Erich Trunz u.a. München 1999 (im folgenden zitiert als HA mit römischer Band- und arabischer Seitenzahl), hier: Bd. 9, S. 221 (= HA IX/221).

4 Goethe las zu dieser Zeit die *Briefe über Homer und Hesiodus, vorzüglich über die Theogonie von Gottfried Hermann und Friedrich Creuzer* (Heidelberg 1818) sowie *Georg Zoegas Abhandlungen.* Hrsg. u. mit Zusätzen begleitet v. Friedrich Gottlieb Welcher. Göttingen 1817. Vgl. Theo Buck: Goethes ›Urworte. Orphisch‹. Frankfurt/M. u.a. 1996 mit einer Dokumentation der wichtigsten Tagebucheintragungen, Briefe und sonstigen Zeugnisse.

Werk hinterlassen.[5] Wenn von Musik und ihrer Wirkung die Rede ist, schimmert das Vorbild des thrakischen Sängers und die mit seinem Namen verbundene orphische Weltanschauung oftmals direkt oder indirekt durch.

Ein wichtiges Zeugnis für Goethes Auseinandersetzung mit Orpheus findet sich in einer 1827 entstandenen Passage aus den *Maximen und Reflexionen*:

> Ein edler Philosoph sprach von der Baukunst als einer *erstarrten Musik* und mußte dagegen manches Kopfschütteln gewahr werden. Wir glauben diesen schönen Gedanken nicht besser nochmals einzuführen, als wenn wir die Architektur eine *verstummte Tonkunst* nennen. (HA XII/474f.)

Der »edle Philosoph« ist Schelling, mit dem Goethe zeitweise einen intensiven Austausch gepflegt hat. Auch Schelling ist von dem Gedanken der antiken Sphärenharmonie beeinflußt.[6] Die Proportionen der Architektur beruhen demnach auf denselben Zahlenverhältnissen wie die Musik und wie der gesamte Kosmos (die von Hans Kayser im 20. Jahrhundert restituierte harmonikale Forschung ist derselben Meinung[7]); die Baukunst transformiert gleichsam die Musik, die sich in der Zeit realisiert, auf den Raum. Goethe greift diese Vorstellung auf und schmückt sie zu einer kleinen Geschichte aus, die den Mittelpunkt mehrerer auf Musik bezogener Reflexionen bildet: Ohne selbst Hand anzulegen, allein durch den

---

5 Dafür einige Beispiele, auf die im folgenden nicht weiter eingegangen werden kann: In der *Achilleis* wird kurz auf die Hadesfahrt des Orpheus angespielt (Vers 246, HA II/523). Der »Fideler« des *Walpurgisnachttraum* in *Faust* I zieht den Orpheus-Mythos ins Lächerliche, wenn er über das streitende »Lumpenpack« spottet, das er durch seinen »Dudelsack« zu bezwingen vermag »wie Orpheus' Leier die Bestjen« (Vers 4342, HA III/135). In der *Klassischen Walpurgisnacht* des zweiten Teils charakterisiert Chiron den Teilnehmer der Argonautenfahrt als »zart und immer still bedächtig« (Vers 7375, HA III/225). Die Beschwörung Helenas im Hades sollte ursprünglich breiten Raum einnehmen; in Paralipomenon 123 C wird Faust folgerichtig als »zweyter Orpheus« bezeichnet. In *Wilhelm Meisters Wanderjahren* wird mehrfach die heilende und versöhnende Kraft der Musik thematisiert. Insbesondere erscheint der des Lautenspiels kundige Maler als »neuer Orpheus«, weil er mit seiner Musik Mensch und Natur zu beleben und die wachsende Entfernung seines davonsegelnden Schiffes zu den Zurückbleibenden durch Saitenspiel und Gesang zu überbrücken versteht (HA VIII/229ff.).

6 Friedrich Wilhelm Joseph Schelling: Philosophie der Kunst (1802/03). In: F. W. J. Sch.: Ausgewählte Werke. Unveränderter reprografischer Nachdruck der aus dem hs. Nachlaß hrsg. Ausgabe von 1859. Darmstadt 1980, [Bd. 9], S. 220 u. S. 237. Zum folgenden siehe auch Herbert von Einem: »Man denke sich den Orpheus«. Goethes Reflexion über die Architektur als verstummte Tonkunst. In: Jahrbuch des Wiener Goethe-Vereins 81–83 (1977–79), S. 103–116.

7 Kayser versuchte, auf der Grundlage der Pythagoreer und im Anschluß an Forschungen aus dem 19. Jahrhundert harmonische Proportionen in allen Lebensgesetzen und Elementen aufzuzeigen, sei es die Bildung der Kristalle oder das Wachstum von Pflanzen und tierischen Organismen. Vgl. dazu Hans Kayser: Akroasis. Die Lehre von der Harmonik der Welt. Basel [5]1989, sowie ders.: Orphikon. Eine harmonikale Symbolik. Basel 1973. Vgl. hierzu auch: Rudolf Haase: Hans Kayser. Basel 1968. Die Ergebnisse der harmonikalen Forschung sind umstritten.

harmonischen Klang seines Saitenspiels versteht Orpheus mit »kräftig gebietenden, freundlich lockenden Tönen« die »aus ihrer massenhaften Ganzheit gerissenen Felssteine« eines »wüste[n] Bauplatz[es]« in »rhythmischen Schichten« zu ordnen und »durch die belebenden Töne seiner Leier den geräumigen Marktplatz« zu bilden. Dabei hat Goethe insbesondere die Wirkung dieser naturmagischen Überwindung von Schwerkraft und Starre auf die Menschen im Blick, die später in dieser Stadt wohnen dürfen:

> Die Töne verhallen, aber die Harmonie bleibt. Die Bürger einer solchen Stadt wandlen und weben zwischen ewigen Melodien; der Geist kann nicht sinken, die Tätigkeit nicht einschlafen [...] und die Bürger am gemeinsten Tage fühlen sich in einem ideellen Zustand: ohne Reflexion, ohne nach dem Ursprung zu fragen, werden sie des höchsten sittlichen und religiosen Genusses teilhaftig. (HA XII/474)

Der Musik spricht Goethe hier – wenn auch nur in einem reizvollen Gedankenexperiment – eine Wirkung zu, die weit über ästhetisches Wohlgefallen hinausgeht: Sie ist Grundlage eines idealen Gemeinwesens, indem sie das Handeln der Bürger positiv beeinflußt. Ganz in diesem Sinne gilt schon bei Diogenes Laertius und bei Plutarch die Verwaltungskunst als vollendete Musik.[8] Goethes Vergleich dieser idealen musikalischen Stadt mit Sankt Peter in Rom zeigt, daß er nicht nur eine unverbindliche Metapher oder eine hübsche Anekdote im Sinn hat. Letztlich zielt seine Definition der Architektur als »verstummte Musik« auf eine poetische Widerlegung Immanuel Kants, der in seiner *Kritik der Urteilskraft* der Musik die Würde, eine »schöne Kunst« zu sein, nur mit Vorbehalt einräumt, da sie stoff- und damit gestaltlos, flüchtig und transitorisch sei.[9] Die Architektur einer schönen Stadt ist, da sie auf denselben Proportionen beruht wie die Musik, ein dauerndes, dem raschen Verklingen nicht unterworfenes Analogon zur musikalischen Ordnung aller Dinge. Bemerkenswerterweise ist der Mythos vom Musiker als Städtebauer ursprünglich nicht mit Orpheus verbunden, sondern mit Amphion, zu dessen Saitenspiel sich die Mauern der Stadt Theben von selbst gefügt haben sollen.[10] In der Übertragung auf Orpheus, der nach alter Überlieferung Menschen und Tiere durch sein Spiel versöhnt, der ihnen zum feierlichen Reigentanz aufspielt und sie somit den ewigen Lauf der Gestirne nachahmen läßt, erhält die Geschichte eine zusätzliche ethische und ästhetische Dimension.

In ähnlichem Sinn wie in den *Maximen und Reflexionen* erscheint in der »Pädagogischen Provinz« der *Wanderjahre* die Tonkunst als Fundament einer idealen Erziehung, denn von der Musik, sofern sie »nach reinen Maßen, nach genau

---

8 Vgl. Eisler: Orphisch-dionysische Mysteriengedanken, a.a.O., S. 70.

9 Immanuel Kant: Kritik der Urteilskraft (1790). Hrsg. v. Wilhelm Weischedel. Frankfurt/M. 1996, § 53, S. 269.

10 Vgl. dazu Eckhard Roch: Ordnung und Chaos. Musikalische Aspekte antiker Kosmologien. In: Philosophischer Gedanke und musikalischer Klang. Zum Wechselverhältnis von Musik und Philosophie. Hrsg. v. Christoph Asmuth, Gunter Scholtz u. Franz-Bernhard Stammkötter. Frankfurt/M., New York 1999, S. 19ff.

bestimmten Zahlen« ausgeübt wird, verlaufen »gleichgebahnte Wege nach allen Seiten« menschlichen Wissens und Könnens (HA VIII/151f.). Nur scheinbar stehen solche Reverenzen an die Musik der Sphären und als Abglanz der Ordnung aller Dinge im Widerspruch zur »dämonischen« Wirkung, die Goethe der Musik verschiedentlich bescheinigt. Die beiden Aspekte von Goethes Musikanschauung – Musik als objektives Prinzip und als subjektives Empfinden – sind aufeinander bezogen wie Makrokosmos und Mikrokosmos in Goethes naturwissenschaftlichem Denken, das seinerseits Anregungen aus dem Neuplatonismus, aus der Philosophie der Renaissance und dem auf Spinoza fußenden Pantheismus aufgreift.[11]

Am eindringlichsten schildert Goethe die unerklärliche, Mensch und Tier versöhnende Wirkung der Musik in der *Novelle*. Orphische Traditionen und Anspielungen auf das Alte Testament verbinden sich hier mit einer differenzierten Sicht auf die Moderne, deren rationale Naturbeherrschung wenn nicht grundsätzlich in Frage gestellt, so doch bedeutend relativiert wird. Alte und neue Lebensordnung werden in der *Novelle* auf verschiedenen Ebenen gegenübergestellt und mit dem Gegensatz von Natur und Zivilisation, Fremdem und Vertrautem in Analogie gesetzt: im Vergleich des neuen Schlosses mit dem alten, dessen verfallende Ruine einen pittoresken Schauplatz des Geschehens abgibt; im Wechsel von wohlbestellten Pflanzgärten mit unwirtlichem Urwald, wo die Begegnung mit den entsprungenen Raubkatzen stattfindet; in Tauschhandel und Geldwirtschaft des Marktes, in der Erscheinung der fremden, exotisch gekleideten Tierbändiger im Kontrast zu dem wohlhabenden, aristokratischen Personal des Hofes.

Alle Anstrengungen des aufgeklärten Fürstenpaars, durch eine weise Regierung, durch sorgfältige Wirtschaftsplanung und die Pflege von Handelsbeziehungen sich selbst und ihren Untertanen einen behaglichen Wohlstand zu sichern, drohen in dem Augenblick zu scheitern, als unter den dicht gedrängten Marktbuden der Stadt ein Feuer ausbricht und zwei gefährliche Raubkatzen aus ihren brennenden Käfigen fliehen. Der Zeitpunkt der Konfrontation mit dem entfesselten Naturelement, mit Feuersbrunst und wilden Tieren ist die Mittagsstunde: »Über die große Weite lag eine heitere Stille, wie es am Mittag zu sein pflegt, wo die Alten sagten, Pan schliefe und alle Natur halte den Atem an, um ihn nicht aufzuwecken.« (HA VI/499f.) In diesem Augenblick, als die Fürstin dergestalt über die vermeintlich friedliche Natur reflektiert, bricht unten in der Stadt das Feuer aus. Pan, der »Geist des Alls«, ist einer der Namen für die orphische Gottheit; sie kann

---

11 Auch der Plan zur Ausführung einer *Tonlehre*, die der *Farbenlehre* folgen sollte, über einen tabellarischen Entwurf jedoch nicht hinausgekommen ist, läßt die gleiche Gegenüberstellung erkennen. Zu Goethes Musikästhetik im Rahmen seines naturwissenschaftlichen Denkens und zu sonstigen musikalischen Motiven in Goethes dichterischem Werk siehe meine beiden Aufsätze: Des Menschen Stimme und die Unendlichkeit der Musik. Goethes anthropologische »Tonlehre«. In: Durchgeistete Natur. Ihre Präsenz in Goethes Dichtung, Wissenschaft und Philosophie. Hrsg. v. Alfred Schmidt u. Klaus-Jürgen Grün. Frankfurt/M. u.a. 2000, S. 187–204, sowie: Orpheus und Dämon. Musikalische Motive in Goethes Dichtungen. In: Musik in Goethes Werk – Goethes Werk in der Musik. Hrsg. v. Andreas Ballstaedt, Ulrike Kienzle u. Adolf Nowak, Schliengen (in Vorbereitung), S. 75–88.

auch Phanes, Eros oder Dionysos heißen, wie Goethe aus der Lektüre von Zoegas Abhandlung *Ueber den uranfänglichen Gott der Orphiker* wußte, die er 1817 im Kontext seiner Studien über orphische Kosmogonie gelesen hatte.[12]

Die Stunde Pans ist erfüllt von trügerischer Ruhe, welcher der plötzliche Schrecken folgt. Das entfesselte Element des Feuers und die Bedrohung durch die heranspringenden Raubkatzen sind gleichsam ein dämonischer Spuk, Ausgeburten des Gottes Pan. Beide erscheinen der Fürstin zunächst als »Schreckbilder« ihrer »Einbildungskraft« (HA VI/500): Die Feuersbrunst erlebt sie als mythische Wiederkehr eines früheren Erlebnisses, von dem der Oheim berichtet hat, und die Erscheinung des Tigers verbindet sich mit der Erinnerung an die »bunten, kolossalen Gemälde«, die sie kurz zuvor an der Bude der Tierbändiger betrachtet hat – Bilder, »die mit heftigen Farben und kräftigen Bildern jene fremden Tiere darstellten, welche der friedliche Staatsbürger zu schauen unüberwindliche Lust empfinden sollte« (HA VI/497).

Der Junker Honorio, der die Fürstin auf ihrem Spazierritt begleitet, handelt ganz im Sinn des abendländischen, ritterlichen Tugendsystems, wenn er den Tiger erschießt, um seine Herrin zu beschützen. Aber die herbeigeeilten Tierbändiger zerstören das heroische Bild, indem sie ihn des Mordes an dem »guten Tier« anklagen. In ihren Reden kommt auf überraschende Weise eine ethische Grundhaltung des Mitleidens und des friedlichen Miteinanders von Mensch und Tier zum Ausdruck, die dem westlichen Denken entgegengesetzt ist. Ihr Anerbieten, den noch flüchtigen Löwen durch Flötenspiel und Gesang zu besänftigen, ohne ihm etwas anzutun, brüskiert die herbeigeeilte Jagdgesellschaft, die gerade am Töten ein besonderes Vergnügen findet – schließlich ist sie am Morgen ausgezogen, um »die friedlichen Bewohner der dortigen Wälder durch einen unerwarteten Kriegszug zu beunruhigen« (HA VI/492). Die Jagd auf Tiger und Löwe (statt auf Eber und Hirsch) erscheint ihnen als ein unverhofftes, beinahe willkommenes Abenteuer. Sie sind auf Siegestrophäen aus, wie Honorio, der das Fell des Tigers seiner schönen Herrin als Schmuck für ihren Schlitten verspricht, oder wie der Wächter, der den Löwen gern erschossen hätte, um sich »zeitlebens« mit dem erbeuteten Fell zu brüsten (HA VI/506).

Im Gegensatz dazu betont die Tierbändigerin in ihrer Rede den Wert des Lebens, indem sie die Schönheit des ermordeten Tigers im Schlafen und Wachen preist, sein Leiden beklagt und die Symbiose von Mensch und Tier in einer »natürliche[n] Sprache« wie einen paradiesischen Urzustand beschwört. Es ist keineswegs abwegig, in der beredten Klage der Tierbändigerin orphische Symbolik zu vermuten. Den Orphikern galt alles Leben als heilig, da sich nach ihrer Überzeugung jede lebendige Seele auf ihrer Wanderung durch die verschiedensten Existenzformen ebenso gut mit der Gestalt eines Tieres wie eines Menschen verbinden kann. Das Bändigen wilder Tiere – der Tiger der *Novelle* war »zahm« und hätte sich »gern ruhig niedergelassen«, um seine Pfleger im Wald zu erwarten (HA VI/504); auch der Löwe ist zahm und streckt später dem Knaben vertrauensvoll

---

12 Georg Zoegas Abhandlungen, a.a.O., S. 212.

seine verwundete Tatze hin – hat nach orphischer Vorstellung den Wert einer Veredelung der tierischen Seele. Im Altertum wurden wilde Raubkatzen gefangen und als Begleiter der dionysischen Feste und Aufzüge abgerichtet. Dionysos (neben Pan ein anderer Name des orphischen Gottes) wird zumeist in Begleitung eines Panthers dargestellt; auch Löwen und Tiger sind in seinem Umkreis zu sehen.

Umgekehrt waren die Orphiker der Überzeugung, daß auch im Menschen ein tierischer Seelenanteil vorhanden ist, der gezähmt werden muß. Auf ihrem Sturz aus der Sternenwelt zur Erde – so lauten orphische Überlieferungen – wird der göttliche Seelenanteil durch zwölf tierische und vernunftlose Affekte verdunkelt und umhüllt, die aus dem astralen Tierkreis stammen. Zu ihnen gehören Unwissenheit, Leidenschaft, Zorn, Angst und Selbstsucht.[13] Noch Platon, der hierin offenbar von den Orphikern beeinflußt ist, beschreibt im neunten Buch der *Politeia* die menschlichen Triebenergien, die es zu beherrschen gilt, als Tiere, die im Innern der Seele hausen und die gezähmt werden müssen: Der Mensch, der gerecht leben und handeln will, hat – so Platon – zunächst die Aufgabe, die wilden Tiere in sich selbst »aneinander zu gewöhnen und untereinander zu befreunden«, anstatt »sie sich gegenseitig zerfleischen« zu lassen. Er soll »zum Herrn der ganzen Person« werden, »wobei er sich die Natur des Löwen zum Verbündeten machen, gemeinsam für alle sorgen, sie miteinander und mit ihm selbst befreunden und sie so aufziehen soll.«[14]

Dem entspricht, daß in Goethes *Novelle* die Gefahr, die von den Raubkatzen auszugehen scheint, mit der noch unbewältigten Leidenschaft Honorios für seine Fürstin auf subtile Weise parallel gesetzt wird. Die Aufforderung der Tierbändigerin an Honorio: »Aber zuerst überwinde dich selbst« (HA VI/510), verweist auf diesen orphisch-platonischen Gedanken. Der Löwe ist in der antiken Tiersymbolik nicht nur »König der Einöde« und »Tyrann des Waldes«, der durch seine »Wüstenstimme« Angst und Schrecken verbreitet (HA VI/497), sondern auch ein Sinnbild für Mut, Stolz, Gewalt und Leidenschaft. Die Zähmung des Löwen steht demnach für die Beherrschung der wilden Triebenergie. Während Honorio den Tiger ermordet und bis zuletzt mit gespannter Büchse die Erscheinung des Löwen erwartet, um ihn gleichfalls zu töten, wagt sich der Knabe in die ›Höhle des Löwen‹, um das Raubtier mit Gesang und Flötenspiel hervorzulocken, ohne ihm Gewalt anzutun. Er setzt sich gleichsam den undomestizierten Aspekten des Unbewußten und der entfesselten Triebenergien aus und überwindet sie durch die Kraft der Musik. Er wird damit zu einem friedlichen Gegenspieler Honorios. Gewehr und Flöte ähneln sich rein äußerlich – beide haben die Form eines Rohres. Aber das Gewehr bringt Gewalt und Tod, die Flöte Versöhnung und Frieden.

Zu Orpheus gehört stets das Saitenspiel – Kithara oder Lyra. Der Knabe in Goethes *Novelle* dagegen spielt eine Flöte. Der Erzähler beschreibt sie als »ein Instrument von der Art, das man sonst die sanfte, süße Flöte zu nennen pflegte; sie

---

[13] Vgl. Eisler: Orphisch-dionysische Mysteriengedanken, a.a.O., S.62ff.

[14] Platon: Der Staat (Politeia). Übersetzt u. hrsg. v. Karl Vretska. Stuttgart 1982, S. 426f. (9. Buch, 589 a–b).

war kurz geschnäbelt wie die Pfeifen; wer es verstand, wußte die anmutigsten Töne daraus hervorzulocken.« (HA VI/506) Es handelt sich also um eine Blockflöte, deren italienische Bezeichnung als »flauto dolce« Goethe hier wörtlich übersetzt – ein Instrument, das zu Goethes Zeiten bereits altertümlich wirkt, denn die Blockflöte hatte ihre Blütezeit vom Mittelalter bis zum Barock und wurde seit der Mitte des 18. Jahrhunderts von der obertonreicheren und klanglich flexibleren Querflöte verdrängt. Ihr weicher und eher zarter Klang mag Goethe an bukolische Szenen erinnert haben, an den Traum vom friedlichen Arkadien. Sanft und altertümlich ist auch, was der Knabe spielt: »Das Kind verfolgte seine Melodie, die keine war, eine Tonfolge ohne Gesetz, und vielleicht eben deswegen so herzergreifend; die Umstehenden schienen wie bezaubert von der Bewegung der liederartigen Weise« (HA VI/507) – dies ist reiner Naturklang, von keiner Kunstfertigkeit, von keinem kompositorischen Kalkül entstellt und in kein rhythmisches Schema gepreßt; Nachhall einer orphischen Urmusik, die mit den Gesetzen des Kosmos in Verbindung steht und wie selbstverständlich aus der göttlichen Inspiration des orphischen Kindes erwächst. Diese Musik ist Ausdruck einer verlorenen Unschuld, die durch keine Virtuosität, durch keine Geläufigkeit der modernen Kunstentwicklung zu ersetzen ist. Ihre Wirkung, die Bezauberung durch das ganz Einfache, gleicht der wunderbaren Kraft von Taminos Zauberflöte, zu deren Klang wilde Tiere tanzen und die Elemente zahm werden.

Goethe hat die *Zauberflöte* sehr geliebt und eine Fortsetzung des Werkes entworfen, in der die ägyptisch-freimaurerische Symbolik von Mozarts Oper auf komplexe Weise fortgesponnen wird.[15] Der Schauplatz der *Novelle* – die erhaben-pittoreske Szenerie einer verfallenen Ruine mit Baumriesen und Felsenhöhlen, in denen sich der wilde Löwe verbirgt – gleicht dem Bühnenbild einer barocken Oper. Die Freimaurer, die sich für Orpheus und Ägypten interessierten, haben ihre Gartenlandschaften mitunter auf ähnliche Weise ausgestaltet und in künstlichen Ruinen und Felsenarrangements eine Atmosphäre geschaffen, die an die Erhabenheit der ägyptischen Mysterien erinnern sollte.[16] In der *Novelle* projiziert Goethe das orphische Modell der Tierbändigung durch Musik allerdings nicht auf Ägypten, sondern auf einen alttestamentarischen Hintergrund: Der Text des Liedes, das der Knabe im Wechsel mit seinem Flötenspiel vorträgt, ist voller Anspielungen auf Daniel in der Löwengrube – »des Propheten Sang« besänftigt »Löw' und Löwin«, denn »die sanften, frommen Lieder / Habens ihnen angetan« – und auf die messianische Prophezeiung des Jesaia, daß einstmals Wölfe bei den Lämmern wohnen und Löwen Gras fressen sollen und daß ein kleiner Knabe Löwen und Kälber

15 Johann Wolfgang Goethe: Der Zauberflöte zweiter Teil (1802). In: J. W. G.: Werke. Hrsg. im Auftrage der Großherzogin Sophie von Sachsen. Abtl. I–IV, 133 Bde. Weimar 1887–1919 (Weimarer- oder Sophien-Ausgabe), Abtl. I, Bd. 12, S. 181–221. Vgl. dazu Viktor Junk: Zweiter Teil »Faust« und Zweite »Zauberflöte«. Betrachtungen zu Goethes musikdramatischer Architektonik. In: Neues Mozart-Jahrbuch 2 (1942), S. 59–77, sowie Dieter Borchmeyer: Goethe, Mozart und die Zauberflöte. Göttingen 1994.

16 Vgl. dazu Jan Assmann: Moses der Ägypter. Entzifferung einer Gedächtnisspur. München, Wien 1998, S. 197ff. mit Abbildungen.

gemeinsam hüten werde – »Löwen sollen Lämmer werden« heißt es dementsprechend im Lied des Knaben.[17]

Diese Verbindung der Orpheus-Gestalt mit jüdischen und christlichen Prophezeiungen hat Vorbilder in der Spätantike. Frühchristliche Darstellungen – beispielsweise in den römischen Katakomben – zeigen den aus der Antike vertrauten Bildtypus des singenden und spielenden Orpheus im Kreise von Tieren und Menschen in christlicher Umdeutung: Orpheus wird dort mit dem »guten Hirten« ineins gesetzt, mit Adam im Paradies, wo alle Tiere noch freundlich zusammenwohnen, oder mit dem Harfenspieler und Völkerhirten David, der durch sein Spiel nicht nur die Melancholie des Königs Saul zu heilen versteht, sondern auch die reißenden Tiere zähmt und seine Schafe beschützt. Darauf zielt auch die Prophezeiung des Jesaia, die im Lied des Knaben anklingt. Die Heiden (hier durch die wilden Tiere symbolisiert) und die Schafe (das Volk Israel) werden friedlich zusammenleben. Ähnliche Assoziationen weckt auch Goethes flötender Orpheus-Knabe. Der Löwe, durch »frommen Sinn und Melodie« gebändigt, erscheint versöhnt und zufrieden, nicht gewaltsam überwunden oder seiner animalischen Kraft beraubt. Der Knabe dagegen sieht »in seiner Verklärung aus wie ein mächtiger, siegreicher Überwinder«; er gleicht damit dem Hirtenknaben David, der Goliath besiegt, ohne jedoch – wie dieser –, den Feind zu töten. Sein Lied, das von »Glaub und Hoffnung« spricht, von wundertätiger Liebe, von »fromme[m] Sinn und Melodie«, beschwört einen utopischen Glückszustand, ein neu gewonnenes Paradies.

In jüdisch-alexandrinischer Tradition kam die Annahme auf, Orpheus sei durch Moses in die Großen Mysterien der Ägypter eingeweiht worden, deren geheime Theologie – anders als die nach außen offenkundige Verehrung der vielen, teils tiergestaltigen Götter – in der Verherrlichung jenes Einen und Einzigen Gottes bestanden habe, den Moses dem Volk Israel verkündet hat. Vermittelt durch ägyptologische Studien des 17. Jahrhunderts – vor allem von Ralph Cudworth und William Warburton – entdeckten Freimaurer und Aufklärer des 18. Jahrhunderts Orpheus wiederum neu als Vermittler ägyptischer Weisheit an das Abendland. Im Verständnis des 18. Jahrhunderts steht Orpheus somit im Schnittpunkt dreier Religionen und dreier Kulturkreise. Orpheus wird zum Vorbild einer »natürlichen«, humanitären und toleranten Religion.[18] Wie der thrakische Sänger Orpheus, der in Griechenland immer als ein Fremder galt, ist auch der dunkelhäutige, exotisch gekleidete Orpheus-Knabe in Goethes *Novelle* als ein Fremder stigmatisiert. Neben der Versöhnung von Mensch und Tier, von Bewußtem und Unbewußtem kommt in der Erzählung somit auch ein wichtiger Impuls der Aufklärung zum Tragen: der humanitäre Aspekt einer Integration des Fremden in das Vertraute, die Gleichheit aller Menschen und die Überzeugung vom gemeinsamen Ursprung aller Religionen (wie in Lessings Ring-Parabel aus dem *Nathan*).

Allerdings erscheint die Utopie einer universalen Versöhnung im Zeichen von Musik und Religion in Goethes *Novelle* in ambivalenter Beleuchtung. Es besteht kein Zweifel, daß die Tierbändiger sozial Ausgestoßene sind und bleiben, eine

---

17 Jesaia 11, 6–7.

18 Vgl. dazu Assmann: Moses der Ägypter, a.a.O., S. 140ff. u. S. 173–210.

Randgruppe der Gesellschaft, die sich in die bürgerliche und höfische Welt nicht eingliedern darf, sondern nur geduldet wird. Ihre Existenzgrundlage ist das Abrichten und Vorzeigen wilder Tiere, die in Gefangenschaft leben. Die *Novelle* endet, bevor eine Desillusionierung ihrer utopischen Gehalte erfolgen kann. Insofern triumphiert das märchenhafte Element über den Realismus des Beginns. Goethes Einsicht, daß die moderne Welt mit der archaischen Idylle letztlich nicht vereinbar ist, mag zu einem bewußten Verzicht auf einen realistischen Abschluß der Novellenhandlung geführt haben. Dadurch erspart der Autor seinem Leser nicht nur die Zerstörung des Idylls, sondern er bekennt sich zugleich zur Kraft der Utopie, und sei sie noch so irreal: Die Hoffnung auf eine Versöhnung von Mensch und Natur, von Orient und Okzident, Unbewußtem und Bewußtem wirkt als Appell, den der Leser mit auf seinen Weg nehmen kann. Für das Lied des orphischen Knaben in der *Novelle* gilt, wie für das Sinnbild der schönen, auf musikalischen Grundfesten erbauten Stadt aus der Reflexion über Orpheus als Städtebauer: »Die Töne verhallen, aber die Harmonie bleibt.«

Renate Moering

»Ja winkt nur, ihr lauschenden Bäume ...«

Das Wandern eines Gedichts Achim von Arnims durch seine Werkentwürfe

Achim von Arnims Gedicht »Ja winkt nur, ihr lauschenden Bäume ...« entstand in seiner frühesten Stufe 1803 und fand seine endgültige Form im Jahr 1813. Es ist in sieben Textzeugen überliefert, in fünf Handschriften und zwei Drucken.[1] Arnim kam erst nach Abschluß des Studiums in Göttingen zum Dichten, nachdem er in der Schule, im Berliner Joachimsthalschen Gymnasium, eine profunde Bildung in klassischer Literatur, aber auch zeitgenössischer Philosophie erhalten hatte und während seines Studiums vor allem als Naturwissenschaftler hervortrat. Sein umfassendes Wissen strömte nun ab 1802 in eine verblüffende Masse von Gedichten ein, von denen nicht einmal alle erhalten sind. Denn Arnim beurteilte diese frühen Versuche später kritisch und vernichtete Gedichtnotizen auf losen Blättern, wie aus seinem Brief an Bettine vom 2. Mai 1818 hervorgeht:

> Ich habe in diesen Tagen so viel verunglückte Liederansätze aus meinen Reisejahren vernichtet, daß ich mit den Papierspänen einen Abtritt vergiften könnte. Es gab eine Zeit, wo ich täglich zur bestimmten Zeit ein paar schrieb, das ist das Schlechteste, worum ich je die Feder gemißbraucht habe, zur Buße dafür habe ich nachher so viele Geschäftssachen schmieren müssen, darüber ist mir solcher Mutwillen vergangen. Auch der Rest, den ich noch wegen einzelner Zeilen bewahre, soll bald auf der Kapelle abgetrieben werden. Es wird mir dabei wohl, als ob ich aus einem Bade käme. Entweder Goethe hat nie in solcher Kunstirre sich befunden, oder er hat es wenigstens sehr gut versteckt, freilich sagt er, daß er dreimal seine Manuskripte mit dem Feuer gereinigt habe. Mir zur Entschuldigung dient das eigen Unstäte, was Reisen allen Beschäftigungen geben, wo ich länger und ruhiger gewohnt, ist gleich alles viel besser: die Zerstreutheit von mancherlei Eindrücken, dabei der Wunsch, das Dichten als Fertigkeit zu üben, hat dieses Embryonenkabinett mir zugeführt.[2]

Unter diesen frühen Gedichtversuchen, denen viel Experimentelles anhaftet, finden sich aber einige, denen schon ein ganz eigener, duftig wehmütiger Ton anhaftet, der für Arnims Lyrik so typisch ist. Diese Gedichte – wie auch etwa »Wenig Töne sind verliehen meinem Herzen ...« oder »Wär mir Lautenspiel nicht blieben ...« – wurden

---

1 Vgl. Ulfert Ricklefs: Arnims lyrisches Werk. Register der Handschriften und Drucke. Tübingen 1980 (= Freies Deutsches Hochstift. Reihe der Schriften, Bd. 23), Nr. 923.

2 Arnim an Bettine Brentano, 02.05.1818. In: Achim und Bettina in ihren Briefen. Briefwechsel Achim von Arnim und Bettina Brentano. Hrsg. v. Werner Vordtriede. 2 Bde. Frankfurt/M. [2]1985, Bd. 1, S. 114f.

von Arnim über viele Jahre in immer neue Kontexte gestellt. Als Beispiel für diese Arbeitsweise soll hier das vorliegende Gedicht dienen.

Der früheste handschriftliche Kontext, in dem das Gedicht steht, ist eine Dramenskizze mit dem provisorischen Titel *Der mytische Polterabend*. Sie steht in einem Taschenbuch, das Arnim in England für Aufzeichnungen verwendete.[3] Obwohl in dem Stück Namen der griechischen Mythologie wie Castor und Pollux, Hercules, Furien und Parzen auftauchen, spielt er in der Gegenwart: Castor ist als Gesandter über das Meer gereist. Die weibliche Heldin heißt Silfe; sie kommt »im Morgenkleide aus dem Schlafzimmer« und hat am Fenster einen Vogel im Bauer stehen. In einem Dialog zwischen ihr und Amor entwickelt sich das Spiel zu einem Wechselgespräch in Liedern. Silfe singt das Lied, dessen erste Niederschrift lautet:

S: (vor sich):
Ja winkt nur ihr Bäume
Liebäugelt ihr flimmernden Räume
Schöne Lieder
Sie spotten mein
Seh ich nieder
Beschämt allein
A. Sie siehet nieder
Ich sehe ihr nach [...]

Der Schluß von Silfes Versen beschreibt die szenische Situation: Sie sieht nieder, beschämt über den Spott der andern. Amor bezieht sich mit seinen Worten auf die Bewegung der Frau. Noch in der Handschrift wird der Text überarbeitet. Nach den unveränderten beiden ersten Zeilen lautet er nun:

[...]
Ferne Lieder
Ihr spottet mein
Seh ich wieder
Wie ich allein

Zwischen den Zeilen fügt Arnim dann die zwei folgenden Verse ein:

Es hebet und senket derselbe Wind
Die Blätter und Zweige am Baume geschwind

Dadurch geht der Bezug der folgenden Worte des Amor verloren, so daß bei dieser Textänderung vermutlich der Plan, den Text in der ursprünglichen Form zu edieren, aufgegeben worden war.

---

3 Nr. I der englischen Taschenbücher; Goethe- und Schiller-Archiv. Weimar, Sign. GSA 03/183, Wasserzeichen: »1802«; das Gedicht steht auf Blatt 9r. Für die Zitiererlaubnis aus Handschriften des Goethe- und Schiller-Archivs danke ich Herrn Direktor Dr. habil. Jochen Golz vielmals.

Der Beginn der Entstehung des nie fertiggestellten Spiels *Der mytische Polterabend* läßt sich durch Briefe auf den Sommer 1803 datieren. Auf seiner Reise durch England schreibt Arnim aus Tooting am 19. August 1803 an Clemens Brentano:

> Und selbst daß Du kommen möchtest mag ich Dir nicht rathen, es wird einem nicht wohl hier, der Sommer drückt schwer, daß man mit dem Korn verdorren möchte. Und jezt könnte ich in Rom seyn! Könnte sehen die Kolossen von Monte cavallo, Kastor und Pollux *Dich*, denn Du bist mein Pollux [...], und ich bin der sterblige Kastor, mir fielen dabey allerley Verse ein, die ich aus meinem Hirne zusammensuchen will [...].[4]

Es folgt das Gedicht *Kastor an Pollux*, das allerdings im Plan des Taschenbuchs nicht auftaucht. Doch danach schreibt Arnim das Gedicht »Ich lag in stillem Brüten ...« für Brentano ab,[5] dessen Anfangszeile in dem Entwurf als Lied der Silfe angegeben wird, ohne daß es dort niedergeschrieben wäre, was darauf hindeutet, daß Arnim es an anderer Stelle schon notiert hatte.[6] In seinem Weihnachtsbrief aus London (24.–27. Dezember 1803) spricht Arnim wieder von seinem Stück, ja er kündigt sogar an, daß er es Brentano »nächstens« schicken wolle; der Titel lautet jetzt: »Der mystische Polterabend der Mythen«:

> [...] willst Du den Polterabend heraus geben, so wird es mir viel Vergnügen machen, nur nicht bey Dieterich sonst könnten wir erst in der Ewigkeit die Hochzeit feyern. Nimm zur Probe einige Lieder daraus, sie sind für bestimmte Masken.[7]

Unter den folgenden Gedichten befindet sich »Ja winkt nur ...« nicht. In seinem Brief bezieht sich Arnim auf Brentanos Heirat mit Sophie Mereau, die ihm dieser im Oktober angekündigt hatte. Arnim meint, er habe als Amor die beiden zusammengeführt, ohne daß sie es gemerkt hätten.[8] Ein exakter inhaltlicher Zusammenhang mit dem Spiel ist allerdings nicht zu ermitteln. Vielleicht, weil Brentano Arnim nicht um das Manuskript des Spiels bat, blieb es liegen, denn jener hatte gemeint (Marburg, 1. März 1804):

---

4 Arnim an Clemens Brentano, 19.08.1803. In: Achim von Arnim und Clemens Brentano: Freundschaftsbriefe. Vollständige kritische Edition von Hartwig Schultz. Frankfurt/M. 1998, Bd. 1 (1801–1806), S. 152.

5 Ebd., Bd. 1, S. 154f.

6 Englischer Handschriftenband, a.a.O., Bl. 3r.

7 Arnim an Clemens Brentano, 24.–27.12.1803. In: Freundschaftsbriefe, a.a.O., Bd. 1, S. 190. Zu diesem Brief Arnims und der Gedichtfolge vgl. ebenfalls: Achim von Arnim: Werke. 6 Bde. Bd. 5: Gedichte. Hrsg. v. Ulfert Ricklefs. Frankfurt/M. 1994, S. 105–132 (Text), S. 1094–1112 (Kommentar).

8 Vgl. Arnim an Clemens Brentano, 24.–27.12.1803. In: Freundschaftsbriefe, a.a.O., Bd. 1, S. 186f.

> Dein lezter Brief der verwirrteste hie und da undeutlichste an Vers und Prosa hat mich in seinem ganzen Umfang herzlich gerührt [...].
> Die Große Verwirrung deiner Papiere kann ich begreifen, und ich wünschte an deiner Seite zu leben, um dir Gedanken und Werk Organisiren zu helfen, meinem Talent fehlet die Flüßigkeit, deinem das Konsistente, ich bin versichert, wir werden vereint Etwas hervorbringen.[9]

Das Wort »Flüssigkeit« charakterisiert sehr gut Arnims Dichtungsentwürfe. Das Gedicht »Ja winkt nur ...« taucht nun in einem völlig anderen Dramenentwurf auf, den Arnim noch in London schrieb, dem Entwurf zu dem Fragment *Friedrichs Jugend*.[10] In der Entfernung zu seiner Heimat nahm sich Arnim diesen Stoff vor, in dem er die schreckliche Jugend Friedrich II. von Preußen behandeln wollte. Schon in Tooting hatte er sich an das Jahr 1785 erinnert, als er »als eine meiner frühesten Erinnerungen König Friedrich II im Vorbeyreiten anstaunte.«[11] Durch die Nachricht vom Tod seines Vaters am 17. Januar 1804 wurden seine Gedanken wahrscheinlich stärker zu Preußen hingelenkt. Die Arbeit am Fragment wurde im Mai 1804 abgebrochen, als Arnim an Hepatitis erkrankte. Der Entwurf mit dem Gedicht »Ja winkt nur ...« entstand vermutlich irgendwann zwischen Februar und Mai 1804. Die Szenenanweisung lautet: »Zimmer im Schlosse mit der Aussicht auf den Lustgarten [...] Friedrich auf einem Stuhle in einem finsteren Zimmer.«

Friedrich spricht einen Monolog; dann heißt es:

> Er spielt einige heftige Läufe auf der Flöte
> Ja winkt nur ihr lauschenden Bäume
> Liebäugelt ihr flimmernden Räume
> Ferne Lieder
> Ihr spotet mein
> Sehe wieder
> Wie ich allein
> Es hebet und senket ein Wind
> Die Zweige, die Schatten geschwind[12]

In der ersten Zeile ist »lauschenden Bäume« aus »Bäume« korrigiert. In den beiden Schlußversen werden Kürzungen vorgenommen, womit nicht nur ungeschickte Formulierungen wegfallen, sondern auch eine dreifache Betonung erreicht wird – wie in den Anfangsversen, wenn auch mit anderem Rhythmus. Damit hat das Gedicht die für die nächsten Jahre gültige sprachliche Form erreicht. In diesem Kontext spricht das Gedicht die Gedanken des einsamen Kronprinzen aus.

---

9 Brentano an Achim von Arnim, 01.03.1804. Ebd., Bd. 1, S. 212f.

10 Nur die fragmentarische letzte Stufe des Dramas ist bisher gedruckt; eine Überarbeitung weist sie als verworfenen Einschub für den *Wintergarten* aus: Achim von Arnim. Werke, a.a.O, Bd. 3: Erzählungen 1802–1817. Hrsg. v. Renate Moering. Frankfurt/M. 1990, S. 55–67 (Text), S. 1046–1051 (Kommentar).

11 Arnim an Clemens Brentano, 19.08.1803. In: Freundschaftsbriefe, a.a.O., Bd. 1, S. 156.

12 Handschrift im Goethe- und Schiller-Archiv. Weimar. Sign. GSA 03/15, S. 5.

Als Arnim nach Berlin zurückgekehrt war, schrieb er seit dem Herbst 1804 die für ihn noch gültigen Gedichte in einen Pergamentband ein.[13] »Ja winkt nur ...« steht dort an 13. Stelle; es erhielt eine Überschrift, und die vorher lückenhafte Interpunktion wurde teilweise ergänzt:

Einsamkeit
Ja winkt nur ihr lauschenden Bäume,
Liebäugelt ihr flimmernden Räume,
Ferne Lieder
Ihr spotet mein,
Sehe wieder
Wie ich allein,
Es hebet und senket ein Wind,
die Zweige, die Schatten geschwind.[14]

Textidentisch bis auf die Interpunktion und mit Ausnahme der Überschrift nahm Arnim das Gedicht nun in einen weiteren Dramenentwurf auf: *Der Edelknabe und die Müllerin.*[15] Der in die Müllerin verliebte Edelknabe singt es zur Laute. Die Zeile

Es hebet und senket ein Wind,

wurde mit anderer Tinte in dieser Handschrift von Arnim verändert zu:

Es hebet es senket ein Wind,

eine Variante, die in die Reinschrift des Werks einging: *Markgraf Otto von Brandenburg.*[16] Es handelt sich um ein Liederspiel, das Arnim schrieb, angeregt durch Johann Friedrich Reichardts Vertonung von Goethes Müllerromanzen. Reichardt ist der Erfinder dieser Gattung, einer Sonderform des Singspiels, in der nur Lieder die Musiknummern bilden. Arnim teilte Brentano am 27. Februar 1805 aus Berlin dazu mit:

> Ich habe für seine Lieder aus Göthes Müllerromanzen ein Liederspiel gemacht, wo Markgraf Otto, lezter des Ascanischen Stammes als Edelknabe, und dessen

[13] Vgl. Ricklefs: Register, a.a.O., S. 267–269.

[14] Handschrift im Freien Deutschen Hochstift. Pergamentband I. FDH 7373, Hs–B 42, S. 8. Der Text ist von Arnim gestrichen, was bedeutet, daß er gedruckt wurde. Im Band steht der Besitzervermerk: »Ludwig Achim von Arnim zu Berlin Abzugeben im Viereck n 4.« Für die Zitiererlaubnis aus Handschriften des Freien Deutschen Hochstifts danke ich Herrn Direktor Prof. Dr. Christoph Perels vielmals.

[15] Handschrift im Freien Deutschen Hochstift. Sign. 18067, G 110, Bl 3r.

[16] Vgl. den Druck: Joseph Kiermeier-Debre: »Gespräche in Liedern«. Eine Anregung und ihre Folgen am Beispiel von Arnims Liederspiel *Markgraf Otto von Brandenburg*. In: Aurora 46 (1986), S. 196. Dieser Teil der Handschrift ist Eigentum des Freien Deutschen Hochstifts. Sign. 7708.

> Grete die Lise vorstellen, es ist viel Erfindung darin ungeachtet ich durch die Lieder Beschränkung so wenig neues wie möglich hinzusezen, gar manches aufgeben muste. Er fürchtet sich, es zu geben weil mir die Scene in der Mühle gar zu zärtlig ausgefallen und ich sie nicht aufgeben will.[17]

Reichardts Vertonung von Goethes Müllerromanzen war noch nicht erschienen,[18] als Arnim sie kennenlernte, ein Beweis für das vertrauensvolle Zusammenarbeiten seit Arnims Rückkehr. Zu diesem Zeitpunkt waren auch schon einige Lieder Arnims von Reichardt vertont, von denen im Briefwechsel mit Brentano die Rede ist, vermutlich auch die in das Liederspiel aufgenommenen.[19] In diesem singt der jugendliche Markgraf Otto von Brandenburg das Lied »Ja winkt nur, ihr lauschenden Bäume ...«, nachdem die Müllerin Grete ihn ausgelacht hat und gegangen ist.

Man muß davon ausgehen, daß Arnim nicht etwa Reichardt das fertige Liederspiel zum Vertonen gab, sondern daß er die Handlung um vertonte Lieder schlang. Von Reichardts Vertonungen seiner Gedichte spricht er schon in seinem Brief an Brentano aus Berlin vom 14. Januar 1805. Brentano war vorher bei ihm zu Besuch gewesen und hatte auch Reichardt grüßen lassen (Heidelberg, 5. Januar 1805). Arnim schrieb:

> Einige neue Lieder von mir hat Reichard sehr schön komponirt, ich werde sie Dir senden, wenn sie gedruckt, er giebt eine neue musikalische Zeitung mit dem Anfange dieses Jahres heraus und eine Sammlung von Compositionen, *le Troubadour* genannt.

In einer Anmerkung bemerkte Arnim über seine Lieder:

> Einliegend eines. Die Rose blüht aus den drey Weisen, die ich ihm gegeben hat er wunderschön musicirt, Du must es beym ersten mal singen, sobald sie gedruckt ist sie bey Dir.[20]

Am 19. Januar setzt er hinzu: »Reichardt hat die Rose für dich abgeschrieben [...]«.[21]

---

[17] Arnim an Clemens Brentano, 27.02.1805. In: Freundschaftsbriefe, a.a.O., Bd. 1, S. 269. »Beschränkung« vermutlich verschrieben für »beschränkt«.

[18] Vgl. die Druckangabe in Kiermeier-Debre: »Gespräche in Liedern«, a.a.O., S. 247.

[19] Als Ergänzung zu den von Kiermeier-Debre erwähnten Liedern vgl. die in Reichardts Handschrift überlieferten Vertonungen Arnims, die abgebildet sind in: Renate Moering: Arnims künstlerische Zusammenarbeit mit Johann Friedrich Reichardt u. Louise Reichardt. In: Neue Tendenzen der Arnimforschung. Hrsg. v. Roswitha Burwick u. Bernd Fischer. Bern u.a. 1990, S. 198–288.

[20] Arnim an Clemens Brentano, 14.01.1805. In: Freundschaftsbriefe, a.a.O., Bd. 1, S. 253. Das Gedicht *Die Rose* von Christian Weise wurde später in *Des Knaben Wunderhorn* aufgenommen; vgl. Clemens Brentano: Sämtliche Werke und Briefe. Bd. 9,1: Wunderhorn. Lesarten und Erläuterungen. Hrsg. v. Heinz Rölleke, Stuttgart u.a. 1975, S. 430f. Das Lied *Die Rose* wurde von Arnim ebenfalls in das Liederspiel aufgenommen.

[21] Arnim an Clemens Brentano, 19.01.1805. In: Freundschaftsbriefe, a.a.O., Bd. 1, S. 256.

Brentano antwortete aus Heidelberg am 15. Februar 1805:

> [...] Für die Musick danke ich dir herrzlich, die Rose ist recht artig componirt, aber Reichards Manier ist mir selbst nicht die liebste, in seiner Einfachheit liegt zu viel Bewustsein, in seiner Erfindung zu viel Bekanntes, in seiner Unschuld zu viel Absicht, und in all seinen Liedern schwebt er zwischen dem Volkston, und Operntton, so das rechte Geschmackvolle hat er, genug ich kanns nicht sagen [...]. Die von dir komponirten Lieder sind recht seelenvoll, ich bin auf die folgenden Verse so sehr begierig, sind sie neu? sie sind, so ganz wie Göthens erste Gluth.[22]

Demnach muß Arnim mehr als nur eines seiner von Reichardt komponierten Lieder mitgesandt haben. Am 27. Februar antwortet Arnim auf Brentanos Vorbehalte gegenüber Reichardt:

> Reichardt hat über zwölf andere Lieder von mir komponirt, die Du alle nicht kennst, ich habe noch manches ins Reine geschrieben [...]. Aber das glaube mir, Reichardt kennt den Geschmack der *Welt*. Schimpf lieber geradezu auf seine Arbeit, als diese Art von Lob in dem lezten Briefe; Du wirst doch endlig finden, daß er zu den wenigen Musikern gehört, deren Arbeit wenig abgerundet durch die Zeit, wie das mit allen Liedern geschehen muß echtes Volkslied werden kann [...].[23]

Hierauf spricht Arnim im oben zitierten Satz von seinem Liederspiel. Zwölf Lieder Arnims erschienen von Reichardt komponiert in seiner Liedersammlung *Le Troubadour italien, francais et allemand*, die, bei Henry Fröhlich in Berlin gedruckt, in Lieferungen von vier Seiten 1805/06 ausgeliefert wurde. Schon am 25. März 1805 sandte Arnim Noten des *Troubadour* an Brentano, denn dieser bedankte sich am 2. April: »Heute habe ich einen zweiten fröhlichen Brief von dem troubadour begleitet von dir [...]«[24]. Da »Ja winkt nur, ihr lauschenden Bäume ...« als erstes der Lieder Arnims im zweiten Heft erschien,[25] wird dieses auf jeden Fall damals nach Heidelberg gelangt sein. Das Gedicht, das trotz seiner Kürze drei verschiedene Versformen aufweist, war eine Herausforderung für den Komponisten. Die Vertonung ist ebenfalls dreigeteilt. Es ist ein anspruchsvolles Lied für eine Sopranstimme mit Klavierbegleitung; die Stimmung der Dichtung wird eng am Text entlang kompositorisch umgesetzt. Die Überschrift »Einsamkeit« deutet an, daß Reichardt eine handschriftliche Fassung vorgelegen haben muß, die der im Pergamentband von 1804 entsprach.

---

22 Brentano an Achim von Arnim, 15.02.1805. Ebd., Bd. 1, S. 261f.

23 Arnim an Clemens Brentano, 27.02.1805. Ebd., Bd. 1, S. 268.

24 Brentano an Achim von Arnim, 02.04.1805. Ebd., Bd. 1, S. 277.

25 Reichardt: Le Troubadour italien, francais et allemand. Berlin 1805/06, S. 6f. Vgl. Abb. S. 28f. Der Takt ist mit 3/4 statt 2/4 falsch angegeben. Reprint des Erstdrucks bei Kiermeier-Debre: »Gespräche in Liedern«, a.a.O., S. 248.

Einsamkeit.
(Poesie von L. A. v. Arnim.)
Langsam und innig.
Singstimme.
Pianoforte.
Ja winkt nur, ja winkt nur, ihr lau - schenden Bäu - me! Lieb-äu - gelt, lieb-äu - gelt, ihr
flim - mern-den Räu-me! Fer - - ne Lie - der, ihr spot - - tet mein, se - - he
wie - der, wie ich — al - lein! Es he - bet und sen - ket ein Wind die Zwei-ge und Schatten ge-
6

Abb.: Reichardts Komposition des Arnimschen Liedes *Einsamkeit*.
Erstdruck in: Reichardt: Le Troubadour italien, francais et allemand. Berlin 1805/06, S. 6f.
Für die freundliche Genehmigung des Wiederabdrucks danke ich der Bibliothek der Hansestadt Lübeck.

Darauf deutet auch das »und« in der Zeile

Es hebet und senket ein Wind,

das Arnim wenig später in *Der Edelknabe und die Müllerin* durch »es« ersetzte. Hier heißt es parallelisierend sogar in der folgenden Zeile:

die Zweige und Schatten geschwind,

wobei Arnims »die Zweige, die Schatten« logischer ist, denn es sind ja die Schatten der Zweige, die sich gleichzeitig mit ihnen bewegen. Auch erscheint diese Variante in keinem der arnimschen Textzeugen, so daß man hier wohl von einem Eingriff Reichardts ausgehen kann. In den ersten beiden Zeilen macht Reichardt eine Textwiederholung:

Ja winkt nur, ja winkt nur, ihr lauschenden Bäume!
Liebäugelt, liebäugelt, ihr flimmernden Räume!

Der Grund dafür ist die Melodieführung. Arnims Zeile hat drei Hebungen; Reichardt setzt in seinem getragenen Anfang je eine Hebung auf den ersten Taktschlag, so daß er für das achttaktige Thema diese Textwiederholungen benötigte. Die Schlußverse versteht er – mit dem Aufkommen des Windes sozusagen – schneller, so daß zwei Hebungen in einem Takt untergebracht werden; damit sind aber mit den zwei Zeilen:

Es hebet und senket ein Wind
die Zweige und Schatten geschwind,

nur vier Takte zu füllen. Um die Melodie zu Ende zu führen, wiederholt Reichardt nun diese beiden Zeilen. Das wird in der Folge Arnim anregen, diese Wiederholung mit neuem Text zu füllen.

Ohne daß das Gedicht »Ja winkt nur, ihr lauschenden Bäume ...« von Arnim noch einmal erwähnt worden wäre, taucht es 1813 im Druck auf: in dem in seiner *Schaubühne* publizierten Schauspiel: *Die Vertreibung der Spanier aus Wesel im Jahre 1629.*[26] In diesem Stück singt das Lied wieder – wie in der ersten Fassung – eine Frau, nämlich die Wirtstochter Susanna nach der Versöhnung mit dem Helden des Historiendramas, Peter Mülder. Dieser war – zu Unrecht – eifersüchtig auf den Spanier Graf Lozan, dem man ein Verhältnis mit Susanna nachsagte. Nachdem er gegangen ist, um die Stadt zu befreien, wovon Susanna nichts weiß, spricht sie in der Vorfreude auf die Nacht:

[26] Berlin: In der Realschulbuchhandlung. 1813, S. 174.

Die Bäume rauschen wieder so freundlich, sie winken in letzter Sonne, als wär es *sein Arm*, aber die Kinder spotten wohl mein und singen von mir, ich aber will lieben aller Welt zum Trotz und will singen:

Ja winkt nur, ihr lauschenden Bäume,
Liebäugelt ihr flimmernden Räume,
Ferne Lieder
Ihr spottet mein,
Fühle wieder
Wie ich allein,
Es hebet und senket ein Wind
Die Zweige, die Schatten geschwind;
Und leget die Wolken von Staub
Aufs grünende glänzende Laub!

[...] Bald ist es Nacht! Was hab ich versprochen und nicht bedacht!

Das Lied hat in dieser Fassung seine vollendete Form erreicht. Das Empfinden des Einsamen wird durch das Wort »Fühle« stärker betont als in früheren Fassungen durch das »Sehe«. Vor allem wird durch die Texterweiterung des Liedes die gedämpfte Stimmung des einsamen Menschen in der strahlenden Natur auch auf diese ausgedehnt, denn das glänzende Laub wird mit Staub bedeckt.

Erstaunlich ist, wie Arnim das Gedicht bei geringen Varianten so verschiedenen Figuren in den Mund legen konnte, auch, daß dies sowohl Männer als auch Frauen sind. Es ist in jedem Kontext ein Kleinod und behauptet sich auch selbständig, ob es nun gesprochen gedacht wird oder in Reichardts Vertonung, wobei Arnim sicher gewünscht hätte, daß man es in der erweiterten Textfassung singt.

Monika Hahn

Doppelte und dreifache Missverständnisse

Subjektive Befangenheit und »trügerische Zeichen« in Eduard Mörikes »Maler Nolten«

> »Alle Irrthümer des Verstandes entspringen aus einem Urtheil über die Dinge in der Nichttotalität gesehen.«
> (Friedrich W. J. Schelling)[1]

In Friedrich Schlegels *Lucinde* erscheint Julius sein Leben zunächst als »eine Masse von Bruchstücken ohne Zusammenhang«[2], doch in der Liebe zu Lucinde eröffnet sich ihm die Einsicht in den Sinnzusammenhang seines Lebens:

> Es ward Licht in seinem Innern, er sah und übersah alle Massen seines Lebens und den Gliederbau des Ganzen klar und richtig, weil er in der Mitte stand. Er fühlte, daß er diese Einheit nie verlieren könne, das Rätsel seines Daseins war gelöst [...].[3]

Zwar scheint es auch Nolten in der Begegnung mit Elisabeth, »als wäre das Siegel vom Evangelium seines Schicksals gesprungen« (217)[4], am Ende aber stehen Noltens verzweifelte Worte:

---

[1] Friedrich Wilhelm Josef Schelling: Darlegung des wahren Verhältnisses der Naturphilosophie zu der verbesserten Fichteschen Lehre (1806). In: F.W.J. Sch.: Schriften von 1806–1813. Unveränderter reprografischer Nachdruck. Darmstadt 1968, S. 1–126, hier S. 42.

[2] Friedrich Schlegel: Lucinde. In: Kritische Friedrich-Schlegel-Ausgabe. Hrsg. v. Ernst Behler unter Mitwirkung v. Jean-Jacques Anstett u. Hans Eichner. München u.a. 1958ff. Abtl. 1, Bd. 5: Dichtungen. Hrsg. v. Hans Eichner. München u.a. 1962, S. 37.

[3] Ebd., S. 57. Vgl. hierzu auch: Hinrich C. Seeba: Kritik des ästhetischen Menschen. Hermeneutik und Moral in Hofmannsthals »Der Tor und der Tod«. Bad Homburg v.d.H. 1970, S. 125.

[4] Eduard Mörike: Maler Nolten. In: E. M.: Werke und Briefe. Historisch-kritische Gesamtausgabe im Auftrag des Ministeriums für Wissenschaft und Kunst Baden-Württemberg und in Zusammenarbeit mit dem Schiller-Nationalmuseum Marbach a. N. hrsg. v. Hans-Henrik Krummacher, Herbert Meyer, Bernhard Zeller. Stuttgart 1967ff. Die dem vorliegenden Aufsatz zugrundeliegende 1. Fassung des *Maler Nolten* (ebd., Bd. 3, hrsg. v. Herbert Meyer, 1967) wird im folgenden nach dieser Ausgabe nur mit Angabe der Seitenzahl im fortlaufenden Text zitiert, die weiteren Bände der gleichen Ausgabe mit römischer Band- und arabischer Seitenzahl (Bd. 4: Maler Nolten. Bearbeitung. Bd. 5: Maler Nolten. Lesarten und Erläuterungen).

»O Leben! o Tod! Räthsel aus Räthseln! Wo wir den Sinn am sichersten zu treffen meinten, da liegt er so selten, und wo man ihn nicht suchte, da gibt er sich auf einmal halb und von ferne zu erkennen, und verschwindet, eh' man ihn festhalten kann!« (406)

Mörike läßt hier am Ende seinen Helden jeglicher Sinnfindung absagen. Nur noch in Momenten intuitiver Schau ist Erkenntnis der Ganzheit möglich. Treffend hat Emil Staiger dies in seinem Vortrag *Schellings Schwermut* in bezug auf Mörike formuliert:

Inselhaft wird nun das Glück, das einst universal gewesen ist. Das Ich, das sich im Mittelpunkt des Kosmos wußte, ist verbrannt [sic!; verbannt; M. H.] und kehrt nur noch in seltenen Stunden in sein verlorenes Erbe zurück.[5]

Subjektivität im Sinne der Befangenheit in der eigenen Perspektive wird nun zum Problem. Welt, wie sie der einzelne Mensch wahrnimmt, ist immer schon vom Subjekt gedeutete Welt. Aufgrund der Unfähigkeit des Menschen, alle Zusammenhänge zu durchschauen, birgt dies die Gefahr der Fehldeutung, des Mißverstehens. Dafür gibt es im *Maler Nolten* nur allzu viele Beispiele. Der Erzähler selbst spricht in einer Art Zwischenresümee von einem »doppelten und dreifachen Mißverständniß«:

[...] enthalten wir uns nicht, einen allgemeinen Blick auf die Gemüther zu werfen, zwischen denen sich durch die fatalste Verschränkung der Umstände, durch ein doppeltes und dreifaches Mißverständniß eine so ungeheure Kluft gebildet hatte. (171)

Doch geht es im *Maler Nolten* nicht nur um die oben angesprochene allgemein menschliche Grundsituation, sondern Unaufrichtigkeit, Verstellung, Scheinhaftigkeit erschweren ein Erkennen der Wirklichkeit ebenso wie die Befangenheit in gesellschaftlichen Normen, die eine vorurteilsfreie, offene Sicht verstellt. Dies wird zu zeigen sein.

Vorangestellt sei eine kurze Erklärung des Begriffes des »Mißverständnisses«, wie er der folgenden Untersuchung zugrundegelegt wird. Meint »Verstehen« das richtige Erfassen von Bedeutung, handelt es sich umgekehrt beim »Mißverstehen« um eine – i.d.R. unbeabsichtigte – falsche Deutung. Parallel zu den verschiedenen Formen des Verstehens – über das Sprachverstehen hinaus gibt es das Verstehen von Handlungen, Verhaltensweisen, Ereignissen und Sachverhalten[6] – sind im

---

5 Emil Staiger: Schellings Schwermut. In: Verhandlungen der Schelling-Tagung in Bad Ragaz (Schweiz) vom 22. bis 25. September 1954 veranstaltet von der Schweizerisch Philosophischen Gesellschaft und dem Archiv für genetische Philosophie. Basel 1954, S. 112–133, hier S. 122.

6 Zum Begriff des »Verstehens« vgl.: Metzler Philosophie Lexikon. Begriffe und Definitionen. Hrsg. v. Peter Prechtl u. Franz-Peter Burkard. Stuttgart, Weimar 1996, S. 553f. Der entsprechende Band des von mir so geschätzten Historischen Wörterbuches der Philosophie (vgl. die folgende Anm.) liegt leider derzeit noch nicht vor.

folgenden nicht nur Mißverständnisse in bezug auf Gesagtes gemeint, wenngleich diesen eine primäre Rolle zukommt; Mißverständnisse in diesem umfassenderen Sinne meint aber auch jede unrichtige Deutung von Verhalten, Handlungen oder Sachverhalten.[7]

Als Grundlage für die folgende Untersuchung ist es wichtig, verschiedene Ursachen der Mißverständnisse zu unterscheiden. Es macht durchaus einen Unterschied, ob die Mißverständnisse durch subjektive Fehlinterpretation entstehen oder durch bewußt gesetzte »trügerische Zeichen«[8], die zur Fehlinterpretation verleiten.[9]

Subjektive Fehlinterpretationen können ihrerseits wieder unterschiedliche Gründe haben: Übereilung, unaufmerksames Beobachten, vorschnelle Urteile, Vertrauen auf den oberflächlichen Anschein (»Sinnengläubigkeit«[10]) und subjektive Befangenheit. Unterschiedliche Ursachen der subjektiven Befangenheit sind u.a. Befangenheit in eigenen Problemen, in Idealen, im Wunschdenken, Befangenheit in religiösen oder politischen Ideologien, in gesellschaftlichen Denkweisen.[11] Vorurteile, Mißtrauen und Argwohn können daraus resultieren.

Auf der anderen Seite sind es »trügerische Zeichen«, angelegt, um eine falsche Deutung zu evozieren, die Mißverständnisse verursachen. Wie in den frühen Dramen Schillers sind es auch im *Maler Nolten* insbesondere die Briefe, denen als »trügerischen Zeichen« eine große Bedeutung zukommt. Es ist die Indirektheit der Kommunikation, die der »Korruption Tor und Tür« öffnet, die anfällig macht für »bewußt fälschende Irreführung«, für Intrigen aller Art.[12] So wird, was bestimmt ist, zu verbinden, Kommunikation zu stiften, Distanz zu überbrücken, nicht selten zum Anlaß für Mißverständnisse, die letztlich zur »Kluft« zwischen den Personen führen.

---

7 Zur Unterscheidung von Mißverständnis und Irrtum: Beim Irrtum handelt es sich um falsche Sätze, die als wahr angenommen werden. Der Begriff des Irrtums ist allgemeiner als der des Mißverständnisses: Man kann sich auch irren, ohne etwas mißzuverstehen. Gemeinsam ist Irrtum und Mißverständnis, daß beide nur im nachhinein aufgeklärt werden können. Es macht ebensowenig Sinn zu sagen: »ich mißverstehe dies« wie man nicht sagen kann: »ich irre mich«. Gemeinsam ist beiden auch die Diskrepanz zwischen subjektiver Perspektive und objektiven Verhältnissen. Zu »Irrtum« siehe: Historisches Wörterbuch der Philosophie. Hrsg. v. Joachim Ritter u. Karlfried Gründer. Bd. 4: I–K. Darmstadt 1976, S. 589–606.

8 Wenn der Begriff »trügerische Zeichen« hier in Anführungszeichen gesetzt wird, so nicht nur, um die Wendung als feststehenden Begriff zu kennzeichnen, sondern vor allem, um den Titel des Aufsatzes von Oskar Seidlin mitschwingen zu lassen (Oskar Seidlin: Schillers »Trügerische Zeichen«: Die Funktion der Briefe in seinen frühen Dramen. In: Jahrbuch der Deutschen Schillergesellschaft 4 (1960), S. 247–269. Auch in: O. S.: Von Goethe zu Thomas Mann. Zwölf Versuche. Göttingen 1963, S. 94–119).

9 Vgl. auch: Walter Müller-Seidel: Versehen und Erkennen. Eine Studie über Heinrich von Kleist. Köln, Graz 1961, S. 12. Dieser auch über Heinrich von Kleist hinaus grundlegenden und umfassenden Studie zu diesem Thema verdanke ich hilfreiche Anregungen auch für den vorliegenden Aufsatz.

10 Diesen Begriff übernehme ich von Walter Müller-Seidel. Ebd., S. 53.

11 Zu den verschiedenen Formen der subjektiven Befangenheit siehe auch die lesenswerte Studie von Kaspar T. Locher: Gottfried Keller. Welterfahrung, Wertstruktur und Stil. Bern 1985.

12 Seidlin: Schillers »Trügerische Zeichen«, a.a.O., S. 248.

Der Begriff des »trügerischen Zeichens« soll im folgenden jedoch nicht auf sprachliche Zeichen beschränkt werden. Auch Verhaltensweisen können zu »trügerischen Zeichen« werden, wenn die Personen sich verstellen, sich anders geben als sie sind.[13] Hierher gehört auch das Sich-Verbergen hinter einem hohen Maß an Selbstbeherrschung. Die Übergänge zu bewußter Verstellung sind fließend.

Das folgende Zitat aus einem Brief an seinen Freund Wilhelm Waiblinger vom 25. Februar 1822, in dem Mörike ein Sich-Verstellen und seine Folgen beschreibt, sei hier vorangestellt, weil es zeigt, wie sehr Mörike über derartige psychologische Vorgänge reflektiert. Mörike, der sich mit Selbstvorwürfen gequält hatte, ist erleichtert, als ein Brief Waiblingers ihm zeigt, daß dieser ihn »*jezt* wieder aus der Gestalt herausfinden könne«, in der er ihm damals erschienen sei (X/28), und Mörike nimmt dies zum Anlaß, die Situation im nachhinein zu erklären. Der Wunsch, den Erwartungen des Freundes zu entsprechen, die Angst, ihn zu enttäuschen, hatten ihn dazu verleitet, sich anders zu geben als er tatsächlich war:

> Das ist ein wunderlicher, aber schon tausenmal v. mir verfluchter Zug, *daß ich*, aus einer *dunkeln* Besorgniß, ich möchte dem Freund oder Bekannten, den ich zum erstenmal oder nach langer Zeit wieder sehe, (der aber im ersten Falle schon v. mir gehört haben muß) in einem ungünstigen Licht erscheinen, *blizschnell aus meinem eigentlichen Wesen heraustrete.* (X/28)

Wie gefährlich weit dieses Annehmen einer Maske fortgeschritten war, und daß gerade durch dieses angestrengte Verbergen der eigentlichen Identität eine Kluft zwischen den Freunden entstand, hat Mörike klar erkannt:

> Das ist schon so eingewurzelt bey mir, daß ich diese Maske fast bewußtlos annehme u. so den Freund abhalte, mir frey, mit warmen Zutrauen entgegenzukommen, mithin keinem v. beyden, am wenigsten mir selbst damit diene. Dabey ist mir aber nicht wohl zu Muthe, es drückt mich immer, es ist als wär ich in einen neblichten Duft halb eingeschleyert, als stünde der Freund klar u. wahrhaft mir vor Augen, wo ich mich ihm dann so gerne ganz offen u. unbefangen zeigen möchte, je mehr ich ihn liebgewinne u. bemerke, daß er *so* mich nicht lieben kann, da möcht ich ihm gerne mit Thränen mein Inneres aufschließen, das von Wunden blutet – aber ich kann nicht mehr aus dem Schleyer herausspringen ich scheue mich vor ihm u. zürne wüthend über mich selber u. dieser Zwiespalt diese Unzufriedenheit mit mir steigt dann aufs Höchste, wenn der Geliebte fort ist – ich brenne, ihn noch einmal zurückrufen zu können, um ihm das unächte Bild aus dem Herzen zu reissen – (X/28f.).

---

[13] Im *Maler Nolten* selbst wird der Begriff des Zeichens in diesem Sinne verwendet, so z.B. wenn Constanze, nachdem sie sich von Nolten getäuscht glaubt, die Erinnerung an »das kleinste Zeichen, womit sie ihm ihre Gunst verrathen haben mochte« (162), ihrem Ehrgefühl einen Stich versetzt. (Bei pathologischen Verhaltensweisen, um die es sich im *Maler Nolten* nicht selten handelt, wird der Zeichenbegriff auch im Sinne des medizinisch-psychologischen Begriffes des Symptoms, des symptomatischen Zeichens, verstanden.)

Mörike selbst spricht im Anschluß an diese Briefstelle von seinem »psychologischen Exkurs« (X/29). Er war in einen Teufelskreis geraten, der nur durch ein solch nachträgliches Bekenntnis zu durchbrechen war, das die Täuschung wieder aufhob. Geschieht dies nicht, kommt es, wie im *Maler Nolten,* zu einer ›Potenzierung‹ der Mißverständnisse, die den wahren Sachverhalt immer undurchschaubarer werden läßt, immer neue Fehldeutungen heraufbeschwört.

Ob subjektive Fehlinterpretation oder mehr oder weniger bewußt gesetzte »trügerische Zeichen« – immer geht es um die »Unfähigkeit [des Menschen], zwischen dem Phänomen und dem ›*Ding an sich*‹, zwischen Erscheinung und Wesen, zwischen Zeichen und Sinn zu unterscheiden.«[14]

Während die hier behandelte Thematik zumeist vor allem für die Dichtungen Heinrich von Kleists[15] in Anspruch genommen wird – mit Schwerpunkt auf »trügerischen Zeichen« auch für Schiller – gilt es hier, zu zeigen, welch entscheidende Bedeutung ihr auch bei Mörike zukommt – bei Mörike am stärksten verbunden mit einer psychologischen Motivierung.[16] Stets handelt es sich bei Vorgängen des Mißverstehens um »menschlich bedeutende Situation[en]«[17], die zentrale Elemente der Handlung bilden. Darüber hinaus soll gezeigt werden, wie häufig subjektive Befangenheit der Personen, Probleme der Deutung und »trügerische Zeichen« in Mörikes Roman auf den Zeilen zur Sprache gebracht, also im Roman selbst zum Thema werden.

Auf der Grundlage der vorausgehenden Unterscheidung wird bei der Interpretation der für unseren Zusammenhang wichtigen Szenen jeweils zu fragen sein,

---

14 Seidlin: Schillers »Trügerische Zeichen«, a.a.O., S. 259, der hier bewußt die Kantschen Termini verwendet (vgl. ebd., S. 263).

15 Zur Frage, ob Mörike die Werke Heinrich von Kleists gelesen hat, findet sich lediglich im Anhang (überschrieben »Ein Stück zu einem Tagebuch [...]«) zu einem Brief vom 07.12.1838, also lange nach Abschluß der ersten Fassung des *Maler Nolten*, ein Beleg: bei einem »Lesekränzchen [...] gibt [...] Strauß Heinrich Kleists Verlobung auf [sic!] ST. DOMINGO zu hören« (XII/239). Weitere Hinweise sind nicht belegt. In den Erläuterungen zu dieser Briefstelle heißt es: »Strauß schätzte die Werke von Kleist besonders.« (XII/616).

16 Während zu Kleist, Schiller und auch zu Gottfried Keller seit langem Studien zum Thema der subjektiven Befangenheit und »trügerischen Zeichen« existieren (s.o.), liegt bislang zu Mörike keine Arbeit vor, die sich speziell mit diesem Thema beschäftigt, was angesichts der Bedeutung dieser Thematik für Mörikes *Maler Nolten* erstaunt. Die mit der hier behandelten Thematik eng zusammenhängende Kommunikationsproblematik im *Maler Nolten* hat Irene Schüpfer in ihrer Dissertation behandelt: Irene Schüpfer: »Es war als *könnte* man gar nicht reden.« Die Kommunikation als Spiegel von Zeit- und Kulturgeschichte in Eduard Mörikes *Maler Nolten*. Frankfurt/M. u.a. 1996. Eine hellsichtige Äußerung Christiaan Hart-Nibbrigs wird weiter unten einbezogen (vgl. Anm. 39).
Der vorliegende Aufsatz beschränkt sich auf den *Maler Nolten*, doch spielt die hier behandelte Thematik auch in anderen Werken Mörikes eine Rolle, so z.B. in der Erzählung *Die Hand der Jezerte*. Nicht berücksichtigt werden hier die epischen und lyrischen Einlagen im *Maler Nolten*, ausgespart wird also auch die Legende vom »Alexis-Brunn«, obgleich dort die voreilige Deutung von Zeichen thematisiert wird; einbezogen wird lediglich die Diskussion um die Deutung des Schattenspiels *Der lezte* [sic!] *König von Orplid*.

17 Müller-Seidel: Versehen und Erkennen, a.a.O., S. 24.

welcher Art die Mißverständnisse sind und welche Ursachen jeweils zugrundeliegen.

Unverzichtbar ist es bei der hier behandelten Thematik, Fragen der Form (Erzählperspektive, Erzählerkommentare, Gespräch, Briefform)[18] in besonderem Maße einzubeziehen. Unzählig sind die Stellen, an denen Beobachtungen oder Urteile der handelnden Figuren mit Hilfe der relativierenden Worte »scheint«/ »schien« oder der Struktur des »als ob« als subjektiv gesehen ausgewiesen werden.

Besondere Aufmerksamkeit verdient die Art, wie der Erzähler einerseits und handelnde Personen andererseits über andere Romanfiguren und ihr Handeln urteilen. Hier, soviel sei vorweggenommen, kommt es zu einer interessanten Diskrepanz, auf die man bislang nicht geachtet hat.

Zunächst aber gilt es, in der hier gebotenen Kürze, die Umstände, unter denen die Mißverständnisse möglich sind, die Stellung der Figuren in ihrer Umwelt, das Verhältnis von Rolle und ›Mensch dahinter‹ zu charakterisieren.

Nicht die Schilderung sozialer Zustände steht im Zentrum des Romans, im Vordergrund stehen vielmehr die Folgen gesellschaftlicher Normen und Denkweisen für die Menschen, die damit in Konflikt geraten. Gezeigt werden die seelischen Leiden der Romanfiguren an einer Gesellschaft, die die Ganzheit des Menschen verleugnet, alles Dunkle verdrängt.[19] Indem die Menschen im Roman diese Vorstellung verabsolutieren, werden sie zum Opfer eines grundlegenden Mißverständnisses über die Natur des Menschen, die mehr umfaßt. Auf diese letztlich gesellschaftlich gegründete Verfehlung der Ganzheit des Menschen kommt es an. Das Thema der Befangenheit in jenem verengenden Tugendideal gehört damit in den Kernbereich des Romans, und dort steht denn auch nicht ohne Grund die Geschichte von Noltens Onkel. Hier wird der Konflikt zwischen Anforderungen der Gesellschaft und Bedürfnissen des Individuums besonders deutlich; es ist dies eben jener Konflikt, der auch das Leben seines Neffen entscheidend bestimmen wird. Im Roman wird Theobalds spätere Entwicklung geradezu (psycho-)analytisch bis zu diesem Punkt zurückverfolgt.

Friedrich Nolten, der zu seiner Liebe zu der Zigeunerin Loskine steht – wenngleich er ihre Herkunft verleugnet – und sie zur Frau nimmt, wird deshalb gesell-

---

[18] Daß im Rahmen dieses Aufsatzes keine vollständige Analyse des Erzählverfahrens im *Maler Nolten* gegeben werden kann, versteht sich von selbst. Zur erzählerischen Vermittlung des Geschehens vgl.: Achim Nuber: Mehrstimmigkeit und Desintegration. Studien zu Narration und Geschichte in Mörikes *Maler Nolten*. Frankfurt/M. 1997.

[19] So auch: Isabel Horstmann: Eduard Mörikes *Maler Nolten*. Biedermeier: Idylle und Abgrund. Frankfurt/M. u.a. 1996, u.a. S. 83f. u. S. 92. Vgl. auch: Herbert Bruch: Faszination und Abwehr. Historisch-psychologische Studien zu Eduard Mörikes Roman »Maler Nolten«. München 1991, u.a. S. 406f.
Zur Konkretisierung dieses Ideals vgl. die Beschreibung der Idealbilder von Agnes weiter unten. Besonders deutlich spricht dieses »Ideal der Reinheit und der Tugend« aus einem Brief von Mörikes Schwester Luise vom April 1823, in dem sie »mit aller Entschiedenheit versucht, [...] den Bruder auf den Pfaden der Tugend und der christlichen Moral festzuhalten, [...] ihn vor Maria Meyer zu warnen.« Vgl.: Eduard Mörike 1804–1875–1975. Gedenkausstellung zum 100. Todestag im Schiller-Nationalmuseum Marbach am Neckar. Texte und Dokumente. Hrsg. v. Bernhard Zeller, Walter Scheffler, Hans-Ulrich Simon u.a. Stuttgart [2]1990, S. 111ff.

schaftlich geächtet: »›Alles verschwor sich gegen eine Verbindung‹« (213), selbst der eigene Bruder, Noltens Vater, ein Pfarrer, »verfeindet« sich mit ihm (213), er gebraucht gar die harte Formulierung »›man merkte Unrath‹« (213). Trotz der gegenseitigen Liebe wird Loskine krank vor Heimweh, sie stirbt bei der Geburt ihrer Tochter Elisabeth. Als diese später entführt wird, ist Friedrich Nolten völlig verzweifelt. Sein Bruder wertet dieses Unglück als Strafe Gottes (214). Das letzte, was man von ihm weiß, ist, daß er eine Schiffsreise unternommen hat; seither gilt er als verschollen, sein Gemälde von Loskine wird in der hintersten Ecke der Dachstube verborgen.

Wie sein Onkel zeigt auch Theobald Nolten schon früh eine Neigung zum Zeichnen, wird jedoch zunächst von seinem Vater an der Entfaltung seiner künstlerischen Fähigkeiten gehindert, aus Angst, auch er könne wie einst sein Onkel »die Bahn heilsamer Ordnung verlasse[n]« (215). Im Alter von 16 Jahren wird die Begegnung mit Elisabeth, der »traurige[n] Frucht [jenes] längst mit Stillschweigen zugedeckten Verhältnisses« (201), für ihn zum Erlebnis leidenschaftlicher Liebe, zur Erfahrung der eigenen Abgründe, des Geistes Elisabeths in ihm. Unmittelbare Folge dieses Erlebnisses ist seine Berufung zum Künstler. Zwar besucht Nolten nach dem Tod seines Vaters, dem Förster in Neuburg in Kost gegeben, eine Malerschule, seine Sehnsucht nach Elisabeth aber überwindet er schließlich; entgegen dem Bündnis, das ihn mit Elisabeth auf immer vereinen sollte, entwickelt er sich zunehmend fort von ihr. Was als Bestandteil der eigenen Person nicht akzeptiert werden kann, wird im Leben verdrängt; nur noch in der Kunst, in Noltens Gemälde der Orgelspielerin, kommt es ans Tageslicht. Nolten aber ist seither nur noch ein ›halber Mensch‹. Seine Liebe gilt nun einem ganz anderen – der bürgerlichen Gesellschaft konformen – Idealbild, er verliebt sich in Agnes, die Tochter des Försters. Für den Bereich, für den Elisabeth steht, ist hier in der bürgerlichen Welt ebensowenig Raum wie in der Adelsgesellschaft, zu der Nolten als Künstler über verschiedene Mittelspersonen Zutritt erhält. Damit entfernt sich Nolten noch weiter von seiner eigentlichen Natur. Zwar scheint es zunächst, als könne er hier Künstlertum und gesellschaftliches Leben miteinander verbinden, doch bald zeigt sich auch die bedenkliche Seite dieser Integration in die Gesellschaft. Nicht nur stimmt uns Noltens Verhalten Agnes gegenüber nachdenklich, sondern auch, daß Verstellung, Maskenspiel und Intrigen in dieser Gesellschaft eine große Rolle spielen. Auf einer komischen Ebene wird dies am Beispiel Wispels vorgeführt. Am Hofe der Zarlins ist es der »Adelstolz der Familie« (155), der einen natürlichen Umgang der Menschen miteinander unmöglich macht. Wenn Mörike Constanze in der bearbeiteten Fassung des Romans zu Nolten sagen läßt:

> »O Nolten, wäre Alles wie es sollte, wie es könnte, nicht diese unnatürlichen Verhältnisse, von denen wir abhängen, es brauchte keiner künstlichen Vermittlungen (IV/135)«[20],

---

[20] Zu Recht stellt Mathias Mayer am Beispiel dieses Zitates fest, daß Mörike sich hier als »sozialkritischer Autor« erweise. (Mathias Mayer: Eduard Mörike. Stuttgart 1998, S. 95).

so ist damit die Diskrepanz zwischen Natürlichkeit und Gesellschaft bezeichnet. In der Liebe zwischen Nolten und Gräfin Constanze steht »Herz« gegen Gesellschaft. Nur abseits der Gesellschaft brechen die Gefühle hervor, die sonst nicht zugelassen werden. Anders als Friedrich Nolten versuchen Theobald, Agnes, Constanze und Larkens, ihrer Rolle in der Gesellschaft weitgehend gerecht zu werden, doch geht dies auf Kosten der Entfaltung der Ganzheit der Persönlichkeit. Die Folgen der Diskrepanz zwischen menschlicher Natur und der Verinnerlichung dieses alles Dunkle verleugnenden Ideals sind Selbstentfremdung[21] bis hin zu Wahnsinn und Tod. Das am weitesten fortgeschrittene Stadium der Persönlichkeitsspaltung wird am Beispiel des Schauspielers Larkens gezeigt, dessen Leben mehr und mehr zum bloßen Maskenspiel wird.

Es geht also im *Maler Nolten* nicht nur um das Subjekt, das hinsichtlich seines erkenntnistheoretischen Standpunktes nicht mehr in der Mitte steht, sondern auch um den Menschen, der sich von seiner eigenen Mitte, vom Zentrum seiner Persönlichkeit entfernt hat. Mörikes *Maler Nolten* ist ein in hohem Maße psychologischer Roman.

Worauf es hier neben der Befangenheit in gesellschaftlichen Normen ankommt, ist der enge Zusammenhang von (Selbst-)Entfremdung und dem Aufkommen von Mißverständnissen: die Symptome von Selbstentfremdung wie mangelnde Offenheit, mangelndes Vertrauen, Kommunikationsprobleme und subjektive Befangenheit sind zugleich wesentliche Ursachen für Mißverständnisse, ebenso das Sich-anders-Geben als man ist. Da dem Menschen die Gefühle und Motivationen seiner Mitmenschen nicht unmittelbar zugänglich sind, er vielmehr auf äußere Anzeichen angewiesen ist, führt diese Diskrepanz zwischen innen und außen, um die es im Roman wesentlich geht, oftmals zu falschen Deutungen.

Wie die Verinnerlichung gesellschaftlicher Konventionen – auf der einen Seite als Forderung an den Mitmenschen, auf der anderen Seite als Forderung an die eigene Person – und ein damit in Zusammenhang stehendes schwer durchschaubares Verhalten folgenschwere Mißverständnisse heraufbeschwören, wird am Beispiel der Beziehung von Nolten und Agnes vorgeführt.

In bezug auf Agnes wird das Ideal des tugendhaften biedermeierlichen Landmädchens wiederholt formuliert. Was zunächst gegeben wird, sind Spiegelungen ihrer Person in Reflexionen und Gesprächen der anderen Romanpersonen – Bilder, die sich andere von ihr konstruieren. Wörtlich spricht Larkens von dem »goldreine[n] Christengelsbild«, das er sich »so nach und nach von dem Mädchen construirte« (47). Für Constanze und Larkens wie einst vor allem für Nolten verkörpert dieses Mädchen vom Lande »Unschuld« (160), »äußerste Reinheit der Gesinnung« (42), »ursprüngliche Einfalt« (42) und »Natürlichkeit«. Sie verklären

[21] Vgl. Claudia Liebrand: Identität und Authentizität in Mörikes *Maler Nolten*. In: Aurora. Jahrbuch der Eichendorff-Gesellschaft 51 (1991), S. 105–119, hier S. 106. Zur Darstellung der Thematik der Selbstentfremdung und zur psychologischen Darstellung im Maler Nolten allgemein siehe meinen Aufsatz: Wider die These der »doppelten Motivierung«. Studien zu Eduard Mörikes *Maler Nolten* (derzeit noch unveröffentlicht).

sie zum »Engel« (47f., 161, 262) zur »Heiligen« (262). Das Sich-ein-Bild-Machen spielt im Roman eine große Rolle.

Die Tage eines ungetrübten Verhältnisses zu Nolten aber gehören bereits der Vergangenheit an. Nolten, so wird bald deutlich, kennt nur die Extreme. Bereits nach den ersten Andeutungen eines Verdachts der Untreue der entfernt wohnenden Verlobten verhärtet er sich »schnell in dem Wahne, daß der edle Boden dieses schönen Verhältnisses für immerdar erschüttert sey« (26). Er würdigt Agnes »keines Wortes, keines Zeichens mehr« (26), ihr selbst gibt er »nicht im Geringsten den Grund dieser Veränderung zu erkennen« (26), und »das Ausbleiben ihrer Briefe [nimmt] er ohne Weiteres für ein Zeichen ihres eigenen Schuldbewußtseyns.«(26). Es ist dies »ohne weiteres«, das zeigt, daß Nolten seine Deutung nicht in Frage stellt. Nolten hofft schon »auf eine freiwillige Auflösung des Bündnisses von ihrer Seite« (26), die ihm freilich gelegen käme.

Als Larkens ihn zur Rede stellt und fragt: »›[...] wo sind die Indicia?‹« (43) verweist Nolten auf einen Eindruck bei seinem letzten Besuch in Neuburg, den er jetzt durch Informationen dritter Personen, die ihm zugekommen sind, bestätigt sieht: »Mir ward von freundschaftlicher Hand ein Wink gegeben«, daß man sich in dem Vetter ein »Schwiegersöhnchen reservieren wolle« (43). Dahinter steht zugleich Noltens Angst, seine Existenz als Künstler sei Agnes' Vater zu unsicher, eine Befürchtung, die – kennt man die Vorgänge in Neuburg – unbegründet ist, denn der Förster ist durchaus bemüht, Agnes und Nolten wieder zusammenzuführen und keineswegs geneigt, eine Verbindung zwischen Agnes und ihrem Vetter zu fördern oder auch nur zu akzeptieren. Wenig später beruft sich Nolten abermals auf Briefe, die ihm den Verdacht von Agnes' Untreue zugetragen hätten. Als Larkens hartnäckig weiter nachfragt: »›Aber was sagte Agnes zur Entschuldigung?‹« (44), gesteht Nolten: »›Nichts, und ich macht' ihr keinen Vorhalt [sic!]‹« (44). Nolten – so stellt sich heraus – hat Agnes nicht einmal die Gelegenheit gegeben, sich zu rechtfertigen, er hat sie nicht zur Rede gestellt. Wir erinnern uns an eine vergleichbare Szene in *Wilhelm Meisters Lehrjahren*: Auch Wilhelm verläßt Mariane aufgrund des Verdachtes der Untreue ähnlich überstürzt. Später meldet sich für einen Moment sein schlechtes Gewissen, und leidenschaftlich ruft er aus, was Larkens hier Nolten zu bedenken gibt:

> »War's nicht möglich, daß sie sich entschuldigen konnte? War's nicht möglich? Wieviel Mißverständnisse können die Welt verwirren, wieviel Umstände können dem größten Fehler Vergebung erflehen.«[22]

Nebenbei sei bemerkt, daß auch Wilhelm aus dieser momentanen Einsicht keine Konsequenzen für sein Handeln zieht, und wie wenig offen Nolten für die Argumente seines Freundes ist, zeigen seine Worte »Kurzum, ich weiß nun, was

---

22 Johann Wolfgang von Goethe: Wilhelm Meisters Lehrjahre. In: J.W.v.G.: Werke. Hamburger Ausgabe in 14 Bänden. Textkritisch durchgesehen und kommentiert von Erich Trunz. München 1988. Bd. 7: Romane und Novellen II, S. 86 (im folgenden zit. als: HA mit römischer Band- und arabischer Seitenzahl).

ich von Allem zu glauben habe« (45), mit denen er auf eine Beendigung des Gesprächsthemas drängt. Daß Nolten hier den Briefen dritter Personen eher vertraut als seiner eigenen Verlobten, läßt darauf schließen, daß bereits zuvor eine »Entfremdung« (40) zwischen den Partnern eingetreten ist.

Später erfahren wir Konkreteres über zwei Briefe aus Neuburg und ihre Wirkung auf Nolten. Die erste – wohlmeinende – Warnung über ein »zweideutiges Benehmen« (62) von Agnes stammt von Noltens väterlichem Freund, dem Baron, »von dessen Rechtlichkeit und vorsichtigem Urtheil sich weder Übereilung noch Parteilichkeit erwarten ließ« (62). Schon diese »ersten Laute des Verdachts« (62), obgleich sie Nolten noch nicht überzeugen, lähmen ihn derart, daß er nicht mehr fähig ist, Agnes zu schreiben. Ganz und gar nicht wohlmeinend und unparteiisch, sondern geradezu intrigant ist ein später eintreffender Brief von Agnes' Vetter Otto Lienhart, in dem dieser von einer unzweifelhaften Neigung von Agnes zu ihm spricht, der Vater aber »nöthige« sie, »in ihren Briefen unredlich gegen Theobald zu seyn« (63). Aufgrund der Interessen des Absenders bestünde hier durchaus Anlaß, an einer objektiven Darstellung der Verhältnisse zu zweifeln, und hellsichtig hatte Larkens Nolten im oben erwähnten Gespräch zu bedenken gegeben: »›Die Episteln hat der Neid diktirt!‹« (44), Nolten aber sieht jetzt in allem nur noch die Bestätigung seiner vorgefaßten Ansicht, mit diesem Brief erhält er nur die »Bestätigung seines Argwohns« (62). Als ›Beweise‹ liegen zudem Briefe von Agnes an ihren Vetter bei. Selbst der Erzähler gibt zu: »Die Sache hatte wirklich so vielen Schein [...]« (26). Da hilft es denn freilich wenig, wenn Agnes' Vater Nolten bittet, »von gewissen Gerüchten, welche sich zu Neuburg durch die Zudringlichkeit eines eingebildeten jungen Menschen verbreitet hätten, und die vielleicht auch [...] bis zu ihm gedrungen seyn könnten, auf keine Weise Notiz nehmen« (65) und mahnt: »Schließlich möge er sich doch wohl bedenken, ehe er ein Geschöpf, dessen ganzes Glück an ihn gebunden sey, um eines immerhin räthselhaften und darum schwer zu richtenden Vergehens willen, ohne weitere Prüfung verstoße.« (65) Zwar bringen einige Briefe von Agnes, die ihm der Vater zusammen mit einem Begleitschreiben zuschickt, Nolten noch einmal ins Wanken – die Briefe, so heißt es, »waren von der Art, daß Theobalds Urtheil, in sofern es bis jezt unbedingt verwerfend gewesen, sich gewissermaßen modifiziren mußte« (65) –, letztlich aber genügt es Nolten, daß er sich um den »ersten heiligen Begriff von Reinheit bestohlen« (66) sieht, um jedes Interesse an dem Mädchen zu verlieren, Agnes stillschweigend ›fallenläßt‹: »›Aber was auch immer die Ursache sey‹« (66), die »Thatsache« (66) bleibe. Sein »Paradies« auf Erden scheint ihm »vergiftet« (43), sein »Bild« von Agnes für immer »entstellt« (66).

Wer wie Nolten den Menschen mit dem Maßstab des Idealen mißt, wird der Realität nicht gerecht; Noltens Unbedingtheitsanspruch steht die Bedingtheit allen wirklichen Lebens gegenüber. Daß Nolten die wirklichen Hintergründe für Agnes' Verhalten nicht zu verstehen sucht, daß er nicht einmal den Wahrheitsgehalt der ihm zukommenden Informationen überprüft, letztlich, weil er in Agnes nur sein Ideal, nicht aber die eigenständige Persönlichkeit sieht, hierin liegt das Versäumnis Noltens.

Im Kontrast zu einer solchen am Idealen und Typischen orientierten Sichtweise, die dem Individuum nicht gerecht wird,[23] zeigt Mörike im Roman die Menschen wie sie wirklich sind, und das heißt mit ihren Stärken und Schwächen, ihren hellen und dunklen Seiten, in ihrer Widersprüchlichkeit und Komplexität, und auch das Mädchen vom Lande wird jetzt in seiner Individualität gezeigt. Der Leser erfährt durch den Erzähler, was in Agnes wirklich vorgeht, ihm wird die eigentliche Ursache für ihr rätselhaftes Verhalten erklärt. Am Beispiel von Agnes wird eine subtile medizinisch-psychologische Schilderung der »Geschichte ihrer Krankheit« (92) gegeben, die hier freilich nicht im einzelnen nachvollzogen werden kann. Agnes' »Verzweifeln an allem eigenen Werthe« (50), ihre Zweifel, ob sie und Nolten tatsächlich »für einander taugen« (50), ihre Angst, sie sei für Nolten »ein gar zu bäurisches einfältiges Geschöpf« (50), die sie »schon in gesunden Tagen« immer wieder »unterdrückt« (50) hatte, brechen nun nach der Genesung von einer »Nervenkrankheit« (49) um so heftiger hervor, nicht zuletzt wohl auch aufgrund der Abwesenheit des geliebten Mannes.

Anschaulich gemacht wird dieser Einbruch des Verdrängten, des Unbewußten in der Begegnung mit Elisabeth, die hier in Gestalt einer Zigeunerin auftritt und Agnes prophezeit, sie und Nolten seien nicht füreinander bestimmt, ihr Vetter Otto werde ihr Liebhaber werden. Im Roman wird vor allem die Wirkung Elisabeths auf Agnes beschrieben, und diese ist eine durchaus tiefgreifende: Agnes ist aufs »Äußerste ergriffen« (53), auch später behält »jene dunkle Stimme [...] auf Agnesens Thun und Lassen den mächtigsten Einfluß« (55), ihr »Gemüth [ist] im Stillen zerrissen« (55). Agnes glaubt sich fremdbestimmt, etwas scheint von außen auf sie hereinzubrechen, doch wird die Subjektivität dieser Perspektive transparent gemacht, wenn der Erzähler deutlich werden läßt, daß es etwas aus Agnes selbst Kommendes ist, das ihr hier begegnet und eine psychologische Deutung nahelegt: Elisabeths Worte, so heißt es, »erklärten ihr nur ihre eigene Furcht« (52), und in bezug auf Elisabeths Prophezeiung, Nolten und sie seien nicht füreinander geboren, wird gesagt: »Wie schmerzhaft aber [...] wird ihr geheimstes Herz mit Einem Male aufgedeckt«(52). Es sind Agnes' eigene unbewußte Ängste, die hier in der Begegnung mit Elisabeth ins Bewußtsein auftauchen. Agnes freilich erkennt diese psychischen Abläufe nicht.

Daß es bei Elisabeths Prophezeiung ganz natürlich zuging, erklärt der Erzähler im nachhinein, indem er mitteilt, was von Agnes »nicht bemerkt« (54) wird: Elisabeth habe ihr diese Worte »abzulauschen« (54) gewußt; andererseits wird eine »geheime Absicht« (54) Elisabeths angedeutet, die später von Larkens näher erklärt wird. Als Larkens aus den späteren Briefen des Försters von der Begegnung zwischen Agnes und Elisabeth erfährt, stellt er seiner Gewohnheit gemäß Zusammen-

---

23 Ähnliches meint wohl Georg Büchner, wenn er Lenz sagen läßt: »Dieser Idealismus ist die schmählichste Verachtung der menschlichen Natur.« (Georg Büchner: Lenz. Erzählung. Mit Oberlins Aufzeichnungen ›Der Dichter Lenz, im Steinthale‹, ausgewählten Briefen von J.M.R. Lenz und einem Nachwort von Jürgen Schröder. Frankfurt/M. 1985, S. 24).

hänge zwischen den Ereignissen her.[24] Er weiß im Unterschied zu Agnes und dem Wissensstand des Lesers zu diesem Zeitpunkt um Elisabeths Leidenschaft für Nolten. Elisabeth, so seine Erklärung, »glaubte sich in Agnes von einer Nebenbuhlerin befreien zu müssen« (92). Auch sonst kommt Larkens im Roman des öfteren die Rolle einer teilweise überlegenen Figur zu. Agnes aber ist schon geneigt, in dieser Begegnung einen »höheren Wink« (54) zu sehen. Was nur ihre eigene subjektive Sichtweise ist,[25] erscheint ihr als Schicksal, als objektive Wahrheit. Worum es geht, ist eine Verwechslung des Subjektiven und des Objektiven. Was zunächst aus der Perspektive der erlebenden Person, die mitten im Geschehen stehend, nicht alles überschauen kann, als »Schicksal« erfahren wird, wird aus der Perspektive des Überblicks sowie der Kenntnis der Charaktere und der Umstände bis zu einem gewissen Grad erklärbar. Die psychologische Deutung läßt das Rätselhafte zumindest teilweise verständlich werden.[26] Während Agnes befürchtet, sie sei »ein gar zu bäurisches einfältiges Geschöpf« (50) für Nolten, sind es gerade diese »ursprüngliche Einfalt« (42), die Einfachheit und Natürlichkeit, die Nolten als gebrochenen, reflektierenden Charakter an ihr anziehen. Agnes aber ist völlig verunsichert, mehr und mehr verhindert ihre Angst eine ungebrochene Liebe zu Nolten; sie ist hin- und hergerissen zwischen ihrer Liebe und ihrer Angst. »Jene Idee von Otto fixirt[] sich gleichsam künstlich im Gemüthe der Armen« (58)[27], sie bestimmt völlig Agnes' Denken und Verhalten. Auch mit Vernunft kommt sie nicht gegen diese »eingebildete Nothwendigkeit« (58) an, so daß sie zeitweise dieser Vorhersage gemäß handelt und sich ihrem Vetter gegenüber in einer Weise verhält, die rein äußerlich nur schwer zu unterscheiden ist von einer aufkeimenden Leidenschaft zu ihm. Auch daß sie bei ihrem Vetter Unterricht im Mandolinen-

---

[24] Diese für den Roman durchaus wichtige Funktion von Larkens übersieht Irene Schüpfer, wenn sie feststellt: »Weder der Erzähler noch die Figuren versuchen, das, was ihnen zustösst, in einen Kausalzusammenhang zu bringen.« (Schüpfer: »Es war als *könnte* man gar nicht reden.«, a.a.O., S. 34).

[25] Zur Frage nach der objektiven Wahrheit dieser Prophezeiung findet sich in der zweiten Fassung des Romans ein aufschlußreiches Gespräch, in dem Larkens folgende Ansicht äußert: »Wenn die Wahrsagerin dem Mädchen ihren Bräutigam mit den Worten auszureden sucht: ›Sein Stern ist wider den deinen. Die Geister necken sich und machen mit dem Herzen Krieg‹, so ist darin dem Sinne nach, der sich damit verbinden läßt, zwar keine objective Wahrheit, allein es war damit doch nahezu die Anschauung Agnesens wirklich ausgedrückt.« (IV/209)

[26] Es ist geradezu Strukturprinzip bei der Schilderung der Begegnungen mit Elisabeth, daß zunächst der subjektive Eindruck der Personen wiedergegeben wird, anschließend wird dann eine psychologische Deutung nahegelegt und deutlich, daß das, was aus der Sicht der erlebenden Romanfigur von außen auf sie einzustürzen schien, aus dem eigenen Inneren der Figuren hervorbricht. An anderer Stelle habe ich dies ausführlich für alle Elisabeth-Begegnungen aufgezeigt, die daher und mit Rücksicht auf den Umfang des Aufsatzes im folgenden nicht berücksichtigt werden. Hierzu sowie zum Verhältnis von Elisabeth-Figur und psychologischer Motivierung vgl. meinen Aufsatz: Wider die These der »doppelten Motivierung«, a.a.O. In der älteren Forschung hat man oft nicht berücksichtigt, daß es sich hier um die subjektive Perspektive der Figuren handelt, hat deren Perspektive absolut gesetzt und ein von außen auf die Figuren einstürzendes Schicksal angenommen.

[27] Zur »fixen Idee« als extremster Form der subjektiven Befangenheit siehe gegen Ende dieses Aufsatzes.

Spiel nimmt, kann mißgedeutet werden, Agnes allerdings will »nur um Noltens willen« (50) ein Instrument lernen, um ihm eine Freude zu machen. Was oberflächlich gesehen den Anschein der Untreue erweckt, sind bei näherer Kenntnis des Charakters Symptome einer seelischen Krankheit; heute würde man in bezug auf Agnes wohl vor allem von Minderwertigkeitskomplexen sprechen.
Nolten gegenüber, so redet Agnes sich ein, müsse sie diese Ängste aus Rücksichtnahme verschweigen. Gerade dieses Schweigen aus falsch verstandener Rücksichtnahme aber ermöglicht letztlich erst die weiteren Mißverständnisse.

Auch ihrem Vater gegenüber kommt »vom wahren Grunde ihres Zustandes [...] keine Sylbe über ihre Lippen« (53), selbst dem Förster erscheint das Verhalten seiner Tochter höchst rätselhaft, doch bemüht er sich, den eigentlichen Grund dafür herauszufinden. Der Erzähler beschreibt zunächst die Versuche des Försters, sich das Verhalten seiner Tochter zu erklären, dann distanziert er sich von dessen Sicht:

> Der Alte sezt die Verirrung des Mädchens nach *seinen* Begriffen auseinander, macht, ohne das Rechte zu treffen, eine nicht eben unwahrscheinliche Erklärung davon, wobei Alles am Ende auf eine [...] melancholische Überspannung und zulezt auf alberne Kinderei reducirt wird. (65)

Damit sind mehrere Aspekte benannt, die in unserem Zusammenhang wichtig sind. Mit dem Hinweis auf eine Reduktion wird eine wichtige Ursache für Fehldeutungen angesprochen: Zugunsten der Eindeutigkeit wird der Realität Gewalt angetan; der Komplexität und Vieldeutigkeit der Realität wird diese Sicht nicht gerecht. Wird schon durch die Wendung »nach *seinen* Begriffen« die Subjektivität dieser Perspektive transparent gemacht, so weist der Erzähler durch die Formulierung »ohne das Rechte zu treffen« ausdrücklich auf die Diskrepanz zwischen der Sichtweise des Försters und den tatsächlichen Verhältnissen hin. Zugleich beansprucht der Erzähler durch ein derartiges Urteil, im Unterschied zu den Romanfiguren gewissermaßen gottgleich die Verhältnisse überschauen zu können. Auch sonst tritt er wiederholt als allwissender Erzähler auf: Er greift vor und berichtet von gleichzeitigen Ereignissen an verschiedenen Orten. Seine Perspektive ist weder zeitlich noch räumlich eingeschränkt. So auch, wenn er die Stellung der Figuren zueinander aus der Überschau beschreibt:

> Auf diese Weise standen die Personen eine geraume Zeit in der wunderlichsten Situation gegen einander, indem Eines das Andere mit mehr oder weniger Falschheit, mit mehr oder weniger Leidenschaft zu hintergehen bemüht war. (67)

Der Leser hat Teil an dieser Perspektive des Überblicks und dem Blick in das Innere die Figuren, hier in »Agnesens inneres Leben« (66). Was dem Menschen im Leben verwehrt bleibt, der direkte Einblick in das innere Wesen des Mitmenschen, wird in der Epik durch den auktorialen Erzähler möglich: »Die epische Fiktion«, so die grundlegende Feststellung Käte Hamburgers, »ist der einzige erkenntnistheoretische Ort, wo die Ich-Originität (oder Subjektivität) einer dritten Person als einer dritten dargestellt werden kann.«[28]

Angesichts der Bemühungen des Vaters, sich das rätselhafte Verhalten seiner Tochter zu erklären, wird auch diese Spannung zwischen den begrenzten Einsichten der handelnden Figuren und dem Wissensstand des Lesers direkt zur Sprache gebracht: »Der Leser aber kann über den wahren Zusammenhang des wunderlichen Gewebes wohl nimmer im Zweifel seyn.« (57) Agnes' Vater hingegen ist auf äußere Anzeichen angewiesen, »die Art jedoch, wie sich Agnes äußerlich betrug, ließ in der That nicht auf eine so bedeutende Störung ihres Innern schließen« (58). Erst nach und nach erhellen sich für den Vater die Zusammenhänge. Über einen erneuten Brief des Försters an Nolten wird gesagt:

> Der Alte beruft sich auf seinen frühern Brief an Theobald, worin die sonderbare Verirrung des Mädchens, so weit es damals möglich gewesen, bereits entwickelt worden sey, er wolle aber, da einige erst neuerdings entdeckte Umstände die Ansicht des Ganzen bedeutend verändert hätten, Alles von vorn herein erzählen, und so sezt er denn dasjenige weitläufig auseinander, was wir dem Leser schon mitgetheilt haben. (90f.)

Erst nach Agnes' Geständnis weiß auch der Förster von Agnes' Begegnung mit Elisabeth, der ›Wissensrückstand‹ des Försters gegenüber dem Leser ist an dieser Stelle dennoch nur hinsichtlich der Vorgänge in Neuburg ›aufgeholt‹, während der Leser darüber hinaus um die Vorgänge in der Hauptstadt weiß, um Noltens aufkeimende Liebe zu Constanze. Er erlebt Noltens Geständnis seiner Liebe Constanze gegenüber abseits jeglicher Gesellschaft in der »schönen Grotte« mit, und auch die folgende Szene spricht Bände über Noltens Gefühlslage. Es ist eine jener Episoden, in denen die Problematik der subjektiven Deutung von Zeichen im Text selbst thematisiert wird. Nolten meint, in der Granatblüte, die ihm bei der Maskerade in der Neujahrsnacht zugesteckt worden war, ein Zeichen der Liebe Constanzes zu ihm zu erkennen, die Granatblüte wird ihm zum »unschätzbare[n] Merkzeichen« (46). Nachträglich stellen sich bei Nolten »verschiedene Zweifel über das hohe Glück« (68) ein, »das er sich vielleicht zu voreilig aus dem sonderbaren Vorfall in jener Ballnacht gedeutet haben konnte« (68). Und doch:

> Aber auch wenn er manchmal sich selbst geflissentlich die vielverheißende Bedeutung jenes Zeichens ausredete, [....] so konnte er am Ende bei jedem Blick in sein Inneres bemerken, daß ein unerklärlicher Glaube, eine stille Zuversicht in ihm zurückgeblieben war, und er nahm sodann diese wundersame Hoffnung gleichsam wieder als ein neues Orakel, dem er unbedingt zu vertrauen habe. So eigen pflegt der Geist mit sich selber zu spielen, wenn jene träumerische Leidenschaft uns beherrscht. (68)

---

[28] Käte Hamburger: Die Logik der Dichtung. Stuttgart [4]1994, S. 73.

Nolten »befand sich [...] in der größten Ungewißheit«, und »jezt erst fiel ihm ein, sich näher zu erkundigen« (68), ob die Gräfin überhaupt auf dem Ball gewesen war. Später bestätigt sich: Constanze war zu diesem Zeitpunkt verreist, konnte also an dem Maskenball gar nicht teilgenommen haben. Noltens Deutung der Granatblüte als Ausdruck von Constanzes Liebe zu ihm erweist sich somit als ›Ausgeburt‹ einer »träumerischen Leidenschaft«. Daß hinter Noltens Deutung dennoch insofern Wahrheit steht, als Constanze ihn tatsächlich liebt, es aber aus Rücksicht auf den »Adelstolz« (155) ihrer Familie nicht zeigen darf, kann Nolten zu diesem Zeitpunkt nicht wissen.

Daß Nolten alles, was seine Beziehung mit Constanze betrifft, auch seinem Freund Larkens nicht anvertraut – nicht zuletzt, weil er weiß, daß er hier nicht auf Zustimmung hoffen darf –, wird das weitere Handeln von Larkens entscheidend beeinflussen. Larkens nämlich hat es sich zur Aufgabe gemacht, das »fernere Schicksal seines Freundes zu bedenken« (235), als der Ältere und Lebenserfahrenere glaubt er besser als Nolten selbst zu wissen, was gut für diesen ist. Während Nolten sein Glück in einer Zukunft mit Constanze zu finden hofft, meint Larkens »vorauszusehen«, daß es sich nur um eine kurze Verwirrung Noltens handelt, und Constanze, so glaubt er, denke ohnehin nicht an ein Verhältnis mit Nolten. In diesem Punkt allerdings irrt Larkens ebenso wie in dem Glauben, Nolten lasse ihn »an Allem Theil nehmen« (47). Larkens selbst jedoch ist sich seiner Sache so sicher, daß er seinerseits alles unternimmt, um Nolten von Constanze und Elisabeth fernzuhalten und ihn zu Agnes, von deren Unschuld er nach wie vor überzeugt ist, zurückzuführen. Er nimmt die Fäden selbst in die Hand, arrangiert, knüpft zerrissene Fäden neu und zerreißt gerade neu geknüpfte. In der »gewissesten Überzeugung, daß die Zeit kommen müsse« (239), zu der es Noltens innigster Wunsch sein werde, wieder mit Agnes verbunden zu sein, will er ihm den »Weg zu diesem Heiligthume« (239) offenhalten. So rechtfertigt er selbst später im Abschiedsbrief Nolten gegenüber, daß er, um seine Absicht zu erreichen, ein »gewagtes Mittel« (239), die Fälschung von Noltens Handschrift, ergriff. Auch für Agnes, so glaubt er, sei eine vorübergehende Täuschung das beste. Er will ihr Noltens »Wankelmuth [...] verbergen«, will ihr »durch eine leichte Täuschung allen Schmerz, alle Angst [...] ersparen« (46), und so entschließt er sich, an Noltens Stelle Agnes' Liebesbriefe zu beantworten. Auch Larkens verfolgt seine Pläne im Verborgenen, von einer Intrige im eigentlichen Sinne aber kann hier nicht gesprochen werden, denn es fehlt die »gegnerische und unfreundliche Absicht, die zum Wesen der Intrige gehört«; auch handelt Larkens nicht um seines eigenen Vorteils willen.[29] Was außer Larkens eigentlich niemand wissen kann, erfährt der Leser aus einem Selbstgespräch von Larkens, dessen Wiedergabe vom Erzähler ausdrücklich mit der Intention, den

---

[29] Zur Definition des Begriffs der »Intrige« vgl. Walter Müller-Seidel mit der ihm eigenen begrifflichen Klarheit in: Müller-Seidel: Versehen und Erkennen, a.a.O., insbes. S. 42, hier S. 11. Auch im *Maler Nolten* selbst wird in bezug auf Larkens' Briefe an Agnes der Begriff der Intrige nicht gebraucht, im Text finden sich hingegen die folgenden Bezeichnungen: »Täuschung« (46, 239), »Betrug« (239), »Lügenschrift« (48).

Leser mit Larkens' Plänen bekannt zu machen, motiviert wird: »Indem wir es wiederzugeben suchten, weihten wir den Leser in das Geheimniß ein [...]« (48).

Durch Larkens' »Maskencorrespondenz« (48) wird, was einst echte Liebeskorrespondenz war, ersetzt durch »trügerische Zeichen«. Larkens führt fort, was in Wirklichkeit der Vergangenheit angehört. Was im Roman in anderem Kontext gesagt wird, gilt auch hier: Es war »alles nur noch der Schein des frühern Zustandes« (276). Möglich ist diese Täuschung durch den »unächten Correspondenten« (65) nur aufgrund der Indirektheit der Kommunikation mittels Briefen.

Da Larkens Noltens Handschrift nachahmt, sind die Zeichen rein äußerlich täuschend ähnlich, so daß Agnes die Täuschung nicht durchschauen kann, gilt doch die Handschrift selbst im juristischen Sinne als Beweis für die Zuordnung zu einer bestimmten Person. Für den Leser jedoch läßt die parallele Schilderung von Noltens Liebe zu Constanze den unerbittlichen Bruch zwischen Wahrheit und »trügerischen Zeichen« um so deutlicher werden. Daß für Larkens Zeichen und Sinn insofern zusammenfallen, als er ganz »zum anderen Nolten« (48) wird, und wirklich fühlt, was er schreibt, ist wiederum ein anderes. Von der Bewertung von Larkens' Handeln durch den Erzähler wird an späterer Stelle noch zu sprechen sein.

Aufgrund von mangelnder gegenseitiger Offenheit und Larkens' Täuschung werden die Zusammenhänge für die beteiligten Personen immer undurchsichtiger. Selbst von Larkens wird gesagt, er habe »Mühe, sich die Fäden dieser unerhörten Verwirrung klar zu machen [...] und ein ruhiges Bild vom Ganzen zu gewinnen, um hierauf seine Entschließung zu fassen« (92).

Eine völlig neue Ebene kommt bei Larkens' Aufführung des Schattenspiels *Der lezte* [sic!] *König von Orplid* hinzu, ist es doch hier die »Mißdeutung« (151) eines Kunstwerkes, die im Roman zum Thema wird.[30] Hier sind es die Zuschauer, die dem Schattenspiel einen Sinn unterschieben, der so vom Autor nicht intendiert war. Während Larkens die Zuschauer in seiner Einführung ausdrücklich bittet, sich »an den Charakter, an das Pathologische der Sache« (97) zu halten, sehen die Zuschauer den »versteckte[n] Sinn« (149) des Kunstwerkes in einer politischen Satire. Sie deuten es als »Pasquill« (149) auf König Nikolaus und seine Mätresse Viktorie. Die Mehrdeutigkeit des Kunstwerks wird von den Zuschauern reduziert auf eine einzige Interpretation, die absolut gesetzt wird.

Durch die Publikation wird das Kunstwerk der Meinung der Öffentlichkeit ausgesetzt. Nolten erinnert seinen Freund im nachhinein: »›rieth ich dir nicht damals schon [...], es lieber bei dir zu behalten, weil für keine Mißdeutung zu stehen sey?‹« (151), und wenig später im gleichen Gespräch mit Larkens äußert Nolten seine Skepsis noch schärfer: »›man weiß nicht, wie so was umkommt und sich in der Leute Mund verunstaltet.‹« (151) In der Tat verbreitet sich die Meinung, die einige wenige Zuschauer sich vorschnell gebildet haben, rasch. Zur Fehldeu-

[30] Um Mißverständnisse bei der Exegese geht es auch an anderer Stelle im *Maler Nolten*, wenn Henni in bezug auf Agnes von einem »Mißverständniß der Bibelsprache« (384) spricht. Dies wird im Roman jedoch nicht näher ausgeführt, es folgt lediglich der Hinweis auf eine »falsche Anwendung des Dämonenglaubens« (384) bei Agnes.

tung hinzu kommt die Verfälschung der Wahrheit im Gerücht, die Walter Müller-Seidel treffend beschrieben hat: »Im Gerücht läuft zusammen, was viele sagen und meinen. Der verfälschende Charakter liegt im Unpersönlichen und Anonymen«,[31] in Unkenntnis also der konkreten Situation.

Der Leser jedoch erhält auch hier »zum [besseren] Verständnisse« (152) durch den Erzähler Einblick in die Hintergründe und Larkens' eigene Intention. Wohl wird eine Anspielung auf König Nikolaus eingestanden, aber in durchaus anderem Sinne als sie von den Zuschauern aufgefaßt wird; während diese »Spott« und »infame Ironie« (150) vermuten, ging es Larkens im Gegenteil um Verehrung, um menschliches Verständnis für König Nikolaus, der »in seinen Augen ein großartiges tragisches Räthsel der Menschennatur« (152f.) ist.[32]

Einerseits wird Larkens vom Erzähler im wahrsten Sinne des Wortes verteidigt: »Zu entschuldigen ist es nun, wenn der Freund [...] gewissermaßen eine Apotheose jenes unglücklichen Fürsten geben wollte.« (153) Andererseits werden im folgenden auch die Perspektiven des Herzogs und des Königs einbezogen, die in dem Spiel eine »unschickliche Anspielung« (167) vor allem auf Viktorie sehen, und die zunächst gegebene Bewertung des Erzählers wird etwas relativiert, wenn auch er nun in dieser Hinsicht Bedenken äußert: »In so ferne müssen wir jenes Spiel höchst unbedachtsam nennen« (167). Was hier anklingt, ist der Vorwurf der Indiskretion.[33]

Die (Fehl-)Interpretation eines Kunstwerkes wirkt in die Realität hinein, sie wird zum Moment der Handlung: Die Anschuldigungen aufgrund der Aufführung des Schattenspiels tragen wesentlich zur Verhaftung von Nolten und Larkens bei, doch auch Constanze ist daran nicht unbeteiligt. Darum soll es im folgenden gehen.

---

31 Müller-Seidel: Versehen und Erkennnen, a.a.O., S. 65.

32 So auch: Rolf Selbmann: Theater im Roman. Studien zum Strukturwandel des deutschen Bildungsromans. München 1981, Kapitel: Tragische Bildungsgeschichte und Salontheater: Mörikes »Maler Nolten«, S. 128–137, hier S. 133.

33 Zu Gerücht und Gerede unter dem Aspekt der Indiskretion siehe den Brief Mörikes vom 24.02.1833: »Vom Antheil an jener elenden Sage sind wir ja Beide nun gereinigt [...] Offenbar hat Dorchen den ersten Fehler dadurch gemacht, daß sie [...] in ihren Freunden sich vergriff.« Mörike nimmt dies zum Anlaß zu einer allgemeinen Mahnung, wobei er für seine Lehre ein Goethe-Zitat heranzieht: »Überhaupt sollen die Menschen, und auch wir, niemals einer Lehre vergessen, welche ein weiser Mann aufs treffendste folgendermaasen ausgedrückt u. welche auf tausend andre zarte Verhältnisse paßt«. Es folgt ein Zitat aus Goethes »Betrachtungen im Sinne der Wanderer« in *Wilhelm Meisters Wanderjahren* (mit unbedeutenden Veränderungen), das sich auch in den *Maximen und Reflexionen* findet: »Die Bedeutsamkeit der unschuldigsten Reden und Handlungen wächs't mit den Jahren; und wen ich länger um mich sehe, den suche ich immerfort aufmerksam zu machen, welch ein Unterschied Statt finde zwischen Aufrichtigkeit, Vertrauen und Indiskretion, ja daß eigentlich kein Unterschied sey, vielmehr nur ein leiser Übergang vom Unverfänglichsten zum *Schädlichsten* welcher bemerkt oder vielmehr empfunden werden müsse. Hierauf haben wir unsern Takt zu üben.« (XII/23f. u. XII/322; vgl. HA VIII/289) Im *Maler Nolten* ist es der Naturbursche Raymund, dem in Gesellschaft Taktlosigkeit vorgeworfen wird. Insgesamt freilich entstehen die Mißverständnisse im *Maler Nolten* weit häufiger durch Verschweigen als durch indiskretes Geplauder.

Constanzes Verhalten gegenüber Herzog Adolph ist wiederum Folge einer weiteren Täuschungsaktion von Larkens. Dieser nämlich führt nicht nur unter Noltens Namen den Briefwechsel mit Agnes fort, sondern er spielt darüber hinaus – um einen Bruch zwischen Nolten und der Gräfin herbeizuführen – Constanze Agnes' Antwortbriefe auf die von ihm an Noltens Stelle geschriebenen Liebesbriefe zu. Er deponiert sie in einer Tasche mit den »Lettern T. N.« (156) so, daß sie gefunden werden müssen, und wirklich gelangen sie über das Zimmermädchen schließlich in Constanzes Hände. Es sind Noltens Initialen T. N., die hier zu »trügerischen Zeichen« werden und zu einem Mißverständnis führen. Daß die Tasche Nolten zugehöre, »zweifelte sie keinen Augenblick« (156) und darauf, daß Constanze dem bloßen Schein Glauben schenkt, baut ja Larkens »Winkelzug gegen die Gräfin« (240). Zwar handelt es sich in der Tat um eine Tasche von Nolten, doch erfahren wir später aus Larkens' Abschieds- und Rechtfertigungsbrief an Nolten, daß Nolten diese Tasche schon früher Larkens geschenkt hatte. Constanze aber glaubt nun angesichts der Briefe von Agnes, daß Nolten doppeltes Spiel treibe, sie »glaubte in ihm den Verführer entdeckt zu haben« (161).

Nur mühsam wahrt Constanze ihrem Bruder gegenüber die Fassung, läßt sich nach außen hin nichts anmerken, und der Graf hat ohnehin »fast keine Augen« (159) für sie vor lauter Erwartung, wie es im Garten stehe. Mit der Mörike eigenen Anschaulichkeit wird die Diskrepanz von Schein und Sein, von innen und außen, dem Leser durch ein Gleichnis vor Augen geführt. Constanze folgt ihrem Bruder ins Gewächshaus, um mit ihm nachzusehen, ob die Pflanzen bei dem nächtlichen Frost nicht gelitten haben, und als ihr Bruder erfreut feststellt, daß alles unversehrt ist, zieht Constanze die Parallele zu ihrer eigenen trügerischen Gefaßtheit:

> Sie grünen noch und blühen, wie auch ich noch aufrecht stehe, mir selber zum Wunder; aber vielleicht der innerste Lebenskeim dieser zarten Staude ist doch angegriffen, es wird sich zeigen, ob sie uns nicht mit dem bloßen Scheine von Gesundheit täuscht, ob nicht heute Abend schon diese Knospe erstorben dahängt [...]. (159)

Es ist die Unfähigkeit des Menschen, den Schein als bloßen Schein zu erkennen und hinter die äußere ›Schale‹ zu schauen, die hier ins Bild gesetzt wird.

Constanze erträgt die Spannung nicht mehr und flüchtet in ihr Zimmer. Was – für andere unsichtbar – hinter verschlossener Tür vor sich geht, wird dem Leser mitgeteilt. Verzweifelt sucht Constanze nach einer verstandesmäßigen Erklärung, versucht, einen »erträglichen Zusammenhang der Sache zu entdecken« (159) und den »ungeheuren Widerspruch, worin Nolten in dem Doppelverhältniß zu ihr und einer Unbekannten erschien, beruhigend zu lösen« (159), indessen: »sie fand keinen Ausweg, keinen Schimmer von Licht« (159f.). Der Erzähler läßt hier den Leser teilhaben an den Gedankengängen Constanzes, am Durchspielen verschiedener Möglichkeiten und den Voraussetzungen, die von ihr angenommen – »gesezt« (160) – werden. Nur für einen Moment leuchtet für Constanze die Hoffnung auf, daß dies alles nur ein »Zerrbilde« (160) sei, das mit dem Geliebten, dem »wahre[n], unverfälschte[n]« (160), nichts gemeinsam habe, und ihm bitter unrecht tue, dann wieder hält sie es für möglich, daß »sich ein Grad von Verstellung denken [lasse], der alle gewöhnlichen Begriffe übersteige [...]« (161), und »der letzte Zweifel über die Gesinnungen Noltens verschwand vollends«, als sie ein Dokument von Noltens »eigene[r] Hand« (161)[34] entdeckt, und doch ist es eine trügerische Sicherheit. Wohl sind die Briefe von Agnes echt, was aber Constanze nicht ahnen kann, ist, daß sich hinter Noltens Namen in Wirklichkeit seit einiger Zeit Larkens verbirgt.[35]

Constanze legt sich die Vorgänge schließlich folgendermaßen zurecht: Aus einem der Briefe liest sie ein verstecktes Bekenntnis einer vorübergehenden Herzensverirrung Noltens heraus, und auch in einem Brief von Agnes glaubt sie Spuren eines »Mißverständni[sses]« (162) zwischen beiden zu finden. Sie nimmt daher an, Nolten habe inzwischen zu Agnes zurückgefunden, Agnes gegenüber ein Geständnis abgelegt, und sie selbst habe »nur auf eine kurze Zeit die Lücke gebüßt« (162). Der Erzähler kommentiert diese Deutung unter psychologischen Gesichtspunkten: »So viel Wahrscheinliches diese Schlüsse hatten, und so sehr sie auch geeignet schienen, ein wenigstens erträgliches Licht auf Noltens Benehmen zu werfen, so wenig Trost gaben sie der schönen Frau« (162). Constanze fühlt sich in ihrer Würde beleidigt, fühlt »alle Qual verschmähter Liebe« (162).

Entscheidend ist, daß auch hier zunächst keine offene Aussprache mit Nolten stattfindet; auch Constanze macht Nolten keine Vorwürfe. Der Erzähler selbst zieht die Parallele zu Nolten, der es nicht für nötig gehalten hatte, den Informationen über Agnes' Untreue, die ihm von Dritten zu Ohren gekommen waren, näher nachzugehen:

> Was Theobalden selbst betrifft, so sehen wir schon jezt, wie sich ein zwar sehr verzeihliches, aber dennoch übereiltes Mißtrauen in der Liebe durch ein ganz ähnliches an ihm bestraft [...] (172).

Erst später, nachdem Nolten aus einem Brief von Larkens selbst von dessen Intrige[36] gegenüber Constanze erfahren hat, und ihm klar wird, mit welch »ver-

---

[34] Vgl. hierzu die Interpretation des Wortes »Hand« im Sinne von Handschrift als Ausdruck »körperliche[r] Direktheit und Gegenwärtigkeit« in Schillers Drama *Die Räuber* bei Oskar Seidlin. (Seidlin: Schillers »Trügerische Zeichen«, a.a.O., S. 252).

[35] Gottfried Honnefelder hat das komplexe Wechselverhältnis von Schein und Sein wie folgt zu fassen gesucht: »So sind die Briefe, die Constanze [...] findet, echte Liebesbriefe einer Geliebten an den Mann, der sich um sie (Constanze) heftig bemüht. Agnes' Briefe sind von ihr selbst her wahre Zeichen, als Antworten auf fingierte Briefe sind sie aber tatsächlich Schein, in den Augen Constanzes sind sie wiederum Wahrheit, in Wirklichkeit aber Mittel der Lüge. Mit den echten und vermeintlichen Adressaten wechselt ein und dasselbe Zeichen seine Wahrheit so oft wie seine Bedeutung.« Und in der Anmerkung zu dieser Stelle wird über Agnes' Briefe gesagt: »[...] das durch Trug provozierte echte Zeichen wird so seinerseits zum trügerischen«. (Gottfried Honnefelder: Der Brief im Roman. Untersuchung zur erzähltechnischen Verwendung des Briefes im deutschen Roman. Bonn 1975; zu Mörike siehe das Kapitel: Verdinglichung des Schicksals: Der Brief in Eduard Mörikes »Maler Nolten«, S. 125–147, hier S. 136).

[36] Da sich diese Aktion von Larkens gegen Constanze richtet, kann man hier wohl von einer Intrige sprechen, allerdings geht es Larkens auch hier nicht um einen eigenen Vorteil.

ächtliche[r] Meinung [...] die Gräfin, seit sie von Larkens einseitig und falsch von dem Verhältniß zu Agnesen unterrichtet worden, ihn nothwendig ansehen mußte« (247), »wie verrucht [...] er als Verlobter vor ihr erscheinen [mußte], wie tückisch und planvoll sein Schweigen über diese Verbindung« (247), geht der Versuch, eine Aussprache herbeizuführen, von Nolten aus, fühlt er doch das dringende Bedürfnis, Constanzes Bild von ihm zurechtzurücken, sich von dem »Verdacht« zu »reinigen« (248). Zwar ist eine direkte Aussprache mit der Gräfin nicht möglich, doch gelingt es Nolten in einem Gespräch mit der Gouvernante Constanzes als Vermittlerin immerhin, einige Zusammenhänge zu klären.[37]

Schon zuvor aber beeinflußt Constanzes Überzeugung von Noltens Untreue ihr weiteres Verhalten. Constanze befindet sich in der oben beschriebenen Stimmung, als Herzog Adolph sie besucht. Die immer eindringlicheren Fragen des Herzogs nach Noltens Schuld in bezug auf die politischen Anspielungen im Schattenspiel entlocken Constanze schließlich die Worte: »›Schuldig – er ist's!‹« (170). Für den Leser ist die Spannung zwischen den Gedanken, die für Constanze hinter diesen Worten stehen und der Bedeutung, die der Herzog ihnen beimißt, spürbar. »Schuldig« – ja schon, aber in welcher Sache? Was der Herzog in bezug auf die Aufführung des Schattenspieles versteht – und aus dem Gesprächskontext so verstehen muß – und das weiß Constanze auch, hat für Constanze primär einen ganz anderen Sinn: Schuldig ist Nolten in ihren Augen, weil er ihre Gefühle verletzt, ihr Vertrauen getäuscht hat. Diese Mehrdeutigkeit des Gesagten wiederum ist für den Herzog nicht durchschaubar. Constanze freilich wird später zugeben, daß Rache, Eifersucht, Wut und Zorn sie zu dieser Aussage getrieben haben. Obgleich in heftigstem Widerstreit mit sich, vermag sie jedoch in diesem Moment nicht, das Gesagte rückgängig zu machen, »ein unbegreiflich Etwas band ihr die Zunge« (171). Für sie selbst wie für Nolten und Larkens sollten diese wenigen Momente gravierende Folgen haben.

Von besonderer Bedeutung ist die im Roman folgende Bewertung des Verhaltens Constanzes durch den Erzähler. Der Erzähler bezieht hier mögliche vorschnelle, einseitige Urteile des Lesers mit ein und versucht, dem entgegenzuwirken, indem er den Leser auffordert, sich in Constanzes Situation hineinzuversetzen, und Constanzes Verhalten mit viel Einfühlungsvermögen aus ihrer psychischen Situation heraus erklärt:

> Aber, scheint Constanze unser Mitleid verscherzt zu haben, seitdem sie sich zu einer heftigen Rache hinreißen ließ und derselben einen falschen Grund unterzuschieben wußte, ja seitdem es den Anschein hat, als wolle sie sich an einen zweideutigen Verehrer wegwerfen, so werden wir doch billig genug seyn, uns den Zustand eines weiblichen Herzens zu vergegenwärtigen, das auf's grausamste getäuscht, von der Höhe eines herrlichen Gefühls herabgestürzt, an sich selber, wie an der Menschheit, auf einen Augenblick irre werden mußte. (171f.)

---

[37] Interessant ist Noltens Vorgehensweise in diesem Gespräch: Um die Kluft zu überbrücken, zieht er es vor, alles mit veränderten Namen, gewissermaßen als Geschichte zu erzählen.

Dem Erzähler geht es nicht um Schuldzuweisung, er versucht vielmehr, das Handeln der Personen aus deren Situation heraus zu erklären und Verständnis zu wecken. Der Leser soll zu einer differenzierten Sicht angeregt werden.

Constanze selbst geht hart mit sich ins Gericht, sie zerbricht schließlich an Selbstvorwürfen über dieses Verhalten.

Auch Larkens, »zu Folge der mißtrauischen Verschlossenheit seines Freundes mit der wahren Lage der Dinge unbekannt« (164), hatte sich »in seinem Plane etwas geirrt« (164), auch er war bei seinen Plänen von falschen Voraussetzungen ausgegangen. Daher führt alles rationale Kombinieren zu erneuten Verwirrungen. Was den Knoten lösen sollte, zieht ihn schließlich noch enger. Seinen Plänen kommt doch etwas in die Quere. Gerade am Beispiel von Larkens, dem wiederholt die Rolle zukommt, Zusammenhänge aufzuklären, der versucht, alles »auszumitteln« (224), alles zu bedenken und zu kalkulieren, ja gar das »Unsichere und Zufällige mit in Rechnung« (64) ziehen zu können meint, werden so die Grenzen der Ratio aufgezeigt. Die Diskrepanz von Absicht und Verlauf[38] kommt im Roman selbst zur Sprache:

> Der redliche Wille eines Freundes, der im Dunkeln seinen Zweck hartnäckig verfolgte, ward zum Spiel eines schlimmer oder besser gesinnten Schicksals: die sorgsam aber grillenhaft angelegte Mine, womit Larkens einen gefährlichen Standpunkt der Personen nur leicht auseinander zu sprengen dachte, hat sich tückisch entladen und ist im Begriff, ihrer Viere, und darunter ihn selber, mit bitterm Unheil zu treffen, so daß man kaum wüßte, wer von Allen am meisten zu bedauern sey, wenn es nicht jenes unschuldige Mädchen ist, um dessen gerechtes Wohl es sich von Anfang an handelte. (171)

Hellsichtig stellt Christiaan Hart-Nibbrig fest:

> Alle Verwirrung hat ihren Ursprung im Nichterkennen des Totalzusammenhangs dessen, was schicksalhaft gleichzeitig ist und insgeheim zusammenspielt, um das Leben zu bestimmen. Die Figuren verfallen dem Irrtum und verstricken sich im selbstgesponnenen Netz, weil sie nicht über die jeweilige Lebenssituation hinausgehen können, in der sie stehen.[39]

Die rechtliche Verurteilung von Nolten und Larkens nimmt ihren Lauf. »Inzwischen«, so wird über die gesetzliche Verfolgung von Larkens wegen der Aufführung des Schattenspiels gesagt, »ward jene mißliche Sache durch einen neu hinzutretenden Umstand gar sehr verschlimmert, ja sie bekam eine völlig ver-

---

[38] Zur Diskrepanz von Absicht und Verlauf in Mörikes *Maler Nolten* siehe das Nachwort von Wolfgang Vogelmann in: Eduard Mörike: Maler Nolten. Novelle in zwei Teilen. Frankfurt/M. (Insel TB) 1979. Mit zeitgenössischen Illustrationen und einem Nachwort von Wolfgang Vogelmann, S. 457–482, hier S. 476f.

[39] Christiaan Hart-Nibbrig: Verlorene Unmittelbarkeit. Zeiterfahrung und Zeitgestaltung bei Eduard Mörike. Bonn 1973, S. 161.

änderte Gestalt« (172) – eine Erfahrung, die auch der Leser im Verlauf des Romans wiederholt macht. Gemeint sind hier Briefe aus Larkens' früherer Zeit eines vermeintlichen politischen Engagements, die man nun als Indizien heranzieht. Daß hier abermals die Zusammenhänge komplexer sind als es scheint, wird auch hier dem Leser nicht verschwiegen, – der Schein aber spricht gegen Larkens. Unter dem Einfluß des Herzogs kommt es schließlich sogar zur Verhaftung von Larkens und Nolten. Selbst der Herzog »bedauerte diese höchst verdrießliche Wendung der ohnehin so schief gedrehten Geschichte« (174); er sieht ein, daß es »jenes einzige Wort aus Constanzens Munde gewesen, was seine Schritte geirrt« (174) hatte.

Wie aber wird nun Larkens' eigenmächtiges Handeln vom Erzähler beurteilt? Auch in diesem Falle gibt es, wie durchweg bei Mörike, kein eindeutiges »›Schuldig – er ist's!‹«. An dessen Stelle tritt ein äußerst differenziertes, vorsichtiges Urteil des Erzählers:

> Sehr übereilt und tadelnswerth würden wir seine eigenmächtige Handlungsweise nennen müssen, wenn er eine Ahnung von den großen Fortschritten gehabt hätte, welche Theobalds neue Liebe bereits gemacht hatte, weil Larkens jene Rechte der Braut nur auf große Kosten der Ehrlichkeit seines Freundes aufdecken konnte; übereilt und unsicher müßten wir sein einseitiges Verfahren auch in so fern schelten, als er ja nicht wissen konnte, ob Nolten, wenn er sich auch bis jezt noch gegen Constanze zurückgehalten, doch in Kurzem nicht vielleicht ihr sein Herz anbieten werde, da er dann nothwendig im zweideutigsten Lichte vor ihr erscheinen müßte; allein für's Erste hatte Larkens nicht die mindeste Vermuthung davon, wie weit bereits das Verständniß der Beiden gediehen war, und für's Zweite, was die Zukunft betrifft, ging er neuerdings ernstlich mit dem Gedanken um, Theobalden die Zeugnisse für Agnesens Unschuld vorzulegen [...]. (164)

Schon früher hatte Larkens mit dem Gedanken gespielt, Theobald die Briefe von Agnes vorzulegen, doch schien ihm damals: »Nolten wäre [...] zu einer unbefangenen Ansicht der Dinge nicht fähig gewesen« (93).

Die konjunktivische Ausdrucksweise im obigen Zitat beläßt es bei der Möglichkeit einer Anklage unter anderen Umständen.[40] Aber gerade die Berücksichtigung der Umstände, der Voraussetzungen, unter denen die Personen handeln, ist entscheidend, um sie zu verstehen und objektiv zu beurteilen. So macht der Erzähler vor allem darauf aufmerksam, daß es Larkens an Einsicht in die tatsächlichen Verhältnisse fehlt, er betont Larkens' ›Nicht-Wissen‹ um die wirklichen Zusammenhänge. Damit wird in diesem Urteil der Subjektivität der menschlichen Perspektive

[40] Anders interpretiert Achim Nuber, er sieht hier bereits ein »Defizit« in der Autorität des Erzählers: »der Erzähler weiß nicht, mit welchem Wissensstand die erzählte Figur ihre Intrige durchgeführt hat.« (Nuber: Mehrstimmigkeit und Desintegration, a.a.O., S. 42f.) Diese Interpretation ist m.E. nur möglich, wenn der letzte Satz des hier gegebenen Zitates außer acht gelassen wird, und in der Tat bricht Nuber sein Zitat vorher ab. Daß Nubers Beobachtung, daß die Allwissenheit des Erzählers im weiteren Verlauf Einschränkungen erfahre, an anderen Stellen durchaus belegt werden kann, sei hier aber ebenso erwähnt. Vgl. Anm. 42.

Rechnung getragen. Auch gibt der Erzähler zu bedenken, daß Larkens nicht bewußt ist, welche Konsequenzen sein Handeln für Nolten haben muß. Immer wieder wird sein »redliche[r] Wille« (171), seine wohlgemeinte Absicht betont. Die Frage nach Larkens' Schuld ist letztlich die Frage nach dem Urteil über den Menschen, der handelnd die Folgen seines Handelns nicht überschauen kann.

Zurückhaltung bei der Bewertung des Handelns einer Person ist auch deshalb gefordert, da nicht nur der Handelnde selbst, sondern auch der Urteilende die Folgen des Handelns letztlich in ihrer Gesamtheit nicht überschauen kann. Jede Beurteilung als ›gut‹ oder ›schlecht‹ wird damit fragwürdig.

Ähnlich differenziert und zurückhaltend wie der Erzähler im *Maler Nolten* über Larkens urteilt Mörike in einem Brief an Luise Rau vom Januar 1830, in dem er ein Gespräch mit Pfarrer Klett von Dettingen über Napoleon wiedergibt. Der Inhalt dieses Briefes und damit des Gespräches soll auch hier ausschnittweise wiedergegeben werden, da er grundlegend für Mörikes eigene Haltung ist. Mörike berichtet:

> Man sprach über Napoleon und, wie mirs nun geht, wenn andere als über den ausgemachtesten verächtlichsten Schurken über ihn herfallen, so nahm ich mit einiger Wärme und zuletzt mit Heftigkeit das Wort für ihn, wobey ich zwar mitunter mein Unrecht selber fühlte, auch, daß ich mit meinen Argumenten mehr nur auf poetischem Gluthboden agirte – aber mich empörte das kecke Urtheil über einen großen Mann, dessen Genius die hölzerne Vogelscheuche der Moral nicht verträgt [...]. (XI/67f.)

Mörike plädiert für äußerste Zurückhaltung im Urteil: »Wir müssen das ? [lies: Fragezeichen] stehen lassen und den Finger auf die Lippe legen [...]« (XI/68), und er beruft sich schließlich auf Shakespeare:

> Auch Shakespear fällt keines [kein Urteil, M. H.] über seinen Helden und wenn wir die schöne Gestalt der Muse sich über das Grab schweigend in Thränen hinbeugen sehen, so fragen wir so eigentlich nicht Warum? sondern wir weinen aus einem dunklen Gefühl des Großen was hier starb, wohl mit. Das ist der Silberblick unserer Menschlichkeit was der Dichter in uns enthüllt [...]. (XI/69)

Mörike gibt den folgenden Argumenten des Gesprächspartners innerlich recht, fügt aber dann hinzu: »Wie kommts aber, daß ich bey der nächsten Veranlassung gewiß wieder ärgerlich über jene Art zu urtheilen werden werde?« (XI/69). Endgültige, einseitige Urteile sind Mörikes Sache nicht, und wenn über Margot, die Tochter des Präsidenten, gesagt wird, daß »es ihrer innersten Natur widersprach, ausschließende Partei zu nehmen« (338), so darf diese Haltung getrost mit derjenigen des Autors gleichgesetzt werden.[41]

[41] Diese Haltung des »Sowohl als auch« bzw. des »Nicht-nur..., sondern auch ....« anstelle des »Entweder-Oder«, der Einsicht in die Relativität alles einzelnen hat Heinz Otto Burger als typische Geisteshaltung der Schwaben aufgezeigt. (Heinz Otto Burger: Die Gedankenwelt der großen Schwaben. Von der Klosterkultur am Bodensee bis Hegel. Stuttgart 1978).

Auch im *Maler Nolten* kommt man im Gespräch auf Napoleon und auf große Individuen zu sprechen. Wenn der Baron mit Bezug auf die heterogenen Kräfte, die im einzelnen wirken, bemerkt: »Da scheint denn die Natur vor unsern eingeschränkten Augen sich auf Einmal selbst zu widersprechen, oder wenigstens zu übertreffen, sie thut aber keines von Beiden« (282), so ist damit zwar wiederum nur die Meinung des Barons wiedergegeben, doch wird ein wichtiger Aspekt hier zur Sprache gebracht: der Widerspruch ist nicht notwendig ein wirklicher, sondern so manches Mal nur ein scheinbarer – einer in den Augen des Betrachters.

Ein weiteres wichtiges Beispiel für eine sehr differenzierte Wertung des Erzählers findet sich angesichts von Larkens' Selbstmord. Der Schwerpunkt der Darstellung liegt auf der Frage nach den Gründen dieser Verzweiflungstat. Der Erzähler beruft sich hierbei auf die hinterlassenen Schriften von Larkens, gibt aber vor, er wisse von deren Inhalt »nur das Allgemeinste« (331).[42] Wieder wird ausdrücklich einem möglichen Mißverständnis vorgebeugt: »Auch wäre die Meinung irrig, daß nur das Beschämende der Überraschung den Schauspieler blindlings zu einem übereilten Entschluß hingerissen habe [...]« (331), und der Erzähler betont, daß Larkens' neues Leben ihm keineswegs zur Unehre gereicht habe. Anschließend wird eine psychologisch einleuchtende Erklärung der Situation Larkens' im Moment des überraschenden Wiedersehens mit Nolten gegeben. Wiederum versucht der Erzähler, Larkens' Handeln verständlich zu machen:

> Begreiflich aber wird man es finden, wenn bei der Begegnung des geliebtesten Freundes der Gedanke an eine zerrissene Vergangenheit mit überwältigender Schwere auf das Gemüth des Unglücklichen hereinstürzte, wenn er sich Ein für alle Mal von demjenigen abwenden wollte, mit dem er in keinem Betracht mehr gleichen Schritt zu halten hoffen durfte, und aus dessen reiner Glücksnähe ihn der Fluch seines eigenen Schicksals für immer zu verbannen schien. (331)

Für unseren Zusammenhang wichtig ist die folgende Auseinandersetzung des Erzählers mit aufkommenden Gerüchten über mögliche Gründe für Larkens' Selbstmord: »Einige Jahre nachher«, so berichtet der Erzähler, »hörten wir von Bekannten des Malers die Behauptung geltend machen, daß den Schauspieler eine geheime Leidenschaft für die Braut seines Freundes zu dem verzweifelten Entschlusse gebracht habe.« (331) Hinsichtlich der Frage nach der Glaubwürdigkeit dieses Gerüchtes, die hier thematisiert wird, weist der Erzähler auf die Notwendigkeit hin, sich zuvor der Wahrheit einer anderen Behauptung zu vergewissern, die allerdings Voraussetzung hierfür wäre: Nur »wenn wirklich zu erweisen wäre« (331), daß Larkens Agnes tatsächlich in Neuburg von ihr unerkannt gesehen habe, wäre das Gerücht glaubwürdig. Abschließend erklärt der Erzähler mit außerordentlicher Bestimmtheit:

---

[42] Dies wäre ein Beispiel für die Zurücknahme der Allwissenheit des Erzählers im zweiten Teil des Romans, die Achim Nuber festgestellt hat. (Vgl. Nuber: Mehrstimmigkeit und Desintegration, a.a.O., S. 47f.).

> Getraut man sich also nicht, hierin eine sichere Entscheidung zu geben, so müssen wir das harte Urtheil derjenigen, welche dem Unglücklichen selbst im Tode noch eine eitle Bizarrerie Schuld geben möchten, desto entschiedener abweisen. (331)

Die didaktische Funktion dieser Erzählerkommentare ist unüberhörbar. Es ist eine deutliche Mahnung zur Vorsicht und Zurückhaltung und eine Absage an auf vagen Behauptungen beruhende Urteile. Gerade durch derartige vorschnelle Anschuldigungen aber entstehen auf der Ebene der Romanhandlung nicht selten die Mißverständnisse und Verwirrungen. Nicht zuletzt geben die dubiosen, für die Angeklagten selbst völlig undurchsichtigen Rechtsverhältnisse bei der Verurteilung von Noltens und Larkens sowie deren ebenso plötzliche Freilassung ein anschauliches Beispiel hierfür. Gerade aber in der Kontrastfunktion liegt die Bedeutung der differenzierten Erzählerurteile, die indirekt auch auf ein Versäumnis der Romanfiguren aufmerksam machen.

Während bei Larkens' Handeln die Unfähigkeit des Subjekts, die Mitmenschen und die Komplexität der Gegenwart zu durchschauen, im Vordergrund stand, also eine gewissermaßen ›horizontale‹ Erkenntnisnot, geht es in der nächsten Szene um die Bedingtheit des Bewußten durch das Unbewußte, und damit um eine gewissermaßen ›vertikale‹ Bedingtheit des Bewußtseins innerhalb des Subjekts.

Das Gespräch zwischen Nolten und Larkens unmittelbar nach ihrer Haftentlassung, das nicht nur eine zentrale Stelle im Romanganzen, sondern auch in Hinblick auf unser Thema einnimmt, soll im folgenden ausführlich erläutert werden.

Bereits durch die äußere Situation – Noltens Freilassung aus dem Gefängnis – wird auf die Thematik der Freiheit hingedeutet. Ob freilich Nolten auch innerlich so frei ist, wie er zu sein glaubt, wird zu untersuchen sein. Die soeben wiedererlangte Freiheit, seine Genesung und die Frühlingssonne geben Nolten das Gefühl, er fange erst an diesem Tage eigentlich zu leben an. Die Stimmung zwischen den Freunden eignet sich für ein offenes Miteinandersprechen. Es folgt ein Selbstbekenntnis Noltens, eine Art Resümee seines Lebens. Nolten glaubt, in den Tagen der Einsamkeit zur Erkenntnis der Bedeutung seines bisherigen Lebens gelangt zu sein:

> »Es hat sich mir in diesen Tagen die Gestalt meiner Vergangenheit, mein inneres und äußeres Geschick, von selbst wie im Spiegel aufgedrungen und es war das Erstemal, daß mir die Bedeutung meines Lebens, von seinen ersten Anfängen an, so unzweideutig vor Augen lag.« (226)

Rückblickend glaubt er an einen Sinn und an die Notwendigkeit des Gewesenen, er sieht seine Vergangenheit als Weg, den er gehen mußte, um zu der ihm gemäßen Bestimmung zu gelangen. Nun glaubt er sich an einem Wendepunkt seines Lebens, an dem sich ihm die Augen öffnen:

> »[...] aber auf den kurzen Moment, wo die Richtung meiner Bahn sich verändert, wurde mir die Binde abgenommen, ich darf mich frei umschauen, als wie zu eigner Wahl, und freue mich, daß, indem eine Gottheit mich führt, ich doch eigentlich nur *meines* Willens, *meines* Gedankens mir bewußt bin« (226).

Eine höhere göttliche Leitung wird zugegeben, von Nolten hier aber in Übereinstimmung mit seinem eigenen Willen gesehen. Im folgenden wird diese dem Verstand übergeordnete Macht näher charakterisiert:

> »Die Macht, welche mich nöthigt, steht nicht als eigensinniger Treiber unsichtbar hinter mir, sie schwebt *vor* mir, *in* mir ist sie, mir däucht, als hätt' ich von Ewigkeit her mich mit ihr darüber verständigt, wohin wir zusammen gehen wollen, als wäre mir dieser Plan nur durch die endliche Beschränkung meines Daseyns weit aus dem Gedächtniß gerückt worden, und nur zuweilen käme mir mit tiefem Staunen die dunkle wunderbare Erinnerung daran zurück.« (226)

Auch hier werden Wille und Vorsehung in Einklang gesehen, doch zugleich wird auf die »endliche Beschränkung« des Daseins hingewiesen und darauf, daß dieser Lebensplan dem Bewußtsein nicht ohne weiteres zugänglich ist. Unmittelbar anschließend folgt noch einmal der Verweis auf bewußtseinstranszendente, menschliche Pläne durchkreuzende Mächte: »›Der Mensch rollt seinen Wagen wohin es ihm beliebt, aber unter den Rädern dreht sich unmerklich die Kugel, die er befährt.‹« (226f.) Das Bild des Schicksalswagens erweckt beim Leser Assoziationen zum Phaëthon-Mythos, doch Maler Nolten interpretiert hier das Zusammenspiel von Willen und höherer leitender Macht, von Lebensplan und diesem Querlaufenden in Entsprechung zum *Wilhelm Meister*: Aufgrund der Existenz einer »höheren Hand«[43] verläuft das Leben zwar anders als geplant, doch wird das Streben des Menschen letztlich zu einem positiven Ziel geführt: »›So sehe ich mich jezt an einem Ziele, wornach ich nie gestrebt hatte, und das ich mir niemals hatte träumen lassen.‹« (227). Nolten gibt hier eine teleologische Deutung seines Lebens. Auch die schmerzlichen Erfahrungen, die Enttäuschungen in seinen Liebesbeziehungen, werden jetzt von Nolten als notwendige Durchgangsstufen gesehen, seine eigentliche Bestimmung jedoch sieht er nun in einem Leben ausschließlich für die Kunst.

Soweit Noltens Sicht seines Schicksals. In mehreren Punkten steht diese subjektive Perspektive Noltens allerdings in Spannung zum Verlauf der Romanhandlung. Noltens Erkenntnisoptimismus steht die im Roman sonst sich äußernde Skepsis hinsichtlich der Kraft des Verstandes gegenüber. Wenn sich in Noltens Selbstbekenntnis die Formulierung findet: »›[Ich] freue mich, daß, indem eine Gottheit mich führt, ich doch eigentlich nur *meines* Willens, *meines* Gedankens mir bewußt bin‹« (226), wird dann hiermit nicht zugleich die Begrenztheit seines Bewußtseins und dessen Subjektivität zum Ausdruck gebracht? Wird nicht gerade gesagt, daß er eben ›nur‹ *seines* Willens sich bewußt ist? Die Doppeldeutigkeit dieses Satzes ist bislang kaum bemerkt worden, einzig Rolf Selbmann hat darauf

---

43 Eckermann: Gespräche mit Goethe, 18.1.1825. Zit. in: HA VII/620.

hingewiesen. Wenn allerdings Rolf Selbmann von Nolten sagt, »sein größtes Mißverständnis besteht indes in der Gleichsetzung [...] seines blinden Schicksals mit seiner eigenen freien Willensentscheidung«[44], ist anzumerken, daß es streng genommen andersherum ist: Nolten deutet seine subjektive Perspektive als Schicksal bzw. Vorsehung und setzt sie damit absolut. Im Roman freilich wird die hier aufgezeigte Lesart durch die auf Noltens Bekenntnis folgenden Worte von Larkens bestätigt. Auch an dieser Stelle im Roman nämlich bleibt Noltens Deutung seines Lebens nicht unwidersprochen. Sie wird nicht als Monolog gegeben, sondern ist eingebunden in eine Gesprächssituation. Deutlich zeigt sich an dieser Stelle das Gespräch als das adäquate Medium, verschiedene Meinungen – Ansichten – nebeneinanderzustellen und somit jeweils in ihrer Ausschließlichkeit zurückzunehmen. Was sich zunächst wie eine Lebenserkenntnis Noltens anhört, wird relativiert durch Larkens' Reaktion:

> »[...] mir kommt es vor, mein Nolten habe sich zu keiner andern Zeit weniger auf sich selber verstanden, als gerade jezt, da er plötzlich wie durch Inspiration zum einzig wahren Begriff sein [sic!] Selbst gelangt zu seyn glaubt. Weiß ich doch aus eigener Erfahrung, wie gerne sich der Mensch [...] eine falsche Idee [...] durch ein willkürlich System sanktionirt.« (228).

Anschließend wird Larkens' eigene Sicht der Entwicklung und Bestimmung Noltens wiedergegeben. In *seinen* Augen stellt Noltens Eintritt in die Adelsgesellschaft keineswegs eine notwendige Station in einem sinnvollen Lebensweg dar, sondern er sieht darin einen Widerspruch mit Noltens genialem Charakter (vgl. 229) und damit die Gefahr der Selbstentfremdung. Im Hinblick auf Noltens Haltung Kunst *oder* Leben wirft Larkens seinem Freund »Einseitigkeit« (231) vor, und hält ihm eine andere, maßvolle Auffassung des Künstlertums entgegen. In Larkens' Rede aber kommt nicht nur eine konträre Ansicht hinzu, sondern Larkens erklärt vor allem Noltens vermeintliche Selbsterkenntnis aus dessen psychischer Situation heraus:

> »Wo dich eigentlich der Schuh drückt, ist mir ganz wohl bekannt. Deine Liebeskalamitäten haben dich auf den Punkt ein wenig revoltirt, nun ziehst du dich schmerzhaft und gekränkt in's Schneckenhaus zurück und sagst dir unterwegs zum Troste: du bringest deiner Kunst ein Opfer.« (231)

Hellsichtig stellt Larkens fest, Nolten habe sich lediglich eine erträgliche Interpretation der Realität zurechtgelegt. Nach der Enttäuschung in der Liebe erhebe er das einzige, das ihm noch bleibe, die Kunst, zum höchsten Gut. Psychologisch überzeugend ist das, und Larkens zeigt hiermit die psychologische Bedingtheit der vermeintlichen Selbsterkenntnis Noltens auf. Betrachten wir unter diesem Aspekt noch einmal folgenden Satz aus Noltens Selbstbekenntnis: »[...] der Mensch rollt seinen Wagen wohin es ihm beliebt, aber unter den Rädern dreht sich unmerklich

[44] Selbmann: Theater im Roman, a.a.O., S. 130f.

die Kugel, die er befährt.« (226f.) Was zunächst an eine Fremdbestimmung durch äußere Mächte, durch Götter im antiken Sinne, denken läßt, kann zugleich auf psychischer Ebene als Hinweis auf bewußtseinstranszendente Mächte gelesen werden. Gemeint ist eine bedingte Freiheit des menschlichen Willens, und zwar Bedingtheit nicht nur durch von außen einwirkende Mächte, sondern auch Bedingtheit des Bewußten durch das Unbewußte im Menschen, durch die »Nachtseiten« der menschlichen Natur, und eine damit einhergehende begrenzte Erkenntnismöglichkeit des Menschen auch in Hinblick auf die eigene Person. Es geht um den Menschen, der sich seiner selbst nicht völlig bewußt ist.

Um die »prätendierte Freiheit unsres Wollens«, die »mit dem notwendigen Gang des Ganzen zusammenstößt«[45], so haben wir gesehen, geht es auch bei Larkens' ›Schicksalsspiel‹, wenngleich Larkens' Pläne zunächst aufzugehen scheinen, denn Nolten kehrt nach der Lektüre von Larkens' Abschiedsbrief in der Tat zu Agnes zurück. Nolten »fühlt, daß das Unmögliche möglich, daß Altes neu werden könne«. (245) Im folgenden aber wird sich erweisen, daß Nolten hier irrt, daß nicht möglich ist, was Larkens ihm geraten hatte: »Fahre Du nun mit der Wahrheit fort, wo ich die Täuschung ließ« (239). Zu groß ist die Kluft, die zwischen ihm und Agnes entstanden ist. Durch Noltens Rückkehr nach Neuburg ist nur die räumliche Distanz aufgehoben, was bleibt, ist die innere Entfremdung von Agnes. Die Kluft zwischen beiden kommt besonders zum Ausdruck in den Gesprächen über die Vergangenheit und vor allem in dem Nicht-Gesagten, dem, was verschwiegen wird, um der Aufrechterhaltung einer ›heilen‹ Wirklichkeit willen, die jedoch gerade dadurch illusionär, scheinhaft, gebrechlich wird. Wenn im Anschluß an das Lied »Rosenzeit, wie schnell vorbei ...« das Thema der Treue angesprochen wird, wenn Nolten auf Agnes' Bekenntnis, sie sei ihm treu geblieben, antwortet: »›Ich bleibe dir's!‹« (288), fügt der Erzähler hinzu: »[...] mehr konnte Theobald, mehr durfte er nicht sagen« (288). Nur soviel darf gesagt werden, um den Schein äußerlicher Harmonie nicht zu zerstören, allerdings auf Kosten der Offenheit, der Aufrichtigkeit und Unbefangenheit. Innerer Zwiespalt und Verstellung sind die Folge. Später führt Mehr-Sagen zum falschen Zeitpunkt in die Katastrophe.

Nolten in einem Zustand inneren Aufgewühltseins nach der Lektüre der Peregrina-Gedichte hat nicht mehr die Kraft, sich zusammenzureißen, er »läßt sich fallen« und gesteht – paradoxerweise gerade um Larkens' Rechtfertigung willen – Agnes seine Untreue. Nicht eine verstandesmäßige Entscheidung, sondern eine »sonderbare Herzensnoth« (367) ist es wohl, die ihn zu diesem »Bekenntniß unwiderstehlich treibt« (367) – hier schließen wir uns der Meinung Noltens an. Er hält den inneren Zwiespalt nicht mehr aus. Zudem glaubt Nolten in dieser Situation – und er will es glauben –, Agnes sei gefaßt genug, ein solches Geständnis zu ertragen. Uneins mit sich selbst ist er so mit der eigenen Person beschäftigt, daß er nicht in der Lage ist, sich in Agnes' Situation einzufühlen, daß er die Realität hier völlig verzerrt wahrnimmt. Nur wer aber mit sich selbst im reinen ist, ist offen für

[45] Johann Wolfgang von Goethe: Zum Shakespeares-Tag. In: HA XII/224–227, hier S. 226.

äußere Eindrücke, ist fähig zu einer Sicht, die der Realität gerecht wird. Da Agnes keineswegs die Kraft besitzt, mit diesem Geständnis fertig zu werden, führt hier Noltens Geständnis, das eigentlich die Möglichkeit birgt, Verwirrung zu klären, in die Katastrophe. Er selbst wird sich dieser »Unbesonnenheit« (369) später aufs heftigste anklagen. Wie falsch Nolten die Situation einschätzt, ist für den Leser nur allzu offensichtlich: Agnes ist keineswegs »gefaßt« (366) wie Nolten meint, ihre Ruhe und Verständigkeit sind eine rein äußerliche. Der Leser weiß um die von Agnes' bloß unterdrückte, latent aber immer vorhandene Angst vor Untreue des Geliebten und darum, daß Nolten bei dem Geständnis von falschen Voraussetzungen ausgeht, wenn er zu Agnes sagt: »da wir uns ganz – so selig ungetheilt besitzen [...]« (367). Nur eine in sich selbst ruhende Persönlichkeit hätte einen solchen Vertrauensbruch ertragen und verzeihen können. Agnes aber, seit langem im kräftezehrenden Kampf mit ihren Ängsten, fehlt die Kraft, sie muß an einer derartigen Täuschung, ihre innersten Gefühle betreffend, zerbrechen. Nur aus einer gesicherten Gegenwart heraus hätte sie einer Auseinandersetzung mit der Vergangenheit standhalten können, so aber wird die nur durch Täuschung aufrechterhaltene idyllische Gegenwart in ihrer Scheinhaftigkeit entlarvt. Hier wird die Wahrheit gesagt, aber diese Wahrheit ist derart, daß Agnes sie nicht ertragen kann. Für Agnes wird in diesem Moment Realität, wovor sie die ganze Zeit Angst hatte, und dies letztlich infolge ihrer Angst und ihres daraus entsprungenen Verhaltens.[46]

Agnes' Angst, getäuscht zu werden, wird im Roman bis in ihre Kindheit zurückverfolgt, wenn die Sprache auf ein merkwürdiges Verhalten der jungen Agnes nach einem Besuch des Oberforstmeisters gebracht wird. Es geht um den »schwachen Anfang einer »fixen Idee« (279) bei Agnes. Wichtig ist dies für unser Thema, da die »fixe Idee« als Vorstellung, die das Bewußtsein und Verhalten einer Person völlig beherrscht, die extremste Form der subjektiven Befangenheit darstellt, eine Befangenheit pathologischen Charakters. Sich zurückerinnernd gibt der Förster die Worte seiner Tochter von damals ungefähr wieder:

> »Gesteht es nur Papa, daß es die Länder und Städte gar nicht gibt, von denen Ihr alls redet mit dem Herrn; ich merke wohl, man thut nur so, wenn ich um den Weg bin, ich soll Wunder glauben, was Alles vorgehe draußen in der Welt, und was doch nicht ist; deßwegen laßt Ihr mich auch nie weiter als bis nach Weil, nach Grebenheim und Neitze. Zwar daß unsers Königs Land sehr groß ist, und daß die Welt noch viel viel weiter geht, auch noch andre Völker sind, weiß ich wohl, aber *Paris*, das ist gewiß kein Wort, und *London*, so gibt es keine Stadt; Ihr habt es nur erdacht und thut so bekannt damit, daß ich mir Alles vorstellen soll.« (280)

Agnes kann den Realitätsgehalt des Gesagten nicht adäquat einschätzen. Ihr eigener Erfahrungsbereich, den sie selbst als eingeschränkt empfindet, wird hier überschritten. Auffällig aber ist vor allem das Mißtrauen, die Skepsis, mit der

---

46 In der bearbeiteten Fassung des Romans heißt es: »Gewißermaßen ging dies Wort [Elisabeths, M. H.] [...] in Erfüllung, doch eben nur in Folge der Vorhersage selbst.« (IV/208)

Agnes die Welt betrachtet. Dem Verhalten ihres Vaters unterstellt sie hier mit der Absicht, sie täuschen zu wollen, eine völlig inadäquate Handlungsmotivation, sie mißversteht sein Verhalten völlig. Nolten faßt das Wesentliche von Agnes' egozentrischer Weltwahrnehmung noch einmal zusammen:

> »[...] es läuft darauf hinaus, daß sie sich als Mittelpunkt und Zweck einer großen Erziehungsanstalt betrachtete, die auf jene Weise allerlei lebhafte Ideen in des Kindes Kopfe habe in Umlauf setzen und seinen Gesichtskreis durch eine Täuschung erweitern wollen [...] Sie vermuthete, man wisse überall, wohin sie komme, wer ihr da und dort begegnen werde, und da seyen alle Worte abgekartet, Alles auf das sorgfältigste hinterlegt, damit sie auf keinen Widerspruch stoße.« (281)

Agnes setzt alles in Bezug zur eigenen Person, sie glaubt, alles drehe sich nur um sie.[47] Im Unterschied zu dem eingangs gegebenen Zitat aus Schlegels *Lucinde* wird am Beispiel von Agnes das Gefühl, sie stehe im Mittelpunkt der Welt, als pathologisches Phänomen gezeigt; andererseits gibt es jedoch auch im *Maler Nolten* die – allerdings nur momentane – intuitive Schau der Ganzheit, so in der ersten Begegnung Noltens mit Elisabeth.

Wenn Nolten Elisabeth im Schloßpark nun der »teuflische[n] Bosheit« (374) beschimpft, während sie ihm bei der ersten Begegnung in seiner Jugend als »Jungfrau« (194) erschien, so erkennt er jeweils nur eine Seite ihres zwiegesichtigen Wesens. Wie die Mächte der Psyche, für die sie steht, besitzt Elisabeth helle *und* dunkle Seiten. Elisabeth fleht denn auch, als Nolten ihr flucht: »›Erkennst du mich denn nicht?‹« (374). Betont werden muß, daß Elisabeth ihre zerstörerische Wirkung erst entfaltet, seit sie verleugnet wird. Nun fordert sie ihr Recht. Was verdrängt wurde, wird nun übermächtig. Auch Nolten weiß, daß er ihr Unrecht tut, daß auch sie ein »Opfer« ist. Das Auftauchen Elisabeths führt bei Agnes zum endgültigen Ausbruch des Wahnsinns.

Jegliche Kommunikation zwischen den Romanfiguren scheint schließlich unmöglich: »Es war, als *könnte* man gar nicht reden, [...] als verhindere ein undurchdringlicher Nebel, daß Eins das Andre recht gewahr werden könne.« (377)

In einer an Kleists *Amphitryon* gemahnenden Szene kommt es bei Agnes im Wahnsinn zur »Personen-Verwechslung zwischen Nolten und Larkens« (383). Beide werden ihr »in ihrer Idee auf gewisse Weise zu Einer Person« (383). Da der ›richtige Nolten‹ Agnes' Ideal von ihm nicht entspricht, Agnes ihr Idealbild von ihm jedoch nicht aufgeben will, kann sie Nolten hier nicht mehr als ihren Geliebten anerkennen, muß in ihm notwendig einen Betrüger sehen.

Hilflos müssen die anderen zuschauen, wie Agnes auf dem Weg ist, »sich durch eine falsche Idee von Grund aus [sic!] zu zerstören« (377). Auch die Religion kann Agnes und Nolten keinen Halt mehr geben; die Katastrophe nimmt ihren Lauf.

---

[47] Bereits Reinhardt hat hier den psychologischen Begriff des »Beziehungswahns« angewandt, der ein derart egozentrisches Verhalten beschreibt. (Vgl.: Heinrich Reinhardt: Mörike und sein Roman »Maler Nolten«. Zürich 1929, S. 98).

Agnes begeht Selbstmord und auch Nolten, der sich vor Schuldgefühlen verzehrt, findet man bald darauf tot, innerlich war er seit langem ›abgestorben‹; das letzte, was wir von ihm erfahren, ist sein Ruf nach Licht, orientierungslos tappt er im Dunkeln, als er den Tönen Elisabeths folgt.

Beachtet werden muß, daß der Roman nicht mit der Schilderung von Noltens Tod endet. Gegeben werden zunächst Mutmaßungen über die Ursache seines mysteriösen Todes. Was folgt, sind mit der Vision Hennis und dem Brief des Onkels zwei ausgesprochen subjektive Perspektiven. Inwieweit es sich bei der Vision des blinden Henni, der Nolten und Elisabeth gemeinsam entschwinden sieht, um wirkliche intuitive Kenntnis oder Einbildung handelt, wird letztlich in der Schwebe gelassen. Mit direkten Erklärungen des Erzählers wird hier am Ende durchaus zurückgehalten.

Alle Figuren verharren bis zum Ende in einer »verhängnisvollen Blindheit«[48]. Es ist Noltens Schwester Adelheid, die angesichts des Verhaltens ihres Bruders nach der Begegnung mit Elisabeth diese »Not des Erkennens«[49], der sich die Personen im Roman gegenübersehen, zur Sprache bringt, wenn sie fragt: »›Wie hängt denn Alles zusammen?‹« (197), und es ist die Gouvernante Constanzes, die im Gespräch mit Nolten sagt: »›Aber Gott weiß, wie Alles zusammenhängt.‹« (256)

Wesentliches, das die Personen nicht wissen, deckt der Brief des Onkels, der am Ende steht, auf. Hier kommt noch einmal eine neue Perspektive hinzu: diejenige von Noltens Onkel, der noch lebt. Zugleich kommt mit diesem Bekenntnis die ganze Kluft zwischen Schein und Sein, zwischen der angenommenen Rolle des Hofrats und der tatsächlichen Identität Friedrich Noltens, der inzwischen sogar seinen Namen geändert hat, ans Tageslicht. Darüber hinaus wird jetzt aber auch die Diskrepanz zwischen der Meinung der Gesellschaft, die den Onkel totgesagt hat, und den tatsächlichen Verhältnissen offenbar. Daß der Brief des Onkels, der sich nun endlich entschließt zu sprechen, an Nolten gerichtet, erst nach Noltens Tod eintrifft, Nolten also die wahren Zusammenhänge nicht mehr erfährt, in diesem Zu-Spät liegt die Tragik des Endes. Wenn der Brief hier am Romanende dennoch wörtlich wiedergegeben wird, geöffnet vom Präsidenten und dem Förster, so ist freilich der Leser der eigentliche Adressat dieses Briefes. Er wird in das »Geheimniß« (413) eingeweiht, nur ihm ist es noch gegeben, die Zusammenhänge zu rekonstruieren.[50]

Staunend blicken Agnes' Vater und der Präsident nach der Lektüre des Briefes in den »Abgrund des Schicksals« (413), und in eben dieser nachdenklichen Stimmung wird auch der Leser entlassen. Vieles hat zu diesem Ende zusammengewirkt, und wir wollen uns hüten, dies zugunsten der Eindeutigkeit auf einen Aspekt zu reduzieren.

Auf ganz andere Art als im *Wilhelm Meister* zeigt sich auch hier der Einfluß der »Gesinnungen«[51] der Figuren. An die Stelle des Strebens nach einem Ideal, das die

---

48 Müller-Seidel: Versehen und Erkennen, a.a.O., S. 6.
49 Ebd., S. 218.
50 Vgl. Seeba: Kritik des ästhetischen Menschen, a.a.O., S. 129f.
51 Goethe: Wilhelm Meisters Lehrjahre. In: HA VII/307.

Entwicklung des Helden fördert, tritt hier ein einseitiges Tugendideal, das Menschenunmögliches verlangt und die Entfaltung der Persönlichkeit verhindert. Was diese Ganzheit des Menschen umfaßt, ist freilich im *Wilhelm Meister* und im *Maler Nolten* unterschiedlich. Hier bei Mörike finden wir ein vertieftes Menschenbild, vergleichbar demjenigen des späten Goethe. Im Verlauf des Romans kommt es nicht zu einer Annäherung von Ideal und Realität, sondern zur Resignation angesichts der Unvereinbarkeit von gesellschaftlichem Ideal und Wirklichkeit.

Ähnlich wie in Goethes *Wahlverwandtschaften* wird im *Maler Nolten* das Versagen gesellschaftlicher Konventionen angesichts des Einbruchs elementarer Mächte gezeigt, doch ist das Ende des *Maler Nolten* noch düsterer.

Keine »höhere Hand« führt hier das Geschehen trotz aller Verwirrungen doch noch zu einem guten Ende wie am Schluß von *Wilhelm Meisters Lehrjahren*. Hier zeigt sich vielmehr die volle Verantwortung der Menschen für ihr eigenes Leben und das ihrer Mitmenschen. Larkens' zum Teil leichtfertiges Spiel mit der Wirklichkeit[52] und die vorschnellen Urteile nahezu aller Romanfiguren, ihre Befangenheit in Idealen und konventionellen Denkweisen werden dieser Verantwortung nicht gerecht. Die Vorstellungen und (Fehl-)Deutungen der Personen beeinflussen, indem sie das Handeln der Personen bestimmen, das Leben der Figuren entscheidend mit, sie besitzen somit durchaus »lebensverändernde Wirksamkeit«[53], wie sich im Verlauf der voranstehenden Darstellung wiederholt gezeigt hat.

Indem das Scheitern der Figuren vorgeführt wird, wird ex negativo deutlich, was wichtig wäre für ein gelingendes Miteinander, das hier verfehlt wird: Hierzu gehört die Anerkennung des Menschen in seiner Ganzheit, und das heißt auch in seiner Unzulänglichkeit und mit seinen dunklen Seiten, ebenso wie die Einsicht in die Begrenztheit und Subjektivität der eigenen Perspektive, das Streben nach »Freiheit und Unbescholtenheit unserer Augen«[54] jenseits aller gesellschaftlichen und religiösen Vorurteile – erst diese ermöglicht Offenheit gegenüber dem Gesehenen, sie ist Voraussetzung für das Verständnis für die Situation der Mitmenschen, für deren Sichtweise, und somit Grundlage für Toleranz und Menschlichkeit.

Indem im *Maler Nolten* zur Sprache gebracht wird, was in der Realität verdrängt und verschwiegen wird, trägt Kunst bei zur ›Aufklärung‹ über die Mächte, die dem Verstand entgegenstehen, ist doch das Wissen um jene Kräfte Voraussetzung für die Möglichkeit ihrer Integration, und damit für ein Gleichgewicht, das den Personen im Roman versagt bleibt.

---

[52] Hinsichtlich des von Larkens nur gespielten politischen Enthusiasmus im Umgang mit Geheimbündlern kritisiert der Erzähler selbst Larkens' Verhalten, wenn er sagt, Larkens konnte sich das Vergnügen nicht versagen, seine Genossen »auf eine jedenfalls unverantwortliche Weise zum Besten zu haben« (173).

[53] Locher: Gottfried Keller, a.a.O., S. 86.

[54] Gottfried Keller: Der grüne Heinrich. Zweite Fassung. In: G. K.: Sämtliche Werke in sieben Bänden. Hrsg. v. Thomas Böning, Gerhard Kaiser, Kai Kauffmann, Dominik Müller u. Peter Villwock, Bd. 3, hrsg. v. Peter Villwock. Frankfurt/M. (Deutscher Klassiker Verlag) 1996, S. 389.

MICHAEL SCHEFFEL

BESCHRÄNKTES BIEDERMEIER? FRANZ GRILLPARZERS »DER TRAUM EIN LEBEN«

oder: Die Geburt der Moral aus dem Geist der Psychologie

»Ich weiß aus unleugbarer Erfahrung daß Träume zu Selbst-Erkenntnis führen.«
(Georg Christoph Lichtenberg: Sudelbücher)

»Die Welt des Biedermeier ist eine bewußt beschränkte Welt«, schreibt Helmut Koopmann in einem kürzlich erschienenen Handbuchartikel und erläutert: »Das Wirken im Alltag, die Beschränkung des eigenen Tuns und Handelns auf das Gegebene [...] bestimmten das Leben und gleichermaßen die Literatur, die dieses Leben beschrieb.«[1] Diesem Bild eines beschränkten Biedermeier scheint Franz Grillparzers 1834 mit großem Erfolg am Wiener Burgtheater uraufgeführtes Stück *Der Traum ein Leben* geradezu mustergültig zu entsprechen. Die Geschichte von Rustan, dem jugendlichen Helden, den ein nächtlicher Traum von seiner Sehnsucht nach Freiheit und Abenteuer kuriert, ist denn auch wiederholt als ein Dokument rückständiger politischer Verhältnisse gelesen und verurteilt worden. So klagte zum Beispiel Günther Nenning Mitte der sechziger Jahre: »Welch edler Geist mußte hier von Österreich zerstört werden, ehe er dahin gebracht war, den Rückzug aus allem gesellschaftlichen Sein, die Borniertheit der dörflichen Idylle zu besingen – mit dem brüchigen Schmelz der Nachtigall, die ihren Käfig preist.«[2] Mit ähnlichem Tenor warnte rund ein Jahrzehnt später Friedrich Sengle in seiner großen Biedermeierstudie ausdrücklich vor einer »superklugen Überinterpretation und Überbewertung des Kassenschlagers«[3], und Ralf Stender kritisierte in einer Ende der achtziger Jahre erschienenen ideologiekritischen Untersuchung, daß »Aufklärung [...] hier endgültig zur leeren Form« verkommen sei, die »das Gegenteil von Aufklärung legitimiert: das fraglose Festhalten an Traditionen im allgemeinen und an einer ständischen Hierarchie im besonderen.«[4]

---

1 Vgl. Helmut Koopmann: Biedermeierzeit. In: Horst Brunner und Rainer Moritz (Hrsg.): Literaturwissenschaftliches Lexikon. Grundbegriffe der Germanistik. Berlin 1997, S. 48–51, hier: S. 49.

2 Vgl. Günther Nenning: Kritische Rückschau. In: Neues Forum 12 (1966), S. 126f., hier: S. 127.

3 Friedrich Sengle: Biedermeierzeit. Deutsche Literatur im Spannungsfeld zwischen Restauration und Revolution 1815–1848. 3 Bde. Stuttgart 1971ff., Bd. 3, S. 92f.

4 Ralf Stender: Der Untertan als Berufsheld: ›Der Traum ein Leben‹. In: Bernhard Budde/ Ulrich Schmidt (Hrsg.): Gerettete Ordnung. Grillparzers Dramen. Frankfurt/M. u.a. 1987, S. 165–181, hier: S. 171.

Grillparzers Drama hat man allerdings auch anders verstanden. Heinz Politzer etwa hat die realistische Gestaltung von Rustans Traum auf der Bühne als die eigentliche Leistung des Stücks angesehen und den Inhalt dieses Traums als unmittelbare Reaktion auf die Enge der zeitgenössischen Lebensverhältnisse interpretiert. Im Sinne der Freudschen *Traumdeutung* versteht Politzer – wie nach ihm noch manch anderer Interpret – Rustans Traum als Wunscherfüllung und sieht in seinem zügellosen Traumleben die Kompensation einer Mangellage, in der nicht allein der Held auf der Bühne, sondern auch sein historischer Autor und sein Publikum sich während der Restaurationsepoche befinden.[5] Die Lösung des dramatischen Konflikts, das »Glück im Winkel mit Flöte, Harfenklang und Sonnenaufgang« am Ende des Stücks[6], wird demgegenüber als ein bloßes »Anhängsel der Traumhandlung«[7] betrachtet und als schlichte Scheinidylle im Sinne eines formalen Zugeständnisses an die theatralische Konvention des im Alt-Wiener Volkstheater so populären Feen- und Geisterstücks gewertet.[8]

Im Lichte der skizzierten Interpretationsansätze erscheint Grillparzer auf der einen Seite als ein dem Geschmack des gutbürgerlichen Burgtheaterpublikums angepaßter Konservativer und sein Stück als ein gefälliges Märchen, das die real existierenden Verhältnisse im Sinne der herrschenden Ideologie einer biedermeierlich beruhigten Welt verklärt und befestigt. Auf der anderen Seite findet sich das Bild des Wiener Autors als Schüler der noch ungeschriebenen *Traumdeutung* Sigmund Freuds und die Interpretation seines Stücks als ein Traumspiel, dessen Binnenhandlung eine Art Panorama des kollektiv Verdrängten entfaltet und so die »psychopathologische Inspektion«[9] einer ganzen Epoche ermöglicht.

Beide Sichtweisen, so die Ausgangsthese meines Interpretationsversuchs, deuten das Stück nach einem allzu schlichten Muster. Sie reduzieren die Komplexität dessen, was Grillparzer in der besonderen poetischen Form eines, wie es im Untertitel

---

5 Vgl. Heinz Politzer: Franz Grillparzer oder Das abgründige Biedermeier. Wien u.a. 1972, S. 230–251; ähnlich Alfred Barthofer: Und kein Wachen als im Schlafe. Anmerkungen zu Franz Grillparzers Märchendrama ›Der Traum ein Leben‹. In: Jahrbuch der Grillparzer Gesellschaft 16 (1984–1986), S. 69–83, und Helmut Bachmaier: ›Der Traum ein Leben‹. Struktur und Gehalt. In: Franz Grillparzer. Werke in sechs Bänden. Hrsg. v. Helmut Bachmaier. Frankfurt/M. (Deutscher Klassiker Verlag) 1986ff., Bd. 3: Dramen 1828–1851, S. 655–664.

6 Vgl. Politzer: Grillparzer, a.a.O., S. 231.

7 Ebd., S. 249.

8 Zu den entsprechenden theatergeschichtlichen Hintergründen vgl. die materialreiche Darstellung von Otto Rommel: Die Alt-Wiener Volkskomödie. Ihre Geschichte vom barocken Welt-Theater bis zum Tode Nestroys. Wien 1952, bes. S. 412ff. Zur Tradition der in diesem Zusammenhang ebenfalls bedeutenden Zauberoper vgl. Manuela Jahrmärker: Ossian. Eine Figur und eine Idee des europäischen Musiktheaters um 1800. Köln 1993. Zu Grillparzers Verhältnis zum Theater seiner Heimatstadt vgl. z.B. Margaret Dietrich: Grillparzer und das Wiener Theater (1961). In: M. D.: Zur Humanisierung des Lebens. Theater und Kunst. Ausgewählte Vorträge. Hrsg. v. Elisabeth Großegger u.a. Wien 2000, S. 27–47 und Herbert Zeman: Das Märchen vom realen Leben. Zur Dramatik Franz Grillparzers und Ferdinand Raimunds um 1830. In: H. Z. (Hrsg.): Die österreichische Literatur: Ihr Profil im 19. Jahrhundert (1830–1880). Graz 1982, S. 297–322.

9 Vgl. Bachmaier: Struktur und Gehalt, a.a.O., S. 656.

heißt, »dramatischen Märchens« zu gestalten versuchte. Das – von heutiger Warte aus betrachtet – verblüffend moderne Handlungsmodell, nach dem Grillparzer sein Werk komponiert, wird jedoch erst deutlich, wenn man auf die skizzierten Interpretationsschablonen verzichtet und den konsequenten Aufbau des Stücks beachtet.

Um diesen Aufbau zu rekonstruieren, bediene ich mich der Methode des *close reading* und beginne mit einem Blick auf das Ende des Stücks. Im Rahmen der vorgestellten Lesarten wird sein harmonischer Ausklang als die naive Darstellung des »Biedermeierglück[s] im stillen Hause«[10] oder als das ironische Zitat eines »Märchenklischees«[11] verstanden und dementsprechend entweder als ebenso schlicht wie reaktionär verurteilt oder aber nicht ernst genommen. Die Vertreter beider Positionen können sich dabei nicht zuletzt auf jeweils unterschiedliche Äußerungen der *dramatis personae* berufen.

> »Eines nur ist Glück hienieden,
> Eins, des Innern stiller Frieden
> Und die schuldbefreite Brust.
> Und die Größe ist gefährlich,
> Und der Ruhm ein leeres Spiel;
> Was er gibt, sind nichtge Schatten,
> Was er nimmt, es ist so viel.« (V. 2650–2656; S. 191)[12]

So lautet die immer wieder als eine Art *Credo* des Biedermeier zitierte Erkenntnis des aus seinem nächtlichen Traum erwachten Rustan, die vielen Interpreten als eindeutiger Beleg dafür gilt, daß sich der aufbegehrende Held des Stücks schließlich zu »Ruhe und Bürgerpflicht«[13] bekennt und am Ende für immer auf seinen als unbotmäßig erkannten Freiheitswunsch verzichtet. Dagegen scheint jedoch zu sprechen, was Massud wenig später zu seinem Neffen Rustan sagt:

> »Nicht, daß jetzo du so fühlst,
> Doch vergiß es nicht, die Träume,
> Sie erschaffen nicht die Wünsche,
> Die vorhandnen wecken sie;
> Und was jetzt verscheucht der Morgen,
> Lag als Keim in dir verborgen, [...].« (V. 2696–2701; S. 193).

Diese skeptischen Worte des alten Mannes, der Rustan die erbetene Hand seiner Tochter Mirza verweigern will, »›bis die Zeiten offenbaren, / Ob, was floh, auf

---

[10] Sengle: Biedermeierzeit, a.a.O., S. 92.
[11] Vgl. Barthofer: Und kein Wachen als im Schlafe, a.a.O., S. 71.
[12] Franz Grillparzer: ›Der Traum ein Leben‹. In: F. G.: Werke in sechs Bänden. Hrsg. v. Helmut Bachmaier. Frankfurt/M. (Deutscher Klassiker Verlag) 1986ff., Bd. 3: Dramen 1828–1851, S. 95–194. *Der Traum ein Leben* wird im folgenden nach dieser Ausgabe mit Angabe der Vers- und Seitenzahl im fortlaufenden Text zitiert.
[13] Vgl. Politzer: Grillparzer, a.a.O., S. 235.

immer fern‹« (V. 2693f.; S. 192f.), stützen die Argumentation all derer, die den Ausgang des Stücks als offen werten, weil sie in Rustan ein »revolutionäres Temperament« sehen, das unheilbar am *Ennui* seiner Epoche erkrankt.[14]

Warum aber endet das Stück dann eben nicht offen, sondern damit, daß Massud nachgibt und schließlich doch Mirzas und Rustans gemeinsamen Wunsch erfüllt? Und was ist der Grund dafür, daß sich am Schluß nicht nur Rustan und Mirza mit Massud umfassen, sondern auch der für die Entwicklung des dramatischen Konflikts so wichtige Sklave Zanga mit dem Derwisch zu einem Paar verbindet?

Im folgenden möchte ich zeigen, daß die letzte Szene des Stücks eben nicht ein der Theaterkonvention geschuldetes »Anhängsel« der eigentlich isoliert zu betrachtenden Traumhandlung darstellt, sondern vielmehr die Lösung für die Interpretation des gesamten Textes enthält. Um das Stück von seinem Ende her entschlüsseln zu können, sei zunächst kurz daran erinnert, welche Rolle die beiden Figuren in Rustans Leben spielen, die sich am Ende einträchtig vor der aufgehenden Sonne verneigen und gemeinsam musizierend die Bühne verlassen.

> »Zanga, er trägt alle Schuld.
> Seit er trat in unsre Hütte,
> Seit erklang sein Schmeichelwort,
> Floh die Ruh aus unsrer Mitte
> Und aus Rustans Busen fort.« (V. 122–126; S. 101)

So spricht Mirza im ersten Aufzug des Stücks von dem Sklaven, der dem ehrgeizigen jungen Rustan immer wieder Geschichten aus seinem Leben als Krieger erzählt, ihm von Schlachten und Siegen vorschwärmt und ihn schließlich dazu bringt, in die Welt hinausziehen und Massud und Mirza verlassen zu wollen. Während Zanga hier als erfolgreicher Versucher auftritt, der, so Mirza,

> »[...] verstohlen,
> Blies die Asche von den Kohlen
> Und entflammte hoch die Glut« (V. 135–137; S. 101),

erscheint der Derwisch als ein weiser alter Mann, der väterlich um Rustans Wohl besorgt ist und ihn mit Hilfe eines Liedes zu warnen und von seinem Vorhaben abzubringen versucht.

Rustans Traum greift den Antagonismus dieser beiden Figuren auf und führt ihn in verschärfter Form fort. Mit List und Tücke sorgt Zanga im Verlauf der Traumhandlung dafür, daß Rustan die Rettung des in einer einsamen Waldgegend von einer Schlange bedrohten Königs von Samarkand zugeschrieben, der wahre Retter getötet und Rustan als Schwiegersohn des Königs vorgesehen wird. Doch genau in dem Augenblick, da der König seinem falschen Retter die Erfüllung all

[14] Vgl. neben Politzer (hier zit. ebd., S. 234) z.B. Edward McDonald: Was ist Ruhm, der Größe Glück? Franz Grillparzer's Response to the Value of Fame and Fortune in ›Der Traum ein Leben.‹ In: August Obermayer (Hrsg.): ›Was nützt der Glaube ohne Werke ...‹ Studien zu Franz Grillparzer anläßlich seines 200. Geburtstages. Dunedin 1992, S. 48–80.

seiner Wünsche verkündet und ihm eine glanzvolle Zukunft verheißt, betritt ein stummer alter Mann die Szene, in dem sowohl Zanga als auch Rustan den Wiedergänger des alten Derwischs erkennen.[15] Sein Auftritt leitet die Erkenntnis der Wahrheit und damit Rustans unaufhaltsamen Untergang ein.

Berücksichtigt man den scheinbar unüberbrückbaren Gegensatz zwischen der Figur des Harfe spielenden guten Alten und der des kampflüsternen schwarzen Verführers und zieht überdies in Betracht, daß Zanga dem hilflosen, wie in einem tödlichen Spinnennetz sich verfangenden Rustan am Ende seines Traums als geflügelter Teufel erscheint[16], wird umso rätselhafter, wieso eben dieser Zanga in der letzten Szene des Stücks friedlich Flöte spielend den Derwisch und sein Lied begleitet.

Des Rätsels Lösung scheint mir in der besonderen Rolle des Derwischs zu liegen. Im Gegensatz zu dem auf der Bühne mit großen Reden allgegenwärtigen Zanga ist diese namenlose und scheinbar unbedeutende Figur, die als einzige der handelnden Figuren im Verlauf des Bühnengeschehens nicht spricht, von der Forschung vernachlässigt worden. Das ist erstaunlich. Bereits ein Blick auf die komplexe, rund zwanzigjährige Entstehungsgeschichte des Dramentextes und seiner verschiedenen Fassungen zeigt, daß Grillparzer sein dramatisches Märchen erst fertigstellen konnte, als er mit der Figur des Derwischs den entscheidenden Schlußstein für die Konstruktion der Dramenhandlung gefunden hatte.[17] Schaut man den Text der endgültigen Fassung genauer an, so wird deutlich, daß der Mann, von dem es heißt, daß er »gütig« und »wundertätig« (V. 2711f., 185) sei und der um Rustan besorgten Mirza seine Hilfe versprochen habe, hier als eine Art Spielleiter tätig ist und buchstäblich aus dem Hintergrund heraus die wichtigsten Entscheidungen der Figuren beeinflußt. Tatsächlich, so geht aus einer Äußerung Massuds in der ersten Szene hervor, ist es der Derwisch, der den Versuch einer Aussprache zwischen Massud und dem offensichtlich immer unzufriedeneren Rustan anregt, indem er Massud von Rustans Streit mit einem Sohn des Emirs berichtet.[18] Kurz darauf leitet sein Lied den Traum Rustans ein, und in der letzten Szene überläßt Massud dem reuigen Rustan erst dann die Hand seiner Tocher, als vor seiner Hütte zum zweiten Mal das Lied des Derwischs erklingt.[19]

Um neben seiner Bedeutung auch die Botschaft des Derwischs zu ermitteln, sei dieses Lied genauer in den Blick genommen. Betrachtet man zunächst seinen Kontext am Ende des ersten Aufzugs, so zeigt sich, wie eng das Lied mit Rustans Traum verflochten ist. Rustan, so heißt es im Text der für Grillparzers Dramen-

---

[15] Vgl. 3. Aufzug, V. 1287ff.; S. 141ff., bes. V. 1367ff.; S. 144ff.

[16] Vgl. 4. Aufzug, V. 2512ff.; S. 185f.

[17] Die Entstehungsgeschichte des Stücks und seine Entwicklung in den verschiedenen Textfassungen dokumentiert übersichtlich Stefan Hock: Der Traum, ein Leben. Eine literarhistorische Untersuchung. Stuttgart, Berlin 1904, hier: S. 61f.; vgl. auch: Franz Grillparzer. Sämtliche Werke. Historisch-kritische Gesamtausgabe. 3 Abteilungen mit insgesamt 42 Bänden. Hrsg. v. August Sauer, fortgeführt v. Reinhold Backmann. Wien 1909ff., 1. Abt., Bd. 20, S. 85–163.

[18] Vgl. 1. Aufzug, V. 178ff.; S. 102.

[19] Vgl. 4. Aufzug, V. 2705ff.; S. 193f.

konzeption so wichtigen Bühnenanweisungen, »sitzt auf dem Ruhebette«, während von außen »Harfentöne erklingen«; er befindet sich in »halbliegender Stellung«, während er die Worte des Gesanges nachspricht, und er »sinkt zurück«, während die Harfenklänge fortdauern (S. 116f.). Wie die Bühnenanweisungen also im einzelnen deutlich machen, begleitet das Lied des Derwischs Rustans Weg in den Schlummer, provoziert den jungen Mann und wird so zu einer Art Katalysator für den folgenden Traum. Die Worte des Gesanges, der zu den Harfenklängen des Derwischs ertönt und dessen Melodie am Ende des Stücks erneut zu hören ist, lauten:

»Schatten sind des Lebens Güter,
Schatten seiner Freuden Schar,
Schatten Worte, Wünsche, Taten;
Die Gedanken nur sind wahr.

Und die Liebe, die du fühlest,
Und das Gute, das du tust,
Und kein Wachen als im Schlafe,
Wenn du einst im Grabe ruhst.« (V. 628–635; S. 116)

Rustan, der am nächsten Morgen in die Welt hinausziehen will und der, wie er sagt, seine ehrgeizigen Wünsche jetzt endlich wachend vor sich treten sieht, spricht diese Worte nach und weist sie von sich.

»Possen! Possen! Andre Bilder
Werden hier im Innern wach.
König! Zanga! Waffen! Waffen!« (V. 636–638; S. 117)

So spricht er am Ende des ersten Aufzugs, sinkt zurück und träumt seinen Traum von Freiheit, Ruhm und Abenteuer.

Der hier in Körpersprache und Figurenrede verdeutlichte unmittelbare Zusammenhang zwischen dem warnenden Lied des Derwischs und den Wunschbildern, die in Rustans Innerm aufsteigen, legt es nahe, den Sinn der Worte dieses oft zitierten Liedes im direkten Bezug auf ihren Adressaten zu betrachten. Ich wende mich daher zuerst Rustan, seinen Wünschen und den Bildern seines Traumes zu und komme später auf das Lied des Derwischs und seine Bedeutung zurück.

Anders als Politzer und andere behaupten, scheint mir Grillparzers Protagonist durchaus kein ungebrochen »revolutionäres Temperament« und schon gar kein verhinderter Freiheitsheld zu sein, der etwa als ein Nachfahr von Hölderlins Hyperion zu betrachten wäre.[20] Im ersten Aufzug wird uns vielmehr ein unbedarfter junger Mann vorgestellt, der aus einem alten Kriegergeschlecht stammt[21] und

---

[20] Zur Entstehungsgeschichte der Rustan-Figur vor dem Hintergrund von Grillparzers ambivalentem Verhältnis zum historischen Schicksal Napoleons vgl. Hock: Der Traum, ein Leben, a.a.O., S. 48–52.

[21] Vgl. 1. Aufzug, V. 327ff.; S.107.

von einem reichen Landmann aufgezogen worden ist. Der Spannung zwischen Herkunft und Sozialisation entsprechend hängt Rustan einerseits an Massud und Mirza, während er anderseits in die Welt hinausziehen und sich als ein Held bewähren möchte.[22] Dabei ist Rustans Vorstellung von einem Helden nicht sonderlich präzise. Sie beruft sich allgemein auf »der Vorzeit Helden« (V. 1517; S. 148) und »Helden-Brauch« (V. 276; S. 105), und sie ist *in concreto* nicht auf ein hehres Ideal wie etwa die Rettung des Vaterlandes oder die Überwindung des Unrechts in der Welt, sondern allein auf den Wunsch nach grenzenloser Macht gegründet. In diesem Sinne läßt Grillparzer den tatendurstigen Rustan im ersten Aufzug schwärmen:

»O, es mag wohl herrlich sein,
So zu stehen in der Welt
Voll erhellter, lichter Hügel
Voll umgrünter Lorbeerhaine,
Schaurig schön, aus deren Zweigen,
Wie Gesang von Wunder-Vögeln,
Alte Heldenlieder tönen,
Und vor sich die weite Ebne,
Lichtbestrahlt und reich geschmückt,
Die zu winken scheint, zu rufen:
Starker, nimm dich an der Schwachen!
Kühner, wage! Wagen siegt!
Was du nimmst, ist dir gegeben!
Sich hinabzustürzen dann
In das rege, wirre Leben,
An die volle Brust es drücken,
An sich und doch unter sich:
Wie ein Gott, an leisen Fäden
Trotzende Gewalten lenken« (V. 299–317; S. 106).

Die Verwirklichung solcher Allmachtsphantasien erweist sich in Rustans Traum jedoch von Anfang an als problematisch. Bereits die erste Szene macht deutlich, daß Rustan, der, wie er selbst sagt, zunächst nicht denken, sondern fühlen möchte,[23] eines Helfers bedarf, der die ersehnte Eroberung von Macht, Ruhm und Reichtum mit kühlem Kopf zu planen versteht. »›Freiheit! Ha, mit langen Zügen / Schlürf ich deinen Äther ein.‹« (V 639f.; S. 118) So beginnt Rustan seinen geträumten Auszug in die Welt, während sein Begleiter Zanga trocken bemerkt: »›Herr, und jetzt genug geschwärmt. / Nun laßt uns von Nötgerm sprechen.‹« (V. 653f.; S. 118) In der folgenden Traumhandlung werden Rustan noch weit größere Unzulänglichkeiten vor Augen geführt. Sein Traum zeigt ihm einen zweifelhaften

[22] Dementsprechend vage bleibt Rustans Antwort im 1. Aufzug auf Massuds Frage, ob er sie verlassen wolle: »›Lange nicht, kehr ich zurück / In der Teuern liebe Mitte, / Teile wieder eure Hütte, / Oder ihr mit mir mein Glück. / [...] Doch wir sehen uns ja wieder, / Doppelt glücklich, doppelt froh!‹« (V. 561–564 u. 567f.; S. 114).

[23] Vgl. 2. Aufzug, V. 655f.; S. 118.

jugendlichen Helden, der im entscheidenden Augenblick in Kampf und Schlacht versagt und der da zaudert, wo er seine Interessen ohne Rücksicht auf Verluste durchsetzen müßte: Er zielt daneben, als er die Schlange, die den König von Samarkand verfolgt, mit seinem Speer zu töten versucht; er fällt vom Pferd, als er sich an der Spitze seiner Truppen auf den Erzfeind des Königs stürzen will, und als man in ihm den falschen Retter und wahren Mörder des Königs erkennt, wird er verfolgt und zu Tode gehetzt, weil er zögert, eine ganze Stadt in Brand zu stecken, um seine Flucht zu decken[24].

Rustan muß aber nicht nur seine persönlichen Grenzen erleben und erkennen, daß er nicht der Mann ist, als den ihn die Königstochter Gülnare angesichts der erlegten Schlange begrüßt:

»Vater schau, so sehen Helden!
Vater schau, so blickt ein Mann!
Was uns alte Lieder melden,
Schau es hier verwirklicht an!
[...]
Vater, sag es selbst! fürwahr,
Stellt er nicht die Zeit dir dar,
Nicht die Zeit, die einst gewesen,
Und von der wir staunend lesen,
Wo noch Helden höhern Stammes,
Wo ein Rustan weitbekannt
In der Parsen Fabelland –«
(V. 908–911 u. V. 928–934; S. 127f.).

Rustans Traum führt vor – und das ist ein weiterer wichtiger Punkt – , daß dem hier von Gülnare beschworenen Bild des strahlenden Helden auch kein anderer Mensch in dieser Welt entspricht. Ein Blick auf die Entstehungsgeschichte des Stücks verdeutlicht, wie folgerichtig Grillparzer das herkömmliche Bild des Helden als personifizierte *Kalokagathie* entzaubert. In der endgültigen Fassung des Stücks läßt Grillparzer den Rivalen Rustans nicht mehr als den begehrenswerten Mann und heimlichen Geliebten Gülnares auftreten, als den er ihn ursprünglich konzipierte.[25] Auch die Idee, den König durch eine – wie es im Personenverzeichnis heißen sollte – »Erscheinung« retten zu lassen, wurde verworfen.[26] Die Rolle des wirklichen Überwinders der gefährlichen Schlange und wahren Retters des Königs kommt schließlich einem vom Hof verbannten Kämmerer zu. Er ist klein und häßlich, und er trägt – um den Widerspruch zwischen Verklärung und Wirklichkeit auch für den Zuschauer deutlich zu machen – einen Mantel von der gleichen

[24] Vgl. dazu das Gespräch zwischen Rustan und Zanga, 4. Aufzug, V. 2395ff.; S. 182f.

[25] In den ersten Fassungen des Stücks wird der von der Schlange verfolgte König von Osmin gerettet, der hier als Gülnares Geliebter und als Rustans unmittelbarer Gegenspieler angelegt ist. Vgl. Hock: Der Traum, ein Leben, a.a.O., bes. S. 45–59.

[26] Vgl. ebd., S. 52 und die Dokumentation der verschiedenen Fassungen des Personenverzeichnisses (ebd., S. 169).

unscheinbaren braunen Farbe wie der Genius, der am Anfang und Ende der Traumhandlung die Realität des Lebens symbolisiert.[27] Anders als so oft behauptet wird, gestaltet Rustans Traum also durchaus mehr als nur den tiefen Sturz dessen, der auszieht, um sich die Welt untertan zu machen. Neben dem Scheitern des jugendlichen Schwärmers zeigt die Traumhandlung eine vom schönen Schein betrogene Gülnare, und sie offenbart, mit welch verhängnisvollen Folgen auch der König von Samarkand sich nur allzu gerne blenden läßt. »Wenn ich dich so vor mir sehe«, sagt der scheinbar am Ziel seiner Wünsche angelangte König zu seinem designierten Schwiegersohn und Erben, kurz bevor er von diesem mit einem Becher Wein vergiftet wird,

»Hochgewachsen, stark und kühn,
Mit der hellen, klaren Stimme,
Freu ich doppelt mich und dreifach,
Daß du anders, als ich damals
In der Sinne wirrem Wanken,
Mehr ein Wahnbild der Gedanken
Meines Retters Bild gesehn.
Du schienst damals klein und bleich,
Eingehüllt in braunem Mantel,
Und die Stimme scharf und schneidend –
[...]
Komm, laß uns trinken!
Weg es waschen dieses Bild!
Was ich damals dumpf geträumt,
Lieblich hats den Platz geräumt
Dem Erfreulichen, dem Wahren.«
(V. 1277–1287; S. 140f. u. 1309–1313; S. 142)

Beachtet man die Konsequenz, mit der hier also nicht allein die ehrgeizigen Wunschbilder Rustans, sondern auch die des Königs[28] und seiner Tochter als ebenso irreführend wie zerstörerisch entlarvt werden, dann läßt sich Rustans Traum nur vordergründig nach dem Prinzip der Wunscherfüllung lesen. Nicht Kompensation, sondern Erkenntnis einer Mangellage scheint mir die eigentliche Funktion der Traumhandlung zu sein. Rustans Traum zitiert das Ideal des starken Mannes

---

[27] Vgl. die Bühnenanweisungen am Ende des 1. Aufzugs (S. 117) und vor der letzten Szene des 4. Aufzugs (S. 187), nach denen der Traum durch einen buntgekleideten, die Wirklichkeit des Tages dagegen durch einen »dunkelgekleideten« Knaben in »braunem Gewande« veranschaulicht wird.

[28] Zu dem martialischen Wunschbild von Ruhm und Größe, das der König mit der Herrschaft seines künftigen Schwiegersohns verbindet, vgl. seine Worte zu Rustan im 3. Aufzug.: »›Du, an meiner Tochter Seite, / Sitzest auf der Väter Thron, / Breitest aus in alle Weite / Mit der Kriegsdrommete Ton / *Dieses Landes* Macht und Ruhm, / Noch vor wenig kurzen Tagen / Stolzer Nachbarn Eigentum. / Und sie zittern und sie beben, / Vor dem Dräun der starken Hand, / Und des Ruhmes Säulen heben / Hoch den Thron von Samarkand.‹« (V. 1213–1223; S. 138f.)

und edlen Retters, und er demontiert es systematisch, indem er Schritt für Schritt seinen ebenso hohlen wie gefährlichen Kern enthüllt.

Blickt man von hier auf das Lied des Derwischs zurück, so wird deutlich, warum man den Sinn seiner Worte nur ungenau erfaßt, wenn man sie aus ihrem Kontext reißt und – wie die Interpreten des Stücks das in aller Regel tun – in erster Linie als einen späten Nachklang aus Calderóns *La vida es sueño* versteht.[29] Vor dem Hintergrund eines Traums, der das Bild des strahlenden Siegers aus verschiedenen Blickwinkeln mit der Wirklichkeit des menschlichen Lebens konfrontiert, scheint mir das in dem Lied zitierte barocke *Vanitas*-Motiv von der Scheinhaftigkeit und Vergänglichkeit alles Irdischen eine weniger allgemeine und stärker im Diesseits fundierte Bedeutung zu bekommen. Die Auswirkungen des durch das Lied beförderten Traumes zeigen, daß die Kernzeilen des Liedes

»Schatten [sind] Worte, Wünsche, Taten;
Die Gedanken nur sind wahr.
Und die Liebe, die du fühlest,
Und das Gute, das du tust« (V. 630–633; S. 116)

ein Leben im Hier und Jetzt propagieren, das auf die Übereinstimmung mit sich selbst sowie auf die Werte der Liebe und der Güte gegründet ist. So gesehen, wird hier eine im Ansatz aufklärerisch-humanistische Position formuliert, die nicht notwendig einer christlich theologischen Begründung bedarf und die insofern pragmatisch ist, als sie weniger auf Fortschritt als – wie Alfred Doppler im Hinblick auf Grillparzers Gesamtwerk formuliert – auf die »Verhinderung von Katastrophen, nicht auf Perfektion, sondern auf die Eindämmung von menschlichem Wahnsinn«[30] setzt.

Dabei scheint mir bemerkenswert, daß Grillparzer die Handlung seines Stücks aus einer Situation entwickelt, in der Rustans Läuterung nur auf eine besondere Weise möglich ist. Und zwar aus folgendem Grund:

»Gönne mir ein Wort mit ihm!
Nur ein Tor verhehlt den Brand;
Wir, mein Kind, wir wollen löschen« (V. 459–461; S. 111),

sagt Massud im ersten Aufzug, als die ängstliche Mirza wiederholt versucht, ein offenes Gespräch zwischen ihrem Vater und Rustan zu verhindern. Trotz der

---

[29] Zur vielbehandelten Beziehung Grillparzers zu Calderón vgl. u.a. Eckhard Heftrich: Caldéron – Grillparzer – Hofmannsthal. In: Literaturwissenschaftliches Jahrbuch 20 (1979), S. 155–172; Robert Mühlher: Grillparzer und das spanische Drama. In: Spanien und Österreich, 1982, S. 93–105, Joachim Müller: Die Relation von Traum und Leben bei Calderón und Grillparzer. Grillparzer Forum Forchtenstein 1972. Eisenstadt 1973, S. 46–65, Zdenko Škreb: Grillparzer und Caldéron. In: Maske und Kothurn 24 (1978), S. 349–273.

[30] Vgl. Alfred Doppler: Eine österreichische Variante der deutschen Literatur. Grillparzers Literaturverständnis anhand der Tagebücher. In: Sieglinde Klettenhammer (Hrsg.): Zwischen Weimar und Wien: Grillparzer. Ein Innsbrucker Symposion. Innsbruck 1992, S. 103–120, hier: S. 119.

guten Absichten Massuds muß ein solches Gespräch jedoch scheitern, »weil«, wie Rustan bei seinem ersten Auftritt sagt,

> »[...] was Brot in Einer Sprache,
> Gift heißt in des andern Zunge,
> Und der Gruß der frommen Lippe
> Fluch scheint in dem fremden Ohr« (V. 253–256; S. 105).

Da im besonderen Fall eines so vollkommenen Nichtverstehens zwischen Jung und Alt jeder rationale Diskurs notwendig versagt, vertraut der Derwisch dem Zauber einer Sprache, die sich jenseits aller mißverständlichen Begrifflichkeit bewegt. Mit Hilfe eines Liedes hält er Rustans martialischen Machtgelüsten eine Stimmung entgegen, die zum Nährboden eines therapeutischen Traumes wird. Dank dieses Traumes kann Rustan gewissermaßen spielerisch in Form einer Probehandlung selbst erleben, daß er nicht zum Helden geboren ist und der Welt durch sogenannte Helden überdies nur Zerstörung droht. Der durch das Lied angeregte Traum ermöglicht Rustan damit auf wunderbare Weise, was im Fall so vieler anderer Grillparzerscher Figuren unvorstellbar ist: sein Selbst jenseits der Unterdrückung und Vernichtung anderer in einer Form von Begrenzung zu finden, die nicht auf der Verdrängung eigener Wünsche oder einem nur rational begründeten Verzicht, sondern auf persönlicher Erfahrung beruht.[31]

Die Bedeutung des Liedes erschöpft sich allerdings nicht in der Stimulation des Traumes. Damit der erwachte Träumer am Ende des Stücks sein wirkliches Leben so gestalten kann, wie es nun seinem Gefühl und seiner Überzeugung entspricht, benötigt er noch die Zustimmung seines Oheims zu zwei wesentlichen Dingen: Massud muß Rustan wieder bei sich aufnehmen, und er muß ihm die Hand seiner Tochter gewähren. Doch nicht die Worte Rustans oder Mirzas, sondern erst die

---

[31] Zur besonderen Tragik vieler Figuren Grillparzers gehört ja nicht nur die vielfach bemerkte Erfahrung des Selbstverlusts, sondern auch die Erfahrung der verspäteten (Selbst-)Erkenntnis, d.h. die Einsicht, daß sie aus ihren Erlebnissen nicht mehr lernen können, weil sie das Furchtbare, das sie getan haben, aber nicht getan haben wollen, weder ungeschehen machen noch vergessen können. Im Gegensatz zu dem schuldlos aus seinem Traum erwachenden Rustan muß so z.B. der von seinem Eroberungszug aus der Fremde zurückgekehrte Jason am Ende der Trilogie *Das goldene Vließ* verbittert erkennen: »›[...] Und jetzt steh' ich vom Unheilsmeer umbrandet / Und kann nicht sagen: ich hab's nicht getan!‹« (Grillparzer: Werke in sechs Bänden, a.a.O., Bd. 2: Dramen 1817–1828, S. 205–390, hier: V. 770f.; S. 335). Und Medea spricht in der Schlußszene zu Jason, als sie ihm mit dem Goldenen Vließ das ursprüngliche Ziel seines Strebens vor Augen hält: »›Erkennst das Zeichen du, um das du rangst? / [...] Ein Traum! / Du Armer! der von Schatten du geträumt! / Der Traum ist aus, allein die Nacht noch nicht.‹« (ebd., V. 2364 u. 2367–2369; S. 389f.). »›Sortija del olvido – Ei, ei, ei! / ›Ring des Vergessens‹ – Ja, wer den besäße‹« klagt Rudolf dementsprechend in *Ein Bruderzwist in Habsburg* (Grillparzer: Werke in sechs Bänden, a.a.O., Bd. 3, S. 373–482, hier: V. 206f.; S. 383). Allgemein zur Denkfigur des »Zu Spät« als »Signum der Epoche« und ihren geistesgeschichtlichen Hintergründen vgl. Günther Schnitzler: Grillparzer und die Spätaufklärung. In: Gerhard Neumann/Günther Schnitzler (Hrsg.): Franz Grillparzer: Historie und Gegenwärtigkeit. Freiburg i.Br. 1994, S. 179–202 (hier: S. 199).

Töne[32], die am Schluß des Stücks zum zweiten Mal erklingen, bringen Massud dazu, der infolge eines Traums gewonnenen Einsicht seines Neffen zu vertrauen und Rustans Wünsche fortan nicht mehr zu fürchten. Auf diese Weise ermöglicht die Kunst des Derwischs also zunächst Rustans Leben auf Probe und gewährleistet schließlich, daß Rustan neben Haus und Habe auch das mit Massud teilen darf, was dieser selbst als seines »Lebens tiefsten Kern« (V. 2691; S. 192) bezeichnet.

Warum aber – und diese Frage ist immer noch offen – wird das Lied des Derwischs in der letzten Szene von Zanga begleitet? Eine mögliche Antwort wäre, daß am Ende auch der in die Freiheit entlassene Krieger dem Zauber des Derwischs erliegt und fortan das Schwert mit der Flöte vertauscht. Berücksichtigt man das besondere Genre des Stücks, so scheint mir jedoch noch eine andere Antwort denkbar. Vor diesem Hintergrund betrachtet, weist der einträchtige Abgang der beiden Figuren darauf hin, daß der schwarze Sklave in Grillparzers »dramatischem Märchen« – anders als in Voltaires Erzählung *Le blanc et le noir*, die Grillparzer in manch anderer Hinsicht als Vorbild diente[33] – als eine Figur konzipiert ist, die nur vordergründig als Gegenspieler des guten Geistes auftritt und in Wirklichkeit mit ihm von Anfang an ein gemeinsames Ziel verfolgt.[34] Denn erst das Zusammenwirken beider Figuren erlaubt, daß Rustan sich der Wünsche in seinem Innern bewußt werden und schließlich von seinen Träumen Abschied nehmen kann, ohne daß es ihn und andere das Leben kostet.

Folgt man dieser Sichtweise, so scheint mir die Schlußszene des Dramas in doppelter Hinsicht eine Utopie zu gestalten und in einem ganz anderen Sinne offen zu sein, als viele Interpreten behaupten. Die einander stumm umfassenden Mirza und Rustan mit Massud in der Mitte bieten am Ende ein Bild der Harmonie und der Sammlung, das in einem unmittelbaren Gegensatz zu der scheiternden, auf Expansion hin angelegten Dreiergruppe Gülnare, Rustan und König steht. Dieses Bild bedeutet dem Zuschauer, daß ein Leben in Güte ohne nach außen gewendete Aggression und Unterdrückung wünschenswert und möglich ist. Die Voraussetzungen dafür, daß sich dem nach Grillparzer an und für sich auf Friedlosigkeit hin angelegten Menschen überhaupt die Chance zu einem solchen Leben bietet, sind dank der therapeutischen Mittel eines mit Hilfe der Kunst eröffneten Projektionsraums geschaffen worden. In einem Zustand von »bewußtlosem

[32] Zur besonderen Bedeutung der Musik für Grillparzer als einer Form von unmittelbar auf die Sinne wirkender Sprache vgl. Dieter Borchmeyer: Franz Grillparzer als Antipode Richard Wagners. Ein Beitrag zu seiner Musikästhetik. In: Helmut Bachmaier (Hrsg.): Franz Grillparzer. Frankfurt/M. 1991, S. 359–373.

[33] Zu Grillparzers Beziehung zu Voltaire vgl. z.B. Eugen Thurnher: Grillparzer und Voltaire. In: Anzeiger der Österreichischen Akademie der Wissenschaften. Phil.-Hist. Klasse 1961, S. 44–62. Allgemein zu Grillparzers Quellen vgl. u.a. Bachmaier: Grillparzers Werke, a.a.O., Bd. 3, S. 644–647, Hock: Der Traum, ein Leben, a.a.O., S. 5-24, und Raymond Immerwahr: Das Traum-Leben-Motiv bei Grillparzer und seinen Vorläufern in Europa und Asien. In: Arcadia 2 (1967), S. 257–276.

[34] Zu dem in der Regel übersehenen Zusammenspiel der beiden Figuren vgl. auch Mark G. Ward: A Note on the Figures of Zanga and the Derwish in Grillparzer's ›Der Traum ein Leben‹. In: New German Studies 4 (1976), S. 129–139.

Bewußtsein«[35] wird der träumende Held – und mit ihm auch sein Publikum – hier mit den Folgen seines Wunsches nach schrankenloser Herrschaft des eigenen Ego konfrontiert. Und nicht nur das. Die entsprechenden Voraussetzungen sollen mit Hilfe der Kunst offenbar auch weiterhin geschaffen werden. Auch in diesem Sinne ist der Schluß des Stückes programmatisch: Am Ende brechen nicht der eingebildete jugendliche Held und sein Sklave, sondern der vermeintliche Versucher Zanga und sein wahrer Herr und Meister zu neuen Taten auf.

Diese Art von erkennbar utopischem Schluß scheint mir weder reaktionär zu sein noch von einer beschränkten Sicht der Welt zu zeugen. Im Gegenteil: Grillparzer konzipiert die Handlung seines Stücks nach einem Modell, das man in unterschiedlich ausgearbeiteter Form mehr als ein halbes Jahrhundert später nicht nur in der Psychoanalyse Sigmund Freuds, sondern etwa auch der Dichtung Arthur Schnitzlers wiederfindet.[36] Es ist ein Modell, das moralisches Handeln nicht aus einer vorgegebenen sozialen Norm oder einem allgemeinen Sittengesetz, sondern in erster Linie aus der Psychologie des Individuums begründet. Was in der Epoche der sogenannten »Frühen Moderne« als ein zentrales Projekt aller »Kulturarbeit« gilt, das sowohl die psychoanalytische Therapie als auch die Kunst auf ihre Weise befördern, hat schon Grillparzer in seinem Drama als Ideal gestaltet: die bewußte Einbindung der von Eros und Thanatos regierten Welt der Triebe in die Organisation eines stabilen und verantwortungsvoll handelnden Ich.

---

35 Vgl. Grillparzers Überlegung zur Wirkung von dramatischer Dichtung in seinem Tagebucheintrag 240 (1817). In: Grillparzer. Sämtliche Werke, 2. Abt., Bd. 7, S. 110. Vgl. auch die Fortsetzung ebd.: »Ich stelle mir oft die Wirkung der dramatischen Poesie wie einen Morgentraum, kurz vor dem Aufstehen vor, wo angenehme Bilder um die Stirn gaukeln, uns mit Freude und Schmerz erfüllen, obschon (wenigstens bei mir) immer der Gedanke dazwischen kömmt: es ist ja doch alles nur ein Traum! Aber im nächsten Augenblick taucht die kaum erwachte Klarheit wieder in die süßen Wellen unter und kommt nur jedesmal, wenn der Eindruck zu stark wird, wieder zum Vorschein.«

36 Zur Rekonstruktion der epochenspezifischen »Denkstrukturen«, die sich auf unterschiedliche Weise sowohl im Werk Freuds als auch Schnitzlers manifestieren, vgl. z.B. Wolfgang Lukas: Das Selbst und das Fremde. Epochale Lebenskrisen und ihre Lösung im Werk Arthur Schnitzlers. München 1996. Zum besonderen Fall von Schnitzlers *Traumnovelle*, deren Lösungsmodell im Ansatz mit dem von Grillparzers *Der Traum ein Leben* vergleichbar ist, vgl. Michael Scheffel: Formen selbstreflexiven Erzählens. Eine Typologie und sechs exemplarische Analysen. Tübingen 1997, S. 175–196; zur Rekonstruktion des entsprechenden Handlungsmodells vgl. auch ders.: ›Der Weg ins Freie‹. Figuren der Moderne bei Theodor Fontane und Arthur Schnitzler. In: Hanna Delf von Wolzogen (Hrsg.): Fontane am Ende des Jahrhunderts. Beiträge des Potsdamer Fontane-Symposiums. Oktober 1998. Würzburg 2000, Bd. 3, S. 253–265, bes. S. 260. Zu Grillparzers auch theoretisch differenzierter Psychologie und ihrer Vorwegnahme späterer Einsichten insbesondere der Tiefenpsychologie vgl. Friedrich Kainz: Grillparzer als Denker. Der Ertrag seines Werks für die Welt- und Lebensweisheit. Wien 1975, bes. S. 493–509.

KLAUS JEZIORKOWSKI

DIE VERSCHWIEGENE MITTE

Zu Adalbert Stifters »Turmalin«

»Worauf setzt ein Stifter [?]
Auf Visionen. Und Erfolg [...]«[1]

»Worauf setzt ein Stifter«? Ja, wenn man das wüßte. Vor allen Antworten müssen wir zunächst bei den offenen Fragen bleiben. Und auch ein Stück weit über Adalbert Stifter hinausgehen.

Fragen über Fragen vor allem im Zusammenhang mit Literatur angesichts so vieler gedruckter und ungedruckter Ehebrüche. Klatschsucht, Sensationsgier und ein Hauch von Diskretion in uns gehen mit sich zu Rate: Möchte man lieber alles erfahren oder vielleicht doch besser gar nichts? Was könnte nach dem antiken Götterhimmel und seinen Affären sich da noch Neues bieten? Kennt man *einen* Ehebruch, dann kennt man alle – so mögen harmlose Gemüter oder auch erfahrene sich das vorstellen. Wieso dann drei prominente Ehebrüche in der Literatur binnen sechs Jahren? Die unprominenten gar nicht gerechnet. Warum ist nicht einer wie der andere? Warum erweist er sich in der einen Schrift-Version provokanter und skandalöser als in einer anderen, die zur selben Zeit erschienen ist? Warum wird der eine gedruckte Seitensprung enthusiastisch gepriesen und zeitgleich der andere zum Skandal und zum Fall für die Gerichte oder auch als unbedeutend von der Kritik totgeschwiegen und vom Publikum übersehen? Es kann eigentlich kaum an der gesellschaftlichen Bewertung oder Tabuisierung des Sujets liegen.

Das galante Thema hat Methodengeschichte in der Literaturwissenschaft geschrieben. Vor dreißig Jahren stand die Modernität der *Madame Bovary* zur Diskussion. Hans Robert Jauß hatte 1970 mit seinem großen Essay *Literaturgeschichte als Provokation der Literaturwissenschaft* in zwölf Thesen die Wirkungs- und Rezeptionstheorie zur Basis einer neuen Art von Literaturwissenschaft gemacht.[2] Er hatte die ästhetische Distanz zwischen dem Erwartungshorizont des literarischen Publikums einer bestimmten historischen Epoche und andererseits dem Maß an Innovation in einem neu erschienen literarischen Werk zum Gradmesser des artistischen Rangs einer solchen Neuerscheinung erhoben und den Sachverhalt an einem historisch prominenten Beispiel erläutert. Je deutlicher ein neues Werk den Horizont der Erwartungen einer Epoche überschreitet, in den es dann gleichwohl

1 Anzeige des Stifterverbandes für die Deutsche Wissenschaft in der *Frankfurter Rundschau* vom 01.11.2000.

2 Hans Robert Jauß: Literaturgeschichte als Provokation der Literaturwissenschaft. In: H. R. J.: Literaturgeschichte als Provokation. Frankfurt/M. 1970. S. 181ff.

später integriert wird, indem es ihn zugleich erweitert, um so relevanter werde es für den Kanon der nachfolgenden Generationen. Eines der markanten Exempel für Jauß war Gustave Flauberts Roman *Madame Bovary*, erschienen zuerst im Herbst 1856 in mehreren Folgen der *Revue de Paris*, 1857 dann in zwei Bänden als Buch. Jauß vergleicht die öffentliche Wirkung dieses Romans, die seinen Verfasser vor Gericht bringt, mit einem anderen Buch, das dessen Autor im Untertitel *Étude* nennt, als es ein Jahr später, 1858, erscheint: mit dem Roman *Fanny* von Ernest-Aymé Feydeau, einem Freund Flauberts. Auch dieser Ehebruch-Roman erregt einen Skandal, aber einen ganz anderer Art als *Madame Bovary*. *Fanny* löst einen unterhaltsamen Erregungs- und Sensationsskandal aus, der dem Buch sofort einen enthusiastischen Erfolg einbringt, weil es, nach der Terminologie von Jauß, den auf üppige und lüsterne Sensationsbefriedigung gerichteten Erwartungshorizont des französischen Lesepublikums der 1850er Jahre nicht übersteigt, sondern bestätigt und erfüllt. *Fanny* ist kulinarisch und befriedigt ganz besonders die Voyeurs-Erwartungen der Epoche. Der schöne Skandal ist dann nur noch das spitze ›Huch‹ einer sich mäßig zierenden Gesellschaft, die bei aller genußreichen Empörung sich auf die Zehenspitzen stellt und resolut entschlossen ist, keinen Blick in das Boudoir der Laster zu versäumen und sich insgesamt an einem derartigen Buch und der folgenden Erregung von Herzen zu laben. Das Schicksal solcher innovationsarmen und gefälligen Bücher will es, daß sie nach kurzer Zeit vergessen werden und ausgedient haben, weil sie dem etablierten Horizont der Erwartungen keinen produktiven Widerstand bieten.

Anders der Roman Flauberts. Er setzte, nach Jauß, den Leseerwartungen seiner Zeit anhaltende Resistenz entgegen aufgrund seines bislang unerhörten Erzählprinzips der *impassibilité*[3], eines scheinbar unpersönlichen Erzählens, das eine unbeteiligte Objektivität der Erzählperspektive zumindest suggeriert, eine Art klinischen und kalten Blick auf dramatische Verwicklungen der Leidenschaft. In dieser erzählerischen Härte überstieg und erweiterte *Madame Bovary* den Erwartungshorizont der lesenden Bürger nach der Jahrhundertmitte in Frankreich wegen der widerständigen Sperrigkeit des gebotenen Erzählprozesses, die den Grimm der Schmusliebhaber, die unter den Lesern fraglos in der Überzahl sind, anhaltend provozierte. Erst viel später ist dieser innovative Erzählgestus in den Erwartungshorizont der Literaturgesellschaft unter Widerstreben integriert worden, nachdem man seiner produktiven Modernität inne geworden ist. *Madame Bovary* war der *ästhetische* Skandal einer neuen Darbietungsform, d.h. der auf Dauer wirksamere, der die nachfolgenden Literatur-Epochen veränderte, auch über die französischen Sprachgrenzen hinaus.

Das dritte und wenige Jahre frühere Exempel, das bei Jauß weit außerhalb des Blickfeldes bleibt, ist die vordergründig unscheinbare Erzählung *Turmalin* des scheinbar harmlosen Adalbert Stifter, zuerst unter dem Titel *Der Pförtner im*

---

[3] Ebendiese »impassibilité des Erzählvorgangs« registriert Horst Turk gerade an Texten Adalbert Stifters (Horst Turk: Die Schrift als Ordnungsform des Erlebens. Diskursanalytische Überlegungen zu Adalbert Stifter. In: Diskurstheorien und Literaturwissenschaft. Hrsg. v. Jürgen Fohrmann u. Harro Müller. Frankfurt/M. 1988, S. 402).

Herrenhause in der *Libussa* 1852 erschienen, dann 1853 im ersten Band der *Bunten Steine*,[4] jener Sammlung mit der programmatischen Vorrede – eine still und ohne Skandal, ja ohne größeres Aufmerken publizierte Ehebruchsgeschichte, deren ästhetische Kühnheit in Relation zur fünf Jahre späteren *Madame Bovary* noch zu entdecken ist. Möglicherweise gehört es zur übergreifenden Epochensignatur und dem männlichen Blick der Verfasser, daß bei Stifter wie auch wenige Jahre später bei Flaubert und Feydeau die Frau es ist, die die Ehe bricht, so auch noch 1880 bei Fontane in *L'Adultera*, wo überdies die Frau zugleich vom Titel – scheinbar – gebrandmarkt wird, in ironischer Brechung der männlichen Sicht, in der die Eva- und Lilith-Modelle weiterhin wirksam sind.

Stifters Erzählung berichtet von einem »Mann von ungefähr vierzig Jahren« (119), der als »Rentherr« in Wien in offenkundig guten wirtschaftlichen Verhältnissen in einer bequemen Stadtwohnung lebt, zusammen mit einer »wunderschönen Frau von etwa dreißig Jahren, die ihm ein Kindlein, ein Mädchen geboren hatte« (121). Als Freund des Mannes geht bei ihnen ein Herr namens Dall ein und aus, »ein glänzender Künstler, ein Schauspieler, [...] damals das Entzücken der Welt« (123). Es geschieht das Vorhersehbare: »Endlich fing Dall ein Liebesverhältnis mit der Frau des Rentherrn an, und setzte es eine Weile fort. Die Frau selber sagte es endlich in ihrer Angst dem Manne« (125).

Erfahrene Leser reiben sich die Augen: ungefähr das, was Flaubert in über vierhundert Druckseiten allmählich und delikat entwickelt, geschieht bei Stifter in zwei Postkarten-Sätzen. Natürlich kommt es auch bei Stifter danach zu einigen heftigen, aber kaum dramatisch ausgearbeiteten Szenen, die psychologisch ziemlich pauschal verfahren: »Der Rentherr war in einer außerordentlichen Wut, er wollte zu Dall rennen, ihm Vorwürfe machen, ihn ermorden« (126). Aber der bleibt einige Zeit verschwunden. Als er wieder zurück ist und auf den Bühnen der Stadt wie vorher auftritt, geschieht ein Nächstes, das psychologisch ebenso wenig entfaltet wird: »Eines Tages verschwand die Frau des Rentherrn. Sie war ausgegangen, wie sie gewöhnlich auszugehen pflegte, und war nicht wieder gekommen« (126). Und sie wird auch in der Erzählung nie wieder auftauchen, auf nie geklärte Weise ein für allemal ohne jedes Lebenszeichen verschollen bleiben. Der Text gibt sie vollkommen preis, nachdem er auch zuvor nur wenige Sätze auf die Ehebrecherin verwendet hatte. Mehrfach bestürmt der Rentherr den Schauspieler und verlangt von ihm seine Frau zurück. Der aber kann jedesmal glaubhaft versichern, daß die Frau auch für ihn verschwunden ist und er ihren Aufenthalt ebenso wenig kennt. Danach nimmt der Rentherr seine kleine Tochter und verläßt mit ihr die Wohnung auf Nimmerwiedersehn, ohne jede Nachricht an seine Umgebung, parallel zur vorausgegangenen Aktion seiner Frau.

Die Gliederung der Erzählung ist ein wenig hölzern. In einem nur schwach angebundenen zweiten Teil berichtet »eine Freundin« von Ereignissen in einer Vorstadt Wiens nach einer »Reihe von Jahren« (130). Sie begegnet in der Nähe

---

4 Adalbert Stifter: Bunte Steine und Erzählungen. München (Artemis-Verlag) 1951. *Turmalin* (ebd., S. 117–158) und weitere Texte dieses Bandes werden im folgenden nur mit Angabe der Seitenzahl im fortlaufenden Text zitiert.

ihres Domizils mehrfach einem verarmten älteren Mann mit einem Mädchen, das durch einen unverhältnismäßig großen Kopf auffällt. Dieser Mann wohnt mit dem Mädchen in einem verfallenden Haus in der Nachbarschaft in einem Kellerzimmer und verdient sein spärliches Einkommen offensichtlich durch eigenartiges Flötenspiel in den Gasthäusern der Gegend. Die erzählende Freundin wird Zeuge eines Menschenauflaufs vor jenem verfallenden Haus und erfährt, daß der alte Mann in seinem Kellerzimmer, als er aus dem hochgelegenen Fenster schauen wollte, von der Leiter gestürzt und zu Tode gekommen ist. Die Erzählerin kümmert sich um das zurückbleibende Mädchen, bis es durch erlernte Handarbeit und ein ererbtes kleines Vermögen für sich selber sorgen kann. Der Schlußabsatz berichtet, wie jenes Vorstadtviertel sich unterdes verändert hat, in dem sich kaum einer noch an jene alte Geschichte erinnern könne.

Es wäre leicht und falsch zugleich, die Geschichte vor allem auf einige offenkundige Züge des Märchens zu reduzieren, wie sie auch bei den deutschsprachigen Zeitgenossen Stifters, bei Storm und Keller und Gotthelf, die Erzählungen markieren. Stifter setzt die Akzente entscheidend anders:

Nachdem auch der Rentherr und sein Töchterchen aus der Stadt mit unbekanntem Ziel fortgegangen sind, häufen sich im Text die Hinweise auf die »leere« Wohnung (128ff.), was zunächst meint, daß sie auch von ihren letzten beiden Bewohnern endgültig verlassen wurde. Nach zwei Jahren verstärkt und intensiviert sich dieser Leerungsprozeß. Von Amts wegen wird der verschollene Bewohner um ein Lebenszeichen gebeten und darauf hingewiesen, daß in gebotener Frist die Wohnung weitervermietet würde, die darin enthaltenen Wertobjekte versteigert, die Unkosten abgezogen und der verbleibende Vermögensrest amtlich verwahrt werde – was dann auch alles geschieht. Es bedeutet, daß die vorher schon verlassene Wohnung endgültig und restlos leergeräumt wird.

Wenn einem aus dem Stifterschen Werk gegenwärtig ist, daß seine Wohnungen, Behausungen, Häuser und Herrensitze, daß seine Innenräume deshalb so prägend sind, weil sie Erzählräume sind, deren Bau und Aufbau parallel zum Errichten der Häuser vor unseren Augen entfaltet werden – dann erhellt sich, was hier in *Turmalin* mit der Wohnungsräumung geschieht: die Erzählung wird leergeräumt, der Erzählraum wird radikal ausgefegt. Genauer: sein prinzipielles Ausgeräumtsein wird offenbar. Der erzählte Text ist nur Hülle, Schale, ein dünnes sprachliches Außengemäuer um ein leergeräumtes und verschwiegenes Innere, das in allergrößtem Kontrast zu den Innenräumen der *Madame Bovary* steht.

Emma Bovary möbliert unablässig und bis zur Überschuldung das Interieur ihrer diversen Wohnungen mit dem, was sie für Kostbarkeiten hält, in genauer Entsprechung zu ihrer übermöblierten Psyche, von der uns der Flaubertsche Erzähler nicht das geringste Detail vorenthält. Keine Nuance bleibt unausgesprochen. In diesem Roman ist, der bürgerlichen Vorliebe der Epoche genau entsprechend, alles vollgestellt mit Meublement, mit Nippes, überhängt mit Draperien, so daß das Modell eines Innenraums entsteht, den der boshafte Malerkollege Anselm Feuerbach angesichts des Makartschen Ateliers in Wien als »asiatische Trödlerbude«

bezeichnete[5]. So sieht es bei Bovarys in der nordfranzösischen Provinz aus, so hält man es dort für fein, und genauso ist auch das Innenleben der Hauptfiguren mit psychischen Ereignissen und Signalen, mit all dem ironisch dargebotenen Gefühlsramsch der Epoche und der sozialen Schicht übermöbliert und vollgestellt bis zur Bewegungsunfähigkeit der Akteure und bis zur Unausweichlichkeit seelischer Ereignisse.

Das ergibt den Eindruck der Zwangsläufigkeit ihres Agierens, Reagierens, Fühlens und Handelns. Flaubert und sein Erzähler ersparen uns kein Detail, keine Gefühlsnuance. Sie stellen im Unterschied zu Stifter den Innenraum der Figuren derart voll, daß sich der Eindruck der psychischen Determiniertheit und Mechanik permanent verdichtet. »Wenn man eine Erzählmaschine aus englischem Stahl schmieden würde, würde sie nicht anders als Monsieur Flaubert funktionieren«, so zitiert Jauß den Flaubertschen Zeitgenossen Barbey d'Aurevilly.[6] In dieser lückenlosen Mechanik auch der Seelenfunktionen fällt unmotiviert und unkontrolliert kein Apfel zur Erde – wo doch ein anarchisches Moment eigentlich nur gute Sündenfall-Tradition wäre.

Bei Stifter, fünf Jahre früher, ist alles leer und weit. Die Wohnungen stehen leer: mindestens drei werden in dieser kurzen Erzählung geräumt: die Stadtwohnung des Rentherrn, Jahre später seine Kellerwohnung und wiederum nach Jahren die Wohnung der Erzählerin des zweiten Teils, die »schon lange nicht mehr« dort wohnt (158). Es ist, als ob eine Entrümpelung im Gange wäre: eine Entrümpelung möglicherweise einer ganzen Epoche, die mit der Revolution von 1848/49 zu Ende gegangen ist, vielleicht die des biedermeierlichen geschützten Familienglücks. Hier werden Interieurs freigemacht, einerseits zum Abriß, andererseits wohl für neue Arrangements von Bewohnern und Meublement. Der gesamte *Nachsommer* handelt von nichts anderem als der zeremoniellen Wichtigkeit von Meublement anhand einzelner kostbarer Stücke und von sparsam und erlesen möblierten Innenräumen, zu denen auch die Gärten und noch die Umgebungslandschaften gehören, und von ihrer Um- und Neugruppierung, offenkundig deshalb, weil sie sämtlich auf psychische Räume verweisen. So auch hier.

Von einem frühen Zeitpunkt an ist die Erzählung leer, in einer Kühnheit und Radikalität, denengegenüber die Flaubertsche Übermöblierung der Wohngemächer und der psychischen Räume antiquiert und beinahe spießbürgerlich wirken muß, wie später die Interieurs aus der Epoche Freuds, wo Wohn- und Seelenräume gleichermaßen überfüllten Dschungel-Charakter haben. Bei Stifter demgegenüber eine uns heute faszinierende Kühle und Leere – die dem Leser selbst zur möglichen Möblierung überlassen bleibt. Er wird bei Stifter derjenige, der diese leeren Innenräume lesend einrichtet nach seiner Perspektive, eines der kühnsten Erzählvorhaben, die denkbar sind. Der Lesende hat die Leerräume zu füllen: den sich anbahnenden und vollziehenden Ehebruch mit all seinen Gefühlsentwicklungen, die Umstände des Verschwindens zunächst der Ehefrau, die – nach außen hin

---

[5] Zit. nach: Hans Makart. Triumph einer schönen Epoche. Katalog der Ausstellung in der Staatlichen Kunsthalle Baden-Baden. Hrsg. v. Klaus Gallwitz. Baden-Baden 1972, S. 50.

[6] Jauß: Literaturgeschichte als Provokation, a.a.O., S. 182.

härter als Emma Bovary – ohne jedes Signal und ohne jede Erläuterung im Text auch ihr kleines Kind zurückläßt, später das ebenso unangekündigte Verschwinden von Mann und Kind, deren zwischenzeitliche Schicksale auch später nie mitgeteilt werden. Warum bei ihrem Wiederauftauchen nach Jahren das Kind einen so auffallend großen Kopf hat, darüber gibt es später nur wenige vage Vermutungen.

All das imaginierend zu füllen, wird allein zur Aufgabe des Lesers. Deshalb diese bis zur Groteske verkürzte Darstellung des Ehebruchprozesses und das Verschweigen dessen, was ihn über längere Zeit in den Gefühlen der Akteure vorbereitet haben muß und was ihm folgt. Natürlich kam ein solches Sujet Stifters Normen und Werten nicht entgegen. Andererseits – er hätte es nicht zu wählen brauchen.

Der Unterschied zu Flaubert könnte krasser nicht sein. Bei ihm besteht der wahrscheinlich größte Teil des Romans aus differenzierten und komplizierten Feinst-Analysen der psychischen Prozesse in Emma Bovary, Prozesse, die ihre Ehebrüche vorbereiten, begleiten und verabschieden. Dem Lesenden bleibt zwischen diesen dicht gepackten Requisiten der äußeren und der inneren Realität keine Bewegungsfreiheit, schon gar keine Entscheidungsmöglichkeit, er hat der maschinell präzisen Dichte des Textes widerspruchslos zu folgen.

Das gehorcht seinerseits der Tradition des ›realistischen‹ europäischen Gesellschaftsromans bis hin zu einem Höhepunkt bei Thomas Mann: innerhalb seiner Romane kann sich der Leser in der psychischen, intellektuellen und faktischen Übermöblierung ebenso wenig bewegen, weil alle Entscheidungen ihm abgenommen und Alternativen nicht bereitgehalten werden. Das bleibt das Stigma seiner Antiquiertheit.

Am Beginn dieses Gesellschaftsromans, in Goethes *Wahlverwandtschaften*, war das noch anders. Dort liegen ungeheure Leerräume offen zwischen den Signalen des Psychischen und des Äußeren, das raffiniert ausgelegte Symbolnetz ist sehr weitmaschig, und dem Leser – wie auch dem Romanpersonal selbst – bleiben unendlich viel Lebensluft und Bewegungsfreiheit zur Spekulation über Motive und Entscheidungen von Figuren. Das macht aus heutiger Sicht die aufregende Unausdeutbarkeit und Modernität dieses frühesten Gesellschaftsromans aus.

Etwas davon bewahrt die mehr als karge Ausstattung der Stifterschen Erzählung. So wie wir heute große, luftige, höchst sparsam möblierte Wohnräume lieben, Säle und Loft-Etagen in großer Kühle, so hält es Stifter mit den inneren und äußeren Realien seiner Erzählung. Askese ist das Prinzip. Entsagung als *formales* Modell. Keine Erklärung, keine Begründung – nur die sparsam dargebotenen Phänomene selbst. Die werden nicht analysiert, zergliedert, begründet, aus Ursachen abgeleitet, sondern erzählend angeschaut, so daß sie mit ihren Oberflächen allein präsent sind.

Vom Rentherrn heißt es, noch vor allen Verwicklungen: »Außerdem ging er in das Kaffeehaus, um den Schachspielern zuzuschauen, oder er ging in der Stadt herum, um die verschiedenen Dinge zu betrachten, die da zu sehen sind« (121). Die nüchterne Allgemeinheit der Formulierung bezeichnet das im wahrsten Sinne des Wortes *ästhetische* Programm, das Programm des Wahrnehmens: ohne erklärende Zergliederung »die verschiedenen Dinge zu betrachten, die da zu sehen sind«. Sie nicht forschend zu durchdringen und vorlaut zu beurteilen, sondern mit den Sinnen allein ihre Oberflächen und Außenansichten wahrzunehmen und alle Freiheit des Analysierens und Ursachenfindens und Deutens dem Leser zu überlassen.

Goethes Maxime »Man suche nur nichts hinter den Phänomenen; sie selbst sind die Lehre« trifft sich hier bei Stifter in der historischen Mitte mit der Hofmannsthalschen Devise, alle Tiefe an der Oberfläche zu verstecken. Die Leere des Stifterschen Textes gegenüber dem Flaubertschen liegt in dieser Askese, in dem Verzicht auf Tiefenanalyse und Ursachenableitung und kausaler Psychomechanik, im asketischen Prinzip einer Poetik, die alles auf die Oberfläche und auf die Sinne reduziert, die sie wahrnehmen. Das ist konsequente Entleerung der Phänomene. Die Realien werden erzählend entkernt wie restaurierte Altstadthäuser. Dieser ästhetische Prozeß, der zugleich zum Prozeß der lesenden Wahrnehmung dieser Erzählung wird, wird manifest und offenbar an der Entleerung von Wohnungen.

Damit ist die Perspektive der Interpretation angedeutet: Verschwinden, Reduktion, Entleerung von vorgegebener Bedeutung bis hin zu ihrer Abwesenheit, Freigabe des Verstehens an die Lesenden, Phänomene der Minimalisierung und des Entzugs von Kausalität. Es offenbart und öffnet sich eine Kunst des Schweigens, des Verschweigens, der Stille, eine Poetik der Abwesenheit – der Abwesenheit all dessen, von dem der spätere Ehebruchtext Flauberts überfüllt ist auf eine quasi bürgerlich altmodische Weise, so modern er gegenüber Feydeaus *Fanny* auch sein mochte.

Bevor die Stadtwohnung aufgelöst wird, forscht man wegen des Rentherrn und seines Kindes noch einmal bei Bekannten und Freunden »des Abwesenden«. Keiner weiß etwas. »Kein einziger konnte eine Auskunft geben« (128). Auch der Text, der Erzähler und der Autor wollen es nicht. Dazu scheint Poesie nicht dazusein. Die Phänomene allein sind die Theorie, hinter ihnen ist nichts, über das man genau Bescheid wüßte oder wissen müßte. Wie später bei Thomas Bernhard und Ernst Jandl ist das Verschwinden der eigentlich ästhetische Prozeß, das Verschwinden von Innerem, von Bedeutung und Begründung. Die Öffnung und endgültige Leerung der Wohnung ist das zentrale Signal der Interpretation. Die Uhr ist stehengeblieben, »das Pendel hing stille« (129). Räume und Stille ohne Zeit. In Wien hatte man »mehr oder minder eine Ahnung von dem wahren Sachverhalte, [...] nach kurzem war der Rentherr und seine Begebenheit vergessen« (130). Einer sinngemäßen Deutung sind damit alle Tore aufgetan, die fünf Jahre später bei Flaubert wieder zugeschlagen sind zugunsten der eindeutigen Gängelung der Lektüre.

Einen nicht festlegenden Lektüre-Ansatz bietet jener zweite Teil, die Erzählung »einer Freundin« desjenigen, der den ersten Teil erzählt hat und auch der Erzähler des zweiten Teils insofern wird, als er den Bericht der Freundin wiedergibt. Die berichtende Freundin und ihr Mann werden bei Spaziergängen durch ihr vorstädtisches Wohnviertel auf außergewöhnliche Flötenklänge aufmerksam: »das Flötenspiel war so sonderbar, daß wir länger stehenblieben« (134). Auffallend war es darin, »daß es von allem abwich, was man gewöhnlich Musik nennt, und wie man sie lernt. Es hatte keine uns bekannte Weise zum Gegenstande, wahrscheinlich sprach der Spieler seine eigenen Gedanken aus« (134). Es wird offenkundig, daß solche Passagen auch den großen Eindruck spiegeln, den Grillparzers *Armer Spielmann* nicht lange vorher auf Stifter gemacht hatte.

Zugleich artikuliert sich ein Stück mehr von Stifters ästhetischem Konzept. Das hier Wahrgenommene ist unbekannt, bricht mit den ästhetischen Konventionen, ist nicht im traditionellen Sinne verstehbar. Es ist abstrakt und auf seine Weise atonal und entleert auch hier die wahrgenommenen Phänomene aller vorgegebenen Bedeutung und Deutung. Dieses Spiel ist leer an allem, was vertraut wäre. Dieser Vorgang des Sichverabschiedens von allem Bekannten und den gewohnten Mustern verstärkt sich, als die erzählende Freundin nach dem Tod des flötespielenden Vaters dessen verwaiste Tochter kennenlernt.

> Das Mädchen antwortete mir zu meinem Erstaunen in der reinsten Schriftsprache, aber was es sagte, war kaum zu verstehen. Die Gedanken waren so seltsam, so von allem, was sich immer und täglich in unserem Umgange ausspricht, verschieden, daß man das Ganze für blödsinnig hätte halten können, wenn es nicht zum Teile wieder sehr verständig gewesen wäre [...] (144).

Wie beim Ausräumen der Wohnung und dem Flötenspiel des Vaters werden auch hier die Zeichen ihrer traditionellen Bedeutung entleert und der überlieferten Deutung entrückt, leergemacht von dem, womit sie bisher angefüllt waren. Jedesmal ist das Ergebnis Unverständlichkeit, Auslegungsoffenheit, Entlastung von allem, was bislang unverrückbar an diese Zeichen fixiert schien, Freigabe neuer Deutungen. Es enthüllt sich die Ästhetik einer Art abstrakten oder auch konkreten Poesie, »denn das Mädchen hatte unter andern merkwürdigen Eigenschaften auch die, daß es den Worten eines andern blind glaubte« (149), was sich dann einstellt, wenn man Wörter buchstäblich und Worte wörtlich nimmt und nichts Differentes hinter oder unter ihnen voraussetzt.

Alle mündlichen und schriftlichen Sprachäußerungen des Mädchens sind auf diese Weise leer und voll zugleich, voll unendlicher neuer Möglichkeiten des Bedeutens. Später wird klar, daß das Mädchen keine Bedeutungen versteht – und damit aller Tradition gegenüber fremd und leer ist. Nicht nur das Sprechen, sondern alles Wahrnehmen ist davon tangiert, wenn das Mädchen aus dem Fenster des Kellerzimmers hinausschaut:

> Da sah ich die Säume von Frauenkleidern vorbei gehen, sah die Stiefel von Männern, sah schöne Spitzen von Röcken oder die vier Füße eines Hundes. Was an den jenseitigen Häusern vorging, war nicht deutlich (153).

War aus diesem Blickwinkel nicht deutbar – das ist die Quintessenz solcher Passagen. Wie erst später in der Weltliteratur mit den Blicken aus Kellerlöchern deutlicher wird, formt die Perspektive die Weltwahrnehmung auch in ihren ›Inhalten‹, die räumliche und die soziale Realität.

Hier bei Stifter ergeben sich Phänomene, die erst später mit abstrakter Malerei und atonaler Musik vertrauter werden. Das weist zurück auf Stifters noch frühere

Erzählung *Abdias*, wo die blindgeborene Tochter Ditha nach einem Blitzschlag sehend wird, für sie nicht Deutbares wahrnimmt und in synästhetischem, abstrakt-konkretem Reden über ihre unbekannt neuen Eindrücke spricht, für die sie keine Ursachen, Ableitungen und Konventionen kennt. Diese Situation des aus der Romantik zum Teil vertrauten synästhetischen Wahrnehmens und neuen Redens in einer quasi-adamitischen Ursprache macht Stifter sich in ›realistischerer‹ Umgebung zunutze, um die neue Ästhetik des quasi unschuldigen Wahrnehmens auch einem erhofften unschuldigen Leser nahezulegen. Stifters elementares Interesse gilt diesen Wahrnehmungsstrukturen, die für ihn auch theologisch sich verbinden mit dem Erstaunen des Geschöpfs gegenüber einer über alles Begreifen wunderbar geordneten Schöpfung.

Entscheidend ist, daß Stifter sein Konzept durch Entleeren und Ausräumen dessen verfolgt, was Flaubert durch Präzision der Nuancen und durch Fülle des Details dem Leser an quasi wissenschaftlicher Exaktheit im wahren Wortsinn »vorschreibt«. Vorgeschrieben wird in diesen leeren Stifter-Texten nichts außer der Offenheit für diese Leere hinter der Oberfläche der sparsam eingesetzten Phänomene.

Der ›klassische‹ Stifter gibt freilich auch hier die uns bekannt erscheinende Perspektive vor mit dem einleitenden Absatz der Erzählung:

> Der Turmalin ist dunkel, und was da erzählt wird, ist sehr dunkel. Es hat sich in vergangenen Zeiten zugetragen [...]. Es ist darin wie in einem traurigen Briefe zu entnehmen, wie weit ein Mensch kömmt, wenn er das Licht seiner Vernunft trübt, die Dinge nicht mehr versteht, von dem innern Gesetze, das ihn unabwendbar zu dem Rechten führt, läßt, sich unbedingt der Innigkeit seiner Freuden und Schmerzen hingibt, den Halt verliert, und in Zustände gerät, die wir uns kaum zu enträtseln wissen. (119) [7]

Wir glauben das bei ihm zu kennen: eine Art gottvertrauender Leibnizianismus, ein Urvertrauen in die vernünftige Klarheit und Güte des göttlichen Heilsplans. Moral ist Wissen und Tun des Guten, das der verständige Christ in Gottes Schöpfung vorgebildet erschauen kann. Der Ehebruch erscheint innerhalb dieser Ordnung als eine so klare Sünde, daß es für Stifter allein deshalb abwegig wäre, sie in allen ihren Stadien so detailliert, ›reizend‹ und nahezu voyeuristisch zu analysieren, wie Flaubert es kurz nach ihm tun wird. Natürlich muß Stifter dessen

---

[7] Der Turmalin übrigens wird aufgrund seiner elektrostatischen Eigenschaften häufig bei Tiefenmessungen verwendet – was zunächst in Spannung und Kontrast zu stehen scheint zur Ästhetik der Oberfläche bei Stifter, das freilich schon weniger, wenn man wahrnimmt, daß zwei gekreuzte Turmalin-Platten, in bestimmter Weise zugeschnitten, das Licht vollkommen blockieren können, also jeden Durch- und Tiefenblick verwehren. (nach: New Encyclopedia Britannica. Bd. 11, S. 872) Weitere Informationen über vielfältige Möglichkeiten der technischen Verwendung des Turmalins verdanke ich den bereitwilligen detaillierten Auskünften des Kurators des Deutschen Edelsteinmuseums Idar-Oberstein, Herrn Dr. Joachim Zang, und seinen grundlegenden Publikationen über den Turmalin. Zuletzt: Katalog zur Ausstellung *Turmalin 2000*. Idar-Oberstein 2000 (= Edition Deutsches Edelsteinmuseum Nr. 3).

relativierende Liberalität von sich weisen, die einen solchen Vorgang wie den Ehebruch höchstens gesellschaftlich wertet, und dies in zahllosen konkurrierenden Perspektiven.

Merkwürdigerweise konvergieren unter religiöser Perspektive die Ehebruchszenarien Stifters und Flauberts in einem einzigen entscheidenden Punkt. Bei aller Gegensätzlichkeit erscheinen beide am Schluß wie ein Kommentar zu Christi Worten gegenüber den Anklägern der Ehebrecherin: »Wer unter euch ohne Sünde ist, der werfe den ersten Stein auf sie«.[8] Flaubert benötigt dazu die Fülle der sich entwickelnden Details und Nuancen. Stifter verweigert nach den moralischen Reflexionen der Eingangspassage die Schuldforschung durch sein asketisches Prinzip der schweigenden Oberflächen.

Wirkungen eines weißen Mantels überschrieb Stifter die Frühfassung jener Erzählung, die er in einer späteren Version dann als *Bergmilch* den *Bunten Steinen* eingliederte. Der frühe Titel markiert genau jenes Prinzip, das im Fortgang des Werkes zu immer größerer Evidenz entwickelt wird: an der Textoberfläche vornehmlich Wirkungen darzustellen, deren Ursachen der Text im Verborgenen hält. Jenes Wahrnehmen der Wirkungen entfaltet die Vorrede zu den *Bunten Steinen* als *das* ästhetische Prinzip.

In Stifters Erzählwelt kann die Schöpfung in ihrer klaren Ordnung sich uns verschleiern, sei es weil sie über alle Maßen groß und wunderbar ist oder auch weil Unvernunft und triebhafte Egoismen und Blindheiten das helle Licht der Einsicht verdunkeln. Was auch immer die Ursachen dafür sind, daß uns die Erkenntnis des Wahren verstellt oder verwehrt ist: die einzig geziemende Haltung bei Stifter ist das Schauen der Phänomene, hinter deren Oberfläche unsere begrenzte Einsicht aus Schuld oder Unvermögen nicht dringt. Wir schauen die Dinge an, und sie schauen enigmatisch zurück. Weil sie über alles Begreifen wunderbar sind und allzuoft unser Blick durch Eigensüchte getrübt ist, bleibt uns nichts als ihr Außen, als ihre Oberfläche. Ein Art kosmischer Diskretion und Keuschheit scheint dem zugrundezuliegen.

Was der das »innere Gesetz« konservierende Stifter in jenem einleitenden Absatz der Erzählung artikuliert, erscheint heute wie ein letzter Dammbau vor der Psychoanalyse. Sie wird in seinem Land, mit Sigmund Freud, gleichfalls aus dem Böhmisch-Mährischen kommend, noch nicht einmal ein halbes Jahrhundert später in jenen Studien sich Bahn brechen, die Stifter wie eine Entheiligung und Profanierung der Seelengeheimnisse vorgekommen wären, da sie exakt jene »Zustände« auszusprechen unternehmen werden, »die wir uns kaum zu enträtseln wissen«. Gegen dieses »Wissen« und Wissen-Wollen setzt Stifter hier das Tabu, sichtbar aus religiösen Beweggründen. Und dieses Tabu setzt er typographisch als antizipierten Block vor die psychologisch entkernte Erzählung, die sich asketisch auf die an der Oberfläche sichtbaren Wirkungen und Zeichen konzentrieren wird – ob auch aus Angst vor Berührung mit diesen seelischen Tiefen, wissen wir nicht. Aber wir wissen, daß er aus dem Tabu die erstaunlichsten Kunstwirkungen herausgearbeitet

---

[8] Evangelium des Johannes 8, 7.

hat. Er wurde einer der größten Meister der Beschränkung, in etwa vergleichbar jenen gegenwärtigen dänischen Filmemachern, die aus der freiwilligen Limitierung auf einen begrenzten Regelkanon ihre Artistik entfalten. Nicht zufällig versuchte ein Handwerker des Psychologisierens wie Friedrich Hebbel seinem Zeitgenossen Stifter diese Askese als Beschränktheit auszulegen.

Das sind einige Hintergründe der wundersamen Enthaltsamkeit des Stifterschen Textes gegenüber der sprachlichen Darstellung innerer Prozesse. Stifters Werk ist der absolut exakteste Gegenpol zur habituellen Klatschsüchtigkeit der Presse des Boulevard, mit der Autoren wie Flaubert und Maupassant in arbeitsteiliger Konkurrenz formulieren – mit unendlich avancierteren Mitteln freilich. Was im Vergleich mit Flaubert wie kleinliche Ängstlichkeit oder gar spießige Provinzialität sich ausnehmen mag, mündet bei Stifter in die großartige Apotheose des nicht kommentierenden Schauens, die zugleich eine ästhetische Askese von jener Qualität ist, wie sie die quasi leeren Blätter chinesischer und japanischer Zeichnungen zeigen, ein Äquivalent auch zur weitreichenden Leere des Haiku. Was wie Enge aussieht, wird zur Weite. Der Pfarrer des Steinkars in der Erzählung *Kalkstein* bekennt: »›Ich gehe gerne heraus, um meine Füße zu üben, und sitze dann auf einem Steine, um die Dinge zu betrachten‹« (60), so wie es Walther von der Vogelweide als die Urgeste des Poeten vor Augen stellt. Das ist ihm das Äußerste der dichterischen Weisheit, die in *Bergkristall* die auf dem nächtlichen Gletscher verirrten Kinder unbewußt praktizieren: »Von da an saßen die Kinder, und schauten« (196), und als dann gar das Nordlicht über den Horizont hinaufleckt, da vergehen auch den Unschuldigen Wort und Sprache: »Die Kinder sagten keines zu dem andern ein Wort, sie blieben fort und fort sitzen, und schauten mit offenen Augen in den Himmel« (200). Auch hier wird ein Erwartungshorizont überstiegen, hin zu einem Neuen, nie vorher Erfahrenen. Solcher Art sind bei Stifter die Phänomene, daß über ihre Ursachen zu schweigen, das Höchste der Rede ist.

DIETRICH NAUMANN

ZEITUNGSROMAN UND ZEITROMAN:

Karl Gutzkows »Die Ritter vom Geiste«

Den weltanschaulichen Explikationen und ideologischen Implikationen, dem poetologischen Programm und der poetischen Praxis von Karl Gutzkows 1850/51 erschienenem Roman *Die Ritter vom Geiste* ist, bedenkt man das eher bescheidene ästhetische Resultat, vergleichsweise häufig Beachtung geschenkt worden. Weniger gilt dies für seinen entstehungs- und wirkungsgeschichtlichen Kontext. Der Roman steht mit am Beginn des deutschen Romanfeuilletons. Seine ersten beiden Bücher erschienen als Fortsetzungen in der Brockhausschen *Deutschen Allgemeinen Zeitung*; die neun Bände erreichten bis 1878 immerhin sechs Auflagen – eine gemessen an dem Umfang von ca. 3000 Seiten und dem entsprechenden Preis erstaunliche Zahl – und standen für einige Zeit im Zentrum der nachmärzlichen literaturkritischen Diskussion. Diesen – sozusagen medialen – Aspekten und ihrem Zusammenhang mit den strukturellen und gehaltlichen Problemen, die der Roman aufwirft, werde ich mich im folgenden nach einigen Schlaglichtern auf die Anfänge des Feuilletonromans widmen.

1. ANFÄNGE

Als Emile de Girardin am 1. Juli 1836 in seinem gerade gegründeten Massenblatt *La Presse* mit den Annoncen auch das tägliche Romanfeuilleton einführte und Eugène Sue und Alexandre Dumas den Älteren als Autoren gewann, stieg die Zahl der Abonnenten in wenigen Monaten auf 20000 und nach einigen Jahren sogar auf 38000.[1] Der Erfolg, den das *Journal des Dèbats* 1842/43 mit Sues *Mystères de Paris* hatte, war beispiellos. Die Parlaments- und andere Arbeit kam nach der morgendlichen Auslieferung der Zeitung zum Erliegen; ganze Dorfschaften zogen dem Briefträger entgegen, um sich die jeweilige Fortsetzung umgehend vom Schullehrer vorlesen zu lassen; und auch von Rückwirkungen auf den Autor wird berichtet: als sich die Sorge der berühmten Wahrsagerin Lenormand, die seit langem krank war und daher den Ausgang der *Mystères* nicht mehr zu erfahren befürchtete, als berechtigt erwies, sah sich Sue dazu veranlaßt, den anderen Schwerkranken zu versprechen, den Roman in absehbarer Zeit zu beenden.[2] Nicht weniger erfolgreich war Sues *Le Juif errant*, und nicht weniger einträglich, für alle Beteiligten. Das Honorar Sues betrug, ohne eine Zeile, noch nicht einmal einen Plan, 100000 Francs;

---

1 Vgl. Rudolf Hackmann: Die Anfänge des Romans in der Zeitung. Diss. Berlin 1938, S. 10f.
2 Vgl. Tony Kellen: Aus der Geschichte des Feuilletons. Essen/Ruhr 1909, S. 60.

die Auflage des kränkelnden *Constitutionnel* stieg von 3600 auf 25000 Exemplare; und der Verleger Dr. Véron erzielte einen Gewinn von 700–800000 Francs.[3]

Vergleichbare Bilanzen sind vom deutschen Feuilletonroman nicht zu vermelden. Zwar grassierte auch in Deutschland wie in ganz Europa und sogar in Nordamerika das Sue-Fieber. Kaum waren die *Mystères* vollendet, erschienen mehrere deutsche Übersetzungen; in den Zeitungen und Zeitschriften des Jahres 1844 wurden nicht weniger als sechsunddreißig »Geheimnisse« angekündigt;[4] und als Friedrich A. Brockhaus' *Deutsche Allgemeine Zeitung* 1844 Sues *Le Juif errant* in einer Beilage Fortsetzung für Fortsetzung übersetzte und damit die Ära des Zeitungsromans in Deutschland einleitete, war die mediale und kulturelle Wirkung zunächst beträchtlich: binnen kurzem konnte man in den Buchhandlungen Stahlstiche zum Roman kaufen, Gastwirte benannten ihre Etablissements nach dem »Weißen Falken« und Putzmacherinnen ihre Hut-Modelle nach den beiden Heldinnen.[5] Jedoch: längst nicht alle der angekündigten »Geheimnisse« erschienen; die Wanderung des ewigen Juden wurde allmählich zum Gegenstand öffentlichen Ärgernisses und Gespötts;[6] und die erhoffte Steigerung der Auflage der *Deutschen Allgemeinen Zeitung* blieb aus.[7]

Das war insofern erstaunlich, als die *Deutsche Allgemeine Zeitung* damals einen Tiefpunkt erreicht hatte, von dem es eigentlich von selbst hätte aufwärts gehen müssen. Ein kurzer Blick auf die ökonomische und politische Vorgeschichte. Das Blatt, am 1. Oktober 1837 als *Leipziger Allgemeine Zeitung* zum ersten Mal erschienen und zunächst gemäßigt liberal, hatte sich unter der Redaktion von Gustav Julius radikalisiert und war »zum Hauptorgane der politischen Unzufriedenheit und der bürgerlichen Freiheitswünsche in Preußen und zum Kampfblatt gegen Ultramontanismus und Jesuitismus« geworden.[8] Zwar hatte es dadurch seinen Leserkreis beträchtlich erweitert, jedoch auch die besondere Aufmerksamkeit der deutschen Regierungen auf sich gezogen. Bayern hatte die Zeitung verboten und Preußen Ende 1842 die Publikation eines kritischen Briefes von Georg Herwegh an Friedrich Wilhelm IV. zum Anlaß genommen, das Blatt nicht nur zu verbieten, sondern auch die Postbeförderung durch Preußen hindurch zu untersagen. Zwar war nach einem halben Jahr, nachdem man den Verleger Gustav Julius entlassen, die Redaktion an den konservativen Professor der Staatswissenschaft und Zensor (!) Friedrich Bülau übergeben und den Titel in *Deutsche Allgemeine Zeitung*

---

3 Vgl. Hackmann: Anfänge des Romans in der Zeitung, a.a.O., S. 12 bzw. Joseph Lukas: Die Presse, ein Stück moderner Versimpelung. Regensburg, New York, Cincinnati 1867, S. 39f. Vgl. ferner Max von Boehn: Vom Kaiserreich zur Republik. Eine französische Kulturgeschichte des 19. Jahrhunderts. Berlin 1917, S. 197ff.

4 Vgl. Kellen: Aus der Geschichte des Feuilletons, a.a.O., S. 60; ferner Ernst Meunier/Hans Jessen: Das deutsche Feuilleton. Ein Beitrag zur Zeitungskunde. Berlin 1931, S. 79, sowie Hackmann: Anfänge des Romans in der Zeitung, a.a.O., S. 12.

5 Vgl. Hackmann: Anfänge des Romans in der Zeitung, a.a.O., S. 24 bzw. S. 12.

6 Vgl. ebd., S. 27ff.

7 Vgl. Ludwig Salomon: Geschichte des Deutschen Zeitungswesens von den ersten Anfängen bis zur Wiederaufrichtung des Deutschen Reiches. Oldenburg, Leipzig 1906, Bd. 3, S. 396.

8 Ebd., S. 394.

geändert hatte, das Verbot aufgehoben worden, doch war inzwischen die Auflage von 3000 auf 700 Exemplare gesunken, und die einsetzende »widerliche Lobhudelei« selbst der unbedeutendsten preußischen Verwaltungsmaßnahmen, die ein späterer Historiker verzeichnet, war auch nicht geeignet, die Auflage zu heben.[9]

Daran änderte auch die Publikation des *Ewigen Juden* nichts. Die Spekulation mit der poetischen Kompensation des aufgezwungenen politischen Wohlverhaltens ging nicht auf. Offenbar stand dem die arge Diskrepanz zwischen der antijesuitischen, ja antikatholischen Rabiatheit, der protosozialistischen Tendenz des Romans einerseits, der politischen Bravheit des Blattes andrerseits entgegen. Das liberale Publikum wurde nicht zurückgewonnen und sein katholischer Teil zusätzlich verprellt. Hinzu kamen die konservative Struktur der Zeitungsleserschaft insgesamt sowie das bedächtige Wirtschaften der Verleger, wie immer hier die Kausalität beschaffen sein mag. In Frankreich hatte sich Emile de Girardins *La Presse* unter der innovativen Zielsetzung vermehrter Anzeigenakquisition und erhöhter Anzeigenpreise und der damit gegebenen zusätzlichen Notwendigkeit, die Auflage zu steigern, durch radikale Preissenkung – hatte das Jahresabonnement einer Zeitung früher 80 Francs gekostet, so mußte man für das von *La Presse* nur 40 Francs bezahlen[10] – ein neues (›Massen‹-) Publikum erschlossen. Demgegenüber waren und blieben die deutschen Zeitungen bürgerliche Familienblätter, und die Preise waren relativ stabil. Ein Jahresabonnement der Brockhausschen *Allgemeinen Zeitung* kostete zunächst 10 Taler, von 1839 bis 1851 8 Taler, von 1852 bis 1860 6 Taler, schließlich wieder 8 Taler.[11] Analoges gilt für den Vertrieb. Während sich in Frankreich der Straßenverkauf einbürgerte, blieb es in Deutschland beim Postversand.[12]

2. STRATEGIEN

Der französische Zeitungsroman machte in Deutschland nicht unmittelbar Schule. Die meisten der ab 1840 in der *Kölnischen Zeitung* erschienenen Erzählungen umfaßten nur drei bis fünf Fortsetzungen, und vielleicht hing es mit dieser erzählerischen Parzellierung zusammen, daß der Redakteur Levin Schücking den Vorabdruck der *Ritter vom Geiste*, den ihm Gutzkow angeboten hatte, ablehnte. Jedenfalls erschien der Roman zunächst in der Brockhausschen *Deutschen Allgemeinen Zeitung*, die wie erwähnt sechs Jahre zuvor mit dem Abdruck des *Ewigen Juden* die deutsche Geschichte des Feuilletonromans eingeleitet hatte. In der Nr. 336 vom 1. Juli 1850 erschien die folgende Ankündigung:

---

9 Ebd., S. 396.
10 Vgl. Hackmann: Anfänge des Romans in der Zeitung, a.a.O., S. 10.
11 Vgl. Salomon: Geschichte des deutschen Zeitungswesen, a.a.O., S. 394.
12 Vgl. Meunier/Jessen: Das deutsche Feuilleton, a.a.O., S. 79.

> Mit Anfang Juli d. J. erscheint in der *Deutschen Allgemeinen Zeitung*: *Die Ritter vom Geiste. Roman in neun Büchern von Karl Gutzkow.* Zum ersten male wird eine deutsche Zeitung in ihren Spalten ein Originalwerk veröffentlichen, das in diesem Umfang nur mit ähnlichen Erscheinungen in England und Frankreich verglichen werden kann. Von Capitel zu Capitel die gebildete Leserwelt auf das lebendigste anregend, hat der Verfasser ein großartiges Gemälde *deutscher Zustände* aufgerollt und mit kräftigen Pinselstrichen eine Fülle von Charakteren entworfen, in denen man die Richtungen und geheimsten Lebensbedingungen unserer Zeit erkennen wird. In der Vorrede erklärt der Verfasser, daß ihm allerdings Eugène Sues Beispiel den Muth gegeben hat, in einem nach den großartigsten Dimensionen aufgebauten Werke die Theilnahme der gebildeten Lesewelt in Anspruch zu nehmen; allein die Ausführung seines Plans ist durchaus selbständig und im deutschen *vaterländischen Sinne.* Die Absicht des Dichters, für die zerstreuten und entmuthigten Hoffnungen der Zeit ein Banner der geistigen Sammlung aufzustecken, wird ihren Zweck nicht verfehlen. Die Verlagshandlung kann verbürgen, daß in geistreicher Anregung und spannendster Unterhaltung *Die Ritter vom Geiste* sich dem Gelungensten anschließen, was auf dem Gebiete der erzählenden Darstellung sowol in Deutschland wie im Auslande geleistet worden ist. –
> Die Veröffentlichung dieses Romans geschieht in dem der *Deutschen Allgemeinen Zeitung* beigegebenen *Literarisch-artistischen Beiblatte*, das zu diesem Behufe *wöchentlich drei mal* erscheinen wird. Einzeln wird dieses Beiblatt nicht abgelassen.

Es folgt ein Hinweis auf den trotz der Vermehrung des Inhalts gleichbleibenden Preis.

Das 1. Buch wurde dann vom 7. Juli bis zum 22. August in den Nummern 28 bis 48, das 2. Buch vom 22. September bis zum 10. November in den Nummern 54 bis 74 der Beilage veröffentlicht. In der Nummer 74 gab Brockhaus schließlich die folgende Erklärung ab:

> Gutzkows Roman [...] hat [...] in allen Kreisen der gebildeten Leserwelt eine so lebhafte Aufnahme gefunden, daß durchgängig der Wunsch nach einer schnelleren Fortsetzung, als solche in der Deutschen Allgemeinen Zeitung bei beschränktem Raume gegeben werden kann, ausgesprochen wird. Im Einverständnis mit dem Herrn Verfasser glaube ich dem großen Publikum gegenüber diesem Drängen nachkommen zu müssen und werde von jetzt an der besondern Ausgabe des Romans eine erhöhtere Tätigkeit widmen, dagegen mit dem heute gegebenen Schluß des zweiten Buches die sukzessive Veröffentlichung in dieser Zeitung abbrechen. Der zweite Band wird schon binnen wenigen Tagen im Buchhandel zu haben sein, der dritte jedenfalls noch in diesem Jahre erscheinen und die weitere Fortsetzung in gleich rascher Weise sich folgen.

Die im Oktober 1850 mit dem ersten Bande begonnene Buchausgabe wurde im November 1851 mit dem 9. Band abgeschlossen. Schon im April 1852 erschien eine unveränderte zweite und 1854/55 eine revidierte dritte Auflage, deren Text in der vierten Auflage von 1865 beibehalten, dann aber in den beiden weiteren Auflagen von 1869 und 1878 vom Autor erheblich gekürzt wurde.[13]

An den An- und Abkündigungen sowie der Auflagenfolge ist verschiedenes bemerkenswert. Zunächst einige Vermutungen zum Abbruch des Vorabdrucks nach nur zwei Büchern. Gewiß war der angegebene Grund, das zu langsame Erscheinen, nicht nur vorgeschützt. Zwar ist es, als sich das Genre eingespielt hatte, vorgekommen, daß Romane auch berühmter Autoren wegen allzu ausgedehnter Beschreibungen und Reflexionen den Unwillen der Leser erregten und die Redaktionen zu ihrem Abbruch gedrängt wurden,[14] doch ist ein derartiges Leserverhalten vor dem Hintergrund der erst rudimentären Veröffentlichungspraxis nicht anzunehmen. Die Versicherung von Brockhaus klingt glaubwürdig. Ein einfaches Rechenexempel: die Beibehaltung des Veröffentlichungstempos hätte bedeutet, daß die Publikation des Romans, die höhere Seitenzahl der späteren Bände mit veranschlagt, erst Mitte 1852 abgeschlossen gewesen wäre, ein halbes Jahr nach Beendigung der Buchausgabe. Gutzkow selbst hatte sich noch vor dem Erscheinen des ersten Buch-Bandes über die Publikationspraxis seines Verlegers beschwert,[15] und auch später klagte er häufig über Verschleppungen. Sicher spielten auch ökonomische Gründe eine Rolle. Der Brockhaus-Verlag war vor allem ein Buch-Verlag, und eine vollständige Vorveröffentlichung hätte die Verkaufschancen der Buchausgabe angesichts des hohen Preises von elf Talern, also dem nahezu Anderthalbfachen der Kosten eines Jahresabonnements der *Deutschen Allgemeinen Zeitung*, gewiß beeinträchtigt. Zudem: Zeitungs- und Buch-Publikum (»gebildete Leserwelt«) konvergierten, in weit höherem Maße als in Frankreich, und sogar dort hatte der Erfolg des Romanfeuilletons dazu geführt, daß die Buchhändler die Preise teilweise um mehr als die Hälfte hatten herabsetzen müssen.[16] Es könnte daher geradezu das Kalkül von Brockhaus gewesen sein, durch den Vorabdruck des ersten Viertels des Romans eine öffentliche Diskussion zu initiieren, um der Buchausgabe den Weg zu ebnen. Im übrigen: die Praxis war eingeübt. Auch die Vorveröffentlichungen zweier anderer Verlagserzeugnisse, von Robert Prutz' *Das Engelchen* und Sues *Die Geheimnisse des Volkes* (Nr. 1 bis 13 bzw. 14 bis 27 von 1850), hatte Brockhaus abgebrochen, mit allzu pauschalen oder allzu pragmatischen Argumenten: Enttäuschung der Erwartungen bzw. Verspätung des Manuskripts.

Der erwünschte Effekt trat ein. Vor Beginn der Buchausgabe schon setzten kontroverse Rezensionen ein; ja noch vor der Veröffentlichung der erste Zeile hatte der Roman seine Geschichte, wenn auch nur eine »Klatsch=Geschichte«, wie

---

13 Vgl. die Angaben von Reinhold Gensel in seiner Ausgabe von Gutzkows Werken (Karl Gutzkow: Die Ritter vom Geiste. In drei Teilen. Ergänzung zur Auswahl in zwölf Teilen. Hrsg., mit Einleitung u. Anmerkungen versehen v. Reinhold Gensel. Berlin u.a. o.J., Bd. 3, S. 545); ferner Hackmann: Anfänge des Romans in der Zeitung, a.a.O., S. 44, wo irrtümlich der 28. Juni als Datum der Ankündigung angegeben wird.

14 Vgl. S. Kohn: Der Feuilleton-Roman. In: Literatur-Blatt 3 (1879), S. 129f.

15 Vgl. Feodor Wehl: Das junge Deutschland. Ein kleiner Beitrag zur Literaturgeschichte unserer Zeit. Hamburg 1886, S. 214.

16 Vgl. Hackmann: Anfänge des Romans in der Zeitung, a.a.O., S. 10.

Wilhelm Heinrich Riehl tadelnd vermerkt.[17] Die Vorauskritik reagierte auf eine intensive Vorpropaganda[18], und die Kritiken provozierten Anti-Kritiken, die den Vorabdruck und das Erscheinen der einzelnen Bände ständig begleiteten. Zwar gab es Ermattungserscheinungen. So klagt der Rezensent der *Europa* über das »langsame, jahrelange Erscheinen dieses Werkes«, das nach und nach die ganze deutsche Leserwelt gezwungen habe, »wo nicht Schritt zu halten, so doch trotz vielfacher Ermüdung, trotz vielfachen Abspringens von der Lectüre, dem Schlusse nachzueilen«; doch die Synchronisierung von Produktion und Kritik funktionierte; die Macht der Romanmasse und »die Unermüdlichkeit seines Auftretens« wirkten nachhaltig, und die Debatte erstreckte sich bis in die späteren fünfziger Jahre.[19] Dabei stützte sich die erwähnte Rezension von Riehl nur auf das Vorwort und acht Kapitel des 1. Bandes, und auch die erste scharfe Attacke des ›Grenzboten‹ Julian Schmidt bezog sich auf wenig mehr. Geradezu Pendants zum Fortsetzungsroman waren die Fortsetzungsrezensionen von Riehl in der Augsburger *Allgemeinen Zeitung* und von Willibald Alexis in den – Brockhausschen – *Blättern für literarische Unterhaltung*. Schließlich war die Öffentlichkeit reif für ein ganzes Buch: Alexander Jungs enthusiastische *Briefe über Gutzkow's Ritter vom Geiste* von 1856, bei Brockhaus. Natürlich gab es auch wie üblich eine Meta-Diskussion über Zeitungsverantwortung und Verlagsinteressen zwischen Heinrich Brockhaus und Gutzkow einerseits, Gustav Freytag und Julian Schmidt andrerseits, in der die letzteren Brockhaus vorwarfen, seine Zeitung zur hemmungslosen Propagierung seiner Verlagserzeugnisse zu mißbrauchen und dadurch den Ruf seiner Zeitung zu diskreditieren. Aber auch derartiges verhinderte nicht, beförderte es wahrscheinlich sogar, daß der Roman in kurzer Zeit drei Auflagen erreichte und einer der größten Bucherfolge der Jahrhundertmitte wurde.

3. PUBLIKATION UND PUBLIKUM

Die ästhetisch-poetischen Risiken, aber auch die moralisch-politischen Chancen der periodischen Publikationsweise wurden früh erkannt. Der Autor des in der Augsburger *Allgemeinen Zeitung* erschienenen Aufsatzes »Der zeitgeschichtliche Roman und Gutzkows Ritter vom Geiste« etwa präsentiert eine historische, sogar historistische Argumentation. Zwar entspreche die Art und Weise, wie dieses Werk entstanden und veröffentlicht worden sei, nicht »den philosophischen oder traditionellen Regeln für das absolute Kunstwerk«, sei jedoch durchaus zeitgemäß. Denn jede Zeit suche »nicht nur ihre eigenen Offenbarungen, sondern auch eine eigene Form für deren Erscheinung«, weshalb in den heutigen bewegten Tagen, die stündlich einen neuen Sturm drohten, die Einhaltung der »Horazschen Neunjahrsfrist« sowohl für den Autor als auch für das Publikum ihr bedenkliches hätte.

---

[17] Vgl. die Rezension in der Nr. 218 der *Kölnischen Zeitung*.

[18] Vgl. die Rezension von Wilhelm Wolfsohn im Prutzschen *Deutschen Museum* von 1851, Nr. 2.

[19] Rezension in *Europa*, Nr. 1 vom 01.01.1852, S. 5.

Und der Verfasser des Aufsatzes zitiert Thackerays Vorrede zu seinem Roman *Pendennis*, wie viele Werke von Dickens oder die späteren Kolportageromane (z.B. Karl Mays) in periodischen Lieferungen veröffentlicht, in der Thackeray die »vertrauliche Zwiesprache zwischen Schriftsteller und Leser« rühme sowie den »einem mehr ausgearbeiteten Werke« leicht mangelnden »Vorzug einer Wahrheit und Ehrlichkeit«, die diesem Publikationsmodus eigne.[20] Auffällig an dem eben Zitierten ist der implizite Transfer der jungdeutschen Antithesen. Philosophie, Tradition und absolutes Kunstwerk rufen Politik, Modernität und historische Wirksamkeit auf den Plan, und Wahrheit und Authentizität machen Schönheit und Kunstfertigkeit obsolet. Dabei wird zwischen dem Vorabdruck in einer Zeitung und dem bandweisen Erscheinen kein Unterschied gemacht. Der Übergang zwischen den verschiedenen periodischen Publikationsformen, der Vorausveröffentlichung in einer Zeitung oder auch Zeitschrift, der Reihung von in regelmäßigen Abständen erscheinenden Lieferungsheften und der Sukzession von Bänden ist unter dem Aspekt ihrer zeitgenössischen Wirksamkeit offenbar gleitend, jedenfalls in Deutschland.

Analoges zeigt sich beim Entstehungsprozeß. Von Dumas und Sue ist bekannt, daß sie den Zeitungen Romane zusagten, von denen noch keine Zeile existierte[21], und diese Fortsetzung für Fortsetzung schrieben, z.T. sogar unter Bezugnahme auf das, was über dem das Feuilleton markierenden Strich stand. Auch die in Zeitschriften oder per Lieferungen publizierenden englischen Autoren schrieben manchmal noch an ihren Werken, während diese bereits erschienen, und von Dickens wird berichtet, daß er auf Wunsch des Publikums sogar Charaktere veränderte. Im Falle Gutzkows ist Beschleunigung zu konstatieren, nicht des Schreibens, das verlangsamt sich, aber des Erscheinens. Als der Vorabdruck in der *Deutschen Allgemeinen Zeitung* beginnt, hat Gutzkow auf der Basis eines fertigen Plans bereits über die Hälfte des im Spätherbst 1849 begonnenen Romans geschrieben; Anfang Februar 1850 arbeitet er am 5. Buch.[22] Dann rücken Schreiben und Erscheinen immer näher aneinander, und der im August 1851 abgeschlossene Roman liegt bereits im November vollständig vor. Gutzkow leidet unter deutlichen Erschöpfungserscheinungen. Von einer Arbeitszeit von »früh sechs Uhr bis abends zum Dunkelwerden« berichtet Feodor Wehl aus dem Sommer 1851, als Gutzkow am letzten Band schreibt, und auch in den kurzen Pausen, die er sich gegönnt habe, sei er »oft wie gebrochen und geistig so abgestumpft« gewesen, »daß er kaum zu gehen und nur mühsam an der Unterhaltung teilzunehmen vermochte.«[23] Daher konnte sich Gutzkow später auch einbilden, daß er den Roman »innerhalb eines einzigen Winters von 1849 auf 1850« geschrieben habe, und dieses Schreiben im Stil von Werther-Interpretationen als einen Akt der Katharsis verstehen, der »Be-

---

[20] Der zeitgeschichtliche Roman und Gutzkows Ritter vom Geiste. In: Beilage zur Nr. 355 der Augsburger *Allgemeinen Zeitung* vom 21.12.1851, S. 5673.

[21] Vgl. Hackmann: Anfänge des Romans in der Zeitung, a.a.O., S. 11.

[22] Vgl. Wehl: Junges Deutschland, a.a.O., S. 209.

[23] Gutzkow: Die Ritter vom Geiste. Hrsg. v. Gensel, a.a.O., Bd. 1, Einleitung des Hrsg., S. 5–35, hier S. 34.

freiung und Erlösung [...] vom Mißmut teils über so manche tief im Herzen verschlossene Erfahrung, teils aber auch über die sich damals immer mehr verdüsternde Lage des Vaterlandes.«[24] Der große Anlauf mündet in den Zwang zu baldestmöglicher Beendigung. Das »geharnischt« aus Gutzkows »Haupt gestiegene«[25] oder »in einem einzigen heißen Strom mit der ganzen Fülle brennender Leidenschaftlichkeit hingegossene«[26] Werk wird gleich und zugleich »den Setzern gleichsam in den Winkelhaken« diktiert[27], wie verschiedene Zeitgenossen vermerken. Kein Wunder, daß die Mischung aus emphatischem Selbstverständnis und professioneller Nötigung dem Autor keine Zeit ließ, Grammatikfehler und andere Flüchtigkeiten schon zwischen Vorabdruck und Buchausgabe zu verbessern – die stimmen überein –, sondern erst zwischen den verschiedenen Auflagen (der 2. und 3. bzw. der 4. und 5.). Weniger als Zeitungsroman denn als vielbändiges Buch sind die *Ritter vom Geiste* ein authentischer Fortsetzungsroman.

Auch im Detail weist die Publikation einige für die deutsche Szene charakteristische Besonderheiten auf. Der Vorabdruck war nicht wie in Frankreich integraler Bestandteil der Zeitung, sondern fand in einem sogenannten literarisch-artistischen Beiblatt statt, das, nur dreimal wöchentlich erscheinend, zwar nicht einzeln verkauft wurde, jedoch, wie die gesonderte Numerierung ausweist, von dem übrigen Teil der Zeitung deutlich abgehoben war. Zudem: das Beiblatt wurde zusätzlich auf das Erscheinen des Romans hin funktionalisiert. So erschienen in dem Monat zwischen dem Abschluß der Veröffentlichung des 1. Buches und dem Beginn der Veröffentlichung des 2. nur fünf Nummern, also etwa eine Nummer pro Woche gegenüber den sonstigen drei, eine zusätzliche Separierung des Romans auch vom Kontext der anderen »literarisch-artistischen« Beiträge, die die Veröffentlichungsweise der englischen Methode annäherte. Produktionstechnisch bewegt sich der Roman in der Mitte zwischen Zeitungsroman und Lieferungsroman.

Analoges zeigt sich im Verhältnis zum anvisierten Publikum. Während die Romane Sues schon durch ihre Einbindung in die Zeitung selbst nicht nur auf die üblichen Literaturkonsumenten, sondern auch und vor allem auf ein unliterarisches Massenpublikum zielten und dieses, wie die enormen Auflagensteigerungen zeigen, auch erreichten, war das Publikum von Dickens und Thackeray trotz der Popularisierung der Veröffentlichungsweise immer noch ein Publikum von Romanlesern.[28] Ein solches hat auch die Ankündigung des Gutzkow-Romans im Auge. Nicht die Zeitungsleser, auch nicht die Leser überhaupt, sondern die »gebildete Leserwelt« – wie die gleichlautende Adresse der Abkündigung zeigt, fast ein Terminus; ein literarisches Publikum also, das Romane in »Kapiteln« und nicht in Fortsetzungen

---

[24] Karl Gutzkow: Werke. Auswahl in zwölf Teilen. Hrsg. v. Reinhold Gensel. Berlin u.a. o.J., Bd. 9, S. 310.

[25] Der zeitgeschichtliche Roman und Gutzkows Ritter vom Geiste, a.a.O., S. 5674.

[26] Gutzkow's Ritter vom Geiste. In: *Europa. Chronik der gebildeten Welt*, Nr. 28 vom 01.04.1852, S. 223.

[27] Die Ritter vom Geiste. Beilage zur Nr. 342 der Augsburger *Allgemeinen Zeitung* vom 08.12.1851, S. 5465.

[28] Vgl. Norbert Miller/Karl Riha: Eugène Sue: Die Geheimnisse von Paris. München 1970.

zu lesen pflegte. Zwar versucht die Ankündigung, den Roman als ein »Originalwerk« an den französischen und englischen Fortsetzungsroman anzuschließen, doch soll er die versprochene »geistreiche Anregung und spannende Unterhaltung« mit der hochrangigen Erzählung überhaupt gemein haben. Es entspricht der eher allgemeinen Kontextualisierung, wenn die zu enthüllenden »geheimsten Lebensbedingungen« nicht wie bei Sue eine neu zu erschließende spezielle Sphäre, die Großstadtunterwelt, indizieren, sondern sich generell auf die zeitgenössische Gegenwart beziehen, deren Panorama, »Gemälde«, wie es mit dem zeitüblichen Untertitel-Terminus heißt, der Roman aufs Papier bringen will. Nicht exotische Sensationen, sondern eine vertiefte Einsicht in die »*deutschen Zustände*« soll vermittelt werden.

Im Vorwort zur 1. Auflage distanziert sich Gutzkow ausdrücklich. Wenn die französischen »Feuilleton-« oder »Fortsetzung=folgt=Romane« übermäßig lang seien[29], so liege das daran, daß die »glücklichen Zeitungseroberer von Paris [...] ihre Beute«, das Publikum, nicht wieder hätten fahren lassen wollen und diesen »große[n] Kinder[n]« wie die »Taschenspieler auf Jahrmärkten« immer erneut versichert hätten: »›Heute war's gewiß schön, morgen wird's aber doch noch viel schöner werden!‹« (I/2) Dagegen sei er im Gegensatz zur äußerlichen Motivation der Franzosen von der »Zeit«, »mit« [!, D. N.] der man nur »ernst«, »nachdrücklich« und »systematisch« sprechen könne, zur Ausführlichkeit gleichsam gezwungen worden (I/3) – eine in der Herstellung eines Bezugs zwischen Thema und Form immerhin intern ästhetische Erklärung. Sue hatte seine einleitenden Bemerkungen zu den »Mystères« vorsichtshalber in den Erzähltext integriert. Der Roman beginnt mit der Charakterisierung einer Freischenke, die dann als Vorwort bezeichnet wird und ihrerseits erst eine (bei Gutzkow am Anfang stehende) Leseranrede nach sich zieht, das Schauerroman-Versprechen, den Leser in düstere, schreckliche Regionen einzuführen etc. Berührt wird allein das Sujet, das Sue durch die Parallelisierung von Indianer- und Verbrecherexotismus und den dadurch ermöglichten Anschluß an Cooper (und Scott) literarisch aufzuwerten versucht; man vergleiche auch Dumas' späteren Romantitel *Les Mohicans de Paris*. Dagegen entwickelt Gutzkow ein originär poetologisches Programm. Es geht ihm um nicht weniger als um die historisch-ästhetische Begründung eines neuen Romantyps, des sogenannten »Roman[s] des *Nebeneinanders*« (I/7).

4. NACHEINANDER UND NEBENEINANDER

Schon in den dreißiger Jahren hatte Gutzkow die geschichtsphilosophische Teleologie kritisiert, die die Geschichte, die ein Epos sei, zum Drama mache, und gegen die Diachronie die synchronische Darstellung gleichzeitiger Ereignisse und deren

---

[29] Karl Gutzkow: Die Ritter vom Geiste. Leipzig 1852. *Die Ritter vom Geiste* werden im folgenden nach dieser Ausgabe nur mit Angabe von römischer Band- und arabischer Seitenzahl im fortlaufenden Text zitiert, hier Bd. 1, S. 2 (= I/2).

wechselseitige Erhellung ausgespielt.[30] Entsprechend wendet sich Gutzkow jetzt gegen den alten – dramatischen – Roman des Nacheinander, der durch seine engen kausalen Verknüpfungen die Darstellung des ganzen Lebens, der ganzen Zeit, der ganzen Wahrheit, der ganzen Wirklichkeit, der ganzen Welt etc. verhindere. Demgegenüber will der Roman des Nebeneinander einen Querschnitt durch die Bestrebungen der Zeit geben, analog der Durchschnittszeichnung »eines Bergwerks, eines Kriegsschiffs, einer Fabrik«, wie es in einer Erläuterung dieser Konzeption in der von Gutzkow herausgegebenen Brockhausschen Zeitschrift *Unterhaltungen am häuslichen Herd* heißt.[31]

Die ontologische und poetologische Problematik dieser Antithese ist schon von den Zeitgenossen erkannt worden. Karl Rosenkranz etwa hat sie für »künstlich«, für eine Selbsttäuschung erklärt:

> Als ob die kleinste Geschichte ohne Raum und Zeit, also ohne ein Neben- und Nacheinander möglich wäre! Als ob sein Panorama der Gegenwart der Succession entbehren könnte![32]

Und auch der Autor selbst greift zu organologischen und kausalen Metaphern, um seinen Ansatz plausibel zu machen. Das »nebeneinander existierende Leben von hundert Kammern und Kämmerchen«, bei denen es keine Einsicht von der einen in die andere gibt, besteht aus Schalen und Kernen, und die Unbill wird, wenn auch unbewußt, den Rächer auf den Fersen haben.[33] Ohnehin rücken für den Erzähler, diesen »in den Lüften schwebenden Adler«, »Thron und Hütte, Markt und Wald« zusammen.[34] Auch eine ideologische Begründung fehlt nicht. Er habe, schreibt Gutzkow, die »wechselseitige Befruchtung eines Menschenzustandes durch den anderen, das geheimnisvoll Korrelate unseres ganzen Lebens darzustellen versucht«, um durch die Demonstration, daß ein Mensch »dem andern wissentlich und unwissentlich wichtig, wertvoll und notwendig« sein könne, das prinzipiell »ewig Gleichartige im Menschen, [...] die gleiche Verteilung des reinen Gottäthers der Idee in allen Herzen« zu beweisen und damit die »Idee vom Bunde der Ritter vom Geiste« weltanschaulich zu fundieren; nur so können über die polemische Bündelung hinaus die Struktur des Nebeneinander und die Konzeption des Geistesritterbundes Ausfluß derselben »Tatsache« werden.[35]

Der Zeitroman ist jedoch zugleich ein Zeitungsroman. Wiederum Karl Rosenkranz hat, wie die Entgegensetzung von Nacheinander und Nebeneinander, so auch Gutzkows Distanzierung von Sue für eitel »Selbstbetrug« erklärt.[36] Zwar

---

[30] Vgl. etwa Karl Gutzkow: Briefe eines Narren an eine Närrin. Hamburg 1832, S. 182f.

[31] Gutzkow: Werke, a.a.O., Bd. 12, S. 111. Vgl. ferner das Vorwort zur dritten Auflage in: Gutzkow: Die Ritter vom Geiste. Hrsg. v. Gensel, a.a.O., Bd. 1, S. 43–50, hier S. 46.

[32] Karl Rosenkranz: Gutzkow's Ritter vom Geiste. In: Deutsches Museum 1 (1852), S. 731.

[33] Gutzkow: Die Ritter vom Geiste. Hrsg. v. Gensel, a.a.O., Bd. 1, Vorwort zur dritten Auflage, S. 46.

[34] Ebd., S. 42.

[35] Ebd., S. 47.

[36] Rosenkranz: Gutzkow's Ritter vom Geiste, a.a.O., S. 730.

übertreffe das Gutzkowsche Werk »in ethischer und deshalb [!, D.N.] auch in ästhetischer Hinsicht die Sue'schen Romane« bei weitem; doch

> in der Fabel, in der Manier der Behandlung, im Vorwalten des rhetorischen Ausdrucks vor dem poetischen, in der Neigung zum Grellen, zum Criminalistischen, in der Weitläufigkeit der Schilderung, in dem Sichanpassen der Reflexion an die Durchschnittsintelligenz, in dem Hineinziehen der unmittelbaren Gegenwart, in diesem Allen

erkennt Rosenkranz »die ursprüngliche Anlage eines Feuilletonromans.«[37] Die, wenn man von den moralisierenden Obertönen absieht[38], zutreffenden Kennzeichnungen von Rosenkranz implizieren das zentrale Problem, vor das sich Gutzkow gestellt sah. Naheliegenderweise wird es, je breiter die Darstellung der Gegenwart und je tiefer ihre Analyse ausfällt, um so schwieriger, beides in eine aufregende Handlung zu integrieren, und umgekehrt besteht die Versuchung, soziale und politische Einsichten und Ansichten um der Spannung willen zur Staffage zu degradieren. Gutzkow hat das Problem nicht gelöst. Um so klarer sind seine Präferenzen. Er selbst hat im Vorwort zur 3. Auflage den Kritikern konzediert, daß die handlungsmäßige Verknüpfung der verschiedenen Bereiche und ihrer Repräsentanten durch Schrein und Bild – eine Art Hitchcockscher MacGuffins – ein klappernder »Mechanismus« sei.[39] Der alte Erbschaftsdokumente enthaltende Schrein, der zu Beginn aufgefunden worden ist und am Schluß verbrennt, rahmt den Roman gegenständlich ein; das Bildnis der Mutter eines der Protagonisten wird in der ersten Hälfte des Romans mehrfach entwendet und zurückentwendet und wirkt beziehungsstiftend. Beide sind bloße Vehikel, keine organisierenden Zentren wie etwa das Rennepontsche Vermächtnis in Sues *Ewigem Juden*. Zwar ist dem Roman von manchen Rezensenten auch eine spannende Handlung attestiert worden, etwa von Riehl.[40] Die Mehrzahl jedoch leitet die Teilnahme, wie Willibald Alexis, eher von der »Entwicklung des Gedankens, der Zeitzustände und der Charaktere und Persönlichkeiten« her.[41] Und auch Riehl fühlt sich gehalten, die von ihm konstatierten Elemente des Schauerlichen zugleich als, wie jede Schwurgerichtsverhandlung lehren könne, realistisch zu verteidigen. Natürlich fielen die ästhetischen Unzulänglichkeiten vor allem den weltanschaulich Übelwollenden auf. Julian Schmidt etwa moniert (mit Recht), wie wenig zweckrational sowohl die Schrein- als auch die Bildinteressenten handeln und wie oft sie ihre Absichten über anderen Dingen aus den Augen verlieren.[42]

---

37 Ebd.

38 Vgl. Kohn: Der Feuilleton-Roman, a.a.O.

39 Gutzkow: Die Ritter vom Geiste. Hrsg. v. Gensel, a.a.O., Bd. 1, Vorwort zur dritten Auflage, S. 48.

40 Vgl. z.B. die fortlaufenden Rezensionen in der Augsburger *Allgemeinen Zeitung* von 1850 u. 1851 sowie die bereits erwähnte Rezension in der Nr. 218 der *Kölnischen Zeitung*.

41 Rezension von Willibald Alexis. In: Blätter für literarische Unterhaltung 1851, S.1048.

42 Vgl. die Rezension von Julian Schmidt. In: Die Grenzboten 11 (1852), I. Semester, Bd. 2, S. 50ff.

Gutzkow selbst fühlte sich bei der Darstellung von Handlungshöhepunkten offenkundig unwohl. Das zeigen die dramatisch-szenische Herrichtung und die sprachliche Forcierung. Das letzte Kapitel des 8. Buches ist eine Art ästhetischer Cliffhanger. Es enthält eine Hinrichtung und eine Befreiung, hat ein unheilverkündendes Motto (Calpurnias berühmte Vorzeichen-Beschreibung), ist ein »Nachtgemälde«, ein »Grauenbild«; der Autor versetzt sich in die Rolle eines Auguren in eiserner Zeit, der nicht verschweigen darf, was er sieht, und verkündet dieses in abgerissenen Sätzen:

> Ein stiller Junimorgen. Tiefe Ruhe, morgenrothe Dämmerung auf den Fluren. In der kleinen Veste Bielau ein schauerliches Schweigen. Die Sonne naht. Es künden die purpurnen Wolkenboten erst ihr Kommen an. Es singt ihr auf dem Lindenbaum am Wall entgegen die wachende Nachtigall (VIII/474)

etc. Kaum ein sich anbietendes rhetorisches Mittel ist ausgelassen: Aktions- und Identifikations-Präsens, Anapher, Parallelismus, Reim, Anakoluth, syntaktische Inversion, rhythmisches Stakkato. Offenbar soll die dramatische Szenenanweisung auf das gewaltsame Drama poetisch einstimmen. Die Beispiele ließen sich beliebig vermehren. Generell tendiert Gutzkow dazu, solche Szenen, die bei Sue und Dumas, da integriert, vollkommen unproblematisch sind, zu überliterarisieren, vielleicht aus einem schlechten Gewissen heraus. Andere Spannungstechniken, wie etwa Vorausdeutungen, sind eher Pflichtübungen. Neugier wird erregt, aber nicht festgehalten.

Die zeitgenössische Kritik hat die Langsamkeit und die Retardationen bemerkt und teilweise moniert. Dabei ist es geradezu ein Prinzip des Romans, seine Protagonisten nicht in Haupt- und Staatsaktionen vorzuführen, sondern in ihrer Freizeit, bei Empfängen, kleinen und großen Gesellschaften, öffentlichen Festivitäten und Spaziergängen. Es kommt Gutzkow primär auf die Herbeiführung von Gesprächssituationen an, die die Personen sowohl in ihren typischen Eigenheiten zeigen als auch einen allgemeinen Diskurs über wichtige Probleme der Zeit ermöglichen. Dies im übrigen durchaus programmgemäß, denn im Gegensatz zum Ausschließlichkeit anstrebenden Dramatiker hat der Romancier, wie Gutzkow im Vorwort zur 3. Auflage ausführt, die Menschen in ihrer zufälligen und harmlosen Begegnung aufzusuchen. Es geht um die Exemplifikation von politischen Ansichten, nicht von politischen Konstellationen, um ein nachrevolutionäres Feuilleton.

Entstehungsgeschichtlich betrachtet, war der Roman ganz anders angelegt. Seine Keimzelle ist ein sehr privates Novellensujet von 1845. Eine ihrer Meinung nach todkranke Frau erzieht eine Verwandte zu ihrer Nachfolgerin bei ihrem Geliebten, um diesen nach ihrem Tode nicht in falsche Hände fallen zu lassen, hat damit Erfolg, stirbt dann doch nicht und sieht sich der Liebe der beiden konfrontiert. Diesen Stoff erweitert Gutzkow in der zweiten Hälfte des Jahres 1849, also unmittelbar vor Beginn der Arbeit an den *Rittern vom Geiste*, zu einem melodramatischen Romankonzept mit dem Titel *Die Läuterungen*. In diesem verkuppelt die vermeintlich sterbende Pauline ihren Geliebten Theobald aus Eifersucht auf ihre Nebenbuhlerin Selma, die von diesem, ohne daß er es weiß, ein Kind erwartet, den späteren Otto, an ihre Nichte Marie. Theobald und Marie bekommen eine Tochter, Selma II., und emigrieren nach Amerika. Der Roman soll zwanzig Jahre später mit der Ankunft Ottos in der Residenz und der Rückkehr Theobalds samt Tochter aus Amerika beginnen. Theobald übernimmt unter dem Namen Ackermann bei seinem Sohn eine Stelle als Verwalter, Otto verliebt sich in seine Halbschwester, der Vater versucht, diese Liebe zu hintertreiben, es kommt zu Tätlichkeiten, die schließlich mit Ottos Verwundung und Theobalds Verschwinden enden. Daraufhin enthüllt Ottos Mutter die Vergangenheit. Otto will sich an der politisierenden Pauline, die die Liebe zur Halbschwester geschürt hatte, rächen, stürzt sich daher selbst in die Politik und wird, als eine Revolution ausbricht, Chef der revolutionären Regierung. Jedoch: die Konterrevolution siegt, und Otto wird zusammen mit seinem Vater, der zum Freischarführer geworden ist, zum Tode verurteilt und hingerichtet. »Kurz vor ihrem Ende söhnen sie sich aus. Pauline kehrt mit dem Fürsten in die Residenz zurück. Selma geht nach Amerika.«[43] Die Läuterungen bestehen darin, daß die Personen

> sich selbst betrügen und nun etwas ergreifen, was gerade ihrer Neigung u. ihrer Leidenschaft entspricht u. was ihnen Vergnügen macht. Nur Otto u. Ackermann ergreifen die Chance des Todes, als wirklichen Beweis, daß sie der Lüge überdrüssig sind.[44]

Der öffentliche Aspekt ist dem privaten untergeordnet, die Konstruktion der Fabel dramatisch. Es soll eine »Szene möglich und natürlich werden«, in der, als Otto und sein Vater handgreiflich werden, die Mutter dazwischentritt und ruft: »Tödt' ihn nicht! Es ist Dein Vater!«[45] – die einzige wörtliche Rede des Entwurfs und eine klassische dramatische Peripetie. Jedoch der Theaterpraktiker (seine Tätigkeit als Dramaturg am Dresdner Hoftheater hatte Gutzkow erst kurz zuvor beendet) weicht dem Romancier. Das Gerüst differenziert sich, und die Höhepunkte werden nivelliert. Die erwähnte Szene etwa wird hinter die Bühne verlegt, die Enthüllungen sind unvollständig, die Wirkung wird nur indirekt sichtbar, und ohnehin ist das Geheimnis nur eines unter mehreren. Zwar gibt es auch im Roman Läuterungen, insbesondere bei den Angehörigen der älteren Generation, doch kehrt sich das Verhältnis von Seelisch-Geistigem und Politischem um. Die Politik ist nicht erst ein Instrument der Läuterung[46], sondern sofort präsent. Egon von Hohenberg (= Otto) politisiert schon, als er das erste Mal, als Handwerksbursche verkleidet, auftritt. Das revolutionäre Individual-Drama verwandelt sich in ein post-revolutionäres Kollektiv-Epos, das psychologische Melodram wird zum Zeit-Panorama, der Roman des Nacheinander zum Roman des Nebeneinander.

---

43 Gutzkow: Die Ritter vom Geiste. Hrsg. v. Gensel, a.a.O., Bd. 1, Einleitung des Hrsg., S. 9.
44 Ebd.
45 Ebd.
46 Vgl. ebd.

Willibald Alexis hat die breit angelegten sozialen Romane explizit mit den Zeitungen verglichen. Wie diese hätten sie keinen Anspruch auf Ewigkeit, sondern ihren Zweck erfüllt, wenn sie der Gegenwart ihren Spiegel vorhielten.[47] Nicht die den Entwurf kennzeichnende spannende Dramaturgie von Intrige, Geheimnis, Verwicklung, Enthüllung und Katastrophe hat das Vorhaben zum Zeitungsroman qualifiziert, nicht das Grelle und Kriminalistische der Handlung, die Motive des Sueschen Sensationsromans, sondern vor allem das Hineinziehen der ganzen Breite der unmittelbaren Gegenwart (Karl Rosenkranz), die Transformation in einen Zeitroman.

Der Roman ist partiell sogar ein Schlüsselroman. Natürlich ist die »Residenz« Berlin, der »König« Friedrich Wilhelm IV., der »Reubund« der Treubund usw. Und nicht nur informative und kritische Bedürfnisse des Publikums hat Gutzkow befriedigt, sondern auch voyeuristische: Helene d'Azimont trägt Züge seiner Freundin Therese von Bacheracht, mit der er kurz zuvor gebrochen hatte, Pauline von Harder solche der Gräfin Hahn-Hahn usw. Zwar hat der Autor, wie sich zeigen läßt, mehr Ereignisse von 1848 als solche der Entstehungszeit 1850/51 verarbeitet[48], doch der gedachten Absicht nach (vgl. das Vorwort zur 5. Auflage) hat er die »Reaktionszeit von 1849–1851« schildern wollen.[49] In der Erinnerung jedenfalls wird der Roman zur Schlüsselreportage, zur Zeitung. Von daher mag es auch legitim sein, von einem »Roman ohne Ende« zu sprechen.[50] Zwar serviert Gutzkow in den letzten Kapiteln ein ganzes Bündel von Katastrophen oder Happy Ends, und auch der Geistesritterbund ist trotz des Verlustes der vorgesehenen materiellen Grundlage offenbar auf gutem Wege, aber eben auch nur auf dem Wege; und indem der Erzähler am Ende des Romans definitive Aussagen über das weitere Schicksal mancher Protagonisten zu bloßen Ahnungen korrigiert und den Schluß auf die Zukunft hin öffnet, läßt er erzählte Zeit und reale Gegenwart zusammenfallen.

5. KRITIK UND UTOPIE

Wie die Zeitung verbreiten *Die Ritter vom Geiste* nicht nur Nachrichten, sondern sind auch ein permanenter Leitartikel. Darüber hinaus jedoch enthält der Roman eine die Gegenwart transzendierende Utopie. Das scheint nicht ohne weiteres vereinbar zu sein, und in der Tat bedarf es sowohl einer bestimmten Interpretation der Gegenwart als auch einer spezifischen Formulierung der Utopie, um die verschiedenen Ansprüche zu harmonisieren. – Gutzkow hat sich nie als einen Realisten im

47 Vgl. die Rezension von Willibald Alexis. In: Blätter für literarische Unterhaltung 1851, S. 516.

48 Vgl. G. Senger, geb. Partisch: Gutzkows »Ritter vom Geist«. Aufbau und zeitgeschichtliche Niederschläge. Diss. Berlin 1921, S. 161ff.

49 Gutzkow: Ritter vom Geiste. Hrsg. v. Gensel, a.a.O., Bd. 1, Einleitung des Hrsg., S. 9.

50 Peter Hasubek: Karl Gutzkows Romane »Die Ritter vom Geiste« und »Der Zauberer von Rom«. Diss. Hamburg 1964, S. 139. Vgl. auch Gert Vonhoff: Vom bürgerlichen Individuum zur sozialen Frage. Romane von Karl Gutzkow. Frankfurt/M. 1994.

Sinne eines unparteilichen Schilderers der Alltagsrealität verstanden und hat, in Auseinandersetzung mit Gustav Freytags *Soll und Haben*, noch in den fünfziger Jahren für den Roman nicht nur gewichtige Themen und die Darstellung der die jeweilige Zeit bewegenden Ideen gefordert, sondern auch, der jungdeutschen Tradition treu, Zweck und Tendenz propagiert.[51] In den *Rittern vom Geiste* materialisieren sich diese sogar in dem titelgebenden Bunde. Derartiges nun hat zunächst einmal nicht nur literarische Vorbilder, z.B. die Bünde in Goethes Wilhelm-Meister-Romanen, oder historische Ahnen und ältere Verwandte, etwa die Templer und die Freimaurer, sondern auch zeitgenössische Korrelate: wenigstens in der Vorstellung sind Eliteparteien, in denen sich alle Gutgesinnten versammeln sollen, virulent.[52] Insofern fügt sich vom Sachverhalt her Gutzkows Konkretisierung der Tendenz in das Panorama der Gegenwart durchaus ein.

Analoges gilt für den Inhalt der Utopie. In diesem Zusammenhang ein Blick auf Gutzkows revolutionäre Vergangenheit. Sie ist zwiespältig. Einerseits: Gutzkow nimmt an politischen Meetings teil und ruft am 19. März 1848, einen Tag nach den Berliner Barrikadenkämpfen, zur Volksbewaffnung auf.[53] Seine Schrift *Deutschland am Vorabend seines Falles oder seiner Größe* wartet mit zwar naiven, aber immerhin konkreten Reformvorschlägen auf: Etablierung einer demokratisch legitimierten Zentralgewalt unter Beibehaltung des monarchischen Regiments der einzelnen Länder, deren Anzahl jedoch auf sechs reduziert werden soll. Und die *Ansprache an die Berliner. März 1848* fordert dazu auf, die revolutionären Errungenschaften nicht als »Gaben von oben« anzusehen[54], und warnt vor einer voreiligen Versöhnung, die nur im Interesse der Hoflieferanten, nicht aber des Volkes liege. Aber schon die Ansprache betont vor allem die »Gesinnung«[55] und will die »ätherische Idee« der als Tage des Märtyrertums verstandenen Märztage »mit unsrem Blut, unserm Leben, unserer Bildung« »sich einigend verflüchtigen« lassen.[56] Im nachhinein gibt Gutzkow seinen Aufruf zur Volksbewaffnung gar als eine Eingebung des Fürsten Lichnowski aus, Georg Weerths Ritter Schnapphahnski, mit dem er auf halbwegs gutem Fuße stand und der seiner Ansicht nach, falls er nicht an den »Konsequenzen seines polnischen Charakters gelitten hätte«, vielleicht »den Mirabeau jener Zeit gespielt hätte«[57]. Der Aufruf habe vor allem die Aufgabe gehabt, die vor dem Schloß bedrohlich versammelte Menge durch den Hinweis auf die nachmittägliche Waffenausgabe am Brandenburger Tor zu zerstreuen. Und über die Revolutionäre äußert er sich im Stil des Flaubert der *Education sentimentale*: »die berlinische Phantasie war auf ein Gaudium angeregt«, und »die Gemüter

---

51 Vgl. Hartmut Steinecke: Romantheorie und Romankritik in Deutschland. Stuttgart 1975, Bd. 1, S. 219.

52 Vgl. Gutzkow: Ritter vom Geiste. Hrsg. v. Gensel, a.a.O., Bd. 1, Einleitung des Hrsg., S. 16f.

53 Vgl. Veit Valentin: Geschichte der deutschen Revolution von 1848–1849. Köln, Berlin 1970, Bd. 1, S. 447.

54 Gutzkow: Werke, a.a.O., Bd. 11, S. 186.

55 Ebd., Bd. 11, S. 185.

56 Ebd., Bd. 11, S. 186.

57 Ebd., Bd. 9, S. 306.

verlangten an jedem Tage eine neue Anregung.«[58] Verständlich daher, daß er nach dem Tod seiner Frau in »dem wüstgewordenen, jeden Tag neue, unangenehme Überraschungen bringenden Berlin« nicht bleiben will und sich erst einmal nach Warmbrunn begibt, wo er sich von der Natur und seiner Freundin Therese von Bacheracht trösten läßt und einige später in die *Ritter vom Geiste* aufgenommene Gedichte schreibt.[59] Der Dresdener Maiaufstand von 1849, dessen Zeuge er wird, läßt ihn im Gegensatz zu den Berliner »Märztagen [...] kalt, kalt bis zur Ironie trotz Kanonendonners und Spritzkugelpfeifens.«[60] Und wenn ihm auch der Badische Aufstand und die Auflösung des Parlaments »neue erschütternde Eindrücke« vermitteln und er »darüber wie in die Irre« geht, so vermag er sich von solchen Bedrückungen doch durch »geistige Aufgaben« in Gestalt von dramaturgisch zu betreuenden Theateraufführungen zum hundertsten Geburtstag Goethes zu befreien[61] und macht überhaupt die Erfahrung, daß angesichts der Mäßigung oktroyierenden widrigen Zeitumstände »ein deutsches Schriftsteller= und Dichterleben [...] seine Belohnung in sich selbst finden muß.«[62] Das politische Engagement mündet schließlich in ästhetische Selbstgenügsamkeit.

Die übelwollenden Kritiker allerdings haben dies nicht honoriert. Diese vermißten, wie z.B. J. L. Hoffmann, an den Helden die Positivität[63] und kritisierten, wie z.B. Julian Schmidt, Gutzkows »Abneigung gegen die ehrliche, kräftig handelnde Mittelmäßigkeit.«[64] Natürlich ist die explizite und implizite Kritik an Gutzkows Vorliebe für gemischte Charaktere borniert und philiströs, doch trifft sie, wenn sie praktisches Engagement der Romanhelden in berufsständischen Organisationen oder politischen Parteien anmahnt, einen für einen kritischen Zeitroman wunden Punkt. Zwar gibt sich Gutzkow Mühe, möglichst viele Stände personal und lokal zu repräsentieren, verwischt jedoch die Differenzen und spart die Stätten der eigentlichen Tätigkeiten aus. Das zeigt ein Blick auf seine Behandlung des Proletariats. Auch Gutzkow will wie Willkomm, Weerth oder Prutz der Literatur das moderne Arbeits- und Arbeiterleben erschließen und beschreibt deshalb eine Maschinenfabrik. Doch für die Handlung wird nur das Comptoir des Besitzers relevant, und auch die dortige Szene exponiert nur die späteren Ball-Ereignisse, die das Vorhergehende dominieren. Die Quartiere der Arbeiter sind wichtiger als ihre Arbeitsstätten. Die Arbeiterassoziationen und ihre Versammlungen werden nicht vorgeführt, sondern nur beredet. Vertreter des Proletariats sind weniger die Maschinenarbeiter Danebrand als der dichtende Kunsttischler Louis Armand und der Schreiber Fritz Hackert. Und beide, der virtuell krankhafte Arbeiterprophet und Melancholiker[65] sowie der den »thierischen Instinkt« des

---

[58] Ebd., Bd. 9, S. 306f.
[59] Ebd., Bd. 9, S. 309.
[60] Ebd., Bd. 9, S. 316.
[61] Ebd., Bd. 9, S. 318.
[62] Ebd., Bd. 9, S. 320.
[63] Vgl. J. L. Hoffmanns Aufsatz im *Album des literarischen Vereins in Nürnberg für 1854*. Nürnberg 1854, S. 199ff.
[64] Julius Schmidt: Rezension. In: Grenzboten, a.a.O., S. 55.
[65] Vgl. V/236f.

Volkes (IV/229) verkörpernde Naturmensch und Caliban, der nicht nur für das Proletariat, sondern auch für die »zwischen dem Volk und der Bildung schwankenden Mittelschichten großer Städte« (IV/204) steht, figurieren eher einen literarischen Typus, den Zerrissenen der dreißiger und vierziger Jahre, als einen Klassen-Repräsentanten. Auch ist die Identifikation des Armen- und des Verbrechermilieus samt den dazugehörigen Polizeispitzeln, die Gutzkow vornimmt, ein literarischer Topos Suescher Provenienz. So hat Julian Schmidt nicht Unrecht, wenn er in den Rittern vom Geist eine »belletristische Clique von Dilettanten« sieht,

> jungdeutsche Literaten, die sich der Abwechslung wegen als Handwerker und Prinzen verkleidet haben, die aber nicht verfehlen, ihr feines Taschentuch aus der Blouse hervorsehn zu lassen, und die hinter dem Ordensband ein Manuscript verstecken, das sie dem Buchhändler überreichen[66]

wollen.

Die Kritik ist überzeugender als die Utopie, sowohl ästhetisch als auch politisch. Die eindrücklichsten Figuren sind die ironisch-satirisch behandelten, der ausgerissene Pfarrer und literarische Lumpen-Titan mit dem sprechenden Namen Guido Stromer, mit dem Gutzkow sich im eigenen Metier bewegt, auch der Heidekrüger Justus als Repräsentant der sich arrangierenden Bourgeoisie oder der radikal bramarbasierende Drosselwirt. Die kritische Diskussion ist immerhin zeitgemäß. Es geht um persönliche, monarchische oder staatliche Souveränität, ein zentrales staatsrechtliches Problem der ersten Jahrhunderthälfte, und wie Marx formuliert auch Gutzkow die polemische Antithese von politischem- und Wirtschafts-Bürger, von Citoyen und Bourgeois. Dominant jedoch ist der alles andere überlagernde ethisch verstandene Gegensatz von Idealismus und Materialismus. Der Egoismus der Reubündler und der Bourgeoisie wird kritisiert, aber auch der Materialismus des sozialistischen Proletariats, dem, wenn es nur seine (Fourierschen) Phalanstères habe, der Unterschied zwischen Despotismus und Volkssouveränität gleichgültig sei; auch in den Maschinenarbeiter- und Handwerkervereinen werden »Leidenschaften der zweideutigsten Ichsucht genährt« (IX/375), und in den Parlamenten, diesen Versammlungen von Ehrgeizlingen, tobt der »Krieg Aller gegen Alle, den ein furchtbarer, türkischer Despotismus einst beendigen wird.« (V/129) Die Kritik ist politisch motiviert, und die Befürchtungen sind – mit verschobenen Kausalitäten – ahnungsvoll prophetisch. Die Auskunft jedoch ist verlegen. Die »Guten« sollen zusammentreten und »die ewigen Güter der Menschheit von den Gefahren befreien, die diese bei solchem Spiele [dem parlamentarischen Krieg aller gegen alle nämlich, D. N.] laufen müssen.« (V/129) Auch die Wahrheiten des Bundes, der die geistige Totalerneuerung zugleich verkörpern und herbeiführen soll, sind »mehr negativ als positiv« und wenig konkret. (VI/333) Man will »Vernunft, [...] Gerechtigkeit und Natur in die Politik« einführen. (III/175) Aber präzisiert wird das allenfalls dahingehend, daß der »Tempel der Menschheit« auf dem Fundament der freien Presse ruhen müsse, während das »Recht der Arbeit« in die Kuppel ge-

66 Julius Schmidt: Rezension. In: Grenzboten, a.a.O., S. 48.

höre. (VI/333f.) Die politischen Institutionen, um im Bild zu bleiben: die Mauern, werden ausgespart. Ganz im Sinne der Postulate eines freien Diskurses und eines freien Wirtschaftens kommt es dem Bund weniger auf »positive Schöpfungen« an als auf den »Geist, in dem sie erwachsen sollen.« (VI/285) Allenfalls einen geheimen Konsens des Gutgesinnten erhofft sich diese – gesellschaftlich programmatisch isolierte – Clearing-Stelle für Meinungen. Der in der Mitte stehende Denker soll sich nur die richtigen Ideen heraussuchen und im übrigen eine Zeitlang das Bestehende stützen. Es geht um die Reform der inneren Welt, während für die äußere einstweilen ruhig die Minister und Soldaten sorgen sollen, wie es im Vorwort zur 1. Auflage heißt.[67] So laufen das Politisieren und das Roman-Schreiben letztlich auf dasselbe hinaus. Panorama und Utopie fallen im Diskurs zusammen.

Das Projekt fand Anklang. Zwar äußerten sich einzelne rechte und linke Organe auch ablehnend. Die berühmt-berüchtigte Kreuzzeitung referiert den Inhalt und hält von Fall zu Fall unbequeme Meinungen für sinnlos[68]; und der Rezensent der *Deutschen Monatsschrift für Politik, Wissenschaft, Kunst und Leben* kritisiert auf der Basis klassischer ästhetischer Doktrinen und radikaler politischer Überzeugungen die Vermischung von Kunst und Politik und wirft Gutzkow die Predigt eines »fatalen Quietismus« vor.[69] Doch ist die Zustimmung der liberalen und insbesondere der literarischen Öffentlichkeit (mit Ausnahme der Grenzboten) sowohl breit als auch differenziert (s.o.), und jedenfalls ihr Diskurs hätte gewiß auch die Billigung der Geistesritter gefunden. In der *Deutschen Allgemeinen Zeitung* selbst war der Roman verständlicherweise adäquat plaziert. Denn diese führte nach dem Rücktritt des durch den »Umschwung von 1848 [...] verstimmten« Nothelfers Friedrich Bülau und unter der Redaktion von August Kaiser wieder eine etwas freiere Sprache[70], ohne jedoch den Fehler zu machen, in ihren fatalen Vormärzradikalismus zurückzufallen, ein Fehler, den auch der Verlagsautor vermied. Mit der Reichsgründung wurden der altbackene Liberalismus des Blattes, der literarische Utopismus des Autors und die anhängigen Konstellationen ohnehin obsolet, und es ist ein historisches Apercu, daß mit dem Erscheinen der auf absehbare Zeit letzten Roman-Auflage Autor und Zeitung kurz hintereinander, 1878 und 1879, verstarben.

---

67 Vgl. ebd., Bd. 1, Vorwort, S. 1–10, hier S. 9.
68 Vgl. *Neue Preußische (Kreuz)Zeitung* 1852, Nr. 133–135, 10.–12.06.1852.
69 Vgl. Deutsche Monatsschrift für Politik, Wissenschaft, Kunst und Leben 1850, S. 133.
70 Vgl. Heinrich Eduard Brockhaus: Die Firma F. A. Brockhaus von der Begründung bis zum hundertjährigen Jubiläum. 1805–1905. Leipzig 1905, S. 193.

Dieter Kimpel

»Meine Gedanken verklagten und entschuldigten sich unter einander«

Zur Bedeutung des Gewissens in C. F. Meyers Novelle »Das Amulett«

1

Mit dem durch Shakespeare eingeleiteten stoff-topischen Paradigmenwechsel – von dem antik-mythologischen Prozeß und christlicher Eschatologie weg, hin zu Motivkomplexen realgeschichtlicher Verlaufsformen – ist offensichtlich ein hochproblematischer Schritt vollzogen. Im Gegensatz zum vorgegebenen Bedeutungszusammenhang der über den Göttern und Menschen waltenden Moira oder der heilsgeschichtlichen Verheißung des Christengottes ist dem neuzeitlichen Menschen die Besorgung seiner Geschichte aufgegeben: er betätigt sie (Subjekt), er erleidet sie (Objekt), und er ist zugleich ihr Ziel (Telos). Wobei vorab die religionsphilosophische Frage offen bleiben mag, ob dieser Homo humanus die Verwirklichung seiner Wesensform in der Geschichte (d.h. kraft motivierten Handelns sich in Gesellschaft und Staat moralisch und rechtlich zu organisieren) allein aus sich selbst und seinesgleichen heraus überhaupt zureichend begründen kann.

Jedenfalls ist den Wortführern der deutschen Shakespeare-Rezeption im letzten Drittel des 18. Jahrhunderts klar, daß der aufklärerische Schriftsteller den stets gegenwartsbezogen-aussagekräftigen historischen Stoffen, um deren Verständnis willen, in sprachästhetischer Gestaltung einen hermeneutisch deutungsfähigen Sinnanspruch post festum abzugewinnen habe. Dieser ist nicht wie im Lichte tradierten Ordo-Denkens durch naturrechtliches Weltgesetz oder göttliche Providentia vorentschieden, sondern für die praktische Vernunft und der ihr in Zustimmung oder Widerspruch verbundenen menschenmöglichen Praxis zur Bewährung ausgesetzt. Herder schreibt in seinem *Shakespear*-Aufsatz (1773):

> *Shakespear* fand vor sich und um sich nichts weniger als Simplicität von Vaterlandssitten, Thaten, Neigungen und Geschichtstraditionen, die das Griechische Drama bildete [...].
> Er fand keinen so einfachen Volks- und Vaterlandscharakter, sondern ein Vielfaches von Ständen, Lebensarten, Gesinnungen, Völkern und Spracharten – der Gram um das Vorige wäre vergebens gewesen; er dichtete also Stände und Menschen, Völker und Spracharten, Könige und Narren, Narren und Könige zu dem herrlichen Ganzen! Er fand keinen so einfachen Geist der Geschichte, der Fabel, der Handlung; er nahm Geschichte, wie er sie fand und setzte mit Schöpfergeist das verschiedenartigste Zeug zu einem Wunderganzen zusammen, was wir, wenn nicht *Handlung* im Griechischen Verstande, so

Aktion im Sinne der mittleren, oder in der Sprache der neuern Zeiten *Begebenheit* (évenement) grosses *Eräugniß* nennen wollen [...].[1]

Dichterische Bearbeitung historischer Stoffe nach Herder ist für die Autoren der deutschen Klassik und Romantik sowie für die des nachidealistischen 19. Jahrhunderts dem jeweiligen Gegenwartsverstehen verpflichtete, fiktionskritische Kontingenzbewältigung. Ihr Ziel ist es, in figürlich-gestalthafter Paraphrase nicht nur die Motive und geheimen Mitursachen individueller und kollektiver Handlungsführung ausfindig zu machen, aus dem politischen Mit- und Gegeneinander partikularer Machtfaktoren, aus dem Dickicht schwer durchschaubarer Geschehensketten und Funktionsabläufe, die beziehungsstiftenden Orientierungen aufzuspüren, sondern darüber hinaus auch noch die Systeme und Strukturen gesellschaftlicher Lebenswelten auf das hin transparent zu machen, was in ihnen möglich gewesen wäre, was erreichbar war, was versagt bleiben mußte und was vertan wurde.

Den letztgenannten Aspekt hat bekanntlich Aristoteles in bedenkenswerten Ausführungen seines Poetik-Fragments zum Differenzierungskriterium des Verhältnisses von Dichtkunst und Geschichtsschreibung (Historie) erklärt. In der *Nikomachischen Ethik*[2] trifft der Stagirite zwischen »Praxis« (Handeln, das im Sinne der menschlichen Selbstverwirklichung seinen Zweck in sich hat) und »Poiesis« (Erschaffen, das im Sinne des Produzierens von Gegenständen seinen Zweck außer sich hat) eine Unterscheidung, die für den Mimesisbegriff der Poetik wichtig wird. Während der Dichter in seiner sprachartifiziellen Abbildung »handelnder Menschen« (prattontas) bzw. »vernünftiger Praxis« (mimesis tes praxeos, praxis kata logon)[3] dazu neigt, innerhalb der handlungstheoretisch konstitutiven Korrelation von »Möglichkeit« (dynamis, Motivreflexion, Bereich der Ideen) und »Wirklichkeit« (energeia, entschiedene Tat, Bereich der Ereignisse) sich stärker auf das zu konzentrieren, was möglich wäre, was hätte sein können oder sein sollen, interessiert den Geschichtsschreiber mehr das quellengesicherte Verstehen dessen, was tatsächlich geschehen ist[4].

Aristoteles zufolge geht es dem Poeten im Gegensatz zum Historiker weniger um die Macht des Faktischen als vielmehr um das formale Problem einer auf den Selbstzweck Mensch ausgerichteten Motivwahl, also um das, was wir in früh-

---

1 Johann Gottfried Herder: Shakespear. In: Herders sämtliche Werke. Hrsg. v. Bernhard Suphan. 33 Bde. Berlin 1877/1913; Bd. 5 (darin in: Von deutscher Art und Kunst), S. 208–231, hier S. 209ff.
In ähnlicher Weise äußerte sich Jean Paul in der *Vorschule der Ästhetik*: »Die Griechen glaubten, was sie sangen, Götter und Heroen. So willkürlich sie auch beide episch und dramatisch verflochten: so unwillkürlich blieb doch der Glaube an ihre Wahrheit; wie ja die neuern Dichter einen Cäsar, Kato, Wallenstein u.s.w. für die Dichtkunst aus der Wirklichkeit, nicht für die Wirklichkeit aus der Dichtkunst beweisen.« (Jean Paul: Werke. [6 Bde.]. Hrsg. v. Norbert Miller. München 1960/66; Bd. 5, S. 73; IV. Programm: Über griechische oder plastische Dichtkunst).

2 Aristoteles: Nikomachische Ethik, 1140 a 1ff.

3 Ebd., 1448 a 1ff.

4 Ebd., 1451 a 37ff.

moderner Formulierung als Freiheitsproblem bezeichnen und seither mit der Subjektwerdung des Menschen in der Geschichte verknüpfen. Eben deshalb nennt Aristoteles die Dichtkunst »philosophischer« und »allgemeiner« (weil unbeschränkt frei reflektierend) als die quellengebunden rekonstruierende Historie.[5]

Auf die frühmoderne europäische Geschichtsdichtung appliziert bedeutet das: Für sie ist das Aufgreifen geschichtlicher Stoffe, pointiert gesagt, nur der Vorwand, hinter dem die eigentliche, prinzipiellere Gestaltungsintention am Werke ist, die, über die vordergründigen Schicksale der Protagonisten hinaus, die ebenso selbstbestimmende (tätige) wie fremdbestimmte (leidende) Subjektivität als die neue Ordo-Instanz und Bedingung möglicher Sinngebung glaubwürdig und einsichtig zu machen versucht. Ihr ist es nicht primär um konkrete Utopien oder gar ›Lösungen‹, menschheitsbeglückende Entwürfe, Weltanschauungen oder Ideologien zu tun, die jederzeit beliebig vermehrbar sind und von denen jede gegenüber der jeweils anderen als fortgeschrittener sich aufspielt. Zuerst und vor allem ist der deutschen Geschichtsdichtung des ausgehenden 18. und des 19. Jahrhunderts daran gelegen, das jedenfalls wäre meine Interpretationshypothese, solch objektiven Schein auf seine Voraussetzungen, d.h. auf die Frage hin durchsichtig zu machen, wie es um die »Substanz« des Subjekts bestellt sei, von der überhaupt erst praktische Vernunft und geschichtliche Sinnkritik erwartet werden darf.[6]

2

C. F. Meyer stattet seine erste Prosanovelle *Das Amulett* (1873) mit einem Erzählrahmen aus, der in den Binnenzeitraum einführt. Dieser enthält die Macht- und

---

[5] »Daher ist Dichtung etwas Philosophischeres und Ernsthafteres als Geschichtsschreibung; denn die Dichtung teilt mehr das Allgemeine, die Geschichtsschreibung hingegen das Besondere mit. Das Allgemeine besteht darin, daß ein Mensch von bestimmter Beschaffenheit nach der Wahrscheinlichkeit oder Notwendigkeit bestimmte Dinge sagt oder tut – eben hierauf zielt die Dichtung, obwohl sie den Personen Eigennamen gibt. Das Besondere besteht in Fragen wie: was hat Alkibiades getan oder was ist ihm zugestoßen« (1451 b 5ff.; hier zitiert in der Übersetzung von M. Fuhrmann, Stuttgart 1982). Daß Aristoteles das dem Künstler (Dichter) bevorzugt zugewiesene »Mögliche« an die Regeln der Wahrscheinlichkeit (eikos) und der Notwendigkeit (anankeion) bindet, entspricht der Ausführung seiner Metaphysik in einen naturphilosophischen (Physik) sowie einen moral- und rechtsphilosophischen Teil (Ethik, Politik); dem folgt auch die Propädeutik, die innerhalb der Hauptform des logisch-syllogistischen Schlußverfahrens die Sonderform des topisch-enthymemischen vorsieht.

[6] Wer allerdings, in postmoderner Einstellung, Subjektivität als geschichtsrelevantes Prinzip suspendiert, die Universalgeschichte in einzelne Geschichten auflöst und die Frage nach möglichem Geschichtssinn auf Diskursbestimmungen verweist, bringt mit derartigen Reduktionen nur zum Ausdruck, daß er sich gewissen gegenwärtig erfahrbaren Systemzwängen verweigert (etwa solchen technologischer oder ökonomischer Rationalität), daß er aus dem Gefühl der Ohnmacht gegen sie protestiert oder vor ihnen resigniert. Eine Variante der kultursemiotischen Memoria-Forschung schafft sich gar eine neue Art kunstimmanenter Nische, in der sich, fernab und unbelastet von tradierter Argumentation, ›Referenzfallen‹ und geschichtsphilosophischen Fragen etc., trefflich, weil hermeneutisch völlig gleichgültig, streiten läßt.

Glaubensauseinandersetzungen der religiösen Bürgerkriege in Europa, konkret: die Vorgänge in Frankreich anläßlich der Bartholomäusnacht oder Pariser Bluthochzeit am 24. August 1572, aus lebensgeschichtlicher Erfahrungsperspektive. Der Ich-Erzähler Hans Schadau berichtet aus dem Rückblick des Jahres 1611 über die knapp vierzig Jahre zurückliegenden Ereignisse, die er, ursprünglich thüringischer Herkunft und im Zuge der Kriegsdienste seines Vaters in die Schweiz verschlagen, als 19-jähriger gläubiger Calvinist aus dem Bernerland nach Paris gereist, um den bedrängten Glaubensgenossen in Frankreich beizustehen, nur durch den opferbereiten Totaleinsatz seines Landsmannes von der konfessionellen Gegenpartei, des gläubigen Katholiken Wilhelm Boccard aus Fryburg, glücklich bestanden und überlebt hat.

Die »Aufzeichnungen« des Ich-Erzählers »aus dem Anfange des siebzehnten Jahrhunderts«, inzwischen »alte vergilbte Blätter«, sind danach, so will es die Fiktion des Rahmens, einem vermutlich historisch literarisch interessierten Anonymus in die Hände gefallen, der ihre Publikation mit der redaktionellen Vorbemerkung versehen hat: »Ich übersetze sie in die Sprache unserer Zeit«[7].

Erzählrahmen und Geschichte weisen somit drei Ebenen über einen Zeitraum von 300 Jahren auf (1572, 1611, 1873). Der doppelte Rahmen indiziert, zusammen mit der Glaubwürdigkeitsfiktion, die den Quellencharakter der Überlieferung betont, auch den Hinweis auf die geschichtliche Verstehens- und Darstellungsproblematik. Lenkt die durch Authentizität ausgezeichnete Quelle den Blick auf das im Kontext universalgeschichtlicher Konstellationen lebensgeschichtlich handelnde Subjekt (als dem ebenso tätigen wie leidenden Zeitzeugen der Binnenhandlung), so akzentuiert die fiktionale Einführung zuerst des Ich-Erzählers, später dazu noch eines Bearbeiters, den hermeneutischen Grundsatz, demzufolge sowohl schicksalhaft Betroffene als auch ›Übersetzer‹ solcher Primärquellen die Unmittelbarkeit vergangener Motivation ex eventu nurmehr im Erfahrungshorizont ihres gegenwärtig-aktuellen Verstehens zur Darstellung bringen können. Das Wesentliche des ursprünglichen verbum actionis kann also nicht im Sinne von Rankes »eigentlichem Gewesensein« objektiv verfügbar sein, sondern erschließt sich dem geschichtlichen Verstehen, das Vergangenes bedenkt, um die Zukunft zu besorgen, unter den Augen der je aktuellen praktischen Vernunft.

Offensichtlich hat C. F. Meyer diesem Gedanken fiktionskritisch Rechnung getragen. Das gilt für die Figur des 58-jährigen Hans Schadau, der sich im signifikanten Jahre 1611 nicht zuletzt auch unter dem Eindruck der nach der Ermordung Heinrichs IV. (von Navarra) erneut in Frage gestellten bedingten Religionsfreiheit, mehr aber noch angesichts persönlich bedrückender Erinnerung und peinigender Fragen zwecks Selbstvergewisserung zur Niederschrift entschließt: »[...] daß ich mit mir einig wurde, den ganzen Verlauf dieser wundersamen Geschichte schriftlich niederzulegen und so mein Gemüt zu erleichtern.« (8) Das gilt gleichermaßen

---

[7] Conrad Ferdinand Meyer: Das Amulett. In: C. F. M.: Sämtliche Werke. Historisch-kritische Ausgabe. Besorgt v. Hans Zeller u. Alfred Zäch. 15 Bde. Bern 1958–1996, Bd. 11: Novellen I. Bern 1959, S. 5–74, hier S. 6. *Das Amulett* wird im folgenden nach dieser Ausgabe nur mit Angabe der Seitenzahl im fortlaufenden Text zitiert.

für den Bearbeiter oder Übersetzer der »Aufzeichnungen [...] in die Sprache unserer Zeit«, d.h. in den nicht minder aufschlußreichen Beginn der 70er Jahre des 19. Jahrhunderts. Es ist dies die Zeit, in der nach Verwerfung der modern-aufklärerischen Welt durch die römische Kurie (»Syllabus errorum«, 1864) im Vorfeld des Ersten Vatikanischen Konzils (1870) und vor allem danach mit dem »Sieg des intransigenten Ultramontanismus«[8], strukturgleich in Deutschland, der Schweiz und in den Niederlanden, der gesamteuropäische »Kulturkampf« zwischen dem säkularen Staat sowie dem Liberalismus (dem auch Teile der reformierten bzw. protestantischen Kirche angehörten) einerseits und dem ultramontanen Katholizismus andererseits, von Bismarck in Deutschland aus innenpolitischem Kalkül initiiert, ausgetragen wird.

Der Einblick in die damit angedeutete hermeneutische Dimension des Erzählrahmens, mit dessen Referenz auf die keineswegs zufälligen, sondern anspielungsreich sprechenden Jahresangaben, in denen die Glaubenskriege der Frühmoderne (Reformation – Gegenreformation) den resonanzkräftigen Anlaß ihrer jeweils aktualisierten Verstehensfortschreibung haben, stimmt gegenüber der äußerst zählebigen Stereotype von der vermeintlich stoffverliebt historistischen Erzählweise C. F. Meyers nachdenklich.[9]

---

8 Hierzu die glänzende Darstellung von Thomas Nipperdey: Deutsche Geschichte 1866–1918. 2 Bde. München 1990/92, Bd. 1, Kap. 12, S. 428ff.: »Die Geschichte des Katholizismus in unserem Zeitraum beginnt mit einem Paukenschlag und einer großen Krise. Das Erste Vatikanische Konzil hat 1870 die Unfehlbarkeit des Papstes in Fragen des Glaubens und der Sitte, wenn sie in der Tradition päpstlicher Lehrentscheidungen steht und ex cathedra verkündet wird, zum Dogma erhoben. [...] Diese Entscheidung war ein Sieg des intransigenten Ultramontanismus, der Richtung also, die die Kirche zentralistisch und absolutistisch auf Rom und den Papst, auf Scholastik und Gegenreformation ausrichten, klerikalisieren und aggressiv von aller Moderne abgrenzen wollte.« Vgl. auch ebd., Bd. 2, Kap. 3, S. 364ff.

9 Vor allem in der älteren Forschung: Franz Ferdinand Baumgarten: Das Werk C. F. Meyers. Renaissance Empfinden und Stilkunst (1917). Zürich [3]1948; Harry Maync: C. F. Meyer und sein Werk. Frauenfeld, Leipzig 1925; Robert Faesi: C. F. Meyer. (1925). Frauenfeld [2]1948; bis hin zu Karl Fehr: C. F. Meyer. Stuttgart 1971, [2]1980, und Alfred Zäch: C. F. Meyer. Frauenfeld 1973. An neueren Arbeiten zum Thema vgl. vor allem: Sjaak Onderdelinden: Die Rahmenerzählungen C. F. Meyers. Leiden 1974; Tamara Evans: Formen der Ironie in C. F. Meyers Novellen. Bern, München 1980; ferner den informativen und auch analytisch starken Kommentar von Gerhard P. Knapp: C. F. Meyer »Das Amulett«. Historische Novellistik auf der Schwelle zur Moderne. Paderborn 1985; Hans Zeller: C. F. Meyer: Das Amulett (1873). In: Interpretationen. Erzählungen und Novellen des 19. Jahrhunderts. Bd 2. Stuttgart 1990, S. 279–300; John Osborne: Vom Nutzen der Geschichte. Studien zum Werk C. F. Meyers. Paderborn 1994; Andrea Jäger: Die historischen Erzählungen von C. F. Meyer. Zur poetischen Auflösung des historischen Sinns im 19. Jahrhundert. Tübingen, Basel 1998. Auf die die Forschung im Zusammenhang mit dem Erzählrahmen ungemein bewegende Frage, ob Hans Schadau in den knapp vierzig Jahren, die den jungen Protagonisten vom älteren Ich-Erzähler trennen, hinsichtlich der Würdigung der Ereignisse und seiner Selbsteinschätzung eine Entwicklung im Geiste aufweise oder nicht, komme ich in Abschnitt 5 noch zurück.

3

Nachdem eine Betrachtung des erzählformalen Rahmens für die hermeneutisch inspirierte Intention des Autors spricht, d.h. an seiner figürlich manifesten Intuition, daß das Wissen um die Geschichtlichkeit des Menschen nur vom aktuellen Erfahrungshorizont des verstehenden Subjekts eingeholt werden kann, kaum zu zweifeln ist, soll nun untersucht werden, zu welchen Einsichten dieses verstehende Subjekt in eigener Sache, mit Blick auf zurückliegende eigene Motivation imstande ist. Hier gilt es zunächst, die klar erkennbare Schreibabsicht noch einmal festzuhalten, der nicht das eindeutige Schuldeingeständnis, aber die tiefempfundene Mitverantwortung am Tod des Freundes zugrunde liegt. Der Antrieb, zur Feder zu greifen, entstammt also einer quälenden Grenzerfahrung, deren Problemgehalt vom Protagonisten und Erzähler akzeptiert ist. Vom Erzähl- respektive Schreibvorgang erhofft sich dieser mehr Transparenz und angesichts des toten Freundes gewiß nicht die erlösende Antwort, aber möglicherweise einen wie auch immer beschaffenen Trost. Schließlich handelt es sich hier nicht um eine Frage, die im kausalistischen Sinne von Ursache und Wirkung auf das, was der Fall ist, reduziert werden kann. Da sie sich auch nach fast vierzig Jahren in unabweisbarer Hartnäckigkeit in der schicksalhaft betroffenen Person und wider dieselbe zu Wort meldet, gibt sie sich als Gewissensfrage zu erkennen. Was der 19-jährige Protagonist an Gesinnungswillkür und Gewissensanarchie der religiösen Bürgerkriege[10] auf seiner Reise nach Paris und dort als Privatsekretär des Admirals Coligny erlebt, bis hin zu jener furchtbaren Nacht des Massakers an den Hugenotten, wesentlich getragen durch das in die große Politik verstrickte Liebesmotiv und die rettende Freundestat, das wird dem 58-jährigen Erzähler zum Gegenstand epischer Selbstrechenschaft.

Als Kraftzentrum seiner Geschichte, die Schadau erzählt, möchte ich denn auch das in ihr mehrfach apostrophierte »Gewissen« bezeichnen.[11] Der Entfesselung des Gewissens im religiösen Wahrheitsstreit der Konfessionen war durch die mittelalterliche Universaliendiskussion wirkungsvoll vorgearbeitet worden: Die Frage nach der möglichen Repräsentation des Allgemeinen (Kirche und Staat) durch den

---

[10] Hierzu vgl. Reinhart Koselleck: Kritik und Krise. Ein Beitrag zur Pathogenese der bürgerlichen Welt. Freiburg i.Br. 1959, S. 13 u. S. 22: »Die herkömmliche Ordnung war im 16. Jahrhundert zerfallen. Als Folge der Aufspaltung der Kircheneinheit geriet die gesamte Gesellschaftsordnung aus den Fugen. Alte Bindungen und Loyalitäten wurden aufgelöst. Hochverrat und Kampf für das Gemeinwohl wurden je nach den wechselnden Lagern und je nach den Menschen, die ihre Lager wechselten, austauschbare Begriffe. Die allgemeine Anarchie führte zu Duellen, Gewalttat und Mord, und die Pluralisierung der Ecclesia Sancta war ein Ferment der Depravation für alles sonst noch Geeinte: Familien, Stände, Länder und Völker. [...] Die reformatorische Bewegung und die ihr folgende Aufsplitterung der religiösen Instanzen hatte den Menschen auf sein Gewissen zurückgeworfen«.

[11] Schon Baumgarten bemerkt: »Alle Problemnovellen Meyers sind Variationen eines Grundthemas, Abwandlungen des Gewissensproblems.« Allerdings möchte Baumgarten »das Gewissen der Menschen Meyers« lediglich als »Stilgefühl« verstehen (Baumgarten: Das Werk C. F. Meyers, a.a.O., S. 124).

einzelnen Gläubigen oder Untertan wurde vom rationalistisch beeindruckten, neuzeitlichen Nominalismus negativ beschieden. Die von der nominalistischen Disjunktion betriebene Trennung von Allgemeinem und Individuellem, von Kirche und Einzelseele, von Staat und Bürger, kam den institutionell geschlossenen und weltlich expansiven Obrigkeiten nicht ungelegen; läßt sich der Bußfertig-Untertänige im Glauben zweifellos fügsamer an als derjenige, der die Sache des Heiligen Geistes zu seiner eigenen macht. Während es nur eine Frage der Zeit sein konnte, wann und mit welchen Konsequenzen der im Renaissance-Humanismus sich ankündigende emphatische Freiheitsanspruch der individuellen Person Kirche und Staat schwer zusetzen würde, stand die nominalistisch verfügte Unvereinbarkeit von abstraktem Wesensbegriff (nomen, flatus vocis) und konkreter Erscheinung (res) als das Problem menschenmöglicher Erfahrung und Motivation unabweisbar im Raum. Der von den Reformatoren in den Glaubensauseinandersetzungen ausgelöste formale Freiheitsrausch des Gewissens ließ nun das vermeintlich scholastische Universalienproblem in weltpolitischem Maßstab zur Geltung kommen. Die religiösen Bürgerkriege in Europa, die die Kircheneinheit destruierten und zugleich die vormals sakrale Unantastbarkeit des princeps legibus absolutus in Legitimationsnot brachten, waren der Ausdruck von Antinomien, deren Schlichtung die christliche Heilslehre zwar verhieß, an deren offenem Austrag sich Kirche und Staat aber wenig interessiert gezeigt, geschweige denn beteiligt hatten.

In Meyers Novelle demonstriert das heftige, beinahe mit einem Eklat endende Wortgefecht des 3. Kapitels zwischen dem Katholiken Boccard und dem Calvinisten Schadau den leicht erregbaren und gereizt ausfälligen Charakter von Glaubensgesprächen, »in jener Zeit religiöser Erschütterung nichts Ungewöhnliches«. (9) Über dieses scholastisch rhetorische Scharmützel geht die neuere Forschung gewöhnlich mit ideologiekritischer Souveränität hinweg und hat damit, jedenfalls was die für eine christliche Glaubenshaltung untauglichen Redeattacken sowie die Qualität der ausgetauschten Argumente angeht, auch sicher recht. Nur darf die Deutung der Situation sich dabei nicht beruhigen und übersehen, mit welch unerbittlichem Ernst und existentieller Identifikation die beiden jungen Kontrahenten ihre in der Tat konfessionelle Engstirnigkeit verfechten und miteinander rechten. Im Streitgespräch erweisen sie sich als die leibhaftigen Repräsentanten der im Zuge von Reformation und Gegenreformation erwachten Subjektivität, die ihre im konfessionellen Gewissen fundierte individuelle Freiheit kraftvoll erproben und ausleben; auch auf die Gefahr hin, daß »die Geselligkeit durch die Glaubensspaltung völlig verdorben [ist]« (20). Der Ich-Erzähler erinnert sich wenig vorher daran, wie er in seiner Jugend, angeregt durch zwei pflegliche Begleiter, den calvinistischen Pfarrer und den lebensfrommen Oheim, durch frei denkende Aneignung seine Bildung erworben hat, deren praktische Bewährung ihm noch bevorsteht:

> Während der Theologe mit seinem Meister Calvin die Ewigkeit der Höllenstrafen als das unentbehrliche Fundament der Gottesfurcht ansah, getröstete sich der Laie der einstigen Versöhnung und fröhlichen Wiederbringung aller Dinge. Meine Denkkraft übte sich mit Genuß an der herben Konsequenz der

> calvinischen Lehre und bemächtigte sich ihrer [...]; aber mein Herz gehörte sonder Vorbehalt dem Oheim. (10)

Freilich ist das aus leidenschaftlicher Selbstbehauptung sich artikulierende Gewissen, wie uns Meyers Geschichte vorführt, noch in einem frühen Stadium der anfälligen Vorläufigkeit; es muß seine theoretische Begründung noch finden, seine praktische Reichweite erkunden und erst darin auch seine Abgründe erfahren. Dementsprechend schwankt das frühmoderne Subjekt im gedanklichen Disput unsicher zwischen dem Beharren auf alten Ordo-Bindungen und dem Aufbruch in eine neue ungewisse Selbstorganisation. Immerhin bleibt, bei allen dogmatisch oder orthodox begründeten Differenzen, für den Katholiken und den Calvinisten die formale Freiheit der Gewissensrede als sinnkritische Instanz insoweit bestimmend, als beide ihren bekennenden Glauben (auch wenn sie damit dem toleranten Verstandesaufklärer Chatillon abergläubisch erscheinen) nicht mehr einfach aus klerikalistischer Vorgabe ungefragt übernehmen und blind befolgen, sondern ihn diskutieren und reflektieren, ihn letztlich, nicht ohne Nachhilfe in Humor und Ironie, einer Lebenserfahrung aussetzen, die das Geheimnis bzw. das Gnadenwunder miteinschließt. Der das Gespräch der beiden jungen Schweizer Landsleute aufklärerisch duldsam moderierende französische Parlamentsrat Chatillon hatte eingangs darauf hingewiesen, was in der »Zeit religiöser Erschütterung« zu »lernen« sei: »daß sich die Gewissen nicht meistern lassen« (20) und jedes auf seine Art, als von sich überzeugte individuelle Moral, dazu befähigt, das Vaterland zu lieben und den Gesetzen gehorsam zu sein, alle Achtung verdiene.[12]

Damit schließt der Bericht über die beiden theoretisierenden Kontrahenten und späteren Freunde aus der Sicht des zwar beteiligten, aber im Zuge des erinnernden Rückblicks um Objektivierung bemühten Ich-Erzählers. Man wird gewiß nicht sagen können, daß das erzählende Ich das erzählte Ich im Kontrastvergleich mit dem sympathischen Boccard geschont oder gar geschönt habe. Ganz im Gegenteil machen die Aufzeichnungen deutlich, daß der konservative katholische Parteigänger, vermutlich um aus der zeitgeschichtlich bedingten defensiven Position herauszutreten, initiativer, mental phantasievoller und emotional spannungsreicher, aber auch großzügiger agiert als der reformiert Fortschrittliche, dem bei allem Zukunftseifer eine gewisse skrupulöse Strenge und Zurückhaltung habituell ist. Zusammen mit der auch noch, »stillschweigend« am Gesprächstisch sitzenden Gasparde, Nichte des Admirals Coligny und Pflegetochter Chatillons, zeichnen sich vorausdeutend die Personen, Rollen und Motivkomplexe ab, denen dann,

---

[12] Hier wird von Meyer durch die Figur des Parlamentsrats beiläufig und quasi selbstverständlich ein potentieller Zusammenhang von Gewissen und Gesetz, Individuellem und Allgemeinem suggeriert, der in der Regel so nicht besteht. Die Aporetik dieser Antinomie, die den alten aristotelisch-thomistischen Ordo-Gedanken (die göttliche Providentia verwirklicht sich entelechial oder freiheitlich, d.h. in der Natur durch die Species und in der Geschichte durch die menschliche Libertas) sprengt, kann hier nicht entfaltet werden. Sie spielt für die Novelle, freilich unausgesprochen, eine gewisse Rolle, die ich aus gegebenem Textanlaß in Abschnitt 4 mit einer erläuternden Bemerkung noch einmal aufgreifen werde.

verstrickt in die politische Intrige der Pariser Mordnacht, die gewissenhafte Probe aufs religiös-weltanschauliche Exempel abverlangt wird.

4

Entscheidend für C. F. Meyers »Novelle« und die Schreibabsicht des Erzählers ist zweifellos das »unerhörte Ereignis«, das vor dem bekannten historischen Hintergrund zwischen den beiden, verfeindeten Fronten angehörenden und doch einander freundschaftlich verbundenen, Schweizer Landsleuten zum Austrag kommt.

Der dem guisisch-katholischen Regierungslager verpflichtete Boccard empfiehlt dem hugenottenfreundlichen und durch Duellforderung gefährdeten Schadau noch einmal die Wirksamkeit des Gebets zu der von ihm verehrten Gottesmutter. Als dieser erneut mit Hinweis auf Calvins Prädestinationslehre ablehnt, plaziert er, den Freund umarmend, das Amulett in dessen Brusttasche und rettet ihm damit – das Medaillon pariert den tödlichen Stoß – im Kampf gegen einen überlegenen Gegner das Leben.

Der Katholik und Anhänger des Marienkults scheut sich also nicht, Inbegriff und Unterpfand seiner Glaubensüberzeugung für den kirchenkultabgeneigten, aber lebensgefährlich bedrohten Protestanten einzusetzen. Er geht derart, jenseits aller Grenzen, die klerikalistische Dogmatik oder konfessionsfixierte Orthodoxie gebieten, auch über zeitgenössische Konventionen und Ehrenkodices hinaus, den einsamen und ungeschützten Weg einer individuellen christlich-religiösen Moral, derzufolge es böse ist, gegen das Gewissen zu handeln. Und diese Gewißheit sagt ihm vermutlich, ohne, daß wir es expressiv verbis erführen, daß die (Freundes-) Liebe im Sinne von philia und agape über allen Gesetzen oder aber deren Erfüllung sei.

Bedenklich mag es anmuten, wenn Boccard mit seinem rettenden Geheimplan die Achtung gegenüber der Person des Freundes scheinbar dadurch verletzt, daß er diesem hinsichtlich geltender Duellregeln einen unerlaubten Vorteil verschafft und ihn so wider dessen erklärten Willen manipuliert:

> Jetzt fiel es mir wie eine Binde von den Augen. Die silberne Münze hatte den Stoß aufgehalten, der mein Herz durchbohren sollte. Mein erstes Gefühl war zornige Scham, als ob ich ein unehrliches Spiel getrieben und entgegen den Gesetzen des Zweikampfes meine Brust geschützt hätte. Darein mischte sich der Groll, einem Götzenbilde mein Leben zu schulden. »Läge ich doch lieber tot«, murmelte ich, »als daß ich bösem Aberglauben meine Rettung verdanken muß!« Aber allmälig lichteten sich meine Gedanken. Gasparde trat mir vor die Seele und mit ihr alle Fülle des Lebens. Ich war dankbar für das neugeschenkte Sonnenlicht, und als ich wieder in die freudigen Augen Boccards blickte, brachte ich es nicht über mich, mit ihm zu hadern, so gern ich es gewollt hätte. Sein Aberglaube war verwerflich, aber seine Freundestreue hatte mir das Leben gerettet. (48)

Das vollständige Zitat verdeutlicht aus der Sicht des Erzählers aber sehr schön, daß der Schluß unerlaubt ist, Boccard habe den Freund als Mittel zur Demonstration seiner Glaubenswahrheit mißbraucht (vom blasphemischen Charakter eines solchen Handlungsmotivs ganz zu schweigen). Mehr Gewicht läßt der Erzähler dem Umkehrschluß zukommen, der das Amulett als Freundschaftsgabe im Dienst der Errettung aus Provokation, Kabale und Mordlust begreift. Gleichwohl haftet der im Gewissensentscheid stehenden Handlungsweise Boccards (auch dem involvierten, d.h. um seine Liebe und Ehre kämpfenden Schadau) insoweit ein Makel an, als der unbedingte Selbstzweckcharakter menschlichen Lebens in der Person des Freundes zu Lasten des anstößigen Grafen Guiche, eines stadtbekannten Raufbolds und Bösewichts geht, der das Duell nicht überlebt und dessen Tod zur allgemeinen Hysterie wenige Wochen vor Ausbruch der Katastrophe mit beiträgt. Die in diesem Zusammenhang prinzipielle Kritik, aber auch die in ihr beschlossene politische Klugheit, formuliert Coligny:

> Habe ich nicht streng untersagt – habe ich nicht gedroht, gefleht, beschworen, daß keiner unsrer Leute in dieser verhängnisvollen Zeit einen Zwist beginne oder aufnehme, der zu blutigem Entscheide führen könnte! Ist der Zweikampf an sich schon eine Tat, die kein Christ ohne zwingende Gründe auf sein Gewissen laden soll, so wird er in diesen Tagen, wo ein ins Pulverfaß springender Funke uns alle verderben kann, zum Verbrechen an unsern Glaubensgenossen und am Vaterlande. (49)

Die kritische Intervention des Admirals enthält den verborgenen Hinweis auf die Antinomie von Gewissen und Gesetz: zwei Instanzen der moralisch-religiösen Praxis, die meist in aporetischer Spannung zueinander stehen, selten völlig übereinkommen und doch stets korrelativ aufeinander verweisen, ja aufeinander angewiesen sind, soll das individuelle Gewissen nicht in Anarchie versinken und das allgemeingültige Gesetz nicht zur Despotie verkommen. Zwischen beiden, dem Gewissen als dem Heiligtum im Tempel der modernen Gesellschaft und dem Gesetz als dem institutionalisierten Friedensprinzip des modernen Staates, bedarf es der Distanz, die uns immer wieder danach fragen läßt, wer denn eigentlich gut und gerecht sei: der sich auf sein Gewissen berufende Gesinnungsheld, der für seine Überzeugung »zivilen Ungehorsam« ausübt und Gesetzesverletzungen in Kauf nimmt, oder der die objektivierbaren Normen in Natur und Geschichte klug nutzende Positivist, der die Höllenfahrt des Gewissens für leicht verzichtbaren Luxus hält.[13] Wie schwer die Vermittlungsarbeit zwischen den beiden Momenten substantieller menschlicher Selbstorganisation sich gestaltet und wie teuer extreme Ausbrüche nach der einen oder anderen Seite hin zu stehen kommen können, klingt im Zwischenruf des Staatsmannes Coligny aufschlußreich an.

---

[13] Hierzu vgl. den Aufsatz meines Wiener Lehrers Erich Heintel: Gesetz und Gewissen. Zur Fundierung und Rangordnung der Menschenrechte im Sinnraum der Freiheit. In: Johannes Schwartländer (Hrsg.): Freiheitsethos und christlicher Glaube. Mainz 1982, S. 214–245.

Wer dem Erzähler weiterhin aufmerksam folgt, wird kaum daran zweifeln, daß für Boccard der Glaube nicht bloß irgendein diskutables Lehrstück, sondern wesentliches Motiv des Handelns ist. Unabhängig davon, ob die durch ihn repräsentierte Auffassung und Betätigung der katholischen Glaubenslehre nun theologisch haltbar erscheint oder nicht, trägt sein Gewissenseinsatz für den Freund und Landsmann unverkennbar religiöse Züge. Praktiziert er doch gerade nicht den zeitgenössisch selbstzerstörerischen amor concupiscentiae der einander grausam bekämpfenden Konfessionen, den die alptraumartig nächtliche Natur-Allegorie in Meyers Erzählung beklagt. Dieser antwortet eine weibliche Säulenstatue von den Zinnen des Louvre herab, »auf welcher die drei fürstlichen Verschwörer gestanden« (63), sarkastisch: »[...]›sie morden sich, weil sie nicht einig sind über den richtigen Weg zur Seligkeit.‹ – Und ihr kaltes Antlitz verzog sich zum Hohn, als belache sie eine ungeheure Dummheit...« (63) Inmitten der allgemeinen Anarchie, ihrer Wut sich verweigernd, lebt Boccard den amor benevolentiae, für den es außer Frage steht, den Andersgläubigen, wie Kant sagt, anzuerkennen oder zu achten; ja ihm unter totaler Hingabe der Person, die das Todesrisiko oder das Selbstopfer einschließt, Schutz und Hilfe zu gewähren. In der Liebe zum anderen wie zu sich selbst ist Boccard gewissenhaft frei und darin äußert sich seine ureigenste, im Grunde ›reformierte‹, religiöse Einschätzung menschlicher Lebenswirklichkeit.[14]

Die erst durch gläubigen Totaleinsatz sich erfüllende Sinn-Intention der vordem allenfalls rhetorisch behaupteten Marienmystik verwandelt auch das Amulett vom abstrakt dogmatischen Emblem zum konkret lebenserhaltenden, wahrhaft religiösen Symbol. Die religiöse Symbolik des Amuletts macht den Kirchenkult transparent auf die in ihm angelegte Glaubenswirklichkeit hin, die Boccard im Geiste der

---

[14] Das Gewissen in vollem Umfang seiner geschichtlichen und systematischen Bedeutung als motiv- und strukturbildendes Prinzip, mithin die m.E. unübersehbar religiös-praktische Dimension der Novelle, spielt in der Forschungsdiskussion leider nicht die gebührende Rolle. Das führt dazu, wie noch zu zeigen ist, daß in der jüngeren Deutungsgeschichte die sinnkritische Würdigung der historischen Erzählungen Meyers nahezu durchweg unzureichend und angreifbar erscheint. Eine gewisse Ausnahme bildet der Aufsatz von Gunter H. Hertling, der, auch ohne besondere Rücksicht auf die Gewissensrelevanz, der in der Novelle komplex dargestellten Glaubenswirklichkeit gerecht zu werden versucht und diese mit Blick auf Meyers Weg der Religionsaneignung zusätzlich untermauert. (Gunter H. Hertling: Religiosität ohne Vorurteil. Zum Wendepunkt in C. F. Meyers ›Das Amulett‹. In: ZfdPh. 90 (1971), S. 526–545). Hertling zitiert in seinem Beitrag aufschlußreich aus einem Brief C. F. Meyers an Conrad Nüscheler von Neuegg vom 6. Januar 1854: »Die Mutter Natur zeichnet ein Gesicht, röthet die Bakken, rundet es, macht den Schnauz, verstärkt die Schatten, zieht die Falten und am Ende hat sie es satt und legt es weg. Was bleibt? Was hält: *nur* der feste Punkt: Gott u: Heiland. Da ist Licht. Kraft. Jugend. Bestand u: Liebe. Ich möchte keinen Tag mehr ohne Christus leben. Wunder nimmts mich, ob sie bald merken, daß ich mit Sakk u. Pakk zum Christenthum übergegangen bin? Es versteht sich ohne *jede* Anwandlung von Pietismus, einfach, ruhig, aber *ganz* ... Halten wir, 1. Conrad an Einem fest: Ehre fürs Leben. Demut vor Gott, Glauben an den Erlöser und Treue am Freund.« (S. 543) Vgl. zu dieser Thematik auch Karl Brehmer: Determination oder Freiheit. Zur Problematik der Prädestination in C. F. Meyers Novelle ›Das Amulett‹. In: WW 35 (1985), S. 18–38.

Gnadenmutter demütig auf sich nimmt und freundschaftsdienlich bis in den tragischen Tod hinein treu bewährt. In seiner gewissenhaft verantworteten Glaubenstat sind kontroverstheologischer Kirchenstreit und konfessionelle Apartheid, Rechthaberei und Aberglaube in Richtung auf das Liebesgebot, auf das Herzstück der christlichen Verkündigung hin überschritten. Die religiöse Symbolkraft, die das Amulett nun ausstrahlt, läßt eine Glaubensstärke in Erscheinung treten, die das Gnadenwunder still verehrt und der weltimmanenten Transzendenz (politische und moralische Praxis) den Blick auf die unverfügbar sakrale Transzendenz (religiöse Praxis) freigibt:

> »Boccard!« stöhnte ich. »Im Namen des barmherzigen Gottes – bei allem, was dir teuer ist, – erbarm dich meiner und laß mich frei! Ich sage dir, Mensch, daß mein Weib da draußen ist – daß sie vielleicht in diesem Augenblicke mißhandelt wird! [...] Im Namen der Muttergottes von Einsiedeln!« flehte ich mit gefalteten Händen. Jetzt stand Boccard wie gebannt, die Augen nach oben gewendet und etwas murmelnd wie ein Gebet. Dann berührte er das Medaillon mit den Lippen und schob es sorgfältig wieder in sein Wams. (64)

5

Kehren wir zu guter Letzt noch einmal zum Erzähler und zur Frage nach dem möglichen Sinn in der Geschichte, die sein Bericht aufwirft, zurück.

Mir scheinen die Forschungsmeinungen darüber, ob das Erzähl-Ich gegenüber dem erzählten Ich dazugelernt habe, reifer geworden sei, innere Entwicklung aufweise, Verstehensfortschritte erkennen lasse etc., die dann nach unterschiedlicher Gewichtung dieser Fragen zunehmend die Abwesenheit von ›höherem‹ Geschichtssinn und ›Versöhnung‹ konstatieren oder gar ›Lösungen‹ vermissen, bei vordergründiger Plausibilität, im Kern samt und sonders kurzschlüssig angelegt.

Wer wie Hans Schadau aus fast 40-jähriger Zeitdistanz in offensichtlicher Gewissensnot sich dazu entschließt, universalhistorisch integrierte Lebensgeschichte aufzuzeichnen, der steht nahezu unentrinnbar in zweiter Motivation (Geschichte zu schreiben) seiner ersten Motivation (Geschichte tätig-leidend mitzuverantworten) gegenüber, d.h. seine wertende Darlegung der Ereignisse unterliegt, in welcher Sprachform auch immer, den hermeneutischen Bedingungen des nachvollziehenden Verstehens. Insoweit teilen sich Erfahrungen aus der geschichtlichen Differenz von vierzig Jahren dem Lebensbericht mit und können aus ihm, nicht unbedingt direkt, vielmehr indirekt, aus Gestaltungsnuancen erschlossen werden. Dementsprechend fällt zunächst auf, daß der Erzähler aus bedrängendem Gewissensanspruch die Herausforderung zu bestehen hat, im Rahmen objektivierbarer Vergangenheit das eigensinnige Ich schonungslos einzubeziehen. Daß er dies vermutlich besten Wissens und Gewissens versucht, kommt in der keineswegs schmeichelhaften Selbstdarstellung des Erzählers im Vergleich mit dem Freund und eigentlichen Protagonisten Boccard glaubwürdig zum Ausdruck. Schwierigkeiten bereitete der Forschung dabei die Gemütsbeschreibung des Erzählers in aktuell-eigener Sache, die mit der erinnerten Befindlichkeit, unter dem unmittelbaren Eindruck des Geschehens und angesichts des toten Freundes: »für mich ist er gestorben. [...] meine Gedanken verklagten und entschuldigten sich unter einander« (72), im Sinne andauernder Unbelehrbarkeit zu korrespondieren scheint[15]:

> Das Schicksal Wilhelm Boccards war mit dem meinigen aufs engste verflochten, zuerst auf eine freundliche, dann auf eine fast schreckliche Weise. Ich habe ihn in den Tod gezogen. Und doch, so sehr mich dies drückt, kann ich es nicht bereuen und müßte wohl heute im gleichen Falle wieder so handeln, wie ich es mit zwanzig Jahren tat. (8)

Mit diesem Eingeständnis, an dessen Wahrhaftigkeit zu zweifeln der Gesamttext keinerlei Indizien bietet, kennzeichnet der Erzähler die ihm habituelle Problematik des Gewissens, die dem neuzeitlichen Subjekt und seiner praktischen Vernunft zugemutet ist: die mitursächliche Beteiligung und Schuld am Tod des Freundes steht für ihn außer Frage, gleichwohl kann er seine Motive (das Erflehen der Freundeshilfe um der Liebe willen) auch aus der Sicht reiferer Jahre »nicht bereuen« und »müßte wohl heute im gleichen Falle wieder so handeln« wie vormals. Die »Stimme des inneren Richters«[16] bedeutet dem Erzähler, daß er mit seiner autonomen Gewissensentscheidung die Form individueller sittlicher Einsicht zwar nicht verletzt hat, deshalb auch nicht irren konnte und doch schuldig geworden ist. Mit anderen Worten: Die dem gewissenhaften Handeln eigentümliche unmittelbare Bewährung steht in der persönlichen Verantwortung, ist ihrer Form nach unwiderlegbar und kann auch im Falle des Scheiterns durch nachträglich sich einstellende, weiterreichende und bessere Einsichten nicht moralisch relativiert werden. Nach Kant ist

> ein irrendes Gewissen ein Unding. [...] Daß das, was jemand sich selbst oder einem anderen sagt, *wahr* sei: dafür kann er nicht jederzeit stehen (denn er

---

[15] So nach Josef Kunz: Geschichte der deutschen Novelle vom 18. Jahrhundert bis auf die Gegenwart. In: Deutsche Philologie im Aufriß. Unter Mitarbeit zahlreicher Fachgelehrter hrsg. v. Wolfgang Stammler. Berlin ²1957ff., Bd. 2. (1960), Sp. 1795–1896, hier S. 1869; besonders Gerhard P. Knapp: C. F. Meyer: Das Amulett. Historische Novellistik, a.a.O., S.115ff., und ders.: Geschichte ohne Versöhnung. C. F. Meyer: Das Amulett (1873). In: Winfried Freund (Hrsg.): Deutsche Novellen. München 1993, S. 155–164, sowie Hans Zeller: C. F. Meyer: Das Amulett (1873), a.a.O., und Andrea Jäger: Die historischen Erzählungen von C. F. Meyer, a.a.O., S. 101–123. Gegenläufige Thesen vertreten Gunter H. Hertling: Religiosität ohne Vorurteil, a.a.O., Tamara Evans: Formen der Ironie in C. F. Meyers Novellen. Bern, München 1980, und Karl Brehmer: Determination oder Freiheit. Zur Problematik der Prädestination in C. F. Meyers Novelle ›Das Amulett‹. In: WW 35 (1985), S. 18–38.

[16] Hierzu und zu den nachfolgenden Ausführungen vgl. die Gewissenslehre Immanuel Kants in *Die Metaphysik der Sitten* (1797) und in dem Aufsatz *Über das Mißlingen aller philosophischen Versuche in der Theodizee* (Berlinische Monatsschrift, Sept. 1791), hier zit. nach: Immanuel Kant: Werke in 10 Bden. Hrsg. v. Wilhelm Weischedel (Insel-Ausgabe, 1964). Sonderausgabe Darmstadt (WBG) 1983, Bd. 7, S. 531f. u. S. 572ff. sowie Bd. 9, S. 119f.

> kann irren); dafür aber kann und muß er stehen, daß sein Bekenntnis oder Geständnis *wahrhaft* sei: denn dessen ist er sich unmittelbar bewußt.[17]

Übrigens leitet die Definition des Gewissens aus der *Metaphysik der Sitten* (1797), als »das Bewußtsein eines *inneren Gerichtshofes* im Menschen (›vor welchem sich seine Gedanken einander verklagen oder entschuldigen‹)«[18], auffällig, bis in den Wortlaut hinein, die Selbstbezichtigung des Erzählers: »und meine Gedanken verklagten und entschuldigten sich unter einander«. (72)

Diese bislang offenbar unentdeckte bemerkenswerte Affinität der anspielenden Paraphrase empfiehlt – aufgrund der sowohl originär biblischen als auch der transzendentalistisch vermittelten gestalthaft-gedanklichen Nähe – Kants Lehrstück vom Gewissen hier als Deutungshilfe, weil es geeignet ist, die unhaltbaren Vorstellungen vom entwicklungsunfähigen (G. P. Knapp) oder gar verantwortungslosen (H. Zeller) Protagonisten und Erzähler zurechtzurücken. Derartige Interpretationshypothesen degradieren den allerdings bekenntnishaft aufwendigen Lebensbericht zur Platitüde und brauchen sich über den damit eigenverursachten Sinnverlust der ›Geschichte‹ dann nicht mehr zu wundern.

Aus dem Erzähler-Eingeständnis, »nicht bereuen« zu können, spricht also m.E. nicht die Verstocktheit des Herzens (cor in se incurvatum), sondern die Not dessen, der, trotz wahrhafter Motive und wunderbarer Errettung, sich redlicherweise ebensowenig darüber hinwegtäuscht, daß seine individuelle Moral als schuldhaft gescheitert anzusehen sei. In dieser Situation gerät das neuzeitliche Subjekt mit seinem Freiheitspathos vor sich selbst. Von C. F. Meyer vorzeitig ausgestattet mit den bürgerlich-aufklärerischen Kardinaltugenden (patriotisch landsmannschaftliche Gesinnung, Freundschaft, Liebe), erfährt es seine stets wagend-gefährdete Humanität in der Abgründigkeit des Gewissens, die vor dem Hintergrund heilloser

---

[17] Kant: Über das Mißlingen aller philosophischen Versuche in der Theodizee, a.a.O., Bd. 9, S. 120. Kant fährt im Gedankengang folgendermaßen fort: »Er vergleicht nämlich im erstern Falle seine Aussage mit dem Objekt im logischen Urteile (durch den Verstand); im zweiten Fall aber, da er sein Fürwahrhalten bekennt, mit dem Subjekt (vor dem Gewissen). Tut er das Bekenntnis in Ansehung des erstern, ohne sich des letztern bewußt zu sein: so lügt er, weil er etwas anders vorgibt, als wessen er sich bewußt ist. – [...] Man kann diese Wahrhaftigkeit die *formale Gewissenhaftigkeit* nennen; die *materiale* besteht in der Behutsamkeit, nichts auf die Gefahr, daß es unrecht sei, zu wagen: da hingegen jene in dem Bewußtsein besteht, diese Behutsamkeit im gegebnen Falle angewandt zu haben. – Moralisten reden von einem irrenden Gewissen. Aber ein irrendes Gewissen ist ein Unding; und, gäbe es ein solches, so könnte man niemals sicher sein, recht gehandelt zu haben, weil selbst der Richter in der letzten Instanz noch irren könnte. Ich kann zwar in dem Urteile irren, *in welchem ich glaube* Recht zu haben: denn das gehört dem Verstande zu, der allein (wahr oder falsch) objektiv urteilt; aber in dem Bewußtsein: *ob ich in der Tat glaube* Recht zu haben (oder es bloß vorgebe), kann ich schlechterdings nicht irren, weil dieses Urteil oder vielmehr dieser Satz bloß sagt: daß ich den Gegenstand so beurteile.«

[18] Kant: Die Metaphysik der Sitten, Tugendlehre. Zweites Hauptstück, 1. Abschnitt, § 13, a.a.O., Bd. 7, S. 573; das Zitat in der Klammer, auf dessen Wortlaut sich Kant und Meyer möglicherweise gleichermaßen beziehen, entstammt dem Brief des Paulus an die Römer 2, 15 (Lutherbibel).

religiöser Bürgerkriege darin besteht, zwar zu wissen, was gut und rechtens ist, selber aber nicht gut zu sein.

Einstmals mit dem Willen ausgezogen, in calvinistischem Geiste an der Seite von Dandelot, dem jüngeren Bruder des großen Admirals, für die protestantische Freiheit und wider »den Bluthund Alba« um Ehre und Liebe zu kämpfen, »ein volles Glück mit vollem Einsatz, mit dem Einsatze des Lebens« zu gewinnen – »Etwas Derartiges wünschte ich mir vorbestimmt.« (15f.) –, steht der Erzähler nach der rückhaltlosen Selbstaufklärung nun als einer da, der sein Leben und Liebesglück einzig der Hingabebereitschaft des katholischen Freundes verdankt, den er mit seinem Hilferuf »in den Tod gezogen« (8); ja, schlimmer noch, der sich von seinem früheren Fechtmeister, einem Glücksritter und Gauner, der unehrenhaften Vorteilsnahme bezichtigen lassen muß: »Das sieht Euch nicht gleich, doch zuletzt hilft sich jeder, wie er kann.« (71)

Die Krise seiner individuellen Moral besteht für den Erzähler nicht in der Frage ihrer Verbindlichkeit (Antinomie von Gewissen und Gesetz), sie bricht dort auf, wo die bestgemeinten Motive des guten Gewissens sich als schuldig erfahren in einem Maße, das menschenmöglicher Steuerung entzogen ist. Dieser Grenzerfahrung, in der das moralische Scheitern als Sünde offenbar wird, kann keine Handlungsvollmacht, kein wie auch immer gedachtes innerweltliches Eschaton beikommen. Will das durch das Sündenbewußtsein betroffene Gewissen sich nicht der Verzweiflung überlassen oder in tragischem Heroismus verharren, so bleibt ihm, angesichts seiner endlichen Grenzen, ›nur‹ die gläubige Demut.

Der Erzähler beschreibt, wie er in dieser Situation »unwillkürlich« an seine Brust griff, »wo Boccards Medaille mir den Todesstoß aufgehalten hatte. Es knisterte in meinem Wams wie Papier; ich zog den vergessenen, noch ungelesenen Brief meines Ohms heraus und erbrach das unförmliche Siegel.« (72f.) Erneut und an gleicher Stelle wird dem bedrohten Herzen, wie vordem das Geschenk des Lebens, nun der Gnadenhinweis zuteil. Der Brief des verstorbenen Oheims enthält für den schicksalhaft Heimgesuchten Erbe und Vermächtnis im persönlich geprägten (»gemalten«) Zeichen des Kreuzes: tröstende Anmahnung des gläubigen Vertrauens, derzufolge die Wendung von der Weltgeschichte als dem Weltgericht[19] nicht das letzte Wort sein kann und dennoch der mögliche Sinn der Geschichte nicht anders als die gewissenhafte Verantwortung des Menschen in ihr zu fassen ist. »Der rote Abdruck des [Brief-]Siegels mit seiner Devise: Pèlerin et Voyageur!« (58) indiziert die Mühen und Qualen der praktischen Vernunft sowie deren Transzendierung im Glauben; damit das Gewissen wach bleibe, seinen Weg durch geschichtliche Anfälligkeiten, Konflikte und Krisen hindurch immer erneut zu wagen und zu üben.

Dem deutschen Idealismus von Kant bis Hegel, von der Weimarer Klassik bis hin zu Hölderlin, Kleist und der Romantik war der Gedanke selbstverständlich, daß die Freiheit des Gewissens dem Menschen nicht geschenkt ist, sondern im

---

[19] Friedrich Schillers Gedicht *Resignation*: »Die Weltgeschichte ist das Weltgericht.« In: F. Sch.: Sämtliche Werke. Hrsg. v. Gerhard Fricke u. Herbert G. Göpfert. 5 Bde. München (Hanser) 1965/67; hier Bd. 1, S. 133.

Gesamtraum geschichtlicher Lebenswirklichkeit erworben werden muß; daß das sich aufklärende und emanzipierende Subjekt seine natur- und traditionsgebundene Existenz zu reflektieren habe, um tätige Substanz in der Geschichte überhaupt erst entfalten und aus dem Bewußtsein der Differenz enggeführte Grenzen als solche überschreiten zu können. Hegels glückliche Formulierung von der Geschichte des Menschen als dem Fortschreiten im Bewußtsein der Freiheit[20] im Sinne einer immer intensiveren Reflexion auf das, was als motivierte Handlungspraxis die Geschichte ursächlich bewegt, bezeichnet nicht die Lösung des Problems, sondern das Problem selbst. In diese Tradition gehört m.E. auch C. F. Meyer, der in seiner Novelle die mit dem neuzeitlichen Subjekt und dessen Gewissensanspruch verbundene Sinnkritik am alten aristotelisch-thomistischen Ordo-Gedanken in frühmoderner Fassung eindrucksvoll gestaltet. Freilich nicht um die »Ironisierung des Sinnbedürfnisses« zu betreiben[21], sondern, ganz im Gegenteil, um den gewissenhaften Menschen als die sichtbar wandelnde Sinnfrage in der Geschichte nicht aus den Augen zu verlieren.

---

[20] Vgl. Georg Wilhelm Friedrich Hegels »Einleitung« zu den *Vorlesungen über die Philosophie der Geschichte*.

[21] Es ist schon einigermaßen kurios zu sehen, wie Andrea Jäger in ihrer Bochumer Habilitationsschrift ohne erkennbare Vertrautheit mit der philosophischen Forschung über das Problem der Sinnkritik befindet. In offenbar verinnerlichter »dürftiger Zeit«, weit entfernt davon, sich auf geschichts- oder gar religionsphilosophische Lehrstücke der Tradition ernsthaft einzulassen, ignoriert sie nicht nur geflissentlich die Gewissens- und Glaubensdimension des Textes; sie nährt mit ihren vorangestellten Ausführungen zu Kant und Hegel zudem den Verdacht, in ideologisch reduktiver Manier selber ein »Sinnbedürfnis« zu unterstellen, das in dieser demonstrativen Unbekümmertheit weder in der philosophischen Aporetik des deutschen Idealismus noch in der Versöhnungsmetaphorik der Weimarer Klassik auffindbar ist, allenfalls Kants Befund von der »Gespenstermetaphysik« erfüllt.- Die Autorin schreibt in ihrer Arbeit »Die historischen Erzählungen von C. F. Meyer« (a.a.O.) mit Bezug auf die hier diskutierte Novelle: »Trotz ihres tragischen Verlaufs gibt ihm [Schadau] – so seine Einschätzung – die Geschichte recht, mehr noch: Sie erscheint ihm zwangsläufig und dementsprechend alternativlos. Die Affirmation der Ereignisse und des eigenen Handelns gilt der *Unabänderlichkeit*, mit der sie sich vollzogen haben, und nicht den Ereignissen selbst einschließlich ihrer verheerenden Konsequenzen. Diese Notwendigkeit des eigenen Schicksals und desjenigen des Freundes sich vor Augen zu führen, ist der Anlaß für Schadau zu erzählen, und dieser Anlaß ist keineswegs individueller Natur. Meyer zitiert mit ihm den zu seiner Zeit vorherrschenden Erzählanlaß, und zwar den der Geschichtsschreibung ebenso wie den der erzählenden Literatur. Mit seiner Figur Schadau verweist Meyer auf den Anspruch der Historiker, im historischen Prozeß und insbesondere in seiner gewaltsamen Form das Notwendige aufzufinden, das alle Gewalt und menschliches Leid in eine höhere Ordnung einfügt, die sich realisiert.« (sic!?, S. 102f.) Und abschließend: »Das Amulett wird in der Novelle zum Symbol dieser antiidealistischen Sicht auf die Geschichte. Seine ursprüngliche symbolische Bedeutung ist ideologiekritisch entkräftet, einen Ersatz aber, einen neuen Verweisungszusammenhang stellt die Erzählung nicht her. So wird das Amulett zum Symbol der Zeichenlosigkeit eines höheren (göttlichen) Sinns, also des Zweifels an der Existenz eines solchen.« (sic!?, S.122f.)

HELMUTH NÜRNBERGER

THEODOR FONTANE UND THEODOR MOMMSEN

Mit ungedruckten Briefen

Wind and weather permitting[1]

Schade, daß sie einander in gewisser Weise doch verfehlt haben. Die überlieferten Quellen berichten von keiner Begegnung, was natürlich nicht bedeutet, daß eine solche schlechthin auszuschließen wäre. Das öffentliche Ansehen, das sie beide, im besonderen Maße in Berlin, genossen, macht eine solche eher wahrscheinlich. Jedoch einen erkennbaren Reflex, wie er etwa von Fontanes gelegentlichen Treffen mit Liebermann Nachricht gibt, zeitigte das nicht. Man braucht ja nicht anzunehmen, daß die beiden so unterschiedlich und unverwechselbar geprägten alten Herren spontan miteinander Freundschaft geschlossen hätten, aber hatten sie denn nichts gemeinsam? War es nicht der Wunsch des zehnjährigen Fontane gewesen, Professor für Geschichte zu werden und fühlte sich der junge Mommsen etwa nicht als Poet? Oder, um weniger von dem zu reden, was sie sein oder werden wollten, sondern von dem, was sie in denkwürdiger Weise wurden, jeder für sich ein Marquis Prosa (um ein auf Alfred Polgar gemünztes Scherzwort auf sie anzuwenden), machte sie die Verbindung von Geschichte und Literatur in der Sprache nicht zu Sinnesverwandten? »Man übertreibt kaum mit der Behauptung, daß die bedeutende deutsche Literatur des 19. Jahrhunderts ganz überwiegend Gelehrtenprosa ist; die Prosa vor allem von Historikern«, hat Joachim Fest postuliert, und dieses Diktum schloß selbstredend Mommsen ein.[2] Die behutsame Einschränkung »ganz überwiegend« läßt neben anderen Platz für Fontane. Der war kein »Pathetiker der Geschichte und Baumeister aus babylonischem Geist«, wie Fest Mommsen charakterisiert[3], aber ein Sprachmeister, dem die Sprache selbst zum Thema geworden war.

Theodor Mommsens und Theodor Fontanes Lebens- und Wirkungskreis haben sich kaum berührt, und eine Untersuchung ihrer Beziehung liefert daher, wie sogleich ausgesprochen werden soll, nur sehr bescheidene Ergebnisse. Annähernd

---

1 »Wie bedingungsweis auf englischen Frachtbriefen steht ›wind and weather permitting‹, so sag ich hier ›according to my knowledge‹« zitiert Ingrid Mittenzwei in einem Aufsatz Fontanes Brief an die Tochter vom 13. Juli 1882 und fügt abschließend hinzu: »Das letzte Wort ist, daß ein letztes Wort nicht erlaubt ist.« (Ingrid Mittenzwei: Spielraum für Nuancierungen. Zu Fontanes Altersbriefen. In: Jahrbuch der Deutschen Schillergesellschaft 37 (1993), S. 313–327, hier S. 326f.).

2 Joachim Fest: Wege zur Geschichte. Über Theodor Mommsen, Jacob Burckhardt und Golo Mann. Mit einem Vorwort v. Christian Meier. Zürich [2]1993, S. 7.

3 Ebd., S. 27.

gleichaltrig (Mommsen war zwei Jahre älter als Fontane und überlebte ihn um weitere fünf), wurden sie jedoch Zeugen derselben geschichtlichen Vorgänge, die Deutschland im 19. Jahrhundert grundlegend veränderten. Der schleswig-holsteinische Pastoren- und der märkische Apothekersohn aus hugenottischer Familie nahmen an diesen konfliktreichen Prozessen engagiert Anteil. Der eine wurde als Althistoriker, der andere als Romancier der kaiserzeitlichen Weltstadt berühmt, doch der Ruhm des Gelehrten wuchs schneller und griff breiter aus. Mommsen war es, der 1902 als erster Deutscher den Nobelpreis für Literatur erhielt und mit dem bewunderten Meisterwerk seiner *Römischen Geschichte* viele Jahre früher als der Autor von *Effi Briest* in den Bücherschränken des lesenden Publikums glänzte. Das lag nicht nur an der mittlerweile märchenhaft anmutenden Empfänglichkeit des Jahrhunderts für Historisches und an der Fähigkeit Mommsens, den antiken Stoff unter politischem Gesichtspunkt zu aktualisieren, sondern an seinem schriftstellerischen Elan schlechthin, dessen er sich ohne Zögern bediente. In der Auffassung, daß der Geschichtsschreiber mehr vom Künstler als vom Gelehrten haben müsse, stimmten Mommsen und Fontane letztlich überein.

Es gibt mithin durchaus Verbindendes, zugleich aber viel Trennendes zwischen beiden. Beide erscheinen in ihrem Verhalten und in ihren Äußerungen oft widerspruchsvoll, was sich wohl am besten damit erklären läßt, daß sie jede zwanghafte Konsequenz ablehnten und stets bemüht waren, der Situation entsprechend zu handeln, auch wenn dies sie scheinbar in Gegensatz zu früher vertretenen Positionen versetzte.[4] Beider Weltanschauung war pessimistisch; zugleich waren sie unermüdliche Arbeiter. Gemeinsam war dem Gelehrten und dem Schriftsteller auch die Neigung, Fachgrenzen zu überschreiten und auf diesem Wege eine ursprüngliche Ganzheit wiederherzustellen: Für Mommsens wissenschaftliche Biographie wurde diese Fähigkeit schlechthin bestimmend: Der Historiker, von seinem Studium her Jurist (Romanist), erkannte schon sehr früh die Bedeutung einer um die römischen Rechtsaltertümer erweiterten Quellenkenntnis für die Altertumskunde. Von der Jurisprudenz her lernte er den römischen Staat verstehen. Die Philologie, zu der ihn Elternhaus und Gymnasium disponiert und herangebildet hatten, lieferte ihm das methodische Rüstzeug für die Erschließung des riesigen Materials, an das er sich zunächst als ein einzelner heranwagte. Auch in seiner Lehrtätigkeit folgte er der Erkenntnis, daß Römische Geschichte, Klassische Philologie und Römisches Recht untrennbar miteinander verbunden seien. Aber nicht nur durch die Koordinierung wissenschaftlicher Disziplinen wirkte er verbindend, sondern auch durch die spontane Beziehung zur Literatur. Die *Römische Geschichte* stellte nicht, wie man erwarten könnte, die späte Summe seines Lebenswerkes dar, sondern ging dem größeren Teil seiner Arbeit an den Quellen zeitlich voraus. Was er vorlegte,

---

4 Höchste Anerkennung verdient, wie Fontane am 7. April 1880 an Emilie schreibt, »die heitre Freiheit, die heute dies thut und morgen das, *blos immer das Richtige*.« (Theodor Fontane: Werke, Schriften und Briefe. Hrsg. v. Walter Keitel u. Helmuth Nürnberger. München 1962–1997. Im folgenden zit. als: HF Abteilung, Band/Seite, hier: HF IV, 4/77). Ganz ähnlich Mommsen, vgl. Lothar Wickert: Theodor Mommsen. Eine Biographie. 4 Bde. Frankfurt/M. 1959–1980, hier: Bd. 4, S. 180f.

war nicht nur entschiedene »Historiographie engagée«, Ausdruck seines Zorns und seiner Enttäuschung nach der gescheiterten Revolution, sondern auch – untrennbar mit solcher Zielsetzung verbunden – ein nicht nach den Maßstäben der Zunft, sondern für das Publikum geschriebenes Werk. Der Autor verfügte über journalistische Erfahrungen, die zu sammeln er sich nicht zu gut gewesen war, und das Vorbild des auch von Fontane verehrten Thomas Babington Macaulay stand ihm vor Augen. Merkwürdigerweise war es gerade die politische Krise der Zeit (und der damit verbundene Knick in seiner Karriere, der Verlust der gerade erst erlangten Professur in Leipzig), die ihm bei der Ausführung zu Hilfe kam. Mommsen folgte der nach einem Vortag an ihn ergangenen Aufforderung Karl Reimers und Salomon Hirzels, für eine Reihe populärer, aber anspruchsvoller Geschichtswerke einen Beitrag zu leisten. In Zürich wenigstens der Existenzsorgen zunächst enthoben, genügten ihm wenige Jahre für ein erstes großes Resümee. Mommsens *Römische Geschichte*, die politische, Sozial-, Wirtschafts- und Kulturgeschichte in einem war, vermittelte den Eindruck einer realen Welt, entstanden nach Gesetzen, die man auch in der Gegenwart wiederfinden konnte. Sie erlangte eine Verbreitung, von der jene Erzähler, die nach heutiger Auffassung die Epoche des poetischen oder bürgerlichen Realismus repräsentieren, nur träumen konnten.

Die schöngeistige Literatur hat Mommsen selbst nie aus den Augen verloren. Gustav Freytag, mit Romanen und Bildern aus der deutschen Vergangenheit ebenfalls ein Liebling des Publikums, war sein persönlicher Freund, aber er beschränkte sich keineswegs auf deutschsprachige Werke. Die französischen, englischen und italienischen Romane, die er in den Originalsprachen las, gingen ihm, wie seine Tochter erzählt, nicht aus.[5] Ein mit Formtalent begabter Verseschmied war er sowieso; Gelegenheitsgedichte hat er bis ins hohe Alter geschrieben. Lothar Wickert, sein detailkundiger Biograph, ist sogar geneigt, in der »gewollten Schlichtheit« mancher Mommsenscher Verse das Vorbild Fontanes zu erkennen.[6]

Was diesen anbetrifft, so mag es gewagt erscheinen, die Vielseitigkeit seines schriftstellerischen Werkes mit der des wissenschaftlichen Werkes von Mommsen zu vergleichen. Und doch folgte er unter gänzlich anderen Bedingungen einer ähnlichen Disposition. Der Gegenwart zugewandt und daher stets um das Überschaubare und Faßliche bemüht, war auch Fontane. Er konnte vereinfachen, ohne zu simplifizieren. Schulmeinungen schüchterten ihn nicht ein, eigenwillig vertrat er seine Überzeugung. Die Gattungsvielfalt seines Werkes ist durch die in den letzten Jahrzehnten erschienenen Gesamtausgaben unübersehbar deutlich geworden. Nachdem während älterer Phasen der Rezeption einzelne Werkgruppen in zuweilen problematischer Weise dominierten, scheint es nunmehr vermehrt möglich, die komplizierten Zusammenhänge dieses widerspruchsvollen Ganzen zu überblicken. Zu berücksichtigen bleibt allerdings, daß Fontane in ungleich abhängigeren Verhältnissen lebte als Mommsen und die damit verbundenen Kompromisse und Unzulänglichkeiten aus der Situation heraus verstanden sein wollen. Die genuine

---

5 Adelheid Mommsen: Mein Vater. Erinnerungen an Theodor Mommsen. München 1992, S. 24f.

6 Wickert: Theodor Mommsen. Eine Biographie, a.a.O., Bd. 1, S. 235.

Wandlungsfähigkeit dieses literarischen Proteus bleibt gleichwohl bemerkenswert: Da verändert sich der Vormärzlyriker und Balladensänger zum Journalisten, dieser zum *Wanderungen*- und offiziösen Kriegsbuchschreiber, sodann zum Theaterkritiker und zuletzt zum Romancier, wobei er in jeder Phase zugleich als Verfasser von zahlreichen Gelegenheitsgedichten und Briefen in Erscheinung tritt. Einen festen Bezugspunkt liefert bei diesen unterschiedlichen Aktivitäten immer erneut die Vorliebe für Geschichte. Diese früh geweckte Neigung, so bestätigt es auch die Autobiographie, stellt gleichsam Fontanes erste geistige Erfahrung dar. Sie geht als Leseerlebnis, als Traum und Spiel der Phantasie dem Erlebnis der Literatur voraus und bereitet ihm den Weg.

Klio ist eine Muse, dazu durfte sich Mommsen, der kein Außenseiter der Zunft war, unbefangen bekennen. Der »märkische Wanderer« liebte die »historische Landschaft«, zumal, wenn sie wie die Mark ein gewissermaßen untertreibendes Naturell zeigte, aber mit den zuständigen Regionalhistorikern tat er sich schwer. Der spätere Leser verfolgt die ein wenig tragikomische Situation mit teilnehmender Sympathie. Zu verteidigen braucht sich der Dichter längst nicht mehr, auch wenn er mit den Quellen gelegentlich großzügig verfuhr oder die Verantwortung an Informanten, etwa an die Schwester, delegierte. Zuweilen, so bemühte er sich zu erklären, übertreffe das novellistische Interesse noch das historische.

> Ich spreche das unumwunden aus und es wird Ihnen, hochgeehrter Herr Professor, einigermaßen verzeihlich erscheinen, wenn jemand, der bisher nur innerhalb romantischer Fiktion seine geistige Werk- und Heimathstätte hatte, gelegentlich – seinem beßren Wollen zum Trotz – sich gegen den Rigorismus der Historie auflehnt.[7]

Alsbald sah er sich in der Auffassung bestärkt, daß

> mit diesen »Männern der Forschung« kein Compromiß, keine Anerkennung *gegenseitiger* Rechte möglich scheint. Während unsereins jeden Moment bereit ist Gerechtigkeit zu üben und der »Forschung«, (die doch mitunter trocken und ledern genug ist und in ihren Resultaten ebenfalls jeden Tag widerlegt werden kann) allen möglichen Respekt zu bezeugen, kann sich der alte Zopf-Professor nicht zu der Vorstellung erheben, daß die freie, *künstlerische* Behandlung eines Stoffs, um des Künstlerischen willen ein Recht der Existenz hat, auch wenn die strikte historische Wahrheit dabei in die Brüche geht.[8]

Mit Mommsen, der nahezu provozierend formulierte, daß der Geschichtsschreiber das Gewesene durch jene Phantasie vergegenwärtigen müsse, »welche wie aller Poesie so auch aller Historie Mutter ist«[9], hätte Fontane sich wohl verständigen können. Es kam jedoch zu keinem Austausch, weil Mommsens althistorische und Fontanes moderne Stoffwelt zu weit voneinander entfernt waren. Es muß sogar

---

7 Fontane an Johann David Erdmann Preuß, 08.02.1862. In: Fontane Blätter 62 (1996), S. 27.
8 Fontane an Wilhelm Hertz, 12.02.1862. In: HF IV, 2/59.
9 Zit. nach: Fest: Wege der Geschichte, a.a.O., S. 35.

fraglich bleiben, ob Fontane Zeit gefunden hat, viel von Mommsen zu lesen. In seiner Antwort auf eine Umfrage über die »besten Bücher«, die den Befragten wichtig für ihre Entwicklung schienen oder die sie besonders schätzten, erscheint 1889 unter 71 von ihm genannten Werken kein Titel von Mommsen.[10] Droysen, Mommsens Lehrer in Kiel, erscheint auf dieser Liste mit seinem *Yorck*, aber da ging es eben um den Njemen und nicht um den Rubikon, der dem Autor preußischer Romane und Balladen recht fern lag. Außerdem gab es, wenn es um die Antike ging, noch einen Pferdefuß, auf dem Fontane fast kokett beharrte, seine vorgebliche Unsicherheit in den alten Sprachen. Zu einem Teil war sie gespielt und diente dazu, die gymnasiale Bildung zu karikieren, zu einem anderen Teil aber war sie echt und legte ihm Reserve auf. In Fontanes Äußerungen über Mommsen ist von dem Ressentiment, das gelegentlich seine Äußerungen über die Historiker bestimmt, nichts spürbar, sondern eher eine Mischung aus Respekt und Vorsicht. Eine Initiative hätte wohl von Mommsen ausgehen müssen, aber sie kam nicht. Beide verharrten sie in ihren Berufs- und Gesellschaftskreisen und scheinen einander, wie bereits gesagt, selten oder überhaupt nicht begegnet zu sein, obwohl sie natürlich zunehmend voneinander wußten. Vorbehalte gegen Mommsen hatte Fontane durchaus, aber sie lagen auf politischem, nicht auf historischem Gebiet. Ein Lob Mommsens, wie er es sich für seinen Roman *Vor dem Sturm* und dann im Zusammenhang seiner Ehrenpromotion zurechnete, erfüllte ihn mit Stolz. Leider läßt sich nirgends ablesen, wie Mommsen persönlich über Fontane dachte.

Zeitlebens war der väterlicherseits aus einer friesischen Bauernfamilie stammende Historiker demokratischer gestimmt als der seinem hugenottischen Selbstgefühl und altpreußischen Sympathien verhaftete Dichter; speziell für die Hohenzollern hatte er wenig Sympathie. Aber auch in ihren politischen Erfahrungen und in dem kritischen Blick auf die deutsche Gegenwart hätten Fontane und Mommsen im Alter einander begegnen können. Mommsen war für Fontane bereits durch seine Herkunft (im räumlichen Sinne) profiliert, eine Gestalt seines Interesses, wenngleich nicht unbedingt seiner Sympathie,[11] denn die bis 1864 dem dänischen Gesamtstaat zugehörigen Herzogtümer waren jahrzehntelang zum Objekt der Politik in Europa geworden – wobei Preußen zuletzt die Rolle des bestimmenden Subjekts übernahm. Diese Zusammenhänge spielten auch in der Biographie Fontanes sowie in seinem journalistischen und literarischen Werk eine Rolle; wenn neben der Mark

---

[10] Theodor Fontane: Die besten Bücher. In: NF, XXI, 1/497-499, hier S. 499 u. NF XXI, 2/742 (Anm.). Vgl. zu diesen Verzeichnissen, die ein deutsches Gegenstück zu den englischen Listen der hundert besten Bücher bildeten, auch Helmuth Nürnberger: Fontanes Welt. Berlin 1997, S. 68f. In einem Brief an Mathilde von Rohr vom 3. Januar 1869 bekennt Fontane: »[...] Sie wissen, ich lese eigentlich immer nur Bücher, die mir bei der Arbeit, die ich vorhabe, direkt dienen müssen« (HF IV, 2/229). Das ist zwar nicht wörtlich, aber doch sehr ernst zu nehmen.

[11] An spöttischen Auslassungen über die von ihm wohl gelegentlich als sperrig empfundenen schleswig-holsteinischen Charaktere hat Fontane es nicht fehlen lassen (»das Genießbarste an ihnen waren ihre Austern« etc.), dafür bot ihm bereits die Begegnung mit Storm gelegentlich Anhaltspunkte. Andererseits war die Anziehungskraft des Nordisch-Skandinavischen auf ihn groß und Schleswig-Holstein in diese Vorliebe eingeschlossen.

noch eine weitere deutsche Region seine besondere Aufmerksamkeit findet, so ist es Schleswig-Holstein. Im Vormärz und während der Revolution 1848 war Fontane wie Mommsen von oppositioneller Aufbruchsstimmung erfüllt, und beide folgten auch mehr oder weniger denselben literarischen Leitbildern. Darin waren sie einfach Angehörige derselben Generation. Beide haben ihren Heine gelesen, beide Byron übersetzt und sich in Versen direkt an Herwegh gewandt.[12] Nicht ganz zufällig gibt es in beider Biographie auch ein Leipzig-Kapitel (allerdings kam Fontane als Apothekergehilfe, Mommsen als Professor dorthin), beide wurden in Berlin ansässig und lebten dort jahrzehntelang bis zu ihrem Tode (Mommsen seit 1856, Fontane endgültig seit 1859). Die Reichsgründung 1871 haben sie übereinstimmend bejaht, und das Deutschland, in dem sie zuletzt lebten, übereinstimmend bitter kritisiert. Gleichwohl ist ihre Beziehung ein Kapitel mit vielen leeren Seiten, und wer davon zu berichten unternimmt, sieht sich veranlaßt, auch noch die unbedeutendsten Spuren zu beachten.

Nur vier Briefe Fontanes an Mommsen sind bisher bekannt geworden, und es gibt keine Anhaltspunkte dafür, daß es weitere gegeben hat. Zu einer regelmäßigen Korrespondenz kam es jedenfalls nicht. Einer der Briefe, und zwar zweifellos der reizvollste, ist 1942 von Wickert veröffentlicht worden; auch die drei anderen lagen dem Biographen bei seiner Arbeit vor.[13] Im Gefüge der weitläufigen Korrespondenz Fontanes bilden diese Briefe mithin nur einen kleinen Mosaikstein. Ergänzt durch Erwähnungen Mommsens in Werk und Autobiographie sowie in Briefen an dritte Personen vermitteln sie gleichwohl einen Eindruck von des Dichters Beziehung zu einem der bedeutendsten Historiker seiner Epoche, auf den er durch die Bekanntschaft mit Storm schon früh aufmerksam geworden ist und dem er sich zuletzt dankbar verbunden zeigte, hatte Mommsen doch bei der Promotion Fontanes zum Ehrendoktor der heutigen Humboldt-Universität 1894 in Berlin in maßgeblicher Weise mitgewirkt.

Da die Briefe sämtlich Fontanes letzter Lebenszeit angehören, sind sie im abschließenden Teil dieses Beitrags angeordnet worden, vermehrt um eine Dankeszeile Emilie Fontanes für ein nicht überliefertes Kondolenzschreiben Mommsens.

Briefe Mommsens an Fontane sind nicht erhalten geblieben, sicher belegt ist nur eine »liebenswürdige Karte«, die vom Empfänger am 24. Oktober 1895 bestätigt wird. Einen Hinweis auf ein früheres Schreiben Mommsens an Fontane enthält der ebenfalls im letzten Teil dieses Beitrags abgedruckte Brief Fontanes an Franz Sandvoß vom Dezember 1894. Die Zerstreuung von Fontanes Nachlaß, deren Folgen

---

12 Fontanes enthusiastisches Gedicht *An Georg Herwegh* (HF I, 6/679) öffnet sich Herweghs politischer Botschaft freilich ungleich bereitwilliger als Mommsens *Georg Herwegh* betitelte Terzinen (vgl. Wickert: Theodor Mommsen. Eine Biographie, a.a.O., Bd. 1, S. 230f.), die in gewissem Sinne mahnenden Charakter tragen: »Doch du machst selbst dein Saitenspiel zu nichte, / Seit mit dem Schwerte du darein geschlagen! / Wenn Schwerter klirren, sind es nicht Gedichte.« Wenn beide Autoren denselben Stoff aufgreifen, wie das charakteristischerweise auch bei Gelegenheit des Hamburger Brandes der Fall ist, artikuliert der Jüngere ein größeres Maß an revolutionärer Kampflust (*Einigkeit*, HF I, 6/730f.).

13 Wickert: Theodor Mommsen. Eine Biographie, a.a.O., Bd. 4, S. 199.

noch immer spürbar sind, läßt es als nicht ausgeschlossen erscheinen, daß sich weitere Funde beziehungsweise Anhaltspunkte für Kontakte anderer Art ergeben.

»UNDRUCKBARES SCHREIBEN DIE MOMMSENS ÜBERHAUPT NICHT« – PLÄNE FÜR DIE *ARGO*

Die überlieferten Äußerungen Fontanes über Mommsen beginnen mit einer Distanzierung. Storm hatte Fontane wohl während seines Aufenthalts in Berlin 1853 von Freunden stammende Briefe zur Lektüre überlassen. Nachdem Fontane zunächst Briefe von Hartmuth Brinkmann und Johann Anton Ferdinand Röse mit Zustimmung gelesen hatte, schrieb er am 11. Oktober an Storm:

> In den letzten 8 Tagen hab ich die Mehrzahl der Mommsenschen Briefe gelesen. Sie sind reizend, aber ich habe ein vages Gefühl davon, als ob Sie sein Talent überschätzten. Ich will mal wieder, auf die Gefahr hin, trivial zu werden, eine allgemeine Bemerkung machen. Geistreiche, witzige, zungen- und federfertige Menschen imponieren einem tiefpoetischen Naturell, das aber aller improvisatorischen Gaben, aller *Flinkheit* in Leben und Kunst entbehrt, sehr oft und bestimmen es, weil es in Suade und Witzen und geistreichen Einfällen und mehr pikanten als wahren Anschauungen nicht mit kann, sich für geringer und kleiner zu halten, während solch »fixer Kerl« doch eigentlich nur der Mann ist, der mit seinem *einen* lumpigen Dukaten den ganzen Reiter zu übergolden versteht. – M. nennt sich selbst ein Redaktionsgenie, und das scheint er zu sein. Aber all das andre schmeckt doch mehr nach *Heine* als wie nach einer originalen Natur. Halten Sie mal den einfachen Mörikeschen Brief daneben! Vielleicht bin ich Partei, weil ich im innersten Kern die Richtung nicht leiden kann, die Mommsen in Politik und Religion zu verfolgen scheint.[14]

Storm rückte das in seinem Antwortbrief behutsam zurecht: »Was Sie von Mommsen sagen ist zum Theil wahr; nur hat er *sehr viele* Dukaten um Roß und Reiter zu vergolden, wenn er ja zur Zeit es auch mit einem fertig bringt.«[15] Fontane seinerseits bezog nun den Kieler Germanisten Karl Müllenhof und Ludolf Wienbargs Rezension des *Liederbuchs dreier Freunde* in die Erörterung ein; diese schien ihm, was Mommsen anbetraf, »wie aus der Seele geschnitten«.[16]

---

[14] HF IV, 1/363f.

[15] Storm an Fontane, 28.10.1853. In: Theodor Storm – Theodor Fontane. Briefwechsel. Kritische Ausgabe. In Verbindung mit der Theodor-Storm-Gesellschaft hrsg. v. Jacob Steiner. Berlin 1981, S. 60.

[16] Fontane an Theodor Storm, 05.11.1853. In: HF IV, 1/370. In bezug auf Müllenhoff bemerkt Fontane: »[...] beiläufig, wenn die Mommsenschen Briefe ein getreues Bild geben, muß der Müllenhoff (der auf den Groth Beschlag gelegt zu haben scheint) ein unausstehlicher Kerl sein« (ebd.).

Was hatte Wienbarg über das *Liederbuch* geschrieben? Er hatte Storm nur wenig beachtet und sein Hauptaugenmerk Mommsen zugewandt:

> Am meisten Kunstbewußtsein und Goethebildung verrät der auf dem Titel erstgenannte Dichter. Sein Persönliches hebt sich durch einen ironischen und humoristischen Anflug noch stärker hervor; er dirigiert das Konzert, spielt Capriccios, streift am meisten an das Geniale, Kecke, Arrogante oder was so klingt, verliert sich am sorglosesten in die Märchendämmerung, stellt sich am sichersten in den Kreis blindekuhspielender Mädchen, geniert sich am wenigsten, ob der Leser die kleinen Anspielungen in seinen Gedichten versteht oder nicht, gibt wirklich das Eigenste, so daß er auch am meisten die Bewunderung erregt, wie ein Dichter in dem Eigensten doch so uneigen erscheinen kann. So passiert es ihm gar, daß er sich in einem Heineschen Vers gegen Heine erklärt und in einem Gedichte an Georg Herwegh herweght. Politisch ist es nicht und will es auch für's erste nicht sein, das ist ihm vor Herwegh eigen; allein dieser zwingt ihm, wie schon einmal dem flauen Geibel, etwas von der Kraft und Herbe seines politischen Liedes auf. Nicht einmal denken kann er an ihn, ohne in seinen Ton umzuschlagen.[17]

Aus späterer Sicht erscheint es merkwürdig, wie damals ein so namhafter Rezensent wie Wienbarg das Rangverhältnis der drei Autoren des *Liederbuchs* bestimmte – auch Fontane scheint keinen Anstoß daran zu nehmen. Eingedenk seiner früheren Äußerungen über Mommsen dürfte er wohl vor allem mit kritischen Bemerkungen Wienbargs harmoniert haben:

> So werden die kleinen Empfindungen stets geleitet durch Reminiszenzen und fließen behaglich und schmiegsam den ausgewaschenen Bahnen nach. Ohne Feuer der Empfindungen wird selbst der Formensinn nur desto sicherer fremden Formen zur Beute. Sein geistreiches Spiel, so frei und bewußt es scheinen mag, ist nichts als goldene Sklaverei.[18]

Storm antwortete darauf nicht. Was Mommsen anbetrifft, so hat er sich von dem *Liederbuch* schon bald distanziert, will aber noch manchen Spott deswegen erlitten haben. Aufschlußreich ist in solchem Zusammenhang Wickerts Hinweis auf eine Passage im dritten Band der *Römischen Geschichte*, in der Mommsen von der Ciceronischen Zeit sagt, daß man auch damals denjenigen glücklich pries, dessen Jugendgedichte die mitleidige Vergessenheit der Kritik entzog.[19] Fontane hat in sein von ihm 1852 zusammengestelltes *Deutsches Dichter-Album*, eine Auswahl deutscher Lyrik seit 1800, Gedichte von Mommsen nicht aufgenommen und daran auch in der überarbeiteten 4. Auflage von 1857 nichts geändert; hingegen brachte er

---

17 Wienbargs ungezeichnete Besprechung erschien in den *Hamburger Literarischen und Kritischen Blättern* vom 11.12.1843, S. 1165ff. Eine kurze Anzeige des *Liederbuchs* soll er auch in den *Blättern für literarische Unterhaltung* veröffentlicht haben, vgl.: Wickert: Theodor Mommsen. Eine Biographie, a.a.O., Bd. 1, S. 211 u. S. 502.

18 Ebd.

19 Wickert: Theodor Mommsen. Eine Biographie, a.a.O., Bd. 1, S. 242.

zehn Gedichte von Theodor Storm. Für den geplanten zweiten Band der *Argo* hat er an Beiträge der Mommsens gedacht und zunächst im März 1854, dann ein Vierteljahr später ein weiteres Mal bei Storm deswegen angefragt, ehe das Unternehmen für Jahre ins Stocken geriet.[20] Die resignative Stimmung, die ihn angesichts fortdauernder privater Sorgen damals erfüllte, spricht nur zu deutlich aus dem zweiten Brief:

> Hat sich denn [Tycho] Mommsen eigentlich über seine Geneigtheit zur Mitarbeiterschaft ausgesprochen? Theodor Mommsen geht von Zürich nach Breslau, wie ich vor drei Tagen in der Vossischen las. Ich ging am liebsten nach Mexiko oder würde Pfeifenträger bei Omer Pascha, denn es behagt mir die Pfennigwirtschaft eines deutschen Zeitungs- und Balladenschreibers ganz und gar nicht mehr. Der Bibelspruch: sehet die Lilien auf dem Felde an u.s.w. bewahrheitet sich zwar an mir jeden Tag, denn der himmlische Vater ernähret mich wirklich, aber »fragt mich nur nicht wie« schließt Heine sein Lied und ich diesen Brief.[21]

»ÄHNLICH WIE DER KOPF MOMMSENS« – BEILÄUFIGE ERWÄHNUNGEN MOMMSENS IN FONTANES WERKEN UND BRIEFEN AN DRITTE

Beginnend mit Fontanes jahrelangem dritten Aufenthalt in England und dem weitgehenden Versiegen der Korrespondenz mit Storm werden auch die Hinweise auf Mommsen seltener, zumal auch Storm und Mommsen sich auseinanderlebten. Mommsens zeitweise scharfe Opposition gegen Bismarck findet in der Artikeln des politischen Journalisten Fontane keinen Niederschlag. In den *Wanderungen* wird Mommsen nirgends, im ergänzenden Band *Fünf Schlösser* einmal erwähnt. Dabei handelt es sich um die »Tafelrunden« des Prinzen Friedrich Karl:

> Aber auch andere Fragen kamen zur Diskussion, oft von rein wissenschaftlicher Natur, aus deren Reihe mir *eine* ganz besonders imponierte: *die* »wo Caesar, als er über den Rhein ging, seine Pfahlbrücke geschlagen habe?« Zwei Parteien bildeten sich sofort, von denen eine für Andernach, die andre für Xanten plädierte. Mommsen, wenn zugegen, hätte seine Freude daran haben müssen.[22]

---

[20] Am 27. März 1854 schreibt er deswegen an Storm: »Bitte, wenden Sie sich an den einen oder andern, aber natürlich so, daß Sie die Redaktion nicht blamieren. ›Vertrauliche Anfragen‹ ist glaub ich der Kunstausdruck [...]«. Storm antwortet vier Tage später: »An Mommsen werd ich Alles besorgen, gewissenhaftest; aber auf meine Art. Das sind seltsame Käuze. Undruckbares schrei[ben] die Mommsens überhaupt nicht.« (Theodor Fontane – Theodor Storm. Briefwechsel, a.a.O., S. 75f.) Beide Brüder haben auf Storms Anfrage ablehnend reagiert, Tycho Mommsen mit der Erklärung, er gehöre nicht unter die Poeten, Theodor Mommsen – mit einem Gedicht. (Vgl. Wickert: Theodor Mommsen. Eine Biograpie, a.a.O., Bd. 1, S. 243).

[21] Fontane an Theodor Storm, 20.05.1854. In: Theodor Fontane – Theodor Storm. Briefwechsel, a.a.O., S. 87.

[22] HF II, 3/345f.

Eine Erwähnung Mommsens bietet auch der wahrscheinlich 1893 entstandene Aufsatz *Berliner Sprechanismus*. Da lesen wir:

> Zu den Merkwürdigkeiten gehört auch, daß sich der Sprechanismus als Bekehrungsopfer immer solche aussucht, die auf bestimmten Gebieten eine größere oder kleinere Autorität. [...] Er sucht sich seinen Mann und wenn er ganz echt ist, so wird er einen Generalstäbler über die Fehler, die bei Mars la Tour gemacht wurden und Mommsen über Geschichtsschreibung bestandpunkten.[23]

Auch wenn der Name Mommsens in *Von Zwanzig bis Dreißig* genannt wird, geschieht es zur Erläuterung oder Bekräftigung eines Sachverhalts, der nicht eigentlich ihm gilt. So, wenn der Erzähler sich an die Wahlmännerversammlungen im Konzertsaal des Königlichen Schauspielhauses in Berlin im Revolutionstage 1848 erinnert und ihm der »wundervolle Charakterkopf« des alten Jakob Grimm vor Augen steht – »ähnlich wie der Kopf Mommsens dem Gedächtnis sich einprägend«.[24] Oder Fontane erzählt von dem Fest, das Storm anläßlich seines Besuchs in Berlin 1884 im Englischen Haus gegeben wurde (er ordnet es irrtümlich Storms siebzigsten Geburtstag 1887 zu): »die Besten« haben daran teilgenommen, »an ihrer Spitze sein Freund und Landsmann Theodor Mommsen«.[25] Tatsächlich hatte Mommsen, Storms »ältester Berliner Freund« bei diesem Zusammentreffen eine bevorzugte Rolle gespielt, er hatte »in zierlicher Rede« den Toast auf Frau Do ausgebracht[26], allerdings in der Korrespondenz mit dem Bruder Tycho sich eher spöttisch über den Abend geäußert.[27] Fontanes Datumsirrtum mag damit zusammenhängen, daß er selbst anläßlich seines 70. Geburtstags im Englischen Haus gefeiert wurde und an dem Treffen mit Storm 1884 selbst nicht teilgenommen hat. Vielmehr fuhr er an diesem Tag nach Hankels Ablage.

Schließlich appelliert Fontane rhetorisch an das Urteil des Historikers, wenn es um das mangelnde Verständnis des Husumer Dichters für die historische Rolle Preußens geht:

---

23 Jost Schillemeit: Berlin und die Berliner. Neuaufgefundene Fontane-Manuskripte. In: Jahrbuch der Deutschen Schillergesellschaft 30 (1986), S. 34–82, hier: S. 54f.

24 HF III, 4/515.

25 HF III, 4/377.

26 Theodor Storm an Gottfried Keller, 08.06.1884: »Lieb war mir, daß mein ältester Berliner Freund, Theodor Mommsen – ich kann verraten, daß er jetzt die Kaisergeschichte schreibt –, mit dabei war und in zierlicher Rede den Toast auf meine Frau ausbrachte. Es war nämlich mit Damen; ›sonst kommt er nicht‹, hatte einer aus dem Komitee gesagt.« (Der Briefwechsel zwischen Theodor Storm und Gottfried Keller. Hrsg. v. Peter Goldammer. Berlin, Weimar 1967, S. 136).

27 »Neulich hatten wir Storm hier, der ich weiß nicht wie ein berühmter Mann geworden ist [...] Er ist wenig verändert, im Guten wie im Schlimmen, liebenswürdig und eitel zum Beneiden.« (Wickert: Theodor Mommsen. Eine Biographie, a.a.O., Bd. 1, S. 204f.). Ein spöttischer Ton waltet schon bald nach 1848 in der Korrespondenz der Brüder, Storm betreffend, vor: so wird der in Husum lebende Tycho am 29.04.1849 gefragt: »Was macht der Poet, und wieviel Möwen braucht er täglich?« (Ebd.).

> Ich rufe Mommsen, einen echten Schleswig-Holsteiner und Freund Storms, der aber freilich in der angenehmen Situation ist, einen palatinischen Cäsar von einem eiderstädtischen Deichgrafen unterscheiden zu können, zum Zeugen auf, ob ich in dieser Frage recht habe oder nicht. Leider gibt es politisch immer noch viele Storme; Hannover, Hamburg und – horribile dictu – Mecklenburg stellen unentwegt ihr Kontingent.[28]

Er zählte Mommsen jedoch uneingeschränkt zu jenen, die sich bereit finden würden, zu einer Ehrung Storms beizutragen:

> Daß unser Freund ein Denkmal in Husum haben muß, ist gewiß, wenn *er* nicht Anspruch darauf haben soll, dann weiß ich nicht wer. [...] Leider lebe ich sehr einsam und kann nicht viel thun. Von Kiel (Universität) müßte es ausgehn, Heyse, der große Stücke von Storm hielt, würde sich mit tausend Freuden anschließen. So Mommsen, Erich Schmidt, Schlenther, Ludwig Pietsch.[29]

Ein erst kürzlich bekannt gewordener Brief Fontanes an seinen späteren Schwiegersohn Karl Emil Otto Fritsch vom 12. Januar 1898 versetzt Mommsen humoristisch in die Rolle des ob seiner Frische und Leistungsfähigkeit insgeheim Beneideten. Anscheinend war Fontane, der damals wiederholt über gesundheitliche Störungen und zunehmende Schwäche klagte, bei einem überraschenden Besuch Fritschs in der Potsdamer Straße nicht selbst in Erscheinung getreten:

> Ich hatte vor, mich heute Abend (bei Geh.R. Eggert) wegen meiner Schlafsucht bei Ihnen zu entschuldigen; da ich aber nicht sicher bin, Sie dort zu treffen, so ist es doch besser, ich thu es in ein paar Zeilen. Rasch in Rock und Hose fahren, war nie meine Force, immer langsam voran; und nun gar jetzt ist mir der letzte Rest von Flinkheit abhanden gekommen. Wie beneide ich Mommsen, der noch mit 80 auf Leitern klettert und Inschriften liest. Auf das Letztre wollt' ich verzichten, aber das Klettern![30]

Die letzte bekannte Erwähnung Mommsens in einem Brief Fontanes findet sich in dem Schreiben an Fritz Mauthner vom 2. September 1898 aus Karlsbad: »Den ›letzten Deutschen von Blatna‹ kenn ich von ziemlich langer Zeit her; ich stehe da-

---

28 HF III, 4/364. Zu Fontanes politischer Auseinandersetzung mit Storm ausführlicher: Helmuth Nürnberger: »Der große Zusammenhang der Dinge«. ›Region‹ und ›Welt‹ in Fontanes Romanen. Mit einem Exkurs: Fontane und Storm sowie einem unbekannten Brief Fontanes an Ada Eckermann. In: Fontane Blätter 55 (1993), S. 33–68.

29 Dieter Lohmeier (Hrsg.): Theodor Fontane über den »Eroticismus« und die »Husumerei« Storms: Fontanes Briefwechsel mit Hedwig Büchting. In: Schriften der Theodor-Storm-Gesellschaft 39 (1990), S. 26–45, hier: S. 38.

30 Bei dem unbekannten Fund handelt es sich um mehr als 50 bisher unbekannte Briefe Fontanes, die im Zuge der Neuedition des Briefwechsels zwischen Martha Fontane und ihren Eltern entdeckt wurden (Teilabdruck in: Theodor Fontane und Martha Fontane. Ein Familienbriefnetz. Hrsg. von Regina Dieterle. (= Schriften der Theodor Fontane Gesellschaft 2001, Bd. 4). Hier zit. nach dem Vorabdruck in *Die Welt* vom 02.05.2001, S. 29.

zu wie Mommsen und sehe darin, neben ›Xanthippe‹ Ihr bestes Buch.« Auf welche Äußerung Mommsens über Mauthners 1887 erschienenen Roman *Der letzte Deutsche von Blatna. Erzählung aus Böhmen* er damit anspielt, ist nicht bekannt, da auch in diesem Falle nur die Briefe Mauthners an Mommsen, aber nicht die Gegenstücke überliefert sind. Mauthner bemühte sich – im Umgang mit Fontane hielt er es nicht anders –, Mommsen für seine schriftstellerische Tätigkeit zu interessieren, und er hat sich, wenn ihm das gelang, auch gern auf ihn bezogen. So hatte er der Vorrede seines Romans *Der neue Ahasver* die Form eines Briefes an Mommsen gegeben. Über die *Xanthippe* hatte sich der Gelehrte, wie Mauthner selbst im Nachwort zum zweiten Band seiner *Ausgewählten Schriften* (1919) überliefert, höchst kritisch geäußert:

> Ich hatte die »Xanthippe« auch an Mommsen übersandt [...] Doch auf die Überreichung der »Xanthippe« antwortete er nicht. Als ich ihn wenige Monate später [...] traf [...] rief er schon nach den ersten Worten: »Sie müssen Curtius lesen!« [...] er wollte mir zu verstehen geben, daß ich einen Roman aus der Griechenzeit ohne Sachkenntnis geschrieben hatte [...] und bewies mir das Wiedererwachen seines Wohlwollens dadurch, daß er mich furchtbar heruntermachte. Für die geschichtlichen Unmöglichkeiten in der Xanthippe. Von Nichtwissen könne nicht mehr die Rede sein, nur noch von einer ungehörigen Parodie.[31]

In dem späten Roman *Die Poggenpuhls* dient der Name Mommsen dazu, die gesellschaftliche Reputation der reichen jüdischen Bankiersfamilie Bartenstein zu bestätigen. »Bei Bartensteins«, versichert Manon von Poggenpuhl ihrem Bruder Leo, für den sie eine gute Partie zu arrangieren bemüht ist,

> war der Kronprinz, Bartenstein ist rumänischer Generalkonsul, was höher steht als Kommerzienrat, und bei Bartensteins waren Droysen und Mommsen (ja, einmal, kurz vor seinem Hinscheiden auch Leopold von Ranke), und sie haben in ihrer Galerie mehrere Bilder von Menzel [...].[32]

»EIN KLEINES LIKING« – DIE EHRENPROMOTION

Am 25. Oktober 1894 richtete Erich Schmidt den von sechs Kollegen, darunter Mommsen, ebenfalls unterzeichneten Antrag an die Philosophische Fakultät der Berliner Universität, Fontane die Doktorwürde honoris causa zu erteilen.[33] Mit Ausnahmen von drei Mitgliedern der Fakultät, die verreist waren, befürworteten alle den Antrag, so daß die geforderte Einstimmigkeit vorhanden war und das

---

31 Zit. nach: Frederick Betz/Jörg Thunecke: Die Briefe Theodor Fontanes an Fritz Mauthner, Teil II. In: Fontane Blätter 6 (1985), Heft 1, S. 23 u. S. 52.

32 HF I, 4/548.

33 Neben Schmidt und Mommsen unterschrieben Herman Grimm, Adolf Kirchner, Simon Schwendener, Heinrich von Treitschke und Karl Weinhold.

Diplom unter dem Datum des 8. November 1894 ausgestellt werden konnte. Kurz vor Fontane war Adolph Menzel auf die gleiche Weise geehrt worden. »Vielleicht war es die angemessenste [Nachbarschaft], die er überhaupt im ganzen damaligen Deutschland finden konnte« bemerkt Reuter.[34]

Den äußeren Anlaß der Auszeichnung bildete der bevorstehende 75. Geburtstag Fontanes. Am 24. November 1894 gegen Mittag suchten der Geologe und Geograph Ferdinand von Richthofen, damals Dekan, und Erich Schmidt den Jubilar in seiner Wohnung auf, um ihm die Urkunde zu überreichen. Mommsen wollte sich der Gratulationscour anschließen, wurde aber durch ein »Unwohlsein« daran gehindert.[35] Wie die *Vossische Zeitung* noch am selben Tag berichtete, wurde Fontane von der Ehrung, die er mit »Freude und Rührung« empfing, völlig überrascht und dankte mit »einfacher Herzlichkeit«. Nach Richthofens offizieller Ansprache überreichte Schmidt »der Frau Doktor als nachträgliches Geschenk zu ihrem kürzlich gefeierten 70. Geburtstage den deutschen Wortlaut der Promotionsurkunde in zierlichem Bändchen«.[36]

Der Text des Diploms stammte von Schmidt, die lateinische Übersetzung von Mommsen. Das Diplom gilt

> dem hervorragenden Dichter [...] in Prosa und Vers, der Erbgüter der französischen Kolonie mit deutschen Geistesgaben zu eigenthümlicher Anmuth und Stärke schön vermählt; dem ausgezeichneten Erzähler, der märkische Überlieferungen und Landschaften emsig durchforscht hat und nach reichen Bildern aus der Vergangenheit gegenwärtiges Leben mit frischen Farben malt; dem verdienten Patrioten, der kriegerische, bürgerliche, literarische Wandlungen des Vaterlandes und der Hauptstadt liebevoll und treu für die Nachkommen festgehalten und die Reihe autobiographischer Werke neulich als Siebziger durch die Geschichte seiner Kindheit mit der Frische der Jugend und der Reife des Alters abgeschlossen hat.[37]

Schmidts Entwurf entsprechend rühmte Mommsen in klassischem Latein in dreifacher Stufung den »poetam eximium« gallisch-germanischen Geistes, »gracia pollentem, virtutem potentem«, den »narratorem ingeniosum«, schließlich den »civim egregrium«.[38]

Unter dem 9. Dezember 1894 schrieb Fontane über die Ehrenpromotion an Georg Friedländer:

> Im Ganzen genommen stehe ich mau und flau zu Auszeichnungen derart; diese aber hat doch einen Eindruck auf mich gemacht, trotzdem ich recht gut

---

[34] Hans-Heinrich Reuter: Fontane. 2 Bde. Berlin 1967, Bd. 2, S. 736.

[35] Hans-Erich Teitge: Zur Ehrenpromotion Fontanes. In: Fontane Blätter 1 (1967), Heft 4, S. 156–158.

[36] *Vossische Zeitung* Nr. 551 vom 24. November 1894 (Abendausgabe) unter: Kunst, Wissenschaft und Literatur.

[37] Ebd.

[38] Zit. nach: Heinrich Spiero: Fontane. Wittenberg 1928 (= Geisteshelden 75), S. 281.

> weiß, wie dergleichen gemacht wird und auch diesmal gemacht worden ist. Erich Schmidt ist mein besonderer Gönner; *der* nahm es in die Hand und versicherte sich zunächst Mommsens, der – wegen »Vor dem Sturm« – auch ein kleines liking für mich hat. Da sagte dann keiner mehr »nein« und alle 51 »ja« kamen glücklich zu Stande; – sie sprangen nach.[39]

»DER IST VIEL ZU AUSGESPROCHEN« – UNGLEICHE ZEITGENOSSENSCHAFT

Im Mai 1894 hatte der damalige preußische Ministerpräsident und Innenminister Graf Botho zu Eulenburg angekündigt, ein Gesetz zur Bekämpfung revolutionärer Bestrebungen vorzulegen. Den vordergründigen Anlaß bildete die Welle anarchistischer Attentate, doch richtete sich die Vorlage vor allem gegen Sozialdemokratie und Gewerkschaften. Im Dezember 1894 wurde der Gesetzentwurf, der die Änderung beziehungsweise Neueinsetzung einiger Paragraphen von Strafgesetzbuch, Militärstrafgesetzbuch und Presserecht vorsah, dem Reichstag vorgelegt. Fontane erkannte in dem Vorhaben auch die Antwort der Regierung auf Gerhart Hauptmanns *Die Weber*, welche »jetzt in allen Leitartikeln umherspuken und halb und halb als Fundament für die Umsturzvorlage genommen werden«, wie er am 23. Februar 1895 an seinen Sohn Theo schrieb.[40] Dem öffentlichen Protest gegen die Vorlage trat er, wenngleich persönlich eher unlustig, bei:

> Es wäre mir, bei meinem starken Friedensbedürfnis, lieber gewesen, dieser Kelch wäre an mir vorübergegangen. [...] Natürlich nehme ich an, daß Sie mich in so gute Gesellschaft, die Sie da aufzählen (oder in eine gleich gute) hineinstecken. [...] Es müssen lauter Leute sein, die durch Titel oder Orden geaicht, ganz »zweifelsohne« dastehn. Die Namen müssen ausdrücken: »auch wir, die loyalsten, fühlen uns gefährdet; keiner ist sicher.« Deshalb ist es auch gut, daß Mommsen fehlt. Der ist viel zu ausgesprochen.[41]

Zusammen mit Mommsen hätte Fontane mithin nur ungern unterschrieben, was sich jedoch nicht als persönliche Abneigung, sondern als taktische Maßnahme verstehen läßt. Er bot sich an, in seinem Bekanntenkreise noch weitere geeignete Persönlichkeiten um die Unterschrift zu bitten. Die Petition des Vereins »Berliner Presse« wurde am 1. März 1895 übermittelt. Zwei Monate später scheiterte die Vorlage im Reichstag, weil die Liberalen die Forderung des Zentrums, auch Angriffe auf die christliche Religion und Kirche einzuschließen, ablehnten.

Fontanes und Mommsens unterschiedliches Verhältnis zur Gesellschaft der wilhelminischen Zeit tritt deutlich zu Tage, wenn es sich um das Problem des seit den achtziger Jahren grassierenden modernen Antisemitismus handelt, der durch Adolf Stoecker in breite Kreise getragen, durch Heinrich von Treitschke im

---

39 HF IV, 4/407.
40 HF IV, 4/425.
41 Fontane an Paul Schlenther, 24.02.1895. In: HF IV, 4/427.

akademischen Raum etabliert wurde. Mommsen, Mitunterzeichner der Erklärung von 75 Berliner Professoren gegen den Antisemitismus, hat Treitschkes Unterstellungen vornehm zurückgewiesen und auch bei späterer Gelegenheit entschieden gegen ihn Partei genommen.[42] Ganz anders Fontane, der sich für den diffusen Fundus antisemitischer Klischees nunmehr in bestürzender Weise anfällig zeigte.[43] Ein Brief an den Pädagogen Friedrich Paulsen von 1898, in dem er die Juden als »ein schreckliches Volk, [...] ein Ferment, in dem die häßlicheren Formen der Gährung lebendig sind«, bezeichnet[44], macht deutlich, daß er sich bis kurz vor seinem Tod in seiner Haltung eher noch verhärtete. Zugleich zeigt jedoch gerade diese Passage das Mehrdeutige und Mißverständliche der öffentlichen Diskussion. »Ferment« war ein von Treitschke aufgegriffenes Stichwort, das – was Fontane vermutlich nicht wußte – auf niemand anders als Mommsen zurückging, der in seiner *Römischen Geschichte* von den Juden als einem Ferment des »Kosmopolitismus und der nationalen Dekomposition« bei der Entwicklung des römischen Staates gesprochen hatte. Aus dem Zusammenhang gerissen, diente es Treitschke dazu, die angebliche Unzuverlässigkeit der Juden im nationalen Sinne hervorzuheben, und genau in diesem Sinne wird es auch von Fontane benutzt.[45]

»MÜTZEN RUNTER, DAS IST JA DER KÖNIG« – BRIEFE AN THEODOR MOMMSEN UND FRANZ SANDVOSS

Die Originale der Briefe an Theodor Mommsen (vier Briefe und ein Brief Emilie Fontanes) befinden sich in der Staatsbibliothek Berlin – Preußischer Kulturbesitz (Nachlaß Mommsen), Fontanes bisher ungedruckter Brief an den Gymnasiallehrer Franz Sandvoß in Weimar im Deutschen Literaturarchiv / Schiller-Nationalmuseum in Marbach. Beiden Institutionen ist für die Erlaubnis zur Veröffentlichung, für hilfsbereite Vermittlung Dr. Christine Hehle, Theodor Fontane Archiv, Potsdam, und Dr. Jochen Meyer, Deutsches Literaturarchiv, Marbach, zu danken.

Die Wiedergabe der Handschriften erfolgt wort- und buchstabengetreu.

---

42 »Treitschke ist für mich der rechte Ausdruck der sittlichen Verrohung, die unsere Civilisation in Frage stellt, und auf dem literarischen Gebiet ihr mächtigster Träger. Sein seltenes Talent der Forschung wie der Darstellung hat er in den Dienst dieser Gemeinheit gestellt und der Erfolg, die Wirkung auf die Masse beherrscht ihn völlig. – Er ist der Vater des modernen Antisemitismus. Gewiß ist dieser selbst so alt wie die Semiten; aber bisher haben die führenden Männer unserer Nation dessen praktische Durchführung in ihrer Widersinnigkeit und Schädlichkeit erkannt und danach gehandelt. Treitschke hat ihn salonfähig gemacht [...]«. (Mommsen an Heinrich von Sybel, 07.05.1895. Zit. nach: Wickert: Theodor Mommsen. Eine Biographie, a.a.O., Bd. 4, S. 239).

43 Dazu zusammenfassend Hans-Otto Horch: Theodor Fontane, die Juden und der Antisemitismus. In: Fontane-Handbuch. Hrsg. v. Christian Grawe u. Helmuth Nürnberger. Stuttgart 2000, S. 281–305.

44 Fontane an Friedrich Paulsen, 12.05.1898. In: HF IV, 4/714.

45 Horch: Theodor Fontane, die Juden und der Antisemitismus, a.a.O., S. 293.

1. Theodor Fontane an Theodor Mommsen[46]

Hochgeehrter Herr Professor,

Gestatten Sie mir, hochgeehrter Herr Professor, Ihnen, allen vorauf, zu danken, Ihnen, der zunächst durch das Gewicht seines Namens, etwa Schwankende mit fortriß, und noch einmal Ihnen, der Sie die mir zu erweisende Ehrung in Worte kleideten, an die der neue Doktor freilich voll würdigend nicht herankam, von deren Kraft und Schönheit ihm aber bessere Männer erzählt haben.

Ich war von dem Moment wie benommen, trotzdem ich, als er an mich herantrat, noch keine rechte Vorstellung von dem Umfange der mir gewordenen Auszeichnung hatte. Wer schlecht und gerecht sein Feld bestellt, kann den Schatz, den er findet, nicht gleich ermessen. Jede neue Situation verlangt einen Faden, sich in ihr zurecht zu finden, und ebenso neues Glück und neue Ehre. Vor nun gerade 50 Jahren führte mich mein Lebensweg auf längere Zeit in ein Oderbruchdorf, dessen damalige höchste Gottheit der alte Domänenrath Koppe war. Bis an *ihn* heran reichte das Verständnis der Bevölkerung. Als dann aber eines Tages Friedrich Wilhelm IV. auf Besuch erschien (eine Hasenjagd war angesagt) starrten ihn die Leute stumm und verlegen an, bis der alte Koppe mit einem mächtigen »Mützen runter; das ist ja der König«, dazwischen fuhr. Und nun erst brach ein Hurrah los. Auch in mir war nicht gleich die volle Vorstellung davon da, daß statt des herkömmlichen alten Koppe Friedrich Wilhelm IV. in meinen Gesichtskreis getreten sei.

Nochmals tausend Dank.

In Verehrung und vorzüglicher Ergebenheit

Berlin Th. Fontane.
26. Novb. 94.

Über Johann Gottlieb Koppe (1782-1863) hat Fontane sich in der heute wenig bekannten Publikation *Denkmal Albrecht Thaer's zu Berlin*, zu der er den Text geschrieben hat[47], ausführlich geäußert. Bei diesem großformatigen, repräsentativen Zwecken dienenden Werk handelte es sich jedoch um eine Auftragsarbeit, die für persönliche Erinnerungen keinen Raum ließ. Seine Beschäftigung damit fällt in das Jahr 1862, als Koppe noch am Leben war: »sieht der nun Achtzigjährige in die letzten Strahlen der untergehenden Sonne«, schließt Fontane seinen biographischen

---

[46] Vgl.: Die Briefe Theodor Fontanes Verzeichnis und Register. Hrsg. v. Charlotte Jolles u. Walter Müller-Seidel. München 1988 (im folgenden zit. als HBV) 94/155. Erstdruck (mit kleinen orthographischen Abweichungen) bei Lothar Wickert: L'illustre maestro. Zu Theodor Mommsens 125. Geburtstag. In: Deutschlands Erneuerung 26 (1942), S. 531; danach in: Teitge: Zur Ehrenpromotion Fontanes, a.a.O. sowie in HF IV, 4/399.

[47] Denkmal Albrecht Thaers zu Berlin. Entworfen von Chr. Rauch. Ausgeführt von Hugo Hagen. Nach Photographien von L. Ahrends gezeichnet von Professor Holbein und in Holz geschnitten von C. Glanz. Mit Text von Th. Fontane. Berlin [1862]. Ein Nachdruck erfolgte 1992 in der Schriftenreihe der Domäne Dahlem. Landgut und Museum (= Dahlemer Materialien 3).

Abriß.[48] Später konnte er sich für das *Wanderungen*-Kapitel über Möglin auf das damals gesammelte Material stützen, aber dort war für Koppe kein Raum. Ob der junge Fontane die geschilderte Episode selbst erlebt hat, muß offen bleiben.[49]

2. Theodor Fontane an Franz Sandvoß[50]

Berlin 4. Dezmb. 94
Potsd. Str. 134. c.

Hochgeehrter Herr.

Seien Sie schönstens bedankt für alles Freundliche, was Ihre Karte mir in 2 Sprachen bringt. Wo es mit dem vollen Verständnis hapert, richte ich mich an den Worten auf, die mir Mommsen neulich in seiner Güte schrieb: »wenn etliche Vocabeln fehlen, wird doch der Sinn zu Ihnen sprechen«.

Nochmals besten Dank.

In vorzügl. Ergebenheit

Th. Fontane

3. Theodor Fontane an Theodor Mommsen[51]

Berlin, 22. Okt. 95
Potsdamer Str. 134 c.

Hochgeehrter Herr Professor.

Ihre freundlichen Gesinnungen, die mir auch gestern wieder zu gute kamen, geben mir den Muth, Ihnen in Beifolgendem meinen eben erschienenen Roman (»Effi Briest«) mit der Bitte um Ihr ferneres Wohlwollen zu überreichen.

Hochgeehrter Herr Professor, in vorzüglicher Ergebenheit

Th. Fontane

Diese Sendung hat Mommsen offensichtlich sogleich mit einer Gegengabe erwidert und dabei anscheinend auch seiner Reimlust nachgegeben.

---

[48] Ebd., S. 31.

[49] In einem Brief an Emilie vom 30. Juni 1862 über eine *Wanderungen*-Reise, die ihn auch nach Letschin führte, berichtet Fontane: »Der alte Fordan erzählte mir über Neu-Hardenberg etc. auch über den alten Koppe, lauter Dinge, die mir ziemlich werthvoll waren.« (HF II, 2/76). Das scheint zu einigen flüchtigen Erwähnungen Kortes im Kapitel »Das Oderbruch und seine Umgebungen« Anlaß gegeben zu haben. Sonst wird, soviel ich sehe, Koppe bei Fontane nirgends erwähnt, dagegen hat sich Gustav Freytag in seinen *Erinnerungen aus meinem Leben* mit Sympathie und Respekt über ihn geäußert.

[50] HBV 94/173; Hs. Deutsches Literaturarchiv in Marbach/Neckar; ungedruckt.

[51] Nicht in HBV; Hs. Staatsbibliothek zu Berlin – Preußischer Kulturbesitz (Nachlaß Mommsen, Sign.: NL Mommsen 30, Fontane); ungedruckt.

4. Theodor Fontane an Theodor Mommsen[52]

Berlin, 24. Okt. 95
Potsdamer Str. 134 c.

Hochgeehrter Herr Professor.

Ergebensten, herzlichsten Dank! Ich freue mich – vorläufig habe ich nur die Widmung mit ihren mir imponirenden Reimen auf »inin« gelesen – auf die Lektüre des mir bis heute wenig mehr als dem Namen nach bekannten Dichters. Und dazu Ihre liebenswürdige Karte, die mit ihrer Schlußsentenz einer kleinen Vertrauenserklärung zu meiner Latinität gleichkommt und mich so zu sagen aufs Neue promovirt. In vorzüglicher Ergebenheit, hochgeehrter Herr Professor,

Ihr

Th. Fontane.

Welches Buch Mommsen Fontane sandte, ist nicht bekannt. Bei den »imponirenden Reimen auf ›inin‹« könnte es sich um eine Anspielung auf die Zwillinge Mining und Lining aus Reuters *Ut mine Stromtid* handeln, von denen auf den ersten Seiten von *Effi Briest* die Rede ist. Charakteristische Selbstironie ist die von Fontane unterstellte »Vertrauenserklärung zu meiner Latinität« – allerdings mochten im Umgang mit Mommsen auch bessere Lateiner als er sich unsicher fühlen.

5. Theodor Fontane an Theodor Mommsen[53]

Weißer Hirsch b. Dresden 6.
15. Juni 98

Hochgeehrter Herr Professor.

Gestatten Sie mir, hochgeehrter Herr Professor, Ihnen im Beifolgenden mein etwas voluminöses Neustes überreichen und dabei wie das Buch so mich selbst Ihren mehr als einmal erfahrenen wohlwollenden Gesinnungen empfehlen zu dürfen.

In vorzüglicher Ergebenheit

Th. Fontane

»etwas voluminöses Neustes«: Gemeint ist *Von Zwanzig bis Dreißig*, der soeben erschienene zweite Teil von Fontanes Autobiographie. Daneben stand auch die Buchausgabe des *Stechlin* bevor, dessen Vorabdruck bereits erfolgt war. Das postum erschienene Gedicht *Als ich zwei dicke Bände herausgab* erinnert an diese Gegebenheiten: »›Zwölfhundert Seiten auf einmal, / Und mit achtundsiebzig! Beinah'

---

[52] Nicht in HBV; Hs. Staatsbibliothek zu Berlin – Preußischer Kulturbesitz (Nachlaß Mommsen, Sign.: NL Mommsen 30, Fontane); ungedruckt.

[53] Nicht in HBV; Hs Staatsbibliothek zu Berlin – Preußischer Kulturbesitz (Nachlaß Mommsen, Sign.: NL Mommsen 30, Fontane); ungedruckt.

ein Skandal [...]‹«.[54] Fontane, der einige Wochen mit Emilie und Mete in dem Luftkurort Weißer Hirsch weilte, begleitete auch in seinen letzten Lebensmonaten, die an Freunde und Kritiker übersandten Geschenk- und Rezensionsexemplate mit persönlichen Briefen. Ob Mommsen auf die Zusendung vor Fontanes Tod am 20. September in Berlin noch reagierte, ist nicht bekannt.

6. Emilie Fontane an Theodor Mommsen

Berlin d. 19 Okt. 98

Hochverehrter Herr Professor.

Gestatten Sie mir Ihnen, für die ehrenden und wohlwollenden Worte, die Sie mir beim Verlust meines Mannes dargebracht, meinen wärmsten Dank auszusprechen.

In warmer Verehrung

Fr. Fontane

---

54 HF I, 6/329. Das Gedicht schließt mit der Erinnerung »Was du tun willst, tue bald!«

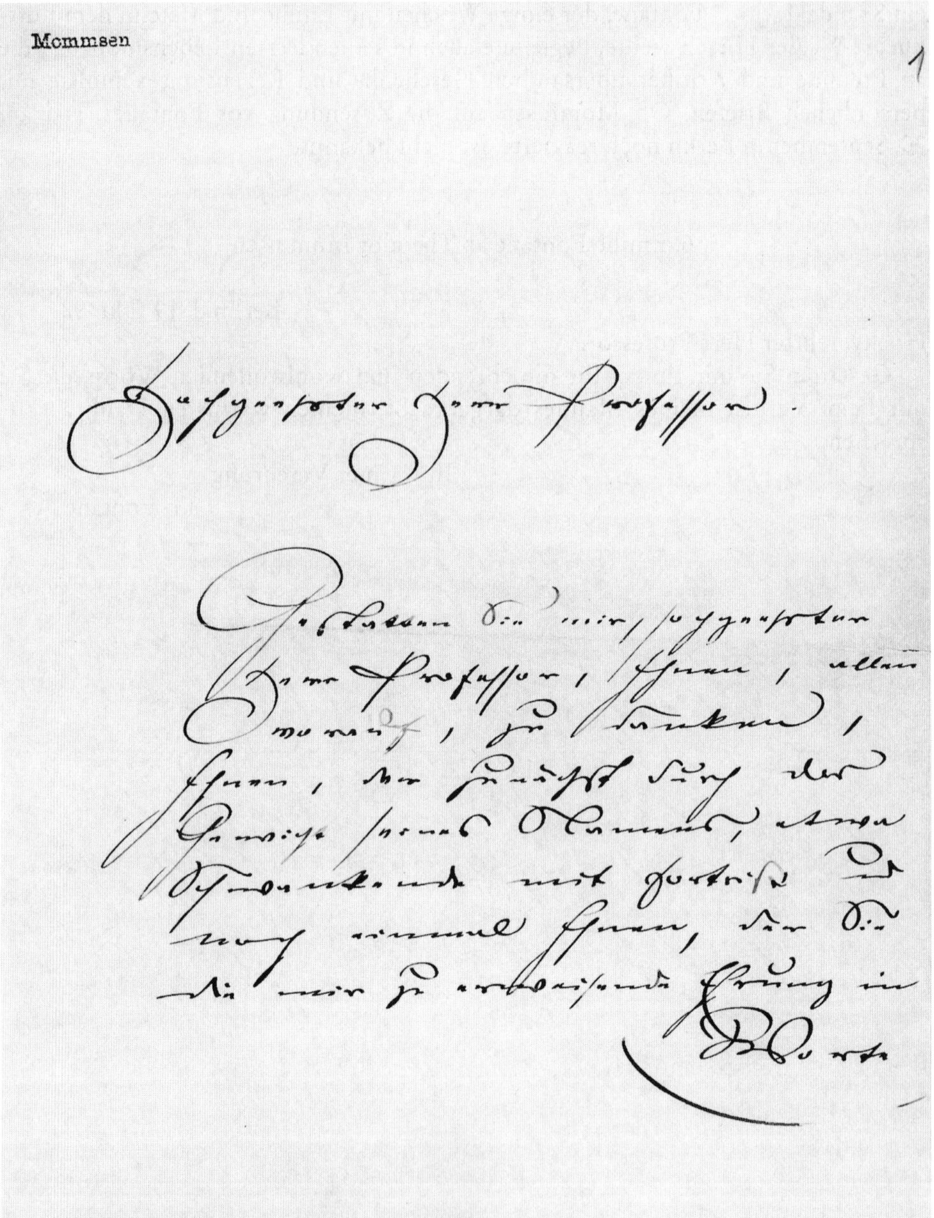

Abb.: Brief Theodor Fontanes an Theodor Mommsen vom 26.11.1894.
Die Wiedergabe der Handschrift erfolgt mit freundlicher Genehmigung der Staatsbibliothek zu Berlin – Preußischer Kulturbesitz, in der sich die Originale befinden (Sign.: NL Mommsen 30, Fontane).

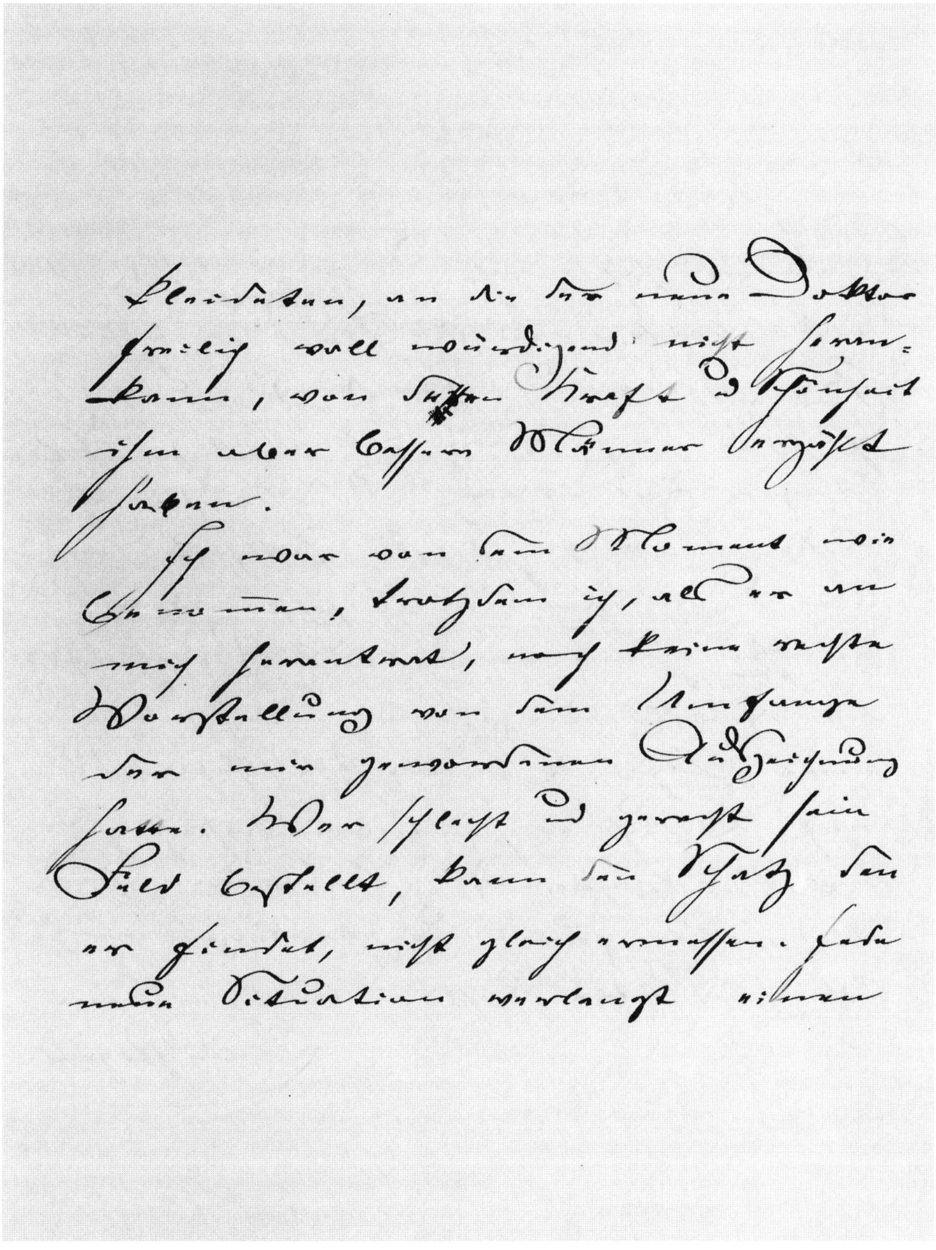

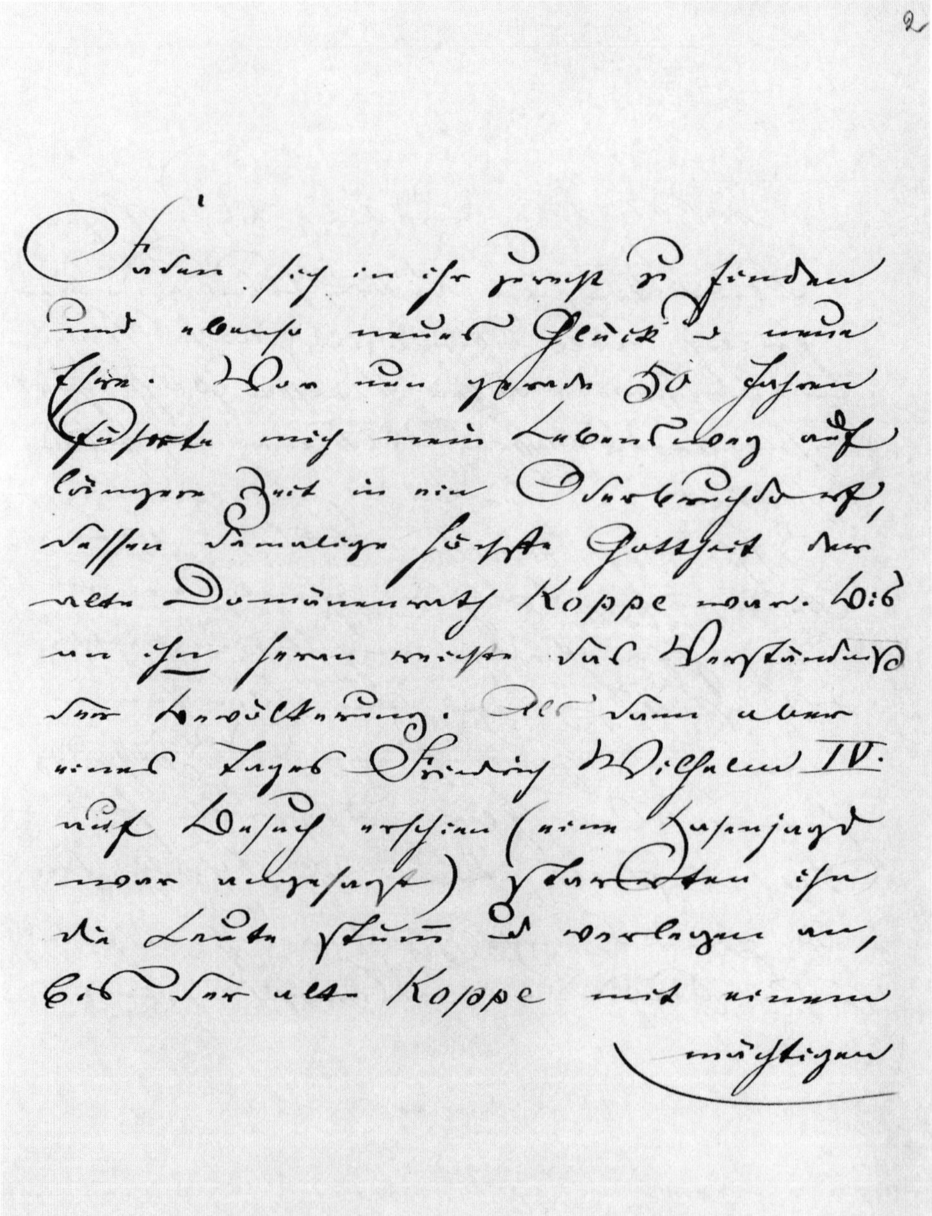
2

Suchen sich in ihr zurecht zu finden
und etwas mehr Glück zu machen. Vor nun gerade 50 Jahren
führte mich mein Lebensweg auf
längere Zeit in ein Oderbruchdorf,
dessen damaliger höchster Gutsherr der
alte Domänenrath Koppe war. Wie
er ihr Herr, wußte das Verständniß
der Verwaltung. Als dann aber
einmal König Friedrich Wilhelm IV.
auf Besuch erschien (eine Hasenjagd
war angesagt) [illegible] ihn
die Leute stumm u. verlegen an,
bis der alte Koppe mit einem
mächtigen

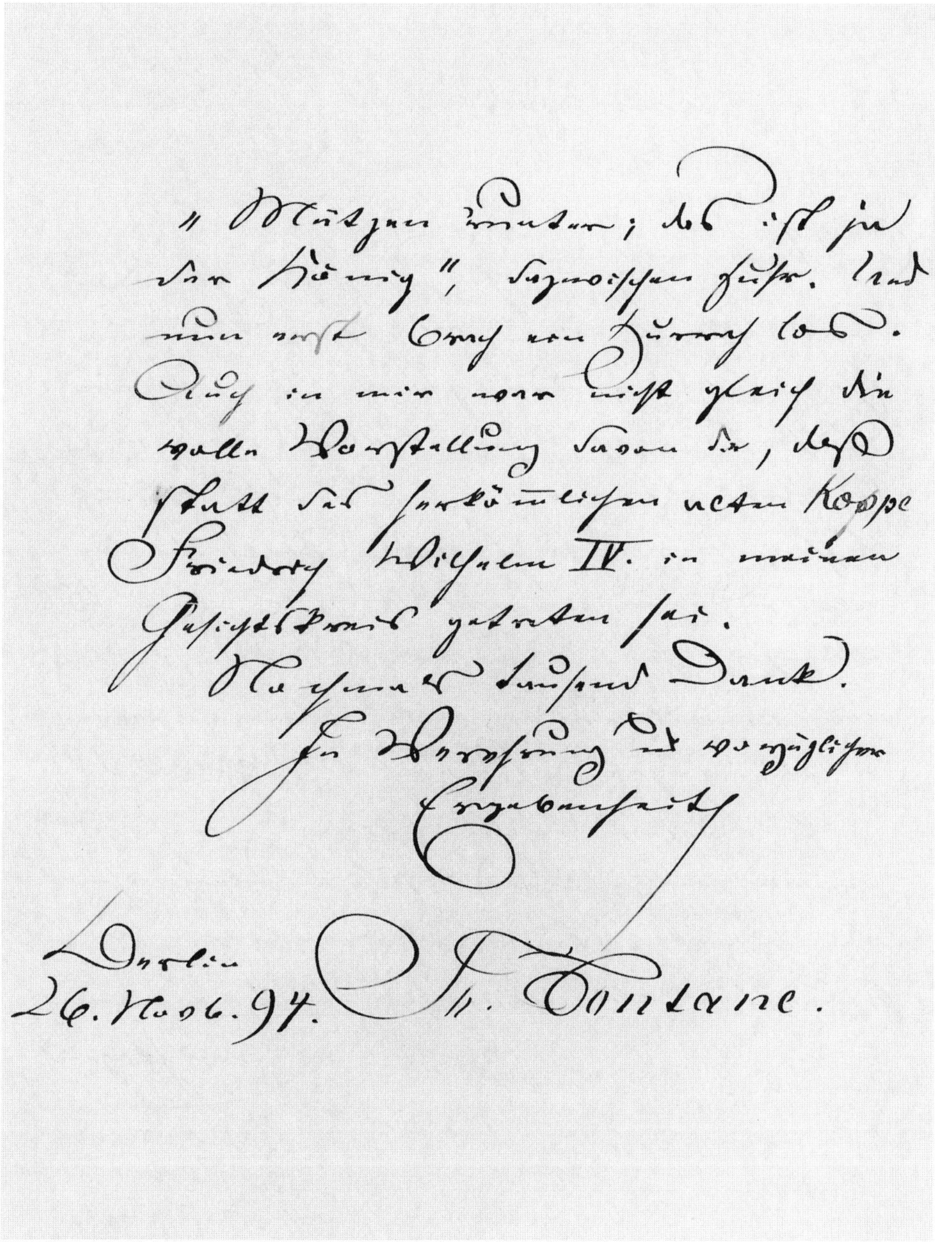

„Mützen runter; das ist ja der König", geschrieen hätte. Und nun erst [illegible] lobt. Auch in mir war nicht gleich die volle Vorstellung davon da, daß statt des herkömmlichen alten Kopfes Friedrich Wilhelm IV. in meinen Gesichtskreis getreten sei.

Nehmen Sie tausend Dank.

In Verehrung und vorzüglicher Ergebenheit

Berlin 26. Nov. 94. Th. Fontane.

ROLAND BERBIG

THEODOR FONTANES AKTE DER DEUTSCHEN SCHILLER-STIFTUNG

Mit einem unveröffentlichten Gutachten Fontanes für Karl Weise

1

Fontane gehörte zu den Geburtshelfern der Deutschen Schillerstiftung. Nach seinen ersten Erfahrungen, sich mit schriftstellerischer Arbeit das tägliche Brot zu verdienen, mußte er von der Idee, die diese Stiftung auszeichnen sollte, nicht sonderlich überzeugt werden. Sie lag für ihn auf der Hand. Das soziale Netz war für den, der sein »literarisches Leben auf den ›Vers‹ zu stellen«[1] gedachte, zu weitmaschig geknüpft, als daß sich darauf leichthin und auf den Gang der Dinge vertrauend eine bürgerliche Existenz gründen ließ. Nur der kam zu Rande, der keine der möglichen Erwerbs- und Unterstützungsquellen vernachlässigte oder gar ignorierte. Das tradierte Mäzenatentum hatte sich nicht erledigt, aber die Betroffenen waren gut beraten, ihre sozialen Belange nicht ausschließlich mehr oder minder unkalkulierbarer Machtwillkür zu überlassen. Längst hatte sich auf dem literarischen Markt das Betätigungs- und Erwerbsfeld der Schreibenden erweitert und deren Berufsbild differenziert. Das bedeutete auch, daß der Berufsstand sich institutionell befestigen mußte und eigene Interessensvertretungen einzurichten hatte.

Als am 10. Mai 1855 in Loschwitz bei Dresden eine »wohlgelungene Schillerfeier«[2] über die Bühne gegangen war, bei der sich Berthold Auerbach als umstrittener und Karl Gutzkow als gefeierter Redner engagiert hatten, war es zu einem Aufruf gekommen, der sich »An die Deutschen« gewendet hatte. Man wolle eine Stiftung initiieren, deren Zweck es sei,

> solchen Schriftstellern, welche, dichterischer Formen sich bedienend, dem Genius unsres Volkes in edler, die Mehrung der Bildung anstrebender Treue sich gewidmet haben, für den Fall ihnen verhängter eigener schwerer Lebenssorge oder den Fall der Hilflosigkeit ihrer nächsten, auf ihr Talent angewiesenen Hinterlassenen einen tatkräftigen Beistand zu leisten.[3]

---

[1] Theodor Fontane: Autobiographische Schriften. 3 Bde. Hrsg. v. Gotthard Erler, Peter Goldammer u. Joachim Krueger. Bd. 2: Von Zwanzig bis Dreißig. Berlin, Weimar 1982. S. 394.

[2] Rudolf Goehler: Die Deutsche Schillerstiftung 1859–1909. Eine Jubiläumsschrift in zwei Bänden. Bd. 1: Geschichte der Deutschen Schillerstiftung. Berlin 1909, S. 2.

[3] Zit. nach: Ebd., Bd. 1, S. 2f.

Verbunden mit dieser grundsätzlichen Absichtserklärung wolle man »gleichgesinnte Gemüter« ermuntern, »aller Orten zu gleichen Schillerstiftungen zusammenzutreten und die Verwendung der Ergebnisse ihrer Tätigkeit mit der unsrigen in einer künftig näher zu bezeichnenden Weise in Verbindung zu bringen.«[4] Über Julius Pabst, Schriftsteller und Dramaturg, war die Angelegenheit an Fontane herangetragen worden, der sich für sie offenbar sogleich ins Zeug legte.[5] Am 20. Juli 1855 stellte er die Initiative im literarischen Verein *Tunnel über der Spree* vor,[6] und am 21. Juli konstituierte er in seiner Wohnung in der Luisenstraße 35 mit den wichtigsten Mitgliedern des *Rütli*-Kreises ein »interimistisches Schillerstiftungs-Comité.«[7] Fontane hat sich in der Folgezeit wiederholt für die Stiftung eingesetzt. So hielt er, um wenigstens ein Beispiel zu nennen, seine öffentlichen Vorträge über England 1859 zugunsten dieser Institution.[8]

2

Bis jetzt kaum beachtet ist der Umstand, daß Fontane über zwei, ja drei Jahrzehnte hinweg für die Berliner Zweigstelle der Stiftung Gutachten verfaßte. Wer von der Stiftung finanziell gefördert werden wollte, mußte sich eine Begutachtung gefallen lassen, die über die Berechtigung mitentschied. Goehler hat im zweiten Band seiner Geschichte der Deutschen Schillerstiftung 178 literarische Gutachten abgedruckt. Die meisten stammten aus den Federn von Julius Grosse, Karl Gutzkow, Hans Hoffmann und Ferdinand Kürnberger. Mit dieser Veröffentlichung, heißt es in Goehlers Vorwort, solle Rechenschaft abgelegt werden, »in welcher Weise die geistigen Führer des Nationalinstituts ihres Amtes gewaltet haben«[9]. Fontane gehörte

---

[4] Zit. nach: Ebd., Bd. 1, S. 3.

[5] Der Gründungsinitiative habe sich eine intensive Korrespondenz mit den Berliner Kreisen angeschlossen, »aus denen insbesondere Dr. Julius Pabst [...] durch lebhafte und ersprießliche Vermittelung Anspruch auf Dank gewann.« Zit. nach: Jahrbücher der Schiller-Stiftung 1 (1857), S. 151. Nach Goehler lag das Hauptverdienst bei Pabst, der Juli 1855 nach Dresden meldete, er habe in Berlin einen Kreis Interessierter zusammengetrommelt. Vgl. Goehler: Die Deutsche Schillerstiftung, a.a.O., Bd. 1, S. 5f.

[6] Petersen referiert und zitiert in seinem Kommentar zu Lepels Brief vom 19. August 1855 an Fontane aus dem Protokoll einer *Tunnel*-Sitzung, die er auf den 20. Mai datiert. Dabei handelt es sich um einen Datierungsfehler, wie nicht zuletzt die im Zitat erwähnte Nummer 15 des *Literaturblattes* vom 26. Juli 1855 mit der Anzeige der gegründeten Berliner Zweigstelle belegt. Es handelt sich offenbar um den 20. Juli 1855. (Theodor Fontane und Bernhard von Lepel. Ein Freundschaftsbriefwechsel. Hrsg. v. Julius Petersen. München 1940. Bd. 2, S. 404). Vgl. auch Goehler: Die Deutsche Schillerstiftung, a.a.O., Bd. 1, S. 369–376.

[7] Fontane an Theodor Storm, 22.07.1855. In: Theodor Storm – Theodor Fontane. Briefwechsel. Kritische Ausgabe. In Verbindung mit der Theodor-Storm-Gesellschaft hrsg. v. Jacob Steiner. Berlin 1981, S. 106.

[8] Siehe grundlegend zu Fontane und die Deutsche Schillerstiftung jetzt auch: Theodor Fontane im literarischen Leben. Zeitungen und Zeitschriften, Verlage und Vereine. Dargestellt v. Roland Berbig unter Mitarbeit v. Bettina Hartz. Berlin, New York 2000, S. 434–440.

[9] Goehler: Die Deutsche Schillerstiftung, a.a.O., Bd. 2, o. S. [V].

sicher nicht zum engeren Kreis dieser »geistigen Führer«, aber immerhin bescheinigte man ihm durch die Ernennung seitens des Verwaltungsrates schon 1863 jene »Gewissenhaftigkeit, Unparteilichkeit und außerordentliche Befähigung«[10], die diese Tätigkeit verlangte.

Das folgende von Fontane handschriftlich überlieferte Gutachten[11], hier zum ersten Mal vollständig veröffentlicht,[12] gibt einen Begriff, wie er sich dieser Aufgabe entledigte. Es ist »dem Dichter und Drechslermeister«[13] Karl Weise (1813–1880) gewidmet, den Fontane im September 1862 persönlich kennengelernt hatte. Immerhin hatte ihm dessen soziale und poetische Eigenart so gefallen, daß er Weise innerhalb seines *Freienwalde*-Wanderungskapitels einen ganzen Abschnitt einräumte.[14]

W e i s e – Eingeg. 16./XII.63.[15]

Der Verwaltungsrath der Deutschen Schillerstiftung
wollen mir gestatten ihm in Nachstehendem eine ganz ergebenste Bitte vorzutragen. Es handelt sich um den Drechslermeister und Poeten Karl Weise zu Freienwalde a. O. den ich Ihnen, hochgeehrte Herrn, behufs einer Unterstützung aus dem Fonds der Schillerstiftung in Vorschlag gebracht haben möchte.

Die Statuten der Schillerstiftung, so viel mir gegenwärtig, schreiben freilich vor, daß nur das wirkliche, bereits vollbewährte Talent, Anspruch auf eine Unterstützung haben soll und das Maaß der Begabung, das unsren Karl Weise zugemessen wurde, reicht, wie ich mir selber nicht verhehle, bis zu dieser vorgeschriebenen Marke nicht heran. Das eröffnet wenig Aussichten, wenn die vorgeschriebene Regel keine Ausnahme duldet; kommen aber Ausnahmen überhaupt vor, so bitte ich, freundlich wie ergebenst, in Erwägung ziehn zu wollen, ob in dem vorliegenden Falle nicht vielleicht Gründe zu solchen Ausnahmen sich ergeben möchten.

Karl Weise ist kein überschwänglicher Poet und fahrlässiger Handwerkermeister, er ist vielmehr umgekehrt ein fleißiger Drechsler und bescheidner Poet. Groß und stark und gesund, aller Schwebelei fern und fremd, fühlt er sich wohl an seiner

---

[10] Ebd., Bd. 2, o. S. [V].

[11] Das Gutachten befindet sich in den Unterlagen der Deutschen Schillerstiftung im GSA, Weimar. Sign.: 134/90/1. Die Veröffentlichung erfolgt mit freundlicher Genehmigung dieser Institution.

[12] Aus dem Gutachten wird zitiert in Goehler: Die Deutsche Schillerstiftung, a.a.O., Bd. 1, S. 236f. Ein Auszug ist auch mitgeteilt in: Theodor Fontane im literarischen Leben, a.a.O., S. 438f.

[13] Theodor Fontane an Emilie Fontane, 16.09.1862. In: Emilie und Theodor Fontane. Der Ehebriefwechsel. Hrsg. v. Gotthard Erler unter Mitarbeit von Therese Erler. Berlin 1998 (Große Brandenburger Ausgabe). Bd. 2: Geliebte Ungeduld. Der Ehebriefwechsel 1857–1871, S. 251.

[14] Der Aufsatz erschien zuerst im Juli 1863 im *Wochenblatt der Johanniter-Ordens-Ballei Brandenburg* und stand unter der Zwischenüberschrift »Hans Sachs von Freienwalde«.

[15] Eingangsvermerk eines Mitarbeiters der Schillerstiftung.

Drehbank und nur in der Dämmerstunde oder auf sonntäglichen Spatziergängen, gönnt er sich das heitre Spiel mit Wort und Reim.
Es handelt sich also in diesem Falle nicht darum, einen kümmerlichen Poeten in dieser seiner Poeten=Kümmerlichkeit immer fester zu machen, oder einen verschrobnen Müßiggänger, der sich Dichter dünkt von beßrer, angemessenerer Arbeit abzuziehn, es handelt sich vielmehr einfach darum, einem armen, ehrlichen, fleißigen Manne eine Unterstützung zukommen zu lassen, einem Mann dem der zufällige Umstand, daß er auch einen Vers, und gelegentlich einen ganz guten, zu machen versteht, jedenfalls Anspruch auf unsre besondre Theilnahme und vielleicht auch auf die Statuirung einer Ausnahme verleiht.
Ich habe mich in den letzten Monaten mit den kleinen poetischen Arbeiten Karl Weise's etwas eingehender beschäftigt und könnte vielleicht (namentlich in seiner »Braut des Handwerkers«) auf das eine oder andre hinweisen, was möglicherweise im Stande wäre, eine leidlich gute Meinung auch von seinem Talent hervorzurufen; – ich leiste aber darauf Verzicht und empfehle Ihrer Geneigtheit nicht den Dichter Karl Weise, sondern den Drechslermeister gleiches Namens, der nur hinwiederum auch Dichter genug ist, um den Schritt den ich in diesen Zeilen thue, einigermaßen zulässig erscheinen zu lassen.
Findet mein Gesuch ein geneigtes Ohr, so würde sich vielleicht eine einmalige Gabe in Form eines *Weihnachtsgeschenks* am besten empfehlen.
Ich habe die Ehre mich zu zeichnen als des Verwaltungsraths der Deutschen Schillerstiftung
ganz ergebenster
Berlin Th: Fontane
[Tintenklecks] Dezemb. 63 Hirschelstraße 14.

Man wird dem Gutachten nicht Unrecht tun, wenn man es diplomatisch nennt. Die Absicht, das Charakteristische der literarischen Arbeiten Weises herauszustreichen, verstellt Fontane nicht den Blick auf deren Grenzen. Es darf getrost zu den Feinheiten des Fontaneschen Charakters gerechnet werden, daß er, um Weise zu fördern, sich schon im Sommer desselben Jahres an den von ihm nicht geschätzten Karl Gutzkow gewandt hatte, um ihn – erfolgreich! – zum Abdruck von literarischen Arbeiten Weises in dessen *Unterhaltungen am häuslichen Herd* zu ermuntern.[16] Dazu paßt auch, daß er seinen Freund Karl Zöllner, als der 1866 die Sommerwochen in Freienwalde verbrachte, zu einem Besuch bei Karl Weise, »eine fein angelegte Natur«, geradezu aufforderte. Ein Gruß »von mir«, schrieb Fontane, »thut dann das Weitre.«[17]

Fast ist es, als reagierte Fontane in der Argumentation seines Empfehlungsschreibens vorsorglich bereits auf eine polemische Bemerkung, zu der sich Franz

---

[16] Vgl. Fontane an Gutzkow, 29.04.1864. In: HF IV, 2/124. Gutzkow war von 1862 bis 1864 Generalsekretär der Schillerstiftung, so daß ein Zusammenhang zwischen diesen Unternehmungen Fontanes für Weise angenommen werden darf.

[17] Fontane an Karl Zöllner, 15.07.1866. In: HF IV, 2/165.

Dingelstedt – allerdings erst 1888 – hinreißen ließ: »Wir sind auf dem besten Wege, die Schillerstiftung zu einer Naturdichterbewahranstalt zu machen. Nachdem wir einem poetischen Buchbinder (Kirdorff) gegeben, einem ditto Drechslermeister (Karl Weise) fast versprochen, kommt ein ditto ditto Briefträger [...]«[18]. An Weise, der bis zu seinem Lebensende 1888 fleißig publizierte und selbst in Brümmers Schriftstellerlexikon als »Freienwalder Hans Sachs« Eingang fand,[19] schieden sich allem Anschein nach die Stiftungsgeister. Während Fontane für die Berliner Zweigstelle mit einem verhaltenen »Pro« votierte, tendierte Grosse für die Hauptstiftung zum »Kontra«. Unter dem Strich bedeutete das für Weise, daß ihn der Berliner Zweigverein regelmäßig mit einer kleinen Gabe förderte, die Hauptstiftung ihn jedoch erst in den späten Jahren (1877, 1879, 1887 und 1888) und dann nur mit einer Ehrengabe unterstützte.[20] Einem solchen Zusammen- und Widerspiel zwischen Verwaltungsrat und Zweigstellen begegnet, wer sich über die Begutachtungspraxis informiert, regelmäßig. Eine umfassende Beschreibung der Gutachtertätigkeit Fontanes steht im übrigen noch aus.[21] Goehler erwähnt nur noch eine weitere Zuarbeit Fontanes und zwar im Zusammenhang mit dem Antrag der Witwe Heinrich Betas, die sich nach dem Tod ihres Mannes eine Unterstützung für ihre Familie durch die Stiftung erhoffte.[22]

3

Obwohl es nicht außerhalb der Ordnung war, daß ein Gutachter in die Situation des Zubegutachtenden geriet, hatte das sein Mißliches. Fontane jedenfalls zeigte sich, als ihm Bernhard von Lepel 1868 nahelegte, doch die Stiftung um einen finanziellen Zuschuß anzugehen, damit die Arbeit an *Vor dem Sturm* vorankomme, distanziert. Ihm gehe es nicht elend genug, gewisse Anstandsgesetze und Ehrenpflichten würden eine solche Beantragung seinerseits verbieten. Anders nur läge es, so Fontane in seiner Erwiderung, wenn ihm die Stiftung »aus *freien*

---

18 Zit. nach: Goehler: Die Deutsche Schillerstiftung, a.a.O., Bd. 1, S. 285.

19 Hier zit. nach: Lexikon der deutschen Dichter und Prosaisten des neunzehnten Jahrhunderts. Bearbeitet von Franz Brümmer. Fünfte, in den Nachträgen ergänzte und bedeutend vermehrte Ausgabe. Bd. 4: Scho bis Z. Leipzig o. J. [1900], S. 304.

20 Vgl. Goehler: Die Deutsche Schillerstiftung, a.a.O., Bd. 1, S. 236f. Fontane beteiligte sich übrigens, als es Weise in den achtziger Jahren zunehmend schlechtging, an einer Unterstützungsaktion, die über die *Gartenlaube* initiiert wurde.

21 Es existiert noch kein detailliertes Findbuch der Stiftungsunterlagen, so daß die bisherigen Funde eher zufällig sind und allein auf Goehlers Recherchen beruhen.

22 Bemerkenswerterweise stellte sich Fontane 1878 in seinem Plädoyer für Beta gegen die Meinung der Hauptstiftung, vertreten durch Hopfen und Kürnberger, die Beta unter die reinen Journalisten verwies, die kein Anrecht auf Förderung hätten. Fontane dagegen sah in Beta den verdienstvollen Journalisten. Er schrieb: »Beta mehr als irgendeiner hat die Gartenlaube groß und reich gemacht, und seine Familie muß nun erleben, daß in gerade jetzt kursierenden, die Geschichte der Gartenlaube behandelnden Artikeln der Name Beta totgeschwiegen wird. Beta war ein Kreuzträger sein Leben lang, und seine Witwe setzt es fort.« Zit. nach: Goehler: Die Deutsche Schillerstiftung, a.a.O., Bd. 1, S. 120.

Stücken ein Geschenk machte« oder wenn er sich sagen dürfe, daß er tatsächlich »Großes« vorhabe, das geschrieben werden *müsse*.[23] Unübersehbar galt Fontanes Hauptsorge seiner mühsam erworbenen Reputation als Schriftsteller. Sie wollte er weder durch eine Begutachtung gefährden, deren Prozedere ihn erniedrigte, noch durch eine Summe, deren Höhe so unerheblich war, daß sie ihn kränken mußte. Aber, hieß es weiter, »selbst wenn die Gabe an und für sich eine nach Form, Zeit, Umfang, anständige und verbindliche wäre, kann ich sie doch nicht nehmen, ohne mich bei der Kreuz=Ztgn, die mir nun doch 'mal mehr bietet und deshalb auch mehr sein muß als die Schiller=Stiftung, lächerlich zu machen.«[24] Zwei Jahre später war Fontane dann aber doch, was er nicht hatte sein wollen: ein Verhandlungsobjekt der Deutschen Schillerstiftung. Er wurde zu einem »Vorgang«. Gegen seine Absicht legte die Verwaltung der Stiftung eine Akte[25] mit seinem Name an. Wie war es dazu gekommen?

Ohne eigenes Zutun – das ist vorwegzunehmen. Als Fontane am 27. September 1870 Richtung Frankreich aufbrach, um die Schlachtfelder in Augenschein zu nehmen und den Truppeneinzug in Paris mitzuerleben, ahnte er nicht, in welche prekäre Lage ihn der Ausflug bringen sollte. Am 5. Oktober geriet er in französische Kriegsgefangenschaft. Man vermutete in ihm einen preußischen Spion. Fontane benötigte einige Tage, um zu begreifen, daß er tatsächlich in Lebensgefahr schwebte. Es ist hier nicht der Ort, detailliert nachzuzeichnen, wer alles in Bewegung gesetzt wurde, um ihn aus dieser Lage zu befreien: die Familie Wangenheim, die Einfluß auf den Erzbischof von Besançon nahm, Moritz Lazarus, der als Präsident der israelitischen Synode beim Präsidenten der *Alliance Isrélite Universelle*, dem französischen Justizminister Crémieux, intervenierte und schließlich Friedrich Eggers, der sich einem Lazarettzug an die Front anschloß, um nach Fontane zu fahnden.[26] Als Fontane am 14. November 1870 aus dem Chateau, l'isle d'Oléron seiner Frau Emilie zum Geburtstag gratulierte, schrieb er mit Blick auf die Gästeschar, es sei so natürlich, »daß Deine Lage Theilnahme weckt«.[27] Er wußte nicht, daß es einige dieser Gäste nicht bei dem Anteil nehmenden Händedruck beließen.

Seine Freunde aus dem *Rütli*-Kreis waren sich angesichts der bedrohlichen Situation einig, daß, wollte man Fontane helfen, alle möglichen Ebenen zu

---

23 Fontane an Bernhard von Lepel, 11.12.1868. In: Theodor Fontane und Bernhard von Lepel. Ein Freundschaftsbriefwechsel, a.a.O., Bd. 2, S. 332.

24 Fontane an Bernhard von Lepel, 17.12.1868. Ebd., Bd. 2, S. 333.

25 Diese Akte befindet sich im Nachlaß der Deutschen Schillerstiftung, den das Goethe- und Schiller-Archiv, Weimar verwaltet. Sie trägt die Signatur GSA 134/20, 2. Dieser Institution ist für die Genehmigung zur Publikation zu danken.

26 Auszüge aus Eggers' Bericht von dieser Reise sind unter dem Titel »Friedrich Eggers: Auszüge aus den *Wochenzetteln* vom 16. Oktober 1870 bis zum 8. Dezember 1870« abgedruckt in: Theodor Fontane und Friedrich Eggers. Der Briefwechsel. Mit Fontanes Briefen an Karl Eggers und der Korrespondenz von Friedrich Eggers mit Emilie Fontane. Hrsg. v. Roland Berbig. Berlin, New York 1997, S. 429–450.

27 Theodor Fontane an Emilie Fontane, 14.11.1870. In: Emilie und Theodor Fontane. Der Ehebriefwechsel, a.a.O., Bd. 2, S. 534.

aktivieren waren. Durch die regelmäßigen Kontakte zu Emilie Fontane blieb ihnen nicht verborgen, daß der Familie Fontane bald in der Tat eine wirtschaftliche Notlage drohte, würde nicht bald Abhilfe erwirkt. Möglicherweise diskutierte man deshalb am 5. November auf der *Rütli*-Sitzung bei dem Architekten Richard Lucae[28] eine Gegenstrategie, in die die Schillerstiftung, mit der alle in der Runde vertraut waren, einbezogen wurde.[29] Unter dem 23. November 1870 verfaßte der Kunsthistoriker Wilhelm Lübke[30] dann einen Begründungsantrag, auf den Julius Grosse[31] von der Hauptstiftung mit einem Schreiben an Friedrich Zabel[32] beinahe postwendend am 28. November reagierte. In ihm erbat er genauere Angaben zu den Lebensumständen Fontanes. Im direkten Gegenzuge lieferte Karl Bormann, den Franz Brümmer in der *Allgemeinen Deutschen Biographie* nicht ohne Grund als namhaften Schulmann charakterisiert, »dessen Wirken nicht nur für die preußische Hauptstadt und die Provinz Brandenburg, sondern über deren Grenzen hinaus von nachhaltigem Einfluß gewesen«[33] sei, am 2. Dezember das Gewünschte, so daß Julius Grosse am 4. Dezember das Gutachten für die Hauptstiftung verfassen konnte.

Fontane, der am selben Tag wieder wohlbehalten in Berlin eintraf, dürfte bis dahin nichts von diesen Bemühungen gehört oder gelesen haben. Es ist nicht überliefert, wann er (und ob überhaupt) von dem Antragsverfahren unterrichtet wurde. Weder im resümierenden Jahresbericht im Tagebuch noch in den uns bekannten Briefe wird es erwähnt. Das Wohlmeinende nahm seinen Einwänden, an denen es gewiß nicht mangelte, den Wind aus den Segeln. Überblickt man den kompletten Vorgang, wie er sich in der Akte darstellt, möchte man Fontane auch gar nicht gewünscht haben, über jeden Punkt in Kenntnis gewesen zu sein. Sein

---

28 Lucae (1829-1877) stand kurz vor seiner Berufung zum Direktor der Berliner Bauakademie, galt also in seinem Metier etwas. Dem *Rütli*-Kreis gehörte er seit 1855 an.

29 In Eggers' Wochenzettel heißt es lapidar: »Im Rütli b. Dick Conferenz über Nöhl's [Fontanes *Rütli*-Name – R. B.] Angelegenheit.« (In: Theodor Fontane und Friedrich Eggers. Der Briefwechsel, a.a.O., S. 447).

30 Wilhelm Lübke (1826-1893), Kunsthistoriker, der Anfang der fünfziger Jahre in Berlin zu den literarisch-künstlerischen Kreisen *Tunnel über der Spree*, *Rütli* und *Ellora* stieß, in denen Fontane verkehrte, später Professor in Zürich, Stuttgart und Karlsruhe und sehr erfolgreich mit seinen populären kunstgeschichtlichen Büchern.

31 Julius Grosse (1828–1902), Schriftsteller, der sowohl journalistisch als auch belletristisch tätig war, befreundet mit Robert Prutz und Mitgliedern des Münchner Dichterkreises, Theater- und Kunstkritiker, 1870 zum Generalsekretär der Deutschen Schillerstiftung berufen.

32 Friedrich Zabel (1802–1875), Schriftsteller, der sich als Journalist für die Liberalen engagierte und seit 1848 Redakteur der in Berlin erscheinenden *National-Zeitung* war. Zabel war über seine Bekanntschaft mit dem Kammergerichtsrat Wilhelm von Merckel in Kontakt zum *Rütli* gekommen, der ihn als Mitglied des Berliner Schiller-Comités gewann, dem er dann sogar jahrelang vorstand.

33 Franz Brümmer: Art. Bormann, Karl. In: Allgemeine deutsche Biographie. Bd. 47 (Nachträge). Leipzig 1903, S. 113. Bormann (1802-1882) war Provinzschulrat in Berlin, unterrichtete zeitweilig die preußischen Prinzessinnen, engagierte sich für die schulische Verwendung von Fontanes *Wanderungen durch die Mark Brandenburg* und gehörte den literarischen Vereinen *Tunnel über der Spree* und *Rütli* an.

grundsätzliches Unbehagen wäre eher genährt als behoben worden – unangenehmer Weise auch noch demonstriert an der eigenen Person. Wie subtil auch immer, spiegeln die Aktenblätter divergierende Interessen und fertigen Fontane am Ende mit einer Summe ab, deren Geringfügigkeit wahrhaftig geeignet gewesen war, ihn zu kränken: 100 Taler.

Peinlich hätte ihn berührt, zu sehen, wie der Verwaltungsrat bemüht war, ihn als Fall an die Zweigstelle zurückzudelegieren und wie die schon an und für sich kümmerliche Zuwendung von 200 Talern, die anfangs im Gespräch war, heruntergehandelt wurde. So gutmeinend die Freunde agierten, die vom Verwaltungsrat erst ernst genommen wurden, als sie sich als Berliner Gruppe zu erkennen gaben, so verdrießlich hätten ihn die Rückfragen hinsichtlich seiner bisherigen Anstellung bei der *Kreuzzeitung* gestimmt. Immerhin tendierte die personelle Mehrheit in der Stiftung zum nationalliberalen, nicht zum konservativen Lager. Vermutlich wäre ihm die ganze Strategie, auf die sich Lübke, Zabel und Bormann eingelassen hatten, gegen den Strich gegangen. Sie war kaum offensiv, ja beinahe unentschieden und nicht danach beschaffen, sachlichen oder moralischen Druck auf den Verwaltungsrat auszuüben. Sich subsumiert zu sehen unter ein Mittelmaß, dem er selbst nur zögerlich, wie das Gutachten für Weise bezeugt, die Stange zu halten bereit war, hätte Fontane verstimmen müssen – und hat es wahrscheinlich. Da will es am Ende nur passen, daß sich der Abschluß des Vorgangs verwaltungstechnisch verzögerte und die Quittung eingeklagt werden mußte. Und das Schreiben von Julius Grosse vom 10. März 1871 an Karl Bormann ist ein bezeichnendes Zeugnis dafür, wie unwohl dem Verwaltungsrat der Schillerstiftung in Weimar bei dieser Behandlung selbst war. Es läßt sich nur schwer ausmalen, was geschehen wäre, wenn Fontane die Summe abgelehnt hätte, er aber unversehens seinen Namen im Jahresbericht unter den »Pensionären der Schillerstiftung« entdeckt hätte.

Wesentlich leichter fällt es, sich Julius Grosses Beruhigung vorzustellen, als ihm Bormann unter dem 13. März 1871 mitteilte, Fontane fühle sich aufgrund der erfreulichen beruflichen Lage nach seiner Rückkehr »in seinem Gewissen beengt [...], eine Gabe anzunehmen, die unter anderen Voraussetzungen ihm bewilligt« war, habe sie aber »als eine gewährte Auszeichnung dankbar angenommen.« Am Ende steht der Eindruck, daß alle Beteiligten froh waren, die Akte »Fontane« mit diesem Brief schließen zu können. Aus der Perspektive der neunziger Jahre wird es Fontane, als er seine Gutachtertätigkeit für die Zweigstelle in Berlin beendete, eine Genugtuung besonderer Art gewesen sein, daß sie, einmal verschnürt, nie wieder geöffnet zu werden brauchte.

1. WILHELM LÜBKE AN DEN VORSTAND DER DEUTSCHEN SCHILLER-STIFTUNG, 23. November 1870[34]

Stuttgart, 23. Novbr 1870.

Den verehrlichen Vorstand der deutschen Schiller-Stiftung

erlaube ich mir in folgendem auf einen Mann aufmerksam zu machen, der wie ich glaube einer Berücksichtigung seitens der Schillerstiftung ebenso würdig als bedürftig ist.

Ich meine Theodor Fontane in Berlin, jetzt seit Anfang Oktober in französischer Gefangenschaft festgehalten. Durch seine »Gedichte«, seine meisterhaften »Balladen«, seine »Wanderungen in der Mark«, sein werthvolles Buch über England, endlich durch seine Darstellung des Schleswig Holsteinischen Krieges vom J. 1864 und des eben noch im Erscheinen begriffenen Buch über den Krieg des Jahres 1866 hat er sich als Dichter und Schriftsteller einen geachteten Namen erworben, so daß er durch seine Leistungen gewiß als würdig einer Unterstützung durch die Schillerstiftung erscheinen wird.

Nicht minder ist er einer solchen bedürftig. Ohne alles Vermögen, bei einem kränklichen, der Genesung bedürftigen Körper hat er lediglich mit literarischen Arbeiten eine zahlreiche Familie zu ernähren. Seine Stelle in der Redaktion der Kreuzzeitung hat er im vergangenen Sommer niedergelegt, weil sie ihn an der Vollendung größerer poetischer Aufgaben hinderte. Eine kleine Jahrespension, welche ihm das preußische Kultusministerium während der Ausarbeitung seiner »Wanderungen in der Mark« ausgeworfen hatte, ist seit einigen Jahren schon in Wegfall gekommen, so daß Fontane also für die Existenz seiner zahlreichen Familie lediglich auf den Ertrag literarischer Arbeiten angewiesen ist. Auch dieser kann nur ein mäßiger sein, da der Zustand seines leidenden Körpers nur mit Vorsicht ein mäßiges Arbeiten gestattet.

Zu alledem kamen aber neuerdings noch die durch seine Kriegsgefangenschaft veranlaßten Einbußen. Anfangs October begab er sich auf den Kriegsschauplatz, um Studien für eine Darstellung des Feldzuges zu machen, hatte aber dabei das Mißgeschick, in die Hände französischer Mobilgarde zu fallen, die ihn nach Besançon schleppten. Mit gemeiner Noth entging er dem Loose, als Spion erschossen zu werden, ward dann aber nach der Westküste Frankreichs geschleppt, u noch jetzt fragt es sich, wann er befreit werden wird. Jedenfalls ist aber durch die Strapazen der langwierigen Gefangenschaft sein Gesundheitszustand noch mehr erschüttert, u da er seit Anfang Oktober nichts mehr für die Seinigen hat arbeiten können und wohl noch länger nicht im Stande sein wird, Etwas zu erwerben, so glaube ich aus allen diesen Gründen, daß es in hohem Grade angezeigt sein dürfte, ihn für einige Jahre eine Pension Seitens der Schillerstiftung zu bewilligen, für welche ich ihn durch diese Zeilen aufs dringendste empfohlen haben will.

---

[34] GSA, Deutsche Schillerstiftung. Sign.: 134 / 20,2. Die komplette Akte trägt diese Signatur. Die Blätter sind durchpaginiert.

In der Hoffnung einer baldmöglichen Erfüllung dieses Wunsches zeichne ich mit vorzüglicher Hochachtung
ergebenst
Prof. Dr. W. Lübke.

2. JULIUS GROSSE AN FRIEDRICH ZABEL, Chefredakteur der *Nationalzeitung*, 28. November 1870 [Abschrift für die Stiftungsakte]

[Kopfbogen]
Deutsche Schiller-Stiftung.
Vorort WEIMAR. Weimar, den 28 Nov. 70.

Herrn Dr. Zabel Chefredacteur d. Nationalzeitung

Hochgeehrter Herr
Nachdem Herr Professor Dr. Lübke in Stuttgart die Aufmerksamkeit des Vorstands auf Dr. Theodor Fontane zu richten sich veranlaßt gesehen, halte ich es, bevor die Acten dem Verwaltungsrath zur Entscheidung vorgelegt werden, für meine Pflicht, mich um gefällige Auskunft über einige Punkte an Sie zu wenden. So weit ich weiß, und wie auch die Zeitungen meldeten, wenn ich mich recht erinnere zählte Dr. F. zu der Redaction einer der größeren Zeitungen Berlins: Sollte der geachtete Dichter diese Stelle nicht mehr innehaben, so müsste seine Lage allerdings eine precäre genannt werden und die Sch.St.[35] wird sich ihrer Pflicht nicht entziehen. Verschweigen jedoch können wir nicht und Staatsanwalt Genast[36] wird es Ihnen bestätigen, daß die Mittel der Sch.St. bis auf ein Minimum zusammengeschmolzen sind. Abgesehen von einer Reservesumme für den Nothfall hat d. Centralcasse der Sch.St. bis Mai nächsten Jahres höchstens über 300 Thlr. zu disponiren. Die Gabe für Herrn Dr. Th. F. wird also unter allen Umständen nur eine sehr bemessene sein können, aber es würde dem Vorort sehr zur Beruhigung gereichen, wenn wir hoffen dürften, daß die Berliner Zweigstiftung sich gleichfalls nach ihren Kräften des Betroffenen annehmen würde. Ihren gefälligen Mittheilungen entgegensehend zeichnet
mit vollkommener Hochachtung
Ihr ergebener
J. Grosse

---

35 für: Schillerstiftung (in den Abschriften für die Stiftungsunterlagen gewöhnlich gebrauchtes Kürzel).

36 Wilhelm Genast (1822–1887), neben seiner Anwaltstätigkeit für die liberale Partei in zahlreichen politischen Ämtern tätig, wurde 1872 als Vortragender Rat in das Weimarische Ministerium des Äußern und Innern berufen, wo er sich um die Neuorganisation der Landesheilanstalten und Hospitäler und den Bau von Eisenbahnen kümmerte. Genast, der auch Dramen, Romane und Lyrik veröffentlichte, war von 1870 bis 1874 und dann ein weiteres Mal von 1880 bis 1884 Präsident des Verwaltungsrates der Stiftung.

3. FRIEDRICH ZABEL AN JULIUS GROSSE, 2. Dezember 1870

[Kopfbogen]
Redaction
der
National-Zeitung
(F. Zabel)
Berlin.
Französische Str. 51.

Berlin, den 2. Decebr. 1870

Hochgeehrter Herr,
In ergebenster Erwiderung Ihrer geehrten Zuschrift v. 28. v M, betreffend die von Prof. Lübcke [!] angeregte Unterstützung des Dichters Th. Fontane, übersende ich anbei in originali einen Bericht des Verwaltungsmitgliedes Hrn Bormann, der den gewünschten Aufschluß über die Verhältnisse Fontane's giebt. Da Fontane einem hiesigen literarischen Kreise angehört, dessen Mitglied auch Hr. Bormann ist, und die Mitglieder dieses Kreises eine besondere Thätigkeit entfaltet haben, um die Freilassung Fontane's zu bewirken, so glaubte ich mich zur Erfüllung des mir gegebenen Auftrags an diese zuverlässige Quelle wenden zu sollen, und so entstand der beiliegende Bericht des Hrn Bormann.
Ich habe demselben nichts hinzuzufügen, als etwa die Bestätigung der mißlichen Umstände, in denen sich Fontane befindet, und daß hier im prägnanten Sinne der Fall vorliegt, von dem unsere Satzungen (§ 2) Hilfe u. Beistand abhängig machen, der Fall nämlich »verhängter schwerer Lebenssorge«.
Außerdem erlaube ich mir darauf aufmerksam zu machen, daß nach Art. 10. der Berliner Zweigstiftung »Personen, welche bereits der Verwaltungsrath unterstützt, von der Zweigstiftung nicht berücksichtigt werden können.« Die Mittel unserer Zweigstiftung reichen aber nicht aus, den Dichter Th. Fontane in seiner jetzigen Lage ausreichend zu unterstützen, so daß wir also hier in der Lage uns befinden, die Sorge für ihn auf die Schultern des Verwaltungsraths zu laden.
Angesichts der Lage aber, in welche, wie Sie mir schreiben, die Centralstelle sich augenblicklich befindet, würde sich ein Ausweg vielleicht dadurch darbieten, daß von der durch den Verwaltungsrath zu bewilligenden Summe eine mäßige Quote von der hiesigen Zweigstiftung übernommen würde.
Mit vollkommenster Hochachtung habe ich die Ehre zu sein
Ihr
ergebner
Zabel

[Anlage zu Zabels Schreiben:
Karl Bormanns Gutachten für Theodor Fontane:]

Theodor Fontane war früher in der Redaction der Kreuzzeitung beschäftigt und bezog in dieser Stelle ein jährliches Honorar von 800 rh. Am 1 Juli v. J. gab er diese Thätigkeit auf um seine Zeit und Kraft ganz seinen literarischen Beschäftigungen zu widmen. Bald nach Ausbruch des gegenwärtigen Krieges erhielt er die Aufforderung, eine Geschichte desselben zu schreiben, wie er bereits eine Geschichte der Kämpfe des Jahres 1866 verfaßt hatte. Um jener Aufforderung in seinem Sinne genügen zu können begab er sich in den ersten Tagen des October d. J. nach Frankreich; er wollte die historischen Schlachtfelder aus eigener Anschauung kennen lernen. Von Toul aus besuchte er Vaucouleur und Domremi; eine »jugendliche Schwärmerei«, wie er selbst es nannte, für Jeanne d'Arc zog ihn dorthin. In Domremi ward er von Franctireurs gefangen genommen und nach Besançon gebracht. Man hielt ihn für einen Spion. Auf Verwendung des Präsidenten der Schweizerischen Eidgenossenschaft, herbeigeführt durch seinen Freund Professor Lazarus, entließ man ihn des Verdachts der Spionage, und gesellte ihn zu den deutschen Kriegsgefangenen. Als solcher ward er nach der Insel Oléron transportirt. Seit anderthalb Wochen ist die Nachricht hier eingelaufen, daß er auf Verwendung von Crémieux, dessen Hülfe gleichfalls Professor Lazarus angerufen hatte, frei gegeben sei. Von ihm selbst aber ist seit seinem Abgange nach Oléron hier noch kein Brief eingelaufen. Unterdessen hat seine Frau hier mit drei Kindern qualvolle Stunden verlebt. Ihre Sorgen verschärfen sich dadurch, daß ihr ältester Sohn, der Offizier ist, vor dem Feinde steht. Wie groß unter diesen Umständen und bei der nunmehr bereits zweimonatlichen Abwesenheit ihres Versorgers die Verlegenheit der Familie Fontane ist und welche ferneren Opfer ihr das über Theodor Fontane gekommene Verhängniß kosten wird bedarf meiner Darlegung nicht. Hülfe, wenn für's Erste auch nur augenblicklich, thut dringend noth.

Berlin 1 December 1870 Bormann

4. JULIUS GROSSE: GUTACHTEN FÜR THEODOR FONTANE
[mit schriftlichen Stellungnahmen der Kommissionsmitglieder und einem Resümee von Wilhelm Genast], 5. Dezember 1870

[Kopfbogen]
Deutsche Schiller-Stiftung
Vorort WEIMAR. Weimar, den 5 December 70.

Gutachten zu Th. *Fontane*

Ich kann das Votum über Th. Fontane nur mit Hinweis auf die im Art 2. angedeutete Idee beginnen. Der Krieg hat den deutschen Schriftstellerstand in erheblicher Weise geschädigt, und wenn wirklich alle Einbußen, die uns Frankreich auferlegt hat, Anspruch auf Ersatz haben sollten, so würde auch die Sch.St. für ihre Pfleglinge die Stimme erheben dürfen, obwohl die Nachweise allerdings nur indirect geführt werden könnten. Allein es liegen auch directe Fälle vor, und in erster Linie steht Theodor Fontane. Gefangen, von Subsistenzmitteln entblößt, dabei körperlich leidend und wenn auch den Seinen wieder zurückgegeben doch ohne Aussicht, für eine zahlreiche Familie genügend sorgen zu können – fürwahr ein trübes Bild und für die Sch.St. mehr als hinreichend, um ihrer Pflicht sich zu erinnern. Fontanes Verdienste um die Nationalliteratur sind hinreichend bekannt,

um sie ausführlich zu schildern. Er hat im Balladenfach Gedichte ersten Ranges geliefert, sich außerdem als kenntnißreicher und geschmackvoller Essayist und Historiker (s. sein Buch über Schottland, über die Mark, über den Krieg von 66) bewiesen. War es schon in Deutschland nicht leicht, sich einen geachteten und beliebten Namen zu erwerben, so ist dies Ziel vor dem verwöhnten Berliner Publicum doppelt schwierig zu erreichen und setzt eine ungewöhnliche Begabung voraus. – Fontane gehört in Berlin zu den ersten und anerkannten Namen.
Um in unsrer momentanen finanziellen Verlegenheit einen Ausweg zu finden, deutete ich Herrn Dr. Zabel an, daß uns die Entscheidung erleichtert würde, wenn die Berliner Zweigstiftung sich gleichfalls thätig erweisen wolle. Dr. Zabel erwidert, daß dies gegen die Statuten der Zweigstiftung sei, doch ließe sich eine Vermittelung finden, dahin daß von der durch uns bewilligten Summe Berlin eine Quote übernähme. Mein Vorschlag wäre deshalb Fontane vorläufig *wenigstens* 200 Thlr. zu bieten, wenn Berlin 50 Thlr. davon übernehmen könne und wolle.
J. Grosse

Wenn ich den vorliegenden Fall für besonders geeignet halte, daß die Schillerstiftung hier helfend eintritt, so scheint er mir doch auch dazu angethan, um denjenigen Zeitungen und Verlagsbuchhändlern, die die Kraft der deutschen Schriftsteller ausnutzen und sich durch diese bereichern, *öffentlich* vor die Seele zu führen, wie auch sie *Verpflicht*ungen haben. Immer mehr stellt sich das Bedürfniß nach einer deutschen Schriftgenossenschaft heraus, die überall für ihre Mitglieder eintritt. Mit dem Vorschlage des Herrn Dr. Grosse und mit der an Gewährung von 200 Thalern gestellten Bedingung erkläre ich mich einverstanden.

Weimar, 6 Dez. 70. Loën[37]
Weimar 7. Dez. Einverstanden Laukhardt[38]
Einverstanden Wien 12/XII. 1870 L. von Kompert[39]

[37] August von Loën (1828–1887), übernahm nach einer militärischen und diplomatischen Laufbahn 1867 von Franz Dingelstedt die Intendanz des Weimarer Hoftheaters und der Hofkapelle, am Krieg gegen Frankreich 1870 beteiligte er sich als Johanniterritter. Loën war stellvertretender Vorsitzender der Schillerstiftung, engagierte sich in der Shakespeare-Gesellschaft und wurde 1885 Mitbegründer der Goethe-Gesellschaft.

[38] Dr. F. Laukhardt (gest. 1876), Oberschulrat, aus Darmstadt stammendes, dann vorörtliches, also in Weimar ansässiges Verwaltungsratsmitglied der Schillerstiftung.

[39] Leopold von Kompert (1822–1886), aus Böhmen stammender Journalist, übernahm 1848 erst das Feuilleton, dann die Leitung der Wiener Zeitschrift *Österreichische Lloyd*, der rasch wechselnde Tätigkeiten folgten, bis er schließlich seit 1858 als freier Schriftsteller tätig war, veröffentlichte Geschichten aus dem Leben der Juden in Böhmen, dank seiner gemeinnützigen Arbeit – wie u.a. für die Deutsche Schillerstiftung – ernannte ihn Wilhelm I. 1884 zum Regierungsrat.

Wenn wir die nächsten sechs Monate nur 300 Thlr zur Verfügung haben, sehe ich nicht ein wo wir hier 150 thl bewilligen können. Allerdings ist die Lage eine solche daß etwas geschehen muß. Aber von der Sch.St.? erlauben es ihre Verhältnisse?

Braunfels[40]

Frankfurt a. M. 15/12.70

Einverstanden mit 100 Thl von der Schillerstiftung. Mehr ist doch wohl nicht thunlich, wenn wir bis Mai nur noch über 300 Thlr zu verfügen haben, also schon jetzt so zu sagen auf dem Trocknen sitzen. Die reiche Kreuzzeitung mit ihrem noch reicheren Hintergrunde kann doch wohl für ihren früheren Redacteur eintreten, denn wer macht jetzt bessere Geschäfte wie gelesene Tagesblätter. Leider sind wir hier jetzt zu splendid gewesen.

Köln 19/12 70 W. Müller[41]

H. Fontane ist gesund und arbeitslustig zurückgekehrt. Er ist mit der Aufzeichnung seiner jüngsten Erlebnisse beschäftigt und die Herausgabe dieser Schrift wird ihm Einiges eintragen. Die Kasse der S.St. ist der Erschöpfung nahe. Unter diesen Umständen beantrage ich für Th. F. 100 rh. und bitte, ihm die Anweisung darauf eintretenden Falls durch mich zugehen zu lassen.

Berlin. Bormann
22. 12. 70

Mit Herrn Coll. Bormann für 100 rh.
Dr. Helbig[42] Dresden 26/12 70.

Zurück

Zurück erhalten am 27t Decbr 70.
W. Genast.
Betr. dens.

I, da auch diejenigen, welche für 200 rh bezw. 150 rh aus der Central-Stiftung votirt haben, mit dem geminderten Antrage auf 100 rh einverstanden sind, auch

---

40 Ludwig Braunfels, Jurist, langjähriges Verwaltungsratsmitglied der Stiftung aus Frankfurt/M., war an zahlreichen Grundsatzpapieren federführend beteiligt und trat wiederholt aus Rechtsgründen gegen Gutzkows Ansprüche innerhalb der Stiftung auf.

41 Wolfgang Müller von Königswinter (1816–1873), nach mehrjähriger Tätigkeit als Arzt und kurzzeitigem politischen Engagement (u.a. als Deputierter der Nationalversammlung) seit 1853 in Köln als freier Schriftsteller ansässig, verfaßte 1870 patriotische Gedichte und scheiterte als Altkatholik 1871 mit seiner Kandidatur für den Reichstag. Im Jahresbericht 1873 heißt es: »Einen großen Verlust erlitt die Stiftung durch das Hinscheiden des Dichters und Sängers des Rheins, Wolfgang Müllers von Königswinter, der viele Jahre hindurch ein eifriger Förderer der Stiftung und in den letzten Jahren ein tätiges Verwaltungsratsmitglied gewesen war.« (Zit. nach: Goehler: Die Deutsche Schillerstiftung, a.a.O., Bd. 1, S. 213).

42 Karl Gustav Helbig (gest. 1875), Professor in Dresden, langjähriges Mitglied der Stiftung (seit 1863).

Kollege Braunfels mit einer Bewilligung sich einverstanden erklärt hat, nur daß ihm die erste Summe bei dem gegenwärtigen Kassenstande zu hoch erschien: ist eine Mehrheit von 6 Stimmen, wenn nicht Einstimmigkeit für 100 rh. vorhanden, diese Summe aber, damit sie *jetzt nöthige* Hülfe bringe, alsbald auszuzahlen, durch gütige Vermittlung unsres Kollegen Bormann.
Ich ersuche daher

1, den Herrn Sekretair, das Schreiben zu entwerfen,
2, den Herrn Hof-Rendant Büscher, das finanziell Nothwendige vorzukehren.

II, Alsdann cirkulirt der Akt bei den sämtlichen Herren Verwaltungsräthen zu gefälliger Kenntnißnahme und Anheimgabe, ob noch weiter gehende Anträge gestellt werden sollen.
Weimar d. 27./12.70. W. Genast.

5. JULIUS GROSSE AN KARL BORMANN, 29. Dezember 1870 [Abschrift für die Stiftungsakte]

[Kopfbogen]
Deutsche Schiller-Stiftung
Vorort WEIMAR

Weimar, den 29 / 12.70.

Hochgeehrter Herr
Im Auftrag des Vorsitzenden der D.Sch. Herrn Staatsanwalt Genast[43] beeile ich mich Ihnen mitzutheilen, daß die Entscheidung der V.R.[44] hinsichtlich einer momentanen Gabe von 100 Thr. für Herrn Dr. Th. Fontane einstimmig ausgefallen ist, wobei nicht ausgeschlossen bleibt, daß bei etwa fortdauerndem Nothstande des Empfohlenen nur bei günstiger Finanzlage der Sch.St. die Bewilligung von Seiten der Letzteren eine ergiebigere sein werde. Indem wir Sie bitten, das Ergebniß der Votirung Herrn Th. Fontane persönlich mitzutheilen,[45] wünschen wir zugleich, daß es ihm gelingen möge, die momentane mißliche Lage glücklich zu überwinden und erlauben uns die betr. Quittung beizulegen, nach deren Vollzug sofort der Betrag übermittelt werden wird
mit vollkommener Hochachtung
Ihr ergebenster J. Gr.
Herrn Provinzial-Schulrath Regierungs-Rath Bormann[46]
Berlin

---

43 auf dem linken Rand – offenbar bestätigend – von Genast durch: W. G. 30 / 12. 70.
44 für: Verwaltungsrat.
45 auf dem linken Rand: exped. 31 / 12.
46 zuerst: Herrn Schulrath Professor Dr. Bormann.

[Dieser Entwurf kursierte zur Bestätigung und Ergänzung im Verwaltungsrat, dessen Mitglieder gegenzeichneten]

Gelesen Laukhardt 31/12 70.
4/1 71 gelesen Leopold Kompert
Braunfels?[47]
Gelesen 25/1 71. W. Müller
gelesen und beantrage ich ergebenst, Professor Dr. Lübke von der erfolgten Bewilligung zu benachrichtigen.
Berlin 27. 1. 71. Bormann
Gelesen 30/1 71 Dr. Helbig Dresden.

Zurück erhalten am 1^n Februar 1871. W. Genast
Betre. dens.

1, Herrn Sekretär ersuche ich um Benachrichtigung des Herrn Lübke.
2, Wegen mangelnden Visum von Frankfurt dem nächsten Turnus wieder beizulegen.

W. Genast.

Gelesen.
Frankfurt a. M. 5/3 71 Braunfels

6. JULIUS GROSSE AN WILHELM LÜBKE, 4. Februar 1871
[Abschrift für die Stiftungsakte]

[Kopfbogen]
Deutsche Schiller-Stiftung.
Vorort WEIMAR.
Schffr./

Weimar, den 4 / 2. 71.

Herrn Professor Dr. Wilhelm Lübke Stuttgart
Hochgeehrter Herr

Der complicirte Gang unsrer Geschäftsordnung macht es leider erst heute möglich, Ihnen auf Ihr Gesuch für *Dr. Fontane* vom 23 Nov. ver J. die erfreuliche Mittheilung zu bringen, daß der V.R. der D.Sch.[48] sich einstimmig für eine sofortige Bewilligung von 100 Thlrn an Hrn Dr. Fontane entschieden hat, wobei nicht ausgeschlossen bleibt, daß bei etwa fortdauerndem Nothstand des Empfohlenen

[47] Braunfels wurde offensichtlich beim Umlauf verpaßt, so daß sein Name von einem der Kollegen notiert und mit einem Fragezeichen versehen wurde. Wie am Ende des Dokuments zu sehen ist, konnte er schließlich noch erreicht werden und den Vorgang mit seiner Unterschrift bestätigen.

[48] für: Deutsche Schillerstiftung.

und bei günstigerer Finanzlage der Sch.St. die Berücksichtigung von Saiten der letzteren eine ergiebigere sein werde. Das Ergebniß des V.R. Beschlusses ist bereits am 31 Dec. durch Herrn Provinzial Schulrath Reg r. Bormann Herrn Dr. Fontane mitgetheilt worden und können wir nur wünschen, daß Ihre warme Verwendung mit dem allerdings durch unsere eigene precäre Finanzlage bemessenen Resultat befriedigt sein möge.
Mit vorzüglicher Hochachtung
für den Vorort der D. Schillerstiftung

7. JULIUS GROSSE AN KARL BORMANN, 10. MÄRZ 1871
[Abschrift für die Stiftungsakte]

[Kopfbogen]
Deutsche Schiller-Stiftung
Vorort WEIMAR. Weimar, den 10. März 71
Hochgeehrter Herr

Erst jetzt, nachdem der Jahresbericht von 1870 versandt worden, in welchem (wenn auch nur in einer Note) auch Dr. Fontane als Percipient auf geführt steht, erfahre ich von Herrn Hofrendanten Büscher, daß die Ihnen übersandte Quittung nicht zurückgekommen ist, wir also nicht wissen, ob Herr Dr. Fontane die Bewilligung des V.R. überhaupt angenommen hat oder nicht. Denkbar wäre es ja, daß die Summe von 100 Thlr. zu unbedeutend erschienen, um sich deshalb zu den Pensionären der Schillerstiftung zählen zu lassen. Höchst fatal indes würde es uns in diesem Falle sein, daß trotzdem nun Fontanes Name in den Jahresbericht gekommen ist. Wir bitten Sie dringend, uns in zwei Worten zu sagen, wie sich diese Sache verhält und ob überhaupt etwas dabei zu redressiren ist

mit ausgezeichneter Hochachtung
Ihr ergebenster Julius Grosse

8. KARL BORMANN AN JULIUS GROSSE, 13. März 1871

Berlin den 13 März 1871.
Hochgeehrter Herr.
Th. Fontane's Quittung wird heut, wie ich glaube, in Herrn Hofrendanten Büschers Händen sein. Damit ist diese Angelegenheit factisch erledigt. Ich muß jedoch ausdrücklich versichern, daß die Einsendung der Quittung nicht etwa dadurch verzögert worden ist, weil dem Empfänger die zugebilligte Summe zu gering erschienen wäre. Von einer solchen Auffassung ist Th. Fontane weit entfernt. Aber seine Verhältnisse gestalteten sich als er zurückkehrte viel günstiger, als seine Freunde im Voraus anzunehmen berechtigt waren, indem er nicht nur gesund sondern erfrischt zurückkehrte, mehrere einträgliche Aufforderungen zu literarischen Arbeiten vorfand, und dadurch in seinem Gewissen sich beengt [Unterstreichung von fremder Hand; R. B.] fühlte, eine Gabe anzunehmen, die

unter anderen Voraussetzungen ihm bewilligt war. Nichtsdestoweniger hat er sie als eine ihm gewährte Auszeichnung dankbar angenommen.

Gestatten Sie bei dieser Gelegenheit noch eine Bemerkung. Ein Dr. J. J. May, nach hier gemachten Angaben aus München, nach dem neuesten Jahresbericht (S. 1 Anmerkg.) aus Darmstadt, hat in Offenbach, in München und hier von den resp. Zweigstiftungen Unterstützungen zu erlangen gewußt. Er scheint ein führender Literat zu sein, der nach und nach die Zweigstiftungen heimsucht. Dürfte es nicht angezeigt sein, seitens des Vororts Erkundigungen über ihn in München resp. Darmstadt einzuziehen?

Mit ausgezeichneter Hochachtung
Ihr
ganz ergebenster
Bormann

Bettina Plett

AUFBRUCH INS EISENBAHNZEITALTER

Fontanes frühe Erzählung »Zwei Post-Stationen«

Die Forschung wie die Leser haben sich seit jeher vorzugsweise mit dem älteren Fontane beschäftigt: mit den *Wanderungen*, den Romanen, die seit 1878 erschienen, und der Alterslyrik. Von wenigen Studien abgesehen,[1] wendet man sich erst seit relativ kurzer Zeit dem jungen Fontane zu, der sich als Dichter vor allem mit Balladen profiliert, in der Vormärzzeit recht aufsässige politische Artikel schreibt, aber auch schon interessante erzählerische Versuche unternimmt.[2] Fontane selbst pflegte für diese Erstlinge in Prosa andere Adjektive zu wählen, und die Forschung hat sich seinem Urteil über die ›Jugendsünden‹ zumeist angeschlossen:

> In *poetischen* Dingen hab ich die Erkenntniß 30 Jahre früher gehabt als wie in der Prosa; daher les ich meine Gedichte mit Vergnügen oder doch ohne Verlegenheit, während meine Prosa aus derselben Zeit mich beständig genirt und erröthen macht [...].[3]

Betrachtet man diese frühen Erzählungen, *Geschwisterliebe* etwa oder *Tuch und Locke*, aus der Perspektive der großen Romane wie *Unwiederbringlich*, *Effi Briest* oder *Der Stechlin*, so machen sie die Verlegenheit des Romanciers, der »sein Metier als eine *Kunst* betreibt«[4], verständlich, scheinen sie doch mit ihrer Neigung zur larmoyanten Manier wie ihrer folgsamen Orientierung an den nachromantischen Formkonventionen der Novelle kaum Aufschlüsse über die Entwicklung eines schriftstellerischen Selbstverständnisses oder Anhaltspunkte für das bessere Verständnis des reifen Erzählers geben zu können.

Eine solche Einschätzung aber bedarf zumindest partiell der Korrektur, seit das erst vor wenigen Jahren aufgefundene Manuskript der Erzählung *Zwei Post-Stationen* publiziert wurde.[5] In diesem Text schlägt Fontane einen erfrischend anderen Ton an, um den individuellen wie den literarhistorischen Abschied von der Romantik einzuläuten – fast ein Jahrzehnt bevor er in einem Essay eine kritische Be-

---

[1] Vor allem Helmuth Nürnberger: Der frühe Fontane. Politik, Poesie, Geschichte 1840 bis 1860. München 1971.

[2] Vgl. dazu Bettina Plett: Die frühen Erzählungen. In: Fontane-Handbuch. Hrsg. v. Christian Grawe u. Helmuth Nürnberger. Stuttgart 2000, S. 690–693.

[3] Theodor Fontane an Emilie Fontane, 17.08.1882. In: HF IV, 3/201.

[4] Ebd.

[5] Theodor Fontane: Zwei Post-Stationen. Faksimile der Handschrift. Hrsg. v. Jochen Meyer. Marbach 1991 (= Marbacher Schriften 34). *Zwei Post-Stationen* wird im folgenden nach dieser Ausgabe nur mit Angabe der Seitenzahl im fortlaufenden Text zitiert.

sichtigung der Romantik inszeniert, um seine Leser von der literarischen und historischen Notwendigkeit des Realismus zu überzeugen.[6]

Die 1840er Jahre waren für den jungen Fontane eine Zeit des Schwankens zwischen Beruf und Berufung, zwischen Apotheke und »Tunnel«, der »Spannungen zwischen Nüchternheit des Alltags und ›poetischer Schwärmerei‹«[7]. 1840 hatte er als Apothekergehilfe in Berlin und Burg gearbeitet und gleichzeitig erste Gedichte veröffentlicht. Während der Pharmazeut in Leipzig, Dresden, Letschin und wieder Berlin Queckenextrakt zubereitet und Pillen in Seidenpapier wickelt, drucken verschiedene Zeitungen seine Gedichte und politischen Korrespondenzen. Ab September 1844 trägt Fontane seine Gedichte im literarischen Verein »Tunnel über der Spree« vor, und 1845 veröffentlicht Cottas *Morgenblatt für gebildete Leser* zwei Gedichte Fontanes (*Wenersee* und *Wettersee*). 1846 erscheinen dort die Balladen *Rizzios Ermordung* und *Der sterbende Douglas*; 1847 schließlich folgen die *Preußenlieder*. Wohl in dieser Zeit, da er sich als Autor bei Cotta bereits einen kleinen Namen gemacht hatte, schickte Fontane auch sein sechzehnseitiges Manuskript *Zwei Post-Stationen* nach Stuttgart. Der Duktus der Handschrift, einige Merkmale des Erzählstils, Anspielungen auf zeitgenössische Themen und Situationen sprechen für die Zeit nach 1844. Fontanes Art der Auseinandersetzung mit der gewählten Thematik sowie einige intertextuelle Bezüge weisen recht deutlich auf die Jahre 1844/45 als terminus post quem.[8]

Wie die kleine Erzählung in der Redaktion des *Morgenblattes* aufgenommen wurde, ob man sie für eine Publikation vorgesehen und nur vorübergehend beiseite gelegt hatte oder ob man sie abgelehnt und das Zurücksenden vergessen hatte, ob Fontane selbst sein Manuskript zurückforderte, ob auch er es schließlich ›vergessen‹ hatte oder es später dann doch nicht mehr so gelungen fand – alles das sind Fragen, die für eine genauere Einschätzung des Entstehungszusammenhangs äußerst wichtig wären, die aber vorläufig nicht eindeutig zu beantworten sind, finden sich doch in den überlieferten Briefen und anderen Aufzeichnungen keine klar identifizierbaren Hinweise auf dieses frühe Werk.

Aufschlußreich aber ist es dennoch, den in der Erzählung selbst angelegten Spuren nachzugehen oder genauer: von diesen Spuren aus Ausschau nach jenen Schwellen und Gleisen zu halten, welche zwar nur am Horizont der Erzählung wahrnehmbar sind, die jedoch verlegt wurden, um den Aufbruch einer Gesellschaft und der Literatur ins Eisenbahnzeitalter zu markieren.

Stoff und Themenwahl bestimmen die kleine Erzählung als eine Reiseepisode. Der Ich-Erzähler, mit seinem Autor nicht identisch, aber doch recht nahe verwandt, kehrt von einem Besuch im Vaterhaus an den »Ufer[n] des baltischen Meeres« (25f.) in die Residenzstadt, also nach Berlin zurück.[9] Nicht Ausgangsort und

---

6 Theodor Fontane: Unsere lyrische und epische Poesie seit 1848. In: NF XXI, 1/9ff.

7 Hans-Heinrich Reuter: Fontane. 2 Bde. Berlin 1968, Bd. 1, S. 146.

8 Einige Hinweise aus dem Text analysiert Jochen Meyer im Kontext der Datierungsfrage in seinem Nachwort der Faksimileausgabe, a.a.O., S. 61f.

9 Vgl. dazu Martin Lowsky: Erinnerung an Wriezen. Zur Lokalisierung von Fontanes Erzählung *Zwei Post-Stationen*. In: Fontane-Blätter 60 (1995), S. 189–191.

Ziel sind es, die der Erzähler seinen Lesern näherbringen will, sondern der Weg, das Unterwegssein – und vor allem die Unbequemlichkeiten und Widerspenstigkeiten, denen der geplagte Reisende hilflos ausgeliefert ist. Zwar haben die ersten Eisenbahnlinien in Deutschland bereits seit einigen Jahren ihren Betrieb aufgenommen, noch aber ist die Postkutsche das meistbenutzte Verkehrsmittel für längere Strecken, so daß die meisten kleineren und entlegeneren Orte »durch Vermittlung eines sogenannten Rippenbrechers von Postwagen nur lose mit der zivilisierten Welt zusammen[hängen]«[10]. Deshalb ist der Passagier denn auch in besonderer Weise auf die hinlängliche Bequemlichkeit seines fahrbaren Untersatzes, mehr noch fast auf die Wohlgeneigtheit und Zuverlässigkeit des Postillons angewiesen. Dieser Postillon – so ist auch das erste Kapitel überschrieben – weist die erforderlichen Tugenden jedoch in recht unzulänglichem Maße auf: Dank seines defizitären Berufsethos beschäftigt er sich nicht so sehr mit der Frage, wie er die Reisenden auf dem sichersten und schnellsten Weg zum Ziel befördert, vielmehr konzentriert sich seine Energie bereits vor Beginn der Fahrt darauf, erhaltenes Trinkgeld in das umzuwandeln, wozu sein Name es bestimmt. Die gehörige Portion Rum, die der Kutscher Jochen ergattert hat, beschert seinem Fahrgast immerhin einen Chauffeur »von ganz absonderlicher Liebenswürdigkeit« (27). Seine hochprozentig friedfertige Stimmung ermuntert den Kutscher aber erst recht dazu, die Ohren des zuvor mild Gestimmten mit dissonanzenreichen »Schreckenstönen« (27) aus dem Posthorn zu malträtieren – insgesamt also Bedingungen, die kaum dazu geeignet sind, den Reisenden die harten Rippenstöße, die der ungefederte Wagen ihm versetzt, vergessen zu lassen.

Die Erleichterung, endlich – im 2. Kapitel – in der Passagierstube von O. eingetroffen zu sein, wo auf die anschließende Postkutsche gewartet werden muß, ist allerdings nur von kurzer Dauer, sind doch weder die Qualität des servierten Kaffees noch der Charme der Bedienung, weder die Gemütlichkeit der Gaststube noch gar die Idylle der Kleinstadt O. mit ihrem die Füße des Spaziergängers mißhandelnden Buckelpflaster dazu angetan, die Stimmung des Passagiers zu heben. Im Gegenteil, alles scheint sich »verschworen« zu haben, »mich zum Eisenbahn-Enthusiasten, und zum unversöhnlichen Feinde aller deutschen Postschnecken nebst Zubehör [...] zu machen.« (35) Auch die Fortsetzung der Reise »Im Kabriolet« (3. Kapitel) verläuft für den Geplagten nicht sonderlich vergnüglich. Da er angesichts der sich anspinnenden Romanze zwischen einem zielstrebigen Studenten und einer semmelblonden Vorortschönheit als ›Störfaktor‹ empfunden wird, der notfalls mit Gewalt zu vertreiben ist, verbringt er den Rest der Fahrt an der frischen Luft auf dem Kutschbock, so daß die Reise wegen des ergiebigen Landregens für ihn sehr feucht, aber kaum fröhlich endet.

Das Flüchtige und Angedeutete, das Skizzenhafte, das die Situation knapp umreißt, einige kleine, scheinbar belanglose und nebensächliche Episoden, die zu genauerer Betrachtung unter die Lupe des Erzählers gerückt werden, das ist cha-

---

[10] Fontane über »Letschin im Oderbruch, Kirchdorf mit 3500 Seelen (?)«. Fontane an Wilhelm Wolfsohn, 10.11.1847. In: Theodor Fontanes Briefwechsel mit Wilhelm Wolfsohn. Hrsg. v. Christa Schultze. Berlin, Weimar 1988, S. 72.

rakteristisch für die Gattung der Reiseskizze. Charakteristisch auch die Entscheidung, vor allem das ausführlich zu beschreiben, was jeden Reisenden plagt, mit dem Leser also den eingeweihten und verständnisvollen Leidensgenossen anzusprechen. Auf diese Weise birgt die Reiseskizze mehr als einen individuellen Erlebnisbericht, erlaubt sie es doch gleichzeitig, die zeitgenössischen Zustände beziehungsweise Mißstände – nicht nur die des Verkehrswesens – kritisch in den Blick zu nehmen. Eben diese Möglichkeit, im harmlos scheinenden Gewand der Erzählung den Zündstoff der Doppeldeutigkeit zu verstecken, die Literatur also als Transportmittel für einen schwunghaften »Schmuggelhandel der Freiheit« zu nutzen, wie Karl Gutzkow ausdrücklich empfohlen hatte,[11] macht die Reiseskizze zu einer der beliebtesten Gattungen des Jungen Deutschland und des Vormärz. Die unter scheinbar harmloser Flagge segelnden »Reisebriefe« oder »Reisebilder« von Theodor Mundt, Willibald Alexis, Ludolf Wienbarg, Ludwig Börne und vor allem Heinrich Heine spiegeln die zeitgenössischen deutschen Zustände – namentlich die politischen – satirisch wider. Nicht nur Anspielungen und Zitate, sondern auch der Gestus und der Stil des Erzählers zeigen, daß der junge Fontane die von Börne und Heine ausgehenden Anregungen mit dankbarem Vergnügen aufgegriffen hat. Doch »offenbaren die Reflexionen unseres Erzählers [...] noch kein tieferes Leiden«[12]; von einigen Seitenhieben einmal abgesehen, widmet er der zielstrebigen Abrechnung mit politischen Mißständen oder der satirischen Diagnostik gesellschaftlicher Symptome in dieser Erzählung weniger Aufmerksamkeit, als es seine Orientierung an dieser Gattung vermuten ließe.

Obwohl hier von Posthorn und Postillon, von Passagierstube und Postkutsche die Rede ist, obwohl die Eisenbahn nur in den Erzählerreflexionen erwähnt wird und der Leser sie erst am Schluß der Erzählung als Verkehrsmittel indirekt wahrnimmt, als nämlich das semmelblonde Mädchen »ein Billet zur dritten Wagenklasse nach Berlin« (43) löst, darf und soll diese Erzählung doch gelesen werden als ein erleichterter, jedenfalls kaum wehmütiger Abschied von der Postkutsche und ein Plädoyer für die Eisenbahn. Diese Weichen hat der Erzähler in seiner Einleitung unmißverständlich gestellt:

> Bald wird ein Eisenbahn-Netz den gebildeten Theil Europa's umschlingen; schon in diesem Augenblicke sind der Segnungen unzählige, welche die Menschheit der großartigsten Erfindung unsrer Tage verdankt; und dennoch lassen sich heisre Stimmen [h]ören, die diesen neuen Triumph des menschlichen Geistes verwünschen, und für die »deutsche Postschnecke« in die Schranken treten. – Die Entrüstung jedes Kärrner's und Lohnkutscher's will ich mit Freuden verzeihn; zum Lachen aber ist es, wenn man aufrichtigen Herzen's das allmälige Schwinden der Postwagen-Poësie beweint [...]. (25)

---

[11] »Treiben Sie wie ich den Schmuggelhandel der Freiheit: Wein verhüllt in Novellenstroh, nichts in seinem natürlichen Gewande: ich glaube man nützt so mehr, als wenn man blind in Gewehre läuft, die keineswegs blindgeladen sind.« Karl Gutzkow an Georg Büchner, 03.03.1835. In: Georg Büchner: Werke und Briefe. Hrsg. v. Karl Pörnbacher, Gerhard Schaub u.a. München 1988, S. 334f.

[12] Helmuth Nürnberger: Fontanes Welt. Berlin 1998, S. 95.

Mit dieser Eingangsthese bezieht der Erzähler deutlich Position in einer heftigen, meist emotional ausgetragenen Kontroverse, welche in den 1840er Jahren für hitzige Debatten sorgte und sich noch in den 1850er Jahren in Literatur und Presse fortsetzte. Fontanes *Zwei Poststationen* erweitern die Reiseskizze zum ironischen Bilderbogen, der die wesentlichen Argumente der Eisenbahnskeptiker in die karikaturistisch pointierte Illustration jener trauervollen Nostalgie umsetzt, welche vor der Beschleunigung des Alltags und dem technischen Fortschritt des Eisenbahnzeitalters zurückschreckt. Als der junge Fontane diese Zeilen niederschrieb, waren gerade zehn Jahre vergangen, seit der erste Eisenbahnzug von Nürnberg nach Fürth dampfte. Zwei Jahre später wurde die Eisenbahnlinie zwischen Leipzig und Dresden in Betrieb genommen, und 1842 hatte die Berliner Maschinenfabrik Borsig ihre erste Lokomotive ausgeliefert. Neben euphorischen Stimmen, die diese Anzeichen eines unaufhaltsamen technischen Fortschritts als den Schritt in ein neues Zeitalter der Menschheit feierten, gab es zahlreiche kritische Einwände.[13] Man fürchtete nicht nur um Gesundheit und seelisches Wohlbefinden der Reisenden angesichts dieser neuen Maßstäbe von Entfernung und Geschwindigkeit, sondern erblickte in Dampflokomotiven und Schienenwegen auch den zerstörerischen Feind von Landschaft und Umwelt, dem natürlichen Erleben und Empfinden des Menschen.

Was zum Tagesgespräch in Gesellschaften und der Presse gehörte, ließ auch die Schriftsteller nicht unberührt. Adelbert von Chamisso war 1830 der erste Dichter, der die Eisenbahn als einen Boten der neuen Zeit begrüßte.[14] Was Chamisso halb humoristisch, halb triumphierend feiert, daß es nämlich mit Hilfe des Dampfrosses gelungen sei, »der Zeit ihr Geheimnis« zu rauben, gibt den Skeptikern Anlaß zu Bedenken und unheilvollen Prognosen. Um solche Befürchtungen zu zerstreuen, sieht sich zum Beispiel Anastasius Grün bereits 1837 zur wirkungsvollen Verknüpfung von Pathos und Polemik genötigt, als er der Poesie des Postwagens in einem so betitelten Gedicht die *Poesie des Dampfes* gegenüberstellt.[15] Und Carl Beck führte in einem 1844 erschienenen Gedicht dem Spießbürger des Restaurationszeitalters provokativ »Die Eisenbahn« als »freiheitsbrausenden

[13] Die verschiedenen Positionen in der Diskussion der 1840er und 1850er Jahre dokumentiert anschaulich das Kapitel »›Mythus vom Dampf‹ - Untergang der Poesie?« im Marbacher Katalog *Literatur des Industriezeitalters. Eine Ausstellung des Deutschen Literaturarchivs im Schiller-Nationalmuseum Marbach am Neckar.* (= Marbacher Kataloge 42). Marbach 1987, Bd. 1, S. 46ff. Vgl. ferner Harro Segeberg: Literatur im technischen Zeitalter. Von der Frühzeit der deutschen Aufklärung bis zum Beginn des Ersten Weltkriegs. Darmstadt 1987; Manfred Riedel: Vom Biedermeier zum Maschinenzeitalter. Zur Kulturgeschichte der ersten Eisenbahnen in Deutschland. In: Technik in der Literatur. Hrsg. v. Harro Segeberg. Frankfurt/M. 1987, S. 102-131 sowie Wolfgang Schivelbusch: Geschichte der Eisenbahnreise. Zur Industrialisierung von Raum und Zeit im 19. Jahrhundert. Frankfurt/M. 2000 (1. Aufl. 1977).

[14] Adelbert von Chamisso: Das Dampfroß. Erstdruck im *Berliner Musenalmanach für 1831.*

[15] Anastasius Grün: Poesie des Dampfes. Erstdruck 1837 in Cottas *Morgenblatt für gebildete Stände.* Anastasius Grüns Werke. Zweiter Teil: Lyrische Dichtungen I. Hrsg. v. Eduard Castle. Berlin, Leipzig, Wien o. J., S. 169–172.

Zeitgeist« vor Augen, der die bevorstehende Einheit Deutschlands versinnbildlicht:[16]

Rasend rauschen rings die Räder,
Rollend, grollend, stürmisch sausend,
Tief im innersten Geäder
Kämpft der Zeitgeist freiheitsbrausend.
Stemmen Steine sich entgegen,
Reibt er sie zu Sand zusammen,
Seinen Fluch und seinen Segen
Speit er aus in Rauch und Flammen.

Eine entschieden andere Metaphorik wählten jene Dichter, die darüber entsetzt waren, daß sich der eiserne Zeitgeist seinen Weg durch ihren angestammten grünen Hain der Poesie bahnte. Nikolaus Lenau gehörte zu den ersten Romantikern, die diese Verstörung einräumten und im Gedicht thematisierten.[17] Während aber Lenau zwischen gewohnter Perspektive und neuer Zeit vorsichtig zu vermitteln versucht, bringen die 1844 publizierten Verse von Fontanes »Tunnel«-Kollegen Christian Friedrich Scherenberg ganz unverhohlen den Abscheu wie den tiefen Pessimismus ihres Verfassers zum Ausdruck. Er erblickt in der Eisenbahn nicht das Symbol des Aufbruchs, sondern des Niedergangs, den Todesboten. In seinem Gedicht *Eisenbahn und immer Eisenbahn*[18] wird die von Menschenhand belebte Technik dem lyrischen Ich unheimlich, da sie wie ein automatenhaftes Abbild des Vertrauten erscheint, aber anders als dieses mit teuflisch anmutender Präzision funktioniert. Eine Perfektion, die sich für den Betrachter auf angsteinflößende Weise verselbständigt hat, da sie für den Menschen nicht mehr, wie Pferd und Wagen, mühelos lenkbar und kontrollierbar erscheint.

Sie schirrten todte Rosse auf
Aus wildem Elementsgespann [...]

Mit Todten-Schnelle geht es fort,
Kein Schwager knallt hinein, [...]

Jedwedes Leben scheucht der schnelle Leichenzug.
Kein Weg ist leer und hart genug,
Noch Eisen unterm Eisenrade,
Sind ehern ihre kalten Pfade,
Wie das Gesetz der Noth:
Abweichen – Tod.[19]

---

[16] Carl Beck: Die Eisenbahn. In: C. B.: Gedichte. Berlin 1844, S. 18–21 (hier die letzte Strophe).

[17] Nikolaus Lenau: An den Frühling 1838. In: N. L.: Neuere Gedichte. Stuttgart 1838, S. 226–229.

[18] Christian Friedrich Scherenberg: Eisenbahn und immer Eisenbahn. In: C. F. Sch.: Gedichte. 3. Aufl. Berlin 1853, S. 83–87.

[19] Ebd., S. 83 (Anfang der ersten und zweiten Strophe) u. S. 84 (Ende der dritten Strophe).

Die Kälte und Härte der neuen Technik erfährt das lyrische Ich außerordentlich quälend und bedrohlich, da sie seine Geborgenheit in einem gemächlicheren Zeitalter auszulöschen sich anschickt. Diese Verdrängung der Kunstperiode durch das Maschinenzeitalter macht Scherenbergs Metaphorik physisch und psychisch spürbar; aufgestört aus der beschaulichen Gelassenheit, fühlt sich der in der Romantik verwurzelte Dichter an den Rand gedrängt von einem Schienenstrang, der sein Weltbild gewaltsam zerschneidet. An die Stelle der Gemächlichkeit der Fortbewegung im Postkutschenzeitalter mit der Entdeckung des »panoramatischen Blicks« tritt die Beschleunigung des Reisens und die Flüchtigkeit des Schauens. Mit der »Intensität des Reisens« und der räumlichen Erfahrung »macht die Eisenbahn Schluß. Die Geschwindigkeit und mathematische Geradlinigkeit, mit der sie durch die Landschaft schießt, zerstören das innige Verhältnis zwischen Reisendem und durchreistem Raum.«[20] *Eisenbahn und immer Eisenbahn* ist denn auch ein ebenso empörtes wie wehmütiges Klagelied, das um die nun verdrängten Werte der Muße, der Ruhe, der Sehnsucht nach Ferne und Naturerleben trauert. In den Refrainzeilen beschuldigt Scherenberg die Eisenbahn, sie habe »unser Posthorn uns genommen«, »unsre Wege«, »Wanderers Sehnen«, »Wanderers Ruhe«, schließlich gar »unsere Erde«.

Scherenbergs lyrisches Menetekel erscheint aus heutiger Sicht oft überzeichnet, stellenweise aber durchaus hellsichtig. Den düsteren Zukunftsvisionen Scherenbergs setzt Fontane nun einen ironischen Blick auf jene Beschwernisse des Reisens entgegen, welche bald der Vergangenheit angehören werden. Den parodierenden Seufzer »Postkutsche und immer Postkutsche« führt Fontanes Ich-Erzähler nicht wörtlich, aber sinngemäß im Munde. Es ist deshalb sehr wahrscheinlich, daß die *Zwei Post-Stationen* Fontanes spöttisch-launige Entgegnung auf die Befürchtungen der Eisenbahnskeptiker in den 1840er Jahren verkörpern und unmittelbar durch das Gedicht seines Tunnel-Kollegen ›provoziert‹ wurden.[21]

In seinem Aufsatz *Unsere lyrische und epische Poesie seit 1848* äußerte sich Fontane dann 1853 sehr kritisch über Scherenberg. Noch 1885 bezieht er in seiner Monographie über *Christian Friedrich Scherenberg und das literarische Berlin von 1840 bis 1860* entschieden Position, als er dessen Gedichte einer skeptischen Betrachtung unterzieht – respective unterziehen läßt. Denn der Autor zieht sich bei der ausführlicheren Einschätzung der Qualität der Scherenbergschen Lyrik hinter die Linien eines zitierten Anonymus zurück, indem er diesem bescheinigt, er habe sich »augenscheinlich der Unparteilichkeit befleißigt«.[22] Der Lyriker Scherenberg,

---

20 Schivelbusch: Geschichte der Eisenbahnreise, a.a.O., S. 52.

21 Nicht konkret der Eisenbahn, wohl aber dem *Junker Dampf* widmet sich ein wohl 1843 entstandenes Gedicht Fontanes, das dieser am 19. Januar 1845 im »Tunnel« vortrug. (Theodor Fontane: Gedichte. Hrsg. v. Joachim Krueger u. Anita Golz. Berlin, Weimar 1989. Bd. 1, S. 176f.).

22 Theodor Fontane: Christian Friedrich Scherenberg und das literarische Berlin von 1840 bis 1860. In: Th. F.: Autobiographische Schriften. Hrsg. v. Gotthard Erler, Peter Goldammer u. Joachim Krueger. Berlin, Weimar 1982. Bd. 3/1, S. 5–175, hier S. 161.

so zitiert Fontane, habe sich mit der Form wie mit den Stoffen »nicht immer zurecht[gefunden]«:

> Poeten wie Anastasius Grün, Karl Beck, Emanuel Geibel haben die Eisenbahn besungen; jene beiden sahen in ihr eine Manifestation des Zeitgeistes, der freiheitsbrausend vorwärts eilt, dieser läßt im ›Mythus vom Dampf‹ den Titanen sich gegen das von den Menschen ihm auferlegte Joch sträuben und ihnen mit Untergang drohen. Aber wie man auch das Thema fassen möge, man darf es keinesfalls bloß sentimental und unter Anrufung der alten Postwagenpoesie betrachten. Der moderne Mensch hat hier die Pflicht, modern zu empfinden und den großen Zusammenhang herauszufühlen, in den die Eisenbahn die Menschen bringt. Scherenberg bleibt aber vor dem großen Gegenstande klein und dürftig.[23]

Daß Fontane gerade diesen Passus noch vierzig Jahre später ungekürzt und uneingeschränkt anführt, läßt erkennen, daß seine mißtrauische Distanz gegenüber »Anrufung der alten Postwagen-Poesie« ungeschmälert erhalten blieb. Den jungen Fontane ärgerte eine solche Haltung, weil sie Sentimentalität und Melancholie als ihr wichtigstes Mittel einsetzt, um an Ängste und Gefühle des Lesers zu appellieren. Eine solche Einstellung wird als ›romantische‹ Haltung identifiziert, und sie trägt den unverkennbaren Beigeschmack des Überlebten, Philisterhaften. Von Scherenbergs Anti-Eisenbahn-Gedicht fühlte sich Fontane offensichtlich in besonderer Weise herausgefordert, weil es ihm wie das Wehklagen eines deprimierten Romantikers in den Ohren klang, dem buchstäblich der poetische Boden unter den Füßen fortgezogen wurde. Das wirkt nicht nur wie eine satirische Attacke auf die beschauliche, gefühlsselige ›Romantik‹ im umgangssprachlichen Sinne, sondern wie eine Abrechnung mit *der* Romantik, jener Epoche also, deren Dichtung und literaturtheoretische Schriften noch bis in die 1850er Jahre hinein die Begriffe von Literatur und Ästhetik prägten.

---

[23] Ebd., S. 164f. Fontane bekräftigt, daß vieles »zutreffend« sei, verteidigt anschließend aber die »Originalität« der Scherenbergschen Gedichte gegen Angriffe. Scherenberg sei ein »neue Stoffe spendender und neue Wege bahnender Künstlergenius« gewesen; darin liege seine Bedeutung (S. 169). Schonungsloser äußert sich Fontane in einem Brief an Moritz Lazarus. Scherenbergs Dichtungen seien »Nicht zu lesen, trotzdem er etwas, ja vielleicht viel von einem großen Dichter hatte und ein geistreicher Mann war. Nur solche verdrehte Schweizerschraube wie Orelli konnte das alles schön finden. In grausamer Weise läßt er einen nach drei Seiten hin im Stich. Nichts hat Form (trotz meist sehr guter Komposition). Lyrischer Ton vakat und Geschmack erst recht. Er wiegt hundert Durchschnittspoeten auf und ist doch mehr eine höchst interessante Zeiterscheinung als ein erquicklicher Dichter.« (Fontane an Moritz Lazarus, 03.08.1889. In: Theodor Fontane. Der Dichter über sein Werk. Hrsg. v. Richard Brinkmann in Zusammenarbeit mit Waltraud Wiethölter. München 1977, Bd. 2, S. 177). Die Kritik Fontanes erscheint im wesentlichen berechtigt; allerdings übersieht er zumindest in Scherenbergs Gedicht *Eisenbahn und immer Eisenbahn* dezidierte, wenn auch vielleicht ›unfreiwillige‹ Anzeichen der Modernität, die Scherenberg in der klagenden Auseinandersetzung mit dem Thema und Motiv der Eisenbahn entfaltet. Zu den Aspekten des ›Modernen‹ in der frühen Eisenbahnlyrik vgl. den Beitrag der Verfasserin an anderer Stelle.

Es sei hier nur erinnert an die Implikationen, die in der romantischen Lyrik mit den Motiven des Posthorns, der Post und des Reisens schlechthin verknüpft sind: Eichendorff etwa inszeniert in seinen Gedichten und Erzählungen perspektivisch angelegte Landschaft als »erlebten Raum«; die Ferne erscheint als »ein wahrhaft magischer Ort.«[24] Der Klang des Posthorns, das Rollen der Postkutsche, das Wandern und Reisen sind in den Gedichten Lenaus und Eichendorffs Zeichen für Aufbruch und Hoffnung. Sie versinnbildlichen die Sehnsucht als eine existentielle Grundstimmung des Menschen, nicht als schlichte Reiselust oder sentimentales Fernweh, vielmehr als den elementaren Drang, aus der beklemmenden Enge der gewohnten Umgebung und des eigenen Geistes auszubrechen, sich – äußerlich wie innerlich – auf den Weg zu machen.[25]

Bei Fontane nun werden diese unverzichtbaren Attribute romantischer Reisesehnsucht zu eher kuriosen Accessoires eines historischen Kostüms, das in der neuen Zeit untragbar geworden ist. Mit der streitlustigen Unverblümtheit der ›fortschrittlichen‹ Generation werden sie nun jener Assoziationen, welche die romantische Dichtung und Malerei mit ihnen verbindet, und damit auch aller ›Romantik‹ überhaupt entkleidet. Romantische Versatzstücke können nur noch ironisch zitiert werden, da sie als sarkastisch vermittelte Kontrapunkte der Realität dieser Reise aufscheinen und sich wie irritierende Einsprengsel überholter Wahrnehmungsmuster in einer veränderten Gegenwart ausnehmen:

> In der That es war eine »mondbeglänzte Zaubernacht«, die auch noch gröbere Sinne wie die eines Romantiker's gefangen halten konnte, und außer den Rippenstößen war nur die Unwahrscheinlichkeit jeder Lebensgefahr ein durchaus unromantisches Element dieser nächtlichen Fahrt. (28)

Der Postillon ist ein unverbesserlicher Schnapsbruder, der seine Pferde samt Kutsche und Passagier in den Graben lenkt, um seinen Rausch auszuschlafen (30). Das Posthorn gibt die erbärmlichsten Töne von sich, die von romantischem Musikerlebnis weit entfernt (27f.), vielmehr eher dazu geeignet sind, dem mißgestimmten Reisenden die Sehnsucht nach der Ferne gründlich auszutreiben. Und die Postkutsche schließlich rollt als anachronistischer Rumpelkasten, der wohl die Reiselust, nicht aber das leidvolle Durchkosten jedes Schlaglochs dämpft, durch die Erzählung. Immerhin, ein wenig ›Romantik‹ wird dem Leser noch vermittelt,

---

[24] Richard Alewyn: Eine Landschaft Eichendorffs. In: Deutsche Erzählungen von Wieland bis Kafka. Hrsg. v. Jost Schillemeit. Frankfurt/M. 1966, S. 212.

[25] »Akustische Signale lösen eine unbestimmte [...] Sehnsucht aus. Vorstellungen von Reisen und fremden Ländern sind für den Menschen in der ersten Hälfte des 19. Jahrhunderts noch untrennbar mit dem Klang des Posthorns verbunden. [...] Gleichgültig ist dem Lauschenden offenbar das Reiseziel. Reisen, Aufbruch aus der Enge in die Weite des Raumes ist alles, was er sich wünscht [...].« (Winfried Freund: Joseph von Eichendorff: *Sehnsucht*. In: W. F.: Deutsche Lyrik. Interpretationen vom Barock bis zur Gegenwart. München 1990, S. 76). Vgl. auch Wolfgang Frühwald: Die Poesie und der poetische Mensch. Zu Eichendorffs Gedicht *Sehnsucht*. In: Gedichte und Interpretationen. Bd. 3: Klassik und Romantik. Hrsg. v. Wulf Segebrecht. Stuttgart 1984, S. 395–407.

allerdings in einem recht profanen Sinne, spielt sie sich doch nur innerhalb der »Camera obscura« (41) des Postwagens zwischen dem markigen Studiosus und dem lieblichen »Mägdlein« ab, ironisch gebrochen und mißmutig beobachtet vom unfreiwilligen Voyeur im Kabriolet.

Sollte Fontanes Erzählung somit verstanden werden als der dreiste satirische Angriff eines Dichters aus dem Vormärz, der gegen die Epoche der Romantik, teils mit ihren eigenen Waffen, rigoros zu Felde zieht? Ist sie vielleicht auch so etwas wie die ostentative Bekundung der Emanzipation eines jungen Dichters von rührseligen Verstrickungen und romantischer Epigonalität, wie sie seine frühen Erzählungen, besonders *Geschwisterliebe*, bezeugten? Ist also dieses »forciert heitere Werkchen«[26] der zwar nicht in allen Teilen gelungene, aber immerhin doch mit energischer Entschlossenheit unternommene Versuch, der Romantik den Rücken zu kehren und sich mit provozierender Bereitwilligkeit auf die Seite der Vormärzdichter zu schlagen? In der Tat hat sich Fontane in dieser Zeit wie auch später immer wieder kritisch mit romantischer Dichtungsauffassung auseinandergesetzt und nicht zuletzt aus diesen Quellen Argumentationshilfen für die allmähliche Herausbildung seiner Auffassung von realistischer Literatur bezogen.[27] Andererseits muß man einer solchen Fragestellung mit Skepsis begegnen, wenn man seine intensive Lektüre romantischer Dichtung[28] und seine lebenslange Begeisterung zum Beispiel für Lenaus Lyrik[29] berücksichtigt. Wenn man diese fruchtbare Wechselwirkung von Affinität und Distanz beim späteren Fontane in Erwägung zieht und eine solche Einstellung in nuce auch beim jungen Fontane voraussetzen darf, dann betreibt der Autor der *Zwei Post-Stationen* nicht unbedingt die Abrechnung mit der literarhistorischen Epoche der Romantik schlechthin, wohl aber die Verurteilung einer Haltung, die er als unzeitgemäße Pose empfindet, eine Pose, die man als ›Romantisierung‹ bezeichnen könnte. Eine solche Romantisierung instrumentalisiert den Gestus des wehmütigen Rückblicks, mit dessen Hilfe der Fortschritt, das Neue bemäkelt oder gar pauschal verteufelt, das Vergangene oder

---

26 Nürnberger: Fontanes Welt, a.a.O., S. 95.

27 Die Auseinandersetzung mit der Romantik bildet einen wesentlichen Gegenstand der Literaturdebatten in Fontanes erstem Roman *Vor dem Sturm*. Vgl. dazu Bettina Plett: Die Kunst der Allusion. Formen literarischer Anspielungen in den Romanen Fontanes. Köln, Wien 1986, S. 211ff.; Rolf Zuberbühler: Fontane und Hölderlin. Romantik-Auffassung und Hölderlin-Bild in *Vor dem Sturm*. Tübingen 1997. In den Figurengesprächen des Romans klingt auch an, was für den Autor wichtig ist: die Unterscheidung zwischen ›echter‹ und ›falscher‹ Romantik einerseits, zwischen Epochen- und Stil- oder Gehaltsbegriff andererseits. Zur Konstituierung des Fontaneschen Realismus-Begriffs in Abgrenzung vom Romantik-Begriff vgl. Otfried Keiler: Zur Stellung und Reichweite des Realismus-Gedankens in den theoretischen Schriften Theodor Fontanes. Arbeitsthesen. In: Fontane Blätter 4 (1980), Heft 7, S. 585–615.

28 Noch in der 1894 zusammengestellten Liste »Was soll ich lesen?« nennt Fontane mit Lenau, Platen, Uhland, Eichendorff und Mörike jene Autoren der Romantik, die für seine Lektüre-Erfahrungen prägend waren (NF XXI, 1/ 497).

29 In *Von Zwanzig bis Dreißig* schildert Fontane seine erste Begegnung mit den Gedichten Lenaus, die ihm Faucher 1840 vorlas. Der junge Fontane ist »hingerissen«, und: »Der Eindruck auf mich war ein großer, überwältigender.« (Theodor Fontane: Autobiographische Schriften, a.a.O., Bd. 2, S. 36).

Entgleitende aber mit dem rosigen Licht der Idealisierung beleuchtet wird. Denn es ist die Postwagen-*Poesie*, gegen die Fontane hier zu Felde zieht, und ebenso, wie der Begriff der Romantik doppeldeutig wurde, müßte nun auch genauer von »Poetisierung« gesprochen werden, von einer Einstellung nämlich, die dazu neigt, literarische Ausdrucksformen und reales Empfinden unreflektiert gleichzusetzen. Mit ihrer Klage über das Hinschwinden dessen, was sie als »poetisch« und »romantisch« betrachtet, gesteht sie widerstrebend die Furcht vor der Prosa des Alltags, die Furcht vor dem Eisenbahnrealismus ein. Eben diese Prosa des Alltags ist es, an die Fontane nun seinerseits poetisch, doch in satirischer Weise erinnert, in der Haltung des pragmatischen, modernen Menschen, der zwar für die Romantik viel übrig hat, der sich aber zu begreifen weigert, was er denn an alkoholisierten Kutschern, beschwerlichen Reisen in spartanisch ausgestatteten Verkehrsmitteln oder durchnäßter Kleidung noch romantisch finden soll. Der Ich-Erzähler läßt sich noch widerwillig durch die »Romanze« aus dem Wageninneren verdrängen; seine Haltung zeigt jedoch, daß er künftig wohl nicht mehr bereit sein wird, sich von romantischen Anwandlungen jeglicher Art ›vor die Tür setzen‹ zu lassen.

Ton und Stil dieser frühen Erzählung sind gekennzeichnet durch die kecke Unverblümtheit, die auch andere Schriften der Vormärzzeit charakterisieren. Die zitatenreiche, anspielungsfreudige und auf Witz und Esprit ausgerichtete Erzählweise fügt die *Zwei Post-Stationen* in den Kontext des Vormärz und des Jungen Deutschland ein; genauer zu lokalisieren ist sie auf der (Eisenbahn-)Schwelle zwischen Romantik und Realismus. Der ältere Romancier wird zurückhaltender, diskreter, mit leiseren Tönen erzählen, doch die literarische Anspielung als Mittel der Ironisierung und Pointierung fasziniert ihn immer noch. In der frühen Erzählung drängt sich das »poesieverliebte Bildungsquiz«[30] recht aufdringlich in den Vordergrund – wohl auch deshalb, weil dies als geistreichelndes, aber ostentatives Indiz des ›Seitenwechsels‹ von der romantischen zur vormärzlichen Dichtung gelesen werden kann. Der späte Fontane versteckt die literarischen Zitate tiefer unter der Oberfläche in seinen Romanen und kann sie so zu einem ebenso subtilen wie vielschichtigen Kunstmittel entfalten. Auf diese Weise bieten die *Zwei Post-Stationen* nicht nur einen interessanten Blick auf die Feder des jungen Fontane, sondern sicherlich zumindest auch eine Station auf dem Wege zum Verständnis des älteren.

---

[30] Nürnberger: Fontanes Welt, a.a.O., S. 95.

Hugo Aust

Fontanes »Fein Gespinnst« in der Gartenlaube des Realismus:

»Unterm Birnbaum«[1]

Schön ist es und auch behaglich, wenn die Gerechtigkeit am Ende eines verwickelten Prozesses das letzte Wort behält. Barmherzigkeit und Güte mögen ihr – wenn es um das rein Menschliche geht – den ersten Rang streitig machen. Doch im übrigen spricht nichts dagegen, der Gerechtigkeit den Vorzug zu geben, im Leben ohnehin, aber auch in der Literatur, wo sie für gewöhnlich sogar die ›poetische Gerechtigkeit‹ heißt. Was das genau bedeutet, ist nicht in einem Satz gesagt. Gewiß nützt zunächst die Auskunft, daß ›poetische Gerechtigkeit‹ einen »in der Dichtung oft erscheinenden, in der Wirklichkeit vermißte[n] Kausalzusammenhang von Schuld und Strafe« meint.[2] Doch liegt hier nur insofern eine fruchtbare Definition vor, als sie dazu beiträgt, Fragen aufzuwerfen, die gerade erst von der Eigenart dieser Bestimmung ausgehen: Ist es z.B. wesentlich für diese Gerechtigkeit, daß sie nur dann ›poetisch‹ heißen darf, wenn sie in der Wirklichkeit nicht vorkommt, nicht vorkommen kann? Sodann: geht es wirklich um einen Kausalzusammenhang, also um Ursache und Wirkung? Und schließlich gibt auch das Begriffspaar ›Schuld und Strafe‹ zu denken; abgesehen davon, ob zwischen beiden Begriffen wirklich ein Kausalzusammenhang walten kann, fällt doch ins Auge, daß sie nicht ganz auf derselben Ebene liegen: Sollte auf ›Schuld‹ nicht eher ›Sühne‹ folgen bzw. vermag gerade die ›Strafe‹ den angerichteten Schaden und das gebrochene Recht wieder gutzumachen? Die Diskussion um die richtige Übersetzung von Dostojevskijs Raskolnikov-Roman – *Schuld und Sühne*, *Verbrechen und Strafe* oder *Übertretung und Zurechtweisung* – zeigt, was bei solcher Begriffswahl auf dem Spiel steht und welche ›Verschönerungen‹ unterlaufen können.

Fontanes kurzer Roman oder längere Novelle – die Gattungszuweisung steht nicht fest – endet mit einem Satz, den die ›poetische Gerechtigkeit‹, wenn sie sich als eine Person vorstellen ließe, durchaus sprechen, genauer schreiben könnte, denn es wird mit ›Akzenten‹ gearbeitet, die man im Kursivdruck und zwischen Anführungsstrichen eher sieht als hört: »*Es ist nichts so fein gesponnen, 's kommt doch*

---

1 Eine ausführlichere und in Teilen auch abgewandelte Fassung dieses Beitrages erscheint als ›Kommentar‹ zum Wiederabdruck der Fontaneschen Novelle in der Reihe »Juristische Zeitgeschichte«. Abtl. 6: Recht in der Kunst. Baden Baden, Nomos-Verlagsgesellschaft. Während die dortige Darstellung vor allem einführenden Charakter hat und stärker gattungsgeschichtliche Fragen berücksichtigt, liegt der Schwerpunkt des vorliegenden Aufsatzes vor allem auf der Realismus-Thematik.

2 Gero von Wilpert: Sachwörterbuch der Literatur. Stuttgart [7]1989, s.v. »poetische Gerechtigkeit«.

alles an die Sonnen«. Zweifelsohne ist dies ein markanter Schlußpunkt, der natürlich auch gut klingt, denn er reimt sich, bildet sogar ein Vers-Couplet, und die schon etwas abweichende, altertümliche Form »Sonnen« gibt zu verstehen, daß sich eine solche »Spruchweisheit« bereits in der Zeit bewährt hat, mithin seit langem gilt und wohl schon deshalb wahr sein muß. Auch Friedrich Halm wandte in *Die Marzipan-Lise*, einer Erzählung, die dem Fontaneschen Werk durchaus nahesteht, eine vergleichbare Technik an, deren eigentliche Heimat wohl im Umkreis des Bänkelsangs und anderer drastisch lehrhafter Dichtung zu suchen ist.

Fontanes Romanschlüsse inspirierten im Gegensatz zu seinen Romananfängen noch zu keiner poetologischen Reflexion. Gewiß wenden sich viele Werkinterpretationen auch dieser Schlüsselstelle zu, die bei Fontane auffallender gerät, als es der Realismus einer Alltagsgeschichte erwarten läßt; aber eine systematische Aufarbeitung unterblieb bislang.[3] Schuld daran mag Fontane selbst gewesen sein; denn er war es, der gerade dem Anfang, dem ersten Kapitel, der ersten Seite, ja sogar der ersten Zeile diese Schlüsselrolle zusprach: »Bei richtigem Aufbau muß in der erste [sic!] Seite der Keim des Ganzen stecken.«[4] Was kann dann noch am Schluß interessieren, wenn eigentlich alles schon im Anfang geborgen liegt? Freilich gibt es auch Erzähler, die wie Leo Perutz in *Der Meister des Jüngsten Tages* ihren ›Keim‹ ausgerechnet ans Ende setzen, so daß man dann am besten das Ganze noch einmal liest, um herauszubekommen, worum es denn eigentlich ging. Ob Fontane mit dieser Art des ›modernen‹ Erzählens gar nichts zu tun hat, wäre in der Tat noch einer Prüfung wert. Bei Perutz jedenfalls findet sich ein Baustein zu jener vielleicht noch ausstehenden Poetik des Finales, der auch im gegenwärtigen Zusammenhang aufschlußreich ist:

> [...] nichts ist schwerer und undankbarer für einen großen Künstler, als Novellen zu schreiben. Die letzten drei Zeilen der letzten Seite, das ist das Problem, an welchem die meisten Novellisten scheitern. Hier gilt es nämlich, dem Leser nach kurzer Zeit Menschen, die ihm lieb geworden sind, Gestalten, in die er sich hinein gelebt und hinein gedacht hat, für immer zu rauben. Den wenigsten Dichtern gelingt dies, fast immer bleibt Unwillen und Unmut zurück, der Leser möchte mehr hören, über die Menschen, denen er eben noch so nahe stand, und ist enttäuscht, wenn der Dichter schweigt.[5]

»Menschen, die ihm lieb geworden sind«, das klingt wie eine Formulierung Fontanes, die mit ihrem Hinweis auf das irritierende Schweigen des Dichters noch an

---

3 Vgl. Charlotte Jolles: »Gideon ist besser als Botho«. Zur Struktur des Erzählschlusses bei Fontane. In: Fides. Festschrift für Werner Neuse. Hrsg. v. Herbert Lederer u. Joachim Seyppel. Berlin 1967, S. 76–93. Manfred Rösel: »Das ist ein weites Feld«. Wahrheit und Weisheit einer Fontaneschen Sentenz. Mit einem Vorwort v. Helmuth Nürnberger. Frankfurt/M. 1997. Dies sind nur zwei Titel aus einer ganzen Reihe ähnlich ausgerichteter Untersuchungen.

4 Fontane an Gustav Karpeles, 18.08.1880. In: HF IV, 3/101.

5 Leo Perutz: Schnitzler. In: L. P.: Mainacht in Wien. Romanfragmente – Kleine Prosa – Feuilletons. Aus dem Nachlaß. Hrsg. v. Hans-Harald Müller. Wien 1996, S. 206–210, hier S. 208f. Vgl. zur Poetik des Anfangs: Norbert Miller (Hrsg.): Romananfänge. Versuch einer Poetik des Romans. Berlin 1965.

Nähe gewinnt. In der Tat ›beschreibt‹ Fontanes Schlußsatz das Ende sowohl eines Lebens als auch des Romans so, als ob er im selben Schriftzug etwas erhellen, besiegeln und verdunkeln möchte. Was also?

»*Es ist nichts so fein gesponnen, 's kommt doch alles an die Sonnen.*« Nach der Lektüre des Romans wird wohl niemand die Wahrheit dieses Satzes bestreiten wollen. Erwiesen hat sich abermals, daß ein schnöder Mord, auch wenn er noch so raffiniert geplant und ausgeführt wurde, schließlich doch ans Licht kommt, sei es durch unermüdliche Fahnder oder durch nachlassende Verheimlichungsenergie des Täters, sei es durch bloße Zufälle oder weil es ein ungeschriebenes Gesetz gibt, demzufolge kein Gespinst auf Dauer im Dunkeln bleiben kann. Welcher Fall für *Unterm Birnbaum* zutrifft, ist nicht so klar, wie es den Anschein haben mag. Lag wirklich ein ›perfektes‹ Verbrechen vor? Wie ›kaltblütig‹ ging der im übrigen sehr abergläubische Täter ans Werk, bewahrte er die Weitsicht gerade auch dort, wo er andere in seine Tat einbezog, und wie lange vermochte er sich selbst unter Kontrolle zu halten? Was sind das für ›Fahnder‹, die nicht müde werden zu fragen, wie es eigentlich gewesen ist, und doch die Wahrheit verfehlen: Gendarm Geelhaar, der an seinem Verdacht nur deshalb festhält, weil ihm der Verdächtige den ›Gratis-Schnaps‹ gestrichen hat, Mutter Jeschke, die aufmerksam hinblickende Nachbarin, die wie eine Hexe alles sieht und besser weiß, ohne daß man ihr das dankte, und die doch auch zur Verwirrung beiträgt, Pastor Eccelius, ausgerechnet ein ›fremdenfreundlicher‹ Seelenhirt, der um den Ruf seiner bekehrten ›Parade-Seele‹ bangt, Justizrat Vowinkel, sein »Duz- und Logenbruder«[6], und der Chor der Stammtischrunde samt dessen, was wie »Kätzchen« zu Hause bleibt? Wer hat etwas davon oder welcher Sinn liegt in dem Umstand, daß ein Täter schließlich doch durch ›Zufall‹ oder kraft eines dunklen Gesetzes oder einfach nur durch seinen plötzlichen Tod entlarvt wird und also bloß ähnlich gewaltsam endet wie sein Opfer? Zielt dieses »Zug- und Klippklapp-Spiel von Schuld und Sühne«[7] wirklich auf jenes Läuterungswerk, das die Realisten mit der Wirklichkeit und, wenn es sein mußte, auch gegen sie anstrebten? Fiel ihnen denn nicht auf, daß Gottes Arm im Getriebe der Welt den ›emanzipierten‹ Lauf der Dinge stören oder gar unterbrechen konnte?

Die »Spruchweisheit«, die den letzten Satz des Romans ausmacht, ist kein objektiver Kommentar des allwissenden Erzählers, sondern Figurenrede, subjektive Meinung einer in die Geschichte verstrickten, im eigenen Weltbild versponnenen Person; so verhielt es sich schon in Halms *Marzipan-Lise*.[8] Freilich, die Einsicht, die eine Figur im Lauf ihrer Erfahrung gewinnt, muß deshalb nicht automatisch

---

6 Theodor Fontane: Unterm Birnbaum. In: Th. F.: Große Bandenburger Ausgabe (= GB). Hrsg. v. Gotthard Erler. Berlin 1997ff. Das erzählerische Werk, Bd. 8, hrsg. v. Christine Hehle. Berlin 1997, S. 52. *Unterm Birnbaum* wird im folgenden nach dieser Ausgabe nur mit Angabe der Seitenzahl im fortlaufenden Text zitiert.

7 Theodor Fontane in einer Theaterkritik von 1873 zu einer Aufführung von Sophokles' *König Oedipus*. In: HF III, 2/145.

8 Vgl. die Worte Horváths, deren Berechtigung freilich zunächst in Frage gestellt wird: »[...] nichts ist so fein gesponnen, es kommt zuletzt ans Licht der Sonnen!« (Zit. nach: Friedrich Halm: Ausgewählte Werke. Hrsg. v. Otto Rommel. Wien (= Deutsch-Österreichische Klassiker-Bibliothek) o. J., Bd. 1, S. 19).

ungültig sein, zumal es sich ja hier um einen Pastor handelt, dessen Wort mehr gilt – auch bei Fontane[9]– als das der übrigen Einwohner. Doch Pastor Eccelius läßt sich trotz allem nicht mit seinem Stechliner Amtskollegen Lorenzen vergleichen, und so klingt dessen ›Credo‹ »Eine neue Zeit bricht an«[10] von vorn herein zuverlässiger (selbst wenn er sich hinsichtlich der Prognose »Zeit mit mehr Sauerstoff in der Luft« gründlich geirrt haben sollte), als was der Pastor im Oderbruch als alte Lehre bestätigend ›für die Ewigkeit‹ niederschreibt. Nun ist der Schlußsatz nicht einfach ein letztes Wort wie des Herrn von Briests »Ach, Luise, laß ... das ist ein *zu* weites Feld« oder Melusines Erinnerung an die Quintessenz des Paktes »es ist nicht nötig, daß die Stechline weiterleben, aber es lebe *der Stechlin*«, sondern die offizielle Eintragung in ein »Kirchenbuch«. »Kirchenbücher« – so erklärt das zeitgenössische Konversationslexikon – »heißen Bücher, in welche die Geistlichen die von ihnen verrichteten Amtshandlungen eintragen.«[11] Bis zur Einführung der staatlichen Zivilstandsregister im Wilhelminischen Reich hatten solche kirchlichen Eintragungen sogar rechtliche Bedeutung. Was also Pastor Eccelius am »3. Oktober« in sein »Tschechiner Kirchenbuch« einträgt, gehört in das ›Totenbuch-Register‹ und hat 1833, zum Zeitpunkt, da Fontanes Geschichte endet, in der Tat auch rechtliche Bedeutung und stiftet somit verläßliche Wirklichkeit. Nach dieser zuverlässigen, quellenrelevanten Auskunft wurde der Tote »von der Hand Gottes getroffen« (127), obwohl oder weil oder insofern er sich »in seiner List« (127) verfing. Ob diese ›Erklärung‹ überzeugt oder einen Widerspruch zwischen Gottes Eingriff und selbst besorgter Strafe birgt, mag als Frage vielleicht deshalb interessant sein, weil ja gerade ›dadurch‹ der Täter in die Rolle des ›Zeugen‹ rückt, dessen ungewollte Selbstjustiz die alte Spruchweisheit »aufs Neue« »bezeugte«. Auch in Halms Erzählung spielt »Gott« in einer üblen Welt, wo die zuständige Instanz aus durchschaubaren Gründen versagt, eine zentrale Rolle und wird als gerechter Richter verehrt, der den Menschen »zum willenlosen Werkzeug seiner [des Richters] Rache gebraucht«[12]; freilich ermuntert diese Einsicht weniger zu einem erneut frischen Lebenswagnis als vielmehr zum reuevollen Griff nach dem Schleier, was dem Autor prompt den Ruf der Weltfeindlichkeit eintrug.[13] Aber auch Fontanes Zeitgenossen galt die Erzählung über das, was unter bzw. am Birnbaum geschah, als »düstre[s] Nachtstück«.[14]

---

9 Vgl. Hans Ester: Der selbstverständliche Geistliche. Untersuchungen zur Gestaltung und Funktion des Geistlichen im Erzählwerk Theodor Fontanes. Leiden 1975.

10 Theodor Fontane: Der Stechlin. In: HF I, 5/274.

11 Brockhaus' Conversations-Lexikon. Leipzig [13]1882ff.

12 Daß »Gott« den Täter wohl zu finden weiß, wird gleich an drei verschiedenen Stellen versichert: Halm: Die Marzipan-Lise, a.a.O., S. 19, 37 u. S. 64.

13 Adolf Stern: Die Deutsche Nationalliteratur vom Tode Goethes bis zur Gegenwart. Marburg [3]1984, S. 67. Auch Paul Heyses Titelheld kommt in der politischen Kriminalnovelle *Andrea Delfin* nicht umhin, angesichts der »inkarnierte[n] Gerechtigkeit« Venedigs die Republik jener anderen »Gerechtigkeit« zu überantworten, »die Gott sich vorbehalten« hat. Paul Heyse: Gesammelte Novellen. Auswahl in fünf Bänden. Stuttgart 1921, Bd. 1, S. 139–223, hier S. 165 u. S. 222.

14 Schlenther in seiner Rezension. Abgedruckt in: GB VIII/149.

Nach allem, was von Pastor Eccelius im Laufe der Geschichte bekannt geworden ist, kann man davon ausgehen, daß ihm der Widerspruch zwischen göttlichem Eingriff und menschlicher Selbstjustiz, wenn er ihm überhaupt aufgefallen wäre, kaum beunruhigt hätte. Das Gemeinte bleibt auch trotz der Problematisierung klar; und wer daran zweifelt, braucht nur nachzuschlagen, was der Autor Fontane seinem Brieffreund Georg Friedlaender mitgeteilt hatte. Da versicherte er nämlich, um den angemahnten Mangel an schönen, herzerquickenden Gestalten zu erklären: »das Schöne, Trostreiche, Erhebende schreitet aber gestaltlos durch die Geschichte hin und ist einfach das gepredigte Evangelium von der Gerechtigkeit Gottes, von der Ordnung in seiner Welt.«[15] Nun ist es ein heikel Ding, in Fragen der Interpretation dem Autor blindlings aufs Wort zu glauben. Natürlich weiß er als Verfasser der Geschichte alles besser, und deshalb gibt es kaum einen »Zweifel daran, daß Fontane die Geschichte zu diesem und zu keinem anderen Ende bringen wollte.«[16] Aber als ihr Interpret bleibt er doch auch nur ihr gewöhnlicher Leser; und welcher ›Facharbeiter‹ hätte schon ein Interesse daran, all das, was er in Jahresfrist oder länger an »tausend Finessen«[17] ersonnen und ersponnen hat (Fontane spricht gelegentlich von seiner »Pusselei«[18]), in einem Zuge wieder aufzulösen? Das Wort über »das gepredigte Evangelium von der Gerechtigkeit Gottes, von der Ordnung in seiner Welt«, gleicht eher einem Zitat aus eben jenem Kirchenbuch, dessen Bedeutung es eigentlich erst zu ergründen gilt, als dem Tenor der Friedlaender-Korrespondenz, die ja in mehrfachem Sinn eine revolutionäre Wirkung bei allen, die sich für Fontanes Welt interessieren, ausgeübt hat. Wenn die alte Regel gelten sollte, derzufolge der Gehalt eines Werkes vor allem durch die Form seiner Darstellung entsteht und somit das ›Medium‹ an der Botschaft, die es übermittelt, mitwirkt, so sollte man zögern, all jene Auskünfte für bare Münze zu nehmen, die von diesem komplexen sinngenetischen Prinzip absehen. Schon Fontanes eigene Erklärung weist auf das Kraftfeld des Humors, somit eines Formprinzips, hin (»Ja, das steht so fest, daß die Predigt sogar einen humoristischen Anstrich gewinnen konnte«[19]); und ein Kirchenbuch als Formprinzip ist nicht automatisch schwächer bzw. belangloser als die beiden Briefe am Ende von *Schach von Wuthenow*, die dem differenzierten Werkverständnis die Richtung weisen.

»Fein gesponnen und doch zerronnen«, »Fein Gespinnst, kein Gewinnst«, »Es ist nichts so fein gesponnen« – wenn diese zunächst als Titel erwogenen Varianten[20] in das Werk selbst und an sein Ende rücken, hier gar ausdrücklich ins Kirchenbuch eingehen, so hat das mehr zu bedeuten, als der bloße Wortlaut der Spruchweisheit besagt. Das Kirchenbuch signalisiert Beständigkeit wie der Grab-

---

[15] Fontane an Georg Friedlaender, 16.11.1885. In: HF IV, 3/436.

[16] Gerhard Friedrich: Unterm Birnbaum. Der Mord des Abel Hradscheck. In: Fontanes Novellen und Romane. Interpretationen. Hrsg. v. Christian Grawe. Stuttgart 1991, S. 113–135, hier S. 119.

[17] Fontane an Emil Dominik, 14.07.1887. In: HF IV, 3/551.

[18] Fontane an Gustav Karpeles, 18.08.1880. In: HF IV, 3/101.

[19] Fontane an Georg Friedlaender, 16.11.1885. In: HF IV, 3/436.

[20] Vgl. die entstehungsgeschichtlichen Hinweise in GB VIII/140.

stein am Schluß von *Vor dem Sturm*, der als ›Abschiedswort‹ den Namen »Renate von Vitzewitz« überliefert, und es konstituiert sogar rechtlich relevante Wirklichkeit. So steht wohl doch noch anderes auf dem Spiel als die ›Moral‹ von der Geschichte in der Art der Fabel und des Bänkelsangs; oder wenn es denn wirklich Entsprechungen geben sollte – dem Balladendichter Fontane war die ›Technik‹ des Bänkelsangs von früh vertraut (siehe seine Erfahrungen mit dem *Ruppiner Bilderbogen*) –, dann wäre immerhin vor einer allzu schematischen Aufteilung in ›pictura‹ und ›subscriptio‹, Narration und Epimythion, Geschichte und Lehre zu warnen, selbst wenn der ›Wiegendruck‹ der Erzählung – für Realisten des 19. Jahrhunderts selbstverständlich – die Familienzeitschrift war, zumal, wie im gegenwärtigen Fall, die *Gartenlaube*. Natürlich paßt zur *Gartenlaube*, was ein Kirchenbuch gläubig fromm versichert. Beide ›Bücher‹ stehen ein für die Ordnung oben und unten, außen und innen, und die Herren, die sie betreuen, sind oft freundlicher als andere Zeitgenossen; das würde auch Fontane bestätigen, der bekanntlich eine ›Schwäche‹ für Pastoren hatte und die Zusammenarbeit mit Adolf Kröner, dem neuen Herausgeber der *Gartenlaube*, zu den angenehmen (und auch einträglichen) rechnete.

Und so vollzieht sich in der Tat etwas wie die »Geburt des Realismus aus dem Dunst des Familienblattes«.[21] Nur fragt es sich, wie Fontane mit dieser ›Krippenpflicht‹ bei seinen eigenen literarischen Familienfesten und realistischen Geburtstagsfeiern umging. Einen Skandal wie im Fall von *Irrungen, Wirrungen* und *Stine* – beides Geschichten, die es mit Kindern und was ihnen vorausgeht zu tun haben – brauchte er mit *Unterm Birnbaum* wohl kaum zu befürchten. Hat er deshalb schon die *Gartenlauben*-Mentalität bedient? Und wenn nicht, worin äußert sich dann die Distanz, die Technik der ›Camouflage‹?

Die herkömmliche Antwort all jener, die *Unterm Birnbaum* nicht rigoros vom »erzählerischen Hauptwerk« abrücken wollen und deshalb nur im »charakterliche[n] Extremismus«[22] die Quelle des Geschehens sehen, verweist auf die gesellschaftskritische Dimension des Romans.[23] Demnach wird ein Mord, den ein Individuum absichtlich begeht, zum Symptom für den latent gewalttätigen Zustand einer Kommunität. Das kann sich sogar zu der Maxime versteigen, daß nicht der Mörder, sondern der Ermordete schuldig ist (so der aufrührende Titel der be-

---

21 So der Titel des Buches von Rudolf Helmstetter: Die Geburt des Realismus aus dem Dunst des Familienblattes. Fontane und die öffentlichkeitsgeschichtlichen Rahmenbedingungen des Poetischen Realismus. München 1997.

22 Wolfgang Hädecke: Theodor Fontane. Biographie. München 1998, S. 272f.

23 Vgl. Rudolf Schäfer: Theodor Fontane: Unterm Birnbaum. Frau Jenny Treibel. Interpretationen. München 1974; Winfried Freund: Die deutsche Kriminalnovelle von Schiller bis Hauptmann. Einzelanalysen unter sozialgeschichtlichen und didaktischen Aspekten. Paderborn 1975, S. 85–94; Walter Müller-Seidel: Theodor Fontane. Soziale Romankunst in Deutschland. Stuttgart 1975, S. 216–228, bes. S. 221f. Vgl. auch Annelies Luppa: Die Verbrechergestalt im Zeitalter des Realismus von Fontane bis Mann. New York 1995, S. 35–65. Siehe auch die Zusammenfassungen von Hugo Aust: Theodor Fontane: Ein Studienbuch. Tübingen 1998, S. 101–106, und Eda Sagarra: Unterm Birnbaum. In: Fontane-Handbuch. Hrsg. v. Christian Grawe u. Helmuth Nürnberger. Stuttgart 2000, S. 554–563.

rühmten Novelle von Franz Werfel); zumindest aber rückt es den Täter mittels paradoxer Wendung in die Nähe seines Opfers, läßt ihn selbst ein »schuldig-unschuldiges Opfer«[24] von anonymen bzw. gesellschaftlichen Mächten werden. Daß gerade er die Tat beging, gilt dann ›nur‹ als Zeichen für die ›schwächste‹ Stelle, an der die lauernde Brutalität einer gesellschaftlichen Verfassung am gewaltsamsten ausbricht; das mag als abscheuliche Tat schockieren, bildet aber doch einen notwendigen Zusammenhang. Er entschuldigt nicht den Täter, macht aber deutlich, daß Jagd und Bestrafung, Schuld und Sühne nicht die eigentliche Ursache der Ordnungsstörung treffen, so daß solche Akte der (poetischen) Gerechtigkeit eigentlich nur dem Gesetz der Seriengeschichte angehören, die jene Abschlüsse bevorzugt, die einem beliebig wiederholbaren Neuanfang nichts in den Weg legen. Die Spruchweisheit am Ende bestätigt diesen hemmungslosen Fort- und Rundlauf der moralischen Selbstgerechtigkeit, aber nicht deshalb, weil sie Recht hat, sondern weil sie als alte Spruchweisheit schon hundert Mal gepredigt wurde, selbstverständlich auch immer wieder Recht behielt, aber eben gar nichts nützte. Nicht als einmalige Feststellung, sondern als notorisch rotierende Phrase widerlegt sich der Schlußsatz selber.

Der gesellschaftskritische Aspekt von *Unterm Birnbaum* enthält eine allgemein soziale und eine spezifisch historisch-politische Komponente. Die soziale meint die Art des Zusammenlebens in einem Rand- und Grenzbezirk, den Fontane selbst »Klein-Sibirien« genannt hat.[25] Das kann Unterschiedliches bedeuten: den öden, fernen Ort, wo rauhe Kälte herrscht, wo die regulierenden Kräfte der ›lebendigen‹ Mitte nicht mehr wirken, den Raum, wo sich viele Völker mischen, die Stätte der Verbannten und Zwangsarbeiter, aber auch die für einen ausgewählten Personenkreis lukrative Region voller Bodenschätze (Gold und Silber)[26] sowie nicht zuletzt die autobiographische Station, Fontanes Aufenthalt in Letschin, dem zeitweiligen Wohnsitz der Eltern (1835–55), der das Modell für den fiktiven Ort Tschechin lieferte. Keine der hier aufgezählten ›Bedeutungen‹ muß allein für Tschechin als »Klein-Sibirien« passen. Immerhin aber zeichnet sich ein Mikrokosmos ab, der wenig Erfreuliches erwarten läßt, zumal für solche, die hier ihre letzte Zuflucht suchen wie das Ehepaar Hradscheck, sie »krank und elend von ihren Fahrten und Abenteuern« (53), eine »muthmaßlich[e] Schauspielerin« (53) mit Kind, die der Vater »nicht aufnehmen wollte« (21), er ein wegen eines »unbequem werdenden ›Verhältnisses‹« (53) zum Auswandern Entschlossener; beide bleiben auch im neuen Lebensraum Fremde, sie als ehemalige Katholikin aus »katholische[r] Gegend« (53), er als einer »von böhmischer Extraktion« (52). Vom ›Nullpunkt‹ anzufangen, kann hier nicht leicht fallen und stiftet wohl selten ›kalifornische‹ Legenden. So kommt es, daß die ›Karriere‹ der Hradschecks weder im unverdienten Glücksfall noch im gerechten Scheitern jenes Behagen auslöst, das den poetischen Realisten der Theorie nach so wichtig schien, während ihre Werke zurückhaltender das Verklärungsaxiom umsetzen.

---

24 Friedrich: Unterm Birnbaum. Der Mord des Abel Hradscheck, a.a.O., S. 118.
25 Fontane an Wilhelm Wolfsohn, 10.11.1847. In: HF IV, 1/35.
26 Soweit die Auskunft des Brockhaus, a.a.O., s.v. ›Sibirien‹.

In der Tat scheint durch die Ausweglosigkeit des Lebens in Tschechin der Eindruck zu entstehen, daß der Mordfall Hradscheck auf Risse im System zurückweist. Ein erfolgreiches Ehepaar Hradscheck gliche schon der kommerzienrätlichen Familie Treibel: Geld ist alles und das Schöne seine Frucht, die den ganzen Betrieb versüßt, auf daß die Geldsackgesinnung den Schönheitssinn nicht störe. Aber *Unterm Birnbaum* versagt sich diesen Weg zur Satire und ergründet statt dessen – eigentlich genauer, ›naturalistischer‹ möchte man sagen, als das spätere ›Hauptwerk‹ – jene Erniedrigungen, die eine teils leichtsinnige, teils schwermütige Bereitschaft zu töten erzeugen: »[...] nur nicht arm. Armuth ist das Schlimmste« (22) heißt das Schlüsselerlebnis, das zum Morden enthemmt. Verluste, materielle und vor allem menschliche, spielen hierbei eine Rolle, die eine Jenny Bürstenbinder nicht so kraß ertragen mußte.

Unter gesellschaftskritischem Aspekt, nach Maßgabe der Frage, was Menschen dazu führt, Abscheuliches zu dulden bzw. zu begehen, spielt die Vorgeschichte von Ursel und Abel Hradscheck eine wichtige Rolle im Roman, bildet fast ein Werk für sich; merkwürdig ist allerdings, daß solche Informationen nur perspektivisch gebrochen vergegenwärtigt werden, einmal im Bericht des Mannes, der etwas will, wenn er seine Frau an ihre Vergangenheit erinnert (ein ähnlich analytischer Zug wird die Haupthandlung in *Cécile* begründen), zum andern in der inoffiziellen Mitteilung des Pastors, der gleichfalls mit seinen kenntnisreichen Hinweisen auf das soziale Umfeld bestimmte Absichten verfolgt. Eigentlich müßte es verblüffen, wie gut Fontane sowohl das bänkelsängerische Genre von Mord, Gewissenspein und Nemesis als auch das sozialkritische Lied von der Unschuld des Schuldigen bzw. der Schuld des Systems beherrscht und wie er darüber hinaus die Schachzüge zu betätigen weiß, mit denen man dieses oder jenes – strenge Moral oder sozialpsychologische Relativierung – zur Erzielung weiterer Zwecke benützt.

Die andere Komponente des gesellschaftskritischen Aspekts betrifft die historisch-politische Dimension des Romans. *Unterm Birnbaum* ist nicht nur ein Zeitroman, der über Raum, Zeit und Gesellschaft, Eigenart der Person und Struktur ihrer Umwelt genauere Auskunft gibt – allerdings ersetzt er das historisch nachweisbare Letschin durch das poetisch erfundene Tschechin wie Kessin für Swinemünde steht; vielmehr ist die Oderbruch-Geschichte auch ein historischer Roman, der eine Vergangenheit ›verlebendigt‹, gewiß keine ferne, aber immerhin so weit zurückliegende, daß die Sechzig-Jahres-Klausel dessen, der den historischen Roman für Europa durchgesetzt hat und damit Geschichte erfahrbar machen wollte, gerade noch eingehalten wird. Für Fontane bezeichnete Walter Scotts Regelung allerdings kein besonderes Merkmal des Geschichtsromans, sondern den zeitlichen Spielraum, in dem sich ein ›moderner Roman‹ als realistisches Werk bewegen sollte. Wie dem auch sei, das Hineinspielen großer historischer Momente in kleine, private, erfundene Geschichte ist ein erzählerisches Verfahren, dem die Zukunft gehört und das sich auch in *Unterm Birnbaum* auswirkt. Zur Sprache kommt die Endphase des polnischen Aufstandes von 1830/31, ein außenpolitisches Thema, das – über den Rand der Oderbruch-Erzählung geblickt – von Jugend auf Fontane faszinierte. Um so bemerkenswerter ist, in welcher Perspektive der Erzähler abermals dieses Schlüsselerlebnis präsentiert.

Es geht um eine »Haus-Erstürmung in der Dlugastraße« (34) Warschaus. Sie gipfelt in einem »Massacre« (35), dem nicht nur die auf polnischer Seite Kämpfenden, im wesentlichen Akademiker und Polytechniker, zum Opfer fallen, sondern auch »Frauen und Kinder« (34), die aber eigentlich ebenfalls zu den Kämpfenden gehören, denn sie wehren sich tapfer mit Steinen. In dramatischer Zuspitzung richtet sich der Blick auf eine einzelne Frau, die mit ihren beiden Kindern den Tod mit einem Sprung in die Weichsel sucht, um »Schimpf und Entehrung« (35) zu entgehen. Die eigentliche Pointe der Schilderung liegt jedoch nicht im Katastrophenbericht, sondern in der angefügten ›Erklärung‹ der Niederlage. Da heißt es nämlich:

> »[...] Und was das Schlimmste dabei, nicht hingemordet durch den Feind, nein, durch uns selbst; hingemordet, weil wir verrathen waren. [...] Das Volk war gut, Bürger und Bauer waren gut, alles einig, alles da mit Gut und Blut. Aber der Adel! Der Adel hat uns um dreißig Silberlinge verschachert, bloß weil er an sein Geld und seine Güter dachte. Und wenn der Mensch erst an sein Geld denkt, ist er verloren.« (36)

Das sind trotz des flüchtigen Umrisses prägnante Worte, wie sie für die historisch-politisch orientierte Gesellschaftskritik Fontanes z.B. im Umkreis seiner Briefe an Friedlaender und in der Welt seiner Romane – man denke nur an Herrn von Bülows scharfe Abfertigung des Staates Preußen (*Schach von Wuthenow*) – typisch sind. Es ist, als ob sich in der erfundenen, privaten, engen Weinstube des Tscheчiner Gasthauses ein Fenster zur realen Weltgeschichte öffnete und den Blick freigäbe auf die eigentlichen Hintergründe: das Interesse am Geld und die Intrigen der Privilegierten. Ein archetypischer ›Verrat‹ wird sichtbar, der eine weitere Passionsgeschichte einleitet, für die es (vorläufig?) keinen Heilsplan gibt. Und wieder sind die augenfälligen Täter, hier die Russen, nicht unbedingt die eigentlichen Schuldigen, sondern diejenigen, die sich ›zurückhalten‹ und ›handeln‹ im Sinne des Schacherns.

Wie also paßt diese ›Einlage‹ zu dem was ›unterm Birnbaum‹ geschieht? Fügt sie diesem Vorgang etwas hinzu, verändert sie ihn, dient sie ihm als Kommentar, Spiegel bzw. Parabel, oder ruht sie einfach im epischen Raum, wie das Gespräch über Schmerlen in *Cécile*, von dem gleichfalls kaum jemand weiß, wozu es ›gut‹ ist? Doch wer wird schon vorschnell den Gang einer politischen Insurrektion mit den Gängen nach den Anweisungen einer Speisekarte vergleichen?

Gewiß fällt an erster Stelle auf, daß es in beiden Geschichten ums Geld geht (heute könnte man sagen um ›value for money‹) und daß solches Denken an Geld und Güter regelmäßig Verbrechen, Mord und Massaker herbeiführt. Nach sozialpsychologischer und systemkritischer Lesart besitzen beide Straftaten einen symptomatischen Wert, der das Absonderliche des Einzelfalls zum ›normalen‹ Systemzwang verkehrt bzw. richtiger ›entkehrt‹. Ob sich auch in dieser Umkehrung der Eindruck von einer »hintergründige[n] Geschichte des freundlichen

Mörders«[27] hält, mag fraglich bleiben, zumal der Grad des Zynismus, der in dieser Freundlichkeit liegt, noch gar nicht feststeht. Immerhin aber müßten sich nicht nur die Russen und der ›Deutsche‹, sondern auch polnischer Adel, Hradscheck (aus Böhmen) sowie Tschechiner Gesellschaft trotz ihres sozialen Unterschieds miteinander vergleichen lassen. Ob ihre Handlungen etwas gemeinsam haben, ist durch ihre Vergleichbarkeit noch nicht entschieden: Handeln sie alle fremdbestimmt, liegt beim Adel die alleinige Verantwortung oder geht es darum, daß alle, die gegeneinander kämpfen, letztlich sich auch selbst viel schaden? Vielleicht reagieren sie ›nur‹ ab, was ihnen von anderer Seite selbst widerfuhr. Der Adel bliebe wie die Tschechiner Gesellschaft, ja vielleicht sogar auch das Feindbild der Russen ›draußen‹ im Zentrum des Interesses an politischen Geschichten, während der Gastwirt den individualisierbaren Mittelpunkt des sozialkritischen Kriminalfalls bildet. Seine Spielernatur steht übrigens dem Autor verwandtschaftlich näher, als es die ›Objektivität‹ des Realismus eigentlich zuläßt; denn zu Recht hat man in der Hradschek-Figur Anspielungen auf Fontanes Vater Louis Henri und den Onkel August Fontane wiedererkannt. Und so rundet sich eine Geschichte, die vom wirtschaftlichen Ruin eines Gastwirts erzählt und dabei den politischen der Gesellschaft und der Staaten hüben wie drüben einbezieht, zur Erinnerung an Krisen der eigenen Familie.

Die Frage, was eine Wechselbeziehung zwischen historischer Episode und kriminalistischer Haupthandlung erhellen kann, kommt nicht ohne einen pragmatisch-funktionalen Gesichtspunkt aus. Denn das, was von der polnischen »Insurrektion« sichtbar wird, läßt sich nicht von dem trennen, wie und wozu es vor Augen geführt wird, also zumindest nicht ohne Rücksicht auf denjenigen, der diese Geschichte erzählt. Es handelt sich ja um keine beliebige Nebenfigur, sondern um die im kriminalistischen Genre obligatorische Rolle des Opfers, das dieselbe Nacht nicht überleben wird. Auch sonst ist Szulski von Bedeutung, vertritt er doch als »Weinreisender« (34) die Interessen derer, die gleichfalls an Geld und Güter denken, ohne deshalb automatisch in den Verdacht zu geraten, die ›Landsleute zu verschachern‹. Wohin führt es also, den Erzähler der politischen Geschichte über die Macht des Geldes zum Opfer der kriminalistischen zu machen? Spielt sich eine Art Fortsetzungsgeschichte ab, eine Kettenreaktion, die abermals den systematischen Zusammenhang ins Licht rückt, für den letztlich kein Individuum verantwortlich zeichnet? Sollte es um eine ›Vernetzung‹ des Geldwesens gehen, deren noch so feines Gespinst auf die Dauer dennoch jeden Gewinn vereitelt? Aber Szulski geht doch eigentlich nicht so mit dem Geld um wie Halms Marzipan-Lise oder Dostojevskijs Aljona Ivanovna.

Nun scheint dieser Szulski gerade in seinem Parade-Auftritt an der Tschechiner »Tafelrunde« nicht nur ein ›Opfer‹ innerhalb des weitgesponnenen Handels- und Güterverkehrs zu sein; vielmehr erweist er sich hier geradezu als Täter, als Angehöriger der ›Spinner‹-Zunft, will sagen der »gute[n] Erzähler« (34). Was mit diesem Prädikat genau gemeint ist, läßt sich nicht in einem Zuge sagen:

---

[27] Lieselotte Voss: Literarische Präfiguration dargestellter Wirklichkeit bei Fontane. Zur Zitatstruktur seines Romanwerks. München 1985, S. 193.

Erwähnenswert ist schon, daß ein guter Erzähler das, wovon er berichtet, selbst erlebt hat, als »Augenzeuge« gewiß, »vielleicht« sogar als »Mitkämpfer«, wobei diesem »vielleicht« in gegenwärtigem Zusammenhang eine höhere Gewißheit zukommt, als es die Wortbedeutung zu verstehen erlaubt, geht es doch um Taten, die möglicherweise aus Vorsicht »im Dunkeln« bleiben sollten. So besiegeln aber gerade Andeutungen vage Hinweise als Gewißheit, die womöglich trügerischer ist als der national-polnische Klang des Namens Szulski, hinter dem doch nur ein einfacher »Schulz« steht. Zweifelsohne weiß der gebürtige Oberschlesier gut zu erzählen: Auch wo er in Schilderungen der »Heldenthaten« und »Grausamkeiten« schwelgt, bewahrt er die notwendige epische »Ruhe«, während seinem Zuhörer der Kopf »hochroth« anläuft und die Haare zu Berge stehen. Die Beglaubigung dessen, was er erzählt, ist unanfechtbar wie jeder ›analytische‹ Satz: »Aber was ich gesehn habe, das hab' ich gesehn, und eine Thatsache bleibt eine Thatsache, sie sei wie sie sei.« (36). Fast hat es den Anschein, als ob sich der Schein-Pole Szulski mit der Behauptung, daß kein echter Pole ein Aufschneider sei, all jenen selbst verrate, die von seiner Abkunft wissen. Der Verdacht der Aufschneiderei gilt insbesondere von der ›Einlage‹ in der Einlage, der Geschichte von der Dame, »die da herunter sprang (und ich schwör' Ihnen, meine Herren, es *war* eine Dame)« (36). Unversehens beschreibt die Erzählung einen Exkurs ins Zweideutige, der den einen schmunzeln läßt, während sich der andere dank seiner »Liebesader« schon zur »nervösen Erregtheit« steigert. So entsteht ein mental fruchtbarer Boden für fundamentale Kritik an der Gesellschaft (freilich der Gesellschaft der ›anderen‹), an dem (fremden) Adel und seinem Gelde. Ist es zuviel behauptet, hier bereits Fontanes kritischen Beitrag zu den Strategien einer mediengesteuerten Meinungsbildung in der Öffentlichkeit zu sehen, und könnte demnach das, was dem guten Erzähler unterm Birnbaum widerfährt, zu Fontanes Variante eines Realismus gehören, der zwar aus dem »Dunstkreis des Familienblattes« geboren wird und doch auch zu berichten weiß, was diesseits wie jenseits solcher (Lese-)Zirkel liegt? Könnte gar, unter autopoetischem Gesichtspunkt, der Verklärungsrealismus, der seine Figuren nicht nur freudig aus der Wiege hebt, sondern oft genug ins triste Grab versenkt und daraus dennoch eine »schöne Täuschung«[28] hinzaubert, hier sich selbst in Frage stellen?

Es fällt wohl auf, wie oft Fontane durchaus richtige Mitteilungen in verzerrende Perspektiven rückt. Natürlich hat Pastor Eccelius Recht mit seiner Spruchweisheit, und alles, was Frauen und Kindern an »Graus« widerfährt, ist schlimm und setzt die Täter (die mit der Waffe in der Hand bzw. ihre Hintermänner) ins Unrecht. Aber die Art, wie über sie im Kirchenbuch, am Stammtisch und in der Gartenlaube geurteilt wird, rückt das Verdammenswerte der Tat in eine zwielichtige Beleuchtung, macht vielleicht sogar fraglich, ob das alles wirklich so geschehen ist, wie es zweifelsohne gut erzählt oder treffend auf einen Nenner gebracht wurde. Wirklichkeitsbericht, moralische Bewertung, rhetorisches Geschick und diskursive Setzung gehen ineinander über. Gewiß legte der poetische Realismus mit seiner

---

[28] Theodor Fontane in einer Theaterkritik von 1887 zu einer Aufführung von Schillers *Wallenstein*. In: HF III, 2/726.

Vereidigung der Erzähler auf das Schöne im Leben und das Verklären der ›nackten‹ Wirklichkeit den Weg frei für diese gefährliche Allianz zwischen wahr, schön und gut, eine Einheit, die der *Gartenlaube* und ähnlichen ›Familienbetrieben‹ sehr gelegen kam; doch scheint Fontane mit seinen merkwürdig gezielten, zwar treffenden, aber schräg angelegten Kommentaren und schiefen Einbettungen diesen Zusammenhang eher sichtbar zu machen als zu verschleiern. Fast will es auf Grund von Figuren wie Szulski und Eccelius den Anschein haben, als ob selbst gesellschaftskritische und aufgeschlossene Perspektiven nicht vor dem ›Gespinst‹ bewahren, das sich an der »Tafelrunde« (33) wirklichkeitsstiftend entfaltet.

Es macht die Sache keinesfalls einfacher, wenn man berücksichtigt, was seit geraumer Zeit über Fontanes Technik der Postfiguration bzw. Allusion bekannt ist.[29] Demnach erzählt Fontane seine Geschichten nach literarischen, auch biblischen und mythologischen Mustern, oder, wenn das überspitzt klingen sollte, so gilt doch, daß er im Blick auf die alltägliche zeitgenössische Wirklichkeit die Kunst nicht aus dem Auge verliert. Sichtbarstes Zeichen für dieses ›anlehnungsbedürftige‹ Schreiben ist Hradschecks Vorname Abel, der die Geschichte aus dem Oderbruch ins mörderische Exil vor der geschlossenen Pforte zum Paradies versetzt. Nur begnügt sich Fontane nicht mit einem mehr oder minder starken ›Durchpausen‹ der biblischen Situation, vielmehr verändert er auch. Das springt im gegenwärtigen Fall sogleich ins Auge, heißt doch sein Mörder nicht so, wie es der biblische Bericht vorgibt. So trägt der ›Oberton‹, der durch die Anspielung hörbar wird, eher zur weiteren Verrätselung der Geschichte bei: Dient »Abel« der Tarnung des Täters oder der Umkehrung des Überlieferten? Ist Hradscheck ein Scheinheiliger, der sich den Namen des Opfers anmaßt, eine Gegenfigur und ›Parodie‹, die den unbescholtenen Ruf des biblischen Abel als ›Legende‹ entlarvt, oder gar ein ›Doppelgänger‹, der Kain und Abel als moderner gemischter Charakter in einer Person verkörpert? Welche Rolle spielt also die ›Namenskarte‹ in der Hand dessen, der wortwörtlich ›kleiner Spieler‹ heißt? Und was bedeutet das alles wiederum für das Opfer Szulski? An welche ›Opferflamme‹ des saisonbedingten Nationalpolen wäre zu denken, die den ›Bruder‹ so verdrießt, daß er zur Waffe greift? Es mag der besondere Reiz der Fontaneschen Anspielungstechnik weniger darin liegen, eindeutige Antworten herauszufordern als Perspektiven zu setzen, aus deren Sicht eine Geschichte wechselnde ›Farben‹ annimmt und so an Interesse gewinnt.[30]

Der biblische Hintergrund ist nicht das einzige Muster, das in Fontanes Oderbruch-Geschichte durchscheint. Sehr zu Recht wurde auf Shakespeares *Macbeth* als bedeutende Folie und ›Subtext‹ hingewiesen.[31] Eine Reihe von Entsprechungen

---

[29] Vgl. Voss: Literarische Präfiguration, a.a.O., und Bettina Plett: Die Kunst der Allusion. Formen literarischer Anspielungen in den Romanen Theodor Fontanes. Köln, Wien 1986. Bedeutende Anregungen gingen aus von Peter-Klaus Schuster: Theodor Fontane: Effi Briest – ein Leben nach christlichen Bildern. Tübingen 1978.

[30] Weitere Schachzüge mit dem Namen Abel erwägt – zuweilen mit kühner Phantasie – Dieter Franke: Kriminalfälle von Schiller bis Dürrenmatt. Vergleichende literaturwissenschaftliche Studie. Berlin 1999.

[31] Vgl. Voss: Literarische Präfiguration, a.a.O., S. 199-213.

macht es wahrscheinlich, daß Fontane das Geschehen unterm Birnbaum ähnlich wie den Unfall auf der »Brück am Tay« als moderne ›Nachfolge‹ des für sein Gefühl »gewaltigsten« Stückes[32] verstanden wissen wollte: So kehrt in Abel und Ursel das düster ehrgeizige Königspaar wieder; und weitere Parallelen (das Motiv des ermordeten Gastfreundes, die Dämonie des Hexenwesens, die politische Dimension der Aufstände) unterstreichen die Faktoren einer poetischen Welt, die »uns auf einen Ruck aus dem Alltagsleben in die Großwelt des Schreckens zu versetzen«[33] vermag. Dennoch geht das komparatistische ›Rechenexempel‹ nicht glatt auf. Welche Einzelheiten sind für die so gesponnene ›Nachschrift‹ wesentlich, und welche historisch bedingte Auslegung der gewiß nicht leicht durchschaubaren Tragödie sollte in die Wechselbeziehung zur Erhellung der modernen ›Bearbeitung‹ eingebracht werden? Wie wichtig sind vor allem Unterschiede, die gerade auch da auffallen, wo Figurenkonzept und Handlungsführung oberflächlich gesehen Entsprechungen erwarten lassen?

Das gilt insbesondere von Szulski, der wenig mit Duncan (oder Banquo) gemeinsam hat. Kommt es etwa – auch hier – auf die Unstimmigkeiten an? Daß etwas nicht der Fall ist, kann unter Umständen sehr bedeutsam sein (das lehren literaturwissenschaftliche Untersuchungen zur ›Negation‹), auch unterm Birnbaum liegt nicht das, was alle erwarten, und genau dieser Umstand liefert wiederum allen Umstehenden den Beweis für etwas, was doch nicht der Fall ist. Wenn Szulski nicht Duncan ist, so muß auch nicht »die Höll' ihr Meisterstück gemacht« haben[34], und des »Weltgerichtes Vorspiel« fände eigentlich nicht statt. Ist das die richtige bzw. einzige Schlußfolgerung, oder dürfte sie auch lauten: Selbst wenn er seinem Vorbild nicht entspräche, weist das Verbrechen doch auf eine Katastrophe voraus, die den kleinen Roman zu Recht als Nachbarwerk von *Schach von Wuthenow* auswiese.[35] Und schließlich begegnet schon in der schottischen Tragödie der merkwürdige Verdacht, der abgewandelt und doch ähnlich in *Unterm Birnbaum* wiederkehrt: »Wie! spricht der Teufel wahr?« Und:

> Oft, uns in eignes Elend zu verlocken,
> Erzählen Wahrheit uns des Dunkels Schergen,
> Verlocken uns durch schuldlos Spielwerk, uns
> Dem tiefsten Abgrund zu verraten.[36]

Wenn das Hexenwesen etwas mit anonymen, dämonischen oder numinosen Mächten zu tun hat, die mit jenem ›Spuk‹ zusammenhängen, der den Täter endlich zu Fall bringt, dann schließt sich ein Kreis, der Ursache und Wirkung umgreift, und die ›poetische Gerechtigkeit‹ am Ende wäre danach nur die Wirkung ihrer

---

32 Vgl. Fontanes Besprechung der Aufführung von Shakespeares *Macbeth* vom 16.11.1875. In: HF III, 2/226.

33 Ebd., S. 228.

34 Shakespeare: Macbeth. Englisch und Deutsch. In der Übersetzung von Schlegel und Tieck. Hrsg. v. L. L. Schücking. Hamburg 1958, S. 51 (= II, 3).

35 Hans-Heinrich Reuter: Fontane. 2 Bde. München 1968, Bd. 2, S. 633.

36 Shakespeare: Macbeth, a.a.O., S. 19 u. S. 21 (= I, 3).

verführerischen Ursache am Anfang, gleichsam eine höchst problematische Apotheose jener Ordnung, die den Verbrecher unbedingt braucht, um sich selbst verklären zu können.

Die eben nicht klare Genealogie des Verbrechens – weder der individualpsychologische noch sozialreformerische Ansatz und wohl auch nicht das Staunen vor den »letztlich unerforschlichen Ratschlüssen der göttlichen Gerechtigkeit«[37] bieten eine befriedigende Erklärung des Geschehenen – trägt zur Verunsicherung einer Moderne bei, die sich – seit 1871 mit Eisen, Blut und Geld – scheinbar fest konsolidiert hat und doch irrational wirkende Brüche, »kleine Löcher und Ritzen« (5) aufweist, die sichtbar machen, was die fortschrittliche ›Technologie‹ der Reichsgründung trotz ihres feinen Gespinsts auf die Dauer nicht verbergen kann. Wenn alle Institutionen und Rollen, die für die Aufklärung der Regelverstöße zuständig sind, scheitern und es dem Zufall oder einer anderen Macht, dem Tod oder der »Hand Gottes«, überlassen müssen, zu zeigen, wie es eigentlich gewesen ist, so deutet sich abermals die Schwäche und Brüchigkeit eines Wilhelminischen ›Imperiums‹ an, das zwar gern Denkmäler setzt, Festspiele inszeniert und jährliche Siegesfeiern veranstaltet, aber mit den alltäglichen, zum ›Geschäft‹ gehörenden Falltüren im eigenen Fußboden nicht sorgfältig genug umgeht.

So zeichnet sich im Garten unter dem Birnbaum kein wesentlich anderes ›Gespinst‹ ab als an der Schaukel im Garten des Herrenhauses zu Hohen-Cremmen; und wenn dort der »Schloon« noch weit weg liegt, »hoch nördlich« und »auf dem Wege nach Rußland«[38], so befindet sich die Falle im Tschechiner »Klein-Sibirien« schon mitten im Haus und unter den Füßen.

---

[37] Eda Sagarra: Die unerhörte Gewöhnlichkeit. Theodor Fontane: Unterm Birnbaum (1885). In: Deutsche Novellen. Von der Klassik bis zur Gegenwart. Hrsg. v. Winfried Freund. München 1993, S. 175–186, hier S. 186.

[38] Theodor Fontane: Effi Briest. In: HF I, 4/28.

EDA SAGARRA

BERLINER GÖRE UND BRAVE MÄDCHEN IN DER DEUTSCHSPRACHIGEN ERZÄHLLITERATUR DES REALISMUS:

Zum Beispiel Olga Pittelkow

Zwei zehnjährige Mädchen aus der deutschen realistischen Literatur des Zweiten Kaiserreichs, Nesi (Nachname unbekannt) und Olga Pittelkow (Vater unbekannt), werden vom Erzähler beobachtet, während sie andere beobachten. Allerdings trennt fast eine Generation das Erscheinungsjahr von Theodor Storms Novelle *Viola Tricolor* (auf Deutsch »Stiefmütterchen«) und Fontanes *Stine*. 1874 bringen *Westermanns Monatshefte* im 35. Bande *Viola Tricolor*, welches ein Jahr zuvor entstanden war. Fontane hingegen hatte bekanntlich große Schwierigkeiten beim Versuch, seine *Stine* in einer renommierten Zeitschrift unterzubringen. Erst im Frühjahr 1890 konnte das Werk im ersten und letzten Jahrgang von Fritz Mauthners Wochenschrift *Deutschland* erscheinen. Im Gegensatz zu Storms Novelle hatte *Stine*, erstmals 1881 erwähnt und im Frühsommer 1888 abgeschlossen, eine längere und nicht ganz durchschaubare Entstehungsgeschichte.[1] Beide Texte haben außer der Figur des halbwüchsigen Mädchens – bei Storm Hauptfigur, bei Fontane Nebenfigur – wenig gemeinsam. Doch notiert Fontane im sechsten und letzten Teil seiner wenige Tage nach dem Tod Storms im Juli 1888 entworfenen Erinnerungen an den Zeitgenossen, er selber habe in den letzten »etwa 5 oder 6 Jahren« (also in der Entstehungszeit von *Stine*) mehrere Stormsche Novellen gelesen, darunter *Viola Tricolor*. Diese setzt er sogar an die erste Stelle seiner Liste und nennt sie »ein Meisterstück (vielleicht seine schönste Novelle)«.[2] Im folgenden soll nicht etwa von ›Einfluß‹ die Rede sein, sondern vielmehr von Originalität in der Wahl und der Perspektivierung halbwüchsiger Mädchen. Denn im Gegensatz zu den meisten realistischen Autoren ihrer Zeit ist bei beiden in ihrer Gestaltung des Kindes dessen Perspektive und nicht die eines Erwachsenen maßgebend. Nesi ist freilich in Storms Novelle zusammen mit ihrer Stiefmutter Hauptfigur, während Olga in Fontanes fast 100-seitigem Text nur ein kurzer Auftritt von ein paar Seiten gegönnt wird. Andererseits ist Fontane viel konsequenter als Storm in seiner Gestaltung des Typus, und das trotz der Tatsache, daß sich in der Entstehungszeit *Stines* halbwüchsige Mädchen sozusagen eine eigene literarische (Unter-)Gattung ›erobert‹ hatten, nämlich den sogenannten Backfischroman.

---

1 Dokumentiert durch Peter Goldammer in: Theodor Fontane: Romane und Erzählungen in acht Bänden. Hrsg. v. Peter Goldammer, Gotthard Erler, Anita Golz u. Jürgen Jahn. Berlin, Weimar ²1973 (= AF). Bd. 5, S. 577–579 (Kommentar). *Stine* (ebd., S. 173–269) wird im folgenden nach dieser Ausgabe nur mit Angabe der Seitenzahl im fortlaufenden Text zitiert.

2 Theodor Fontane: Erinnerungen an Theodor Storm. In: NF XXI, 2/83–97, hier S. 96.

Sowohl Storms wie Fontanes Erzählwerk beginnt mit einer wichtigen erwachsenen Person im Leben der Mädchen, im Fall der kleinen Halbwaisen Nesi ihr altes Kindermädchen und bei Olga die resolute Mutter. Dort ist alles indirekt. Schon im ersten Satz von *Viola tricolor* wird auf Gehör- und Geruchssinn angespielt, um die Nuancen der dunklen Szene im alten Bürgerhaus genau zu registrieren und den Leser für die Psyche des Kindes zu sensibilisieren. Die Szene im ersten Kapitel von *Stine* spielt auf der offenen Straße. Hier ist alles grelles Licht, ein Eindruck, den das Fensterputzen der energischen Mutter Olgas womöglich unterstreichen soll. Mit dem Erzähler beobachtet der Leser von Storms Novelle, wie Nesi aus ihrem Beobachterposten oben von dem Treppenabsatz hinunterblickt (›oben‹ ist Kinderbereich, ›unten‹ das Reich der Erwachsenen) und die Vorbereitungen für die Ankunft ihrer zukünftigen Stiefmutter im Hausflur mustert. Wir lesen an der ganzen Körperhaltung und den Gebärden des »festlich« zurechtgemachten Kindes dessen Furcht, bei seinem Vorhaben ertappt zu werden, dunkle Vorahnungen über die neue ›Mutter‹ gewinnen Gestalt. Diese machen aber am Schluß der Geschichte ganz anderen und glücklicheren Erfahrungen Platz als die literarische Schablone der bösen Stiefmutter sonst vorschreibt. Doch bei Nesis erstem Erscheinen sorgt der Erzählerbericht für eine Stimmung von banger Erwartung. An ihrem zögernden Festhalten am Treppengeländer und der langsamen Bewegung macht Storm den inneren Vorgang der Zehnjährigen vernehmbar: »Sie legte den Arm auf das Geländer und das Köpfchen auf den Arm, und ließ sich so langsam hinabgleiten, während ihre dunklen Augen träumerisch auf die gegenüberliegende Zimmertür gerichtet waren.«[3]

Ein größerer Gegensatz läßt sich schwerlich denken als der zwischen der in psychisch exponierten, aber wirtschaftlich gesicherten bürgerlichen Verhältnissen lebenden Nesi und Fontanes Berliner Göre Olga, ›Folge‹ einer »gewöhnliche[n] Verführungsgeschichte« (212) der damals neunzehnjährigen, nunmehrigen Witwe Pittelkow geb. Rehbein, Schwester der Titelheldin Stine Rehbein. An jenem Morgen in der Berliner Invalidenstraße, wenn wir die kleine Olga zum ersten Mal erleben, steht sie auf der gegenüberliegenden Straßenseite ihrer Wohnung, ungeduldig am »dreirädrige[n], beinahe elegante[n] Kinderwagen« (176) und versucht auf ihre Art, mit dem kleinen schreienden Brüderchen, »das ganz aristokratisch in weiße Spitzen gekleidet war« (176), fertig zu werden. Während sich Storms Nesi (Agnes, die Dulderin) durch die Geburt eines (Stief)schwesterchens zu einem harmonischen Verhältnis zu ihrer ›neuen Mutter‹ durchringt, so daß die Familienharmonie wieder hergestellt wird, sieht es bei der leicht dysfunktionalen Proletarierfamilie anders aus. Von einer Gefühlsbindung der Schwester Olga mit dem kleinen Schreihals ist nicht die Rede, eher von einer ihr lästigen Aufgabe, der sie mit ›mütterlicher‹ Autorität Herrin zu werden versucht, indem sie ihm »einen tüchtigen Klaps« (176) gibt. Dabei schaut sie mit berechtigter Angst über die Straße nach dem Fenster im ersten Stock, wo die hochaufgeschürzte Witwe mit gewohnter Energie, ja mit »einer Art Bravour« (175) den Fensterputz erledigt, da Pauline

---

3 Theodor Storm: Sämtliche Werke in zwei Bänden. München (Winkler) 1967, Bd. 1, S. 675.

Pittelkow »›klapsen und erziehn‹ durchaus als ihre Sache betrachtete« (176). Richtig: Nichts entgeht den Lynxaugen jener »schöne[n], schwarze[n] Frauensperson mit einem koketten und wohlgepflegten Wellenscheitel« (175). Wie könnte sie sich hier Nachlässigkeit leisten, muß sie doch dauernd auf der Lauer sein, um sich und ihre zwei Kinder durchzubringen. Dieses möglich zu machen, gibt es – leider oder Gott sei dank – den »Ollen« (177). Ihm verdankt sie vieles in ihrem jetzigen halb gesicherten Dasein, mindestens die besseren Stücke in der klapprigen Wohnungseinrichtung, so die heutige Hummermayonnaise und nebenher auch das ›Brüderchen‹, sowie dessen unstandesgemäßen Kinderwagen und »eine ganz vornehm ausgestattete Himmelwiege« (178). Zwischen Olga und ihrem Stiefbruder hat es einen rechtmäßigen, allerdings frühverstorbenen und in der Lebenschronologie der Witwe scheinbar fast vergessenen Ehemann gegeben. Mit dem »alte[n] Ekel« (176), der seine fünfzig Jahre mindestens auf dem Buckel haben wird, – so ungefähr der Nachbarskommentar – unterhält die Witwe ein »recht illusionsloses Verhältnis«.[4] Der »alte Ekel« ist ein Graf, aber einer von nicht sehr gräflichen Umgangsformen, zumindest wenn er seine Witwe aufsucht. Das alles wird von den Nachbarn beobachtet und kommentiert, aus Malice, in die sich Neid mischt. Wer wie die Familie Pittelkow am Rand der Gesellschaft lebt, ist sein Leben lang dem Gezischel der Nachbarn ausgesetzt. Aber weder die Witwe, diese »resolute schwarzhaarige Person von rücksichtslosem aber grundehrlichem Charakter und unberechenbarem Temperament«,[5] noch ihre Olga scheren sich darum. Um so mehr jedoch die jüngere Schwester Paulines, Stine Rehbein, als sie dem Neffen des Alten bei der Soirée der Witwe begegnet, dieser sie nachmittags auf ihrer Dachstube besucht und – »armes, krankes Huhn« (206) wie er ist –, mit ihr eine platonische Freundschaft anknüpfen will.

Storm und Fontane kannten sich seit Storms Referendarzeit im Berlin der frühen fünfziger Jahre. Sie mochten sich nicht sehr, waren im »Erfahrungshorizont, Rollenverständnis und poetische[r] Praxis« zu unterschiedlich.[6] Aber Fontane hat als einer der ersten den dichterischen Rang des um zwei Jahre Älteren erkannt und gewürdigt. Im nicht zu Ende geführten Nekrolog nach Storms Tod im Jahr 1888 steht der Satz: »Ich verdanke ihm sehr viel nach der schriftstellerischen Seite hin, denn er verstand sein Metier wie wenige [...]«.[7] Storms Talent, so Fontane, war überwiegend lyrisch, und das Bild des verletzbaren Kindes Nesi ist ganz im Gegensatz zu Fontanes süffisanter kleiner Olga ein Stimmungsbild. Manchmal bewegt sich Storm für das moderne Gefühl hart an der Grenze zum Sentimentalen: Als Beispiel etwa die breit ausgemalte Szene, wo Nesi unter Gefahr der Zerknitterung ihres Feierkleides auf den Kaminsims klettert, um dem Portrait der verstor-

---

[4] Bettina Plett: Die Kunst der Allusion. Formen literarischer Anspielungen in den Romanen Theodor Fontanes. Köln, Wien 1986, S. 288.

[5] Conrad Wandrey: Theodor Fontane. Berlin 1919, S. 239. Vgl. auch Gerhard Friedrich: Die Witwe Pittelkow. In: Fontane Blätter 3 (1974), Heft 2, bes. S. 118–123.

[6] Hugo Aust: Fontanes Lektürewerk – eine einflußgeschichtliche Studie. In: Roland Berbig (Hrsg.): Theodorus Victor. Der Schriftsteller des 19. am Ende des 20. Jahrhunderts. Eine Sammlung von Beiträgen. Literatur – Sprache – Region. Bd. 3. Frankfurt/M. u.a. 1999, S. 44.

[7] Fontane: Erinnerungen an Theodor Storm, a.a.O., S. 95.

benen Mutter einen verstohlenen Kuß zu geben und ihr die geraubte Rose zu ›opfern‹. Und dennoch: Beiden Kinderportraits gemeinsam und im Gegensatz zu den meisten Kinderszenen in der Erzählliteratur des deutschen Realismus ist hier die Perspektive der Erzählhaltung konsequent die des Kindes. Sicherlich, die Romane und Erzählungen etwa von Auerbach, Keller oder Raabe bringen Portraits von Kindern und jungen Menschen, deren Leidensgeschichte liebevoll und zuweilen mit psychologischer Meisterschaft erzählt wird. Doch wie auch bei Dickens und Charlotte Brontë sind es mit wenigen Ausnahmen aus der Sicht einfühlsamer Erwachsener erzählte oder aus der Rückschau der Betroffenen erinnerte Kinderschicksale, wohingegen der Stormsche und der Fontanesche Erzähler durch die Augen des Kindes sieht. Mögen die Umstände oft schlimmer Art sein, in denen so viele Kinder im realistischen Erzählwerk ihre harte Kindheit zu erleben bestimmt waren, und werden gerade bei Dickens und Charlotte Brontë die Bosheit und Brutalität autoritärer Figuren grell gestaltet, kommt zumeist am Ende der junge Mensch nach durchstandener Kindheit und Jugend, wie bei Storms Nesi, in einer neuen und gar heilen Welt zur Ruhe: es haftet dem Kind etwas von paradiesischer Unschuld an, als ob die Erwachsenen, nicht aber das Kind von der Erbsünde belastet seien.[8] Nicht so bei Fontanes Olga.

Spätaufklärung, Romantik und Biedermeier haben das Kind für die deutsche Erzälliteratur und bildende Kunst entdeckt.[9] Im Realismus werden junge Menschen, in der Mehrzahl männlichen Geschlechts, ein beliebtes Thema in der Erzählkunst. Bei den weiblichen Jugendlichen handelt es sich meist um junge Mädchen an der Schwelle des Erwachsenenalters, so etwa Vreni in Kellers *Romeo und Julia auf dem Dorfe* bzw. ihre zahlreichen Vorgängerinnen und Nachfolgerinnen in der Dorfdichtung. Selten thematisieren deutsche Autoren oder Autorinnen halbwüchsige Mädchen, das sind Mädchen in der Vorpubertät und im pubertären Alter, in dem so intensiv gelebt und erlebt wird, dem Alter, in dem man so fixiert ist auf die eigene Umwelt (und sich zuweilen ganz egoistisch in Wechselbeziehungen zu ihr zu geben scheint). Darin, daß er eine Anzahl solcher Figuren gestaltet, ist Fontane hier eher Ausnahme. Wir begegnen auch mehrfach pubertären Mädchen in seinem Erzählwerk, einer, Grete Minde, sogar als Titelheldin. Zu diesen sind trotz ihres Alters auch die sechzehnjährige Effi Briest und ihre Spielgefährten, die Zwillinge, zu rechnen; alle drei (Hulda nicht!) sind zwar altersmäßig Jugendliche, aber dem Verhalten nach noch richtige Kinder. Man liest leicht über diese halbwüchsigen Mädchen hinweg, wie etwa im *Stechlin* lütt Agnes' Kameradin Elfriede aus dem Pastorhaus oder Katzlers »kleine[s] Dienstmädchen, eine Heideläufertochter, deren storres Haar, von keiner Bürste gezähmt, immer weit abstand« (AF VIII/190). Ihr Alter wird nicht genannt, aber solche Kinder ärmerer Leute gingen sehr früh, oft schon mit elf oder zwölf Jahren, in den Dienst. Grete Minde ist zu Beginn der Erzählung ganz kindlich, obwohl bereits vierzehn Jahre alt. Sie wird – wir erleben

8 Siehe aber A. O. J. Cockshut: Children's Death in Dickens: a Chapter in the History of Taste. In: Representations of Childhood Death. Hrsg. v. Gillian Avery u. Kimberley Reynolds. London, New York 2000, S. 133–153.

9 Vgl. Günter Oesterle (Hrsg.): Jugend. Ein romantisches Konzept? Würzburg 1997.

es aus der Perspektive der beiden Stiefmütter – durch ihre Familienverhältnisse ganz plötzlich in die Pubertät gestürzt. Doch wird ihr, in anderer Weise als bei Effi Briest und mit noch drastischeren Konsequenzen, keine eigentliche Pubertät erlaubt, sondern sie wird seelisch und moralisch unvorbereitet mit den Aufgaben einer Erwachsenen konfrontiert. Jedoch interessiert den Autor von Grete Minde ihr Kindsein eigentlich nur im Sinn des englischen Spruchs, daß »the child is mother to the woman«.[10]

Anders verhält es sich mit den ›echten‹ Kindern seiner späteren Erzählwerke, mit Olga, Annie von Innstetten und Agnes, alles Nebenfiguren, die flüchtig auftreten, aber alle eine exemplarische Rolle in der Ökonomie des jeweiligen Werkes spielen. Lebensumstände und Persönlichkeiten Olgas und Annies sowie einer weiteren Zehnjährigen, nämlich Lydia in *L'Adultera*, sind denkbar unterschiedlich. Das Wesen der Halbwüchsigen wird, wie Fontane nahelegt, durch ihre gesellschaftlichen Umstände stark mitbestimmt. Die nicht sehr überzeugende Figur der Lydia in *L'Adultera* ist genauso alt wie Olga und Annie, wenn diese als handelnde Personen auftreten; Agnes ist um einiges jünger, aber nicht so jung, daß sie sich nicht »wie ein Kätzchen« (AF VIII/373) putzt, die schwierige Aufgabe des Stiefelknüpfens meistert und sogar so flink stricken kann, daß ihre »Stricknadeln immer so hin und her gingen und der rote Strumpf neben ihr baumelte« (AF VIII/379). Lydia ist die älteste der von ihrer Mutter einige Zeit zuvor verlassenen zwei Töchter von Ezechiel van der Straaten. Nun will Melanie eine Begegnung mit ihren Kindern mit Hilfe ihrer Schwester Jakobine inszenieren, die dann kläglich scheitert. Lydia, so könnte man rückblickend sagen, ist nicht viel mehr als eine Art Fingerübung für die große Szene zwischen Mutter und Tochter im 33. Kapitel der *Effi Briest*, für deren Bedeutung uns Elisabeth Hoffmann in ihrer jüngsten Analyse sensibilisiert hat.[11] Zwar erinnert Lydias Ausruf »›Wir haben keine Mutter mehr‹« (AF III/235) an Nesis hartes Wort an ihre neue Stiefmutter: »›Meine Mutter ist ja tot‹«.[12] Doch während Storm an seiner zehnjährigen Nesi den Gerechtigkeitssinn und das kindliche Gefühl für das Wort (Mutter, Mama) sorgfältig motiviert, paßt Lydias unkindliches Pathos eher zur Trivialkunst; die Figur wirkt schablonenhaft.

Wenn die »lütte Krabb« Agnes (AF VIII/372) mit ihren Liedern und ihrer Tanzkunst trotz oder vielleicht gerade wegen ihrer Lebensumstände als illegitimes Kind von der Karline und – von wem? – ein gesundes Selbstbewußtsein zeigt, so gilt das in noch höherem Maß für Olga Pittelkow. Folgen wir der kleinen Olga ein paar Minuten an jenem Morgen, wenn sie jene »enrhümierte Altstimme [ver-

---

[10] Der Spruch heißt freilich richtig: »The child is father to the man«.

[11] Elisabeth Hoffmann: Annie von Innstetten – noch eine Nebenfigur in Fontanes Effi Briest. Zur Dekonstruktion einer Schlüsselszene im Roman. In: Fontane Blätter 57 (1994), S. 77–87. Gerade weil sie die Effi-Annie-Beziehung so einfühlsam dekonstruiert, überrascht bei Hoffmann der Satz, daß diese von ihr beleuchtete kritische Sicht seiner Heldin durch die Tochter vielleicht nicht »Autorintention« (84) gewesen sei. Fontanes Portraitierung von belasteten Mädchen wie Annie oder Grete Minde legt diese Intention sehr wohl nahe.

[12] Storm: Sämtliche Werke in zwei Bänden, a.a.O., S. 680.

nimmt], wie sie den unteren Volksklassen unserer Hauptstadt nicht gerade zum Vorteil eigen ist:

»Olga!«
»Was denn, Mutter? «
»Was denn Mutter! Dumme Jöre! Wenn ich dir rufe, kommste. Verstehste?« (176).

Aus Klugheitserwägungen (die wohl in praktischen Erfahrungen begründet sind) leistet Olga sofort Folge und erhält ihren Auftrag zusammen mit der Nachricht, daß heute abend wieder der ›Olle‹ komme. Da wir wissen, daß die Pittelkowsche Wohnung aus Wohnzimmer, Küche und Nebenstube besteht, wissen wir gleich, daß Olga wohl ziemlich alles in ihrem kurzen Leben mitbekommen haben dürfte, speziell, wie ihre Mutter den Lebensunterhalt für die drei verdient. Diesmal, so die Mama, kommt der Olle nicht allein, sondern mit seinem Freund und einem Neffen. Olga, in anderer, aber verwandter Weise wie die Witwe, ist eigentlich nur daran interessiert, was für sie dabei herausfällt, worunter die Zehnjährige fast nur Eßbares versteht. Sie wird zur Freundin Wanda geschickt, um sie für den Abend einzuladen. Wanda, schon damals »'ne pfiffige Kröte« (188), als sie mit Pauline Rehbein die Schulbank drückte, ist nämlich Schauspielerin, »nicht nur ein Liebling des Publikums, sondern auch des Direktors« (185), jemand, die »Soupers mit Bourgeoiswitwern, einer ihr besonders sympathischen Gesellschaftsklasse« (186) favorisiert (bei denen Wanda immer das Teuerste wählt), also auch wie Olga und ihre Mutter jemand, die ständig rechnet und pragmatisch handelt. Wir begleiten Olga in ihrem »rot und schwarz karierte[n] Umschlagetuch [...] das, neben einem etwas verschlissenen Schnurrenhut, ihr gewöhnliches Straßenkostüm bildete« (178), auf dem Weg durch die Berliner Straßen. Hier gibt es so viel zu erleben, beispielsweise eine Beerdigung mit Pferden und Musik, – bei der das kleine Mädchen der Neid faßt, auch sie möchte so schön begraben werden – oder ein Schaufenster mit Castorhut und Feder. Wir beobachten sie am Putzgeschäft, »aus dessen buntem Inhalt sie sich abwechselnd eine rote Schärpe mit Goldfranzen und dann wieder einen braunen Kastorhut mit Reiherfeder als Schönstes wünschte« (184). Wir lauschen dem inneren Monolog des gefräßigen Kindes, das sich in Ausrechnungen ergeht, was bei Wanda an Süßigkeiten zu erwarten sein könnte.

> Wanda, wie sie von Tante Stine her wußte, hatte meistens Sandtorte, ja mitunter sogar Schokoladenplätzchen in ihrem Schrank, und wenn sich beides auch nicht erfüllte, so blieben doch immer noch die [ihr von der Mama versprochenen] Gerstenbonbons (184)

zu sechs Groschen. Authentisches Lokalkolorit wird dem Roman durch Olgas Beobachtungen während ihres Ganges durch die Berliner Straßen verliehen, wobei die Quelle ihrer Erfahrungen klar wird. Sofort erkennt sie Gefahr, wenn ihr Wandas hämische Hauswirtstochter Fräulein Flora Schlichting den Brief aus den kleinen Händen zu reißen versucht. Olga zeigt sich der Situation seelisch und physisch durchaus gewachsen und weiß auch gegenüber der neugierigen Person zu schweigen. Die Unterhaltung gestaltet sich wie folgt:

> »Is Fräulein Wanda zu Haus?«
> »Zu Haus is sie; ich glaube sie schläft. Hast du was abzugeben?«
> »Ja. Aber ich soll es ihr selber geben.«
> »I, gib man ...« Und damit griff sie nach dem Brief.
> Olga zog aber energisch zurück. »Nein, ich darf nich ...«
> »Na, denn komme morgen wieder« (186).

Und als Flora gerade die Tür zuschlagen will und Wanda erscheint und fragt: »›Gott, Olgachen. Was bringst du denn, Kind? Mutter is doch nich krank?‹«, weiß das gewiefte Kind ihre Feindin weiter in Unkenntnis zu belassen: »Olga hielt ihr statt aller Antwort den Brief entgegen« (186), so daß erst in Wandas Stube das Mündliche erledigt werden kann. Eigentlich zur Befriedigung beider, der gutmütigen und eitlen Schauspielerin und der in wichtigen Dingen zuverlässigen, aber stets frechen kleinen Olga. Der Erzähler begleitet diese noch auf ihrem Heimweg, damit der Leser weiteren Einblick in ihren undankbaren Charakter gewinnt. Dabei läßt sein Vergnügen an der Gestalt ihn für einen Moment zum allwissenden Erzähler werden:

> Olga versprach, alles zu bestellen, und eilte mit ihrem Beutestück ins Freie. Kaum draußen, sah sie sich noch einmal um und biß dann herzhaft ein und schmatzte vor Vergnügen. Aber schnöder Undank keimte bereits in ihrer Seele, und während es ihr noch ganz vorzüglich schmeckte, sagte sie schon vor sich hin: »Eigentlich is es gar kein richtiger ... Ohne Rosinen ... Einen mit Rosinen eß ich lieber« (187).

Alle hier beschriebenen Attribute des Kindes sind nun Eigenschaften, die die Wilhelminische (und aber auch die Viktorianische) Kindererziehung mit ganz besonderer Schärfe verurteilte und gehörig bestrafen zu müssen meinte. Und dennoch werden vom Erzähler, bevor Olga in ihre weitere Rolle in der Erzählung als bloße Statistin verschwindet, die ›schlechten‹ Eigenschaften von Olgas Charakter noch ein weiteres Mal unter Beweis gestellt. Kurz nach ihrer Rückkehr mit Napfkuchen und Marzahnschen Gerstenbonbons im Magen lauscht sie dem Gespräch ihrer Mutter und Tante, bis das Losewort »Streusel« gesprochen wird. Und Olga, die,

> weil die Tür aufstand, jedes Wort gehört und sich nur zum Schein, aber eben deshalb auch um so zudringlich-liebevoller mit dem »Brüderchen« beschäftigt hatte, stürzte jetzt, wie besessen, aus der Hinterstube nach vorn und war ganz Ohr und Auge. (190)

Anders als bei Annie von Innstetten hat weder die zeitgenössische noch die literaturgeschichtliche Rezeption von der kleinen Olga Notiz genommen, was eigentlich überrascht. Denn wenn in Storms Novelle der Erzähler das Augenmerk gerade auf jene kindlichen Emotionen und schweren Lebenserfahrungen richtet, die das Mitgefühl umsorgender Erwachsener erwecken, auf jene Erlebnisse, die das junge Mädchen, wie es hier wohl der Fall ist, später zu einer tiefempfindenden Braut, Gattin und Mutter erziehen sollen, so werden im Gegensatz hierzu bei Olga gerade jene Eigenschaften kultiviert, die nicht nur von schlechter Kinderstube zeugen, sondern dem weiblichen Ideal der Wilhelminischen Gesellschaft besonders zuwider waren: Gefräßigkeit, Neugier, Lügenhaftigkeit, Putzsucht, Scheinheiligkeit, und, wo es ihr gelingt, sich der mütterlichen Kontrolle zu entziehen, Ungehorsam: »Es war ihr Eile befohlen, aber sie kehrte sich nicht dran« (183). Der Erzähler rügt nichts von all dem. Im Gegenteil – sein verkapptes Zitat: »schnöder Undank keimte bereits in ihrer Seele« (187) ironisiert die eigene Erzählweise und betont sein Vergnügen an Olga. Das Grundthema des Romans *Stine* ist die Dekadenz, wenn wir die Titelheldin als Hauptperson betrachten, mit der Schwester und deren Freundin Wanda als Folie.[13] Als weitere Kontrastfigur zu den ›Dekadenten‹ ist freilich auch Olga zu rechnen. Genau wie ihre Mutter besitzt Olga jene Attribute, die zum Überleben notwendig sind, ›streetwise‹, rasches Handeln, Selbstbehauptung, auch gegen die Welt der Erwachsenen, ›gesunder‹ Egoismus. Olgas Aussehen wird nicht beschrieben, nur ihr Aufputz, ihre unpassende, unkindliche Bekleidung. Und doch vermittelt die Figur genau wie ihre Mutter jene vitale Energie, Sorglosigkeit und praktischen Sinn, welche Jörg Thunecke ironisch im Gegensatz zur ›germanisch blonden Schwester Stine‹ als Pauline Pittelkows »Nietzschesche Lebensstärke« bezeichnet.[14]

Es nimmt wunder, daß die Gestalt der ›germanischen‹ Stine es war, die die moralische Entrüstung des gesitteten deutschen Lesepublikums der Zeit hervorrief, und nicht die herausfordernde Amoral der »südländischen Schönheit« oder ihrer ganz ›unweiblichen Tochter‹. Überhaupt erstaunlich ist das Nichtbeachten dieses Kindes in der zeitgenössischen Kritik, wenn man bedenkt, wie sehr sie gegen das kindliche Ideal der Zeit verstößt. Trotzige Mädchen hat es wohl in der damaligen deutschen Literatur gegeben: Gerade fünf Jahre vor dem Abschluß *Stines* wurde unter dem Titel: *Trotzkopf. Eine Pensionsgeschichte für erwachsene Mädchen* (1885) – der Backfischroman der gerade verstorbenen Emmy von Rhoden (1819–1885) – von ihrem Ehemann auf den Büchermarkt lanciert und erzielte gleich Bestsellerstatus. Zwölf Jahre später mußte die 25. Auflage gedruckt werden, während Rhodens Tochter Elise Wildhagen 1892 *Aus Trotzkopfs Brautzeit* und 1894 *Aus Trotzkopfs Ehe* erfolgreich vermarkten konnte. Mädchentrotz war plötzlich Mode, allerdings in einem anderen Sinn als der Romanschriftsteller Fontane ihn verstand.

---

[13] Jeder wird hier Fontanes immer wieder zitierte Aussage über die Pittelkow aus seinem Brief vom 20. August 1890 an Maximilian Harden sozusagen ›mitlesen‹: »Es ist richtig, daß meine Nebenfiguren immer die Hauptsache sind, in ›Stine‹ nun schon ganz gewiß, die Pittelkow ist mir als Figur viel wichtiger als die ganze Geschichte« (HF IV, 4/57f.).

[14] Jörg Thunecke: Lebensphilosophische Anklänge in Fontanes Stine. In: Formen realistischer Erzählkunst. Festschrift for Charlotte Jolles. In Honour of her 70th Birthday. Ed. by Jörg Thunecke. In conjunction with Eda Sagarra. Foreword by Philip Brady. Nottingham 1979, S. 505–525, hier S. 515.

Eine Untersuchung des Rhodenschen Textes, wie sie Dagmar Lorenz zusammen mit anderen Beispielen des Backfischromans unternommen hat,[15] macht die hier gängige Infantilisierung des Mädchens und der zukünftigen jungen Frau evident, um die es bei dieser Art Gebrauchsliteratur schließlich ging. Denn *Trotzkopf* verdankte ihren Erfolg der Strategie ihrer Schöpferin, den Leserinnen eine Identifikationsfigur zu bieten, die ihnen eine Scheinfreiheit gewährte. Aber Trotzkopf entpuppt sich als Pseudorebellin mit gutem Herzen. Und dieses gute Herz erlaubt es ihr, zum Schluß den eigenen Irrweg einzusehen, so daß sie sich dem vorgeschriebenen Muster der braven Weiblichkeit willig fügt, zunächst der weisen Lehrerin, dann dem elterlichen Rat bzw. dem väterlich-gütigen Bräutigam. Als eine »Umkehr- oder Wandlungsgeschichte«[16] wie viele mehr, aber eben ohne diesbezügliche Etikette, damit die Leserinnen sich im Wahn wiegen konnten, auch sie dürfen sich mal leisten, richtig ›rebellisch‹ zu sein. Solche Gebrauchsliteratur operiert mit Idealtypen von liebespendenden und liebebedürftigen Mädchen, denen im »Schonraum«[17] zwischen Kind und junger Frau ihre Erfahrungen mit Aufmüpfigkeit zu machen erlaubt wird, und die dann einsehen, wie ihre eitlen und koketten Schwestern schlecht enden. Von der Authentizität einer Olga oder gar einer Annie von Innstetten kann hier nicht die Rede sein, aber auch nicht von dem Respekt eines Autors bzw. einer Autorin für das halbwüchsige Mädchen als Eigenwesen.

Wo lernte Fontane seine Fähigkeit der Vermittlung der authentischen Welt solcher flüchtig auftretenden, soziologisch und in der Erzählweise so unterschiedlichen Zehnjährigen wie Olga und Annie? Die Figur der Annie ist von Anfang bis zum Schluß fremdbestimmt. Ihr wird vom Erzähler im Gegensatz zu ihrem Vater (in der erlebten Rede des 35. Kapitels von *Effi Briest*) nicht ein einziges Mal ein Einblick in ihr inneres Leben gestattet. Hierin haben wir nicht eine Mißachtung ihrer Person, sondern einen besonderen Kunstgriff Fontanes zu sehen. Die Verkümmerung des emotionellen Lebens dieses Kindes, das als Siebenjährige noch so »wild« und ausgelassen war, geht, so Fontane, nicht nur auf Kosten des väterlichen Erziehungssystems, sondern auch auf Kosten ihrer kindlich-selbstzentrierten Mutter Effi.[18] Der Preis, den Annie für ihr Leben wohl wird zahlen müssen, wird dem Leser doch viel wirksamer dadurch eingeprägt, daß sie selber nur in ihrem phrasenhaften Sprechen im 33. Kapitel zu Wort kommt. Bei der unsensiblen Olga verfährt Fontane mit Recht ganz anders. Bei ihr wäre Indirektheit fehl am Platz. Auch Olgas Funktion im Text ist eine andere, traditionellere. Ihr Auftritt ist – vergleichbar demjenigen der Dienerschaft in der Komödie – eine kleine Neben- oder Parallelhandlung zur ›Hauptaktion‹. Der Einblick in Olgas kleines, wohl hartes, aber mitunter auch vergnügliches und selbstgefälliges Dasein, das wie bei ihrer

---

15 Dagmar Lorenz: Mädchenliteratur. Von den moralisch-belehrenden Schriften im 18. Jahrhundert bis zur Herausbildung der Backfischliteratur im 19. Jahrhundert. Stuttgart 1981, S. 214–222. Siehe auch Eda Sagarra: Emmy von Rhoden. In: Walther Killy (Hrsg.): Literatur Lexikon. Autoren und Werke deutscher Sprache. Bd. 9. München 1989, S. 426.

16 Lorenz: Mädchenliteratur, a.a.O., S. 217f.

17 Ebd., S. 215.

18 Vgl. Hoffmann: Annie von Innstetten, a.a.O., S. 83f.

Mutter eines gewissen ›Pflichtgefühls‹ nicht entbehrt, unterhält und überzeugt. Olga hat sicherlich Teil an der »Kaltschnäuzigkeit und Gefühlsarmut« der Witwe und auch deren »souveräner Selbstachtung«.[19] Doch, erinnern wir uns, das sind alles Attribute, die nach Ansicht Nächststehender bei halbwüchsigen Mädchen häufig anzutreffen sind. Ob Fontane hier Beobachtungen an der eigenen Tochter gedient haben? – beispielsweise an der nicht ganz zehnjährigen Mete, über die ihr Vater an Metes Großmutter Emilie schreiben konnte: »Mete mausert sich sehr heraus und wird elastisch, graziös, leider auch eitel, putzsüchtig und schulschnabbrig«.[20] Als sehr kleines Kind war Mete (»die wilde Range«, wie ihr Vater sie nennt[21]), genau wie Olga, Objekt des mütterlichen »Klapsen- und Erziehn«-Prinzips, heißt es doch in Emilies Brief vom 27. Mai 1862 über die Zweijährige:

> Als wir hier ankamen und ich fragte: war Marthchen artig, erzählte mir Gretchen in einem Athem: »erst hat sie Eier zerschlagen, dann die Clärchen gestoßen u. der Rose ihren Spiegel zerschlagen.« Uebrigens erzieh ich sie jetzt mit gutem Erfolg mit der Ruthe, sie hatte sich nämlich angewöhnt, bei allem was ihr nicht recht war, sich lang auf die Erde zu werfen.[22]

Und weiter am 4. Juni: »[...] da spielte ich tapfer die Ruthe auf, die ich, wie ein Tanzlehrer seine Violine, immer in der Tasche mit mir führe«.[23] Am 20. Juni kann sie den »guten Erfolg« bestätigen: »[...] wenn ich die Ruthe schwinge, so gehorcht sie, so daß sie vorläufig nur als Drohung existirt«.[24]
Wie dem auch sei: Fontane ist einer der wenigen Autoren vor dem Naturalismus, der weibliche Kinder und Jugendliche und ihre Gefühlswelt mit der gleichen Schärfe beobachtet und gestaltet wie sonst nur mit Erwachsenen in der deutschen Literatur des Realismus verfahren wird, und, wenn man es so formulieren darf, mit einem Sinn für deren Gleichberechtigung in der schöngeistigen Literatur. In seiner differenzierten Gestaltung der zwei halbwüchsigen Mädchen Olga und Annie hat er trotz der Kürze ihrer jeweiligen Auftritte gewissermaßen Neuland betreten.

---

19 Friedrich: Die Witwe Pittelkow, a.a.O., S. 120 bzw. S. 118.

20 Theodor Fontane an seine Mutter Emilie Fontane, 29.05.1869. In: Briefe. Hrsg. v. Kurt Schreinert. Zu Ende geführt u. mit einem Nachwort versehen v. Charlotte Jolles. Berlin 1968–1971, Bd. 1, S. 73.

21 Theodor Fontane an Emilie Fontane, 10.06.1862. In: Emilie und Theodor Fontane. Der Ehebriefwechsel. Hrsg. v. Gotthard Erler unter Mitarbeit von Therese Erler. (Große Brandenburger Ausgabe). Bd. 2: Geliebte Ungeduld. Der Ehebriefwechsel 1857–1871. Berlin, Weimar 1998, S. 209.

22 Ebd., Bd. 2, S. 194.

23 Ebd., Bd. 2, S. 202.

24 Ebd., Bd. 2, S. 217.

CHARLOTTE JOLLES

UNWIEDERBRINGLICH – DER IRRWEG DES GRAFEN HOLK[1]

In Fontanes Roman *Graf Petöfy* gibt es eine Stelle, die ich hier zitieren möchte. Gräfin Judith, die Schwester Petöfys, plant einen kurzen Herbstaufenthalt auf Schloß Arpa. »Ich freue mich sehr auf diesen Aufenthalt«, sagt sie, »den ersten wieder seit nun gerade zehn Jahren. Wohl ist es wahr, die Stätten unserer Jugend bleiben uns allzeit teuer, und wir hängen daran mit der Kraft einer ersten Liebe.«[2] Ich zitiere das, weil ich mich auf den Aufenthalt hier in Travemünde so sehr freute, weil ich in dieser Gegend, in Bad Schwartau, mit vielen Ausflügen nach Travemünde, Niendorf und den Timmendorfer Strand wohl die schönsten Jahre meiner frühen Kindheit verbracht habe, – eine sorglose freie Kindheit, wo ich in den Laubwäldern um Schwartau herumstreifte. Sie müssen mir diese persönlichen Bemerkungen verzeihen, auch die nächsten, die mich gleich zu dem Roman *Unwiederbringlich* bringen.

Da finden wir den Grafen Holk, anderthalb Jahre nach dem unglücklichen Verlauf seines Irrwegs und der Scheidung von Christine, in London, am Tavistock Square.

> Er liebte diese Gegend noch aus der nun zwanzig Jahre zurückliegenden Zeit her, wo er, als junger Attaché der dänischen Gesandtschaft, in eben diesem Stadtteile gewohnt hatte, und nahm es [...] als ein gutes Zeichen, daß es ihm gelungen war, gerade hier eine ihm zusagende Wohnung zu finden (242f.)[3],

heißt es. Hier hätte er sich nach seinem langen Umherirren wieder wohl fühlen können, wenn es nicht doch ein Exil geblieben und wenn ihm nicht der Fleck Erde verschlossen gewesen wäre, an dem er mit ganzer Seele hing – seine Heimat Holkenäs. So beginnt mit diesem Kapitel die zweite Wendung in seinem Leben: die Versöhnung mit Christine und die Rückkehr nach Schloß Holkenäs.

Das ist bezeichnend. Denn für Fontane war Tavistock Square auch eine Jugenderinnerung, eine sehr schöne. Hier fand er während seines zweiten England-

---

1 Vortrag gehalten am 13. Mai 1995 in Travemünde bei der Tagung der Theodor Fontane Gesellschaft in der Ostsee-Akademie Lübeck-Travemünde. Erstdruck in: Fontane Blätter 61 (1996), S. 66-83. Dem Fontane-Archiv in Potsdam gilt mein herzlicher Dank für die Genehmigung des Wiederabdrucks.

2 Theodor Fontane: Graf Petöfy. In: Th. F.: Romane und Erzählungen in 8 Bänden. Hrsg. v. Peter Goldammer, Gotthard Erler, Anita Golz u. Jürgen Jahn. Berlin, Weimar 1969, [3]1984, Bd. 4, S. 146. Im folgenden zitiert als AF mit römischer Band- und arabischer Seitenangabe (hier: AF IV/146).

3 *Unwiederbringlich* (ebd., Bd. 6) wird im folgenden nach dieser Ausgabe nur mit Angabe der Seitenzahl im fortlaufenden Text zitiert.

Aufenthaltes, als er versuchte, sich in London eine Existenz zu gründen, eine Wohnung in einem Stadtteil, wo er sich besonders wohl fühlte. In seinem Reisebuch *Ein Sommer in London* beschreibt er bereits diese Gegend, aber in noch poetischerer Form sind die Eingangsworte des 31. Kapitels von *Unwiederbringlich* gehalten:

> [...] Ende Mai war, und die Londoner Squares boten das hübsche Bild, das sie zur Pfingstzeit immer zu bieten pflegen. Das galt im besonderen auch von Tavistock-Square; der eingegitterte, sorglich bewässerte Rasen zeigte das frischeste Frühlingsgrün, die Fliederbüsche standen in Blütenpracht, und die gelben Rispen des Goldregens hingen über das Gitter fort in die breite, dicht daran vorüberführende Straße hinein.
> Es war ein reizendes Bild, und dieses Bildes freute sich auch Holk [...] (242).

Auch ich habe ein sehr persönliches Verhältnis zu Tavistock Square, der auch heute noch dasselbe reizende Bild bietet – besonders zur Pfingstzeit. Er liegt im Stadtteil, den wir Bloomsbury nennen, und in dem sich viele Gebäude und Colleges der Londoner Universität befinden; auch mein College liegt dort, und diese Gegend ist also mein akademisches Zuhause.

Unwiederbringlich nimmt unter Fontanes Eheromanen eine Sonderstellung ein. Spielen in den anderen Eheromanen wie *L'Adultera*, *Cécile*, *Graf Petöfy* und *Effi Briest* gesellschaftskritische Elemente eine sehr wesentliche Rolle, so ist der Ehekonflikt in *Unwiederbringlich* und damit der Komplex der Ehe überhaupt einer eher psychologischen Diagnose unterworfen. Die Ehe zwischen Christine und Holk ist eine Ehe zwischen zwei Menschen gleichen Standes und ähnlicher Altersstufe. Es war die tiefe Neigung beider zueinander, die sie, trotz sehr verschiedener Wesensart, zu einer jahrelangen glücklichen Ehe verband, bis langsam aber stetig eine Entfremdung eintrat, die schließlich zur Katastrophe führte. Nach moderner Terminologie handelt es sich in *Unwiederbringlich* um das Phänomen einer »midlife-crisis«, wie mein englischer Kollege Alan Bance ganz richtig bemerkt.

Fontane hat, wie auch für *L'Adultera* und *Effi Briest*, eine Vorlage aus der gesellschaftlichen Chronique scandaleuse gehabt und ist dieser noch genauer gefolgt als den Vorlagen für die anderen Eheromane. Eine Frau Brunnemann – angeregt durch eine Novelle von Fontane – teilte ihm eine Familiengeschichte aus den Kreisen des Strelitzer Adels mit:

> Baron Plessen-Ivenack auf Schloß Ivenack in Strelitz, Kavalier comme il faut, Ehrenmann, lebte seit 18 Jahren in einer glücklichen Ehe. Die Frau 37, noch schön, etwas fromm [...]. Er Kammerherr. Als solcher wird er zu vorübergehender Dienstleistung an den Strelitzer Hof berufen. Hier macht er die Bekanntschaft eines jungen pommerschen Fräuleins, v. Dewitz, eines Ausbundes nicht von Schönheit, aber von Piquanterie. [...] Er ist behext, kehrt nach Ivenack zurück und sagt seiner Frau: sie müßten sich trennen, so und so. Die Frau, tödlich getroffen, willigt in alles und geht. [...] Und nun kehrt der Baron nach Strelitz zurück und wirbt in aller Form um die Dewitz. Die lacht ihn aus. Sie steht eben auf dem Punkte, sich mit einem [...] Herrn aus der Strelitzer

> Gesellschaft zu verloben. [...] Er geht ins Ausland, ist ein unglücklicher, blamierter und halb dem Ridikül verfallener Mann. [...] Versöhnungsversuche drängen sich, und das Ende vom Liede ist: es soll alles vergessen sein. Zwei Jahre sind vergangen. Die Frau willigt ein, und unter nie dagewesener Pracht [...] wird das geschiedne Paar *zum zweiten Male getraut.* [...] Plötzlich aber ist die wieder Getraute, die wieder Strahlende, die wieder scheinbar Glückliche von der Seite ihres Mannes verschwunden, und als man nach ihr sucht, findet man sie tot am Teich. Und auf ihrem Zimmer einen Brief, der nichts enthält als das Wort: *Unwiederbringlich.*[4]

Es ist wahrscheinlich, daß Fontane in diesem hier knapp wiedergegebenen Brief an Julius Rodenberg die Stoffvorlage nicht nur rekapituliert hat, sondern daß zum Teil schon seine eigene künstlerische Umgestaltung darin enthalten ist. Aber ich will hier nicht weiter auf diese Untersuchung eingehen, im Kern scheint die Vorlage sehr ähnlich gewesen zu sein, wie weitere Forschungen ergeben haben. Fontane hat die Geschichte von Strelitz nach Schleswig-Holstein und Kopenhagen transponiert. Wie Fontane das Thema Dänemark und Schleswig-Holstein in die Erzählung integriert hat und welche Funktion es dort erfüllt, wird von anderer Seite behandelt werden.

Das Wort »*Unwiederbringlich*« – auf dem hinterlassenen Brief der unglücklichen Dame – übernahm Fontane nach der Vorlage als Titel seines Romans. Er stand ihm anscheinend von Anfang an fest – nicht wie sonst überlegte er andere Möglichkeiten; schon gar nicht einen Namen – Christine oder Holk. Für beide ist das eheliche Verhältnis der frühen glücklichen Jahre unwiederbringlich. Beide sind tragische Figuren, Holk vielleicht noch in stärkerem Maße; für Christines trauriges Ende müssen wir wohl auch einen krankhaften Gemütszustand in Betracht ziehen. Dies ist nicht ein Frauenroman, in dessen Mittelpunkt ein Frauenschicksal steht, wie in *Effi Briest*, *Cécile* und anderen Romanen Fontanes.

Und schon gar nicht wird hier die prekäre Stellung der Frau in der Gesellschaft behandelt.

So nimmt es nicht wunder, daß eine der frühesten Arbeiten über Fontanes Frauengestalten, die von Else Croner (1931), die Gestalt Christines ganz übergeht. Die meisten Übersetzungen dieses Romans haben dann auch an dem Fontaneschen Titel in jeweiliger Übertragung festgehalten, mit Ausnahme einer ungarischen und der dänischen Übersetzung, die den Titel *Grevinde Holk* führt, meiner Meinung nach ein falscher Titel.

Im Grunde steht Graf Holk im Mittelpunkt dieses Romans. Schon die Komposition gibt ihm diese Stellung. Kapitel 10 bis 31, also 22 Kapitel sind der Geschichte Holks gewidmet. Sie erzählen seine Irrfahrt, die die endgültige Katastrophe seiner Ehe herbeiführt. Nur in 12 Kapiteln, eigentlich einem Rahmen, wird die Gestalt Christines profiliert. In den Kapiteln dazwischen bleibt sie wie ein Schatten im

---

4 Der Brief an den Herausgeber der *Deutschen Rundschau*, Julius Rodenberg, vom 21.11.1888 ist abgedruckt im Anmerkungsteil zu *Unwiederbringlich* in AF VI,463f. Er ist hier gekürzt wiedergegeben.

Hintergrund – in Holks Gewissen, in den Gesprächen am Hof und mehr direkt in einigen wenigen Briefen.

Als erster hat Conrad Ferdinand Meyer die kunstvolle Gestaltung des Romans erkannt. So kunstvoll die Exposition ist, auch der Rahmen am Anfang, die Meisterschaft seiner Kunst zeigt Fontane in den Kapiteln, in denen wir Holk am dänischen Hof in Kopenhagen finden.

Es ist interessant, daß Fontane ursprünglich, wie nachgewiesen worden ist, die Geschichte als eine Rahmengeschichte geplant hat. Ein Brief sollte den Rahmen bilden, und Kapitel 1 bis 9 waren im ersten Entwurf sehr viel kürzer geplant. Es waren nur zwei Kapitel vorgesehen, die dann zu neun angewachsen sind, wohl weil Fontane die Notwendigkeit sah, die Holk-Kapitel stärker psychologisch zu untermauern. In Kapitel 1 bis 9 wird uns also bereits die Brüchigkeit der Ehe dargelegt. Was Fontane an der Geschichte anzog, war, worüber sich viele einig sind, die Gegensätzlichkeit der Charaktere, die die Ehe allmählich zerstörte, wie dies in der Ehe seiner Eltern geschehen war. Die kurze Exposition beweist, daß es nicht in erster Linie Christine war, deren Gestalt ihn interessierte, sondern Holk, und dessen Zeichnung ist ihm auch besser gelungen.

In *Unwiederbringlich* steckt viel Persönliches; Fontanes eigene Eltern mit ihren Gegensätzen: die pflichterfüllte, auf Ordnung gestellte Mutter und der leichtlebige, liebenswürdige Vater. Vielleicht auch, wie Wolfgang Paulsen[5] in jüngster Zeit dargelegt hat, sein Freund Bernhard von Lepel und dessen Verhältnis zu den Frauen.

Der Rahmen, die Exposition, führt uns ins Schleswig-Holsteinsche nach Holkenäs, wo das neue Schloß der Holks auf einer Düne steht. Dieses neue Schloß auf der Düne, auf sandigem Grunde gebaut – die symbolische Bedeutung ist klar – steht beziehungsreich am Anfang einer sich langsam vollziehenden Entfremdung zwischen den beiden Ehepartnern. Es wurde gebaut, trotz des inneren Widerstandes Christines. Die Entfremdung wird gesteigert durch Meinungsverschiedenheiten über den Bau einer neuen Familiengruft, für die sich Christine einsetzt, und den Bau von Stallungen, die der Landwirt Graf Holk wünscht. Ein weiterer Punkt, an dem die Meinungen der Eheleute auseinandergehen, ist die Erziehung der Kinder, beide jetzt in einem Alter, das nach Christines Auffassung eine Erziehung in einem christlich gelenkten Internat erfordert, während Holk nicht so unbedingt fürs viele Lernen ist und seinem Sohn und dessen Hauslehrer viel Freiheit gewährt. Die Konflikte verstärken sich zunehmend, wobei die so verschieden gearteten Naturen der beiden immer deutlicher erkennbar werden: die ernste, puritanische, prinzipienstrenge, auf Ordnung gestellte Christine einerseits und der heitere, liebenswürdige, leichtlebige, die Dinge laufen lassende Holk andererseits. Christine, etwas schwermütig, seit dem Tode des jüngsten Kindes innerlich dem Tode verbunden – Holk dem Diesseits zugewandt. Die Reizbarkeit auf beiden Seiten, vor allem auf seiten Christines, und die Schärfe der Aussprachen beider steigern sich. Beim sorgfältigen Lesen dieser Exposition fällt uns sehr bald auf, wie

---

[5] Wolfgang Paulsen: Im Banne der Melusine. Theodor Fontane und sein Werk. Bern 1988, Kapitel »Fontanes Lepel-Erlebnis im Spiegel seines Werks.«

unverkennbar des Erzählers Gefühle dem Grafen Holk zuzuneigen scheinen, obwohl er ihn als nur durchschnittsmäßig und hinter seiner Frau zurückstehend bezeichnet. Holk selber ist sich des stärkeren Charakters und der moralischen Überlegenheit sowie der Klugheit seiner Frau bewußt, woraus auch sein häufiges Nachgeben Christine gegenüber zu verstehen ist, keineswegs nur aus seiner allgemeinen Neigung zum laisser-faire. Bald nach Beginn der Erzählung aber ist der Punkt gekommen, wo Holk die Tugenden seiner Frau nicht mehr bewundert, sondern unter ihnen zu leiden beginnt, wie es heißt.

Nicht nur aus der Perspektive des Erzählers, sondern vor allem aus der Perspektive der anderen Charaktere wird immer wieder Holks liebenswürdige Natur hervorgehoben. Trotz der Liebe und Verehrung, die der Gräfin von allen Seiten zuteil werden, von ihrem Bruder Arne vor allem und ihrem geistlichen Betreuer, Pastor Petersen, sowie dem anderen Geistlichen, dem Seminardirektor Schwarzkoppen, ergreifen sie durchaus Partei für ihn. Sie alle kennen Holks Schwächen, aber auch seine Ritterlichkeit seiner Frau gegenüber, seine Nachgiebigkeit, und sie alle verurteilten Christines Strenge, Hochmut, Starrheit und Unerbittlichkeit (alle diese Attribute stehen im Text, sie sind nicht von mir). Ich war erstaunt, als ich diesen Roman jetzt wieder las, wie negativ eigentlich diese Frau gezeichnet ist. Sie verfällt häufig in einen ausgesprochenen maliziösen Ton. Als sie sich mit Schwarzkoppen über ihren Wunsch und die Notwendigkeit unterhält, eine neue Familiengruft zu bauen, und Holks Nachlässigkeit und Hinausziehen verurteilt, sagt sie:

> »[...] und die neue Gruft muß gebaut werden. Muß, sag ich, und wenn ich nicht alles Spitze und Verletzliche vermeiden möchte, so würd ich ihm sagen, es handle sich gar nicht darum, den Reigen durch *ihn* eröffnet zu sehen, *ich* wolle es ...« (15f.).

Es ist kein Wunder, daß Schwarzkoppen sie hier unterbrechen will. Fontane hat keiner seiner anderen Frauengestalten solch harte Worte in den Mund gelegt wie der Gräfin Christine Holk. Trotz seiner häufigen Nachgiebigkeit und vergeblichen Versuche, Christine »heiter zu stimmen«, wie Holk sich ausdrückt, verfällt auch er in Gereiztheit und Ironie, was die Mißhelligkeit verstärkt. Die einzige, die in ihrem Gespräch mit der Freundin Elisabeth Petersen für die Mutter eintritt, ist die Tochter Asta – für sie sind die mütterlichen Grundsätze der Pflicht ein Vorbild. Aber wird nicht dieses Vertrauen in die Mutter in Frage gestellt, wenn es ein andermal heißt, der Mama gegenüber zeigte sie sich meistens zurückhaltend, aber wenn ihr Onkel Arne da war, »mußte alles herunter, was ihr auf der Seele lag«? (62).

Die konfliktreiche und gespannte Atmosphäre hat sich indessen so zugespitzt, daß Baron Arne, Christines Bruder, der die ehelichen Auseinandersetzungen miterlebt, beunruhigt meint, es müsse etwas getan werden, »›sonst erleben wir etwas sehr Unliebsames.‹« (37) Wir sind damit vorbereitet auf das, was kommt, was kommen muß. Auch die Schuldfrage wird bereits berührt, als Holk Christine auffordert, mit ihm nach Kopenhagen zu kommen, wohin er als Kammerherr der dänischen Prinzessin beordert ist. Sie hat nur bittere Worte als Antwort.

> Holk biß sich auf die Lippen. »Es glückt mir nicht, dich freundlich zu stimmen und dich aus deinem ewigen Brüten und Ernstnehmen herauszureißen. Ich frage mich, ist es meine Schuld oder ist es deine?« (S. 49f.).

Vom 10. Kapitel an wechselt die Szenerie. Aus dem idyllischen Holkenäs mit seinem einsamen Schloß am Meer, dem engen Umkreis von Freunden, dem Landwirt, Schwager Arne, und den beiden Geistlichen, Pastor Petersen und Schwarzkoppen, sowie der Freundin und Gesellschafterin Christines, der Dobschütz, kommt Holk ins lebensfreudige, vergnügungssüchtige Kopenhagen, an den dänischen Hof einer freisinnigen, noch dem ancien régime verbundenen Prinzessin. Hier nun beginnt Holks Odyssee durch die Scylla und Charybdis erotischer Beziehungen. Aber nicht wie der schlaue Odysseus weiß Holk heil daraus hervorzugehen; der Landedelmann Holk, der tumbe Tor, erliegt am Ende den Gefahren. In diesen 22 Kapiteln, die Holks Irrweg in meisterhafter Schilderung darstellen, sind zwei uralte Erzählmotive miteinander verwoben: das homerische und das mittelalterliche. Das eine in Holks erotischen Beziehungen zu der schönen Kapitana Brigitte und dem kapriziösen Hoffräulein Ebba von Rosenberg – das andere, das vom tumben Toren, in seinem Verhalten zu den Versuchungen, die in dem frivolen Hofleben an ihn herantreten, und das am Hof zu einem häufigen Gesprächsstoff wird. Vor allem der Kammerherr-Kollege Pentz, der geborene Hofmann, macht vergebens Versuche, Holk aufzuklären, um ihn zu retten.

Die erotisch durchtränkte Atmosphäre des Hofes wird durch die im Hintergrund bleibende, doch immer wieder zur Sprache kommende Verbindung des dänischen Königs Friedrich VII. mit der Gräfin Danner und durch Anekdoten von Herluf Trolle und seiner Eheliebsten Brigitte Goje sowie Episoden um Christine Munk und Christian IV. unterbaut, die alle die Eheproblematik berühren.

Wir wissen, wie zurückhaltend Fontane sonst in der Schilderung erotischer und sexueller Beziehungen und Ereignisse ist – hier gelingt es ihm gleich zu Anfang dieser Kapitel, eine sinnlich verführerische Atmosphäre hervorzubeschwören. Die erste Sirene erscheint in der Gestalt der schönen Brigitte, Tochter der Witwe Hansen, in deren Haus Holk seine Wohnung hat. Gleich bei der Ankunft und Begrüßung seitens der Mutter sieht Holk sie –

> ein Lichtschein [fiel] in den dunklen Flur hinein, und in diesem Lichtscheine stand eine junge Frau, vielleicht, um zu sehen, noch wahrscheinlicher, um gesehen zu werden (72),

heißt es. Holk ist betroffen. Als er dann am Abend nach seinem Diner mit den Kammerherrn Pentz und Erichsen in seine Wohnung zurückkehrt, ist es Brigitte, die ihn empfängt. »Eine schöne Person. Aber unheimlich«, sagt Holk zu sich selbst. Sie bleibt im Dunklen (im dunklen Flur). Sie ist keine Sirene, die durch ihre Stimme lockt, wie die homerische. Die erotische Ausstrahlung geht von ihrer Gestalt aus, ihrem Körper und ihren Gesten. Als sie, »die Linke auf das Geländer stützend, mit ihrer hocherhobenen Rechten« Holk die Treppe hinaufleuchtete, »fiel der weite Ärmel zurück und zeigte den schönen Arm.« (82) Dieses Bild läßt

Holk nicht los und wird fast zum Leitmotiv für Brigitte. Noch am nächsten Morgen sinnt er der Erscheinung Brigittes mit der Ampel nach: »Er sann dabei nach, welche Göttin oder Liebende, mit der Ampel umhersuchend, auf antiken Wandbildern abgebildet zu werden pflege.« (83) Ganz anders aber wird Ebba während Holks Audienz bei der Prinzessin eingeführt: »[...] eine junge blonde Dame von schöner Figur und schönem Teint, aber sonst wenig regelmäßigen Zügen« (94) schreitet auf die Prinzessin zu, die Ebba und Holk einander vorstellt. »Beide verneigen sich gegeneinander, Holk etwas steif und mit widerstreitenden Empfindungen«, weil er den leisen Anflug von Spott und Überlegenheit bemerkt, »das Fräulein leicht und mit einem Ausdruck humoristisch angeflogener Suffisance.« (94) Die widerstreitenden Empfindungen, die sich Ebba gegenüber auch später noch manchmal einstellen, hätten Holk wohl zur Warnung werden können. Diese Ebba ist nicht schweigsam und dunkel, sie hat »Eisen im Blut«, wie sich die Prinzessin ausdrückt (95), ihr lacht der Übermut aus dem Auge, sie ist klug und espritvoll, ein Liebling der Prinzessin. Es ist Ebba, nicht die unheimliche Brigitte, die Holk gefährlich wird. Obwohl er sieht, wie sie mit ihm spielt, ihn neckt, wenn sie, die ans Hofleben Gewöhnte, ihm, dem tumben Toren Wahrheiten an den Kopf wirft, dem tumben Deutschen, der nie ein Hofmann, geschweige ein Lebemann sein könne, wie Holk es jetzt zu versuchen scheint.

Ebba ist keine Sirene, die sofort verlockt, wie Brigitte, sie ist aber noch gefährlicher, sie ist wie ein Circe, die, wenn sie einmal die Menschen in ihrem Wunderschloß hat, sie behext und verwandeln kann – verwandeln in Schweine, heißt es in der Odyssee. Der starke Odysseus allein bleibt davon verschont und kann noch einige seiner Genossen retten. Aber Holk ist schwach – weder die inneren Widerstände noch seine Freunde am Hof können ihn retten; er wird in der Tat behext von diesem pikanten Hoffräulein, von dieser Circe, so daß er seine Individualität verliert – aus seiner guten Natur herausfällt und in Schuld gerät. Das geht über verschiedene Stationen. Auch der Prinzessin gelingt es nicht, Einhalt zu gebieten: »›Du darfst ihm nicht [...] unausgesetzt etwas irrlichterlich vorflackern‹«, warnt sie Ebba. »›Er ist schon geblendet genug. Solange er hier ist, mußt du dein Licht unter den Scheffel stellen.‹« (141) Aber die Circe läßt ihn nicht los. Holks Vernarrtheit erreicht die Klimax in den Kapiteln von Frederiksborg, dem Lieblingsschloß der Prinzessin, wo diese mit ihrer Entourage einige Wochen verbringen will. Wie so oft bei Fontane tritt der entscheidende Moment in einer Liebesbeziehung auf einem Ausflug ein – hier in *Unwiederbringlich* auf einer Schlitten- beziehungsweise Schlittschuhpartie nach dem Arresee. Während die meisten Teilnehmer an der Partie sich bereits im Gasthaus, das dicht bei der Einmündung des Parkgrabens in den Arresee liegt, niedergelassen haben, fliegen die beiden Schlittschuhläufer im Übermut weiter der Stelle zu, wo sich der eisblinkende Wasserarm des Parkgrabens in den See verliert. Die Initiative liegt bei Holk – unsicher fragend – dem antwortet die Circe mit einem halb spöttischen Blick: »›ein jeder ist seines Glückes Schmied.‹« (198)

> Immer näher rückten sie der Gefahr, und jetzt schien es in der Tat, als ob beide, quer über den nur noch wenig hundert Schritte breiten Eisgürtel

> hinweg, in den offnen See hinauswollten; ihre Blicke suchten einander und schienen zu fragen: »Soll es so sein?« Und die Antwort war zum mindesten keine Verneinung. Aber im selben Augenblicke, wo sie die durch eine Reihe kleiner Kiefern als letzte Sicherheitsgrenze bezeichnete Linie passieren wollten, bog Holk mit rascher Wendung rechts und riß auch Ebba mit sich herum. »Hier ist die Grenze, Ebba. Wollen wir drüber hinaus?« Ebba stieß den Schlittschuh ins Eis und sagte: »Wer an zurück *denkt*, der *will* zurück. Und ich bin's zufrieden.« (199)

Selten hat Fontane Leidenschaft so dramatisch gestaltet – Leidenschaft, die dem Untergang entgegengeht. Sehr viel gemäßigter ist die Episode in *L'Adultera*, im Kapitel »Wohin treiben wir?« Melanie und Rubehn allein in einem Kahn auf einem märkischen See:

> Die Sterne aber funkelten und spiegelten sich und tanzten um sie her, und das Boot schaukelte leis und trieb im Strom, und in Melanies Herzen erklang es immer lauter: wohin treiben wir?
> Und sieh, es war, als ob der Bootsjunge von derselben Frage beunruhigt worden wäre, denn er sprang plötzlich auf und sah sich um, und wahrnehmend, daß sie weit über die rechte Stelle hinaus waren, griff er jetzt mit beiden Rudern ein und warf die Jolle nach links herum, um so schnell wie möglich aus der Strömung heraus und dem andern Ufer wieder näher zu kommen. (AF III/175)

Und in der entsprechenden Episode in *Effi Briest*: Die Schlittenpartie zur Oberförsterei und der Rückweg, wo man den gefährlichen Schloon vermeiden will, in dem man versinken kann, den Sog, und darum auf Umwegen nach Hause zurückkehrt. Effi und Crampas zusammen im Schlitten durch den dichten Wald fahrend, Effi in ihrer Angst mit Crampas allein um eine Gottesmauer betend:

> »Effi«, klang es jetzt leis an ihr Ohr, und sie hörte, daß seine Stimme zitterte. Dann nahm er ihre Hand und löste die Finger [...] und überdeckte sie mit heißen Küssen. Es war ihr, als wandle sie eine Ohnmacht an. (AF VII/170)

Von diesen drei bedeutungsgleichen Szenen ist die in *Unwiederbringlich* die heftigste, die dramatischste. In *L'Adultera* treibt man dahin. In *Effi Briest* ist es der Sog, den man zu vermeiden sucht – und doch nicht vermeiden kann. Aber in *Unwiederbringlich* fliegen sie im Übermut über das Eis mutwillig hinein in die Gefahr.

Ist es wirklich noch der alte, liebenswürdige, etwas simple Landedelmann Holk, der da mit Ebba dahinfliegt? Der gute Holk, wie die Prinzessin ihn nennt, und um den sie besorgt ist. Hat diese Circe ihn nicht wirklich verzaubert? Hat hier nicht wirklich eine Verwandlung stattgefunden wie im Schloß der homerischen Circe – das Wort »behext« taucht ja immer wieder in *Unwiederbringlich* auf.

Ein Zurück gibt es in keinem der Fälle – nicht für Melanie, nicht für Effi, und schon gar nicht für Holk – »Wer an zurück *denkt*, der *will* zurück«, hat ihm Ebba spöttisch zugerufen. Aber er will ja gar nicht, und sehr viel schneller als in den beiden anderen Romanen vollzieht sich das, was den Lebensweg der Protagonisten verändert und ihnen zum Schicksal wird; nur Melanie findet daraus heil heraus. Noch am selben Abend nach Holks und Ebbas »romantischer Eskapade«, die den Schloßgästen viel Anlaß zu heiteren Gesprächen gibt, kommt es zum Ehebruch und zur dramatischen Rettung Ebbas durch Holk aus dem Brand des Schlosses.

Ich möchte Ihnen die Passage vorlesen, die Holk, mit Ebba in ihr Zimmer eintretend, vergegenwärtigt; Ebba spielend und leicht wie immer, Holk leidenschaftlich und verwirrt.

> Und dabei lachte sie.
> Diese Heiterkeit aber steigerte nur seine Verwirrung, an der sie sich eine Weile weidete, bis sie zuletzt halb mitleidig bemerkte: »Holk, Sie sind doch beinah deutscher als deutsch ... Es dauerte zehn Jahre vor Troja. Das scheint Ihr Ideal.« (208)

Und nun eine ähnliche Situation in Thomas Manns *Zauberberg*[6]; der junge Hans Castorp, Settembrinis »Sorgenkind des Lebens«, tut der Russin Clawdia Chauchat seine Gefühle in poetischster Weise kund: »›Poète!‹ sagt sie. ›Bourgeois, humaniste et poète, – voilà l'Allemand au complet, comme il faut!‹«

Der Schloßbrand gründet sich auf Realität – Frederiksborg war 1859 ausgebrannt –; hier im Roman steht er zeichenhaft, wie vieles bei Fontane, für die Holk verschlingende Leidenschaft.

Wir kennen Fontanes feines Gespinst von Allusionen und Präfigurationen. Das im Hintergrund immer wieder angedeutete Verhältnis des dänischen Königs zu der Gräfin Danner, das für die Prinzessin, seine Tante, ein solcher Horror ist, gibt zu mancher Konversation Anlaß. Als sich plötzlich der König in Frederiksborg anmeldet und aus diesem Grund das Gespräch wieder auf dieses Thema kommt, weil die Prinzessin auch das Kommen der Danner fürchtet, wird sie ausgerechnet von Holk getröstet:

> »Verzeihung, Königliche Hoheit, aber steht es denn überhaupt fest, daß die Gräfin den König begleiten wird? Seine Majestät, soviel ich weiß, ist voll Rücksicht gegen Eure Königliche Hoheit und kennt nicht nur Dero Gefühle, sondern respektiert sie auch. Er läßt sich dadurch in seiner Neigung nicht beirren und kann auch nicht, wenn das Volk recht hat, das an eine Art Hexenzauber glaubt, worin ihn die Danner eingesponnen; aber er kann in seiner Neigung durchaus beharren und die Gräfin doch drüben in Skodsborg belassen [...]«
> »Wer weiß«, lachte die Prinzessin. »Sie sehen, lieber Holk, in dem Behextsein etwas wie etwa das intermittierende Fieber und glauben an freie Tage. Das leuchtet mir aber nicht ein. Ein richtiger Zauber pausiert nicht und setzt nicht aus [...]« (189).

---

6 Thomas Mann: Der Zauberberg. Frankfurt/M. 1970, Bd. 1, S. 356, gegen Ende des Kapitels »Walpurgisnacht«.

Die Frage für uns ist, ob Holks Fieber nur ein intermittierendes ist. Holk ist ein Augenblicksmensch, als solchen hat ihn schon sein Schwager Arne bezeichnet. Nach dem Ereignis im Turm und der Rettung aus dem Feuer ist sein Entschluß gefaßt, sich von Christine zu trennen. Eine innere Stimme, die nie ganz ruht, wird besänftigt mit dem Glauben an eine Fügung – was ihn und Ebba aus dem Brand gerettet hat, war kein Zufall – »›es hat so sein sollen, eine höhere Hand hat es so gefügt‹« (216). In einem Monolog – »er sprach vor sich hin«, heißt es, aber im Grunde ist es schon das, was wir als inneren Monolog bezeichnen – sucht er nach der Bestätigung seines Rechttuns:

> »Wenn wir in Not und Zweifel gestellt werden, da warten wir auf ein Zeichen, um ihm zu entnehmen, was das Rechte sei. Und solch Zeichen habe ich nun darin, daß eine höhere Hand uns aus der Gefahr hinausführte.« (216f.)

Der Weg, den sein Herz alle diese Zeit ging, sei kein falscher gewesen, meint er jetzt, sonst hätte ihn eine Strafe getroffen und er und Ebba wären zugrunde gegangen. Und seine Gedanken gehen zurück nach Holkenäs und der tristen spannungsreichen Atmosphäre:

> »Ach, all diese Herbheiten. Ich sehne mich nach einem anderen Leben [...] ich will kein Harmonium im Hause, sondern Harmonie, heitere Übereinstimmung der Seelen, Luft, Licht, Freiheit. Das alles will ich und hab es gewollt vom ersten Tage an, daß ich hier bin. Und ich habe nun ein Zeichen, daß ich es darf.« (217)

Und so geht es weiter – der Erzähler setzt wieder ein:

> In einem Kreise drehten sich all seine Vorstellungen, und das Ziel blieb dasselbe: Beschwichtigung einer inneren Stimme, die nicht schweigen wollte. (217)

Seltsam, selbst die mutwillige Ebba ist zusammengebrochen nach Brand und Rettung; die Gesundheit der Prinzessin ist erschüttert. Holks Zustand aber ist der eines Fiebernden. Fieberhaft handelt er. Unfähig, Ebba zu sehen und zu sprechen und sie von seinem Beschluß in Kenntnis zu setzten, eilt er nach Holkenäs, um Christine seinen Entschluß der Trennung mitzuteilen. Zurückgekehrt nach Kopenhagen, erhält er von Ebba den Korb. Alles, was Ebba mit ihm in übermütiger Laune getrieben, um ihn zu necken und zu reizen, hat dieser tumbe Tor ernstgenommen; er ist dieser Zauberin in die Falle geraten, oft genug gewarnt von seinen Freunden am Hof. Er entrinnt ihrem Netz; aber sehr unfreiwillig. Wie selbst der schlaue Odysseus der Zauberin Circe nicht entkommt, ohne sich auf weiteren Irrfahrten bewähren zu müssen, so muß auch der Landedelmann Holk noch lange in der Welt umherfahren, um zu sich selber zu kommen. Es vergeht eine geraume Zeit bis zur völligen Entzauberung, sie geschieht eigentlich erst, als er in London, am Tavistock Square, von der Verheiratung Ebbas liest.

Wenden wir uns von den archetypischen Motiven dem modernen Eheroman zu. Wir haben Christine ganz aus den Augen verloren. In all den Kapiteln, die Holk in Dänemark zeigen, erscheint sie – fast schattenhaft – im Hintergrund. Zwischen beiden Ehegatten werden zwar Briefe gewechselt – Holk, harmlos und unbedacht, erzählt von der schönen Brigitte und dem Hoffräulein Ebba von Rosenberg, Christine reagiert empfindlich darauf – es erinnerte mich an Fontanes Briefwechsel mit seiner Frau, die ähnlich reagierte, wenn er aus London »eine schöne Elisabeth« erwähnte oder zu viele Worte über eine Schauspielerin verlor, der er begegnet war. Während früher eine äußere Trennung die beiden Gatten innerlich wieder einander nähergebracht hatte, schreitet nun die Entfremdung weiter fort. Des Schwagers Arne warnende Mitteilung über Christines seelischen Zustand reizt nur und bleibt letzten Endes unbeachtet. In seiner Antwort an Arne wird Holk – der Angeklagte – Ankläger, indem er Christine fehlende Demut und starre Rechtgläubigkeit vorwirft, nur um wenige Minuten später beim Durchlesen seines Briefes in seinen Worten schließlich doch nur das »Bekenntnis seiner Schuld« (S. 195) zu sehen. Holk in einem ewigen Zustand des Schwankens. Das war vor seinem letzten endgültigen Entschluß, Christine zu verlassen. Wenige Tage vor Weihnachten steigt er aus dem Schiff und sieht nach Holkenäs hinauf, das öde und einsam vor ihm liegt:

> Alles still und schwermütig, aber ein Friede, wie der Nachglanz eines früheren Glücks, war doch darüber ausgebreitet, und diesen kam er jetzt zu stören. Eine Furcht befiel ihn plötzlich vor dem, was er vorhatte [...] und sein Gewissen [...] wollte nicht ganz schweigen. (225)

Das Zwiegespräch zwischen den beiden Ehegatten zeigt die ganze Kluft, die sich zwischen ihnen aufgetan hat. Christine weiß, warum er kommt. Er braucht nicht zu sprechen. Sie nimmt ihm die Worte aus dem Mund:

> »Du bist gekommen, um auf das, was ich dir als Letztes und Äußerstes vorschlug, einzugehen und mir dabei zu sagen: ›ich hätt es ja so gewollt‹. Und wenn du das sagen willst, so sag es; du darfst es.« (228)

Sie habe es so gewollt, weil sie nicht für halbe Verhältnisse sei – sie wolle »›einen ganzen Mann und ein ganzes Herz‹« und wolle nicht »›eines Mannes Sommerfrau sein, während andere die Winterfrau spielen [...]‹« (228). So spricht ein starker Charakter und – gestehen wir's – mit Recht. Aber der Erzähler unterbricht hier die Zwiesprache: »Es war nicht gut«, heißt es,

> daß die Gräfin ihr Herz nicht bezwingen konnte. Vielleicht, daß sie, bei milderer Sprache, den so Bestimmbaren doch umgestimmt und ihn zur Erkenntnis seines Irrtums geführt hätte. Denn die Stimme von Recht und Gewissen sprach ohnehin beständig in ihm, und es gebrach ihm nur an Kraft, dieser Stimme zum Siege zu verhelfen. (228f.)

Christine aber ist zu unbeugsam, zu starr, ihm diese Kraft zu geben. In herben Worten, wie sie es gewohnt ist, redet sie zu ihm. Keine Trauer spricht aus ihren Worten.

Es gibt eine andere Abschiedsszene in Fontanes Werk, und zwar in *L'Adultera*: Es ist eine umgekehrte Situation. Hier ist es die Frau, die des Ehebruchs schuldig wird; sie ist es, die die Trennung will, auch sie ein starker Charakter, aber kein herber. Van der Straaten hat von dem Vorhaben Melanies, ihn zu verlassen, gehört, er ist aufgeregt, ermattet, aber er hat sich gelobt, die Dinge ruhig gehen zu lassen. Er kam nicht, »um gewaltsam zu hindern, sondern nur, um Vorstellungen zu machen, um zu bitten«, heißt es. »Es kam nicht der empörte Mann, sondern der liebende.« (AF III/205f.) Es ist eine umgekehrte Situation und doch dieselbe. Christine ist als Frau verletzt – zutiefst verletzt. Auch van der Straaten ist verletzt – aber er bittet. Er bittet umsonst, aber der ganze Ton dieser Abschiedsszene ist ein gemäßigter, kein scharfer. Christine, so charakterisiert sie Schwarzkoppen in einem Gespräch mit ihrem Bruder Arne, hat

> die ganze Kraft derer, die nicht links und nicht rechts sehen, keine Konzessionen machen und durch Starrheit und Unerbittlichkeit sich eine Rüstung anzulegen wissen, die besser schließt als die Rüstung eines milden und liebevollen Glaubens. (39)

Es gibt zwei Stellen in diesem Zwiegespräch, dieser Auseinandersetzung zwischen Holk und Christine, die die Gegensätze ihrer Lebenserhaltung besonders beleuchten. Holk, gereizt durch den herben Ton Christines und ihre Selbstgerechtigkeit und Überlegenheit, kommt aus sich heraus und spricht sich alle seine Gefühle von der Seele. »›[...] du bist herb und moros ...‹«, sagt er ihr – »›Und selbstgerecht ... ‹« unterbricht sie. »›Und selbstgerecht‹«, fährt er fort.

> »Und vor allem so glaubenssicher [...], daß man es eine Weile selber zu glauben anfängt und glaubt und glaubt, bis es einem eines Tages wie Schuppen von den Augen fällt und man außer sich über sich selbst gerät und vor allem darüber, daß man den Ausblick auf einen engen, auf kaum zehn Schritt errichteten Plankenzaun mit einem Grabtuch darüber für den Blick in die schöne Gotteswelt halten konnte. Ja, Christine, es gibt eine schöne Gotteswelt, hell und weit, und in dieser Welt will ich leben, in einer Welt, die nicht das Paradies ist, aber doch ein Abglanz davon, und in dieser hellen und heitern Welt will ich die Nachtigallen schlagen hören, statt einen Steinadler oder meinetwegen auch einen Kondor ewig feierlich in den Himmel steigen zu sehen.« (229)

Auch wir mögen lächeln über Holks etwas naiven poetischen Ausbruch seiner Lebensfreudigkeit – aber wie kann eine Frau wie Christine mit ihrer depressiven Lebenshaltung, ihren auf Ruhe und Tod gerichteten Gedanken – ich erinnere an das Lied »Die Ruh ist doch das Beste« –, wie kann diese Frau diesen Ausbruch von Diesseitsfreude – Paradies auf Erden – überhaupt verstehen? So reagiert sie auch mit völligem Unverständnis auf das, was Holk sagen wollte: »›[...] du [...] willst, wie du dich eigentümlich genug ausdrückst, die Nachtigallen [...] schlagen hören‹«:

dieses »eigentümlich genug« besagt alles. Sie geht auf seine Metaphersprache ein und prophezeit ihm ein verlorenes Paradies:

> »Aber sie [die Nachtigallen] werden über kurz oder lang verstummen, und du wirst dann nur noch *eine* Vogelstimme hören und nicht zu deiner Freude, leise und immer schmerzlicher, und du wirst dann auf ein unglückliches Leben zurückblicken.« (230)

Und damit geht Christine. Ihre Prophezeiung wird wahr werden. Nicht so sehr durch den Korb, den Holk von Ebba erhält – davon konnte sich Holk doch wohl erholen; sondern durch Christines Weg in den Tod, der für sie die einzige Lösung ihres ehelichen Problems war; vielleicht sollte man sagen, ihres existentiellen, ihres Lebensproblems.

Es ist nicht nur der Gegensatz von Gegenwartsbezogenheit und Lebensfreudigkeit einerseits und Lebensschwermut und einem trauernden Rückblick auf das Vergangene andererseits (»Ich denke verschwundener Tage, John«) – der Gegensatz liegt vor allem in Christines doktrinärer Haltung und Holks laisser-faire. Nicht Christines Frömmigkeit an sich ist der Stein des Anstoßes; ihre Frömmigkeit hatte, wie wir von ihrem Bruder Arne wissen, sogar Holks Bewunderung und Respekt hervorgerufen. Ihre Herrnhuter Erziehung hatte in ihr eine enge, dogmatische Lebenshaltung ausgelöst, die mit den Jahren in einen strengen Moralismus auswuchs. Fontanes ganze Natur stand dem Sektenwesen skeptisch gegenüber, aber in Tante Schorlemmer in *Vor dem Sturm* und in Gideon Franke in *Irrungen, Wirrungen* hatte er doch Menschen gestaltet, die sich in der Enge ihrer Sektenzugehörigkeit eine innere Freiheit bewahrt hatten.

Das Thema religiöser Dogmatik führt in *Unwiederbringlich* zum Thema Dogmatik überhaupt, das hier mehr als in jedem anderen Roman ausgesponnen wird. Was ist Wahrheit, was ist Recht? Von Strenge der Grundsätze ist hier zu lesen, von Rechthaberei und Unfehlbarkeit der Protagonistin Christine, Eigenschaften, die der Mensch Fontane so sehr verabscheute. Arne, in einem Gespräch mit seiner Schwester, sagt einmal:

> »Ich habe nicht den Mut mehr, Standpunkte zu verwerfen. Das ist eben das eine, was ich in meinen zweiten dreißig Jahren gelernt habe. Der Standpunkt macht es nicht, die *Art* macht es, wie man ihn vertritt.« (62)

Und die Pastorin Schleppegrell, als sie über die Ehe spricht, sagt: »Denn was ist Recht? Es schwankt eigentlich immer.« (170)

Man kann über dieses Thema lange diskutieren, denn ohne feste Grundsätze kann man, wie Holk, auch als ein »Halber« angesehen werden, wie Ebba es tut. Aber man kann es auch anders sehen: Holks Schwager schätzt dessen glückliche Gabe, »mit dem, was andre tun, einverstanden zu sein«, und mehr noch die »glücklichere, wenn der Ausnahmefall eintritt, fünf gerade sein zu lassen.« (184f.) Holk ist einer der Fontaneschen Charaktere, die ihm selber ähneln, wie der alte Briest (mit seinem weiten Feld), der alte Stechlin, der hinter alles ein Fragezeichen setzt. Alle drei sind im Grunde durchaus mittelmäßige Menschen, keine Highflyers wie Innstetten etwa. Aber wenn man auch noch ein schwacher Charakter ist, wie Holk, dann kann man verloren sein. »›Es kann jemand ein schwaches Herz haben‹«, sagt die Prinzessin, »›aber doch zugleich einen starken Charakter, weil er Grundsätze hat.‹« (140). Und das kann ihn dann retten.

In *Effi Briest*, dessen Vorläufer *Unwiederbringlich* ist, ist dieses Thema am schärfsten ausgetragen. Wie überhaupt die beiden Romane eng verbunden sind. Wir denken an Effis Worte, wenn sie ihrer Mutter berichtet, was Pastor Niemeyer von Innstetten gesagt hat:

> »Das ist ein Mann von Charakter, von Prinzipien. [...] Und ich glaube, Niemeyer sagte nachher sogar; er sei auch ein Mann von Grundsätzen. Und das ist, glaub ich, noch etwas mehr. Ach, und ich ... ich habe keine. [...] Er ist so lieb und gut gegen mich und so nachsichtig, aber ... ich fürchte mich vor ihm.« (AF VII/36).

Und sind es nicht auch Christines Grundsätze, die Holk von ihr »weg erkältet« haben, wie er sich ausdrückt? (223).

Der Rahmen, der die Geschichte Holks, seine Irrfahrt ins Erotische, in den letzten zwei Kapiteln abschließt, führt uns Christine wieder vor. Zwei Jahre sind nach der Scheidung vergangen, wir befinden uns wieder auf Schloß Holkenäs. Den Freunden dort ist es gelungen, Christine und Holk wieder zusammenzuführen. Es war schwer, Christine zu diesem Schritt zu bewegen. »Ob ihre noch immer lebendige Liebe zu Dir [...] die Kraft zu Verzeihung und Versöhnung besitzen würde«, so hatte Arne an Holk geschrieben, »laß ich dahingestellt sein [...], aber was ihre Liebe vielleicht nicht vermöchte, dazu wird sie sich [...] durch ihre Vorstellung von Pflicht gedrängt fühlen.« (250). Und so geschah es denn auch. Aber das Gefühl von Pflicht konnte das »Glück von Holkenäs« nicht wieder herstellen. Christine ist wieder gegenwärtig – ich meine im Roman. Aber sie schweigt. Der Erzähler, Holk und die Dobschütz sprechen über sie und von ihr. Eine Trauung hat wieder stattgefunden. Ein äußerer Friede ist wieder eingetreten, Meinungsverschiedenheiten treten nicht mehr zutage, gegenseitige Rücksicht herrscht. Wir hören das vom Erzähler. Ein Gespräch mit Christine findet im Roman nicht mehr statt.

Holk, der früher so Unsensible, – vielleicht, weil er zu gesund war? – ist besorgt. »›Was ist das mit Christine?‹« (257) fragt er die Dobschütz.

> »Ich bin nicht Arzt, und vor allem verzicht ich darauf, in Herz und Seele lesen zu wollen. Trotzdem, soviel seh ich klar, wir treiben einer Katastrophe zu. Man kann glücklich leben, und man kann unglücklich leben, und Glück und Unglück können zu hohen Jahren kommen. Aber diese Resignation und dieses Lächeln – das alles dauert nicht lange. Das Licht unseres Lebens heißt die Freude, und lischt es aus, so ist die Nacht da, und wenn diese Nacht der Tod ist, ist es noch am besten.« (258f.)

In der Exposition, dem ersten Teil des Rahmens, hatte Christines Bruder, die eheliche Krise wahrnehmend, etwas sehr Unliebsames kommen sehen. Holk war damals blind gewesen. Das Unliebsame war eingetreten: Ehebruch, Trennung und Scheidung. Jetzt durch das, was geschehen ist, und durch das Gefühl seiner Schuld sensitiver und weitblickender geworden, sieht er eine Katastrophe voraus. Und die Katastrophe tritt ein. Die Freundin und Gefährtin Christines, Julie von Dobschütz, berichtet dem geistlichen Freunde Schwarzkoppen in einem Brief von Christines Freitod im Meer von Holkenäs. Am Anfang der Erzählung hörten wir von einem Lied, das Elisabeth Petersen, Astas Freundin, singt und das das Gemüt der Gräfin erschütterte: »Die Ruh ist wohl das Beste von allem Glück der Welt.« Ein zerknittertes und wieder sorgsam glattgestrichenes Blatt mit den Strophen dieses Liedes ist die einzige Botschaft, die Christine hinterläßt – und die ihren Seelenzustand und ihre Tat erklärt.

Der Roman *Unwiederbringlich* hat sehr widersprüchliche Beurteilung gefunden. Er hat beim Lesepublikum trotz seiner hervorragenden künstlerischen Gestaltung, die als erster Conrad Ferdinand Meyer erkannt hat, wohl nie die Popularität anderer Romane erfahren. Das liegt meiner Meinung nach an der herben Gestalt Christines, deren Leiden wohl Mitleid, aber nicht Sympathie entgegengebracht wird wie einer Cécile oder Effi. Es fehlt diesem Roman auch die Fontanesche »Verklärung« durch den Humor. In einer neueren Arbeit hat Hubert Ohl den Roman zwischen Tradition und Moderne angesiedelt[7]; das erklärt vielleicht vieles.

Graf Holk, liebeswürdig, liebenswert, aber schwach, erliegt einem Fieber, einer Verzauberung. Sein Fall ist durchsichtig, klar. Aber es ist die Gestalt Christines, die den Interpreten manches Rätsel aufgibt. So meinte man, daß ihr Freitod inkonsequent sei, weil er sich nicht mit Christines christlicher Gläubigkeit vereinen ließe. Das ist meiner Meinung nach kein Argument. Es läßt sich auch Christines Unfähigkeit zum Verzeihen nicht mit christlicher Gläubigkeit vereinen. Man muß in der Gräfin doch wohl eine seelisch labile Frau sehen – eine depressive Natur, deren Religiosität, einer jenseitsorientierten pietistischen Erziehung entstammend, diese Neigung zum Depressiven nicht unbedingt hervorgerufen, jedoch verstärkt hat und ihr nicht entgegenzuwirken vermochte. Zeichen sind von Anfang an vorhanden: ihr Hängen an der Vergangenheit, dem alten Schloß, ihre Todesverbundenheit nach dem Tode des Kindes – wir denken an ihr Verlangen nach einer neuen Gruft und die Erschütterung einer noch jungen Frau durch das Gedicht: »Die Ruh ist wohl das Beste...«. Man kommt Christine näher, wenn man in ihr einen seelisch kranken Menschen sieht. Fontane hat in Christine – vielleicht unbewußt – eine depressive Natur gestaltet und dem Sanguiniker Holk gegenüberstellt.[8] In der Vorlage wird ja auch schon von der Schwermut der betreffenden

---

[7] Hubert Ohl: Zwischen Tradition und Moderne: Der Künstler Theodor Fontane am Beispiel von Unwiederbringlich. In: Theodor Fontane. The London Symposium. Ed. by Alan Bance u.a. Stuttgart 1995.

[8] Die mir erst nachträglich bekannt gewordene Arbeit von Erwin Kobel: Theodor Fontane – ein Kierkegaard-Leser? In: Jahrbuch der Deutschen Schillergesellschaft 1992, S. 255-287, behandelt das Problem der Schwermut Christines und führt vieles in dem Werk auf Fontanes mögliche Lektüre Kierkegaards zurück.

Person gesprochen. Aber wie ich am Anfang sagte, glaube ich, daß es Fontane nicht so sehr um die Gestalt Christines ging – sondern um Holk. Und dessen spannende, wenn auch verhängnisvolle Irrfahrt bildet den Mittelpunkt des Romans: »das Tollste, die Hauptgeschicht«, um mit Fontane zu sprechen.

Das letzte Wort haben weder Holk noch Christine. »Christines letztes Wort ist in eine schweigende Geste zurückgenommen«, wie Ingrid Mittenzwei in ihrer Arbeit über das Thema der Sprache bei Fontane schreibt:

> »in die ›verschämten Strichelchen‹ unter der Waiblingerschen Verszeile ›Wer haßt, ist zu bedauern / Und mehr noch fast, wer liebt‹, in denen ›eine ganze Geschichte‹ beschlossen liegt – eine Geschichte, die Christine selbst nie auszusprechen fähig war und die Holk nie hinter der Sprache erriet.«[9]

Das letzte Wort hat eine Nebenperson – die Freundin, die wohl Christine am besten verstand und die – ich zitiere noch einmal Ingrid Mittenzwei – »in ihrer Bescheidung Kompliziertheit und Fragwürdigkeit des Geschehens stehenläßt.« Die Freundin »versucht, in liebevoller Sprache das Ende eines Menschen zu erfassen, der daran scheitert, daß er Liebe und Sprache nicht vereinen kann in seinem Verhältnis zum anderen, der auf beides angewiesen ist.«[10]

Der Brief der Dobschütz fällt kein Urteil, und wir, die Leser, können auch kein Urteil fällen. Mittenzwei stellt mit Recht die Zeilen dieses Briefes neben die Worte des alten Briest am Schluß: »Das ist ein *zu* weites Feld.« Beide Romane haben einen recht Fontaneschen Schluß: Was ist Wahrheit – was ist Recht – es steht nichts fest. Nach der Scheidung hatte Christine noch in der Zurückgezogenheit von Gnadenfrei eine gewisse Ruhe gefunden. Was ihren letzten Ausweg anbetrifft, so möchte ich mit Versen aus einem Altersgedicht Fontanes enden:

»Das Dunkel, das Rätsel, die Frage bleibt.«

---

9 Ingrid Mittenzwei: Die Sprache als Thema. Untersuchungen zu Fontanes Gesellschaftsromanen. Bad Homburg v.d.H. u.a. 1970, S. 132.

10 Ebd.

CHRISTINE HEHLE

VENUS UND ELISABETH

Beobachtungen zu einigen Bildfeldern in Theodor Fontanes Roman »Unwiederbringlich«

Seit Hans-Friedrich Rosenfelds Nachforschungen[1] ist bekannt, daß Fontanes 1891 erschienenem Eheroman *Unwiederbringlich* die Geschichte des Freiherrn Carl Maltzahn und seiner Frau Caroline zugrundeliegt, die sich auf dem Gut Vollrathsruhe in Mecklenburg und am Hof von Mecklenburg-Strelitz abspielte.[2] In seinem Exposé vom 21.11.1888 an Julius Rodenberg, den Herausgeber der *Deutschen Rundschau*, in der *Unwiederbringlich* vorabgedruckt wurde, berichtet Fontane, er sei auf der Suche nach dem ihm gemäßen Schauplatz sämtliche deutschen Höfe durchgegangen, als er aber Nordschleswig und Kopenhagen gefunden habe, »war ich raus«.[3] Freilich lagen diese Schauplätze gar nicht so fern, fand doch die verhängnisvolle Bekanntschaft Carl Maltzahns mit Auguste von Dewitz anläßlich der Hochzeit der Prinzessin Karoline von Mecklenburg-Strelitz mit dem späteren König Frederik VII. statt, in dessen Kopenhagen Holk Ebba von Rosenberg trifft.[4] Indem Fontane die Geschichte nach Schleswig und Kopenhagen und in die Jahre 1859 bis 1861 verlegte, verlieh er ihr zusätzliche historisch-politische Brisanz: Hintergrund des Ehekonflikts zwischen Helmuth und Christine Holk ist die Auseinandersetzung zwischen Dänemark und dem Deutschen Bund bzw. Preußen um Schleswig-Holstein, die mit dem Krieg von 1864 ihre Entscheidung fand. Fontanes zahlreiche erhaltene Notizen zur dänischen Geschichte, zur Kopenhagener Tagespolitik 1859 und zu historischen Vorbildern der Figuren, etwa der Prinzessin Luise Charlotte, Schwiegermutter des späteren Königs Christian IX., die im Roman in Gestalt der Prinzessin Maria Eleonore erscheint, lassen die Bedeutung erkennen, die er der historischen Situierung beimaß.[5] Wie stark der Roman überdies auf die Ereignisse des Krieges von 1864 hinkomponiert ist, die Fontane durch sein militär-

---

1 Hans-Friedrich Rosenfeld: Zur Entstehung Fontanescher Romane. Groningen, Den Haag 1926, S. 23–31.

2 Vgl. Die Maltza(h)n. 1194–1945. Der Lebensweg einer ostdeutschen Adelsfamilie. Hrsg. vom Maltza(h)nschen Familienverein. Köln 1979, S. 227–230.

3 HF IV, 3/658.

4 Vgl. Die Maltza(h)n, a.a.O., S. 229.

5 Vgl. den Abdruck im Anhang von Peter Goldammer zu: Theodor Fontane: Unwiederbringlich. In: Th. F.: Romane und Erzählungen in acht Bänden. Hrsg. v. Peter Goldammer, Gotthard Erler, Anita Golz u. Jürgen Jahn. Berlin, Weimar [4]1993 (= AF), Bd. 6, S. 446–455. *Unwiederbringlich* (ebd., S. 5–254) wird im folgenden nach dieser Ausgabe nur mit Angabe der Seitenzahl im fortlaufenden Text zitiert.
Vgl. auch Rosenfeld: Zur Entstehung, a.a.O., S. 31.

historisches Werk *Der Schleswig-Holsteinsche Krieg im Jahre 1864* bestens vertraut waren, ist mehrfach überzeugend gezeigt worden.[6]

Eine weitere Referenzebene neben der historisch-politischen Folie, die die Handlung des Romans entscheidend mitbestimmt und der psychologischen Darstellung des zwischen den Figuren ausgetragenen Konflikts[7] eine zusätzliche Dimension verleiht, formen die Bildfelder und Motivketten, von denen der Text durchzogen ist. Fontane bedient sich dabei tradierter Bildvorstellungen aus christlicher Ikonographie und Emblematik ebenso wie mythologischer Motive verschiedener Provenienz und des Zitats von literarischen Texten und Werken der bildenden Kunst. Einigen der dadurch aufgebauten Bildfelder soll im folgenden meine Aufmerksamkeit gelten.

1

Der Punkt, an dem die Ehe der Holks in eine Krise gerät, ist markiert durch drei miteinander verknüpfte Ereignisse: den Tod des jüngsten Kindes, Estrid Adam, den Umzug aus dem mittelalterlichen Schloß im Dorf Holkeby in das neuerbaute klassizistische Schloß Holkenäs auf der Düne und den Einzug von Christines Jugendfreundin Julie von Dobschütz bei der Familie. Dies ergibt sich aus der Vor-

---

[6] Vgl. Dieter Lohmeier: Vor dem Niedergang. Dänemark in Fontanes Roman *Unwiederbringlich*. In: skandinavistik 2 (1972), S. 27–53; Stefan Blessin: *Unwiederbringlich* – ein historisch-politischer Roman? Bemerkungen zu Fontanes Symbolkunst. In: DVjs 48 (1974), S. 672–702; Sven-Aage Jørgensen: Dekadenz oder Fortschritt? Zum Dänemarkbild in Fontanes Roman »Unwiederbringlich«. In: Text und Kontext 2 (1974), Heft 2, S. 28–49; Michael Masanetz: »Awer de Floth, de is dull!« Fontanes »Unwiederbringlich« – das Weltuntergangsspiel eines postmodernen Realisten (Teil 1). In: Fontane Blätter 52 (1991), S. 68–90; ders.: »In Splitter fällt der Erdenball / Einst gleich dem Glück von Edenhall«. Fontanes »Unwiederbringlich« – das Weltuntergangsspiel eines postmodernen Realisten (Teil 2). In: Fontane Blätter 56 (1993), S. 80–90.

[7] Zur Interpretation des Romans, besonders der Figur Christine, aus psychoanalytischer Sicht vgl. u.a. Heide Eilert: »... und mehr noch fast, wer liebt.« Theodor Fontanes Roman »Unwiederbringlich« und die viktorianische Sexualmoral. In: ZfdPh. 101 (1982), S. 527–545; Horst Thomé: Autonomes Ich und ›Inneres Ausland‹. Studien über Realismus, Tiefenpsychologie und Psychiatrie in deutschen Erzähltexten (1848–1914). Tübingen 1993, S. 294–392; Masanetz: »Awer de Floth«, a.a.O.; ders.: »In Splitter fällt«, a.a.O.; Claudia Liebrand: Das Ich und die andern. Fontanes Figuren und ihre Selbstbilder. Freiburg i. Br. 1990. Der Figur des »halben Helden« Holk widmen sich u.a. Charlotte Jolles: *Unwiederbringlich* – Der Irrweg des Grafen Holk. Erstveröffentlichung in: Fontane Blätter 61 (1996), S. 66–83, Wiederabdruck in diesem Band; Rüdiger Klausmann: Halbe Helden. Die Männerfiguren in den Romanen Theodor Fontanes. Magisterarbeit Freiburg i. Br. 1997, S. 86–105; Petra Kuhnau: Nervöse Männer – moderne Helden? Zur Symptomatik des Geschlechterwandels bei Fontane. In: Theodor Fontane. Am Ende des Jahrhunderts. Hrsg. v. Hanna Delf von Wolzogen in Zusammenarbeit mit Helmuth Nürnberger. Würzburg 2000. Bd. 2, S. 135–145; Michael Scheffel: ›Der Weg ins Freie‹ – Figuren der Moderne bei Theodor Fontane und Arthur Schnitzler. Ebd., Bd. 3, S. 253–265.

geschichte, die in den ersten Kapiteln teils durch den Erzähler, teils in Dialogen rekonstruiert wird.

Die Gegensätze in den Ansichten und Lebenseinstellungen der Ehepartner werden in den Expositionskapiteln vor allem in Gesprächen sichtbar gemacht:[8] Thema ist dabei zum einen ihre politische Orientierung, die typisch für zwei Richtungen innerhalb des schleswigschen Adels der Zeit vor 1864 ist,[9] zum anderen sind es ihre Bauvorhaben und architektonischen Präferenzen: Christine, die, geängstigt von einer »Vorahnung« (8), das alte, der Kirche gegenübergelegene Schloß nicht verlassen wollte, plant jetzt die Errichtung einer neuen Familiengruft, eine »offene Halle, gotisch [...] Die Längswand mit einem Totentanz, vielleicht unter Anlehnung an den in Lübeck, und in die Gewölbekappen Engel und Palmenzweige« (15). Holk dagegen hat seine architektonischen Vorlieben in dem palladianisch-klassizistischen neuen Schloß, dem »nachgeborenen ›Tempel zu Paestum‹«, »eine Meile südlich von Glücksburg« (7), realisiert, dessen baulicher Synkretismus und Pflanzenschmuck (Lorbeer, Kaktus, Zypressen) vor allem den Eindruck des ›Südlichen‹ hervorruft; er interessiert sich nun für den Bau neuer Viehställe nach modernen hygienischen Gesichtspunkten, gegebenenfalls sogar mit Marmorkrippen, die »›so blank sein [müssen] wie ein Taufbecken‹« (17). Beide reagieren auf die Vorstellungen des anderen aggressiv: Christine fühlt sich verletzt durch den Vergleich mit den Taufbecken und stichelt, Holk werde den nötigen Marmor schon zu finden wissen, »›und wenn es in Carrara wäre‹« (18). Holk mißfällt die Idee, für einen neuen Sakral- oder Sepulchralbau werde »›der ganze Cornelius aufgekauft und in Wasserfarben an die Wand gemalt‹« (19).

Die religiöse Jenseitsorientierung der in der Herrnhuter-Pension Gnadenfrei erzogenen Christine äußert sich in dem Bauprojekt selbst und in ihren Stilvorstellungen, ihrer Vorliebe für Neogotik und Nazarenermalerei. Auch ihre politischen Ansichten sind Resultat dieser Einstellung, gründet sich ihre Hochschätzung Preußens als Gegenpol zu Dänemark doch nicht auf realpolitische Gegebenheiten, sondern auf ein idealisiertes Bild Preußens als Staat des Luthertums, der Rechtschaffenheit, ›Nüchternheit‹ und des Pflichtbewußtseins – eine Vorstellung, deren Inadäquatheit die Ereignisse im Krieg von 1864 und insbesondere um die Einverleibung Schleswig-Holsteins nach dem Krieg von 1866 nur allzu deutlich erweisen sollten.[10] Preußen sind für sie Friedrich Wilhelm IV., seine Frau Elisabeth und die von ihnen vertretene Richtung in Politik, Religion und Kunst, die ihren eigenen durch die pietistische Erziehung geformten Sympathien entgegenkommt, wie andererseits ihr Dänemark-Bild auf der Abneigung gegenüber

---

8 Vgl. dazu Ingrid Mittenzwei: Die Sprache als Thema. Untersuchungen zu Fontanes Gesellschaftsromanen. Bad Homburg v.d.H. u.a. 1970, S. 119–133; Hubert Ohl: Bild und Wirklichkeit. Studien zur Romankunst Raabes und Fontanes. Heidelberg 1968, S. 175–180; Claudia Liver: Glanz und Versagen der Rede. Randbemerkungen zu Fontanes Gesellschaftsromanen. In: Annali 24, 1–2, Studi Tedeschi 1981, S. 5–33.

9 Vgl. Blessin: *Unwiederbringlich*, a.a.O., S. 677–682.

10 Vgl. Lohmeier: Vor dem Niedergang, a.a.O., S. 39; Blessin: *Unwiederbringlich*, a.a.O., S. 700f. Zu Christines Bild von Friedrich Wilhelm IV. vgl. auch Karla Müller: Schloßgeschichten. Eine Studie zum Romanwerk Theodor Fontanes. München 1986, S. 83–88.

dem Lebenswandel Frederiks VII. beruht. Daß sie ihre vom herrnhutischen Pietismus geprägten Anschauungen gegenüber der früheren Zeit ihrer Ehe nun offenbar mit zunehmender Intoleranz vertritt, steht in Zusammenhang mit der Verdüsterung ihres ernsten und »gefühlvoll[en]« (8) Charakters durch den Tod des Kindes, ist aber auch auf den Einfluß Julies zurückzuführen, denn die enge Beziehung zu der Jugendfreundin ist Christine mehr und mehr zum Ersatz für die Nähe in der ehelichen Bindung mit Holk geworden.[11] Mit dieser Grundeinstellung Christines kontrastiert Holks Diesseitszugewandtheit und Lebensfreude, die er in der an antikisch-südlichen Idealvorstellungen orientierten Architektur des neuen Schlosses zum Ausdruck zu bringen versucht. »Kapelle« steht gegen »Tempel«, christliches Mittelalter gegen klassisch-heidnische Antike, beides indes vermittelt durch eine Rezeptionswelle, die Romantik und den Klassizismus, die beide ihrerseits zur Zeit der Handlung bereits wieder überholt, »nachgeboren« sind. Mit diesem Adjektiv charakterisiert Christines Bruder Arne nicht nur Holks Schloß, sondern auch Christine, der er ihre Unfähigkeit zur Entwicklung vorwirft.[12]

2

Diese beiden grundsätzlichen Ausrichtungen der Ehepartner bestimmen den Blickwinkel, aus dem sie die Welt Kopenhagens betrachten, und werden – über die Wahrnehmungsperspektive der Figuren – determinierend für die Bildlichkeit, mit der Kopenhagen geschildert wird. Christine zeichnet Kopenhagen,

> »Tanzsaal, Musik, Feuerwerk [...] eine Stadt für Schiffskapitäne, die sechs Monate lang umhergeschwommen und nun beflissen sind, alles Ersparte zu vertun und alles Versäumte nachzuholen [...] Taverne, Vergnügungslokal« (45),

---

[11] Arne sagt über die Dobschütz: »›[Sie ist] für meinen armen Schwager ein Unglück.‹« (33), Christine spricht gegenüber Holk davon, daß sie außer den Kindern in Holkenäs »›nichts habe als meine gute Dobschütz‹« (41). Als Julie im Gespräch mit Holk ihre frühere Beziehung zu Christine charakterisiert, zitiert sie geradezu die eheliche *una caro*-Formel: »›Wir waren zwei Menschen, aber wir führten nur ein Leben, so ganz verstanden wir uns.‹« (247) Vgl. auch Renate Böschenstein: Fontanes ›Finessen‹. Zu einem Methodenproblem der Analyse ›realistischer‹ Texte. In: Jahrbuch der Deutschen Schillergesellschaft 29 (1985), S. 532–535, hier: S. 533, die von einer »sehr sublimierte[n] erotische[n] Bindung« zwischen den beiden Frauen spricht.

[12] Er nennt sie im Gespräch mit Schwarzkoppen eine »nachgeborne Jean-Paulsche Figur« (33). Vgl. auch Hubert Ohl: Zwischen Tradition und Moderne: Der Künstler Theodor Fontane am Beispiel von *Unwiederbringlich*. In: Theodor Fontane. The London Symposium. Hrsg. v. Alan Bance u.a. Stuttgart 1995, S. 235–252, und Lohmeier: Vor dem Niedergang, a.a.O., S. 39. Zur »verspäteten« Architektur von Schloß Holkenäs vgl. Uwe Petersen: Poesie der Architektur – Architektur der Poesie. Zur Gestaltung und Funktion eines palladianischen Schauplatzes in Fontanes Roman »Unwiederbringlich«. In: Studien zur deutschen Literatur. Festschrift für Adolf Beck. Hrsg. v. Johannes Krogoll u. Ulrich Fülleborn. Heidelberg 1979, S. 246–254.

als Babylon (46).[13] In der an biblisch-christlicher Bildsprache orientierten Perspektive der beiden Freundinnen erscheinen die potentiell zu fürchtenden Frauen in Kopenhagen folgerichtig als alttestamentliche Verführerinnen; Julie versucht die eifersüchtig-beängstigte Christine zu beruhigen: »›Holk ist aufrichtig und zuverlässig, und wenn drüben in Kopenhagen auch jede dritte Frau die Frau Potiphar in Person wäre, du wärest seiner doch sicher‹« (66) – ein ebenso unangebrachter Beschwichtigungsversuch, wie es alle Vermittlungsanstrengungen Julies und Arnes sind, die damit keine geringe Mitschuld an der schließlichen Katastrophe des Ehepaares Holk tragen.[14] Denn gleich nach seiner Ankunft in Kopenhagen begegnet Holk einer Verführerin in Gestalt von Brigitte Hansen, dergegenüber Christine seiner keineswegs ganz sicher sein kann, und bezieht sich, als er an die Reaktion seiner Frau denkt, ebenfalls auf das einschlägige biblische Figurenarsenal:

> »Ich darf ihrer in meinem Brief an Christine gar nicht erwähnen, sonst schreibt sie mir einen Schreckbrief und läßt alle fraglichen Frauengestalten des Alten und Neuen Testaments an mir vorüberziehen.« (79)

Seine eigenen Assoziationen beim Anblick Brigittes, die ihn bei seiner Heimkehr aus der »Taverne« Vincents Restaurant am ersten Abend mit einer ampelartigen Lampe in der Hand empfängt, sind andere: »In der Hand hielt sie eine Lampe von ampelartiger Form, wie man ihnen auf Bildern der Antike begegnet. Alles in allem eine merkwürdige Mischung von Froufrou und Lady Macbeth.« (78) In die beunruhigende Assoziation der Lady Macbeth, die erst mit dem Dolch in der Hand den schlafenden Duncan und dann seinen Leichnam bei Lampenlicht in Augenschein nimmt und später in ihrem Wahnsinn stets mit einer Kerze in der Hand umgeht,[15] fließt offenbar die Wirkung des vorhergegangenen Gesprächs mit Pentz über die dubiosen Verbindungen der beiden Frauen Hansen ein, ebenso wie das unheimliche Spiel von Licht und Schatten im Treppenhaus, während der – anachronistische – Verweis auf die Pariser Salondame und reuige Ehebrecherin Froufrou[16] sich dem allgemeinen Eindruck der Gestalt und der geschickt gewähl-

---

[13] Vgl. auch Lieselotte Voss: Literarische Präfiguration dargestellter Wirklichkeit bei Fontane. Zur Zitatstruktur seines Romanwerks. München 1985, S. 67–73.

[14] Vgl. Böschenstein, die zeigt, daß Julie auf der Ebene des Subtextes als »Todesengel« erscheint und schließlich bei Christines Selbstmord zur Komplizin wird. (Böschenstein: Fontanes ›Finessen‹, a.a.O., S. 533f.) Die Rolle Arnes, der an der Oberfläche des Textes als wohlmeinender Ratgeber erscheint, aber durch sein Zitat des unheilvollen Trinkspruchs aus Uhlands *Glück von Edenhall* dem »Glück von Holkenäs« gleichsam den Todesstoß versetzt (vgl. Böschenstein, ebd.), erinnert an die Doppelfunktion Gieshüblers in *Effi Briest* als Freund und Verführer. Mit seiner Betonung von Mitte und Maß läßt Arne zugleich an die Figur des Mittler in den *Wahlverwandtschaften* denken, dessen Vermittlungsbemühungen die Katastrophe mit heraufbeschwören.

[15] Vgl. William Shakespeare: Macbeth II, 1 und V, 1.

[16] Henri Meilhac et Ludovic Halévy: Froufrou. Comédie en cinq actes. 1869. Fontane besprach 1877 eine Aufführung des Stückes, das auch in *Stine*, Kap. 11, erwähnt wird, in der *Vossischen Zeitung*.

ten Kleidung zu verdanken scheint. Die dominierende Assoziation jedoch, die sich auch über die Nacht hinweg bei Holk hält, ist die eines antiken Fresko:

> Am anderen Morgen aber war alles verflogen, und wenn er der Erscheinung mit der Ampel auch jetzt noch gedachte, so war es unter Lächeln. Er sann dabei nach, welche Göttin oder Liebende, mit der Ampel umhersuchend, auf antiken Wandbildern abgebildet zu werden pflege, konnt es aber nicht finden und gab schließlich alles Suchen danach auf. (79)

Zwei Szenen der antiken Mythologie und Literatur verbergen sich hinter Holks Assoziation:[17] Zum einen die Szene aus Apuleius, *Der goldene Esel*, in der Psyche den schlafenden Cupido/Amor mit der Lampe in der Hand betrachtet. Amor, der Psyche entgegen dem Befehl seiner auf ihre Schönheit neidischen Mutter Venus in einen Palast entrückt, wo er sie jede Nacht im Dunklen als ihr Gatte besucht, stellt ihr die Bedingung, sie dürfe nicht versuchen, seine Identität herauszufinden. Verleitet von ihren Schwestern, die ihr einreden, er sei ein Drache, den sie töten müsse, um sich selbst zu retten, übertritt sie sein Gebot. Als sie, ein Messer in der Hand, die Lampe über den Schlafenden hält, wird sie beim Anblick seiner Schönheit von Liebe zu ihm überwältigt und steht von ihrer Mordabsicht ab.[18] Eine zweite Assoziationsmöglichkeit ist die Aphroditepriesterin Hero, die des Nachts ihren Liebhaber Leander erwartet, wenn er den Hellespont durchschwimmt, um zu ihr zu gelangen. Als das Licht, das sie zur Orientierung für ihn in ihrem Turm aufgestellt hat, in einer Sturmnacht erlischt, ertrinkt Leander.[19] Claudia Liebrand hat gezeigt, wie perfekt Brigitte sich nach vorgefertigten Bildern inszeniert, seien es diese antiken Szenen, die das Signal »Hier erwartet/betrachtet eine Frau ihren Liebhaber« aussenden, sei es später die Selbstdarstellung als »Bild einer schönen Holländerin«, womit sie sich in Bezug zur »Düveke« setzt, dem Archetyp der Königsmaîtresse in der Geschichte der oldenburgischen dänischen Herrscherdynastie.[20] Diese Inszenierungen erzielen denn auch bei Holk zunächst den beabsichtigten Effekt, ehe Brigittes Mutter mit der Erzählung vom Kaiser von Siam des Guten zuviel tut. Vergegenwärtigt man sich aber den weiteren Kontext, in dem diese assoziativ aufgerufenen Szenen stehen, so zeigt sich, daß in der Anziehung, die die von Brigitte gestellten Bilder auf ihn ausüben, auch stets Holks

---

17 Vgl. Voss: Literarische Präfiguration, a.a.O., S. 57.

18 Apuleius: *Metamorphoses* 4.28–6.24, hier: 5.22f. Vgl. Reclams Lexikon der antiken Mythologie. Stuttgart [6]1999, S. 459–461.

19 Vgl. ebd., S. 246. Überliefert bei Ovid (*Heroides* 18/19) und Musaios (*Hero und Leander*). Fontane assoziierte damit sicher auch Grillparzers Stück *Des Meeres und der Liebe Wellen* (1831), das er 1874 und 1881 für die *Vossische Zeitung* besprach. Auf die Beziehung zu *Unwiederbringlich* macht Sylvain Guarda aufmerksam (Sylvain Guarda: »Unwiederbringlich«: Ein Fontanesches Weihnachts- oder Johannisspiel? In: ZfdPh. 111 (1992), S. 558–576, hier: S. 574).

20 Vgl. Claudia Liebrand: Geschlechterkonfigurationen in Fontanes *Unwiederbringlich*. In: Theodor Fontane. Am Ende des Jahrhunderts, a.a.O., Bd. 2, S. 161–171, hier: S. 162–164.

unterschwellige Angst vor dieser Anziehung mitschwingt:[21] »›Eine schöne Person. Aber unheimlich.‹« (79)

Indem Holk von Holkenäs nach Kopenhagen reiste, ist er, aller Geographie unerachtet, in den Süden der Antike gereist, zu dem er sich beim Bau seines Schlosses hingezogen fand: Einen ersten Hinweis auf die Präsenz des »Südens« in der Sphäre des dänischen Hofes gibt schon der Grund seiner unzeitigen Berufung an den Hof der Prinzessin: der Aufenthalt des Kammerherrn Steen in Sizilien, wo er auf einen Aetna-Ausbruch wartet (44). Der Eindruck verfestigt sich, wenn man das Zunehmen der zur Isotopieebene »Süden, Antike« gehörenden Elemente beobachtet, sobald von Holks Reise die Rede ist[22] und insbesondere nachdem er in Kopenhagen eingetroffen ist: Pentz' (neben einem holländischen Sprichwort) zweiter Wahlspruch »ride si sapis« (71), die Kurorte der Familie Erichsen und der Bacchuskultus, vor dem Erichsen sich hütet (72), die Römer, aus denen man trinkt (die freilich wiederum zugleich dem Bildfeld »Holland« angehören (73)), der wie ein Gladiator fechtende Oberstlieutenant Faaborg (74), der südliche Teint des aus Portugal stammenden de Meza (74), die Schäfer- und Satyrspiele in der Villa der Gräfin Danner (76), die »Dionysosohren« (77), auf die die Wohlinformiertheit der Hansens zurückgehen könnte – all das bereitet die abendliche Erscheinung des antiken Wandbildes Brigitte vor. Pentz, der sich bei der Prinzessin scherzhaft als »›Bringer alles Idyllischen installiert‹« sieht, assoziiert am anderen Morgen deren Kopenhagener Hof mit Arkadien (90). Wie »verwandt« der skandinavische Norden dem Süden ist, zeigt auch die Vergleichbarkeit der Gondolieri auf dem Mälarsee, die bei Ebbas Affäre mit dem schwedischen Prinzen eine Rolle spielten, mit jenen in Venedig (128), und wenn schließlich Ebba auf der Fahrt nach Frederiksborg ausruft: »›Ich kenne den Süden nicht, [...] aber er kann nicht schöner sein als das hier‹« (143f.), ist die Gleichsetzung perfekt. Zugleich ist damit aber schon angedeutet, was für den balladen- und genealogiebegeisterten Holk, der als Reiselektüre Walter Scott einpackt (57) und Expertenfragen zur isländischen Literatur des Mittelalters stellt (194), der eben ein Nordländer ist, auch wenn er sich für den Süden geboren glaubt – und es daher in der Zeit seines »Exils« im Süden nicht aushalten, sondern sich in London niederlassen wird –, schließlich die ausschlaggebende Attraktion sein wird: nicht die Welt der klassischen Antike mit dem Wandbild Brigitte und ihren Geschichten von exotischen Eroberungen, sondern die nordisch-romantische Welt der Balladen und der dänischen Geschichte, die die Wirkung der Schwedin Ebba auf ihn so erfolgreich unterstützt.

---

[21] Alle von Holk assoziierten Frauen werden zur Ursache für den Tod eines Mannes, auch Froufrou, deren Liebhaber im Duell gegen ihren Ehemann fällt.

[22] Malvasier wird bei Petersen getrunken (50), Elisabeth erwähnt gegenüber Asta als Beispiel für die Kompetenz des Hauslehrers Strehlke dessen Wissen um das »Lustschloß vom König von Neapel« (54), Arne beschwört im Gespräch mit Christine den antiken Leitsatz vom »*Maß der Dinge*« (59).

3

Vor dem Hintergrund dieser Bildlichkeit wird klar, in wessen mythologisches Reich Holk immer mehr hineingerät. Wie die »statuarische« rotblonde Brigitte »Vorstufe« zur Elementarfrau Ebba mit dem blonden Wellenhaar ist, dem »Sprühteufel« (127), der mit seinen Reden die Leidenschaft des Grafen Holk entzündet, im Verein mit der Dienerin Karin durch übermäßiges Einheizen Schloß Frederiksborg in Brand steckt und am Ende womöglich die Waldbestände des Gatten Lord Ashingham niederbrennen wird (238), dem »Meerweib« (157), das Holk im Traum in der Seeschlacht bei Öland mit dem »Makellos« und beim Eislaufen auf dem Arresee beinahe in Wirklichkeit ins Wasser zieht, so sind die mythologischen Frauengestalten, die Holk mit ihr assoziiert, Psyche und Hero, »Vorstufen« zu der Göttin, in deren Zeichen ihre Geschichte steht: Ebba ist eine Venus, Holks Aufenthalt in Kopenhagen und Frederiksborg ein Verweilen im »Venusberg«.[23] So ruft denn auch der angetrunkene Doktor Bie in skandinavistischer Begeisterung[24] an dem Abend, der der Ehebruchs- und Brandnacht vorausgeht, Ebba zur nordischen Venus Anadyomene aus:

> »[...] Aus dem Meere, wie wir alle wissen, ist die Schönheit geboren, aber aus dem Nordmeer auch der nordische Mut, der schwedische Mut. [...] Hoch Nordland und hoch seine schöne, seine mutige Tochter!« (196f.)

Die Vorweihnachtszeit in Frederiksborg spielt ständig aus dem Christlichen ins Heidnische hinüber: Pastor Schleppegrell mit seiner Vorgeschichte, die nicht ganz dem Pastoren-Ideal einer Christine Holk und Julie von Dobschütz entsprechen dürfte, und seiner merkwürdigen kinderlosen Ehe[25] gleicht trotz seines »Apostelkopf[s]« (157) mit Eichenstock, Schlapphut und langem Mantel einem »heidnischen Wotan« (188), und zwar nicht erst beim Schlittschuhlauf auf dem Arresee, sondern bereits beim ersten Spaziergang Richtung Fredensborg. Das von der Prinzessin veranstaltete Fest soll »den Weihnachtscharakter tragen oder [...] wenigstens ein Vorspiel zum Julfeste sein« (166) und ist eine Mischung zwischen beidem:

---

[23] Als nordische Venus (oder Freia) sieht Ebba auch Masanetz, der auch auf die Gleichsetzung Freia – Weiße Frau – Bertha von Rosenberg im Volksglauben hinweist (Masanetz: »In Splitter fällt«, a.a.O., S. 94–97). Auf die Beziehung zu Wagners Oper *Tannhäuser* verweist Eilert: »...und mehr noch fast, wer liebt«, a.a.O., S. 535f.

[24] Vgl. Blessin: *Unwiederbringlich*, a.a.O., S. 682–685.

[25] Vgl. Wolfram Seibt: Kruses Grab. Die versteckten Nicht-Ehen in Theodor Fontanes Gesellschaftsroman »Unwiederbringlich«. In: Fontane Blätter 45 (1988), S. 45–70; vgl. dazu auch die polemische, aber in vielen Punkten nicht überzeugende Erwiderung von Rolf Christian Zimmermann: »Unwiederbringlich« – Nichtehen und Scheintriumphe neuer Fontane-Philologie. In: *Architectura poetica*. Festschrift für Johannes Rathofer. Hrsg. v. Ulrich Ernst u. Bernhard Sovinski. Köln, Wien 1990, S. 471–490. Über den historischen Pastor Schleppegrell, einen ausgeprägten dänischen Nationalisten, vgl. Theodor Fontane: Der Schleswig-Holsteinsche Krieg im Jahre 1864. Mit einem Vorwort v. Sven-Aage Jørgensen u. einem Anhang v. Eveline Maaßen hrsg. v. Helmuth Nürnberger. Flensburg 1999, S. 102, 181f., und Theodor Fontane: Aus dem Sundewitt (in: NF XVIII/266f.).

Nach der Diskussion über Christine Munk und andere Maîtressen und morganatische Gattinnen der europäischen Geschichte singen Kinder ein Weihnachtslied, neben Tannen schmücken Misteln, Ebereschen und Eichenlaub, aber auch Orangen und Zypressen den Saal, und während »kleine wächserne Christengel« (166) ihre Fahnen schwenken, trinkt man Cyper – Wein von der Insel der Venus. In dem Augenblick, als Ebba die Diskussion über Christine Munk und Christian IV. mit dem Satz abschließt: »›Leichtes Leben verdirbt die Sitten, aber die Tugendkomödie verdirbt den ganzen Menschen‹« (171), fällt einer der Wachsengel vor Pentz nieder, der ihn mit der Bemerkung aufhebt:

> »Ein gefallener Engel; es geschehen Zeichen und Wunder. Wer es wohl sein mag?«
> »Ich nicht«, lachte Ebba.
> »Nein«, bestätigte Pentz, und der Ton, in dem es geschah, machte, daß sich Ebba verfärbte. (171f.)

Indessen könnte es sich bei dem gefallenen Engel, bezieht man die Motiv- und Bildtradition ein, mit der Fontane hier spielt, durchaus um Ebba handeln,[26] die von ihrer Kindheit in Stockholm sagt: »›ich war noch im Flügelkleide‹« (198). Der gefallene Engel ist Luzifer, der »Lichtträger«, Ebba aber ist ein Irrlicht, das Holk vorflackert (135), ein Feuerwerk, eine Rakete (139). Daß Ebba »nur« die verführte Verführerin Eva sei, ist ein Irrtum, den sie selbst in Umlauf bringt: »›Ebba ist Eva, wie Sie wissen, und bekanntlich gibt es nichts Romantisches ohne den Apfel‹«, sagt sie auf dem ersten gemeinsamen Spaziergang zu Holk (99). Namenlexika weisen dagegen aus, daß der germanische Name Ebba nichts mit Eva zu tun hat, sondern eine Kurzform verschiedener Zusammensetzungen mit »Eber« ist.[27] Daß Fontane sich dessen bewußt war, darauf scheint mir ein sonst unmotivierter Satz von Pentz zu deuten, als er Holk über die Kuriositäten Frederiksborgs informiert:

> »[...] einen eigentümlich geformten Backzahn, in betreff dessen die Gelehrten sich streiten, ob er von König Harald Blauzahn oder von einem Eber der Alluvialperiode herstammt. Ich persönlich bin für das erstere. Denn was heißt Eber? Eber ist eigentlich gar nichts [...]« (142)

Der »Adam« Holk hält Ebba für die ihm gemäße Eva, doch sie ist auch die Schlange, die Eva den Apfel reicht.[28] In der Überlagerung verschiedener Motiv-

---

26 Vgl. aber dagegen Masanetz' These; vgl. Anm. 39.

27 Wilfried Seibicke: Historisches Deutsches Vornamenbuch. Bd. 1. Berlin, New York 1996, S. 550.

28 Zur teuflischen Natur Ebbas vgl. auch Masanetz: »In Splitter fällt«, a.a.O., S. 94–97, und Rolf Christian Zimmermann: Paradies und Verführung in Fontanes *Unwiederbringlich*: Zur Glücksthematik und Schuldproblematik des Romans. In: In Search of the Poetic Real. Essays in Honor of Clifford Albrecht Bernd. Hrsg. v. John F. Fetzer u.a. Stuttgart 1989, S. 289–309. Infernalisch erscheint Ebba auch, wenn sie gegenüber der Prinzessin die Worte Kains zitiert: »›[...] Soll ich meines Bruders Hüter sein?‹« (136; vgl. Genesis 4,9).

traditionen ist dieser Apfel nicht nur der Apfel Evas, sondern auch der »Schönheitsapfel«, den die Danner – als Königsmaîtresse bzw. morganatische Gattin ein alter ego Ebbas[29] – nach Brigittes Worten besitzt (111) und den Paris der Venus zuerkennt: »›Nun, Holk, in welcher Rolle? Paris oder Ägisth?‹« fragt Ebba in Anspielung auf die vorher stattgehabte Unterhaltung über antike Leidenschaften den Grafen, als er an dem Abend vor der Brandnacht Einlaß in ihr Zimmer begehrt, und weist ihn darauf hin, daß die Rolle des Ägisth bereits an Pentz vergeben sei (199; vgl. 198).

4

Zur abendländischen literarischen und ikonographischen Tradition, auf die Fontane hier wie andernorts[30] Bezug nimmt, gehört die Dämonisierung der antiken Götter, ihre Verdrängung ins Reich der Elementargeister und insbesondere die »Verteufelung« der Venus.[31] Gegenspieler der Dämonen aber sind die – nicht gefallenen – Engel, allen voran der Erzengel Michael, an dessen Gedenktag im Jahr 1859 die Handlung des Romans einsetzt und um dessen Gedenktag zwei Jahre später Holk Julie das scheinbare »Paradies vor dem Sündenfall« seiner zweiten Ehe schildert (245–248).[32] Das »pietistische Kolorit von ›Blümelein und Engelein‹«, wie Arne es nennt (34), ist Christines Stil, nach Holks von ihm zitierten Worten ist ihr nur wohl, wenn sie »einen aus bloßer Taille bestehenden Engel malen lassen« kann (35). Engel und Palmen reklamiert sie für sich und ihren Kapellenentwurf, und Julie sagt sogar unumwunden: »›Du bist ein Engel, wie alle schönen Frauen, wenn sie nicht bloß schön, sondern auch gut sind« (65). Als Holk sich über seinen eigenen Brief an Christine einer gewissen Rührung hingibt, die er nicht recht deuten kann, kommentiert der Erzähler: »Hätt er es gekonnt, so hätt er gewußt, daß ihn sein guter Engel warne.« (115) Vor allem aber ist Christines Landschaft die »Landschaft der Engel«. Gregor der Große soll über die Bewohner der zwischen Flensburger Förde und Schlei im späteren Herzogtum Schleswig gelegenen Landschaft Angeln gesagt haben: »*Non sunt Angli, sunt Angeli*«, was Fontane in der Einleitung zum *Schleswig-Holsteinschen Krieg im Jahre 1864* zitiert.[33] Auffallenderweise wird

---

29 Vgl. Pierre Bange: Ironie et dialogisme dans les romans de Theodor Fontane. Grenoble 1974, S. 171: »Vénus y [à Copenhague] règne [...] en la personne de la [...] Danner.«

30 Vgl. zu *Effi Briest*: Peter-Klaus Schuster: Theodor Fontane: Effi Briest – Ein Leben nach christlichen Bildern. Tübingen 1978.

31 Vgl. Berthold Hinz: Aphrodite. Geschichte einer abendländischen Passion. München, Wien 1998.

32 Eine ähnliche handlungsstrukturierende und bedeutungtragende Rolle spielt der Seelenführer Michael auch in *Unterm Birnbaum*. Dem im Volksglauben mit verschiedensten Bedeutungen als Glücks- und Unglückstag aufgeladenen Johannistag kommt als Tag der beiden Trauungen der Holks vergleichbare Signifikanz zu, ebenso wie in *Effi Briest*. Vgl. auch Masanetz: »Awer de Floth«, a.a.O., S. 74, der auf die Ambivalenz des Michaelstages als Engels- und Hexentag im Volksglauben hinweist, und ders.: »In Splitter fällt«, a.a.O., S. 80.

33 Fontane: Der Schleswig-Holsteinsche Krieg, a.a.O., S. 10.

der Name Angeln bei der topographischen Einordnung von Holkenäs am Romananfang nicht genannt, sondern taucht zum ersten Mal auf, als Holk von Kopenhagen zurückfährt, um mit Christine über die Scheidung zu sprechen: »Den 23. kam die Küste von Angeln in Sicht« (215); bei der Schilderung der zweiten Trauung und von Christines Begräbnis mehren sich die Nennungen, bei der Hochzeit, als Christine Holk zuflüstert: »›Sie machen eine Heilige aus mir‹«, gebraucht der Erzähler sogar die quasi-biblische Wendung »im Angliter Lande« (243).

Sind die Engel die Gegenspieler der Dämonen, Michael der Antipode Luzifers, so ist nach einer der wirkungsmächtigsten Gestaltungen der Dichotomie der beiden Weiblichkeitsmodelle im 19. Jahrhundert, Wagners Oper *Tannhäuser*, die Gegenspielerin der »teuflischen« Venus die »heilige« Elisabeth, die Tannhäuser als »Engel meines Heils«, »Engel meiner Not« anruft,[34] – und mit der verheiratet zu sein Holk auch noch im Londoner »Exil«, nach der Reise nach Rom, die statt der erträumten Hochzeitsreise mit Ebba eine einsame »Wallfahrt« wurde, so schwer erträglich findet:

> »[...] er [Arne] hat lange genug gelebt, um, trotz aller Junggesellenschaft, sehr wohl zu wissen, was es heißt, an eine heilige Elisabeth verheiratet zu sein. Und wenn sie noch die heilige Elisabeth wäre! Die war sanft und nachgiebig [...]« (239).

Die kanonisierte Heilige, die historische Landgräfin Elisabeth von Thüringen, die zu einer Art protestantischen Ersatzfigur für die Madonna wurde,[35] fließt mit der Wagnerschen Figur, der Nichte des Landgrafen von Thüringen, Inbegriff von Keuschheit und Reinheit, zusammen. Elisabeth hieß zudem nicht nur die von Christine Holk verehrte Frau Friedrich Wilhelms IV., eine zum Protestantismus übergetretene Katholikin und Förderin des erneuerten Pietismus in Preußen, Elisabeth heißt auch die Enkelin des Pastors Petersen, die jene beiden Christine so beeindruckenden Lieder singt, den Waiblingerschen *Kirchhof* und das als »Volkslied« deklarierte Fontanesche *Denkst Du verschwundener Tage, Marie*. Erhaltene Entwürfe, in denen die spätere Elisabeth den Namen Christine Nielsen trägt,[36] lassen die Vermutung zu, daß sie ursprünglich als eine Art alter ego zu Christine Holk konzipiert wurde.

Doch nicht nur als »heilige Elisabeth« wird Christine von ihrem Mann apostrophiert, sondern auch – mit ebenso negativen Implikationen – als Maria selbst, der Inbegriff »positiver«, keuscher, mütterlicher Weiblichkeit: »›Ach, diese ewige

---

[34] Richard Wagner: Tannhäuser II, 4. In: R. W.: Tannhäuser und der Sängerkrieg auf der Wartburg. Vollständiges Buch, neu hrsg. u. eingeleitet v. Wilhelm Zentner. Stuttgart [1949] 1996, S. 44 u. S. 46; vgl. Tannhäusers Ausruf: »›Heilige Elisabeth, bitte für mich!‹« (III, 3; ebd., S. 57).

[35] Vgl. Schuster: Theodor Fontane: Effi Briest, a.a.O., S. 60f. Vgl. auch den Stellenwert, den Armgard von Barby Elisabeth von Thüringen beimißt (Theodor Fontane: *Der Stechlin*, Kap. 25).

[36] Stadtmuseum Berlin, V-83/6 (Konvolut *Unwiederbringlich*), Kap. 4, Bl. 3^r; V-83/7 (Konvolut *Frau Jenny Treibel*), Kap. 3, Bl. 39^v.

Schmerzensmutter mit dem Schwert im Herzen, während es doch bloß Nadelstiche waren. Wirklich, es war schwer zu tragen, und jedenfalls ich war es müde‹« (222), resümiert er nach dem Trennungsgespräch. Der ikonographische Typus der *Mater dolorosa*,[37] auf den er sich dabei bezieht, weist auf ein Motiv hin, das als zentraler Nexus verschiedene Ebenen des Romans miteinander verbindet: das tote Kind. Der verstorbene jüngste Sohn der Holks, dessen erster Name ein Mädchenname ist,[38] über dessen zweiten Namen – Helmuth nach dem Vater oder Adam, »›weil er [Holk] gehört hatte, daß Kinder, die so heißen, nicht sterben‹« (52) – die Eltern sich entzweiten und auf dessen Tod Holk mit Verdrängung, Bau des neuen Schlosses und Auszug aus der Nachbarschaft der Gruft, Christine mit Melancholie und Todessehnsucht reagiert, steht als rätselhaftes Zentrum in der Ehegeschichte der Holks.[39] Das Motiv des toten Kindes taucht wieder auf in Uhlands Ballade *Das Schloß am Meere*, dem ambivalenten Signum des neuen Schlosses: Das Klagelied nämlich, das aus der Halle des Schlosses ertönt, bezieht sich auf den Tod der Königstochter:

> Wohl sah ich die Eltern beide,
> Ohne der Kronen Licht
> Im schwarzen Trauerkleide;
> Die Jungfrau sah ich nicht,

lautet die letzte Strophe der Ballade.[40] Die beiläufige Nennung der Thyra Danebod, der Königin aus der Zeit des Übergangs von der heidnischen zur christlichen Epoche Dänemarks (142), verweist auf Fontanes Ballade *Gorm Grymme*, die

---

[37] Vgl. Lexikon der christlichen Ikonographie. Rom u.a. [1971] 1994 (im folgenden zit. als LCI). Bd. 3, Sp. 200, 203. Im Gespräch mit Christine nimmt Holk das Christkind aus der Weihnachtskrippe der Maria vom Schoß und spielt damit; vgl. die Statue der Jungfrau Maria in der Kirche von Hohen-Vietz, die das Kind hat fallen lassen, im Zusammenhang mit Tubals Treuebruch (Theodor Fontane: *Vor dem Sturm*. Bd. 4, Kap. 14).

[38] Vgl. Seibicke: Historisches Deutsches Vornamenbuch, a.a.O., S. 688. Fontanes Zeitgenossen hielten das für einen Irrtum des Autors; vgl. Friedrich Holtze: Erinnerungen an Theodor Fontane. In: Sonderdruck aus den Mitteilungen des Vereins für die Geschichte Berlins 43 (1926), S. 50. Fontane war sich dessen jedoch durchaus bewußt, wie seine Erwähnung des Königs »Svend Estridsen, der der Sohn der schönen Estrid [...] war« in seinem Aufsatz über Roskilde zeigt (NF XVIII/285).

[39] Ausgehend von Renate Böschensteins Überlegungen, die in Estrid eine(n) Mignon sieht (Renate Böschenstein: Idyllischer Todesraum und agrarische Utopie: zwei Gestaltungsformen des Idyllischen in der erzählenden Literatur des 19. Jahrhunderts. In: Idylle und Modernisierung in der europäischen Literatur des 19. Jahrhunderts. Hrsg. v. Hans Ulrich Seeber u. Paul Gerhard Klussmann. Bonn 1986, S. 25–40, hier: S. 26f.), zieht Masanetz in seinem sehr entdeckungs- und aufschlußreichen Aufsatz »Awer de Floth«, a.a.O., S. 80–85, weitere Parallelen zur Geschichte Augustins und Speratas im *Wilhelm Meister* und postuliert eine inzestuöse Fixierung Christines auf Arne; der gefallene Engel ist seiner Interpretation zufolge damit Christine, nicht Ebba (Masanetz: »In Splitter fällt«, a.a.O., S. 86). Vgl. zum Motiv des toten Kindes außerdem Patricia Howe: The child as metaphor in the novels of Fontane. In: Oxford German Studies 10 (1979), S. 121–138, hier: S. 129f.

[40] Ludwig Uhland: Das Schloß am Meere (1805). In: Ludwig Uhland: Sämtliche Gedichte. Hrsg. v. Walter Scheffler. München 1980, S. 119f., hier: S. 120.

ebenfalls vom Tod eines Lieblingskindes handelt.[41] Eine Brücke schlägt das Motiv auch zur Geschichte der Maltzahns, da die Wiederannäherung des geschiedenen Paares durch den Tod der ältesten Tochter zustandekam.[42] Und schließlich steht *Unwiederbringlich* auch in der Biographie des Autors im Zeichen des toten Kindes, denn die erste Niederschrift erfolgte unmittelbar nach dem Tod von Fontanes ältestem Sohn George.[43]

5

Die in den Bildfeldern des Romans aufgebauten Oppositionen zwischen Angeln und Dänemark, Holkenäs und Frederiksborg, Christine und Ebba, Elisabeth/Maria und Venus sind indes nicht stabil, und noch weniger stehen sie für jene Wertungen, die die Tradition mit ihnen verknüpfte: Zu deutlich gezeichnet sind die durchaus nicht »engelhaften« Seiten der Figur Christine, zu klar wird, daß ihr dogmatisches Festhalten am Herrnhuter Pietismus samt seinem Kitsch und seiner Sentimentalität ein mühsam gegen ihre Verletzungen aufgerichteter Schutzschild ist, der am Ende versagt, während ihr angelische, marianische, elisabethanische Züge von Holk und Arne überwiegend in negativem Sinne zugeschrieben werden. Auf der anderen Seite sind Ebbas Reden und Verhalten Vernunft, Realitätssinn und angesichts ihrer historisch-sozialen Situation auch Berechtigung nicht abzusprechen.[44] Doch auch auf der Bildebene selbst werden die aufgebauten Oppositionen gleichzeitig wieder dekonstruiert: Holkenäs trägt nicht nur Streit und Unfrieden, sondern selbst das Teuflische schon in sich, wie das Auftreten des schwarzen Pudels Schnuck in Anspielung auf Goethes *Faust* zeigt (20f.).[45] Der Pudel kommt aber als Begleiter einer Elisabeth, jener Elisabeth Kruse,[46] deren Lieder Christine schließlich in den Tod

---

41 In: GB Gedichte I/73–75. Nach der Dänischen Reichs-Historie von Ludwig Holberg (dt.: Flensburg, Altona 1743–1744), die für mehrere Passagen von *Unwiederbringlich* als Quelle dient, heißt der erschlagene Sohn Knud, der überlebende Bruder, der vielleicht der Mörder ist, Harald (Bd. 1, S. 77f.) Bei Fontane dagegen heißt der tote Lieblingssohn Harald. Wie Entwürfe zu *Unwiederbringlich* zeigen, waren die dänischen Königsnamen Thyra und Harald zunächst für Asta und Axel vorgesehen (z.B. Theodor-Fontane-Archiv, Kf 8, Bl. 7[v]).

42 Vgl. Die Maltza(h)n, a.a.O., S. 230.

43 Vgl. Fontane an Rodenberg, 21.11.1888. In: HF IV, 3/658.

44 Vgl. Rainer Kolk: Beschädigte Individualität. Untersuchungen zu den Romanen Theodor Fontanes. Heidelberg 1986, S. 66f.

45 Die Anspielung wird wiederaufgenommen, wenn die Prinzessin die Schleswig-Frage als »des Pudels Kern« bezeichnet (89). Vgl. auch Eugène Faucher: Umwege der Selbstzerstörung bei Fontane. In: Formen realistischer Erzählkunst. Festschrift for Charlotte Jolles. In Honour of her 70th Birthday. Ed. by Jörg Thunecke. In conjunction with Eda Sagarra. Foreword by Philip Brady. Nottingham 1979, S. 395–403, hier: S. 399.

46 Vibeke Kruse hieß das Kammermädchen der Christine Munk, mit dem Christian IV. nach der Trennung von ihr zusammenlebte. In *Effi Briest* heißt die unheimliche gemütskranke Kutschersfrau, die stets ein schwarzes Huhn auf dem Schoß hält, Kruse; eine schwarze Henne gibt es auch in Holkenäs (131); vgl. Liebrand: Das Ich, a.a.O., S. 147. Vgl. auch Seibt: Kruses Grab, a.a.O., der seine Interpretation des Romans an diesen Namen knüpft.

treiben werden. Umgekehrt hängt im Palais der Prinzessin *Maria*[47] Eleonore das Portrait eines mit ihr verwandten thüringischen Landgrafen (87) – ein »realistisch« motiviertes Detail, das zugleich als zum Elisabeth-Komplex gehörig gekennzeichnet ist: Denn Luise Charlotte, das historische Vorbild der Prinzessin, war durch Heirat mit den Landgrafen von Hessen-Cassel, der Nachfolgedynastie der Landgrafen von Thüringen, verwandt. Mit den Doppelzuordnungen von Namen – Brigitte Hansen und Brigitte Goje, Christine Munk und Christine Holk[48] – wird die Nichtstabilität der Oppositionen geradezu zum Prinzip erhoben. Ein letztes Beispiel: Die scheinbar so eindeutige Entgegensetzung des »Irrlichts«, der »Rakete« Ebba und des »einfache[n] Licht[s] des Tages« (139), das Christine für Holk repräsentiert, gewinnt an Komplexität, wenn man im Rahmen der differenziert ausgearbeiteten Lichtmotivik[49] des Romans einen Blick auf die Leuchtturm-Metapher wirft: In der Geschichte von Kapitän Brödstedt und der Bornholmer Leuchtturmtochter, mit der Asta das Motiv einführt (62f.), verbindet sich das Brautmotiv – die im Turm eingeschlossene Jungfrau, die den Bräutigam erwartet – mit dem Motiv der Mésalliance. Christine ihrerseits interpretiert den Leuchtturm – das Pensionat Gnadenfrei, aus dem ihr Bräutigam Holk und ihr Bruder Arne sie abholten – entsprechend der christlichen Ikonographie als Metapher für den Glauben als Wegweiser in den Hafen (auch den Hafen des Todes) bzw. das Kloster, das Schutz bietet und zugleich die Leuchtkraft der Religion ausstrahlt (6).[50] Greift man indes auf die Assoziation »Hero und Leander« zurück, die sich bei Brigittes Erscheinen mit der Ampel einstellt, so bekommt der Leuchtturm zusätzlich die Bedeutung des Wartens auf einen heimlichen Liebhaber. Die Lampe, die dem Liebhaber den Weg weist, weckt zugleich das Mißtrauen der Wächter, verrät die verbotene Liebe und führt beim Erlöschen zum Tod des Liebhabers.[51]

Die Oppositionen bleiben nicht stabil, da sie sich weitgehend der Perspektive der Figuren verdanken bzw. ihrer Charakterisierung dienen. Ebenso begehen die Figuren beständig Irrtümer, wenn sie sich Bilder oder Texte interpretierend

---

[47] Nicht nur die Prinzessin trägt den Namen der Mutter Gottes, sondern auch das Schiff, das Pentz' Brief an Holk bringt, heißt »Dronning Maria«. Mit dem Schiff »König Christian« (wohl nach Christian IV.) bricht Holk ins Reich der Maîtressen auf, nachdem sein Herz »mit Hülfe einer schönen Schwedin [...] für Dänemark erobert« wurde (224), kehrt er auf dem »Holger Danske« (nach dem mythischen Dänenkönig) nach Holkenäs zurück.

[48] »Unausgesprochen« kommen dazu noch Luise *Christine* Gräfin Danner und Kirsten (Christine) Jörgensdotter, die unstandesgemäße Frau Tycho Brahes. (Von Tycho Brahe wiederum stellt die Prinzessin die Verbindung zu Ebba Brahe her; eine Ebba Brahe aber war die Jugendgeliebte Gustav Adolfs, dessen Frau Maria Eleonore und dessen Tochter Christine hieß.)

[49] Vgl. die Moderateurlampe in Holkenäs, die Hafenbeleuchtung Kopenhagens, Brigittes Ampel und die »Flurlampe« des Hansenschen Hauses, die Kienfackel Schleppegrells, die natürliche und künstliche Beleuchtung von Schloß Frederiksborg, die Gestirne und die damit verknüpfte Erwähnung von Tycho Brahe.

[50] Zur Bedeutung des Leuchtturms, auch in der Sepulchralsymbolik, vgl. LCI, a.a.O., Sp. 92f.; Emblemata. Handbuch zur Sinnbildkunst des XVI. und XVII. Jahrhunderts. Stuttgart, Weimar [1967] 1996, Sp. 1482–1484, sowie Voss: Literarische Präfiguration, a.a.O., S. 59–61.

[51] Sehr differenziert ausgearbeitet ist das Bedeutungsspektrum der Lampe in Grillparzers *Des Meeres und der Liebe Wellen*; vgl. Anm. 19.

zueignen: Holk, der sich für den »Süden« geboren glaubt, erliegt der Verführung des Nordens und scheitert in seinem Verhältnis zu Ebba daran, daß er viel zu sehr von denselben Grundanschauungen geprägt ist wie Christine. Er mißversteht die Uhland-Ballade vom »Schloß am Meere«, die er nur unvollständig kennt, als glückliches Omen. Christine mißdeutet Waiblingers *Kirchhof* als christlich-romantischen Ausdruck von Todessehnsucht, der ihr eine fatale Identifizierung erlaubt, während es sich in Wirklichkeit um eine vom römischen Friedhof an der Cestius-Pyramide inspirierte Absage an das Christentum handelt.[52]

Die vorangegangenen Beobachtungen haben versucht, andernorts gemachte Überlegungen zu ergänzen und Licht auf bestimmte Stränge des Romangewebes von *Unwiederbringlich* zu werfen, ohne eine »Patent-Interpretation« liefern zu können oder zu wollen.[53] Es hat sich gezeigt, daß die kulturell vorgeformten Bild- und Denkmuster, die eine zusätzliche Referenzebene neben der politischen Geschichte, dem individuellen »Fall« einer Ehe unter den Mitte des 19. Jahrhunderts in der norddeutschen Aristokratie herrschenden kulturellen und sozialen Bedingungen und der Darstellung einer mit Suizid endenden depressiven Erkrankung schaffen, zwar entsprechend ihrer überlieferten Bedeutung aufgerufen werden, aber nicht mehr in traditioneller Weise funktionieren. Indem Fontane mit ihnen spielt, die in ihnen angelegte Mehrdeutigkeit aktualisiert und ihnen durch Einbettung in unterschiedliche Kontexte mitunter widersprüchliche Bedeutungen zuschreibt, macht er sie vielmehr zu einem Instrument der Perspektivierung.[54]

---

52 Möglicherweise kannte Fontane nur die von Mörike herausgegebene Version des Gedichtes, in der die Schlußverse »entschärft« sind; vgl. Bettina Plett: Die Kunst der Allusion. Formen literarischer Anspielungen in den Romanen Theodor Fontanes. Köln, Wien 1986, S. 185–197. Jedenfalls aber war ihm das ganze Gedicht und damit die Tatsache bekannt, daß es (auch) zum Bereich »Süden/Antike« gehört und keinen Kirchhof wie den von Christine imaginierten zum Gegenstand hat. Vgl. Voss: Literarische Präfiguration, a.a.O., S. 30–46.

53 Einer eingehenden Untersuchung wert wären die intertextuellen Bezüge sowohl zum *Wilhelm Meister*, die sich wohl nicht auf das Zitat der »schönen Seele« (33) und das Estrid-Mignon-Motiv beschränken (vgl. Anm. 39), als auch zu den *Wahlverwandtschaften* (zu *Unwiederbringlich* nur kurz äußert sich Jürgen Kolbe: Goethes »Wahlverwandtschaften« und der Roman des 19. Jahrhunderts. Stuttgart u.a. 1968, S. 165). Ein weiterer wichtiger Komplex, der hier nicht berührt wurde, ist das Melusine-Motiv, zu dem es für *Unwiederbringlich* eine Reihe aufschlußreicher Arbeiten gibt; auch hieran wird die fehlende Stabilität der Oppositionen deutlich: Ist Christine eine Melusine, die nach dem Scheitern ihrer menschlichen und ehelichen Beziehungen zurück ins Meer geht, so verkörpert das »Meerweib« Ebba die dämonische, verderbenbringende Sirene.

54 Vgl. dazu auch Annette Kaufmann: Zur Symbolik der vier Elemente in den späten Romanen Fontanes. Marburg 1996, S. 10–28. Zur Perspektivierung der epischen Welt durch die Figurenperspektiven vgl. Hubert Ohl: Bild und Wirklichkeit, a.a.O., S. 175–180.

WALTER MÜLLER-SEIDEL

ALTERSKUNST

Fontanes autobiographischer Roman »Meine Kinderjahre« an der Epochenschwelle zur Moderne

Altern als Problem für Künstler heißt ein Essay Gottfried Benns aus dem Anfang der fünfziger Jahre des vorigen Jahrhunderts.[1] Was den Künstler – wie jeden Menschen – im Alter erwarten kann, wird nicht beschönigt. An Leonardos letzte Lebenszeit wird erinnert:

> Die Wendeltreppe zu seiner Schlafkammer war eng und steil, er stieg sie unter Anfällen von Schwindel und Atemnot empor, dann wurde die rechte Seite gelähmt, er konnte mit der linken Hand zeichnen, aber nicht malen, dann spielte er die Abende mit einem Mönch Hölzchenspiele und Karten, dann wurde er auch links gelähmt, eben hatte er noch gesagt, hebe dich auf und wirf dich ins Meer, dann starb er und nun ruhte er, wie das Gewicht, das gefallen ist.[2]

Aber obgleich nichts verklärt wird, ist diese Problemschau weit von dem entfernt, was man Altersnihilismus nennen könnte. Dafür sorgt der Blick auf die zahlreichen Künstler, die noch im hohen Lebensalter bedeutende Kunstwerke geschaffen haben. Die lange Zeit verbreitete Auffassung, daß es mit Künstlern nichts mehr sei, wenn eine bestimmte Altersstufe erreicht ist, wird nicht übernommen. Auch dadurch wirkt das aufgeworfene Problem nicht gerade besorgniserregend oder bedrohlich. Gemessen an dem, was seit einigen Jahrzehnten die öffentliche Debatte beherrscht, wenn von Altern, alten Menschen, Altenheimen oder Altersforschung die Rede ist, lesen sich die Reflexionen Gottfried Benns eher ermutigend als bedrückend. In diesen Debatten steht ganz anderes auf dem Spiel als das, was Benn in seinem Essay vorträgt. Man ist beunruhigt von der Überzahl alter Menschen und den nunmehr schiefen Verhältnissen unter den Generationen, die seit längerem die Solidarsysteme durcheinanderbringen und das Verhältnis zwischen den Leistungsträgern einer Gesellschaft und den nicht mehr leistungsfähigen Menschen bedrohen. Die Faktoren Kosten und Nutzen in volkswirtschaftlichen Berechnungen müssen überdacht werden. Wo aber solches geschieht, kann vieles geschehen. Der heutigen Medizin in aller Welt ist längst nicht mehr nachzusagen, was ihr Benn seinerzeit noch nachgesagt hat: daß ihre Beiträge zu diesem Thema dürftig

---

[1] Gottfried Benn: Gesammelte Werke in vier Bänden. Hrsg. v. Dieter Wellershoff. Wiesbaden 1959, Bd. 1, S. 532–582.

[2] Ebd., S. 569.

seien.[3] Geriatrische Medizin oder Gerontologie sind eingeführte Begriffe nicht erst seit heute oder gestern. Daß Ärzte auch im Hinblick auf Menschen, die gesellschaftlichen Nutzen nicht mehr erbringen, verpflichtet sind, Leben zu schützen, versteht sich von selbst. Nun aber geraten sie unerwartet in Bedrängnisse, von denen sie gemeint haben mögen, daß sie ein für allemal der Vergangenheit angehören. Maßnahmen, die der Abkürzung von Menschenleben dienlich sein könnten – wie Tod auf Verlangen oder die sogenannte ›Euthanasie‹ – werden unversehens wieder aktuell. Was Menschen wert sind, wenn sie aus ökonomischer Sicht nicht mehr viel wert sind, wird nicht – oder noch nicht – öffentlich diskutiert. Aber die Fragen, die im Hintergrund lauern, sind über die Maßen brisant. Daß man für alte Menschen sorgt und sich ihrer annimmt, wie es sich gebührt, war nicht immer so, und auch die Literatur war ihnen lange Zeit wenig gewogen. Sie hat sich für Darstellungen alter Menschen nicht sehr interessiert, sofern es nicht die Schattenseiten des hohen Lebensalters gewesen sind, die man hervorzukehren suchte, als käme es vornehmlich darauf an, zu warnen und abzuschrecken. Shakespeares König Lear, dessen trüber Blick auf eine freudlos gewordene Welt gerichtet ist, steht für eine literarische Reihe von Desillusionierungen, die man sich bis hin zu Beckett und Hemingway fortgesetzt denken kann.[4] In solchen Desillusionierungen des hohen Lebensalters geht es vielfach um Selbstdarstellungen von Personen, die andere nicht verletzen. Das ist anders, wenn von außen her verächtlich auf alte Menschen herabgesehen wird, und hierfür gibt es Beispiele in der Literatur des 17. und 18. Jahrhunderts.[5] Die Alten werden zu komischen Alten; sie werden, wenigstens partiell, aus der Gattung des Menschen ausgegrenzt.

Dennoch steht fest, daß es zu allen Zeiten Philosophen, Dichter und Gelehrte gegeben hat, die das hohe Lebensalter, seine Möglichkeiten und Vorzüge, gerühmt haben: Cicero in seinem Traktat *De Senectute*, Christoph Wilhelm Hufeland in seiner Schrift *Makrobiotik oder Die Kunst, das menschliche Leben zu verlängern*, Jacob Grimm in seiner *Rede über das Alter*, um nur einige Beispiele anzuführen.[6] Aber wenigstens seit dem späten 18. Jahrhundert haben Innovationen in der Literatur eine Bedeutung erhalten, die sie vorher nicht besaßen, und man scheut sich auch nicht, von Revolutionen in der Literatur zu sprechen, wie es Goethe in

---

3 Ebd., S. 558. Vgl. zur Geschichte der Altersforschung mit Hinweisen zur Literatur: Karl Friedrichs: Lebensdauer, Altern und Tod in der Natur und im Menschenleben. Frankfurt/M. 1959; Dieter Platt: Biologie des Alterns. Heidelberg 1976.

4 Auf diese literarische Reihe vor allem ist der Blick in dem sehr lesenswerten Essay von Siegfried Lenz gerichtet: Die Eselslast der Zeit. Zur Darstellung des Alters in der Literatur. In: *Frankfurter Allgemeine Zeitung* vom 03.01.1998.

5 Hierzu Wolfgang Preisendanz: Die Spruchform in der Lyrik des alten Goethe und ihre Vorgeschichte seit Opitz. Heidelberg 1952, S. 35.

6 Marcus Tullius Cicero: Cato Maior de Senectute (44 v. Chr.), vgl.: Neues Kindlers Literatur-Lexikon. München 1989 (KLL), Bd. 3, S. 1009. Christoph Wilhelm Hufeland: Markobiotik oder Die Kunst, das Leben zu verlängern (1797); vgl. KLL Bd. 8, S. 134; Jacob Grimm: Rede über das Alter. In: J. G.: Kleinere Schriften. Berlin 1864, S. 188–210.

Dichtung und Wahrheit getan hat.[7] Aber er hat gleichermaßen an der Umwertung alter Menschen in Kunst und Leben mitgewirkt. Unter diesen Personen seiner Romane ist die von Gebrechlichkeit gezeichnete Makarie der *Wanderjahre* eine Person sui generis, eine »heilige Gestalt«, wie sie genannt wird.[8] Nicht weniger hat ein anderes Textcorpus aus Goethes letzter Schaffensphase zu solchen Umwertungen, wenigstens aus heutiger Sicht, beigetragen. Gemeint ist der Briefwechsel mit Zelter.[9] Mit Genugtuung teilt Goethe dem Freund seines Alters mit, daß sich nunmehr die letzten Bände seiner Werke in den Händen der Drucker befänden – und fügt hinzu: »Und dann darf ich Dir wohl ins Ohr sagen: ich erfahre das Glück, daß mir in meinen [sic!] hohen Alter Gedanken aufgehen, welche zu verfolgen und in Ausübung zu bringen eine Wiederholung des Lebens gar wohl Wert wäre.«[10] In den *Maximen und Reflexionen* wird davon gesprochen, daß es strebenden Menschen schwer falle, die »Verdienste älterer Mitlebenden anzuerkennen und sich von ihren Mängeln nicht hindern zu lassen.«[11] Grundbegriffe der europäischen Aufklärung werden zu ihren Gunsten geltend gemacht, wenn es heißt: »Der Alte verliert eins der größten Menschenrechte, er wird nicht mehr von seines Gleichen beurteilt.«[12] Wenn es als ein Zeichen humanen Denkens gelten kann, daß Ausgrenzungen, wo immer es sie gibt, gemindert oder beseitigt werden, so hat Goethe in seiner letzten Lebenszeit mit solchen Zeugnissen späteren Auffassungen vorgearbeitet. Zu den Humanitätsideen seines Dichtens und Denkens gehört neben dem Schauspiel *Iphigenie auf Tauris* und zahlreichen anderen Texten auch die Art, wie er die Rechte älterer Menschen zu rechtfertigen versteht. Das hat man im 19. Jahrhundert vielfach vergessen.

Es sind vor anderem die Äußerungen des alten Goethe im Briefwechsel mit Zelter, die ihm verdacht wurden. Georg Gottfried Gervinus, ein wacher politischer Geist seiner Zeit, hat hierüber einige Seiten geschrieben, die nicht zu den Ruhmesblättern seiner Schriften gehören. Im letzten Band seiner *Geschichte der deutschen*

---

7 Zweimal gebraucht Goethe im 11. Buch von *Dichtung und Wahrheit* den Revolutionsbegriff mit Beziehung auf Literatur. Er führt aus, daß damals der strengen kunstreichen Tragödie »mit einer Revolution gedroht ward« (Johann Wolfgang Goethe: Dichtung und Wahrheit. In: J. W. G.: Sämtliche Werke nach Epochen seines Schaffens. Hrsg. v. Karl Richter. München 1985ff., Bd. 16, S. 521; im folgenden zit. als: MA mit römischer Band-/arabischer Seitenzahl); und zum zweiten mit Beziehung auf die literarische Bewegung des Sturm und Drang: »und so ward von vielen Seiten auch jene deutsche literarische Revolution vorbereitet, von der wir Zeugen waren [...]« (Ebd., S. 522). Zum Revolutionsbegriff bei Goethe: Tadeusz Namowicz in: Goethe-Handbuch in vier Bänden. Hrsg. v. Hans-Dietrich Dahnke u. Regine Otto. Stuttgart, Weimar 1998, Bd. 4, 2, S. 905–908.

8 Johann Wolfgang Goethe: Wilhelm Meisters Wanderjahre. In: MA XVII/354.

9 Hierzu Bettina Hey'l: Der Briefwechsel zwischen Goethe und Zelter. Lebenskunst und literarisches Projekt. Tübingen 1996. Für die Beachtung, die dieser Alterskorrespondenz neuerdings entgegengebracht wird, ist die Aufnahme des von Edith Zehm neu herausgegebenen Briefwechsels mit Kommentar in der Münchner Ausgabe (MA) repräsentativ. Er umfaßt hier die Bände XX, 1, XX, 2 und XX, 3.

10 Johann Wolfgang Goethe: Briefwechsel mit Zelter. In: MA XX, 2/1351.

11 Johann Wolfgang Goethe: Maximen und Reflexionen. In: MA XVII/870.

12 Ebd., S. 783.

Dichtung läßt er kein gutes Haar an dieser Korrespondenz wie am Alterswerk im ganzen. Er nimmt psychologische Merkwürdigkeiten wahr und befindet, die Werke einer solchen Altersstufe seien nicht mehr zu rechtfertigen. Goethes Toleranz wie seine Intoleranz wirkten gleichermaßen peinlich.[13] In den Briefen an Zelter steigere sich die abstruse Redeweise, und auch im zweiten Teil des *Faust* zeigten sich in den spät geschriebenen Stellen solche Mängel.[14] Friedrich Theodor Vischer, in Fragen der Ästhetik zweifellos eine Autorität, denkt nicht anders: »Ich kämpfe im Namen des Naturgefühls der Sprache, im Namen des Naturgefühls, das in Göthe, wo er er selbst ist, so wunderbar und einzig lebt, gegen die Naturlosigkeit, ja Naturwidrigkeit in seinem Altersstyl.«[15] Altersdichtung, welche es auch sei, ist nicht vorrangig auf das gerichtet, was die moderne Industriegesellschaft über alles schätzt: Entwicklung, Aufstieg, Erfolg. Daher ist es im 19. Jahrhundert der junge Goethe, der Dichter des Prometheus und des jugendlichen Faust, der die Rezeption seines Werkes und Wirkens maßgeblich beeinflußt. Wilhelm Scherer, einer der Gründerväter seines Faches, der Germanistik als einer wissenschaftlichen Disziplin, ist vor allem vom jungen Goethe im höchsten Grade angetan. In einem 1875 veröffentlichen Beitrag spricht er es unmißverständlich aus:

> Goethes Jugend ist ein unvergleichliches, einziges Phänomen, in dessen Anschauen wir nicht müde werden uns immer von neuem zu vertiefen. Welche Kraft und welcher Glanz strahlt aus den Briefen, Gedichten, Romanen, Dramen, aus allen schriftlichen Denkmälern dieser drangvollen Zeit [...].[16]

Der alte Goethe wird von ihm nicht in gleicher Weise herabgesetzt wie von Gervinus. Aber befremdlich ist ihm dieses Alterswerk gleichwohl: »Wenn ich mich dem späteren Goethe nähere, so ist mir zu Mute, als wenn ich vor einem Gewaltigen der Erde stünde. Respektvolle Scheu erfüllt mich, ich fühle mich geehrt und gehoben. Aber mir geht das Herz nicht dabei auf.«[17] Auch die Naturalisten, wie die Brüder Hart in Ihren *Kritischen Waffengängen*, sind der Meinung, »daß es wieder anzuknüpfen gilt an den jungen Goethe und seine Zeit [...]«.[18] In allen diesen

---

13 Georg Gottfried Gervinus: Geschichte der Deutschen Dichtung. Vierte verbesserte Ausgabe. Leipzig 1852, Bd. 5, S. 652f.

14 Ebd., S. 655.

15 Friedrich Vischer: Göthes Faust. Neue Beiträge zur Kritik des Gedichts. Stuttgart (1875), S. 114. Über Goethes Alterslyrik handelt kenntnisreich Erich Trunz in zwei Artikeln des von Alfred Zastrau herausgegebenen Goethe-Handbuchs in seiner 2. Auflage (Stuttgart 1961, Bd. 1, Sp. 169–187). Aufschlußreich ist die Bemerkung Helmuth Widhammers: »Die Ablehnung des alten Goethe ist notorisch. Vischer schreibt schon 1831 an Mörike (Brief vom 20.04.): ›Im behaglich Didaktischen gelingt Goethe hie und da noch etwas‹. D. Fr. Strauß kommt Goethes Altersstil ›komisch‹ vor [...]. Auch Beethovens Spätstil findet kein angemessenes Verständnis [...]« (Helmuth Widhammer: Realismus und klassizistische Tradition. Zur Theorie der Literatur in Deutschland 1840–1860. Tübingen 1972, S. 100).

16 Wilhelm Scherer: Aufsätze über Goethe. Berlin ²1900, S. 91.

17 Ebd., S. 92.

18 Hier zit. nach: Karl Robert Mandelkow: Goethe in Deutschland. Rezeptionsgeschichte eines Klassikers. Bd. 1: 1773–1918. München 1980, S. 234.

Fragen der ästhetischen Wertung von Alterskunst hat erst die literarische Moderne jenseits des Naturalismus Wandel geschaffen. Erst jetzt, um und nach 1900, erhalten Spätwerk, Spätzeit und Alterskunst eine von Grund auf veränderte Bedeutung, und was sie seitdem bedeuten oder bedeuten können, ist zu erläutern.

Durchweg handelt es sich um Begriffe, die wir verwenden, um die letzte Schaffensphase eines Künstlers zu bezeichnen. In einem überpersönlichen Sinn sprechen wir auch vom Spätstil einer ganzen Epoche. Im individuellen Bereich werden Begriffe wie »Spätstil«, »Spätwerk«, »Altersstil« oder »Alterskunst« vielfach synonym gebraucht, aber das Späte und das Alte sind nicht in jedem Fall identisch. Hölderlins Spätwerk ist das Werk eines noch jungen Menschen. Das Späte bezieht sich hier auf die letzte Schaffensphase vor Ausbruch seiner Krankheit.[19] Alterskunst versteht sich in einem mehrfachen Sinn. Sie setzt einen spezifischen Altersstil voraus, dem ein gewisses Eigenrecht gegenüber den vorausgegangenen Schaffensphasen zukommt. Wir haben es mit der Kunst alt gewordener Künstler zu tun, die noch in ihrer letzten Lebenszeit schöpferisch tätig sind und Neues hervorbringen. Mit dem hohen Lebensalter können aufgrund der fortwirkenden Produktivität Erfahrungen der Verjüngung, der »wiederholten Pubertät« einhergehen, wie sie Goethe bezeichnet hat.[20] Im literarischen Text kann Alterskunst auch heißen, daß alte Menschen von Schriftstellern dargestellt werden, die ihrerseits im hohen Lebensalter stehen, wie es am Werk Theodor Fontanes zu zeigen sein wird. Umwertungen zugunsten des hohen Lebensalters, um die es hier geht, gibt es in allen Gebieten der Ästhetik. Das Buch des Kunsthistorikers Richard Hamann – *Der Impressionismus in Leben und Kunst*, erschienen 1907 – ist für diese allseitige Sehweise bezeichnend. Die Eigentümlichkeiten von Alterswerken werden am Beispiel eines Malers, eines Dichters und eines Musikers erörtert. Es sind dies Rembrandt, Goethe und Beethoven. Auf den Zusammenhang zwischen Alterskunst und Modernität wird aufmerksam gemacht.[21] In der Kunstgeschichte hat man am frühesten solche Wandlungen im Verständnis von Spätwerken und Alterskunst wahrgenommen. Die Bücher über Tizian von Emil Waldmann und Theodor Hetzer sind ebenso anzuführen wie das Buch *Spätwerke großer Meister* von A. E. Brinkmann, mit dem sich die Diskussion in den zwanziger Jahren belebt.[22] In der Musikgeschichte steht wiederholt Beethoven im Zentrum solcher Interessen. »Der

---

[19] Vgl. Paul Böckmann: Das »Späte« in Hölderlinks Spätlyrik. In: Hölderlin-Jahrbuch 1961/62, S. 205–221.

[20] Gespräche mit Eckermann; 11.03.1828. In: Gedenkausgabe der Werke, Briefe und Gespräche. Hrsg. v. Ernst Beutler. Zürich 1949, Bd. 24, S. 677.

[21] Richard Hamann: Der Impressionismus in Leben und Kunst. Köln 1907; hier heißt es S. 223: »Die Kreise, in denen diese Kunst genossen und gefeiert wird, sind vor allem solche, die auch zu der modernsten Kunst ein nahes teilnehmendes oder ausübendes Verhältnis haben.« Ähnliche und zum Teil gleichlautende Bemerkungen über Spätwerke und Alterskunst finden sich in meinem Aufsatz: Der späte Goethe. Zu seiner Rezeption in der Zeit der Weimarer Republik. In: Spuren, Signaturen, Spiegelungen. Zur Goethe-Rezeption in Europa. Hrsg. v. Bernhard Beutler u. Anke Bosse. Köln, Weimar, Wien 2000, bes. S. 443-449.

[22] Emil Waldmann: Tizian. Berlin 1922; Theodor Hetzer: Tizian. Die Geschichte einer Farbe. Frankfurt/M. 1935; Albert Erich Brinkmann: Spätwerke großer Meister. Frankfurt/M. 1925.

letzte Stil« ist das Kapitel in Walter Riezlers 1936 veröffentlichtem Beethoven-Buch überschrieben. Viel Rühmendes wird über die Kühnheit, Neuheit und den vergeistigten Stil der letzten Werke gesagt.[23]

Die Erforschung von Spätwerken und Alterskunst in der Literatur und das Interesse für sie ist ein Kapitel für sich; es kann nicht in extenso erörtert werden. Um Entdeckungen geht es hier vor allem. Das ist in der gebotenen Kürze am besten am Beispiel Goethes zu zeigen. Im Gedenkjahr 1932 erschien eine noch heute überaus lesenswerte Studie (von Karl Viëtor) mit dem Titel *Goethes Altersgedichte*. Sie macht aufmerksam auf Stilelemente dieser Lyrik, die ein gelebtes Leben voraussetzen: solche des Lebensrückblicks, der Überschau und der Erinnerung, wie sie auch seiner Autobiographik eigen sind. Der innige Zusammenhang dieser späten Lyrik mit Naturwissenschaft und Farbenlehre wird mit dem Satz kommentiert: »Es ist schon so, daß Goethes Farbenlehre ein vorzüglicher Kommentar für die Deutung seiner Altersgedichte zu sein vermag.«[24] Auch der zweite Teil der *Faust*-Dichtung ist von einem spezifischen Altersstil geprägt. Die Hauptfigur des ersten Teiles ist eine andere als diejenige des zweiten Teiles, in dem das Typische und Generische dominiert. Faust sei gegenüber der individuellen Gestalt des Jugendwerkes zu einem kosmischen Subjekt geworden. So Dorothea Hölscher-Lohmeyer in einer ihrer wichtigen Studien zu diesem Drama.[25] Trotz solcher Tendenzen zum Generischen und Typischen behält die Darstellung individuellen Lebens in der reichhaltigen Autobiographik der Spätzeit ihr Gewicht. Die Autobiographie, die von ihrer Struktur her Erinnerung und Lebensüberschau voraussetzt, wird ihrerseits ein wichtiger Bestandteil in der Alterskunst Goethes. Dieses mehr als ein Jahrhundert fast unentdeckt gebliebene Spätwerk hat im 20. Jahrhundert der Philosoph Georg Simmel als einer der ersten gerechtfertigt. Ein Jahr vor Ausbruch des Ersten Weltkriegs ist sein Goethebuch erschienen, in dem auch über Alterskunst und ihre Stilmerkmale gehandelt wird.[26] Drei Jahre später folgt die Schrift über Rembrandt, die das Interesse an Alterswerken nach der Seite der bildenden Kunst hin vertieft.[27] Mit beiden Büchern bezeugt Simmel den engen Zusammenhang zwischen Alterskunst und ästhetischer Moderne, deren herausragender Anwalt er ist. Alterskunst in der Darstellung alter Menschen durch Schriftsteller, die ihrerseits im hohen Lebensalter stehen, findet in der Moderne ihre Entsprechung in der Vorliebe für Kränklichkeit, Müdigkeit und Verfall. Das herausragende Beispiel hierfür ist der zum Kultbuch der modernen Literatur gewordene Roman *Niels Lyhne* von Jens Peter Jacobsen. Diesem Buch und seinem Verfasser fühlen sich im deutschen Sprachraum nahezu alle Autoren verbunden,

---

23 Walter Riezler: Beethoven. Berlin, Zürich 1936.

24 Karl Viëtor: Goethes Altersgedichte. In: K. V.: Geist und Form. Aufsätze zur deutschen Literaturgeschichte. Bern 1952, S. 155.

25 Dorothea Hölscher-Lohmeyer: Reflexionen über die Klassische Walpurgisnacht. In: Jahrbuch des Freien Deutschen Hochstifts 1987, S. 86f.

26 Georg Simmel: Goethe. Leipzig 1913; über Alterskunst und ihre Stilmerkmale vgl. bes. S. 250ff.

27 Georg Simmel: Rembrandt. Ein kunstphilosophischer Versuch. Leipzig 1916.

die auf eine neue Ästhetik setzen. Rilkes Enthusiasmus für dieses Buch kennt keine Grenzen, und nur eine Äußerung statt anderer aus einem Brief der letzten Lebensjahre sei angeführt:

> Was aber J. P. Jacobsen angeht, so habe ich auch später noch, durch viele Jahre, so Unbeschreibliches an ihm erlebt, daß ich mich außerstande sehe, ohne Betrug und Erfindung festzustellen, was er mir in jenen frühesten Jahren mochte bedeutet haben.[28]

Auch im Denken Gottfried Benns gibt es Nachklänge dieser Art. An den Freund F. W. Oelze schreibt er am 10. Januar 1937:

> Sie schildern Ihre Apathie, die man eine landschaftliche nennen könnte, eine panische u. produktive Geographie, besser: Geopathie; das, was in »Niels Lyhne« an einer Stelle als *vegetative Ergriffenheit* geschildert wird, der der alte Lyhne, Vater, verfiel, eine halbe Stunde lang oft an einer Heckentür oder auf einem Grenzstein sitzend vor ihm der Roggen u. die schweren Felder.[29]

Auf seine Art war auch der junge Hofmannsthal von dem dänischen Dichter tief ergriffen und beeindruckt von der Modernität seiner Psychologie. In einer seiner Aufzeichnungen hat er die auf modernen psychiatrischen Einsichten beruhende Darstellung charakterisiert: »das Doppeltsehen, gleichzeitig real und stilisiert«.[30] In der frühen Lyrik des noch sehr jungen Dichters werden Müdigkeiten zur Sprache gebracht, die an Jacobsen denken lassen:

> Ganz vergessener Völker Müdigkeiten,
> Kann ich nicht abtun von meinen Lidern[31].

Die Aufwertung Tizians und seiner Alterskunst in den Büchern der Kunsthistoriker nimmt der junge Hofmannsthal mit den Versen seines lyrischen Dramas *Der Tod des Tizian* vorweg:

---

[28] Rilke an Hermann Pongs, 17.08.1924. Zit. von Bengt Algot Sørensen in seinem Beitrag: Rilkes Bild von Jens Peter Jacobsen. In: B. A. S.: Funde und Forschungen. Ausgewählte Essays. Odense 1997, S. 261.

[29] Gottfried Benn an F. W. Oelze, 10.01.1937. In: G. B.: Briefe an F. W. Oelze. 1932–1945. Hrsg. v. Jürgen Schröder. Wiesbaden 1977, S. 162. Zum Verhältnis Benns zu Jacobsen verweise ich auf meinen Beitrag: Zwischen Darwinismus und Jens Peter Jacobsen. Zu den Anfängen Gottfried Benns. In: Text & Kritik. Bd. 20, S. 147–171. Über Spätwerke hat sich Benn in dem eingangs angeführten Essay *Altern als Problem für Künstler* wie folgt geäußert: »In der Literatur ist ja das Wort spät ein ungemein beliebtes Modewort: Der späte Rilke, der späte Hofmannsthal, der späte Eliot, der späte Gide, das sind ja die Aufsätze, die man jetzt immerfort liest« (Benn: Gesammelte Werke in vier Bänden, a.a.O., Bd. 1, S. 563).

[30] Hugo von Hofmannsthal: Aufzeichnungen. Hrsg. v. Herbert Steiner. Frankfurt/M. 1959, S. 100.

[31] Hugo von Hofmannsthal: Manche freilich .... In: H. v. H.: Gedichte und lyrische Dramen. Hrsg. v. Herbert Steiner. Frankfurt/M. 1952, S. 19.

Er sagt, er muß sie sehen ...
»Die alten, die erbärmlichen, die bleichen,
Mit seinem neuen, das er malt , vergleichen ...
Sehr schwere Dinge seien ihm jetzt klar,
Es komme ihm ein unerhört Verstehen,
Daß er bis jetzt ein matter Stümper war ...«[32].

Aber derjenige Schriftsteller der literarischen Moderne im deutschen Sprachgebiet, der sein anhaltendes Interesse an Spätwerken und Spätzeiten wie kaum ein anderer Autor in dieser Zeit bekundet hat, ist zweifellos Thomas Mann. Daß Alter nicht notwendig Verfall bedeutet, hat er wiederholt zum Ausdruck gebracht. Wenigstens seit der Arbeit an den Josephs-Romanen verbindet sich mit ihr die Vorliebe für Alterswerke. Eine Notiz im Tagebuch vom 20. März 1934 lautet:

> Mein Josephs-Werk ist nicht nur persönliches Alterswerk, es ist in jedem Sinne ein Spätwerk, schon verspätet, luxuriös und künstlich wirkend, Alexandrinismus und wird das wahrscheinlich noch ausgeprägter vermöge des Bewußtseins von sich selbst.[33]

Auch über der Arbeit am *Doktor Faustus* wird er sich dieser Vorliebe bewußt und notiert:

> So sonderbar es scheinen mag, daß einer ein Alterswerk in jungen Jahren sich programmäßig vorsetzt, – es war der Sachverhalt; und eine spezifische, in manchen kritischen Versuchen sich äußernde Vorliebe für die Betrachtung von Alterswerken, des »Parzifal« selbst, des zweiten »Faust«, des letzten Ibsen, der Stifter'schen, Fontane'schen Spätprosa, mag wohl damit zusammenhängen.[34]

Fontane wird im Zusammenhang von Alterswerken nicht zum erstenmal genannt. Ein berühmt gewordener Essay mit der Überschrift *Der alte Fontane* war schon 1910 veröffentlicht worden – in einem überaus markanten Jahr, einem solchen des Aufbruchs, in dem sich der deutsche Expressionismus als eine literarische Jugendbewegung formiert.[35] Aufbruch und Jugendbewegung – das ist das eine, das andere ist die Sympathie mit dem Tode und den Erscheinungsformen des Verfalls.[36] So hat es denn durchaus seine Richtigkeit, wenn in eben diesem Aufbruchsjahr Thomas Manns Essay *Der alte Fontane* erscheint – eine keineswegs trübsinnige Prosa. Die

---

32 Hugo von Hofmannsthal: Der Tod des Tizian. Ebd., S. 185.

33 Thomas Mann: Tagebücher 1933–1934. Hrsg. v. Peter de Mendelssohn. Frankfurt/M. 1977, S. 365.

34 Thomas Mann: Die Entstehung des Doktor Faustus. In Th. M.: Gesammelte Werke in zwölf Bänden. Frankfurt/M. 1960, Bd. 11: Reden und Aufsätze 3, S. 145-301, hier S. 157.

35 Vgl. Hans Egon Holthusen: Der unbehauste Mensch. Motive und Probleme der modernen Literatur. München 1951 u. 1955, S. 9: »1910 also. Es war das Jahr, in dem die ›Aufzeichnungen des Malte Laurids Brigge‹ erschienen [...]«.

36 Zur Sympathie mit dem Tode: Thomas Mann an Heinrich Mann, 08.11.1913. In: Thomas Mann/Heinrich Mann. Briefwechsel 1900–1949. Frankfurt/M., Wien, Zürich 1968, S. 104.

damals erschienene Ausgabe der Briefe Fontanes in zwei Bänden war der Anlaß der Veröffentlichung. Es ist ein einzigartiger Hymnus auf Alterswerke und Alterskunst, der mit den folgenden Sätzen schließt:

> Er war geboren, um der »alte Fontane« zu werden, der leben wird; die ersten sechs Jahrzehnte seines Lebens waren, beinahe bewußt, nur eine Vorbereitung auf die zwei späten, gütevoll skeptisch im wachsenden Schatten des letzten Rätsels verbrachten; und sein Leben scheint zu lehren, daß erst Todesreife wahre Lebensreife ist.[37]

Wie schon am Beispiel Goethes zu zeigen war, bringen sich auch im Sprechen über den alten Fontane die Vokabeln aus dem Wortfeld der Jugendlichkeit in Erinnerung:

> Das Schauspiel, das der alte Fontane bietet, dies Schauspiel einer Vergreisung, die künstlerisch, geistig, menschlich eine Verjüngung ist, einer zweiten und eigentlichen Jugend und Reife im hohen Alter, besitzt in der Geistesgeschichte nicht leicht ein Gegenstück.[38]

Daß der Verfasser eines beachtenswerten Buches über Fontane – es ist Conrad Wandrey – noch sieben Jahre später die alten Vorurteile wiederholt, indem er am Roman *Der Stechlin* die durch das Lebensalter bedingte Schaffenskraft beeinträchtigt sieht, ist bezeichnend für das beharrliche Fortwirken von Denkmustern, wenn sie sich erst einmal im Kanon der Werte festgesetzt haben. Wir lesen Sätze, die heute kaum noch Zustimmung finden dürften:

> »Der Stechlin« ist wohl eine Einheit in Hinsicht des Stils [...] aber nun verblassen die Farben, verschwimmen die Konturen. Es will dem Dichter nicht mehr gelingen, das rechte, treffende Wort zu finden, die Menschenwelt des »Stechlin« bleibt nebulos.[39]

Von Alterskunst zu sprechen, wenn es, wie hier, um Fontanes letzten Roman geht, leuchtet ein, sowohl in Hinsicht auf das dargestellte Lebensalter der Hauptfigur wie in Hinsicht auf das Lebensalter des Autors. Aber das sonstige erzählerische Werk? Was kann uns berechtigen, Erzählungen wie *Schach von Wuthenow*, *Irrungen, Wirrungen*, oder *L'Adultera*, um nur diese zu nennen, mit dem Begriff der Alterskunst zu belegen? Alte Menschen kommen in diesen Texten nur als Randfiguren vor wie die alte, etwas larmoyante Nimptsch in *Irrungen, Wirrungen*, die Mutter der Geliebten Botho von Rienäckers. In nicht wenigen Erzählungen sind Mädchen oder junge Frauen die zentralen Gestalten, auf die es dem Erzähler Fontane ankommt: Grete Minde, Hilde, die Adoptivtochter und

---

37 Thomas Mann: Der alte Fontane. In: Th. M.: Gesammelte Werke, a.a.O., Bd. 9: Reden und Aufsätze 1, S. 9–34, hier S. 34.

38 Ebd.

39 Conrad Wandrey: Theodor Fontane. München 1917, S. 300.

spätere Ehefrau des Heidereiters Bocholt, Melanie van der Straaten in *L'Adultera*, Effi Briest, und in der Novelle *Schach von Wuthenow* ist Victoire von Carayon für den Gang der Handlung so bestimmend wie die Person, nach der dieser Text benannt ist. Sie behält denn auch das letzte Wort. Es sind dies fast alle Menschen fremder Herkunft, die es nicht leicht haben, in der Gesellschaft der ›Ureinwohner‹ heimisch zu werden, in die es sie verschlagen hat.[40] Sie werden als kränklich und in ihrer psychischen Verfassung als labil dargestellt. Diese nervösen Frauen haben fast alle einen »Knax« weg und werden vom Erzähler eben deshalb besonders geliebt.[41] Dennoch sind es trotz ihrer Kränklichkeit alles andere als alte Menschen, um die es in solchen Rechtfertigungen des »nervösen Zeitalters« geht.[42] Wohl aber ist es angezeigt, in solchen Darstellungen nervöser Menschen Vorwegnahmen literarischer Décadence zu sehen.[43] Sofern es Figuren männlichen Geschlechts sind, verhält sich der Erzähler weithin reserviert – anders als gegenüber weiblichen Personen, denen trotz oder wegen ihrer Kränklichkeit Sympathie entgegengebracht wird. Das ist am Motiv der Schläfrigkeit zu zeigen, das an die Müdigkeiten im Umkreis literarischer Décadence denken läßt. In der lange Zeit verkannten Erzählung *Ellernklipp* ist die Kritik an einer Gesellschaft, die an solchen Kränklichkeiten mitverantwortlich ist, eindringlich dargestellt.[44] Eine solche Person, die der Erzähler deutlich in Schutz nimmt, ist das Adoptivkind des Heidereiters Baltzer Bocholt. »Hilde kommt in des Heidereiters Haus« lautet die Überschrift des ersten Kapitels. Das Mädchen wird als Pflegekind einem an Zucht und Ordnung gewöhnten Menschen anvertraut, der mit Töten rasch bei der Hand ist, wie der eigene Sohn eines Tages zu spüren bekommt. Auf die verständnislose Art, wie das Mädchen in diesem Haus und von den Einwohnern des Ortes behandelt wird, reagiert sie mit Depressionen. Aber niemand unter denen, die sie kritisieren, denkt an die Ursachen ihrer Schwermut; in ihrem Verhalten sieht man lediglich die Zeichen eines schlechten Charakters, auf die man mit entsprechenden Erziehungsmaßnahmen zu antworten pflegt, wie es der für seelische Störungen ganz verständnislose Adoptivvater tut, wenn er sagt:

> »Kopf in die Höh', Hilde! Bei Tag ist Arbeitszeit und nicht Schlafenszeit; das lieb' ich nicht. Aber was ich noch weniger lieb als das Schlafen, das ist die

---

40 Ein eigener Beitrag zu diesem Thema befindet sich im Druck unter dem Titel: Fremde Herkunft. Zu Fontanes erzähltem Personal und zu Problemen heutiger Antisemitismusforschung. In: Fontane und das Fremde, Fontane und Europa. Hrsg. v. Konrad Ehlich.

41 Fontane an Colmar von Grünhagen, 10.10.1895: »und dies ist wohl der Grund, warum meine Frauengestalten alle einen Knax weghaben. Gerade dadurch sind sie mir lieb« (HF IV, 4/487).

42 Hierzu Joachim Radkau: Das Zeitalter der Nervosität. Deutschland zwischen Bismarck und Hitler. München 1998.

43 Vgl. Claudia Liebrand: Das Ich und die Andern. Fontanes Figuren und ihre Selbstbilder. Freiburg 1990, S. 77: »Die Blässe, das Angekränkelte des jungen Grafen und der sentimentalen Arbeiterin alludieren eine morbide fin-de-siècle Stimmung.«

44 Horst Thomé hat die Erzählung in einem ausgreifenden Kapitel rehabilitiert. In: H. Th.: Autonomes Ich und ›Inneres Ausland‹. Studien über Realismus, Tiefenpsychologie und Psychiatrie in deutschen Erzähltexten (1848–1914). Tübingen 1993, S. 294–317.

Schläfrigkeit. Immer müde sein ist Teufelswerk. Als ich so alt war wie du, braucht' ich gar nicht zu schlafen.« (HF I, 1/128).[45]

Die erzählte Szene ist erschließend. Sie ist es in dem Maße, in dem man sie als Gegensatz zu der vom Aufstiegsdenken des 19. Jahrhunderts bestimmten Arbeitswelt des Bürgerstandes – nicht des vierten Standes – auffaßt. Diese bürgerliche Arbeitswelt ist um die Jahrhundertmitte in der Literatur zum Kernstück des programmatischen Realismus geworden, dessen Wortführer Julian Schmidt und Gustav Freytag waren. Das Diktum des ersteren, daß der Roman das deutsche Volk in seiner Tüchtigkeit, bei seiner Arbeit, aufsuchen solle, hatte Freytag seinem Roman *Soll und Haben* als Motto vorangesetzt. Damit war eine Übereinstimmung zwischen dem Aufstiegsdenken der modernen Gesellschaft und der Aufstiegsgeschichte des Kaufmanns Anton Wohlfahrt hergestellt. Fontane hatte sich diese Position ausdrücklich zu eigen gemacht und den Roman die erste Blüte des modernen Realismus genannt.[46] Dieser Konformismus zwischen Literatur und Gesellschaft wird in der erzählten Szene in Fontanes Erzählung *Ellernklipp* in Frage gestellt. Arbeit und Arbeitsethos werden Gegenstände der Kritik, indem der Erzähler deutlich mit der von Schwermut gezeichneten Frauengestalt sympathisiert. Der Stil der Epoche, die wir Realismus nennen, hat sich gewandelt. Er hat sozial- und gesellschaftskritische Elemente in sich aufgenommen. Wir haben es mit der Spätzeit des Realismus zu tun, mit dem Stil eines späten Realismus, wie er sich mit dem Bewußtseinswandel nach Gründung des Reiches seit 1870 auch bei anderen Autoren herausbildet. In den Spätwerken Storms und Raabes ist ein solcher Stilwandel gleichfalls wahrzunehmen. Der in der bürgerlichen Arbeitswelt scheiternde Arztsohn Velten Andres in Raabes Roman *Die Akten des Vogelsangs*, der Arzt Dr. Jebe in Storms Novelle *Ein Bekenntnis*, der sich, von Schuld getrieben, nach Afrika begibt, oder der geistig zurückgebliebene und von seinen Erziehern gepeinigte Julian in Conrad Ferdinand Meyers Erzählung *Die Leiden eines Knaben* sind Personen, die dem Erfolgsdenken der modernen Industriegesellschaft nicht entsprechen. Es kommt gegenüber der so beschaffenen Gesellschaft zu Oppositionen, in denen sich die literarische Moderne ankündigt. Der damit einhergehende Stilwandel ist ein solcher im übergreifenden Sinn; er betrifft den Stilwandel einer Epoche. Fontanes erzählerisches Spätwerk aufgrund solchen Stilwandels Alterskunst zu nennen, mit dem sich individuelle Erfahrungen und Ausdrucksformen verbinden, will nicht recht überzeugen. Aber gegenüber diesem in sich einheitlichen Spätwerk mit seinen spätrealistischen Zügen ist mit und seit dem autobiographischen Roman *Meine Kinderjahre* noch einmal ein Stilwandel zu

---

[45] Fontanes Werke und Briefe werden zitiert nach: Theodor Fontane: Werke, Schriften und Briefe. Hrsg. v. Walter Keitel und Helmuth Nürnberger. München (Hanser-Vlg.) 1962–1997 (zit. als: HF Abteilung, Band/Seite). *Meine Kinderjahre* (HF III, 4/9–177) wird im folgenden nur mit Angabe der Seitenzahl im fortlaufenden Text zitiert.

[46] Der in Frage stehende Satz in Fontanes Rezension lautet: »und wir glauben nicht zuviel zu sagen, wenn wir diese bedeutsame literarische Erscheinung die erste Blüte des modernen Realismus nennen.« (Theodor Fontane: Gustav Freytag. *Soll und Haben*. Ein Roman in drei Bänden. In: HF III, 1/293–308, hier: S. 293).

bemerken. Fontanes Alterskunst, der ein spezifischer Altersstil entspricht, beginnt mit diesem bedeutenden Text. Es leuchtet ein, ihn als einen Schlüsseltext aufzufassen.

Die Vorgeschichte führt zurück in das Jahr 1892, in ein Krisenjahr ohnegleichen. Der Ursachen sind viele: die Zweifel am Fortgang seines Schreibens und am Gelingen seines in Entstehung begriffenen Romas *Effi Briest*, die mangelnde Resonanz seines bisherigen Schaffens, wie er es empfand, und darüber hinaus das hohe Lebensalter mit der Vielzahl seiner schwindenden Hoffnungen. In einem Brief an Georg Friedlaender (vom 9. Mai 1892) schildert Fontane seinen Zustand, spricht von einer Influenza, die noch immer nachwirke und nicht weichen wolle; wörtlich heißt es:

> »Dem entsprechend ist die ganze Stimmung, nicht geradezu jammervoll, aber resignirt, alles unter der Trauerfahne: ›was soll der Unsinn?‹ Ein sonderbares Gefühl des totalen Überflüssigseins beherrscht mich [...]« (HF IV, 4/194).

Bedrückend erst recht hört sich an, was seine Frau über den Zustand des Kranken mitteilt:

> »Es ist nicht zu beschreiben, wie schwer es ist, mit dem armen Kranken zu leben, die Tage sowohl wie die Nächte. Wir erwarten den Arzt, der immer dringender von einer Nervenheilanstalt spricht. [...] Diesen klaren, verständigen Mann so zu sehen, ist herzzerreißend.«[47]

Ein Psychiater aus Breslau, der während der Sommerfrische im Riesengebirge herangezogen worden war, hatte eine Gehirnanämie festgestellt, um die es sich allem Vermuten nach nicht gehandelt hat.[48] Aber der im Juli herbeigerufene Sanitätsrat Dr. Delhaes in Berlin sieht alles ganz anders. Daß hier ein offensichtlich psychisches Krankheitsgeschehen vorliegen müsse, hat er rasch erfaßt, und daß diese Verstörung, eine schwere Depression, mit einer Schaffenskrise zusammenhängen könnte, ist ihm nicht entgangen. Was er verordnet, ist eine Art Graphotherapie, wie man in der neueren Medizingeschichte sagt:

> »Sie sind ja gar nicht krank! – Ihnen fehlt nur die gewohnte Arbeit! – Und wenn Sie sagen: ›Ich habe ein Brett vor dem Kopf, die Puste ist mir ausgegangen, mit der Romanschreiberei ist es vorbei‹, nun, dann sage ich Ihnen: Wenn Sie wieder gesund werden wollen, schreiben Sie eben was anderes, zum Beispiel Ihre Lebenserinnerungen. Fangen Sie gleich morgen mit der Kinderzeit an!«[49]

---

47 Zit. nach: Hans-Heinrich Reuter: Fontane. 2 Bde. München 1968, Bd. 2, S. 766.

48 Über diesen Arzt – Professor Hirt in Breslau – wie über Fontanes Krankheitsgeschichte des Jahres 1892 handelt kenntnisreich Horst Gravenkamp: »Um zu sterben muß sich Hr. F. erst eine andere Krankheit anschaffen«. Neue Fakten zu Fontanes Krankheit von 1892. In: Fontane Blätter 69 (2000), S. 81–99.

49 Reuter: Fontane, a.a.O., Bd. 2, S. 767.

Dies alles hat sich im Herbst des Jahres 1892 zugetragen. Schon zu Anfang November ist die Wende zum Besseren erfolgt. Fontane erklärt, wiederum in einem Brief an Friedlaender, weshalb er noch nicht zum Schreiben gekommen sei:

> Es liegt daran, daß ich seit 8 oder 10 Tagen ins Schreiben gekommen bin, etwas das ich von mir total gebrochenen Mann nicht mehr erwartet hätte. Und zwar habe ich schon 4 Kapitel meiner *Biographie* (Abschnitt: Kinderjahre) geschrieben. Da mich dies Unterfangen sehr glücklich macht, so ist alle Correspondenz ins Stocken gerathen [...] (HF IV, 4/227).

Wenige Wochen später, am zweiten Weihnachtsfeiertag, wird der Abschluß mitgeteilt, und er ist unerschütterlich davon überzeugt, das Richtige getan zu haben (HF IV, 4/243). Mit Hilfe oder mit Beihilfe eines Arztes ist ein kleines Meisterwerk entstanden, ein Werk seiner Alterskunst, wie nunmehr mit gutem Grund gesagt werden kann, und zu ihr steht die Gattung Autobiographie, sie verwende fiktive Figuren oder nicht, in vielfältigen Beziehungen.[50]

Autobiographien sind aufgrund ihrer Gattungsstruktur in hohem Maße späte Werke im Schaffen eines Schriftstellers. Zwar gibt es in Zeiten des Umbruchs und der Unruhe autobiographische Texte von relativ jungen Autoren. Die Jahre der Weimarer Republik, in der Politik und Gesellschaft nicht recht zur Ruhe kamen, ist eine solche Zeit. Oskar Maria Graf hat in dieser Epoche sein Buch *Wir sind Gefangene* veröffentlicht. Ernst Toller hatte das 40. Lebensjahr noch nicht erreicht, als sein bewegender Lebensbericht *Eine Jugend in Deutschland* im ersten Jahr der Diktatur erschien; und Klaus Manns nicht weniger bewegendes Buch *Der Wendepunkt* ist das Buch eines Sechsunddreißigjährigen. Auch die autobiographischen Bücher Hans Carossas – *Eine Kindheit* und *Verwandlungen einer Jugend* – sind in den unruhigen Jahren der Weimarer Republik erschienen. Sie sind allesamt nicht Alterskunst zu nennen, sieht man auf das Lebensalter ihrer Autoren. Aber im allgemeinen sind Autobiographien Werke des hohen Lebensalters; sie setzen Überblick und zeitliche Distanz voraus, die Erfahrungen eines langen Lebens. Goethes Autobiographie *Dichtung und Wahrheit* ist in diesem Punkt ebenso exemplarisch wie epochemachend. Auch Fontane hat Goethes Autobiographie vor Augen gehabt. Wenn er erklärt, er wolle auf die Wahrheitsfrage nicht interpelliert sein, so stimmt er in diesem Punkt mit dem Vorbild Goethes überein. Dennoch geht er in der Konzeption seines Buches *Meine Kinderjahre* durchaus eigene Wege. Er hält sich nicht an den linearen Verlauf des Geschehens und läßt das Schema des

---

[50] Im Bericht über diese Krankheitsgeschichte, die durch Zeugnisse Fontanes und seiner Familie reichhaltig belegt ist, folge ich weitgehend der sorgfältigen Darstellung Hans-Heinrich Reuters. Was an ihr unzutreffend sein sollte, leuchtet mir nicht ein. Anders Peter Goldammer in seinem Beitrag: Fontanes Autobiographien. In: Fontane Blätter 32 (1981), S. 674–690. Dort heißt es S. 676: »Mögen Krankheit und Rekonvaleszenz den *Anstoß* zur Arbeit an dem autobiographischen Roman gegeben haben: die eigentliche Ursache für die Reflexion über sein Leben waren sie nicht.« Daß sich Fontane schon vor dem Krisenjahr 1892 mit dem Gedanken getragen hat, eine Autobiographie zu schreiben, ist zuzugeben und erwiesen; vgl. Theodor Fontane an seine Frau, 23.08.1891. In: HF IV, 4/144.

Entwicklungsromans in bemerkenswerter Weise hinter sich. Der Erzähler schränkt die Darstellung nicht auf das Blickfeld des Kindes ein, wie neuerdings Martin Walser in seinem Buch *Ein springender Brunnen.* Wiederholt wird von dem gesprochen, was erst später geschehen ist. Der eigene Vater begegnet uns nicht nur als der Vater des erwachsenen Kindes, sondern häufig als eine im hohen Lebensalter stehende Person. Das Kapitel »Vierzig Jahre später«, die Schilderung des letzten Wiedersehens in Schiffmühle bei Freienwalde, ist daher alles andere als ein Fremdkörper in einem streng chronologisch erzählten Text. Der Erzähler ist nicht nur derjenige, der sich seiner Kindheit erinnert, sondern immer auch einer, der seinen Standort in der Gegenwart geltend macht – ein doppelter Erzähler, wie mit Recht gesagt worden ist.[51] Der Verzicht auf den streng linearen Geschehnisverlauf erleichtert es, die Erzählung nicht auf die Lebensgeschichte eines Kindes oder sehr jungen Menschen zu beschränken, sondern auf Einsichten hin zu öffnen, die jenseits dieser Lebensphase liegen. Mit der individuellen Erinnerung ist eine Bewußtwerdung allgemeinerer Art verbunden, wie sich an der Stellung des Erzähler-Ichs zwischen den ›Fronten‹, was heißen soll: zwischen den Eltern, zeigen wird. Die Gegensätze, die das Scheitern der elterlichen Ehe zur Folge haben, sind das Kernstück dieser Kindheitsgeschichte. Die erzählten Dissonanzen machen deutlich, daß Fontanes Kindheitsbuch nicht zur ›Gattung‹ des »heiteren Darüberstehens« gehört; und wenn man von Humor sprechen will, wie es in Hinsicht auf die Epoche des Realismus üblich ist, so ist es einer auf dunklem Untergrund.

Mit den Porträts der Eltern wird die Erinnerungsarbeit eingeleitet. Dasjenige des Vaters erhält in der Reihenfolge Vorrang vor demjenigen der Mutter. Doch empfiehlt es sich, von der Anordnung Fontanes abzuweichen; denn die mit der Erinnerung verbundene Bewußtwerdung des Schriftstellers entfernt sich zunehmend vom Bild der Mutter und orientiert sich am Bild des Vaters als einer die Erzählung weiterführender Figur. Hinsichtlich der Mutter ist es kein von Vorurteil und Voreingenommenheit bestimmtes Bild, das wir als Leser erhalten. Wiederholt wird ihr Respekt bezeugt, und manchmal auch wirklich Liebe. Ausdrücklich wird von ihr gesagt: »Sie wurde bald ein Liebling des Kreises, den sie vorfand und hatte den vollsten Anspruch darauf, denn sie war jederzeit gütig und hülfebereit« (16). Dennoch mischen sich auch herbe Töne in die Charakterisierung ihrer Person, wie gleich eingangs, wenn es heißt: »meine Mutter andrerseits war ein Kind der südlichen Cevennen, eine schlanke, zierliche Frau von schwarzem Haar, mit Augen wie Kohlen, energisch, selbstsuchtslos und ganz Charakter. [...]« (18). Sie sei vielen überlegen gewesen – »nicht an sogenannten Gaben, aber an Charakter [...]« (16). Man denkt an den Baron von Innstetten in *Effi Briest*, der uns gleichfalls als ein Mensch von Charakter vorgestellt wird. Das sind ohne Frage Vorzüge, aber doch mit der Tendenz des Umschlags in ein hartes und herbes Verhalten gegenüber anderen. Innerhalb der Familie ist sie die dominierende Person. Eine Folge solcher »Superiorität« sind die Dissonanzen unter den Eltern, die das heranwachsende Kind zu spüren bekommt und die der erwachsene Sohn zu begreifen sucht. In der

[51] Claudia Liebrand spricht von einer Verdopplung des Erzählers und vom jüngeren Doppelgänger. (Vgl.: Liebrand: Das Ich und die Andern, a.a.O., S. 16).

Schilderung der elterlichen Wohnung zeichnet sich der Antagonismus beider Elternteile am deutlichsten ab – etwas Typisches, das über die individuellen Charaktere hinausweist. Zu den von der Mutter eingenommenen Räumen gehört bezeichnenderweise ein Salon, der von einem »Maroquinthron« beherrscht wird. Sie liebte es, in diesem Salon zu residieren; denn sie hatte, wie wir gleich eingangs erfahren, viel Sinn für Repräsentation. Das Porträt der Mutter erhält Züge einer typischen Menschenart: einer solchen, die ganz in der Gesellschaft lebt und in ihr aufgeht. Es ist das Porträt eines Gesellschaftsmenschen mit zahlreichen Härten, die sich aus dieser Menschenart erklären. Ihr Ordnungssinn ist ausgeprägt, wie sich an den täglichen Kammprozeduren zeigt; »Eh nicht Blut kam, eh war die Sache nicht vorbei« (25). Ausgeprägt wie ihr Ordnungssinn sind auch die Erziehungsmaßnahmen, wie sie in der Gesellschaft die üblichen sind. Fürsorgliche Behandlung wird wahrgenommen, aber auch sie »lief auf Anwendung zu scharf einschneidender Mittel hinaus« (25). Doch so sehr der herrscherliche Sinn der Mutter, ihr Regententum, herausgestellt wird, so ausgeprägt ist ihre psychische Labilität. Sie war eine nervöse Frau, hören wir, und sie mußte sich wiederholt Nervenkuren unterziehen. Aber die nervösen Zustände verbinden sich in diesem Bild der Mutter nicht mit der Sympathie für junge Frauen, die wie Cécile oder Effi Briest einen »Knax« weghaben. Ihre Nervosität, diejenige der jungen Frauen, ist die Folge einer krankmachenden Gesellschaft – einer solchen, der sie sich keineswegs verschrieben haben und zu der sie Distanz wahren. Im Bild der Mutter hat man es mit einer Nervosität anderer Art zu tun, mit derjenigen eines Gesellschaftsmenschen, so daß kritische Töne in der Erzählung nicht zu überhören sind – eine Nervosität mit anderen Worten, für die man partiell verantwortlich ist. Kein Begriff mit Beziehung auf die Mutter erweist sich als so zutreffend wie derjenige der Unerbittlichkeit, und es spricht für den Gerechtigkeitssinn des Sohnes, wenn er feststellt, daß sie auch gegenüber der eigenen Person geübt wurde: »Übrigens verfuhr die Mama mit gleicher Unerbittlichkeit gegen sich selbst und wer mutig in die Schlacht vorangeht, darf auch Nachfolge fordern« (25). Kriegsmetaphorik ist hier nicht zufällig in die Erzählung gelangt. Sie hat leitmotivische Funktion. Von der »Kriegführung« der Eltern wird gelegentlich gesprochen (42), und der humorvolle Ton in der Sprache des Vaters läßt uns nicht über den Ernst der Redewendung hinweghören, die sich auf die Leidenschaftlichkeit seiner Frau bezieht. Diese Leidenschaftlichkeit sei so groß gewesen, »daß mein Vater, halb ernst- halb scherzhaft von ihr zu sagen liebte: ›wäre sie im Lande geblieben, so tobten die Cevennenkriege noch‹« (18). Bedrohliche Entwicklungen deuten sich an, wenn es an Kräften fehlt, die solcher »Kriegführung« – in Familie und Gesellschaft – entgegenwirken.

Zu diesem Porträt der Mutter steht dasjenige des Vaters in schroffem Gegensatz. Es handelt sich um alles andere als um eine Idealfigur. Die Vatergestalt dieses Buches gehört in die Reihe der halben oder mittleren ›Helden‹, die unsere Sympathie in dem Maße gewinnen, als wir es nicht mit dem Bild eines vollkommenen Menschentums zu tun haben, sondern mit einer Person, die uns menschlich anspricht. Von einer solchen wird in der Autobiographie *Von Zwanzig bis Dreißig* gesagt: »ich habe das *Menschliche* betont, was andeuten soll, ich bin an *Schwächen*,

Sonderbarkeiten und selbst Ridikülismen nicht vorbei gegangen« (HF III, 4/329). Dem Bild vollkommenen Menschentums steht alles entgegen, was es an dieser Vatergestalt zu tadeln gibt und von seiner Ehefrau auch fortwährend getadelt wird: sein Spielertum, sein mangelnder Realitätssinn, seine Phantasterei. Doch fehlen die liebenswerten Züge keineswegs, und sie vor allem sind es auch, die den Gegensatz zum Bild der Mutter bewirken. Dieser Gegensatz zeigt sich deutlich an der Ausstattung seines Zimmers. Die Rede ist von einem kleinen und bescheidenen Wohnzimmer, und nicht das Gesellschaftliche dieser Räumlichkeit wird betont, sondern der Hang zum Künstlertum. Dafür sprechen die zahlreichen Bilder, die an den Wänden hängen, und erst recht der aus Birkenfasern gefertigte Schreibsekretär – ein Möbelstück, mit dem die Vaterfigur der Zunft der Schreibenden angenähert wird. Mit einem Schriftsteller haben wir es nicht zu tun. Aber der Schriftstellerberuf des Sohnes ist in der Gestalt dieses Vaters präformiert: in seinen erzählten Anekdoten, seinen Beziehungen zur Phantasie und überhaupt in seiner Erzählfreude; denn die war ausgeprägt. Wie sehr der eigene Schriftstellerberuf in der Gestalt des Vaters ansatzweise vorgegeben ist, zeigt sich am Verhältnis zu Sprache und Klang. So wie das Klangbedürfnis beschrieben wird, ist es unentwickelt, unvollkommen und von der gebildeten Sensibilität des Schriftstellers weit entfernt. Er hatte seine Freude an französischen Redewendungen, von denen gesagt wird: »Was ihn dazu bestimmte, war lediglich ein Klangbedürfnis und jede Sprache, die dazu mithalf, war ihm gleich willkommen. [...] Alles Allitterierende und Spondäische wurde von ihm bevorzugt. Er wiegte sich darauf« (47). Abermals haben wir es mit Zügen dieser Vaterfigur zu tun, die jedem Idealbild widersprechen. Die Einschränkungen, die geltend gemacht werden, werden humorvoll vorgebracht; eine Tendenz zum Komischen ist erkennbar. Die zahlreichen Schwächen liegen auf der Hand. Dennoch wird die Sympathie des Erzählers zunehmend auf die Vaterfigur gelenkt. Das kommt in einer der bewegendsten Szenen dieses Buches zum Ausdruck. Es ist die Szene des auf das Sofa hingestreckten Vaters:

> Er lag dann auch ausgestreckt auf dem Sopha, aber auf seinen Arm gestützt und sah durch das Gezweig eines vor dem Fenster stehenden schönen Nußbaumes, in das über den Nachbarhäusern liegende Abendrot. Ein paar Fliegen summten um ihn her, sonst war alles still [...]. Wenn ich dann an das Sopha herantrat und seine Hand streichelte, sah ich, daß er geweint hatte. Dann wußte ich, daß wieder eine »große Szene« gewesen war, immer in Folge von phantastischen Rechnereien und geschäftlichen Unglaublichkeiten, um derentwillen man ihm doch nie böse sein konnte. Denn er wußte das alles und gab seine Schwächen mit dem ihm eignen Freimut zu. Wenigstens später, wenn wir über alte Zeiten mit ihm redeten. Aber damals war das anders und ich armes Kind stand, an der Tischdecke zupfend, verlegen neben ihm und sah, tief erschüttert, auf den großen, starken Mann, der seiner Bewegung nicht Herr werden konnte. Manches war Bitterkeit, noch mehr war Selbstanklage. Denn bis zu seiner letzten Lebensstunde verharrte er in Liebe und Verehrung zu der Frau, die unglücklich zu machen sein Schicksal war (50).

Was im Vater an Talenten angelegt ist, wird der Sohn aufnehmen und ausbilden. Das ist ausgesprochen in einem Satz, dem für das Verständnis des Textes eine herausragende Bedeutung zukommt:

> Und so fügte sich's denn, daß er, der in guten Tagen, in diesem und jenem, wohl manches versäumt hatte, schließlich doch der Begründer des bescheidenen Glückes wurde, das dieses Leben für mich hatte (40).

Der Antagonismus der Eltern erhält eine verweisende Bedeutung, eine symbolische Überhöhung; er steht nicht für sich, sondern für etwas Allgemeines. Gesellschaft und Künstlertum sind die Gegensätze, die sich, wie hier, jeder Synthese zu verweigern scheinen, von dem Kapitel über das Haus Scherenberg allenfalls abgesehen, in dem sich Gesellschaftliches und Künstlerisches nicht gegenseitig ausschließen. Aber der am Beispiel der Eltern aufgezeigte Antagonismus ist nicht so dargestellt, daß der eine Teil, die Gesellschaftlichkeit der Mutter, einseitig ins Unrecht gesetzt würde, und der andere, das Künstlertum des Vaters, einseitig im Recht bliebe. Ohne den Ordnungssinn und die Fürsorge der Mutter hätte es die Familie schwer zu bestehen. Aber aufgrund der in jeder Gesellschaft angelegten Härte kann Fürsorglichkeit umschlagen und diejenigen verletzen, denen sie gilt. In Gesellschaften werden Züge inhumanen Handelns erkennbar, denen Kunst und Literatur entgegenzuwirken suchen. Der Erzähler – wir können auch sagen Fontane – wird sich dieser Konstellation zunehmend bewußt. Er wird über der Erinnerungsarbeit erkennend hinsichtlich der Aufgaben, die Literatur in modernen Gesellschaften zu übernehmen hat. Daher ist die erzählte Welt der Kinderjahre nicht der eigentliche Zielpunkt des autobiographischen Romans; Vergangenheit wird hier nicht um ihrer selbst willen beschworen. Vielmehr ist alles Erzählte auf die Genese des schriftstellerischen Selbstbewußtseins gerichtet. Erinnerungsarbeit mündet in einen Erkenntnisakt ein, in das Erkennen dessen, was der Schriftsteller in der modernen Welt zu bedeuten hat. Das schließt Distanz und zunehmend auch Opposition gegenüber dem ein, was nicht Kunst und Literatur ist. Es hängt mit einer solchen Distanz zusammen, wenn in Fontanes Buch wiederholt Wahrnehmungen zur Sprache gebracht werden, die außerhalb gesellschaftlicher Interessen liegen. Eine dieser Wahrnehmungen betrifft das Unheimliche, von dem besonders Kinder und sehr junge Menschen betroffen sind. Den Tugenden und Praktiken des gesellschaftlichen Lebens sind Wahrnehmungen dieser Art nur hinderlich. Auch deswegen hat sich Freud für das Unheimliche interessiert und dem Phänomen eine eigene Abhandlung gewidmet.[52] In Fontanes Erinnerungsbuch verbinden sich Erfahrungen des Unbewußten mit phantastischen Gerüchten von chinesischen Seeräubern; man denkt an die Spukgestalt des Chinesen in *Effi Briest* (HF I, 4/46). In *Meine Kinderjahre* wird Unheimliches dort erfahren, wo man heimisch zu werden gedenkt: im neuen Haus in Swinemünde. Das wird ausführlich beschrieben. Aber die Eltern nehmen die Bedrängnisse des Kindes nicht ernst; sie beschwichtigen

---

[52] Sigmund Freud: Das Unheimliche. In: S. F.: Gesammelte Werke. Frankfurt/M. 1999, Bd. 12, S. 229–268.

bloß. Auch der Vater ist in diesem Punkt nicht derjenige, von dem der Sohn lernen könnte. Die Geräusche, die das Kind ängstigen und beunruhigen, redet er ihm aus: »Das sind Katzen«, erklärt er kurz und bündig. Aber dem Kind ist damit nicht geholfen, und aus der Sicht des späteren Betrachters heißt es: »Von diesem allem hatte ich, um es zu wiederholen, gleich am ersten Abend, ein unbestimmtes, mich eine Weile gruselig machendes Gefühl, das noch wuchs, als der vor meiner Schlafkammer stehende Kirschbaum leise die Scheiben streifte« (35). Aber schon zuvor war in demselben Kapitel von etwas Unheimlichem anderer Art die Rede gewesen: von einem Sarg, dessen Anblick das Kind geängstigt hat. Im Rückblick beschreibt der Erzähler, was er damals als Kind empfand: »Das war der Empfang. Ich erschrak in meinem Kinderherzen und wies scheu darauf hin, aber mein Vater wollte von Angst und schlechter Vorbedeutung nichts wissen [...]« (32). Statt aufzuklären wird beschwichtigt und verdrängt. Wir befinden uns im beginnenden Zeitalter Sigmund Freuds, auch wenn Fontane von seinen Schriften noch keine Kenntnis haben konnte.[53] Aber als Schriftsteller will Fontane im Gegensatz zu seinen Eltern – und das erinnert an Freud – aufklären und verstehen, um dadurch zum Heilen beizutragen.

Mit dem Unheimlichen, das hier im Anblick eines Sarges erfahren wird, ist Angst eng verwandt, und auch mit diesem Phänomen hat sich Freud vertraut gemacht und in seinen Schriften wiederholt davon gehandelt.[54] In unserem Text ist von Angstgefühlen dort die Rede, wo die Mordgeschichte des Ehepaares Mohr zur Sprache gebracht wird (100); von furchtbarer Angst wird an anderer Stelle gesprochen, wo der Junge mit anderen im Boot auf einem See in eine Strömung geriet und die Herrschaft über das Boot zu verlieren drohte: »Was aber nicht ausblieb, das war, daß wir inzwischen in die Strömung hineingeraten waren und von dieser gefaßt und getrieben, uns mit einem Male zwischen den Molendämmen sahen. Und nun erfaßte mich eine furchtbare Angst« (144). Mit Angst ist der Erzähler der *Kinderjahre* zu gleicher Zeit befaßt wie der Verfasser des Romans *Effi Briest*, und es ist die Hauptgestalt selbst, die von Angst erfaßt wird und mit der Spukgestalt des Chinesen nicht zurechtkommt. Sie erhält in solcher Lage von ihrem Ehemann keine Hilfe. Baron von Innstetten appelliert an ihren Adelsstolz: »›Und dann bin ich überrascht, solcher Furcht und Abneigung gerade bei *dir* zu begegnen, bei einer Briest‹« (HF I, 4/80). Effi ist enttäuscht und hat für solchen Adelsstolz, wie sie es nennt, keinen Sinn. Der in psychischen Befindlichkeiten erfahrene Schriftsteller, der Fontane war, macht Angst im Rückblick auf die eigene Kindheit wie im Blick auf das Innere seiner Figuren zum Gegenstand seiner Analysen. Er betreibt Psychoanalyse auf seine Art. Aber dem Verständnis von Angst hatte ein Denker von europäischem Rang schon vorgearbeitet, von dem Fontane in seiner Spätzeit offensichtlich Kenntnis hatte. Es ist dies kein Geringerer als Kierkegaard. Seine

---

53 Im Register der Briefverzeichnisse ist der Name Freuds nicht aufgeführt: Die Briefe Theodor Fontanes. Verzeichnis und Register. Hrsg. v. Charlotte Jolles u. Walter Müller-Seidel. München 1988.

54 Vgl. Sigmund Freud: Hemmung, Symptom und Angst. In: S. F.: Gesammelte Werke, a.a.O., Bd. 14, S. 113–205.

Schrift *Der Begriff der Angst* war in dänischer Sprache zuerst 1844 erschienen. Eine deutsche Übersetzung (von Christoph Schrempf) gab es seit 1890, seit derselben Zeit, in der auch *Effi Briest* entstand.[55]

Daß Fontane von der Wirkung des dänischen Denkers nicht unberührt blieb, kann als erwiesen gelten. Hinsichtlich dieser in der neueren Forschung erbrachten »Indizienbeweise« sieht man sich auf einen namhaften Vermittler von skandinavischer und deutscher Literatur verwiesen: auf Georg Brandes. Seine Monographie über Kierkegaard lag seit 1879 in deutscher Sprache vor. Fontane hat sie, wie angenommen werden darf, gekannt, und er ist Brandes auch persönlich begegnet. Spuren einer solchen Kenntnisnahme sind in dem in Dänemark spielenden Roman *Unwiederbringlich* zu finden. Eine Figur dieses Romans, gewiß eine Nebenfigur, heißt Kirkegaard; der Name ist gegenüber demjenigen des Schriftstellers nur geringfügig verändert.[56] Eine andere Gestalt, eine Frauengestalt, heißt Ohlsen wie die Braut Kierkegaards auch. Daß Fontane die Studie über den Begriff der Angst nicht nur vom Hörensagen kannte, sondern auch durch Lektüre vertraut war, ergibt sich aus einem Gespräch der unglücklichen Gräfin Holk mit ihrer Freundin Julie von Dobschütz:

> »Was ist, Christine?« sagte sie.
> »Nichts«
> »Und doch bist du so bewegt ...«
> »Nichts«, wiederholte die Gräfin. »Oder wenigstens nichts Bestimmtes. Aber es quält mich eine unbestimmte Angst. [...]« (HF I, 2/623).

Fast bis zur Wortgleichheit heißt es bei Kierkegaard: »Was ist es denn? Nichts. Aber welche Wirkung hat Nichts? Es gebiert Angst.«[57] Die Rezeption des dänischen Denkers setzt in Deutschland verstärkt um die Mitte der neunziger Jahre ein;[58] sie setzt sich seit 1910 mit Intensität fort, um hier nur einige Texte anzuführen: Alfred Kubins Roman *Die andere Seite* (1909), Freuds *Vorlesungen zur Einführung in die Psychoanalyse* (1917), Stefan Zweigs Novelle *Angst* (1920),

---

55 Søren Kierkegaard: Der Begriff der Angst. Übersetzt von Emanuel Hirsch. Düsseldorf 1952. Die Übersetzungen sind verzeichnet in: KLL, 2. Aufl., Bd. 9, Sp. 352.

56 Auf diese Bezüge im Roman *Unwiederbringlich* und auf die vermutlich von Kierkegaard inspirierte Angstdarstellung in *Effi Briest* habe ich in meinem Buch über Fontane aufmerksam gemacht: Theodor Fontane. Soziale Romankunst in Deutschland. Stuttgart 1975, S. 378f. (über Brandes und Kierkegaard siehe das Register S. 564). Später ist Erwin Kobel diesen Bezügen nachgegangen und hat Erstaunliches zu Tage gefördert. Der Begriff »Indizienbeweis« ist seinem Aufsatz entnommen; daher die Anführungszeichen (Erwin Kobel: Theodor Fontane – ein Kierkegaard-Leser? In: Jahrbuch der Deutschen Schillergesellschaft 36 (1992), S. 255–287).

57 Von Erwin Kobel entdeckt, der den Passus in seinem Aufsatz zitiert (Kobel: Theodor Fontane – Ein Kierkegaard-Leser?, a.a.O., S. 269); die Stelle in der ersten deutschen Ausgabe von Christoph Schrempf (Leipzig 1890): S. 38.

58 Mehrere Bücher – von Carl Koch und P. A. Rosenberg – sind 1898 in Kopenhagen erschienen; vgl. die Zusammenstellung in Peter P. Rohdes Monographie: Søren Kierkegaard mit Selbstzeugnissen und Bilddokumenten, dargestellt von Peter P. Rohde. Hamburg 1959, S. 170.

Kafkas Angstvisionen (vor allem in den Briefen an Milena), Rilkes *Aufzeichnungen des Malte Laurids Brigge* mit seinen Huldigungen an die Kulturlandschaft Dänemark (1910). Schon auf der ersten Seite der *Aufzeichnungen* Rilkes wird Angst evoziert; später heißt es: »Ich fürchte mich. Gegen die Furcht muß man etwas tun [...]«.[59] Und was da zu tun ist, verrät eine spätere Niederschrift: »Ich habe etwas getan gegen die Furcht. Ich habe die ganze Nacht gesessen und geschrieben, und jetzt bin ich so gut müde wie nach einem weiten Weg über die Felder von Ulsgaard«.[60] Solches Schreiben, in dem Literatur und Existenz auf einander verweisen, nennt man in der modernen Medizingeschichte Graphotherapie. Auf die literarische Moderne weist Fontane mit solchen Wahrnehmungen voraus; um genauer zu sein, müßte man sagen: Sie hat schon begonnen, wenn er seine letzten Werke verfaßt und veröffentlicht. Daß er sich mit dem Buch *Meine Kinderjahre* gesund geschrieben habe, ist in einer Aufzeichnung seiner Tagebücher nachzulesen. (HF III, 3, 2/1086).[61]

In Rilkes *Aufzeichnungen des Malte Laurids Brigge* bezieht sich Angst wiederholt auf Krankheit und Tod. Eine solche Angst, da es um Erfahrungen und Erlebnisse einer Kindheit geht, hat hier wenig zu bedeuten, vom Anblick des Sarges abgesehen, von dem die Rede war. Im ganzen aber geht es weniger um Todesangst als um Tötungsangst, um eine Angst vor der Tötung anderer, die Tiere eingeschlossen. Es sind die stärksten Partien dieses Buches, und man hat sie wenig oder erst spät beachtet.[62] Auch hier korrespondiert die Sensibilität des Kindes mit derjenigen des Schriftstellers im Bewußtwerden seiner Aufgaben, hier des Angehens gegen Tötungen jeder Art. Angst vor dem Töten und die Erinnerung an das schreiende Tier verbinden sich mit der Erinnerung an die Mietswohnung in Ruppin. Eltern und Geschwister waren mit dieser Wohnung sehr zufrieden, nicht so der Schreibende, als er Kind war:

> Nur ich konnte mich nicht zufrieden fühlen und habe das Mietshaus bis diesen Tag in schlechter Erinnerung. Es war nämlich ein Schlächterhaus [...] Ein Tag ist mir noch deutlich im Gedächtnis. Ich stand auf dem Hausflur und sah, durch die offenstehende Hintertür, auf den Hof hinaus, wo gerade verschiedene Personen, quer ausgestreckt, über dem schreienden Tier lagen. Ich war vor Entsetzen wie gebannt [...] (23f.).

Die bei Fontane geschilderte Schlächterszene hat noch ein Nachspiel, das abermals die Erziehungsmaßnahmen der Eltern, hier des Vaters, beleuchtet. Nach den

---

59 Rainer Maria Rilke: Aufzeichnungen des Malte Laurids Brigge. In: R. M. R.: Sämtliche Werke. Besorgt v. Ernst Zinn. Wiesbaden 1956. Bd. 5, S. 712.

60 Ebd., S. 721.

61 Vgl. Liebrand: Das Ich und die Andern, a.a.O., S. 25 mit Hinweis auf Adolf Muschgs Frankfurter Poetikvorlesungen: Literatur als Therapie? Ein Exkurs über das Heilsame und Unheilbare. Frankfurt/M. 1981.

62 Margret Walter-Schneider hat zu dieser Seite des Textes vorzügliche Beobachtungen beigesteuert: Margret Walter-Schneider: Im Hause der Venus. Zu einer Episode aus Fontanes *Meine Kinderjahre*. Mit einer Vorbemerkung über die Interpretierbarkeit dieses »autobiographischen Romans«. In: Jahrbuch der Deutschen Schillergesellschaft 31 (1987), S. 227–247.

schrecklichen Erlebnissen macht sich das Kind auf und davon; es rennt und rennt, bis hinauf zu einem Erdhügel, ohne zu wissen, daß an diesem Ort früher Menschen hingerichtet wurden. Die Szene endet mit einer spöttischen Bemerkung und einem Kommentar des zum Schriftsteller gewordenen Sohnes: »›Da hast du ja ganz gemütlich auf dem Galgenberge gesessen‹, lachte mein Vater. Mir aber war, als lege sich mir schon der Strick um den Hals und ich bat vom Tisch aufstehen zu dürfen« (24). Eine zweite, überaus beziehungsreiche Schlächterszene spielt sich in der elterlichen Wohnung bei Gesang und fröhlichem Gelächter ab. Diesmal geht es um Gänse; und beziehungsreich ist die erzählte Szene deshalb, weil sie mit der Nennung von Schlachtpriesterinnen ein Stück Ritualgeschichte rekapituliert: die Opferungen erst von Menschen, später von Tieren. In jedem Fall bedeuteten Tötungen dieser Art heilige Handlungen, als die sie verstanden wurden. Die Abschaffung von Menschenopfern aber kann man einen kulturgeschichtlichen Fortschritt in der Geschichte der Humanisierung nennen, sofern der Mensch nicht mehr als Mittel zu vermeintlich höheren Zwecken geopfert wird. Fontanes erzählter Kindheitserfahrung kommt somit eine kulturhistorische Bedeutung zu. Erzählt wird folgendes: Man befindet sich in einer Gesindestube bei schlechter stickiger Luft; im Text heißt es:

> Und nun begann das Opferfest. Immer spät Abends. Durch die weit offenstehende Tür, geöffnet, weil es sonst vor Stickluft nicht auszuhalten gewesen wäre, schienen die Sterne in den verqualmten und durch ein Talglicht kümmerlich erleuchteten Raum hinein. [...] Nächst der Tür aber, in einem Halbkreise, standen die fünf Schlachtpriesterinnen, jede mit einer Gans zwischen den Knien, und sangen, während sie mit einem spitzen Küchenmesser die Schädeldecke des armen Tieres durchbohrten [...] (85).[63]

Aber in der Ritualgeschichte des Opfers ist es vom einen zum anderen, von der Tötung von Tieren zur Tötung von Menschen, oft nur ein Schritt – wie auch in Fontanes erinnerndem Erkennen. Über Tötungen wird gehandelt, wo gemordet wurde und Menschen in einem Akt staatlichen Tötens hingerichtet werden. In solchem Zusammenhang werden Begriffe wie »Galgenberg«, »Exekution«, »Scharfrichter«, »Rädern« oder »Hinrichtung« gebraucht. In der Kritik an der Einstellung der Mutter zu den Hinrichtungen aufgrund von Todesstrafen, die sie ganz in Ordnung findet, kann man eine Kritik an dieser Strafart sehen – an einer Strafe, die um 1870 um ein Haar abgeschafft worden wäre, wenn Bismarck nicht ein Machtwort gesprochen hätte.[64] Aus neuerer Forschung gewinnt man den Eindruck, als

---

63 Diese Schlächterszene hat M. Walter-Schneider auf erhellende Weise in das Zentrum ihrer Arbeit gerückt; vgl. ebd., bes. S. 239. Auch C. Liebrand war diese Szene wichtig gewesen (Liebrand: Das Ich und die Andern, a.a.O., S. 43).

64 Vgl. hierüber die vorzügliche Arbeit von Bernhard Düsing: Die Geschichte der Abschaffung der Todesstrafe in der Bundesrepublik Deutschland. Offenbach/M. 1952. Die weitausgreifende und mehr als tausend Seiten umfassende Geschichte dieser Strafart in Deutschland von R. J. Evans ist neuesten Datums: Richard J. Evans: Rituale der Vergeltung. Die Todesstrafe in der deutschen Geschichte. Berlin 2001.

habe sich die deutsche Literatur in der zweiten Hälfte des 19. Jahrhunderts für diese Strafart wenig interessiert.[65] Solchen Auffassungen ist zu widersprechen, wenn der Eindruck nicht trügen sollte. In der Literatur des späten Realismus gibt es imponierende Beispiele, die zeigen, daß es sich so nicht verhält. Storms Stellungnahmen in den *Kulturhistorischen Skizzen*, Raabes Erzählung *Zum wilden Mann* und Fontanes autobiographischer Roman *Meine Kinderjahre* sind anzuführen.[66] Das ist, was Fontane angeht, überzeugend an der Art zu zeigen, wie er den Fall des Mörderehepaares wiedergibt. Beide Eheleute haben eine ältere Frau und deren Nichte durch Messerstiche getötet und ausgeraubt. Die amtlichen Berichte wie die in Umlauf gebrachten Flugblätter beschreiben die Mörder als Menschen, die eigentlich keine Menschen mehr sind. Sie beschreiben sie als geborene Verbrecher, wie Cesare Lombroso sagen wird. Sie sind schon aus diesem Grunde zu beseitigen. Anders Fontane; er hat den Gegensatz zwischen den Mördern und den Bürgern der Stadt Swinemünde deutlich verringert. Im Text heißt es:

> Mohr war ein Mann von Mitte 40, ein guter Lichterschiffer, der zwischen Stettin und Swinemünde fuhr und immer allerhand Kaufmannswaren mitbrachte, womit er dann Handel trieb. Er spielte sich auf den alten Soldaten aus, hielt auf Ordnung und Anstand und war groß und stark und wohlgelitten. Und auch gegen seine Frau lag nichts vor. (96)[67]

Die Bürger von Swinemünde halten sich an tradierte Auffassungen, die eine lange Vorgeschichte haben: daß Verbrecher nicht eigentlich Menschen sind. An solchen Auffassungen halten noch namhafte Vertreter der europäischen Aufklärung fest. In seinen *Briefen über den Fortschritt der Wissenschaften* schreibt Maupertuis: »Man lasse sich nicht durch den Anschein der Grausamkeit rühren, die man hier zu finden glauben könnte; ein Mensch ist nichts verglichen mit der menschlichen Gattung; ein Verbrecher ist weniger als nichts [...]«.[68] Als ein anschaulicher Beitrag

---

[65] In dem gewichtigen, auf interdisziplinärer Zusammenarbeit beruhenden Sammelband *Literatur und Kriminalität* wird die Todesstrafe und ihre »Widerspiegelung« in der deutschen Literatur nur am Rande erwähnt, und S. 25 heißt es: »In der Erzählprosa zwischen 1856 und 1880 läßt sich die Tendenz erkennen, daß die Legitimation staatlichen Strafens [...] und die Autorität der Institutionen eher gestützt als in Frage gestellt werden.« (Literatur und Kriminalität. Hrsg. v. Jörg Schönert. Tübingen 1983). Das mag sein. Aber Storm, Raabe und Fontane gehören nicht zu dieser Erzählprosa, sofern es dabei um das Thema der Todesstrafe geht.

[66] Theodor Storm: [Wie den alten Husumern der Teufel und der Henker zu schaffen gemacht]. In: Th. St.: Sämtliche Werke in vier Bänden. Hrsg. v. Karl Ernst Laage u. Dieter Lohmeier. Frankfurt/M. (Deutscher Klassiker-Verlag) 1987f., Bd. 4, S. 232–262. Über den Titel »Kulturhistorische Schriften« vgl. ebd., S. 725.

[67] Die Unterschiede zwischen öffentlichen Publikationen zu dieser Mordsache und Fontanes Text hat M. Walter-Schneider überzeugend herausgearbeitet; vgl. Walter-Schneider: Im Hause der Venus, a.a.O., bes. S. 233ff.

[68] P.L.M. de Maupertuis: Lettres sur le progrès des Sciences. In: P.L.M. de M.: Oeuvres (dt. Ausgabe). Dresden 1752, S. 344. Das Zitat im Anschluß an die Bemerkung bei M. Walter-Schneider: »Das Flugblatt geht durch seinen Hinweis auf Mohrs Herkommen sogar so weit, ihn erblich zu belasten und ihn derart aus dem Kreise des Normal-Menschlichen nur um so sicherer auszuschließen. Ein Mörder ist eben kein Mensch.« (Im Hause der Venus, a.a.O., S. 232).

zur Strafrechtsgeschichte im 19. Jahrhundert kann die Schilderung der Hinrichtung in Fontanes Kindheitsbuch verstanden werden, und die Eltern, Vater wie Mutter, machen abermals hinsichtlich dieser Exekutionsgeschichte keine gute Figur. Die Mitwirkung des Vaters an dem Akt staatlichen Tötens wird in ironischer Brechung dargestellt:

> Als der Montag da war, ich hatte die ganze Nacht nicht geschlafen, sah ich denn auch meinen Vater in Pontifikalibus. Er hatte einen Hut, mit einer Feder auf und trug einen kolossalen Schleppsäbel, dessen blanke Messingscheide mir noch in diesem Augenblicke vor Augen steht. (98)

Aber noch über eine andere Mordgeschichte ist zu sprechen: über eine solche der Literatur. Schillers Ballade *Die Kraniche des Ibykus* ist gemeint, und damit geht es zugleich um den Anteil der Literatur in der Genese des schriftstellerischen Selbstbewußtseins.

Schillers Gedicht handelt von der Ermordung eines griechischen Dichters und Sängers, aber auch davon, daß das im Theater wirkende Wort poetische Gerechtigkeit verbürgt, so daß der ermordete Dichter über die Zeiten hinweg in Schillers Gedicht lebendig geblieben ist.[69] Nahegebracht wurde die Ballade dem Schüler durch einen Hauslehrer, einen trockenen Predigtamtskandidaten namens Knoop, dem in erster Linie wichtig war, daß Gedichte auswendig gelernt werden. Gegen diese Methode lehnt sich der Elfjährige auf, aber der alt gewordene Schriftsteller gesteht gleichwohl, daß er diesem Hauslehrer seine »Totalkenntnis« der Schillerschen Balladen verdanke (132). Aber der Hauptanteil an solcher »Totalkenntnis« ist doch wohl dem Vater zu danken. Ein auf dem Dachboden der elterlichen Wohnung geführtes Gespräch zeigt es. Es handelt sich um eine humorvoll erzählte Szene. Gesprochen wird über das philosophische Gedicht *Das eleusische Fest* und die schon genannte Ballade. Beide Gedichte soll der Sohn auswendig lernen, ohne sie verstanden zu haben, und daß der Vater diese Gedichte sehr gut erfaßt hätte, um sie erklären zu können, ist nicht anzunehmen. Aber die Begeisterung für den großen Dichter, die ihn erfüllt, bleibt nicht ohne Wirkung. Die Klage des Sohnes, alles sei viel zu schwer, läßt er nicht gelten und sagt:

> »Unsinn. Das ist bloß Faulheit. Gewiß, es gibt Dichter, die man nicht verstehen kann. Aber Schiller! Gang nach dem Eisenhammer, Bürgschaft, Kraniche des Ibykus, da kann man mit. ›Und in Poseidons Fichtenhain, Tritt er mit frommem Schauder ein‹, – das kann jeder verstehn und war immer meine Lieblingsstelle. Natürlich muß man wissen, wer Poseidon ist.« (131)[70]

Diese Lieblingsstelle begleitet die erzählten Kinderjahre bis an das Lebensende des Vaters, und die Freude an ihr macht vergessen, daß es in diesem Fichtenhain

---

69 Zum Begriff »wirkendes Wort« vgl. Hinrich C. Seeba: Das wirkende Wort in Schillers Balladen. In: Jahrbuch der Deutschen Schillergesellschaft 14 (1979), S. 275–322.

70 Zur Bedeutung Schillers und seiner hier in Frage stehenden Ballade gibt es gute Bemerkungen bei C. Liebrand: Das Ich und die Andern, a.a.O., S. 40ff.

ehedem einen Mord gegeben hat, die Ermordung eines Dichters. Die Lieblingsstelle kehrt wieder im Kapitel »Vierzig Jahre danach«. Man ist gemeinsam einen Zickzackweg hinaufgegangen und betritt nunmehr ein kleines Fichtenwäldchen. Der längst erwachsene Sohn erinnert sich der Lieblingsstelle des Vaters und zitiert sie, worauf der letztere erwidert: »›Ja, das war immer meine Lieblingsstelle [...] Es muß so was drin sein. Hast du denn auch alles behalten von früher?‹« (158). Die Verse aus Schillers Ballade behalten in diesem Kapitel auch das letzte Wort. Es handelt sich um die erzählte Szene des Abschieds, der ein Abschied für immer ist:

> Als 5 Uhr heran war, mußt' ich wieder fort. »Ich begleite dich noch«, und so bracht' er mich bis über die Brücke.
> »Nun lebe wohl und laß dich noch mal sehen«. Er sagte das mit bewegter Stimme, denn er hatte die Vorahnung, daß dies der Abschied sei.
> »Ich komme wieder, recht bald«
> Er nahm das grüne Käpsel ab und winkte.
> Und ich kam auch bald wieder.
> Es war in den ersten Oktobertagen und oben auf dem Bergrücken, da, wo wir von »Poseidons Fichtenhain« gescherzt hatten, ruht er nun aus von Lebens Lust und Müh. (161f.)

In den leitmotivisch eingesetzten Versen geht es um Literatur und um alte Menschen gleichermaßen, um ein Motiv von zentraler Bedeutung, das den autobiographischen Roman *Meine Kinderjahre* organisiert. Die Einbeziehung des alten Goethe, für diese Zeit ungewöhnlich, ist in diesem Zusammenhang bezeichnend. Die Erinnerungen verbinden sich mit der Person des Hauslehrers Dr. Lau, der den *Westöstlichen Divan* über alles liebt. So geschieht es denn, daß in diesem 1893 veröffentlichten Buch an Goethes Alterswerk erinnert wird, das um diese Zeit so gut wie verschollen war. Erst drei Jahre später hat Konrad Burdach in einem epochemachenden Vortrag die literarische Welt mit diesem Alterswerk wieder bekannt gemacht.[71] Doch beschränkt sich diese leitmotivische Beziehung keineswegs nur auf Alterswerke und auf Dichter in hohem Lebensalter, wie es für Goethe zutrifft. Es geht auch um alte Menschen im allgemeinen, für die sich Literatur interessiert, indem sie dafür sorgt, daß sie in ihr Blickfeld gelangen. Die Rede ist von dem »alte[n] Landrat *von Flemming*« (57), von dem »alte[n] Krause« (71), von dem alte[n] Pastor *Kastner* (61), vom »alte[n] *Schöneberg*«, um nur diese anzuführen. Mit der Figur des alten Herrn ist eine typische Figur in das Spätwerk Fontanes gelangt, die es in der Bedeutung, die sie nunmehr erhält, im vorausgegangenen Erzählwerk nicht gegeben hat. Erst in den letzten Werken wird diese Figur zur Hauptfigur.

Allen diesen typischen Figuren ist gemeinsam die Distanz zu den Regierenden und denjenigen, die aktiv in der Gesellschaft wirken und handeln. Ihnen gegenüber

---

71 Konrad Burdach: Goethes West-östlicher Divan. Festvortrag in der 11. Generalversammlung der Goethe-Gesellschaft in Weimar am 30.06.1896. In: Goethe-Jahrbuch 17 (1896); der Text des Vortrags steht mit eigener Paginierung am Ende dieses Bandes nach dem Register.

sind sie zwar nicht Außenseiter der Gesellschaft, aber doch Außenstehende. Insofern kommt ihnen eine ähnliche Stellung zu wie den Mädchen und jungen Frauen im vorausgegangenen Erzählwerk. Mit der modernen Arbeitswelt, wie sie Gustav Freytag sich wünschte, haben sie so gut wie nichts mehr zu tun. Sie sind jenseits der Aufstiegsgeschichten angesiedelt, für die wir Begriffe wie »Entwicklungs-« oder »Bildungsroman« verwenden. Erziehung, zu Bildung oder Gesellschaft, ist ein zentrales Motiv im Aufbau dieser Romane. Im Erzählwerk Fontanes, und besonders in den spätesten Texten seiner Alterskunst, werden ›Erziehungsmaßnahmen‹ wiederholt Gegenstand seiner gesellschaftskritischen Darstellung. Die typischen Figuren seiner Alterskunst sind weithin alte Herren außer Dienst, von dem freiberuflichen Pharmazeuten Gieshübler abgesehen. Sie sind alte Herren außer Diensten: als Major, Ritterschaftsrat oder Botschaftsrat; und daher sind sie besonders geeignet, auszugleichen, wo etwas durch Handeln mißraten ist. Sie sind alles andere als strahlende Helden, und schon aufgrund ihres hohen Lebensalters und ihrer Gebrechlichkeit sind sie es nicht. Vorgeformt ist dieser Typus des alten Herren schon im Roman *Cécile*, in der Gestalt des Präzeptors von Altenbraak – eines Mannes, »der aufs glücklichste Humor mit Charakter und Naivität mit Lebensklugheit verbindet« (HF I, 2/198). Er ist ein »hoher Siebziger«, wie wir erfahren, der sein Amt vorzeitig niedergelegt hat, und ist eben dadurch zu einer Sehenswürdigkeit für die aus Thale kommenden Ausflügler geworden. Auch die Gestalt des Gymnasialprofessors Willibald Schmidt, in der sich schon, wie in den letzten Texten seit *Meine Kinderjahre*, ein Stück Autobiographik verbirgt, gehört in die Vorgeschichte dieser typischen Figuren. Im Roman *Effi Briest* ist der Apotheker Alonzo Gieshübler – und nicht zufällig übt er diesen Beruf aus – eine solche Figur. Für diesen liebenswürdigen Menschen, dem nächsten Freund der unglücklichen Ehefrau, hat der alte Briest sehr viel übrig; er hat eine »lebhafte Vorliebe« für ihn (HF I, 4/278). Dieser selbst, der Ritterschaftsrat a.D. von Briest, hat viele schwache Seiten. Energie ist nicht seine Sache, für die im Hause der Briests seine Frau zuständig ist. Aber er ist es, der trotz allen Unglücks für eine gute Atmosphäre im Hause sorgt, so daß die kranke Tochter auf seine Veranlassung in die elterliche Wohnung zurückkehren kann. Im Nachdenken über das, was geschehen ist, erteilt ihm der Erzähler das letzte Wort. Aber dieses Wort – »Ach, Luise, laß ... das ist ein *zu* weites Feld« (HF I, 4/298) ist leichter zitiert als erklärt. In dem, was er absichtlich offen läßt, liegen Verstehen, Einsicht und Nachsicht nahe beieinander, und ein Geistesverwandter der alten Herren im Roman *Der Stechlin* ist er in jedem Fall.

Wie in *Effi Briest* haben wir es im letzten Roman *Der Stechlin* mit zwei dieser typischen Figuren zu tun. Der Botschaftsrat a.D. von Barby ist eine von ihnen. Er ist unter diesen typischen Figuren sicher derjenige, der intellektuell über ihnen allen steht. Geboren ist er auf den Gütern seiner Familie in Barby bei Magdeburg – in derselben Gegend, in der auch das Vorbild der Effi Briest, die Freiin Else von Plotho, spätere Frau von Ardenne, geboren wurde. Der diplomatische Dienst hat ihn nach England geführt, und diesem Land bleibt er auch weiterhin zugetan – im Unterschied zur kaiserlichen Weltpolitik, die nicht seine Sache ist. So ist es denn bezeichnend für ihn, daß er sich nach 1870 mit seinen Töchtern auf die Güter seiner verstorbenen Frau in Graubünden zurückgezogen hat, später aber nach Berlin umzieht, um das Weltgeschehen aus nächster Nähe verfolgen zu können. Er ist sicher die weltläufigste Gestalt, die Fontane je geschaffen hat – ein »Zwillingsbruder« des Herrn von Stechlin obendrein, wie der junge Stechlin befindet – »derselbe Bismarckkopf, dasselbe humane Wesen, dieselbe Freundlichkeit, dieselbe gute Laune.« (HF I, 5/116). Aber humanes Wesen und Humanität, die den Grafen auszeichnen, zeichnen die Hauptfigur nicht weniger aus, den Major a.D. von Stechlin, der sich zum Sterben rüstet. Er habe das Selbstgefühl all derer, wird von ihm gesagt, die vor den Hohenzollern dagewesen sind; und wörtlich:

> aber er hegte dieses Selbstgefühl nur ganz im stillen, und wenn es dennoch zum Ausdruck kam, so kleidete sich's in Humor, auch wohl in Selbstironie, weil er seinem ganzen Wesen nach überhaupt hinter alles ein Fragezeichen machte. Sein schönster Zug war eine tiefe, so recht aus dem Herzen kommende Humanität, und Dünkel und Überheblichkeit (während er sonst eine Neigung hatte, fünf gerade sein zu lassen) waren so ziemlich die einzigen Dinge, die ihn empörten (HF I, 5/9).

Fontane verwendet mit Beziehung auf seine Hauptfigur wie auf den Botschaftsrat a.D. von Barby ein Kernwort der Weimarer Klassik; er bezieht es auf beide typische Figuren seines letzten Romans. Aber mit Bildungsklassizismus hat das wenig zu tun. In den alten Sprachen sind vermutlich die wenigsten von ihnen bewandert, von Willibald Schmidt, dem Gymnasialprofessor, gewiß abgesehen. Die dem Landedelmanne Dubslav von Stechlin zuerkannte Humanität schließt Humor, Selbstironie und die Neigung, hinter alles ein Fragezeichen zu machen, ein; sie schließt Skepsis ein. Es sind dies durchweg Züge, die für die Humanitätsidee der Weimarer Klassik nicht charakteristisch sind. Hinsichtlich des Humors bleibt Fontane noch in hohem Maße dem 19. Jahrhundert zugewandt; hinsichtlich der Skepsis weist er auf die beginnende Moderne voraus.[72] Aus seiner Alterskunst ist diese Skepsis nicht wegzudenken, und sie gründet, wie im Falle des alten Stechlin, in der Art, hinter alles ein Fragezeichen zu setzen – Fragezeichen deshalb, weil Dubslav von Stechlin – wie Fontane auch – weiß: »Unanfechtbare Wahrheiten gibt es überhaupt nicht, und wenn es welche gibt, so sind sie langweilig« (HF I, 5/10). Skepsis wie diese gilt allem Großen in der Geschichte, und hierüber gibt es im Roman *Frau Jenny Treibel* ein höchst reizvolles Gespräch zwischen dem Gymnasialprofessor Willibald Schmidt und seinem Kollegen im Kränzchen der »Sieben Waisen Griechenlands«, dem emeritierten Gymnasialdirektor Distelkamp, der vom Anekdotischen und Nebensächlichen nicht viel hält, weil er auf das Große in der Geschichte gerichtet ist. Willibald Schmidt, der frühere Verehrer der Kommerzien-

---

[72] Aufschlußreich und ergiebig ist in diesem Punkt der Vergleich mit Schnitzler in dem Beitrag von Hubert Ohl: Zeitgenossenschaft. Arthur Schnitzler und Theodor Fontane. In: Jahrbuch des Freien Deutschen Hochstifts (1991), S. 262–307.

rätin, ist mit solchen Auffassungen nur teilweise einverstanden, zum andern Teil ist er es nicht und erwidert:

> »Ja und nein, Distelkamp. Das Nebensächliche, soviel ist richtig, gilt nichts, wenn es bloß nebensächlich ist, wenn nichts drin steckt. Steckt aber was drin, dann ist es die Hauptsache, denn es gibt einem dann immer das eigentlich Menschliche« (HF I, 4/360).

Dieses Eigentliche – mit irgendeinem Jargon hat es nichts zu tun – hat es Fontane angetan. Auch mit Beziehung auf die Vatergestalt in *Meine Kinderjahre* wird das Wort gebraucht.

Und auch jetzt, wie in *Frau Jenny Treibel*, ist mit dem Eigentlichen das eigentlich Menschliche gemeint, wenn gesagt wird: »*Denn wie er ganz zuletzt war, so war er eigentlich*« (151). Auch das erwähnte Gespräch in *Frau Jenny Treibel* über das Große und Nebensächliche in der Geschichte wird in diesem Kapitel aufgenommen und am Mittagstisch in Schiffmühle bei Freienwalde fortgeführt. Ob Kalbsbrust etwas Großes oder Kleines ist, ist im Blick auf das Mittagsmahl, das aufgetragen wird, der Anlaß des Gesprächs zwischen Vater und Sohn. Der Vater hält das in Frage stehende Fleischgericht für etwas Kleines. Aber als der Sohn gegenüber einer solchen Herunterstufung Bedenken anmeldet und mit einem bezeichnenden Ja und Nein antwortet, stellt der Vater Übereinstimmung her und bemerkt: »›Das ist Recht. Daran erkenn ich dich auch. Man kann nicht so ohne weiteres sagen, Kalbsbrust sei was Kleines. Und nun wollen wir anstoßen.‹« (156) Aber weil das Kleine in seinem Wert eingeschränkt wird, kehrt das Große deswegen nicht in seine vermeintlich angestammten Rechte zurück – wie in der Rede des Professor Distelkamp, mit dessen Person das Geschichtsdenken des Historismus ironisch beleuchtet wird.[73] Denn im Hinblick auf etwas so Nebensächliches wie Kalbsbrust wird sowohl Großes wie Kleines relativiert. Das eine wie das andere wird durch Skepsis relativiert. Sie ist ein Ausdruck von Altersweisheit und aus jeder Art von sprachlicher Alterskunst kaum wegzudenken. Aber zugleich ist Skepsis auch ein Bestandteil im Denken der Moderne, der sich Fontane in seinen letzten Erzählungen nähert. Das betrifft den neuartigen Pluralismus ebenso wie das Offensein für unterschiedliche Optionen. Das durch lineares Denken vorgezeichnete Nacheinander wird zunehmend von einem neuartigen Nebeneinander überlagert. Das eine hat wie das andere seinen eigenen Wert. Für solche Zweiwertigkeit kommt sehr bald der Begriff der Ambivalenz in Gebrauch.[74]

Mit der Darstellung alter Menschen im Spätwerk Fontanes ist mithin nicht rückwärts gerichtetes Denken verbunden, sondern vielmehr ein solches, dem Züge

---

[73] Zu verweisen ist in diesem Zusammenhang selbstverständlich auf: Jacob Burckhardt: Meditationen über Größe und große Menschen in der Geschichte: Über das Studium der Geschichte. Hrsg. v. Peter Ganz. München 1982.

[74] Zum Ambivalenzbegriff in Psychoanalyse und moderner Literaturwissenschaft vgl. Herbert Seidler: Beiträge zur methodologischen Grundlegung der Literaturwissenschaft. Zum Ambivalenzbegriff in der Literaturwissenschaft. Wien 1969, S. 35–54.

des Neuen eingeschrieben sind. Neu im Blick auf die außerordentliche Erfolgsgeschichte des ausgehenden Jahrhunderts ist aber auch die Art, wie durch sympathievolle Darstellung alter Menschen in diesen Texten ihr Dasein inmitten einer auf Fortschritt und Erfolg eingeschworenen Gesellschaft gerechtfertigt wird. Wir haben es darüber hinaus mit bemerkenswerten Erweiterungen humanen Wesens zu tun. Dieser Ausdruck wird im Roman *Der Stechlin* auf den Botschaftsrat a.D. von Barby bezogen. Humanes Wesen bezeugt sich in seiner Person nicht zuletzt in der Weltläufigkeit, die ihm eigen ist. In der Person des alten Stechlin verbindet sich solch humanes Wesen mit Humor, Selbstironie und Skepsis. Für alle diese ›Humanisten‹ gilt, daß sie schon aufgrund ihres Alters und ihrer Gebrechlichkeit nicht dem Bild des vollkommenen Menschen entsprechen, wie es in Deutschland durch Winckelmann vorgezeichnet war.[75] Nicht mehr um dieses Bild des vollkommenen Menschen, das zum Göttlichen überhöht wird, geht es am Ende des 19. Jahrhunderts, wenigstens nicht in einem Werk wie demjenigen Fontanes, sondern um ein Denken auf das Menschenmögliche hin, das Unvollkommenheit in Rechnung stellt.[76] Größe im Bild des großen Individuums wird zunehmend durch soziale Bezüge und soziales Denken eingeschränkt, und zur Weltläufigkeit wie zur Skepsis in der typischen Figur des alten Herren gesellt sich Soziales hinzu, im *Stechlin* in einer Vielzahl von Anspielungen auf eine Sozialdemokratie, die nur teilweise der Wirklichkeit des Kaiserreiches entspricht. Im autobiographischen Roman *Meine Kinderjahre* wird Soziales mit der zur poetischen Figur gewordenen Vatergestalt verbunden. Das geschieht dort, wo viel Lobendes über die Eltern gesagt wird:

> meine Eltern hielten nicht bloß auf Hausanstand, worin sie Muster waren, sie waren auch beide von einer vorbildlichen Gesinnung, die Mutter unbedingt, der Vater mit Einschränkung, aber darin doch auch wieder uneingeschränkt, daß ihm jeder Mensch ein Mensch war. Noch weit über seine Bonhommie hinaus, ging seine Humanität. Er war der Abgott armer Leute (134).

---

[75] Zur Wiederkehr des großen Menschen und des Vollkommenheitsideals besonders im George-Kreis vgl. Friedrich Gundolfs Heidelberger Antrittsvorlesung über Hölderlins Gedicht *Der Archipelagus*. Mitten in der Zeit des expressionistischen Aufbruchs gibt es auch Stimmen wie diese: »Der vollkommene Mensch ist das Maß aller Dinge, und also göttlich.« In: Hölderlin. Beiträge zu seinem Verständnis in unserm Jahrhundert. Hrsg. v. Alfred Kelletat. Tübingen 1961, S. 11.

[76] Über den Anachronismus des vollkommenen Menschen vgl. die bemerkenswerte Schrift von Peter Strasser: Das Menschenmögliche. Späte Gedanken über den Humanismus. Wien 1996.

Hanna Delf von Wolzogen

»DAZWISCHEN IMMER DAS PHILOSOPHENHAUS«

Abschweifende Überlegungen zu Schopenhauer und den Melusinen

Sie geht unter. Elementar. Wenigstens scheinbar. [...] Es heißt: das Element nahm sie zurück. Der Adlige überlebt es; der alte Philosoph gibt ihm Trost.

Diese Sätze finden sich unter der Überschrift »Melusine« in Fontanes Fragment *Melusine. An der Kieler-Bucht. 1bändiger Roman.*[1] Die Rückseiten des Manuskripts, das sich heute im Schiller Nationalmuseum, Deutsches Literaturarchiv, Marbach befindet, legen 1876 oder 1877 als Entstehungszeit nahe.[2] Ins Jahr 1876 fällt Fontanes Rücktrittsgesuch als »Ständiger Sekretär der Akademie der Künste«, Berlin und seine schließliche Entlassung am 2. August. Die Arbeiten an *Vor dem Sturm* (1878) werden wieder aufgenommen. Es geschieht also in einer sehr frühen Periode im Kalender des Romanciers, daß in den Brouillons und Entwürfen das Melusinen-Motiv vorkommt; ein Motiv, das zum epochalen Motiv der Jahrhundertwende werden sollte.[3]

Melusine geht unter, das steht fest, alles andere in Fontanes Roman-Entwurf, dessen Haupthandlung ohne Helden auskommen muß, scheint noch offen. Im ersten Teil des überlieferten Manuskripts noch allein »sagenhaft« motiviert: »Man weiß nicht wie; nur sagen- und legendenhaft klingt es.« (253) Im zitierten zweiten Teil dann soll ihr Verschwinden den tragischen Ausweg aus einer unlösbaren Liebesverstrickung bilden: Die schöne Melusine soll den Adligen heiraten, obgleich sie den Volksmann liebt und ihm – während einer zentralen Bootsfahrt – ihre Liebe gesteht. Beidemal soll »eine große Wasser-, *Boot-* und *Schwimm*szene« (253) die Hauptszene abgeben, und beidemal soll Melusine auch Retterin sein, einmal des

1 Theodor Fontane: Melusine. An der Kieler-Bucht. 1bändiger Roman. In: Th. F.: Werke, Schriften und Briefe. Hrsg. v. Walter Keitel u. Helmuth Nürnberger. München 1962ff (= HF), Abt. I, Bd. 7, S. 253–254, hier S. 254. *Melusine. An der Kieler-Bucht. 1bändiger Roman* wird im folgenden nach dieser Ausgabe nur mit Seitenangabe im fortlaufenden Text zitiert. (Nachdruck der Ausgabe des Hanser-Verlags (2. rev. Aufl.) in: Th. F.: Prosafragmente und Entwürfe. Frankfurt/M., Berlin (Fontane Bibiothek Ullstein) 1986).

2 Vgl. HF I, 7/679.

3 Zu Fontane vgl. Renate Schäfer [Böschenstein]: Fontanes Melusinen-Motiv. In: Euphorion 56 (1962), S. 69–104, und Hubert Ohl: Melusine als Mythos bei Theodor Fontane. In: Mythos und Mythologie in der Literatur des 19. Jahrhunderts. Hrsg. v. Helmut Koopmann. Frankfurt/M. 1979, S. 289–305. Unter den neuen Publikationen vgl. die Beiträge von Günter Berger: Melusine im Mittelalter und Renate Böschenstein: Melusine in der Neuzeit. In: Verführer, Schurken, Magier. Mittelalter-Mythen. Bd. 3. Hrsg. v. Ulrich Müller u. Werner Wunderlich. St. Gallen 2001, S. 639–644 u. S. 645–661.

Adligen und Bräutigams, das andere Mal des Volksmanns und unglücklich Geliebten.

Festzustehen scheint auch, daß es eine andere Figur geben muß, die dem Melusinengeschehen sozusagen philosophisch standzuhalten vermag: »Er stirbt. Sie überdauert's«, so das tragische Geschehen und: »Dazwischen immer das Philosophenhaus« (254).

Es ist das Haus des »philosophierende[n] Alten« (253) oder »alte[n] Philosoph[en]« (254), das Fontane seit seinem ersten Besuch im Juli 1875 immer wieder besucht hat und das ihm nun als Szenerie für einen Roman vorschwebt: »*Koenigsmark – Wiesike – Plaue*. Eine wundervolle Roman-Szenerie ist Plaue.« (253)

Es ist die Szenerie, die Fontane in *Fünf Schlösser* beschreibt: Auf der einen Seite der Havel Schloß Plaue, deren Besitzer zeitweilig auch die Grafen Königsmarck waren, und, dem Schloß gegenüber am anderen Ufer der Havel, das Gut und der Park Karl Ferdinand Wiesikes. Wiesike, erfolgreicher Geschäftsmann und Gutsbesitzer, hatte sich in den 50er Jahren von seinen Geschäften zurückgezogen, um ausschließlich seinen Neigungen zu leben. Diese bestanden in der »Schöpfung eines Parks, der Homöopathie Hahnemanns und der Philosophie Schopenhauers«.[4]

Der Stern Schopenhauers begann damals gerade erst aufzugehen: Die *Aphorismen zur Lebensweisheit*, zuerst 1851 erschienen als Teil der *Parerga und Paralipomena*, entsprachen dem Geist der Zeit, der nach 1848 ernüchtert sich bürgerlicher Wohlhabenheit und einem neuen Realismus zuwandte.

Carl Ferdinand Wiesike gehörte zur ersten Generation der von Schopenhauer selbst so genannten »Apostel und Evangelisten«, die, wie der getreue Julius Frauenstädt, noch vor Nietzsche, Wagner und Thomas Mann die Lehre des Meisters propagierten. Alljährlich lud Wiesike zu Schopenhauers Geburtstag eine Tafelrunde in seinen Park nach Plaue ein. Zu dieser Tafelrunde war auch Fontane, der die Begegnung mit dem vielgelehrten Mann im *Wiesike*-Kapitel von *Fünf Schlösser* beschreibt, im Jahre 1874 erstmals geladen.

Es ist oft darauf hingewiesen worden, daß der pessimistische Zug wie auch der Humor eines Wilhelm Busch, eines Wilhelm Raabe und eines Fontane dem Einfluß Schopenhauers zu verdanken sind.[5] Es gibt aber, ungeachtet dieser gewiß richtigen Spur Schopenhauerschen Geistes, noch eine andere. Und diese ist in der auffälligen Verknüpfung der Melusinen-Idee mit der Wiesike-Szenerie zu suchen.

Sicher ist, daß Fontane nicht nur von der Person Wiesikes, den er durch die Wangenheims kennengelernt hatte, höchlich angetan war – dafür spricht schon sein liebevolles Portrait in *Fünf Schlösser* –, sondern auch, daß ihn die »Philosophie«, die ihm im Wiesikeschen Zirkel begegnete, nicht wenig beeindruckte. »Wille und

---

4 Theodor Fontane: Fünf Schlösser, Kap. 6: Schloß Plaue a.H. In: Wanderungen durch die Mark Brandenburg GB V/130.

5 Karl Richter: Resignation. Eine Studie zum Werk Theodor Fontanes. Stuttgart 1966. Zuletzt auch Rüdiger Safranski: Schopenhauer und die wilden Jahre der Philosophie. Reinbek 1990, S. 501. Vgl. auch Hugo Aust: Kulturelle Traditionen und Poetik. In: Fontane-Handbuch. Hrsg. v. Christian Grawe u. Helmuth Nürnberger. Tübingen 2000, S. 395–400.

Vorstellung, Trieb und Intellekt, sind beinahe Haushaltwörter geworden«, heißt es in einem Brief[6], was für einen eher phantasievollen Umgang mit Schopenhauers Hauptwerk spricht und auch auf eine, wenngleich keine systematische, Lektüre schließen läßt.

Fontanes Schopenhauer-Lektüre, soweit sie durch Anstreichungen und Miszellen bezeugt ist,[7] bezieht sich indes lediglich auf Wilhelm Gwinners Werk[8] und auf die *Parerga und Paralipomena*[9], was aber meines Erachtens keineswegs heißen muß, daß er die Gedanken von Schopenhauers Hauptwerk überhaupt nicht wahrgenommen hat. Dagegen spricht, daß er, abgesehen von seinen skeptischen Anmerkungen zu Schopenhauers Ausführungen über die Frau, sich gerade auch intensiv mit dem *Versuch über das Geistersehn*[10] beschäftigt hat.

Hier entwickelt Schopenhauer eine Theorie des Traums, die orientiert an Kants Abhandlung *Träume eines Geistersehers*[11] und den Theorien der romantischen Naturphilosophie, von einem quasi leibhaften, nur vom zentralen Nervensystem gesteuerten »Traumorgan« ausgeht, das nicht den Bedingungen (wach-)bewußten Wahrnehmens und Erkennens, also nicht den Beschränkungen des Bewußtseins, unterliegt, sondern ein unmittelbares Wahrnehmen beziehungsweise, wie Schopenhauer sagt, »Wahrträumen« ist. Schopenhauer konstatiert damit im Traum eine Form des Wahrnehmens, die jenseits des an die Bedingungen von Raum und Zeit gebundenen (Wach-)Bewußtseins, unmittelbar aus der Physiologie des Leibes (also der Willenssphäre), aber ebenso wie jenes »wahr«nimmt, das die Grenze zwischen der Innen- und Außenwahrnehmung (der Individuation) auflöst. Zu den vielen Spielarten des »Wahrträumens« gehört auch das Geistersehen, wobei Schopenhauer seine sozusagen physiologische Theorie des Geistersehens eine »idealistische«[12] nennt im Gegensatz zu der Kants als einer »spiritualistischen«.

Den Erfahrungen des Traums ist nach Schopenhauer durch (wissenschaftliches) Erkennen respektive »Vorstellen« nicht beizukommen. Der Traum basiert auf jener Realität, die Schopenhauer »Wille« genannt hatte und die auf das zielt, was Kant unter dem Begriff des »Dings an sich« transzendentalphilosophisch ausgrenzt. Der Wille meint das am Seienden, was es jenseits des in den Subjekt-Objekt-Zirkel gebundenen Erkennens ist: Sein ohne Vorgestelltsein. Radikal immanent

---

6 Fontane an Karl und Emilie Zöllner, 14.07.1873. In: HF IV, 2/435.

7 Vgl. die Manuskripte: Theodor Fontane Archiv (Leihgabe der Staatsbibliothek zu Berlin); auch abgedruckt in: Theodor Fontane: Aufzeichnungen zur Literatur. Hrsg. v. Hans-Heinrich Reuter. Berlin, Weimar 1969, S. 51–62.

8 Wilhelm Gwinner: Arthur Schopenhauer aus persönlichem Umgang dargestellt. Ein Blick auf sein Leben, seinen Charakter und seine Lehre. Leipzig 1862.

9 Arthur Schopenhauer: Parerga und Paralipomena. Kleine philosophische Schriften. 2 Bde. Berlin [1]1851.

10 Arthur Schopenhauer: Versuch über das Geistersehn und was damit zusammenhängt, Parerga und Paralipomena. Hier zit. nach: A. Sch.: Werke in 10 Bden. Zürcher Ausgabe. Hrsg. v. Arthur Hübscher. Zürich 1977. Bd. 7, S. 250–335.

11 Immanuel Kant: Träume eines Geistersehers. Erläutert durch Träume der Metaphysik. Königsberg [1]1766.

12 Schopenhauer: Versuch über das Geistersehn, a.a.O., S. 251.

versteht Schopenhauer darunter etwas Vitales: Triebnatur, Lust, Schmerz und Tod. Die Willensqualität des Seienden erschließt sich uns nur über die Erfahrung des eigenen Leibes, durch jene Wirklichkeit, »welche für jeden sein eigener Leib hat: denn der ist Jedem das Realste.«[13] Der Leib aber ist Wille, d.h. dunkler Trieb, blinder Drang, bewußtloses Sein. Der Traum und alle ihm verwandten Erscheinungen, wie tierischer Magnetismus, Somnambulismus, Geistersehen, auch Wahnsinn, sind nach dieser Theorie nichts anderes als am eigenen Leibe erfahrene Erscheinungen des Willens und damit für das Bewußtsein eine fremde Erfahrung; eine Transzendenzerfahrung, bei der die Trennung von Ich und Welt aufgehoben ist: raumverloren, zeitverloren, ichverloren. Im Hinblick auf Fontane wäre zu fragen, ob die Gespensterfurcht einer Effi, einer Melusine von Barby womöglich auch von der Schopenhauerschen Theorie vom Geistersehen inspiriert ist.

Zunächst einmal bleibt, folgt man Schopenhauers Absicht, eine andere als vorstellende Welterfahrung zu konstatieren, nur die Aussicht, reines »Subjekt des Wollens«, also ganz den Fährnissen des Leibes, als dem Ort unmittelbarer Selbsterfahrung des Willens, ausgeliefert zu sein; eine auch für Schopenhauer bedrohliche Perspektive. Schon in seinen frühen Aufzeichnungen sucht er nach einer gedanklichen Konstruktion, die es ermöglicht, den dunklen (Trieb-, Tod-) Seiten des Willens zu entgehen, ohne gleichzeitig die verlockenden Seiten mit preiszugeben.[14] Was er in den frühen Aufzeichnungen das »bessere Bewußtsein« nennt, ist eine ästhetische Erfahrung. Nicht Kants »interesseloses Wohlgefallen« ist gemeint, sondern ein Draußen, ein Herausfallen aus der alltäglichen Erfahrung in einen Zustand der Raum-, Zeit- und Selbstlosigkeit, die reine Wachheit, reine Aufmerksamkeit ist. Solche Haltung der Kontemplation oder, wie Schopenhauer später formuliert, »reines Weltauge« zu sein, meint einen Zustand des Hier und Jetzt, den die Mystiker »nunc stans« (stehende Gegenwart) nennen. In den Augenblicken solcher Erfahrung sind wir »des schnöden Willensdranges entledigt, wir feiern den Sabbath der Zuchthausarbeit des Wollens, das Rad des Ixion steht still.« Die eigentlich metaphysische Tätigkeit ist der Arbeit des Begriffs (Hegel) entwachsen, sie ist eine rein ästhetische Haltung. Das Subjekt solchen Tuns aber vermag in Augenblicken, »da [es] sich vom Dienste des Willens« losreißen kann, Ideen zu erkennen: »Der in dieser Anschauung Begriffene ist nicht mehr Individuum, [...]; sondern er ist *reines*, willenloses, schmerzloses, zeitloses Subjekt der Erkenntnis.«[15]

Fast will es scheinen, als gliche jene ästhetische Haltung derjenigen, die Fontanes andere Melusine, *Oceane von Parceval* in dem ebenfalls Fragment gebliebenen gleichnamigen Roman verteidigt:

---

[13] Arthur Schopenhauer: Die Welt als Wille und Vorstellung. In: Schopenhauer: Werke in 10 Bden. Zürcher Ausgabe, a.a.O., Bd.1, S. 164.

[14] Die Darstellung folgt hier den Erwägungen von Rüdiger Safranski: Schopenhauer und die wilden Jahre der Philosophie. Eine Biographie. München [1]1987 u. Reinbek 1996.

[15] Schopenhauer: Die Welt als Wille und Vorstellung, a.a.O., Bd. 1/1, S. 231f.

> Es müsse doch Naturen geben dürfen, an denen das Leben bilderhaft vorüberzieht, Naturen, denen sich die Unterschiede dieser Bilder klar darstellen, aber die die dunklen und heitren gleichmäßig als Bilder nehmen. Der Tod ist auch nur ein Bild, etwas plötzlich in die Erscheinung Tretendes, ich seh es und damit gut. Ein ruhiges Schauen und Betrachten sei vielleicht eine höhre Lebensform nicht eine tiefere.[16]

Fontanes Hommage an den Schopenhauer-Jünger Carl Ferdinand Wiesike mag so noch eine tiefer liegende Spur in seinem Werk hinterlassen haben. Immerhin führt die Spur auch zu Effi Briest und deren Hausarzt, dem alten Friesacker Dr. Wiesike ....

16 Theodor Fontane: Oceane von Parceval (1882). In: HF I, 7/427–442, hier: S. 431.

Henry H. H. Remak

Ehe und Kinder im Leben Theodor Fontanes und Thomas Manns

Vorstufe zur Werkanalyse

»Vergleiche dich! Erkenne, was du bist!«
(Johann Wolfgang Goethe: Torquato Tasso V, 5)

»Mir persönlich wenigstens sei das Bekenntnis erlaubt, daß kein Schriftsteller der Vergangenheit oder Gegenwart mir die Sympathie und Dankbarkeit, dies unmittelbare und instinktmäßige Entzücken, diese unmittelbare Erheiterung, Erwärmung, Befriedigung erweckt, die ich bei jedem Vers, jeder Briefzeile, jedem Dialogfetzchen von ihm empfinde.«
(Thomas Mann: Der alte Fontane, 1910)

Unter allen deutschen Romanciers der ersten Hälfte des 20. Jahrhunderts gibt es keinen früheren, klügeren und größeren Liebhaber Fontanes als Thomas Mann. Es ist mehr als Bewunderung, es ist genaue, mitunter sogar philologische Fontane-Kenntnis (hier berühren sich Mann und Günter Grass), es ist inneres Verständnis, es ist lebenslange Treue: »jedes Jahr«, berichtet Mann in seinem 76. Lebensjahr, habe er »einen der Fontane'schen Spätromane [...] einmal wieder« gelesen,[1] und mit seinem Essay *Der alte Fontane* beginnt die moderne Fontane-Kritik. Es ist Wahlverwandtschaft, es ist Liebe – eine platonische, literarische Dauerehe ersten Ranges. Beide haben nicht nur beinahe dasselbe Alter erreicht (Th. Mann: 80, Fontane starb im 79. Lebensjahr), beide haben trotz aller getreulich von ihnen registrierten Beschwerden und lebenslanger Hypochondrie bis an den Rand des (in beiden Fällen unerwarteten) Todes in höchster intellektueller Form produktiv gearbeitet, beide haben uns als ihr jeweiliges letztes größeres Werk ihre gelockertsten, charman-

[1] Brief Thomas Manns vom 18. März 1951 an mich. Siehe hierzu auch meinen Beitrag: Theodor Fontane und Thomas Mann. Vorbereitende Überlegungen zu einem Vergleich. In: Fontane Blätter 59 (1995), S. 102–122, hier S. 111, die unter Mitarbeit von Manfred Horlitz ergänzte Fassung des gleichnamigen Beitrags in: Festschrift für Herbert Lehnert zum 65. Geburtstag. Hrsg. v. Hannelore Mundt u.a. Tübingen 1990, S. 126–141.
Dem Theodor-Fontane-Archiv in Potsdam und dem Thomas Mann-Archiv in Zürich danke ich für ihre Gastfreundschaft während der Vorarbeiten zu diesem Thema. Frau Nancy Boerner, Bibliothekarin an der Indiana-University, hat mich mit wertvollen Informationen ebenfalls unterstützt.

testen (obwohl grundverschiedenen) Romane hinterlassen, den *Stechlin* (1898) und die *Bekenntnisse des Hochstaplers Felix Krull* (1954), beide waren scharfe Beobachter ihrer Zeitgeschichte, die sich teilweise noch überschneidet (Th. Mann war 23 Jahre alt als Fontane starb), beide wurzelten persönlich im Bürgertum, dessen Kern Dauer, d.h. Ehe und Familie ist, beide heirateten im gleichen Alter (mit dreißig) und führten fünfzigjährige (Th. Mann) oder annähernd fünfzigjährige (Fontane) ›gute Ehen‹ (sie mußten gut sein, um ihre Krisen zu überstehen), beide hatten etwa dieselbe Anzahl von Kindern (Fontanes: von sieben Kindern überlebten vier, Manns: sechs) und waren ›gute Väter‹ in Anbetracht dessen, daß Geistesarbeiter Ruhe und Abgeschlossenheit brauchen, um ihre Funktion zu erfüllen.

Man dürfte also annehmen, daß die Ehe in ihrem Werk eine ähnlich bedeutende Rolle spielt. Das ist nicht der Fall. Im Gegenteil: von *L'Adultera* (1882) bis hin zu *Effi Briest* (1895) – also beinahe auf dem gesamten Plateau von Fontanes Romanschaffen – ist in mindestens zehn Hauptwerken die Ehe das oder ein Hauptmotiv, während wir bei Thomas Mann in den Werken nach den für unser Thema zentralen *Buddenbrooks* (1897–1900) sehr aufmerksam nach vereinzelten Ehemotiven Ausschau halten müssen. Warum diese Unstimmigkeit?

Das geistige, sinnliche, sexuelle Außenseitertum der Personae in Manns Erzählungen, Novellen und Romanen liegt tiefer als bei Fontane. Es ist dominierender, einschneidender, zwischen Bindung und Nicht-Bindung, Wunsch und Ressentiment hin- und herschwankend, dem unbürgerlichen Künstlertum der deutschen Romantik, dem Skurril-Grotesken E.T.A. Hoffmanns, ihrer musikalischen Dämonik, der deutschen von der Romantik bestimmten Geistesgeschichte und ganz besonders der absoluten Herausforderung fundamentaler Kulturwerte durch Schopenhauer, Nietzsche und Wagner weit obwohl nicht unkritisch offener als Fontane. Fontanes Einzelgänger sind im allgemeinen innergesellschaftlicher als die Th. Manns. Sie sind, auch wenn nicht integriert, so doch integrierbar.

Ferner: Fontane und Mann waren beide im 19. Jahrhundert verankert, in einem Europa, das ein ganzes Jahrhundert lang, von 1814 bis 1914, eine in der Geschichte wohl einzigartige Zeitspanne des Friedens (trotz einiger lokal/regional und zeitlich eng begrenzter ›Kleinkriege‹), der Stabilität und des bürgerlichen Fortschritts genossen hat. Aber Mann, nicht Fontane, erlebte nicht nur den drohenden Untergang des Abendlandes im gerade vergangenen Jahrhundert (zwei Weltkriege in der ersten und das erste Jahrzehnt des »Kalten Krieges« in der zweiten Hälfte), sondern auch einen erst durch die Kriege und ihr Nachwirkung bestimm*ten*, dann bestimmen*den* Wechsel im Selbstbewußtsein der Geschlechter, der konservative Werte wie die Ehe tiefergreifend in Frage stellt als Fontanes Ehebruchs- und Scheidungsthemen.

Hinzu kommen persönliche Triebfedern. Fontane war, in seinem Leben und Werk, eindeutig heterosexuell, und in allem Auf und Ab seiner Existenz persönlich und thematisch ›eheorientiert‹. Manns eigene lebenslange, mit fünfzig Jahren heterosexueller Ehe gleichlaufende Homoerotik und seine damit zusammenhängende Neigung zum Inzestuösen, sowohl persönlich wie literarisch, mag für seine

Zurückhaltung, das Ehemotiv in seinem Erzählwerk als repräsentatives Zentralthema zu behandeln, eine Rolle gespielt haben.

Man darf sich fragen, wie es unter diesen Umständen möglich war, von beiden Seiten aus, ein halbes Jahrhundert lang eine so hervorragende Ehe zu führen wie Katia und Thomas Mann. Katia Mann – und nicht nur sie in der engeren Mann-Familie – wußte von Manns persönlicher, nicht zu sprechen von seiner literarischen Homoerotik. Katia war in jeder Beziehung eine außergewöhnliche, hochintelligente, unkonventionelle, eigenwillige Frau. Da sie nun einmal einen in seiner Art, seinen Gaben und Leistungen einzigartigen, hochschattierten Mann geheiratet hatte – und sie wußte, was sie tat –, erwartete sie nicht, daß er ein ›normaler‹ Gatte sein würde. Hier ist meine persönliche Erinnerung an Frau Katia am Platze. Ich habe sie in ihrem letzten Lebensdezennium erst brieflich, dann persönlich gekannt und besucht. Selbst dann war sie geistig ›frisch von der Leber weg‹. Ein Beispiel: Ich verdanke ihr die spontane Erlaubnis, in ihres Mannes privaten Fontanebeständen im Kilchberger Haus nach etwaigen Randnotizen, An- oder Unterstreichungen zu suchen. Als der Abend nahte und ich immer noch in Manns Bibliothekszimmer bei der Arbeit saß, schlug sie einfach vor, seine noch nicht durchblätterten Fontanebände mit mir ins Hotel zu nehmen (von wo ich sie vor meiner Abreise an das Zürcher Thomas-Mann-Archiv zurückgab). So war sie. Noch in ihren letzten Lebensjahren war sie eine aparte Schönheit: erfrischend, forsch, unverblümt; aber diese ›Märchenprinzessin‹ hatte etwas entschieden Jungenhaftes, Burschikoses, ›Männliches‹ an sich, das – glaube ich – Manns homoerotischen Neigungen entgegenkam und sich für den sinnlich-psychologischen Erfolg ihrer in dieser Beziehung riskanten Ehe günstig auswirkte.

Es war ein Glücksfall, daß diese eigenwillige, ja eigensinnige, hochbegabte, profilierte Frau, noch dazu mit einem trockenen, spontanen Humor bewaffnet, trotz allem – denn sie war erst zwanzig und in keinerlei Eile, zu heiraten – zum (besonders für Thomas Mann) ›richtigen‹ Zeitpunkt am ›richtigen‹ Ort (München, einzigartige Mischung aus urwüchsigem Bajuvarentum, Katholizismus und Schwabinger Boheme), in der ›richtigen‹ Familie (die Pringsheims – großbürgerlich, wohlhabend, angesehen, aber gleichzeitig intellektuell-psychologisch ›hochgezüchtet‹, christlich-jüdisch gewürzt, kompliziert, unkonventionell und in mancher Hinsicht dem Generationsgegensatz und -wechsel im Mannschen Elternhaus nicht unähnlich) für ihn ›da‹ war. Und ein noch größerer, daß sie, wie ihr dankbarer Ehemann es öffentlich und aufrichtig anerkannt hat, die – besonders unter den Umständen – seltene Kombination einer guten Ehefrau und zugleich Mutter vereinigte.

Aber für die Forschung hat diese Fortuna ihre Kehrseite. Wo ist ihre Ehekorrespondenz aus einem halben Jahrhundert (1905–1955)? In den ersten drei Bänden von Thomas Manns Korrespondenz (1889–1936; 1937–1947; 1948–1955 und Nachlese)[2], deren Brieftexte allein 1460 Seiten in Anspruch nehmen, steht nur ein einziger an sie gerichteter Brief (vom 3. Februar 1934), und dieser stammt aus der

[2] Thomas Mann: Briefe. Hrsg. v. Erika Mann. Frankfurt/M. Bd. 1: 1889–1936 (1961), Bd. 2: 1937–1947 (1963); Bd. 3: 1984–1955 und Nachlese (1965).

Nachlese. Und doch wissen wir durch die gewissenhafte Herausgeberin dieser Briefbände und Tochter der beiden, Erika Mann, daß Mann in den ersten drei Jahrzehnten der Ehe (1905–1933) allein »hunderte von [...] Briefen« an seine Frau gerichtet hat, die jedoch während des 2. Weltkrieges in München verbrannt sind.[3] Ein unersetzlicher Verlust, aber schließlich, sagt man sich, haben Katia und Thomas Mann nach 1933 noch 22 Jahre miteinander gelebt! Wo sind diese Briefe? »Seit dem Tage aber, da T. M. und seine Frau emigrierten, ohne es zu wissen, haben die beiden sich nicht mehr getrennt, und so gibt es keinen Brief mehr seit jenem Tage.«[4]

Man wird uns verzeihen, wenn wir uns unwillkürlich an den Kopf fassen und der Gedanke uns überfällt: Das ist zu rührend, zu schön, um wahr zu sein. Aber es ist sicherlich wahr, wenn auch vielleicht nicht buchstäblich.

Und doch hat etwas »Glück im Unglück« gewaltet. Einige Briefe aus Manns Verlobungszeit, an »Licht und Wärme«[5] zu den schönsten überlebenden Mann-Briefen gehörend, haben teilweise überlebt. Als Mann sehr bald nach seiner eigenen Hochzeit an einem ausnahmsweise glücklichen, in eine sicherlich gute (obgleich in der Zukunft liegende) Ehe einmündenden Liebesverhältnis des Prinzen Klaus Heinrich und der amerikanischen Millionärstochter Imma Spoelmann in seinem Roman *Königliche Hoheit* (1906-1909) arbeitete, erbat er sich etwa 24 Originalbriefe, die er als Freier und dann als Bräutigam (April bis Oktober 1904) an Katia gerichtet hatte, von ihr, um sie in seinem Roman zu verarbeiten – nur eine der zahlreichen mehr oder minder versteckten Verwendungen des Persönlichen im Werk Thomas Manns. Allerdings haben nur die Abschriften überlebt, aber sie sind ein Schatz. Er wußte und fühlte nicht nur genau, daß Katia für seine so labile Konstitution eine der sehr wenigen ›richtigen‹ war, sondern er war einfach und ungehemmt von ihr entzückt, ›ganz aus dem Häuschen‹; der beinahe dreißigjährige und schon berühmte Autor bekundete alle Merkmale eines Hals über Kopf verliebten Jünglings, der sich aber durchaus nicht scheut, seine literarische Wortgewalt in den Dienst seiner Werbung zu stellen.

Was also die Thomas Mann-Forschung erst durch die zerstörende Tücke des politischen und Kriegsgeschicks (die Verbrennung der Ehekorrespondenz von 1905 bis 1933) erlitten hat, ist ihr nach 1933 ironischerweise durch die positive Unzertrennlichkeit des Ehepaares verloren gegangen. Frau Katias welt- und menschenoffene (obwohl, wie ich bezeugen kann, kritisch veranlagte) Persönlichkeit, ihre ›agressive‹ Beschützung ihres Mannes vor seine Arbeit bedrohenden Störungen, ihre sowohl naturhafte wie intellektuelle Intelligenz, ihre Selbstsicherheit in den verschiedensten Rollen (Tochter, Zwillingsschwester, Frau, Mutter, ›Haushaltsdirektorin‹, ›Finanzministerin‹) – dazu das überaus seltene Talent dieser lebensklugen Frau, bei all ihrem Profil hinter ihrem Mann zurückzutreten (wohl gerade, *weil* sie selbstsicher war), bestimmte sie zu einer idealen Gefährtin für ihn.

---

3 Ebd., Bd. 1, Einleitung, S. VII-VIII.
4 Ebd., Bd. 1, Einleitung, S. VIII.
5 Ebd.

Emilie Fontane war für ihren Schriftsteller-/Dichtergatten unter langen, wechselnden, materiell wie psychologisch schwankenden Zeiträumen ebenso unentbehrlich. In dramatischem Kontrast zu Katia Pringsheim war sie das uneheliche Kind einer Witwe, wurde von einer wechselnden Mischung von im allgemeinen gutherzigen, aber allzu pittoresken Pflegeeltern und schließlich wieder von ihrer eigenen Mutter erzogen, so daß die Beständigkeit der Ehe für sie einen besonderen Wert besaß. Aber diese Stabilität sollte lange auf sich warten lassen. Ihre Ehe – und besonders die frühen Jahre – war durch Existenzsorgen und dadurch entstehende äußere und innere, unfreiwillige Trennungen von Anfang an in einer Weise belastet, die Thomas und Katia Mann nicht gekannt haben. Emilie Rouanet-Kummers und Theodor Fontanes lange Verlobungszeit (fünf Jahre: von 1854–1850!) stellte die beiden, aber vornehmlich Emilie, schon vor der Ehe auf eine gefährliche Geduldsprobe. Im ersten Jahrzehnt ihrer Heirat (1850–1860) gebar Emilie, zweimal in der Abwesenheit des Mannes und Vaters, der sich berufshalber in England aufhielt, nicht weniger als 6 Kinder, von denen drei (1852, 1853 und 1855) nach wenigen Tagen oder einigen Monaten starben. Zwischen 1852 und 1859 verbrachte Fontane insgesamt etwa vier Jahre in London, davon ungefähr zwei Jahre ohne Familie. Während dieser ersten zehn Ehejahre arbeitete er in wechselnden offiziellen/halboffiziellen, aber ungesicherten Stellungen: Literarisches Kabinett Preußens, Londoner Korrespondent der *Preußischen Adler-Zeitung*, schließlich dortiger Korrespondent der Preußischen Zentralpressestelle – man kann sich nicht nur die materielle, sondern die ebenso schwere psychologische Gedrücktheit seiner Frau und Mutter ihrer kleinen Kinder vorstellen – ein Vergleich mit der in dieser Beziehung beschützten Existenz Katia Manns erübrigt sich.

Erst ab 1860, durch seinen Eintritt in die Redaktion der Berliner *Kreuzzeitung*, bei der er ein Jahrzehnt verblieb, kann sein Familienleben als ›normal‹ und relativ gesichert bezeichnet werden. 1870 trat Fontane, ohne Wissen und in Abwesenheit seiner Frau, die zu einem längeren Besuch in London weilte, aus der *Kreuzzeitung* aus, was zu einer Verstimmung zwischen beiden führte, die der Briefwechsel eindrucksvoll belegt. Fontane wartete drei Wochen (!!) nach seiner Kündigung, bevor er seiner Frau davon Mitteilung machte:

> Du weißt, daß ich längst entschlossen war in dieser Weise zu handeln und daß ich die Brutalität, die darin liegt unsre Freiheit und unsre geistigen Kräfte auszunutzen [...] nicht mehr ertragen konnte [...] Es ist *gemein* beständig große Redensarten zu machen, beständig Christenthum und Bibelsprüche im Munde zu führen, und nie eine *gebotene* Rücksicht zu üben, die allerdings von Juden und Industriellen, von allen denen die in unsern biedern Spalten beständig bekämpft werden, oftmals reichlich geübt wird.[6]

---

6 Theodor Fontane an Emilie Fontane, 11.05.1870. In: Emilie und Theodor Fontane. Der Ehebriefwechsel. Hrsg. v. Gotthard Erler unter Mitarbeit v. Therese Erler. 3 Bde. (Große Brandenburger Ausgabe). Berlin 1998, hier Bd. 2: Geliebte Ungeduld, S. 475f.

Auf diesen Brief vom 11. Mai 1870 antwortet Emilie am 14. Mai:

> Du wirst nicht erwarten, daß mich Dein gestriger Brief erfreut hat; dazu blickst auch du zu dankbar auf die letzten 10 glücklichsten Jahre unseres Lebens zurück. Noch bitte ich Gott mir die Ueberzeugung zu geben, daß Du richtig gehandelt hast; möge das Gefühl der Freiheit, welches Dich jetzt erquickt, Dir Kraft und Muth zu dem neuen Lebensweg geben [...]
> Jedes Gebundensein wiederstrebt Deiner Natur; so lange die Dinge ruhig gehen, bist Du glücklich und zufrieden; kommt aber ein Anstoß, so verwirfst Du auch Alles [...] Es ist dies der Fall mit mir seit beinah 20 Jahren. Sobald ich durch irgend etwas Dir unangenehm bin, sobald ich Dir entgegenstehe, sprichst Du von einer 20 jährigen unerträglichen Ehe. Dasselbe gilt von Deinen Freunden; sie binden sich immer wieder an Dich; nicht Du an sie [...]
> Es gilt nun meine Pflicht zu thun und Dir mit Freudigkeit beizustehn, zu helfen.[7]

Es folgten sechs relativ stabile Berufsjahre (Theaterrezensent der hochangesehenen *Vossischen Zeitung* in Berlin), aber 1876 wieder ein freiwilliger Rücktritt nach kaum drei Monaten im Amt (!!) von dem gut dotierten, pensionsberechtigten Posten des »Ständigen Sekretärs der Akademie der Künste in Berlin« – ein Schritt, der zu der ernstesten (aber doch beiderseits in Grenzen gehaltenen) Ehekrise ihres Lebens führte. Seitdem war er außer als Theaterkritiker der *Vossischen* auf sein Einkommen als freier Schriftsteller angewiesen: es ging – und in den letzten zehn Jahren seines Lebens, nach *Irrungen, Wirrungen* (1888), eigentlich gut –, aber die Sorgen schlummerten doch immer.

Emilie hat sich als Frau und Mutter, in dieser Beziehung wie Katia Mann, durch dick und dünn bewährt, und sie hat Jahr für Jahr bis zu Fontanes Lebensende die undankbare Kopierarbeit von Fontanes Quellen und Manuskripten übernommen. Sie war gastfreundlich, gern gesehen und, alles in allem, wie Katia für Thomas Mann, die ›richtige‹ Gefährtin für ihren Mann. Für ihre, verglichen mit Katia Mann, ungleich schwereren, aber alles in allem tragbaren Existenzsorgen hat die Nachwelt sie belohnt. Denn, weil sie es sich nicht oder selten leisten konnte – jedenfalls in den ersten zwanzig Jahren ihrer Ehe – mit ihrem Mann auf Reisen zu gehen, und ganz besonders, weil Fontane in seinen späteren Jahren allein und auf Wochen in die Sommerfrische (Harz, Riesengebirge, Norderney, Kissingen, usw.) ging, um dort in Ruhe arbeiten zu können – aber auch, weil sie selbst in dieser Zeitperiode öfters ihre eigene Familie und Freunde in Niederschlesien besuchte – haben wir eine der ausführlichsten und lohnendsten Ehekorrespondenzen der deutschen Literaturgeschichte, angefangen mit Hermann Frickes bahnbrechender Herausgabe (1937) von nicht weniger als 178 Briefen (teils volltextlich, teils auszugsweise, teils nur als Tatsachen registriert)[8], also zu einem Zeitpunkt, als Dichter*frauen* noch nicht die berechtigte Aufmerksamkeit auf sich selbst gelenkt

---

7 Emilie Fontane an Theodor Fontane, 14.05.1870. Ebd., Bd. 2, S. 478f.

8 Emilie Fontane. Mit unveröffentlichten Gedichten und Briefen von Theodor und Emilie Fontane. Hrsg. v. Hermann Fricke. Rathenow 1937.

hatten. Erst kürzlich (1998, genau 100 Jahre nach Fontanes Tod) haben Gotthard und Therese Erler die beispielhafte Herausgabe des Ehebriefwechsels Theodor und Emilie Fontanes zuwege gebracht.[9] Bis dahin hatte sich die Nachwelt nur eine unvollkommene Vorstellung davon gemacht, wie intelligent, feinfühlig, großmütig (obgleich auch kritisch) und unerschütterlich ihre Liebe und Treue zu ihrem Mann war – wie gut sie ihn gekannt hat! Die neue Briefedition hat nicht nur *ihr*, sondern auch *sein* Bild verändert. Diese frischen Einsichten lassen uns erneut bewußt werden, wieviel wir dadurch verloren haben, daß der Briefwechsel zwischen Thomas und Katia Mann verloren gegangen ist bzw. (durch ihre Unzertrennlichkeit seit 1933) gar nicht stattgefunden hat. Wir sind allerdings und glücklicherweise dafür durch Katia Manns erfrischend unfeierliche Erinnerungen[10] entschädigt, aber es ist eben doch nicht dasselbe wie für keinen anderen bestimmte, unmittelbar die wechselnden Gefühle und Gedanken durch die Höhen und Tiefen der Stunde von Tag zu Tag widerspiegelnde Briefe zwischen Ehemann und Ehefrau, ohne den zeitlichen Abstand der – in ihrer Weise ebenso wichtigen, aber ein anderes Ziel verfolgenden – Memoiren.

Zu dem Phänomen der Ehe gehören Kinder: im Falle Fontanes vier überlebende (drei Knaben, ein Mädchen), im Falle Manns sechs (drei Knaben, drei Mädchen). Es fällt auf, daß in beiden Fällen Töchter, Martha (»Mete«) Fontane, die – ein wichtiger Umstand – einzige Tochter, und Erika Mann – die älteste der drei Töchter – einen unverhältnismäßig großen Einfluß auf den Vater gehabt haben, ohne daß, ebenfalls in beiden Fällen, die Beziehungen zwischen Tochter und Mutter oder Vater und Mutter getrübt worden wären. Beide – Mete und Erika – waren hochtalentiert. Mete hatte gesundheitliche/neurotische Probleme, heiratete erst im Alter von 38 Jahren einen weit älteren Witwer (Vaterersatz?) und fand, nach dessen Ableben, im Alter von 57 Jahren durch einen (wahrscheinlich freiwilligen) Sturz von ihrem Balkon den Tod. Gerade durch ihre Probleme, ihre späte, kinderlose Heirat, ihre Feinfühligkeit, ihre Intelligenz, ihre innere Verwandtschaft mit dem Vater/Dichter/Schriftsteller war sie seine natürliche Seelengefährtin.

In einer (auch historisch) weit ausgreifenden, beachtlich detaillierten Untersuchung hat vor wenigen Jahren Regina Dieterle die »erotisierten«, »inzestuösen« Elemente im Verhältnis Fontanes zu Mete sowohl biographisch wie literarisch untersucht.[11] Ihre psychoanalytische Optik führt zu eher hypothetischen als realistischen Auslegungen. Wie es bei von ›außen‹ auf Literatur angewandten Theorien fast unvermeidlich ist, gleiten – auch bei bestem Willen – anfänglich vorsichtig formulierte Hypothesen (»erotisiert«, »inzestuös«) mehr durch Wiederholungen als durch ihre buchstäbliche Fassung leicht in absolute Bewußtseinsfolgerungen:

---

9 Erler: Emilie und Theodor Fontane. Der Ehebriefwechsel, a.a.O.

10 Katia Mann: Meine ungeschriebenen Memoiren. Hrsg. v. Elisabeth Plessen u. Michael Mann. Frankfurt/M. 1974.

11 Regina Dieterle: Vater und Tochter. Erkundung einer erotisierten Beziehung in Leben und Werk Theodor Fontanes. Bern 1996. Siehe auch die ausführliche Besprechung dieser Arbeit von Irmgard Roebling. In: Fontane Blätter 64 (1997), S. 178–183.

»erotisiert« wirkt wie »erotisch«, »inzestuös« wie »Inzest«.[12] Trotz ihrer wissenschaftlichen Belesenheit und Gediegenheit entgeht Dieterles Arbeit dieser Gefahr nicht, um so mehr als literarisch orientierte Beweggründe für die Entwicklung einer Erzählung außer acht gelassen werden. Zwei Beispiele: Dieterles Auslegung der letzten Lebensphase Effi Briests in dem nach ihr benannten Roman (1895) – immer mit Vater Theodors Verhältnis zu Tochter Martha (»Mete«) im Blickwinkel – ist, daß »Effis Rückkehr ins väterliche Haus [...] jenen inzestuösen Impulsen [entspricht], die sich hauptsächlich durch das *erzählerische* Werk Fontanes ziehen.«[13] »Briest [...] scheint ein Vater mit inzestuösen Neigungen zu sein«.[14] Die Mutter dagegen ist bestrebt, »die Tochter so früh wie möglich mit Baron Innstetten zu verheiraten«; damit

> erfüllt sie nicht nur die Rollenerwartungen ihrer Zeit, sondern verhindert auch, dass die ›entzückende‹ 17jährige in der Familie, im Haus des Vaters verbleibt, wo der Inzest ›ständig bemüht und abgewehrt, gefürchtet und hervorgerufen – unheimliches Geheimnis und unerlässliches Bindeglied ist‹.[15]

Wird hier nicht etwas vollkommen Natürliches verdeckt: Vater- und Mutterliebe zu ihrem einzigen Kind, dazu einer reizenden, liebenswerten, noch jungen Tochter, die in großer seelischer, gesellschaftlicher und körperlicher Not lebt, – der Wunsch, ihr vor ihrem frühen Tod Liebe und Sicherheit in dem einzigen Heim, das sie noch hat, zu gewähren? Und noch dazu, weil sich beide Eltern nicht schuldlos an Effis (allzu?) früher Heirat fühlen? Wäre im übrigen das Gegenteil – z.B. die mögliche Unnachgiebigkeit der Mutter – nicht eine literarisch-fontanesche (und von seinem Lesepublikum bestimmt abgelehnte) Unmöglichkeit? Und was für plausible Alternativen hatte der Schriftsteller? Eine von aller Welt, einschließlich ihrem Mann, ihrer Tochter, ihren Eltern, nur nicht von ihrer treuen Bedienten und ihrem treuen Hund verlassene, noch halbjugendliche Tochter? Das wäre eine Tränendrüsenlösung dritter Klasse. Eine schließlich von ihrem Mann (und der Gesellschaft?) begnadigte Ehebrecherin, nun wieder Ehefrau desselben Mannes, Mutter derselben Tochter? – Psychologisch undurchführbar. Soll er sie wieder verheiraten? Glücklich? Unglücklich? Mit Kindern? Ohne? – Zu künstlich, antiklimaktisch. Eine ›nun gerade‹ selbständig trotzende Kameliendame? – Unglaubwürdig. Was sollte der Autor tun? Nun, er führt sie wieder nach Hause, von dem sie sich psychologisch eigentlich nie getrennt hat. In jeder Weise plausibel und auch dem Leser willkommen. Aber dann? Wie sollte er den Roman abschließen? Schließlich läßt er sie (geben wir es zu, mehr bequem-schlecht als recht), wie die

---

12 Einschränkende Adjektive, Adverbien und Konjunktive (»wahrscheinlich«, »möglich«, »anscheinend«, »könnte«, usw.) bleiben weniger in der Erinnerung des Lesers als die Grundthesen einer Arbeit dieser Art.

13 Dieterle: Vater und Tochter, a.a.O., S. 241.

14 Ebd., S. 242.

15 Regina Dieterle (ebd.) zit. hier: Michel Foucault: Der Wille zum Wissen. Sexualität und Wahrheit. Bd. 1. Frankfurt/M. [6]1992 (1. Aufl. 1977), S. 131.

reformierte Traviata, an der konventionell- romantisch-jugendlichen Schwindsucht sterben. Irgendwie – pardon – mußte er sie ›aus dem Wege schaffen‹.

Warum muß die beruflich-handwerkliche Realität eines literarischen, an einer verwickelten Handlung arbeitenden und irgendwie doch immer künstlichen Abschluß suchenden Künstlers (denn das Leben geht weiter) zugunsten von faszinierenden theoretischen Thesen ausgeklammert werden? Die heutige theoretisierende Literaturwissenschaft könnte mehr praktische als reine Vernunft brauchen.

Dasselbe gilt für das zweite Vater-Beispiel im selben Roman. Selbst der so korrekte Innstetten ist nach Dieterle gegen »inzestuöse Impulse« nicht gefeit.[16] Er hat nicht nur »eine Vorliebe für die ganz jungen Frauen, einmal für die 17jährige Effi, dann aber auch für die 14jährige rotblonde Cora, die sich aufs Kokettieren versteht«, sondern:

> Für seine Tochter schliesslich, die zunehmend der Mutter gleicht und die er nach der Scheidung ganz für sich beansprucht, empfindet er sogar grosse Zärtlichkeit. [...] Die Töchter, das zeigen diese Familiengeschichten, gehören zum Vater.[17]

Es soll hier keineswegs bestritten werden, daß zwischen Mitgliedern nicht nur der engeren, sondern – ja, noch einleuchtender – der ausgedehnten Familie, in Leben und Literatur, sinnliche Beziehungen in einer weiten, hochdifferenzierten Skala, von unterschiedlichen formellen Zärtlichkeiten bis zu sexuellen Bindungen bestehen. Eher wäre das Gegenteil unnatürlich. Verbindungen zwischen Vettern und Cousinen, lose und formell, insbesondere, aber keineswegs ausschließlich in traditionellen Gesellschaften mit ihren Moral- und Zirkulationsbegrenzungen für Töchter sind ein fester Bestandteil von Leben und Literatur (in *Effi Briest* haben »Vetter Briest« und Effi ›legere‹ Beziehungen dieser Art), aber man muß behutsam vorgehen und nicht mit akzentverlagernden Ableitungen eines Begriffs spielen und mehr zu beweisen suchen als man kann. Und dabei kommen bei Dieterle wieder *literarische* Beweggründe zu kurz. Fontane hatte zu viel feinen und feinsten Menschen- und Literaturverstand, um aus Innstetten ein trockenes, herrenreiterliches Ekel zu machen – schon 1895 (aber hundert Jahre später immer noch) wird Innstetten in der öffentlich/gesellschaftlichen Diskussion immer wieder als Schreckgespenst dargestellt; einer Diskussion, in der Fontane selbst noch *pro* Innstetten Stellung genommen hat. Eine Innstettenschablone hätte den ganzen Roman zu ›Flachland‹ erniedrigt – absolut unfontanisch. Im Gegenteil: Innstetten ist für den, der genau liest, eine hochschattierte Persönlichkeit, und die »Zärtlichkeiten« des sonst so zielstrebigen, disziplinierten Innstetten, seine Menschlichkeit, seine Feinheit, seine inneren Konflikte hinter seiner beruflichen und persönlichen Schutzwand bilden gerade einen Schwerpunkt des Werkes.

---

16 Dieterle: Vater und Tochter, a.a.O., S. 241.
17 Ebd.

Soweit die Grenzen des außerliterarisch-theoretischen Zugangs zum Kunstwerk, aber durchaus nicht Infragestellung eines solchen Gesichtspunktes an sich. In dieser Beziehung bietet Mann, jedenfalls auf den ersten Blick, eine weit genauere Zielscheibe.

In Anbetracht des ausdrücklichen Interesses für das Inzestuöse im Werk Thomas Manns (z.B. *Der Erwählte*, angedeutet auch in *Die Betrogene*) wie für eingeschlechtliche Beziehungen (*Der Tod in Venedig*, *Mario und der Zauberer*) und seiner ihn persönlich sein ganzes Leben lang begleitenden Homoerotik (siehe seine *Tagebücher*) nähme es wunder, wenn man seine eigenen Kinder und Enkel einfach ausklammern würde, zumal er sich selbst (z.B. im *Gesang vom Kindchen*, in *Unordnung und frühes Leid* und im *Doktor Faustus*) darüber Gedanken macht. Es ist wohl auch nicht belanglos, daß im Falle Manns, sowohl Thomas wie Katia, mündlich wie brieflich auffallend offene, Intelligenz- und Persönlichkeitsurteile und Vorurteile über ihre Kinder und Enkelkinder abgegeben haben. (Fontane hält sich in dieser Hinsicht mehr, aber nicht ausschließlich zurück). Das war einfach der Stil der Pringsheim-Mann-Familie.

Sowohl Vater wie Mutter waren bei der Geburt Erikas, ihres ersten Kindes (1905–1969) enttäuscht, daß es kein Junge war und haben es auch geradeheraus und nicht gerade taktvoll der Nachwelt überliefert.[18] Ihre anfängliche Enttäuschung hat bald einer ausgesprochenen und dauernden Vorliebe und Dankbarkeit für Erika Platz gemacht. Erika hat es fertiggebracht, ihr Leben rastlos, ja fieberhaft für ihre (nicht unproblematische) Fassung der Demokratie auf Bühne und Tribüne der ganzen Welt zu verwenden, und doch das Elternhaus (einschließlich ihres bedeutenden politischen Einflusses zu Hause) nie zu verlassen. Auf die Dauer aber noch wichtiger: für das Nachleben des Werkes ihres Vaters hat sie sich unermüdlich und gewissenhaft eingesetzt.[19] Was ihre ›Nicht-Männlichkeit‹ bei ihrer Geburt anbetrifft, hätten sich die Eltern keine Sorgen machen brauchen, eher im Gegenteil, denn Erika hatte etwas ausgesprochen Männliches in ihrem gesamten Wesen. Mit ihrem ersten Gatten, dem berühmten (später wegen seiner Nazifreundlichkeit berüchtigten), homosexuellen Schauspieler Gustaf Gründgens, den sie 1926, sie war kaum 21, heiratete, lebte sie nur kurze Zeit zusammen. Die Ehe wurde nach zweieinhalb Jahren kinderlos geschieden. Ihre zweite Heirat, im Juni 1935, mit dem britischen, ebenfalls homosexuellen Dichter W. H. Auden war eine ›Paßehe‹, die beide eingingen, um Erikas Auswanderung aus dem nazistischen Deutschland zu ermöglichen.

---

18 Um den Umfang dieser Arbeit im Rahmen einer gemeinschaftlichen Ehrung nicht zu gefährden, verzichte ich auf zahlreiche bibliographische Hinweise in den folgenden Silhouetten der sechs Mann-Kinder und begnüge mich mit einigen Kostproben. Im zweiten, werkimmanenten Teil meiner Untersuchung sollen diese Belege nachgeholt werden.

19 Ich hatte das Privilegium, mich an der Fertigstellung der sich auf Amerika beziehenden Anmerkungen zu Bd. 3 der Briefe ihres Vaters (1948–1955 und Nachlese, a.a.O., S. 477ff.), die sie herausgab, beteiligen zu dürfen. Die Zusammenarbeit mit ihr war eine reine Freude.

Daß die Beziehungen zwischen Vater und Tochter von ganz besonderer Art waren, bezeugt Bruno Walter, der bedeutende Dirigent und enge Freund der Mann-Familie seit ihrer Münchner Zeit und dann im Exil:

> Selten wohl hat es ein schöneres, lebensvolleres, fruchtbareres Vater-Tochter-Verhältnis gegeben als das Eure [...] Welch einen Herzenstrost, welche Lebenswärme und auch welche aktuelle geistige Hilfe konntest Du ihm in immer höherem Maß bedeuten.[20]

Ob und in welchem Maß hochnuancierte sinnliche Neigungen zwischen dem homoerotischen aber heterosexuellen Vater und seiner maskulinen Tochter mitgespielt haben, muß dahingestellt bleiben: daß er sie sein »kühnes, herrliches Kind« nannte, wie Wotan im 3. Akt der *Walküre* seine über alles geliebte Tochter Brünhilde, gibt zu denken – aber gesetzt es sei so gewesen, wäre es, wie im Falle Fontane/Mete, durchaus nicht unnatürlich, solange wir uns an die fein schattierte klassische Skala des Sinnlich-Erotisch-Sexuellen und nicht an die groben Vereinfachungen unserer heutigen Massenmedien halten.

Nach ihrem Vater war die große Liebe Erikas ihr Bruder Klaus, das begabteste literarisch-künstlerische Talent unter den Kindern Thomas Manns, und wie Erika, mit der Klaus in ihrem gemeinsam gegründeten anti-totalitären Pfeffermühlentheater auftrat, auch der öffentlich aktivste Opponent Hitlers. Er genoß einerseits den Vorteil, als Sohn seines berühmten Vaters den Boden für seine Tätigkeiten geebnet zu finden (was auch auf Erika zutraf), war aber gleichzeitig dem Verdacht ausgesetzt, daß er von seines Vaters Ruhm zehre und ihm als Autor nicht gewachsen sei, was sowohl wahr wie unfair war. Das persönliche Verhältnis zwischen Vater und Sohn ging auf und ab. Klaus war offen homosexuell, litt unter Depressionen, die zur Drogensucht führten, und hat 1949 Drogenselbstmord begangen, was Thomas Mann, der den Lübecker Patrizierspröß in seiner Lebensweise und seinem Auftreten nie abstreifte, ihm bei allem Mitleid und Verständnis doch übelnahm (ähnlich reagierte er auf den Selbstmord seiner Schwester Carla im Jahre 1910). Klaus Mann war zwar einmal, sehr früh, verlobt (mit Pamela Wedekind, Frank Wedekinds Tochter), hat aber nie geheiratet und keine Kinder hinterlassen.

Der jüngste Sohn, Michael (1919–1977), ebenfalls hochbegabt – seine Musikleidenschaft hatte er wohl von seinem Vater geerbt – war erst beruflicher Geiger, dann Germanist an einer der führenden Hochschulen Amerikas, der Universität von Kalifornien in Berkeley, er hatte ein ›normales‹ Familienleben: Frau, zwei Kinder, darunter Frido, dessen Schönheit Thomas Mann als »Echo« im *Doktor Faustus* buchstäblich verewigt hat, denn er läßt ihn dort (sagen wir es ruhig: eine

---

[20] Erika Mann: Briefe und Antworten. München 1985, Bd. 2, S. 40–41. Für das Verhältnis Erika Manns zu ihrem Vater (und umgekehrt) siehe u.a.: Erika Mann: Das letzte Jahr. Bericht über meinen Vater. Frankfurt/M. 1956, und: dies.: Mein Vater, der Zauberer. Hrsg. v. Irmela von der Lühe u. Uwe Neumann. Hamburg 1996.

geschmacklose Literarisierung seines Enkels) sterben[21]; auch er aber hatte ernste Probleme (Alkoholiker, ob auch erotisch-sexuell-ambivalenter Art bleibe dahingestellt) und fand ebenfalls den Freitod.

Es sei hier daran erinnert, daß die beiden Schwestern Thomas Manns, Carla und Julia, ebenfalls ihr Leben freiwillig beendet haben. Das Erbe des Vaters und – indirekter – der Mutter, spielt in dieser Beziehung bei Klaus und Michael eine fatale, bei Erika eine problematische Rolle. In anderer Hinsicht kam das von beiden Seiten stammende hohe geistige, kulturelle, gesellschaftliche Niveau ihnen zugute. Talent ist Segen und Fluch.

Die drei anderen Kinder bieten ein vergleichsweise reguläres, aber durchaus eigenwilliges Bild. Monikas (1910–1992) frühe Umwelt war in einer Beziehung ungünstiger als diejenige ihrer Geschwister: Auf das »arme Mönchen« (auch »Möndchen«, »Moni« genannt) wurde intellektuell von ihren Eltern halb humoristisch, aber, jedenfalls für unsere heutigen Gefühle, taktlos heruntergesehen als unter dem Mannschen geistigen Niveau stehend. Dabei sind ihre Erinnerungen *Vergangenes und Gegenwärtiges* (1956)[22] fein, intelligent, natürlich, heiter geschrieben, obwohl ihr Mann 1940, ein Jahr nach ihrer Heirat, infolge der deutschen Torpedierung ihres Auswandererschiffes (von England nach Amerika) ertrank, – sie wurde gerettet. Ihre geschlechtlichen Neigungen waren heterosexuell; sie lebte später mit einem Fischer auf Capri. Sie ist kinderlos gestorben.

Golo – eigentlich Angelus Gottfried Mann (1909–1994) – ist unter den Mann-Kindern das eigenständigste, etwas düstere, ›unliebliche‹ und wohl weniger geliebte Kind gewesen, aber seine Beobachtungen über Eltern und Geschwister sind m.E. das abwägendste, ruhigste, zuverlässigste, wohlwollend einfühlendste und differenzierteste Portrait von Vater, Mutter und Familie, das wir besitzen.[23] Politisch konservativer als es sein Vater in den späten 1940er und frühen 1950er Jahren war, von Erika nicht zu sprechen, wußte er einfach mehr und fühlte sich in seinen Beurteilungen und Urteilen der Ethik des Historikerberufs verpflichtet. Er war dazu ein tätiger Realist, bewährte sich unter schwierigen Umständen in der Auswanderung aus Deutschland, wie übrigens die so ganz verschiedene Erika ebenfalls, der er bei der Herausgabe der Briefbände ihres Vaters beiseite gestanden hat; er lebte nach Erikas Tod in Kilchberg, und »anders als Klaus ging Golo mit seinen gleichgeschlechtlichen Neigungen diskret um«[24]. Golo hat nicht geheiratet und ist kinderlos gestorben.

Schließlich das einzige heute noch lebende Kind Thomas und Katia Manns, Elisabeth (»Medi«, »Mädi« und auch »Dadala« genannt, 1918 geb.), die fünfjährige

---

[21] Was dem Kind übrigens nicht geschadet hat: er wirkt heute als hochlebendiger Professor an der Universität Göttingen.

[22] Monika Mann: Vergangenes und Gegenwärtiges. München 1956.

[23] Golo Mann: Mein Vater Thomas Mann. Lübeck 1970 sowie ders: Erinnerungen und Gedanken. Eine Jugend in Deutschland. Frankfurt/M. 1986. Siehe hierzu auch Marcel Reich-Ranickis hervorragend ausgeglichene Besprechung »Die Befreiung eines ›Ungeliebten‹«. In: M. R.-R.: Thomas Mann und die Seinen. Stuttgart 1988, S. 222–236.

[24] Hermann Kurzke: Thomas Mann. Das Leben als Kunstwerk. München 1999, S. 316.

Eleonore (»Lorchen«) in Thomas Manns *Unordnung und frühes Leid* (1925), »die der Professor über alles liebt«[25]. Sie ist wohl, neben Monika, das ›normalste‹ Kind Katia und Thomas Manns, hat in ihrer Beteiligung an der ›Thomas Mann-Kunde‹ Gleichgewicht zwischen Abstand und Beteiligung gewahrt, im Alter von 21 Jahren den 36 Jahre älteren italienischen Freund ihres Vaters und Gegner Mussolinis, Giovanni Antonio Borgese (Professor an der Universität von Chicago) geheiratet, ist Mutter von zwei Töchtern, als Meeresbiologin und Umweltschützerin in der kanadischen Atlantikprovinz Nova Scotia tätig und interessiert sich ebenfalls für Probleme der männlichen und weiblichen Identität.

All das Vorangehende ist ein Teil – und nur ein Teil – des Rohmaterials für die geplante zweite Hälfte unseres Themas: inwieweit (und ob überhaupt) Fontane und Thomas Mann ihre persönlichen Ehe- und Kindererfahrungen in ihr Schaffen eingebaut haben; die Gründe dafür mögen in ganz verschiedenen Richtungen liegen. Verwendung und Nichtverwendung des erlebten, ›wirklichen‹ Materials mag gleichen Bezugswert haben. Beide Möglichkeiten und ihre vielen Schattierungen könnten einen Beitrag leisten zu der Erhellung eines nach wie vor grundlegenden Themas der Literaturforschung: des Zusammenhanges von Leben und Werk. In einem dritten Teil soll es dann um die textuelle Erfassung, Ausführung und Beurteilung des Ehethemas im Werk Fontanes und Th. Manns gehen.

---

25 Thomas Mann: Unordnung und frühes Leid. In: Th. M.: Erzählungen. Frankfurt/M. 1958, S. 619. Bestätigt in Th. Manns Brief an seinen Freund Paul Amann vom 11. Juli 1918: »[Ich] liebte sie vom ersten Tage an mehr als die anderen vier zusammengenommen [...] ich weiß nicht warum« (zit nach: Kurzke: Thomas Mann. Das Leben als Kunstwerk, a.a.O., S. 319).

Leonhard M. Fiedler

FÜLLE DES HERZENS, POETISIERUNG DER SPRACHE

Zu einem Blatt aus dem Nachlaß Hugo von Hofmannsthals (Ein Brief)

Liebe Frau Mittenzwei,
dem aufmerksamen Leser Ihres Buches über Fontanes Gesellschaftsromane fällt auf, daß Sie mehr als einmal auf Hugo von Hofmannsthal zu sprechen kommen, und dies jeweils in Zusammenhängen, die für Ihre Argumentation wichtig sind. Dabei zielt Ihr Hinweis nicht so sehr darauf, zu zeigen, was vielleicht naheläge, nämlich, daß der jüngere Autor dem älteren gewisse Motive und Symbole verdankt und in welcher Weise er diese in sein eigenes Werk integriert – dieser Frage hat Katharina Mommsen später eine umfangreiche Studie gewidmet; vielmehr spüren Sie – als einer subtileren Form der Verwandtschaft – bestimmten geistigen und poetologischen Affinitäten zwischen Fontane und Hofmannsthal nach. *Die Sprache als Thema*, die Sie in Fontanes Gesellschaftsromanen untersuchen, die Sprache als Basis, Medium und Objekt von »Geselligkeit« vor allem, finden Sie in Hofmannsthals Gesellschaftskomödien wieder, Reflexion über Sprache und Gesellschaft, verwandte Gedanken auch in seinen essayistischen Äußerungen, vom Chandos-Brief bis zu der Anthologie *Wert und Ehre deutscher Sprache*. Hofmannsthal gilt Ihnen als ein Garant jener »Balance von Herz und Wort«, die Sie als eines der wesentlichen Merkmale von Fontanes Poetik benennen, Hofmannsthals Komödienfiguren sind Ihnen überzeugende Repräsentanten jener »dialogischen Haltung«, die auch Fontanes Romanfiguren und deren »Kultur des Gesprächs« auszeichnet. Wenn Sie den *Stechlin* als einen »Roman der Sprache« interpretieren und zu dem Ergebnis gelangen, daß »erst das gesprochene Wort [...] das dem Roman Wesentliche« schafft, dann berühren Sie so unwillkürlich wie entschieden den Bereich des Theaters und vor allem den der Komödie, in dem Hofmannsthal, mit Blick auf das eigene Oeuvre, »das erreichte Soziale« angesiedelt sieht.

Ich möchte hier gerne an das imaginäre Gespräch zwischen den beiden Dichtern anknüpfen, das Sie ins Bewußtsein gerückt haben, indem ich ein weiteres Mal Hugo von Hofmannsthal zu Wort kommen lasse, und zwar mit einer bislang unbekannt gebliebenen Aufzeichnung, in der sich einige der Inhalte dieses Dialogs wiederfinden, leicht variiert; auch scheinen mir die hier angesprochenen Themen von hoher Aktualität zu sein.

Es handelt sich um ein Notizblatt, das Reflexionen über die Aufgabe und Situation des Dichters festhält – Spuren der Arbeit an einem seit Sommer 1905 zunächst unter dem Titel »Der Dichter und die Leute« konzipierten Vortrag, der 1906 dann unter dem Titel *Der Dichter und diese Zeit* in verschiedenen deutschen Städten gehalten wurde und im März 1907 in der *Neuen Rundschau* erschien.

Unter der Überschrift »Schema festgesetzt« notiert Hofmannsthal:

Es möchte scheinen, als hätte sich die Welt von dem Dichter abgewandt: ihr Sprecher ist der Journalist, ihr Lehrer der Mann der Wissenschaft.

Aber die Sprache des Journalisten ist nicht allesverknüpfend, weil sie nicht immer neugeboren ist. Dort wo er die Worte faßt, haben sie keinen Rückzug ins Unbenannte.

Aus der Wissenschaft führt kein Weg ins Leben. Erst durch ein dichterisches Element in ihr, durch ein metaphorisches Element verknüpft sie sich wieder dem Leben.

Dichter hat genuines Gefühl, Weltgefühl. Seine Sympathie ist ohne Bedingungen. Fülle des Herzens ist sein Anfang. Ohne Richtigkeit und Zartheit des Empfindens darf er nicht gedacht sein.

Was fühlt er in unserer Zeit: die Masse, Auflösung des Individuums

was stellt er dem Entgegen: höchste Individualisierung, Poetisierung der Sprache, Auflösung der Dialektik

den Wechsel: (Träger dieses das Geld)

was stellt er entgegen: Allgegenwart entschwundener geistiger Formen

das Calculable: dagegen taucht er ins geheime Geistige

Wen die Bilanz dieser Thätigkeit nicht befriedigte

Hofmannsthal nimmt die schwierig gewordene Rolle des Dichters in seiner Zeit zum Anlaß eines Vergleichs, dessen Medium die Sprache ist. Als neue Praeceptoren scheinen den Dichter zwei Gestalten abgelöst zu haben, als deren Werkzeug ebenfalls die Sprache dient, eine unzulängliche Sprache allerdings: der Journalist als »Sprecher« der »Welt«, der »Mann der Wissenschaft« als ihr »Lehrer«. Indem er die Mängel dieser Sprache und die offenbar durch ebendiese Mängel bedingten Aporien der Zeit benennt, beschwört Hofmannsthal die Mission des Dichters. Sie bewegt sich im Spannungsfeld von Differenzierung des sprachlichen Ausdrucks (»Individualisierung«) und Verknüpfung mit dem Leben – eins der Stichworte lautet »Sympathie«. Der Sprache des Journalisten wie der des Wissenschaftlers fehlt offenbar diese Qualität, fehlen Ursprünglichkeit und »genuines Gefühl, Weltgefühl«. Als Heilmittel bieten sich an: »höchste Individualisierung, Poetisierung der Sprache, Auflösung der Dialektik«. (In einem anderen Entwurfsblatt ist von der »Auflösung der Dialektik in Musik« die Rede). »Poetisierung der Sprache« bezeichnet den Weg vom Begriff zum Bild und vom Cliché zurück »ins Unbenannte«. Der – offenbar einzige – Weg von der Wissenschaft ins Leben, die Rettung vielleicht, führt über die metaphorische Sprache der Dichtung.

Anders als in dem vier Jahre zuvor entstandenen *Brief* des Lord Chandos, in dem – nicht ohne Ironie, das wird oft übersehen – die Aussagekraft von Sprache überhaupt und damit auch der Beruf des Dichters in Frage gestellt wird, ist hier der Dichter als unbezweifelte (wenngleich wenig sichtbare) Instanz etabliert. Allerdings wehrt Hofmannsthal sich, gerade auch im Hinblick auf die Rede über ästhetische Phänomene, gegen die Dominanz von »in der Luft hängenden kurzatmigen Theorien«, wie er in dem Vortrag von 1906 formuliert, und von fixierten

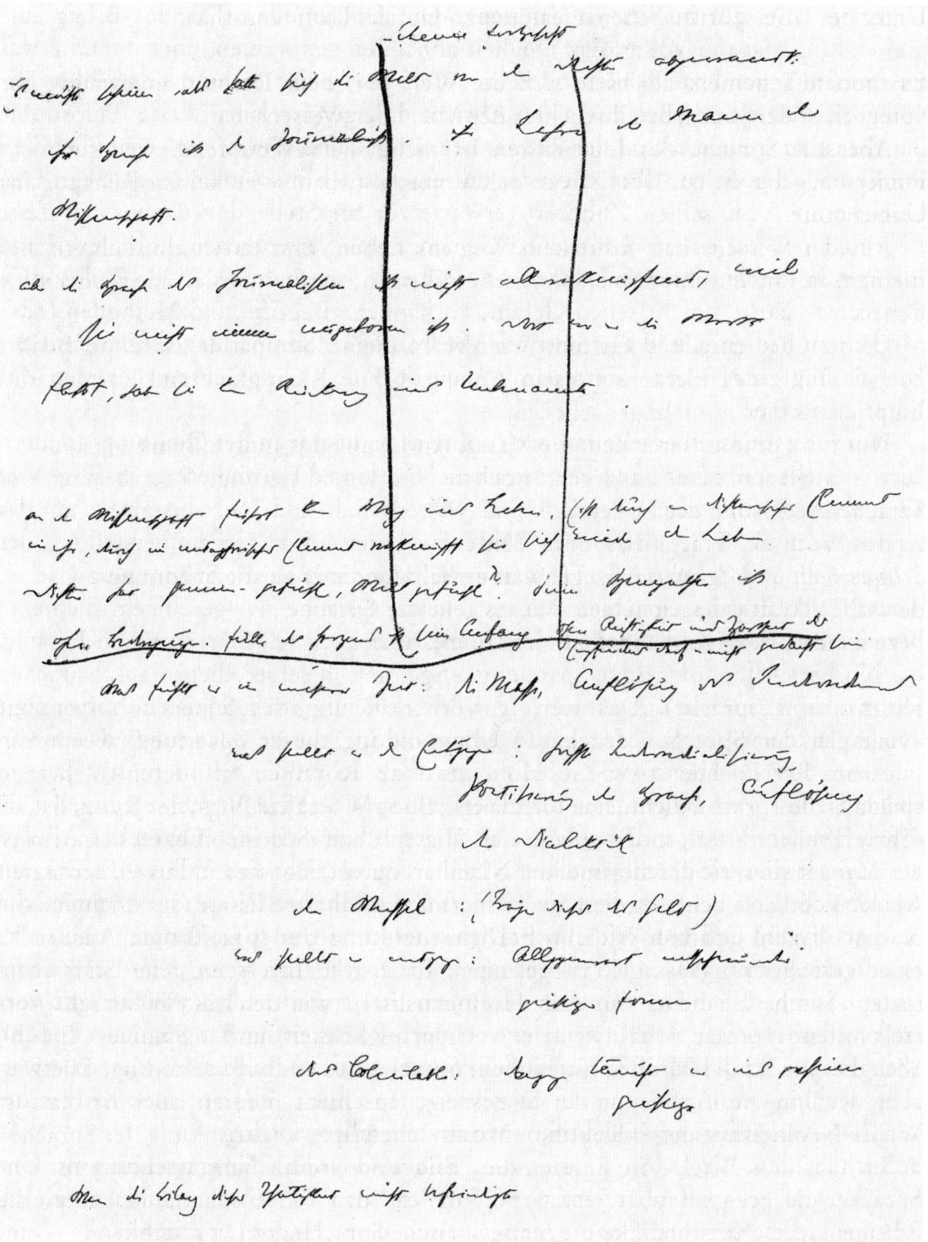

Begriffen, also des bereits »Benannten«. Die Diktion des Chandos-Briefs aufgreifend (»Es ist mir völlig die Fähigkeit abhanden gekommen, über irgend etwas zusammenhängend zu denken oder zu sprechen«) heißt es nun: »Es fehlen mir völlig die Mittel und ebensosehr die Absicht, in irgendwelcher Weise Philosophie der Kunst zu treiben.« Und der Redner bekräftigt seine Weigerung gegenüber dem Publikum, »den Schatz Ihrer Begriffe um einen, auch nur einen neuen Begriff zu bereichern.« Von seinen Zuhörern erwartet er an Stelle des Bauens auf feste Begriffe eine »auf einem chaotischen Gemenge von verworrenen, komplexen und inkommensurablen inneren Erlebnissen« ruhende Anschauung. Eine »Philosophie der Kunst« läuft ja nicht selten Gefahr, vorhandene Begriffe und Methoden (oder Moden) zu bedienen und egozentrisch »kurzatmig« sich über den Gegenstand der Betrachtung zu erheben – und damit auch über den Gesprächspartner, den Zuhörer, den Leser.

Hofmannsthals Überzeugung nach sollte es nicht nur in der Dichtung, sondern auch »in dieser Bücher- und Zeitungssprache«, so die Formulierung in *Wert und Ehre deutscher Sprache*, – gemeint sind Wissenschaft und Journalismus –, um das zu tun sein, was Sie, liebe Frau Mittenzwei, bei Ihrer Gegenüberstellung des *Schwierigen* und des *Stechlin*, Hofmannsthal zitierend, als die Spannung zwischen der »Eigenkraft« des einzelnen Wortes und der Sprache als »geselligem Element« bezeichnen. (Für Hofmannsthals Lustspiele, aber auch bei Marivaux und Lessing, hat Norbert Altenhofer diese Spannung ausgelotet, in seiner ebenso anschaulichen wie präzisen Sprache). Das für die Verwirklichung des Sozialen notwendige »Gelingen der Sprache« durch die Überwindung dieser Spannung, das Sie in Fontanes Roman ebenso wie in Hofmannsthals Komödie erfüllt finden, hat, so stellen Sie fest, »ein Bewußtsein für die einzelnen Worte zur Voraussetzung, das ›in offene Truhen‹ greift, in denen diese als abgegriffene ›Scheidemünzen des Alltags‹ versammelt sind, sie der allgemeinen Nivellierung entzieht und in ihrer ›Eigenkraft‹ wieder sichtbar macht.« Indem Sie diese beiden bildhaften Zitate (sie stammen von Karl Wolfskehl und von Wilhelm Emrich) hier miteinander verknüpfen und so zu einer gesteigerten Aussagekraft gelangen, bieten Sie Ihrerseits dem Leser jenes metaphorische Element, von dem Hofmannsthal spricht. Ich kann mir gut vorstellen, daß Hofmannsthal, wenn er von der »Poetisierung der Sprache« spricht, eben dies meint: das Machen (poiein) der Sprache, aus vorhandenem Material zwar, aber »genuin«, mit neuem und jeweils eigenem Blick, jenseits aller Kovention. Weder Neologismus noch Routine, sondern lebendiger Dialog.

Im Chandos-Brief – Sie zitieren die Passage – wird als Voraussetzung für eine Sprache, die geeignet wäre, etwas mitzuteilen, also zu teilen und Harmonie zu erlangen, die Notwendigkeit genannt, »mit dem Herzen zu denken« – eine Fähigkeit, die, zumindest in der Erfahrung des Schreibenden, ihm und der »Welt« abhanden gekommen ist. In Hofmannsthals Notizblatt wird diese Vorstellung wieder aufgenommen, wenn vom Dichter gesagt wird: »Fülle des Herzens ist sein Anfang. Ohne Richtigkeit und Zartheit des Empfindens darf er nicht gedacht sein.« Hier klingt auch ein Wort der Protagonistin in Hofmannsthals Lustspielfragment *Silvia im ›Stern‹* an, das, wie Sie zeigen, besonders geeignet ist, die geistige Verwandtschaft zwischen Hofmannsthal und Fontane im Ringen um die Sprache und im Kampf gegen die Phrase anzudeuten: »Sprache sollte sein, wo Liebe ist, nirgends anders.«

In Hofmannsthals Vortrag *Der Dichter und diese Zeit* weicht der anfänglich resignative Ton, den wir auch in den ersten Zeilen des hier vorgelegten Blattes finden, einer optimistischeren Diagnose, zumindest im Blick auf den Leser. Der Dichter ist letztlich doch da, »allesverknüpfend«, wie es hier heißt, wenngleich unerkannt, wie Alexius unter der Treppe des väterlichen Hauses, als »Seismograph« alles vergangenen, gegenwärtigen und künftigen Geschehens. Als Zeuge der »Allgegenwart entschwundener geistiger Formen« ist er latent in der Sehnsucht der Leser präsent. Noch im schwächsten Derivat von Literatur, noch in Journalen, noch in wissenschaftlichen Schriften erahnen sie die dichterische Sprache. Die Nähe zu einer solchen Sprache oder die Bereitschaft, von ihr zu lernen, scheint mir noch immer und vielleicht in zunehmendem Maß das Gebot der Stunde zu sein, wo es um die Betrachtung von Kunst und um den Dialog mit dem Betrachter geht.

Nur soviel zu diesem Thema. Auch ich möchte nicht Gefahr laufen, »Philosophie der Kunst zu treiben«. Ihnen Hofmannsthals Entwurfsblatt nahezubringen war hier mein Wunsch. Gegenüber dem vollendeten Bild hat die flüchtig hingeworfene Skizze den Vorzug des Unmittelbaren. Die obere Hälfte des aus dünner Feder mit schwarzer Tinte beschriebenen Blattes hat Hofmannsthal übrigens mit drei kräftigen Bleistiftstrichen getilgt, und es scheint, daß das Blatt seinen Platz dann im Papierkorb fand. War dem Dichter das hier über den Dichter Gesagte zu unvermittelt, zu persönlich vielleicht? Schließlich handelt es sich ja um die ersten Federstriche zu einer Art Selbstportrait »des Dichters«.

Die Frage, ob in diesem skizzenhaften Portrait möglicherweise auch Züge Theodor Fontanes enthalten sind, konnte ich, Ihrer Fährte folgend, hier nur andeuten. Als Anlaß vielleicht zu einer gelegentlichen Fortsetzung des Gesprächs?

Mit allen guten Wünschen bin ich
Ihr
Leonhard M. Fiedler

P.S. Noch eine Bemerkung zu jenem »Weg ins Leben«, der in Fontanes wie in Hofmannsthals Werk über die »Sprache des Herzens« führt. In Hofmannsthals selbstanalytischen Aufzeichnungen *Ad me ipsum*, denen das Wort über das »erreichte Soziale« in der Komödie entnommen ist, findet sich – in unmittelbarer Nähe dazu – die Notiz: »Der Weg zum Leben (und zum Sozialen) durch das Werk und das Kind«. 1902, als der *Brief* des Lord Chandos geschrieben wurde, erblickte auch Christiane Maria Anna Katharina Pompilia, Hofmannsthals erstes Kind, das Licht der Welt. Katharina Pompilia, so heißt die kleine Tochter, von der Philipp Lord Chandos in dem fiktiven Brief spricht. Sein Unvermögen, ihr mit abstrakten Begriffen den Unterschied zwischen Wahrheit und Lüge zu vermitteln, ist es, das ihn an den Rand der Verzweiflung treibt. Waren es vielleicht der Blick auf das Mädchen und der Gedanke an sie, die ihn schließlich doch vor dem Verstummen bewahrt und ihn wieder zum Schreiben befähigt haben, und zum Leben, zumindest zur Formulierung dieses so beredten wie anschaulichen Briefes? Hat ihre Gegenwart ihm die Kraft gegeben, »mit dem Herzen zu denken«?

Christiane von Hofmannsthal war umsichtig, neugierig, im besten Sinne konservativ, dabei alles andere als konventionell, und sehr herzlich. Als junges Mädchen konnte sie hin und wieder einige der vom Vater verworfenen Notizblätter einsammeln und retten. Zu ihm hatte sie ein durchaus unbefangenes Verhältnis, jegliche Art von Kult lag ihr fern. Aber sie hat diese Blätter – abseits des von Hugo von Hofmannsthal selbst Bewahrten, später im umfangreichen Familiennachlaß Überlieferten – bis ins Alter behütet und sie dann weitergegeben. Ihr ist es zu verdanken, daß die Ihnen hier gewidmete Skizze überlebt hat.

Gabriele Rohowski

»DER VERLORENE SOHN«

Narration und Motivation in Prosatexten von André Gide, Rainer Maria Rilke, Franz Kafka und Robert Walser

Der »in der christlichen Welt berühmteste[] Fall eines verkommenen Kindes«[1], das biblische Gleichnis vom verlorenen Sohn (Lukas 15, 11–32), wurde in der Reformationszeit – je nach konfessioneller Ausrichtung – als Exempel für die Gnade Gottes gedeutet oder als Tugendlehre rezipiert.[2] Zu Beginn des 20. Jahrhunderts wird es in der Literatur wieder aufgenommen. Die Autoren der Moderne greifen auf den Text zurück, um die Notwendigkeit, ja sogar Zwangsläufigkeit einer Ich-Suche vorzuführen, deren Ziel offen ist oder offen bleiben muß.

Im Lukas-Evangelium wird die Geschichte vom verlorenen Sohn als letztes der *Drei Gleichnisse vom Erbarmen* berichtet. Eine Rahmenhandlung wird auf extradiegetischer Ebene[3] vorgestellt: Jesus verweilt auf dem Wege nach Jerusalem an verschiedenen Orten und spricht in Gleichnissen zu seinen Jüngern und den Menschen, die ihn begleiten. Die *drei Gleichnisse* werden als Binnenerzählungen in Form einer korrelativen Verknüpfung auf intradiegetischer Ebene präsentiert.[4]

> Es nahten sich ihm aber allerlei Zöllner und Sünder, um ihn zu hören. Und die Pharisäer und Schriftgelehrten murrten und sprachen: »Dieser nimmt Sünder an und ißt mit ihnen«. Er sagte aber zu ihnen dies Gleichnis und sprach: (Lk 15, 1–3)[5].

---

1 Peter von Matt: Verkommene Söhne, mißratene Töchter. Familiendesaster in der Literatur. München, Wien 1995, S. 75.

2 Vgl. Werner Brettschneider: Die Parabel vom verlorenen Sohn. Das biblische Gleichnis in der Entwicklung der europäischen Literatur. Berlin 1978, S. 29: »Das allgemeinste und brennendste Thema des Jahrhunderts war das Schuldbewußtsein des Menschen, sein Kampf mit der Sünde. Das Motiv wurde durch die Reformation zu dem Glaubenssatz verwandelt: fide sola – nur durch die Gnade Gottes, die Frucht unseres Glaubens, kann die Erlösung geschehen. Wo konnte man eine konkretere, eindrucksvollere und hoffnungsreichere Darstellung dieser These finden als im Gleichnis vom verlorenen Sohn? Wurde nicht hier die Lehre Luthers durch das Wort Jesu selbst gerechtfertigt und geheiligt?«

3 Matias Martinez und Michael Scheffel unterscheiden im Anschluß an Gérard Genette (Die Erzählung. München 1994) zwischen extra- und intradiegetischer Ebene: »extradiegetisch: Standpunkt außerhalb der Welt der erzählten Geschichte«; intradiegetisch: »Standpunkt innerhalb der Welt der erzählten Geschichte« (Matias Martinez/Michael Scheffel: Einführung in die Erzähltheorie. München 1999, S. 188 u. S. 190).

4 Vgl. ebd., S. 78f.

5 Die Bibel nach der Übersetzung Martin Luthers in der revidierten Fassung von 1984. Stuttgart 1985.

Es folgt das Gleichnis vom verlorenen Schaf (Lk 15, 4–7), von der verlorenen Drachme (Lk 15, 8–10) sowie abschließend als drittes und zugleich umfangreichstes die Geschichte vom verlorenen Sohn (Lk 15, 11–32). Wird in den beiden ersten Gleichnissen auf eine Frage jeweils eine Antwort gegeben und in einem Schlußsatz die Lehre, die dem Zuhörer vermittelt werden soll, ausdrücklich formuliert, so wird im dritten Text, der gattungstypologisch als Parabel[6] zu lesen ist, eine Geschichte erzählt, der diese Elemente mangeln. Sowohl das Erzählte (Handlung) als auch das Erzählen (Darstellung) weichen von der Struktur der beiden zuvor berichteten Gleichnisse ab. Ein heterodiegetischer Erzähler[7] – Christus – führt uns gerafft und im Präteritum eine abgeschlossene Geschichte vor; nur in der Rückwendung des älteren Sohnes wird die Chronologie durchbrochen (Lk 15, 25–32).

Ein erläuternder Schlußsatz, eingeleitet mit »Ich sage Euch«, fehlt im dritten Text. Der Leser bzw. Zuhörer ist aufgefordert, eigenständig eine Antwort zu finden. Die Einzelereignisse Aufbruch, Scheitern, Entschluß zur Umkehr, Rückkehr, Aufnahme, Klage des älteren Bruders und Widerspruch des Vaters konstituieren ein Geschehen, das von zwei Höhepunkten, der Rückkehr des jüngeren Sohnes und der Aufnahme durch den Vater sowie der Rückkehr des älteren Sohnes vom Feld und der Auseinandersetzung mit dem Vater, strukturiert wird.[8] Motiviert wird das Geschehen auf intradiegetischer Ebene durch die Begründung des Vaters – »denn dieser mein Sohn war tot und ist wieder lebendig geworden, er war verloren und ist wiedergefunden« (Lk 15, 24) – und durch die auf extradiegetischer Ebene situierten Transfersignale: die Analogie Vater-Gott und Sohn-Mensch sowie die Barmherzigkeit Gottes. Die Parabelstruktur des biblischen Prätextes eröffnet somit im besonderen Maße Möglichkeiten, »das Initialsignal der Uneigentlichkeit«[9] aufzunehmen und je nach narrativer Gestaltung und Motivation neu- oder umzugestalten bzw. eine schlüssige Interpretation zu verweigern.

Im folgenden werden vier moderne Variationen, *Die Rückkehr des verlorenen Sohnes* von André Gide, das letzte Fragment der *Aufzeichnungen des Malte Laurids Brigge* von Rainer Maria Rilke, *Heimkehr* von Franz Kafka sowie *Die Geschichte vom verlorenen Sohn* von Robert Walser hinsichtlich der Konsequenzen untersucht, die sich aus der Ausweitung, Reduktion oder Umstellung der Einzelereignisse auf der Ebene der Handlung sowie aus der Wahl der Erzähler-

---

6 Auf Probleme der Gattungsdifferenzen von Gleichnis und Parabel kann im Rahmen dieses Beitrags nicht eingegangen werden; aus der umfangreichen Literatur seien genannt: Josef Billen: Erzählform Parabel – Traditionshintergrund und moderne Erscheinungsformen. In: Die deutsche Parabel: zur Theorie einer modernen Erzählform. Hrsg. v. Josef Billen. Darmstadt 1986, S. 389–446; Rüdiger Zymner: Uneigentlichkeit. Studien zu Semantik und Geschichte der Parabel. Paderborn 1991.

7 Vgl. Martinez/Scheffel: Einführung in die Erzähltheorie, a.a.O.; der heterodiegetische Erzähler »[gehört] nicht zu den Figuren seiner Geschichte« (ebd., S. 189), der homodiegetische Erzähler »[kommt] als Figur in seiner Geschichte [...] vor« (ebd.).

8 Eine detaillierte Analyse des Handlungsablaufs gibt Hans Dieter Zimmermann: Der babylonische Dolmetscher. Zu Franz Kafka und Robert Walser. Frankfurt/M. 1985, S. 27f.

9 Vgl. Zymner: Uneigentlichkeit, a.a.O., S. 271.

stimme auf der Ebene der Darstellung für »die Motivation des Geschehens aus spezifisch narrativer Sicht« ergeben.[10] Zu zeigen ist – dies sei als These vorangestellt –, daß Narration und Motivation die »parabelspezifische[] Appellstruktur der Uneigentlichkeit«[11] verstärken, aber auch auflösen können. Dies gilt für die Texte von Gide, Rilke und Kafka, wie im folgenden skizziert wird. Daß bei enger Korrespondenz zur Handlungsstruktur des Prätextes auf der Ebene des Erzählens jedoch auch eine völlig überraschende Motivation des Geschehens imaginiert werden kann, demonstriert in kaum zu übertreffender Weise Robert Walsers *Geschichte vom verlorenen Sohn*.

André Gides Erzählung *Die Rückkehr des verlorenen Sohnes* von 1907, im selben Jahr von Kurt Singer, 1913 von Rilke ins Deutsche übertragen[12], ist noch expressis verbis eingebunden in den Kontext religiöser Unterweisung. Im Vorwort vergleicht der Ich-Erzähler den Aufbau der Erzählung mit einer Altartafel, im französischen Original als »anciens triptyques« vorgestellt[13]: Vom Ende der Erzählung aus ›sehen‹ wir im Rückblick auf der Mitteltafel den verlorenen Sohn, auf den Seitentafeln sind ihm rechts Vater und älterer Bruder, links Mutter und jüngerer Bruder zugeordnet. Auch der Erzähler weist sich eine analoge Gestalt im Bild zu, genregerecht »in der Ecke des Gemäldes« als Stifterfigur plaziert, »auf den Knieen, ein Gegenstück zum verlorenen Sohn, wie er zugleich lächelnd und mit von Tränen triefendem Antlitz.« (7) Nicht der gütige, verzeihende Vater des Lukas-Textes, sondern der verlorene Sohn wird zur zentralen Figur: »Ich suchte [...] wer ich war.« (38) In der Ausweitung der Figurenkonstellation – Vater, Mutter, älterer Bruder und jüngerer Bruder – werden in vier Dialogen an vier Abenden Gründe für den heimlichen Aufbruch, das Verweilen in der Fremde und die Rückkehr gesucht und je nach Gesprächspartner akzeptiert oder verworfen. Der emphatischen Einführung des Erzählers im Vorwort korrespondiert seine Anteilnahme bei der Wiedergabe der Gespräche des verlorenen Sohnes mit den Mitgliedern seiner Familie: Er begleitet kommentierend, reflektierend und appellierend die als »Verweis« (»reprimande«, Vater und älterer Bruder) oder als »Zwiegespräch« (»dia-

---

10 Matias Martinez: Doppelte Welten. Struktur und Sinn zweideutigen Erzählens. Göttingen 1996, S. 6. Im Einleitungskapitel seiner Dissertation stellt Martinez im Anschluß an Lugowskis ›Motivation von hinten‹ drei Arten der Motivation vor: kausale, finale und kompositorische; vgl. S. 13–32.

11 Zymner: Uneigentlichkeit, a.a.O., S. 275.

12 André Gide: Die Rückkehr des verlorenen Sohnes. Übertragen von Rainer Maria Rilke. Frankfurt/M. 1994. *Die Rückkehr des verlorenen Sohnes* wird im Abschnitt über André Gide nach dieser Ausgabe nur mit Angabe der Seitenzahl im fortlaufenden Text zitiert.

13 Vgl. Helmut Naumann: Malte Studien. Untersuchungen zu Aufbau und Aussagegehalt der ›Aufzeichnungen des Malte Laurids Brigge‹ von Rainer Maria Rilke. Rheinfelden 1983, S. 10–11: »Wenn durch die Stifterfigur als Gegenstück zum verlorenen Sohn der Dichter in seinem eigenen Bild erscheint, so wird dadurch einerseits der Gleichnischarakter der Darstellung betont, andererseits ein persönlicher Anspruch ironisch angemeldet. Der (scheinbar) demütig in der Ecke kniende Stifter ist – bei allem Unterschied von Kleinem und Großem – Gegenstück und Entsprechung zur Figur des Sohnes im Mittelfeld; das heißt, daß dieser Altar letzten Endes ihm selber geweiht ist.«

logue«, jüngerer Bruder) ausgewiesenen Begegnungen.[14] Der Text übernimmt die Handlungseinheiten der biblischen Vorlage; diese werden jedoch nicht in chronologischer Abfolge berichtet, sondern nach der Rückkehr des Sohnes, mit der die Erzählung einsetzt, in Analepsen dargestellt.

Vorgeführt wird kein Entweder-Oder – Weggehen oder Einfügen ins Haus –, vielmehr geht es um die Suche nach Gründen für den Aufbruch und die Rückkehr im Prozeß des Fragens, in der Auseinandersetzung zwischen tradierten Lebensformen (Vater, älterer Bruder und Mutter) und dem Wunsch nach individueller Lebensplanung und -gestaltung (jüngerer Bruder). Nicht die Barmherzigkeit des Vaters gilt es erneut zu bezeugen; es ist unvermeidlich, so die Kernaussage des Textes, in individueller Verantwortung eine Entscheidung für einen Weg zu treffen, der – dies wird nicht verschwiegen – auch ein Irrweg sein kann. »Sei stark. Vergiß uns, vergiß mich. Mögst du nicht wiederkommen ...« (63), so lautet der resignierte und zugleich hoffnungsvolle Rat des Zurückgekehrten an den zum Aufbruch entschlossenen jüngeren Bruder am Ende des letzten Dialogs.

Löst Gide die lineare Handlungsstruktur des Lukas-Textes in ein nicht nur kompositorisches, sondern auch zeitlich-räumliches Nebeneinander der Figuren auf, so berichtet im letzten Fragment von Rainer Maria Rilkes *Aufzeichnungen des Malte Laurids Brigge*[15] ein Ich-Erzähler[16] die Lebensgeschichte des verlorenen Sohnes als kontinuierlichen Prozeß, der von der Kindheit (195f.), der Zeit des Aufbruchs über die Hirtenjahre (198) bis zur Heimkehr (200) führt. Rilke entwirft eine Version der biblischen Geschichte, die durch den direkten Verweis auf die biblische Gestalt den intertextuellen Bezug offenlegt. Zugleich zeigt er aber durch die dezidierte Wahl einer neuen Gattung – »Legende« – an, daß eine andere Geschichte erzählt wird: »Man wird mich schwer davon überzeugen, daß die Geschichte des verlorenen Sohnes nicht die Legende dessen ist, der nicht geliebt werden wollte.« (195) In mehrfacher Negation wird eine Geschichte eingeleitet, die sich eindeutigen Festschreibungen entzieht.[17] Zwar kündet der Erzähler eine Geschichte an, deren Struktur wir durch den Gattungsindex ›Legende‹ zu kennen meinen. Auf der Ebene der narrativen Selbstreflexion unterläuft er jedoch die durch die Gattungs-

---

14 Nur das Gespräch mit der Mutter wird ohne Zuweisung einer Kategorie vorgestellt. Dieses Gespräch wird mit einem Appell des Erzählers an den verlorenen Sohn eingeleitet: »Sohn, verlorener, der sich im Geiste noch sträubt gegen die Reden des Bruders, laß nun dein Herz sprechen.« (S. 36)

15 Rainer Maria Rilke: Die Aufzeichnungen des Malte Laurids Brigge (1910). Frankfurt/M. 1982. *Die Aufzeichnungen des Malte Laurids Brigge* werden im Abschnitt über Rainer Maria Rilke nach dieser Ausgabe nur mit Angabe der Seitenzahl im fortlaufenden Text zitiert.

16 Vgl. Naumann: Malte Studien, a.a.O., S. 21: »Offenbart sich hier in der letzten Aufzeichnung der Erzähler des Romans? Sind er und der Erzähler der Legende derselbe? Mit anderen Worten: Erzählt Malte Laurids Brigge die Geschichte vom verlorenen Sohn?«

17 Vgl. Anthony R. Stephens, der »ein[en] geradezu ›spätmittelalterliche[n]‹ Mangel an Einstimmigkeit in den Interpretationen« der Forschungsliteratur konstatiert (Anthony R. Stephens: R. M. Rilkes *Malte Laurids Brigge*. Strukturanalyse des erzählerischen Bewußtseins. Bern, Frankfurt/M. 1988, S. 244).

zuweisung ›Legende‹ vorgenommene Lektürelenkung.[18] Die Geschichte des verlorenen Sohnes wird als Geschichte inszeniert, an der exemplarisch die Möglichkeiten und Bedingungen des Erzählens reflektiert werden:

> Wird er bleiben und das ungefähre Leben nachlügen, das sie ihm zuschreiben, und ihnen allen mit dem ganzen Gesicht ähnlich werden? [...]
> Nein, er wird fortgehen. [...] Viel später erst wird ihm klar werden, wie sehr er sich damals vornahm, niemals zu lieben, um keinen in die entsetzliche Lage zu bringen, geliebt zu sein. [...]
> Wer beschreibt, was ihm damals geschah? Welcher Dichter hat die Überredung, seiner damaligen Tage Länge zu vertragen mit der Kürze des Lebens? Welche Kunst ist weit genug, zugleich seine schmale, vermantelte Gestalt hervorzurufen und den ganzen Überraum seiner riesigen Nächte. (197f.)

Wiederholte Fragen, *wie* die Geschichte erzählt werden könnte, verstärken den hypothetischen Status des *Erzählens*.[19] Der homodiegetische Erzähler läßt uns an den Hoffnungen und Zweifeln der Figur teilhaben; zugleich präsentiert er Fragen, die seine Arbeit am Text und an der Überzeugungskraft der Figur deutlich werden lassen. In diesen Passagen bleibt in der Schwebe, ob wir hier die Stimme des Ich-Erzählers oder die über erlebte Rede vermittelte Stimme des verlorenen Sohnes hören. Unbestimmtheit, Leerstellen erzeugt der Erzähler auch im Wechsel zwischen allwissender Übersicht und expliziten Hinweisen auf den hypothetischen Status des *Erzählten*:

> Auf der schuldlosen Spur ihres Hungers schritt er schweigend über die Weiden der Welt. Fremde sahen ihn auf der Akropolis, und vielleicht war er lange einer der Hirten in den Baux [...]. Oder soll ich ihn denken zu Orange, an das ländliche Triumphtor geruht? Soll ich ihn sehen im seelengewohnten Schatten der Allyscamps, wie sein Blick zwischen den Gräbern, die offen sind wie die Gräber Auferstandener, eine Libelle verfolgt?
> Gleichviel. (198f.)

Der wiederholte Bezug auf die literarische Tradition evoziert eine Handlungsstruktur, die eine Orientierung am überlieferten Modell noch zuläßt, da sie zentrale Elemente und Aussagen des biblischen Textes aufruft: Haus, »Gesichter von

---

[18] Vgl. dazu Martinez, der auf die »doppelte epistemische Struktur narrativer Texte zwischen Agentenperspektive und Erzählerperspektive« in Relation zu Genrenamen verweist: »Bezeichnungen wie ›Legende‹ oder ›Tragödie‹ [...] beschreiben das dargestellte Geschehen von der ersten Zeile an mit Bezug auf ein geschlossenes Plot-Schema. [...] Das in Genrenamen implizierte Plot-Schema (und damit das, was ich die kompositorische Motivation nenne) hat die logischen Eigenschaften narrativer Sätze.« (Martinez: Doppelte Welten, a.a.O., S. 26f.).

[19] Vgl. Judith Ryan: ›Hypothetisches Erzählen‹: Zur Funktion von Phantasie und Einbildung in Rilkes »Malte Laurids Brigge«. In: Hartmut Engelhardt (Hrsg.): Materialien zu Rainer Maria Rilke, »Die Aufzeichnungen des Malte Laurids Brigge«. Frankfurt/M. 1974, S. 244–279.

rührender Ähnlichkeit«, Erkennen, Verzeihen, Liebe. Zugleich wird jedoch eine ganz andere Geschichte berichtet:

> Die die Geschichte erzählt haben, versuchen es an dieser Stelle, uns an das Haus zu erinnern, wie es war; denn dort ist nur wenig Zeit vergangen, ein wenig gezählter Zeit, alle im Haus können sagen, wieviel. Die Hunde sind alt geworden, aber sie leben noch. Es wird berichtet, daß einer aufheulte. Eine Unterbrechung geht durch das ganze Tagwerk. Gesichter erscheinen an den Fenstern, gealterte und erwachsene Gesichter von rührender Ähnlichkeit. Und in einem ganz alten schlägt ganz plötzlich blaß das Erkennen durch. Das Erkennen? Wirklich nur das Erkennen? – Das Verzeihen. Das Verzeihen wovon? – Die Liebe. Mein Gott: die Liebe.
> Er, der Erkannte, er hatte daran nicht mehr gedacht, beschäftigt wie er war: daß sie noch sein könne. Es ist begreiflich, daß von allem, was nun geschah, nur noch dies überliefert ward: seine Gebärde, die unerhörte Gebärde, die man nie vorher gesehen hatte; die Gebärde des Flehens, mit der er sich an ihre Füße warf, sie beschwörend, daß sie nicht liebten. [...]
> Was wußten sie, wer er war. Er war jetzt furchtbar schwer zu lieben, und er fühlte, daß nur Einer dazu imstande sei. Der aber wollte noch nicht. (200f.)

Nach der Rückkehr, nach dem langen Weg in der Fremde, prägt nicht die Hoffnung auf erneute Aufnahme in die Familie und das Verzeihen des Vaters das Verhalten des Sohnes.[20] Die implizite Symbiose der Gott-Vater-Figur im Bibel-Text wird in den fernen, noch schweigenden Gott und in eine zwar nahe, zugleich jedoch im Verborgenen bleibende Vater-Figur aufgelöst, eine Vater-Figur, deren Autorität einer Vergangenheit angehört, die überwunden ist. Am Ende des Fragments wird der Leser – im Wechsel des Personalpronomens vom Singular in den Plural – mit in die Unbestimmtheit hineingezogen: »Wir wissen nicht, ob er blieb; wir wissen nur, daß er wiederkam.« (200) Dieser Sohn braucht kein Verzeihen, mehr noch: Er will nicht geliebt werden, er will »niemandes Sohn mehr [...] sein.« (150) Die Parabelstruktur wird aufgelöst, die Geschichte »als mögliche Konstruktion vorgestellt«[21]. Die Position der »Legende« vom verlorenen Sohn im Rahmen der gesamten *Aufzeichnungen* weist ihr eine besondere Funktion zu. Zunächst hatte Rilke geplant, ein »Tolstoj«-Fragment, von dem zwei Niederschriften überliefert sind, an das »Ende der Aufzeichnungen« (201) zu stellen. Die Entscheidung, mit einer »höchst raffinierten Neudeutung der biblischen Parabel«[22] einen Text abzuschließen, der aufgrund seiner fragmentarischen Struktur als unabschließbar

---

[20] Vgl. Rilke: Die Aufzeichnungen des Malte Laurids Brigge, a.a.O., S. 200: »Er dachte vor allem an die Kindheit, sie kam ihm, je ruhiger er sich besann, desto ungetaner vor; alle ihre Erinnerungen hatten das Vage von Ahnungen an sich, und daß sie als vergangen galten, machte sie nahezu zukünftig. Dies alles noch einmal und nun wirklich auf sich zu nehmen, war der Grund, weshalb der Entfremdete heimkehrte.«

[21] Huiru Liu: Suche nach Zusammenhang. Rainer Maria Rilkes ›Die Aufzeichnungen des Malte Laurids Brigge‹. Frankfurt/M. u.a. 1994, S. 96.

[22] Stephens: Rilkes Malte Laurids Brigge, a.a.O., S. 14.

gilt[23], hebt ihre Stellung als poetologische Reflexion über die Bedingungen des Erzählens hervor.[24]

Franz Kafka reduziert in dem kurzen Prosastück *Heimkehr*[25] die Handlung auf das Moment nach der Ankunft: Aufbruch, Erniedrigung, Hunger, Reue, Rückkehr, Aufnahme durch den Vater, Protest des älteren Bruders und Widerspruch des Vaters werden ausgespart.[26] Nur die Vater-Sohn-Beziehung wird befragt, die Rolle des älteren Bruders wird ausgeblendet.

> Ich bin zurückgekehrt, ich habe den Flur durchschritten und blicke mich um. Es ist meines Vaters alter Hof. Die Pfütze in der Mitte. Altes, unbrauchbares Gerät, ineinanderverfahren, verstellt den Weg zur Bodentreppe. Die Katze lauert auf dem Geländer. Ein zerrissenes Tuch, einmal im Spiel um eine Stange gewunden, hebt sich im Wind. (107)

Eine vermittelnde Erzählinstanz wie in den anderen Texten fehlt. In durchgängiger interner Fokalisierung läßt uns ein homodiegetischer Erzähler[27] an seinen ersten Eindrücken und Gedanken nach langer Abwesenheit teilhaben. In einem auto-

---

23 Vgl. z.B. Walter Busch: Zeit und Figuren der Dauer in Rilkes ›Malte Laurids Brigge‹. In: Blätter der Rilke-Gesellschaft 21 (1995), S. 15–34, hier S. 30f.: »Der ›Malte‹ repräsentiert auch kein biographisches Modell, das über einfache Formen der Referentialität und der erzählerischen Entfaltung verfügt. Sinnkategorien wie Ursprung, Geschichte und Kohärenz des individuellen Lebenslaufs werden im ›Malte‹ verabschiedet. [...] Wer im ›Malte‹ nach der Gesamtmetapher des gelebten Lebens oder der Kindheit sucht, stößt auf ein metonymisch ausgebreitetes Werk von 71 textuellen Fragmenten, dessen Fraktur quer steht zu jeder vorentworfenen Topographie.«

24 Vgl. auch den Brief an Lou Andreas Salomé vom 15.01.1904, den Rilke kurz vor Beginn der Arbeiten an den *Aufzeichnungen* schrieb: »Ich aber, Lou, Dein irgendwie verlorener Sohn, ich kann noch lange, lange noch kein Erzähler sein, kein Wahr-Sager meines Wegs, kein Beschreiber meines gewesenen Schicksals; was Du hörst, ist nur der Laut meines Schrittes, der immer noch weitergeht, der, auf unbestimmten Wegen, sich immer noch entfernt, ich weiß nicht von was, und ob er sich irgendwem nähert, weiß ich nicht.« (Rainer Maria Rilke: Briefe. 3 Bde. Hrsg. vom Rilke Archiv in Weimar; in Verbindung mit Ruth Siebert-Rilke, besorgt durch Karl Altheim. Frankfurt 1950, Bd. 1: 1897 bis 1914, S. 69)

25 Franz Kafka: Heimkehr. In: F. K.: Beschreibung eines Kampfes. Novellen, Skizzen, Aphorismen. Aus dem Nachlaß hrsg. v. Max Brod. Frankfurt/M. 1980, S. 107. Den Titel »Heimkehr« erhielt der Text erst – wie in vielen anderen Fällen auch – von Max Brod. Datiert wird der Text auf die Jahre 1917–1920; er umfaßt im Druck 24 Zeilen. *Heimkehr* wird im Abschnitt über Franz Kafka nach dieser Ausgabe nur mit Angabe der Seitenzahl im fortlaufenden Text zitiert.

26 Vgl. Zimmermann: Der babylonische Dolmetscher, a.a.O., S. 33f.

27 Vgl. Edgar Marsch: Die verlorenen Söhne. Konstitution und Reduktion in der Parabel. In: Die deutsche Parabel: zur Theorie einer modernen Erzählform, a.a.O., S. 334–388, hier S. 383: »Bereits das erste Wort des Textes markiert strenggenommen einen Regelverstoß gegen die Textsorte ›Gleichnis‹ oder ›Exempel‹. Die Selbsteinführung des ›Ichs‹ als Ich-Erzähler, der seine Position bezeichnet, ist in solchen Texten unüblich. [...] In Kafkas Parabel wird aber dieser Kontakt in der Regel nicht angestrebt. Das ›Ich‹ bleibt ein isoliertes, monologisches ›Ich‹, das nicht ›real‹ spricht, sondern im Jetzt nur Denkprozesse protokolliert.«

nomen inneren Monolog wird die Ankunft berichtet, explizite Hinweise auf Gründe für den Aufbruch und die Motivation der Rückkehr fehlen.

> Ich bin angekommen. Wer wird mich empfangen? Wer wartet hinter der Tür der Küche? Rauch kommt aus dem Schornstein, der Kaffee zum Abendessen wird gekocht. Ist dir heimlich, fühlst du dich zu Hause? Ich weiß es nicht, ich bin sehr unsicher. Meines Vaters Haus ist es, aber kalt steht Stück neben Stück, als wäre jedes mit seinen eigenen Angelegenheiten beschäftigt, die ich teils vergessen habe, teils niemals kannte. Was kann ich ihnen nützen, was bin ich ihnen und sei ich auch des Vaters, des alten Landwirts Sohn. (107)

Das erzählende Ich gibt im Präsens gleichwohl implizite Hinweise auf die Gründe des erzählten Ich, im Moment der Ankunft erneut zu zweifeln. Die scheinbare Gewißheit – »Ich bin zurückgekehrt [...] Ich bin angekommen« – wird durch Zweifel aufgehoben, erneut einen Platz im Leben und im Haus des Vaters einnehmen zu können. In Form einer Selbstbefragung werden Innen- und Außenwelt konfrontiert. Paradoxe Fügungen wie »Und ich wage nicht, an der Küchentür zu klopfen, nur von der Ferne horche ich, nur von der Ferne horche ich stehend« verstärken die Ambivalenz von Nähe und Distanz. Berichtet der Lukas-Text, daß der Vater seinen Sohn aus der Ferne sieht und herbei eilt, ihn zu umarmen, so verharrt der Ich-Erzähler in größter Nähe und zugleich Distanz, ohne den entscheidenden Schritt zu wagen:

> Und ich wage nicht, an der Küchentür zu klopfen, nur von der Ferne horche ich, nur von der Ferne horche ich stehend, nicht so, daß ich als Horcher überrascht werden könnte. Und weil ich von der Ferne horche, erhorche ich nichts, nur einen leichten Uhrenschlag höre ich oder glaube ihn vielleicht nur zu hören, herüber aus den Kindertagen. Was sonst in der Küche geschieht, ist das Geheimnis der dort Sitzenden, das sie vor mir wahren. Je länger man vor der Tür zögert, desto fremder wird man. Wie wäre es, wenn jetzt jemand die Tür öffnete und mich etwas fragte. Wäre ich dann nicht selbst wie einer, der sein Geheimnis wahren will. (107)

Die Fixierung auf die Ich-Perspektive – im Text durch die hohe Frequenz des Personalpronomens Ich (16mal) angezeigt – trägt dazu bei, die Isolation unüberwindlich erscheinen zu lassen, jede Annäherung oder gar Verständigung als unmöglich auszuschließen. In den letzten Sätzen wird das »ich« zum anonymen »man«, dem ein distanzierter »jemand« entgegensteht. Zwei rhetorische Fragen ohne Fragezeichen und ohne Antwort betonen die paradoxe Struktur des Textes: Ein Ich berichtet über eine Heimkehr, ohne jedoch heimzukehren, heimkehren zu können. Offen bleibt, wie der verlorene Sohn reagieren wird, ob er einkehrt, ob jemand auf ihn wartet, ob er erneut aufbricht. Offen bleibt auch, warum er fortgegangen ist und warum er zurückgekommen ist. Kafkas Text verweigert jegliche Motivation und Festlegung, er will »sein Geheimnis wahren«; er »wirkt in allen

Phasen des Erzählens der Abrundung und befriedigenden Begründung, die Kennzeichen der biblischen Beispielerzählung sind, entgegen.«[28]

Robert Walsers *Geschichte vom verlorenen Sohn*[29], am 25. November 1917 zum ersten Mal in der *Neuen Zürcher Zeitung* erschienen, suggeriert in der Titelformulierung eine enge Beziehung zum biblischen Prätext. Doch schon im ersten Satz wird diese Ankündigung zur Disposition gestellt und die ursprüngliche Aussage umgekehrt:

> Wenn ein Landedelmann nicht zwei Söhne gehabt hätte, die glücklicherweise vollständig voneinander abstachen, so würde eine lehrreiche Geschichte unmöglich haben zustande kommen können, nämlich die Geschichte vom verlornen Sohn, die mitteilt, daß der eine von den beiden verschiedenartigen Söhnen sich durch Leichtlebigkeit auszeichnete, während der andere durch denkbar soliden Lebenswandel hervorragte. (258)

Ein heterodiegetischer Erzähler stellt die Bedingungen und Voraussetzungen der Entstehung der Geschichte vor: Der Zufall wird zur Determinante für die Narration, Motivation und Rezeption der »lehrreiche[n] Geschichte«. Walsers »Geschichte«[30], die im Druck knapp vier Seiten umfaßt, unterläuft auf syntaktischer und semantischer Ebene die Lesererwartung und zeigt an, daß nicht eine tradierte Geschichte *nach*-erzählt wird, sondern das Interesse den Voraussetzungen des Erzählten und den Möglichkeiten des Erzählens gilt. Zwar übernimmt Walser fast alle Handlungselemente des Lukas-Textes[31], denn die Ereignisse der biblischen Parabel werden auf der Handlungsebene zitiert. An zentralen Stellen – der Begegnung des Vaters mit dem verlorenen und dem Zuhause gebliebenen Sohn –

---

28 Marsch: Die verlorenen Söhne, a.a.O., S. 382f.

29 Robert Walser: Die Geschichte vom verlorenen Sohn. (1917) In: R. W.: Das Gesamtwerk, Bd. 6: Phantasieren. Prosa aus der Berliner und Bieler Zeit. Hrsg. v. Jochen Greven. Genf, Hamburg 1966, S. 258–261. *Die Geschichte vom verlorenen Sohn* wird im Abschnitt über Robert Walser nach dieser Ausgabe nur mit Angabe der Seitenzahl im fortlaufenden Text zitiert.
Vgl. auch Robert Walser: Der verlorene Sohn (1928). Ebd., Bd. 4: Maskerade. Prosa aus der Berner Zeit (II) 1927/1928. Hrsg. v. Jochen Greven 1968, S. 112-115.

30 Vgl. dazu Monika Lemmel: Robert Walsers Poetik der Intertextualität. In: Robert Walser und die moderne Poetik. Hrsg. v. Dieter Borchmeyer. Frankfurt/M. 1999, S. 83f.: »[...] kein Schriftsteller paraphrasiert in solchen Mengen fremde Texte wie Robert Walser. [...] Erzählt er Bibeltexte nach, so interessieren ihn weder die poetischen Eigenheiten des Textes noch sein Offenbarungscharakter. [...] Walser plündert seine Referenztexte einzig aus Interesse am Stoff und scheint da unersättlich zu sein. Seine Praxis des ›Anlesens‹, wie er das gelegentlich nennt, hat Spuren in seinem gesamten Werk hinterlassen. Aussagen wie ›Ich bin gerne an einen vorgeschriebenen Stoff gebunden‹ (SW I, 24) oder die Mitteilung der ›Gewohnheit, [...] aus dem Gelesenen eine eigene Erzählung [...] herauszuholen‹ (SW 18, 75f.), zeigen ebenso, daß der Autor zu seiner Praxis des produktiven ›Anlesens‹ steht, wie Titel wie »Aschenbrödel«, »Schneewittchen«, »Tell in Prosa«, »Die Geschichte vom verlorenen Sohn«, »Im Haus des Kommerzienrates« usw. dies belegen.«

31 Vgl. dazu Zimmermann: Der babylonische Dolmetscher, a.a.O., S. 31ff.

verändert der Erzähler sie jedoch durch folgenreiche Eingriffe. Im ersten Teil des Textes stellt er die beiden Söhne in paralleler Handlungsführung vor. Die Rolle des älteren Sohnes wird ausgeweitet, er wird zum äquivalenten, im zweiten Teil sogar zum dominierenden Antagonisten. In Annahmen und Andeutungen gestaltet der Erzähler die Perspektive des »Daheimgebliebenen« aus.

> Wo der eine frühzeitig sozusagen die Offensive ergriff und in die Welt hinausmarschierte, blieb der andere säuberlich daheim und verharrte mithin so zäh wie möglich gewissermaßen im Zustand abwartender Verteidigung. Wo wieder ersterer gleichsam im Ausland herumvagabundierte, lungerte wieder letzterer scheinbar höchst ehrbar gleichsam ums Haus herum.
> Während der erste artig ausriß und hübsch eilig auf und davon rannte, hielt sich der zweite beständig erstaunlich brav an Ort und Stelle auf und erfüllte mit unglaublicher Regelmäßigkeit seine täglichen Obliegenheiten. Während wieder der eine weiter nichts Besseres zu tun hatte, als abzudampfen und fortzugondeln, wußte leider wieder der andere weiter nichts Gescheiteres anzufangen, als mitunter vor lauter Tüchtigkeit, Ordentlichkeit, Artigkeit und Nützlichkeit schier umzukommen.
> Als der entlaufene oder verlorene Sohn, dem die Geschichte ihren Titel verdankt, nach und nach merkte, daß er mit seinen Aktien in der Tat verhältnismäßig recht, sehr übel stehe, trat er den Rückzug an, was zweifellos ziemlich vernünftig von ihm war. Der Daheimgebliebene würde auch ganz gerne einmal einen Rückzug angetreten haben, das Vergnügen war ihm aber durchaus nicht gegönnt, und zwar ganz einfach vermutlich deshalb nicht, weil er nicht fortgegangen, sondern zu Hause geblieben war, wie bereits bekannt ist. (258f.)

In verschachtelten, mit paradoxen Adjektiven überfüllten adversativen Fügungen wird auf der Ebene des Erzählens die Ereignisfolge des Lukas-Textes aufgelöst und ironisiert. Die Häufung rhetorischer Figuren – Anapher, Parallelismus, Katachrese, Polysyndeton, Paradoxon, Enumeratio – und die hypotaktischen Satzstrukturen retardieren das Erzählte: Das Erzählen überwuchert das Erzählte, verstärkt den artifiziellen, rhetorischen Charakter des Textes und überlagert die im Lukas-Text angelegten Deutungspotentiale. Der Erzähler inszeniert ein rhetorisches Spiel mit den Handlungselementen des Prätextes, ein Spiel, das den fiktionalen Status des Dargestellten betont und mit den Mitteln der Ironie verstärkt.

> Wenn vermutet werden darf, der Fortgelaufene habe das Fortlaufen ernstlich bereut, so wird nicht weniger vermutet oder angenommen werden dürfen, daß der Daheimgebliebene sein Daheimbleiben tiefer bereute, als er dachte. Wenn der verlorene Sohn innig wünschte, daß er lieber nie verloren gegangen wäre, so wünschte seinerseits der andere, nämlich der, der niemals weggegangen war, durchaus nicht weniger innig oder vielleicht noch inniger, daß er doch lieber nicht beständig zu Hause geblieben, sondern lieber tüchtig fortgelaufen und verloren gegangen wäre, oder er sich auch ganz gern einmal gehörig würde haben heimfinden wollen. (259)

Die Söhne werden nicht im Gespräch mit dem Vater vorgestellt, sondern der Erzähler präsentiert seine Vermutungen und Annahmen über das Verhalten und die Beweggründe der Figuren, aufzubrechen und zurückzukehren oder daheimzubleiben. Zugleich behauptet er seine Stellung als vermittelnde Instanz und beansprucht, die Begründung zu formulieren, die im Lukas-Text der Vater gibt:

> Da der verlorene Sohn, nachdem er längst verloren geglaubt worden war, Abbild vollkommener Herabgekommenheit, zerlumpt und abgezehrt, eines Abends plötzlich frisch wieder auftauchte, stand gewissermaßen Totes wieder lebendig auf, weshalb ihm alle Liebe naturgemäß wie wild entgegenstürzte.
> Der wackere Zuhausegebliebene hätte auch ganz gern einmal tüchtig tot und hernach wieder tüchtig lebendig sein mögen, um erleben zu dürfen, daß ihm alle Liebe naturgemäß wie wild entgegenkäme. (259)

Nicht der Vater eilt seinem verloren geglaubten Sohn entgegen, sondern die zentrale Aussage des Lukas-Textes wird in ironischer Brechung personifiziert und aus dem theologischen Diskurs entlassen.

In der Mitte des Textes löst ein klassischer Erzählerbericht die parallele Darstellung der beiden Söhne ab. Die Rückkehr und die Aufnahme des Verlorenen in das Vaterhaus werden in hyperbolischen Wendungen und Vergleichen im Indikativ geschildert. Die karge Aussage »Und sie fingen an, fröhlich zu sein« (Lk 15, 24) wird zu einer rührseligen Szene umgestaltet, die in ihren redundanten Satzstrukturen und ihrer rhetorischen Überfrachtung wie das Schlußbild einer »comédie larmoyante« wirkt:

> Die Freude über das unerwartete Wiederfinden und das Entzücken über ein so schönes und ernstes Ereignis zündeten und loderten hell und hoch wie eine Feuersbrunst im Haus herum, dessen Bewohner, Knechte, Mägde sich fast wie in den Himmel hinaufgehoben fühlten. Der Heimgekehrte lag der Länge nach am Boden, von wo ihn der Vater aufgehoben haben würde, wenn er die Kraft dazu gehabt hätte. Der alte Mann weinte so sehr und war so schwach, daß man ihn stützen mußte. Selige Tränen. In allen Augen war ein Schimmer, in allen Stimmen ein Zittern. Von so mannigfaltigem Anteil, so aufrichtig liebendem Verstehen und Verzeihen umflossen, mußte der Fehlbare beinahe wie heilig erklärt erscheinen. Schuldig sein hieß zu solch schöner Stunde nichts anderes als liebenswürdig sein. Alles redete, lächelte, winkte hier und dort dicht durcheinander, derart, daß nur glückliche, zugleich aber auch nur feuchte Augen zu sehen und nur gutherzige, zugleich aber auch nur ernste Worte zu hören sein konnten. Bei der fröhlichen Begebenheit blieb nicht das mindeste unbeleuchtet, da bis in das Hinterste geringer schwacher Abglanz vom allgemeinen Glanze und kleine Lichter vom großen Lichte drangen. (259f.)

Die als unausweichlich angekündigte und im Modus der Unbestimmtheit zugleich relativierte Apotheose des »Fehlbare[n]« suggeriert, daß nun der Höhepunkt der Geschichte erreicht sei. Doch der Erzähler führt die Geschichte, die im Bibeltext mit der Aufforderung des Vaters, »fröhlich und guten Mutes« zu sein, sowie der nun an den älteren Sohn gerichteten Wiederholung – »dein Bruder war tot und ist wieder lebendig geworden, er war verloren und ist wiedergefunden« (Lk, 15, 32) – endet, weiter. Die im unmittelbaren Anschluß vorgestellten Annahmen über die Lage des »Daheimgebliebene[n]« zeigen explizit, welcher Figur sein Interesse und seine Sympathie gilt:

> Irgendwelchem Zweifel kann kaum unterliegen, daß ein gewisser anderer auch ganz gern einmal Gegenstand so großer Freude gewesen wäre: der sich sein Lebtag nie etwas hatte zuschulden kommen lassen, würde auch ganz gern einmal schuldig gewesen sein. Der immer einen anständigen Rock getragen hatte, würde auch ganz gern ausnahmsweise einmal recht zerlumpt und abgerissen ausgesehen haben. Sehr wahrscheinlich würde er auch ganz gern einmal der Länge nach in mitleiderregenden Fetzen am Boden gelegen sein, von wo ihn der Vater würde haben aufheben wollen. Der nie Fehler begangen hatte, würde vielleicht auch ganz gern einmal armer Sünder gewesen sein. Unter so holden Umständen verlorner Sohn zu sein, war ja geradezu ein Genuß, doch der Genuß blieb ihm ein für allemal versagt. (260)

Der zweite Höhepunkt des Lukas-Textes, die Auseinandersetzung zwischen Vater und Daheimgebliebenen, fehlt. Walser profaniert die biblische Lehre: Nicht Vergebung und Barmherzigkeit des himmlischen Vaters, sondern irdischer Genuß bleibt dem braven Sohn versagt. Im Modus des konditionalen Sprechens wird vorgeführt, daß eine religiöse oder moralisch-ethische Motivation nicht mehr vorstellbar ist.

Bleibt der Erzähler bisher als explizite Erzählinstanz verborgen, so meldet er sich nun direkt zu Worte. Rhetorische Fragen bereiten den Weg, um den im Lukas-Text entworfenen Handlungsrahmen zu überschreiten:

> Inmitten allseitiger Zufriedenheit und Vergnügtheit blieb niemand mißvergnügt und übelgelaunt als doch hoffentlich nicht er? Jawohl! Inmitten gemeinschaftlicher Fröhlichkeit und Geneigtheit blieb niemand ungefreut und abgeneigt als doch hoffentlich nicht er? Jawohl! (261)

Walser beläßt es nicht beim ironisch parodierten Märchen-Schluß, er läßt den »wunderliche[n] Unzufriedene[n]« in einem Epilog in die Erzähler-Gegenwart eintreten, in einer impliziten Ellipse von der intradiegetischen auf die extradiegetische Ebene wechseln. Die Grenze zwischen dem Erzählten und dem Erzählen wird aufgehoben, eine narrative Metalepse gestaltet. Aus dem heterodiegetischen wird ein homodiegetischer Erzähler, der als Chronist der bisher verschwiegenen Geschichte des »sonderbaren Kauzes« (261) auftritt:

> Was aus den übrigen Personen geworden ist, weiß ich nicht. Sehr wahrscheinlich sind sie sanft gestorben. Der wunderliche Unzufriedene hingegen lebt noch. Neulich war er nämlich bei mir, um sich mir murmelnd und brummelnd als ein Mensch vorzustellen, der verlegen sei, weil er mit der Geschichte vom verlornen Sohn zusammenhänge, von welcher er auf das Lebhafteste wünschen müsse, daß sie lieber nie geschrieben worden wäre. Auf die Frage, die

> ich an ihn richtete, wie man dies zu verstehen habe, antwortete er, daß er jener Daheimgebliebene sei. (261)

Nur in diesem Abschnitt läßt der Erzähler seinen Antagonisten in indirekter Rede zu Worte kommen und sein – literarisch verbürgtes – Schicksal beklagen. Er konfrontiert den Leser mit einer Wertung, die erneut die »erbauliche Geschichte« in Frage stellt und die im einleitenden Satz vorgenommene Umkehrung des »Verhältnis[ses] von wörtlicher und sinnbildlicher Bedeutung«[32] noch überschreitet:

> Ich wunderte mich über des sonderbaren Kauzes Unbehagen keine Sekunde lang. Für seine Verdrießlichkeit besaß ich uneingeschränktes Verständnis. Daß die Geschichte vom verlornen Sohn, worin er eine offenbar wenig empfehlenswerte Rolle spielte, eine angenehme und erbauliche Geschichte wäre, hielt ich für unmöglich. Vielmehr war ich in jeder Hinsicht vom Gegenteil überzeugt. (261)

Im Wechsel der Bewertung von »lehrreicher« zu »[unmöglich] angenehme[r] und erbauliche[r] Geschichte« löst der Erzähler seine Version endgültig aus dem biblischen Kontext und formuliert eine neue These. Wird die Geschichte bisher antithetisch als Gegensatz von »Leichtlebigkeit« und »solidem Lebenswandel« (258) entfaltet, so stellt er im letzten Abschnitt die Frage nach der Intentionalität und Funktion von Dichtung: »Kunst als Versöhnung oder aber als Ärgernis«[33].

Walser vermischt die Ebenen des Erzählten und des Erzählens in einer Weise, die den exegetischen Kern des Prätextes überlagert und zersetzt. Die Lehre des Lukas-Textes wird zurückgewiesen: Nicht die Produktion von Bedeutung, sondern ihre Auflösung wird vorgeführt. Der scheinbare Mangel an Kohärenz, von Walter Benjamin als »Geschwätzigkeit« charakterisiert[34], zieht den Leser als nicht explizit apostrophierten Adressaten in das rhetorische Frage-Antwort-Spiel hinein. Die »paradoxe[] Selbstbezüglichkeit des Textes«[35], die paradoxe Verflechtung von Aneignung und Auflösung der literarischen Tradition, läßt die Frage nach der Motivation obsolet erscheinen. Walser kehrt die ursprüngliche Begründung für den Erzählanlaß um und motiviert das erneute Erzählen der Geschichte auf der Diskursebene.

Das Handlungsschema der biblischen Version vom verlorenen Sohn – Aufbruch und Rückkehr – bleibt in allen vorgestellten Texten strukturbildend und leitet die Lektüre, unabhängig davon, ob die Abfolge der Einzelereignisse verändert wird. Gide integriert das zentrale Ereignis, die Rückkehr und erneute Aufnahme des verlorenen Sohnes, in eine dialogisch strukturierte Erzählung, in der Gründe für Fortgehen und Rückkehr gesucht werden. Bei Rilke erhält die »Legende« die

[32] Zimmermann: Der babylonische Dolmetscher, a.a.O., S. 29.
[33] Camenzind-Herzog: Robert Walser, a.a.O., S. 142.
[34] Walter Benjamin: Robert Walser. In: W. B.: Gesammelte Schriften, Bd. 2, 1. Hrsg. v. Ralf Tiedemann u. Hermann Schweppenhäuser. Frankfurt/M. 1977, S. 327.
[35] Zymner: Uneigentlichkeit, a.a.O., S. 275.

Funktion des den gesamten Text reflektierenden Kommentars; die biblische Ereignisfolge wird auf der Ebene des Erzählten in eine neue Geschichte integriert und neu motiviert. Kafka reduziert das Geschehen auf eine Momentaufnahme und gestaltet einen Vater-Sohn-Konflikt, der unauflösbar bleibt. Walser entwirft auf der Ebene des Erzählten bzw. der durch den Titel aufgerufenen, in der Erzählung jedoch nicht oder nur im Konditional vorgestellten Handlungselemente des Lukas-Evangeliums eine Geschichte, die die Struktur des biblischen Textes auflöst und ein Gegenmodell vorstellt.

Gide, Rilke und Walser reflektieren in jeweils spezifischer Ausprägung die Voraussetzungen des Erzählten auf der Ebene der Produktion und Rezeption des Erzählens. Die Entscheidung für einen homodiegetischen Erzähler – bei Gide, Rilke, Kafka und auch Walser, wie sich am Ende des Textes zeigt – legitimiert, das letzte Wort dieser Erzählinstanz zu überlassen. Berichtet der heterodiegetische Erzähler des Lukas-Evangeliums die Geschichte vom verlorenen Sohn, um exemplarisch vorzuführen, daß auch der Verlorene dank göttlicher Gnade gerettet werden kann, so weisen die modernen Autoren diesen Anspruch zurück: Die verlorenen und auch die daheimgebliebenen Söhne bleiben auf sich selbst verwiesen.

Ralph-Rainer Wuthenow

DIE BÜCHER ALS FLUCHTBURG

Elias Canettis Roman »Die Blendung«

> Man lernt sich in allerlei Menschen einfühlen. Am vielen Hin und Her gewinnt man Geschmack. Man löst sich in die Figuren auf, die einem gefallen. Jeder Standpunkt wird begreiflich. Willig überläßt man sich fremden Zielen und verliert für länger die eigenen aus dem Auge. Romane sind Keile, die ein schreibender Schauspieler in die geschlossene Person seiner Leser treibt. Je besser er Keil und Widerstand berechnet, um so gespaltener läßt er die Person zurück. Romane müßten von Staats wegen verboten sein.[1]

Mit diesen Worten charakterisiert Peter Kien, eigentlich Professor für Sinologie, in Wirklichkeit nur noch Privatgelehrter, der den Kontakt mit Menschen, den der Unterricht ihm aufladen würde, abgebrochen hat, die Wirkung und den Zustand der Lektüre. Vor allem denunziert er in diesem inneren Monolog die dabei einsetzende Identifikation und Selbstpreisgabe des lesenden Subjektes. Er trifft damit einen Sachverhalt, auf den schon Friedrich Schlegel im *Gespräch über die Poesie* mißbilligend hingewiesen hatte. Kien sagt das nicht, aber er weiß es sicher; Kien weiß alles, denn er hat alles gelesen.

Lesen und Bücherwesen, die Bibliothek als die eigentliche Welt, das ist das zentrale Thema des 1935 erschienenen Romans von Elias Canetti. Er ist daher, über den möglichen Parabelcharakter hinaus, aktuell, so lange noch gelesen wird. Der ›Held‹, muß man sagen, lebt nicht, er existiert nur mit Hilfe der von ihm bewahrten und bewachten Bücher am Leben vorbei, bis er sich in einem Moment falsch angewandter Nachsicht in das sogenannte Leben hineinziehen läßt. Doch da er Wichtiges aus den Büchern nicht gelernt hat, geht er darin zugrunde – wie seine ungeheure Bibliothek, deren Gehalt er nur bewahren, zitieren, deuten, nicht aber anwenden konnte. Die Bücher hatten ihm die Welt gestohlen. Kien existiert in der hochmütigen Abgeschlossenheit eines beispiellosen Wissens, ist aber nicht mehr bereit oder fähig, die Umwelt wahrzunehmen, so daß er auch nicht zu kommunizieren vermag. Er ist biblioman; die Welt ist ihm allein der Bücher wegen vorhanden, die Bücher sind ihm die Welt, sind lebendige Wesen, so daß er ein fetischistisches Verhältnis zu ihnen besitzt.

Aus Versehen fast, ein wenig auch aus Mitleid, unterhält er sich kurz mit einem Jungen, der, was er nie bemerkt hat, sogar im selben Hause wohnt, über Bücher, denn er findet ihn auf seinen regelmäßigen Morgenspaziergängen vor dem Schau-

---

1 Elias Canetti: Die Blendung. Roman. München 1974 (Sonderausgabe), S. 41. *Die Blendung* wird im folgenden nach dieser Ausgabe nur mit Angabe der Seitenzahl im fortlaufenden Text zitiert.

fenster eines Buchladens stehend und offenkundig buchstabierend. Schon wittert er in dem Knaben seinesgleichen. Kien erlaubt ihm sogar, ihn einmal zu besuchen, denn der Junge hat viel gelesen für sein Alter, und sogar von China weiß er einiges. Wenig später aber bereut Kien seine ›Einladung‹ und überhaupt das überflüssige Gespräch. Es war ein falsches Zugeständnis. Dergleichen entspricht nicht seiner Lebenshaltung.

Dennoch denkt er gelegentlich an den Knaben, dem der Vater die Bücher wegnimmt und der sich mit dem Blick auf die minderwertigen Bücher den Zugang zu den wichtigeren versperrt. Es gilt jedoch, die Empfänglichkeit der ersten Jahre zu lenken und einzuschränken, sie vor dem Einbruch der Billigware zu schützen. Immerhin bietet die Lösung sich an, Knaben in einer bedeutenden Privatbibliothek aufwachsen zu lassen. Aber dann müßte man sich auch um sie kümmern, außerdem machen sie Lärm, für sie zu sorgen bedarf es einer Frau, genau genommen sogar einer Mutter. Das alles kommt für Kien nicht in Frage, das lenkt ab, das stört, das macht gemein. Mit Genugtuung registriert er, daß seine Haushälterin den Besuch des Knaben, der sich immerhin auf seine Einladung berufen kann, energisch abwehrt. Der berühmte Sinologe verhält sich nicht ganz so menschlich, wie er es aus den klassischen chinesischen Texten gelernt haben könnte.

Er hat nur eine einzige Leidenschaft: die Bücher, die Welt des Gedruckten. Nur im Druck ist für ihn die Welt Welt. Wenn er sich morgens auf den täglichen Spaziergang vorbereitet, geht er an die Regale und wählt einige Bände aus, die er in seiner Aktentasche mitnimmt. So hat er einen Bruchteil seiner Bücher immer bei sich. Er spricht auch nicht, er schreibt lieber: er ist polyglott, er kennt die Literaturen der Welt und denkt in Zitaten. Durch phantasievolle philologische Kombinationen und Konjekturen hat er zahllose Texte der indischen, chinesischen und japanischen Literatur herstellen können – er ist offenkundig, was man einen genialen Philologen nennt.

Er weiß es wohl selbst, denn seinen Schädel hat er (mit Hirn) einem Institut für Hirnforschung vermacht; schließlich ist es sein phänomenales Gedächtnis, das seine Arbeit so bedeutend hat werden lassen. Er weiß auch, daß er in seinem Kopf eine zweite Bibliothek trägt, so zuverlässig, auch so umfangreich wie die wirkliche in seiner Wohnung. Er entwirft Abhandlungen, ohne eine andere Bibliothek konsultieren zu müssen als die, welche sich in seinem Kopf befindet. Nur aus Gewissenhaftigkeit überprüft er noch die Zitate an den gedruckten Texten, nötig ist es nicht. An der Außenwelt Anteil zu nehmen, ist wirklich zu viel verlangt; so hat er die Fenster seiner Wohnung vermauern lassen, um Stellwand für die Regale zu gewinnen, dafür hat er, da er im obersten Stockwerk wohnt, Fenster in die Decke einsetzen lassen. So arbeitet er bei gleichmäßig eindringendem Oberlicht und ohne daß ihn ein Blick auf die Straße ablenken könnte. Nichts Überflüssiges, nichts Fremdes stört ihn in seiner ernsten Tätigkeit.

Vor seiner Haushälterin, die er vor Jahren engagiert hat und die sehr wohl weiß, welch ungewöhnlich gute Stellung sie hat, bekommt er erst Achtung, als er bemerkt, wie geschickt und nachdrücklich sie ihn gegen die Bedrohung verteidigt, die von dem Knaben ausgeht, der ihn besuchen möchte, um die vielen Bücher zu sehen. Die Worte, mit denen sie die Aufdringlichkeit des Jungen kommentiert, fordern seine Achtung heraus. Zur Bestätigung liest er ihr einen Absatz aus der Autobiographie von Arai Hakuseki vor, den er mühelos aus dem Japanischen übersetzt. Er steigert sein Wohlwollen bis zu dem Angebot, ihr einmal, wenn sie es wolle, aus seiner Bibliothek etwas zum Lesen auszuleihen. Ihre Antwort allerdings erschreckt ihn ein wenig, denn ohne zu zögern nimmt sie das Angebot an: schon lange habe sie den Wunsch gehegt.

Aber diese Frau macht Eindruck auf ihn: das von früher, wohl eher zufällig erhaltene Exemplar von Willibald Alexis' *Die Hosen des Herrn von Bredow* liest sie langsam und mit großer Aufmerksamkeit; obwohl es nicht mehr sehr sauber ist, hat sie es in doppeltes Papier eingeschlagen, auf ein Kissen gelegt und trägt nun sogar Handschuhe, um die Seiten aufs sauberste umblättern zu können.

Kien ist beschämt: diese ungebildete Person geht sorgsamer mit den gedruckten Kostbarkeiten um als er selber. So viel Ehrfurcht verwirrt ihn. Bei Konfuzius sucht er Rat: muß er sich von einem Menschen ohne Bildung zeigen lassen, daß jener mehr Herz und Takt, Würde und Menschlichkeit besitzt als er, Kien, Konfuzius und seine ganze Schule zusammen? Gelassen erwidert der alte Weise: »›Mit fünfzehn Jahren stand mein Wille aufs Lernen, mit dreißig stand ich fest, mit vierzig hatte ich keine Zweifel mehr – aber erst mit sechzig war mein Ohr aufgetan.‹« (45)

Aufgrund dieser Angaben überprüft Kien sein eigenes Leben: gegen den Widerstand seiner Mutter verschlang er mit fünfzehn heimlich schon bei Tag und Nacht die Bücher, als Dreißigjähriger hatte er bereits in der Wissenschaft einen festen Platz gefunden. Nun ist er vierzig – Zweifel hat er bis dahin nicht gekannt. Noch einmal wendet er sich den Worten des Konfuzius zu, der rät, die Art der Menschen, die Beweggründe ihres Handelns zu betrachten und zu prüfen, worin sie ihre Zufriedenheit finden. Der Mensch, heißt es, kann sich nicht verbergen. Solche Worte, macht Kien sich bewußt, sollte man nicht allein auswendig wissen, man muß sie auch anwenden und erproben. Er sieht, daß er seine Haushälterin stets verkannt hat. Doch sagt der chinesische Weise auch, daß erst Fehler, die man begeht, ohne sich zu bessern, zu wirklichen Fehlern werden, begangene Verfehlungen soll man also wiedergutzumachen bemüht sein. Das will Kien denn auch tun. Er stürzt in die Küche und reißt dabei die Klinke ab; die Haushälterin, wohl wissend, welchen Eindruck sie auf den großen Gelehrten gemacht hat, verweilt noch immer auf Seite 3 des Romans und vernimmt nun seine Worte: »›Geben sie mir Ihre Hand!‹« Sie meint, sie solle verführt werden, und beginnt zu schwitzen, doch Kien korrigiert sich, als sie ihm die Hand hinstreckt: er meinte es nicht so wörtlich, »›ich will Sie heiraten!‹« Therese hat das nicht so rasch erwartet; ergriffen, aber auch stolz, erwidert sie: »›Ich bin so frei!‹« (47)

Doch bevor es soweit kam, hatte Kien einen Traum, der offenbar durch die bedrohlichen Besuche des Knaben ausgelöst worden war. In diesem Traum wurde ein Mann von mexikanischen Priestern überfallen, die als Jaguare verkleidet waren. Einer von ihnen schlitzt dem Opfer mit einem Steinkeil den Leib auf, aber nicht Blut quillt heraus, sondern ein Buch, bald darauf ein zweites, ein drittes und immer mehr. Sie fallen zu Boden und werden von Flammen erfaßt. Für einen Augenblick verschließt sich das Opfer die Brust und reißt sie dann wieder auf, Bücher stürzen abermals heraus und werden zum Raub der Flammen. Sie weinen, schreien und rufen um Hilfe. Kien eilt herbei, die Gepeinigten zu retten, er ist entsetzt, daß man Bücher verbrennt und nicht nur Menschen. Schreiende Menschen klammern sich an ihn und verhindern seine Versuche, die Bücher zu retten. Er wird zum Schweigen gebracht und ist wehrlos. Nicht um sein Leben geht es ihm, nur für die Bücher fürchtet er, und nun erblickt er ein Buch,

> das nach vier Seiten hin wächst und Himmel und Erde, den vollen Raum bis zum Horizont erfüllt. An den Rändern wird es von einer roten Glut langsam und ruhig verzehrt. Still, lautlos und gefaßt erduldet es den Martertod. Die Menschen kreischen, das Buch verbrennt stumm. Märtyrer schreien nicht, Heilige schreien nicht. (39)

Dann verkündet eine Stimme: »›Hier gibt es keine Bücher. Alles ist eitel.‹« Kien begreift nun, in dieser in den Traum eingelagerten Vision, die Wahrheit der Sätze; er befreit sich von den brennenden, ihn umklammernden Menschen und entkommt. Dann hält er ein und blickt auf die brennenden Menschen zurück, die sich nun plötzlich in Bücher verwandeln. Da stürzt er wieder zurück zum Feuer, flehende Leiber umklammern ihn, er hat Angst, bis ihn die zuvor schon vernommene Gottesstimme abermals freisetzt. Viermal wiederholt sich das wahnwitzige Geschehen, dann verfällt er dem »Jüngsten Gericht«:

> Riesige Fuhren, haus-, berg-, himmelhoch nähern sich von zwei, zehn, zwanzig, von allen Seiten dem fressenden Altar. Die Stimme, stark und vernichtend, höhnt: »Jetzt sind es Bücher!« Kien brüllt auf und erwacht. (39f.)[2]

Im Erzählzusammenhang von recht aufdringlicher Bedeutung, unterstreicht dieser Einschub doch noch einmal, in welcher Weise sich für den gelehrten Sinologen die Maßstäbe verkehrt haben. Und wenn er sich im alltäglichen Leben eher etwas sonderbar verhält, so ist sein Verhalten im Traum unmenschlich. Insofern besitzt diese Einblendung Signalfunktion.

Wenig später ist Kien verheiratet und merkt zu spät, was er sich hat widerfahren lassen: er wird um sein Zuhause, seine Bibliothek betrogen. Schon am Tage der Trauung, als Therese ihn in einen der Bibliotheksräume weist, wo der Divan steht, auf dem er zu schlafen pflegt, und ihn dort kurz warten heißt, bekommt er Angst vor der Frau mit den üppigen Formen, die nun etwas nie Geübtes von ihm fordern wird. Doch da er sie kennt, versucht er die Bettstatt mit Schätzen aus den Regalen zu befestigen, bis sie erscheint, im Unterrock, und die Bücher mit einer Armbewegung zu Boden fegt. Entsetzen faßt ihn, aus dem Entsetzten wird Haß, denn größere Gewalttat konnte sie nicht üben. Die Erobernde macht es sich nun auf dem Divan bequem, winkt Kien mit gekrümmtem Zeigefinger grinsend zu sich

---

2 Daß der Traum auf den Schluß des Romans vorausweist, ist zu offensichtlich, um eigens erwähnt zu werden. Eben in solcher Offensichtlichkeit liegt auch die kompositorische Schwäche dieser Einblendung.

heran und muß dann sehen, wie er nur noch flüchten kann. Er schließt sich auf der Toilette ein und weint.

Von jenem Tage an herrschen Mißtrauen, Feindseligkeit und Haß. Die nicht vollzogene Ehe wird zum Belagerungszustand. Therese hofft von Nacht zu Nacht, ihr Mann werde sie in ihrer Schlafkammer aufsuchen, Kien aber, der auf diese Idee überhaupt nicht kommt, muß hinnehmen, daß sie ein Bett für ihn kauft (der Divan ist hart) und eine unnötig große Waschgarnitur. Da er aber die störenden Möbel und Gegenstände nicht sehen will, lernt er, sich mit geschlossenen Augen zwischen Bett, Schreibtisch und Regalen zu bewegen, indes die anderen drei Bibliotheksräume einfach von seiner Frau beschlagnahmt werden. Schließlich benötigt man noch ein Eßzimmer; ein anständiges Schlafzimmer will sie nun auch, und so breitet sie sich in seinen Räumen aus, wobei sie den Herrschaftsbereich säuberlich abtrennt. Die Bücher, die er für seine Arbeit gerade benötigt, nimmt er jeweils schon mit sich herüber, wenn er sich – etwa der Mahlzeiten wegen – in den verlorenen Räumen aufgehalten hat.

Als Therese eines Tages ausgegangen ist, um Möbel anzusehen, benutzt Kien die Gelegenheit, um mit Hilfe des Concierge die Räume zurückzuerobern, die Möbel werden wie Gerümpel auf den Flur gestellt. Den befreiten Büchern hält Kien eine feierliche Ansprache, das Ergebnis seiner Überlegungen aber lautet: Kriegszustand. Dementsprechend dreht er alle Bücher seiner Bibliothek mit dem Rücken zur Wand. Ihre Anonymität scheint Schutz zu verheißen.

Die zurückgekehrte Frau findet nicht nur die schrecklichen Veränderungen vor, mehr noch: in seinem Arbeitszimmer liegt, von einer Leiter überlagert, Kien, der Teppich unter ihm ist blutbefleckt. Offenbar ist er tot; nach einer knappen Aufwallung von Mitgefühl stellt Therese empört fest, daß Kien kein Testament hinterlassen hat, doch tröstet sie sich mit dem Gedanken, daß die vielen tausend Bücher doch ein bedeutendes Kapital darstellen. Als sich der gestürzte Kien zu regen beginnt, ist sie beleidigt: wer so tot schien, hat kein Recht mehr, sich zu regen. Jedenfalls aber ist Kiens Versuch, sein verlorenes Territorium, den Bereich der Bücher zurückzugewinnen, auf klägliche Weise gescheitert. Er soll noch mehr verlieren als diese Schlacht. –

Erst nach langer Krankheit ist Kien wieder arbeitsfähig. Therese hat ihn wohl gepflegt, sie hat aber auch auf leeren Zeitungsrändern seine Bibliothek aufgenommen – daß ein Vermögen darin steckt, das weiß sie inzwischen. Wenn Kien sie nicht aus Zuneigung geheiratet hat, sondern um die Bücher versorgt zu wissen, so hat er sich darin jedenfalls nicht getäuscht. Therese weiß, worauf sie wird Anspruch erheben können.

Genesen, geht er wieder spazieren und nimmt sogar die Welt ein wenig wahr. Er vernimmt das Gurren der Tauben, auf das er jahrelang nicht geachtet hatte. Doch hat er davon gelesen, dementsprechend findet er es in Ordnung. Er nickt, »wie immer, wenn eine Wirklichkeit ihrem Urbild im Druck entsprach.« (129)[3]

---

3 Unschwer erkennt man hierin das alte Motiv von der Übermacht des Gedruckten über die Wirklichkeit wieder, hier aber nicht als Moment der Kunstbesessenheit, sondern des Wirklichkeitsverlustes.

Doch die Wirklichkeit des Alltags ist von anderer Art: Therese verstärkt ihren Kampf um das Testament, er kämpft um sein Bankguthaben, das zusammengeschmolzene Erbteil seines Vaters, von dem er lebt. Auch die ihr zugewiesenen Räume versperrt sie ihm – immerhin drei Räume voller Bücher! – und, da ihr eigener Besitz geschont werden soll, quartiert sie sich schließlich in seinem Arbeitszimmer ein. Kien ist ihr wehrlos ausgeliefert: der Haß äußert sich bald schon in Tätlichkeiten. Kien muß auswärts essen, denn, da sie als Frau in ihrer Ehe von ihm nichts hat, sieht sie auch keinen Anlaß, für ihn zu sorgen. Kien entwickelt eine Taktik des statuenhaften Stillstands. Als er sie dann in ihren Worten mißversteht und meint, sie habe das Zehnfache seines Vermögens geerbt, träumt er bereits von einer gewaltigen Erweiterung seiner Bibliothek. Doch als sie einander verstehen, steigert sich der Haß gewaltig. Sie hatte nur in Gedanken sein Vermögen verzehnfacht. Das Bankbuch suchend, durchwühlt Therese den Schreibtisch mit den Manuskripten, zerreißt einige, trampelt darauf herum, bespuckt sie und ihn. Schließlich weist sie ihn sogar aus dem Haus.

Fortan durchstreift Kien, der sein gesamtes Guthaben von der Bank abhebt, die Stadt von Buchhandlung zu Buchhandlung, bestellt Bücher, deren Titel er von leeren Zetteln abliest und die er in Gedanken kauft, weil er sie zur Fertigstellung schon skizzierter Abhandlungen zu benötigen meint. Die Leute begreifen ihn nicht, kaum jemand ahnt, wer er ist. Abends im Hotel bestellt er sich die einzige Mahlzeit auf das Zimmer und stellt in Gedanken die von Tag zu Tag durch Kauf sich erweiternde Bibliothek auf. Er ist beschäftigt, immer hat er zu räumen, nicht vorhandene Regale vollzustellen; er legt sauberes Packpapier aus, sogar eine Leiter läßt er sich kommen. Zu Hause, meint er, hält er Therese eingesperrt.

War zuvor die Welt für ihn wie ohne Wirklichkeit, so findet er nun seine Wirklichkeit in einer imaginären Bibliothek. Seine Exil-Existenz gewinnt neue Formen, als er einen bucklichten Zwerg kennenlernt, den er in seine Dienste nimmt. Der zuerst abstoßend wirkende Mensch imponiert ihm: er kann ganze Schachpartien blind spielen – eine Bezeugung von Geist immerhin; so ist das Schachspiel die Bibliothek des armen Fischerle. Jetzt ist Kien besser dran beim abendlichen Auspacken und Aufstellen der Bücher. Der kleine Schachmeister hat rasch verstanden, mit wem er es zu tun hat: geschickt geht er dem überlasteten Kien zur Hand, der ihm – aus dem Kopf – Stapel für Stapel zureicht, die er aufnimmt und lagert.

> Er versagte sich jede heftige Bewegung, die seine Last gefährdet hätte. In der Ecke kniete er sich nieder, legte den Stoß vorsichtig zu Boden und rückte die Seitenflächen zurecht, so daß keine Unebenheit den Blick störte. Kien war ihm gefolgt. Schon hielt er ihm das nächste Paket hin; er mißtraute dem Kleinen, fast kam es ihm vor, als würde er verhöhnt. Unter Fischerles Händen ging die Arbeit spielend vonstatten. Er nahm Paket um Paket entgegen, mit der Übung wuchs seine Flinkheit. (209)

Kannte Kien bislang nur die Bücher der eigenen Bibliothek, lag ihm nur ihr Schicksal am Herzen, da sie ihm die ganze Welt waren, so entdeckt er nun, welches Schicksal den Büchern in der Welt bereitet wird. Sein schlauer Diener und Mitarbeiter bringt ihn ins riesige Pfandhaus der Stadt, um eine silberne Zigarettendose auszulösen. Doch was Kien hier erfahren muß, übersteigt seine Fassungskraft; wie er darauf reagiert, die seines Begleiters. So heißt das Kapitel denn auch »Großes Erbarmen«: die Stockwerke sind nach dem Wert der aufbewahrten Gegenstände abgestuft, und im letzten erst, nach Kleidern und Schuhen, finden sich die Bücher, und zwar in einem Nebentrakt!

> Man bleibt in Gedanken unten stehen und schämt sich: für die Unmenschen, die ihre Bücher aus Geldgier herbringen, für die Treppe, weil sie nicht so sauber ist, wie es sich in diesem Fall gehörte, für die Beamten, die Bücher entgegennehmen statt zu lesen, für die feuergefährlichen Räume unterm Dach, für einen Staat, der das Versetzen von Büchern nicht kurzerhand verbietet, für eine Menschheit, die, seit ihr das Drucken so leicht fällt, ganz und gar vergessen hat, welche Heiligkeit jedem gedruckten Buchstaben innewohnt. (224)

Die Vorstellung, was bei einem Brand geschehen könnte, hat etwas Erschreckendes. Kien schämt sich. Ihm ist, als wäre sein Leben ganz umsonst gewesen. Hier nun erblickt er die wahre Unmenschlichkeit, von der er nichts gewußt hat. Er scheut vor dem Anblick zurück, die bloße Vorstellung, einen Blick in den unsauberen Gebäudetrakt zu werfen, rührt an seine Gesundheit. Er ist auch psychisch erschüttert, er schämt sich, als sei dies seine Schuld.

Fischerle berichtet ihm alles, was ihm zu wissen nötig ist, er erzählt es, weil er weiß, was er ihm damit antut: er beschreibt, wie die Bücher entgegengenommen, geschätzt und registriert werden. Kien also beschließt zu helfen, d.h. zu retten. Ein Student, der eine zerlesene Schiller-Ausgabe versetzten will, wird von ihm abgefangen und erhält den Anschaffungspreis. »›Tun Sie das nie wieder, mein Freund! [...]‹« sagt er ihm. »›[...] Kein Mensch ist so viel wert wie seine Bücher, glauben Sie mir!‹« Dann ruft er ihm noch nach, er solle sich besser statt Schiller gleich an das Original halten: »›[...] Lesen Sie *Immanuel Kant*!‹« (234)

Dem fassungslosen Fischerle erklärt er, was ihn treibt, so zu handeln, es ist wie in Ostasien, wo Menschen gefangene Tiere freikaufen oder Summen stiften, um Tiere sorgfältig halten zu lassen, obwohl Tiere doch ganz dumm sind: sie flüchten nicht, sie lassen sich sogar locken. Wie anders verhält es sich mit den Büchern!

> »[...] Seien Sie sicher, daß dieser Schiller kein zweitesmal mehr zur Schlachtbank geschleppt wird. Indem Sie den Menschen bessern, der nach heutigem Recht – Unrecht sage ich – über Bücher, als wären es Tiere, Sklaven oder Arbeiter, frei verfügen darf, gestalten Sie auch das Los dieser seiner Bücher erträglicher. [...]« (235f.)

Wer das zu seiner Beschämung erfahren hat, wird seiner Pflicht wieder inne werden und sich bessern, er wird zum Diener seiner Bücher. So heißt es retten, dringender als wäre soziale Not zu lindern, denn von der weiß Kien nun einmal nichts, obschon es doch hier und dort in seinen Büchern stehen müßte. Wie auch immer, ob zuweilen erwähnt oder nicht, immer bleibt die Wirklichkeit nur der satanische Widerpart jener Welt, die das Gedruckte ist.

Der empörte Zwerg weiß sich zu fassen, er spielt mit in dem Stück, das Kien nunmehr inszeniert; als der scheinbar Schwächere führt doch er die Regie und benutzt die edlen Empfindungen des großen Gelehrten, um sich bestimmte Vorteile zu verschaffen. Denn es ist offenkundig, daß bei einem solchen Vorgehen die zuvor noch beträchtliche Barschaft Kiens sich ziemlich bald erschöpfen muß. Fischerle, ein neuer und recht verschlagener Sancho Pansa, will diesen Verlust nicht einfach zulassen, ohne daraus den möglichen Gewinn zu ziehen. Auf seine Weise hat er ja recht, wie Therese auf die ihre; beide freilich tun Kien unrecht, und das wissen sie. Kien wird also übertölpelt, aber wie Don Quijote wäre er nicht mehr er selbst, wenn er aus seinem Wahn erwachen würde.

Indessen macht sein Diener ein Gewerbe aus dem edlen Wahn des Herrn: er heuert einfach Leute an, kauft billig Bücher und schickt sie damit ins Pfandhaus, wo Kien sie abfängt und bezahlt. Gleichzeitig weiß er sich für Kien unentbehrlich zu machen und sich als Retter aus erfundenen Gefahren zu präsentieren, bis er seinem Opfer einen folgenschweren Schlag versetzt: zögernd nur und wie von etwas nie Gehörtem, Grauenhaftem berichtet er, daß einer der Beamten im 6. Stock des Pfandhauses die Bücher frißt. Das versetzt Kien in höchste Erregung, denn dies ist der wahre Kannibalismus. Nun verhält er sich über das normale Maß seines Wahns hinaus wie ein Irrer. Noch dringender als zuvor ist es notwendig, die Bücher zu retten, Fischerle weiß die Forderungen für die zu rettenden Bücher höher zu schrauben, und bald ist auch klar, für wie viele Tage Kien noch Geld zum Leben hat.

Doch dann taucht Therese auf, die zu Kiens Freude von den Mittelsmännern Fischerles bereits totgesagt worden war; auch sie hat Bücher zu versetzten, die der Hausverwalter, der sich ihrer inzwischen auch quasi ehelich angenommen hat, in schweren Paketen herbeischleppt. Als Kien ihr in den Weg tritt und die Bücher zu retten versucht, kommt es zur Auseinandersetzung. In der allgemeinen Prügelei, bei der Therese versucht, sich der Brieftasche ihres Mannes zu bemächtigen, muß die Polizei Ordnung schaffen; die Beteiligten werden festgenommen, und aufgrund des Gekreisches seiner Frau erscheint Kien als der eigentliche Übeltäter. Da er sich auch noch selbst bezichtigt, seine Frau – die reale Therese ist ihm nur noch eine Halluzination – eingesperrt und dadurch ihren Hungertod verursacht zu haben, ist seine Lage höchst bedrohlich, bis schließlich die Polizisten, nicht zuletzt mit Hilfe der Angaben des Concierge, von Kiens wahrer Existenz, seiner höchst respektablen Tätigkeit und seiner tatsächlichen Harmlosigkeit überzeugt sind. Das Verbrechen ist sozusagen abhanden gekommen. Fischerle aber findet noch vor der Flucht in die Vereinigten Staaten ein schreckliches Ende.

Kien sucht daraufhin Unterschlupf im Kabinett des Concierge, der ihn veranlaßt, seine Stelle zu verwalten, indes er selbst wieder bei Therese nistet und vorgeblich für die Reinigung der von Kien wieder zu beziehenden Wohnung sorgt. Kien gewöhnt sich an den seltsamen Auftrag, doch bald kommt es über die Bezahlung des von ihm verweigerten Essens zum Streit. Er ist nun wiederum wie eingekerkert, läßt sich das Essen an den Kopf werfen, läßt sich mit Speisen besudeln. Die Sinneswahrnehmungen beginnen ihn zu trügen, und schließlich bringt er die Kanarienvögel, die ihm als blau erscheinen, auf grausame Weise um.

Alarmiert noch durch ein Telegramm Fischerles, tritt nun Kiens Bruder auf den Plan, ein Psychiater, der nur mit schlechtem Gewissen noch die ›Kranken‹ aus der reichen Welt ihres Wahns in die banale Wirklichkeit zurückzuholen versucht, der im Patienten den genialen Paranoiden bewundert und im Arzt nur noch den traurig-verstockten Bürger, den Normalmenschen sehen kann. So hassen ihn seine Assistenten, so lieben ihn seine Kranken. Er bezweifelt einfach die Qualität des herkömmlich brauchbaren Verstandes. Da er erfolgreich ist, ist er auch berühmt, und in jeder Hinsicht ist er das Gegenteil seines Bruders: er geht ganz in anderen Menschen und ihren Schicksalen auf.

Die Brüder kennen sich nicht näher; Peter Kien verhält sich streng und abweisend, ja ein wenig verachtungsvoll gegenüber dem berühmten Arzt mit seinen besorgten, achtungsvollen Worten, der in seinen Augen doch nur ein Frauenheld, ein Schmeichler und Schauspieler ist. Unschwer erkennt dieser den Defekt seines Bruders: der hat alle Bücher im Kopf, doch seine Umwelt kennt er nicht, und die eigenen Erlebnisse bewahrt kein Gedächtnis auf. Peter Kien meint es besser zu wissen und bestätigt doch nur die mitleidvoll getroffene Feststellung:

> »[...] Ich könnte in einem Loch hausen, meine Bücher hab' ich im Kopf, du brauchst eine ganze Irrenanstalt. Armer Kerl! Du tust mir leid. Eigentlich bist du eine Frau. Du bestehst aus Sensationen. [...]« (484)

Mit dem Hinweis auf Konfuzius, Buddha und Homer verdeutlicht er ihm, was die Alten von den Weibern wußten, was sich der Psychiater wiederum leicht zurechtlegen kann. Dann aber fällt wieder das furchtbare Wort, daß die Bücher mehr wert sind als die Menschen –

> »[...] das verstehst du nicht, weil du ein Komödiant bist, du brauchst Applaus, Bücher sind stumm, sie sprechen *und* sind stumm, das ist das Großartige, sie sprechen und du hörst sie rascher, als wenn du hören müßtest. [...]« (494)

Georg Kien kann schließlich nicht umhin, die Härte, Entschiedenheit und Charakterfestigkeit des Bruders, wiewohl mit Vorbehalten, zu bewundern, er hat überdies einen Fehler begangen: er hat nämlich, um eine Form des Wahnsinns zu bezeichnen, nur als Vergleich den Gedanken geäußert, er könnte die Bibliothek seines Bruders anzünden. Damit aber hat er die Phantasie des Bruders in eine bestimmte Richtung gelenkt. Doch zunächst einmal gelingt es dem Bruder, Therese und den Concierge aus dem Hause zu schaffen, was ihn einiges an Geld, Drohungen und Schmeicheleien kostet, und die Wohnung sodann wieder beziehbar machen zu lassen, damit Peter Kien in seine eigentliche Existenz, in seine Bibliothek, zurückkehren kann. Schon als dieser seinem Retter die Bücher zeigt, ist er wieder ganz der allwissende, kombinierende, polemisierende und stets überlegene Philologe, allerdings auch herrisch und rechthaberisch, pedantisch, phantasiearm, menschlich verkümmert.

Als der Psychiater nach Paris zurückkehrt, hat er dies alles, aber das eine nicht gemerkt, wie sehr sich nämlich in Peters Kopf die Idee festsetzt, er habe Therese umgebracht, und wie sehr auch die Vorstellung darin schon wuchert, die Bibliothek könnte in Brand geraten. Der allein zurückgebliebene Kien fühlt sich schuldig, bedroht und fremden Mächten ausgeliefert. Feuerschein am Nachthimmel läßt ihn erschreckt begreifen, daß die Bücher im 6. Stock der Pfandleihanstalt verbrennen. Angstvoll sucht er die Blutspuren auf seinem Teppich im Arbeitszimmer zu tilgen; er brennt sie einfach aus. Die Angst vor Verfolgung aber schwelt in ihm weiter wie ein Brand; als es klopft, meint er die Polizei zu hören. Er versteckt sich hinter einem Buch, doch als er lesen will, beginnen die Buchstaben zu tanzen, er kann kein Wort mehr entziffern, es flimmert glutrot vor seinen Augen. Das macht der nachwirkende Schrecken über den Bücherbrand, unzählige Bücher stehen in Flammen – wie kann man da noch lesen? »Das Buch liegt ja viel zu tief. Setz dich! Er sitzt. Sitzt. Nein, zu Hause, der Schreibtisch, die Bibliothek. Hier hält alles zu ihm. Nichts ist bereits verbrannt. Lesen darf er, wann er will«, so strömt es in seinem beschädigten Bewußtsein weiter.

> Aber das Buch ist ja gar nicht offen. Er hat vergessen, es aufzuschlagen. Dummheit verdient Schläge. Er schlägt es auf. Er schlägt die Hand drauf. Es schlägt elf. Jetzt hab' ich dich. Lies! Laß! Nein. Pack! Au! Aus der ersten Zeile löst sich ein Stab und schlägt ihm eine um die Ohren. Blei. Das tut weh. Schlag! Schlag! Noch einer. Noch einer. Eine Fußnote tritt ihn mit Füßen. Immer mehr. Er taumelt. Zeilen und ganze Seiten, alles fällt über ihn her. Die schütteln und schlagen ihn, die beuteln ihn, die schleudern ihn einander zu. Blut. Laßt mich los! Verdammtes Gesindel! Zu Hilfe! Georg! Zu Hilfe! Zu Hilfe! Georg! (513)

Aber der Bruder ist abgereist; Kien schließt das Buch mit aller Kraft und sperrt die aufsässigen Buchstaben wieder ein. So also endet die einzige Szene dieses Buches, in der wirklich von Lektüre die Rede ist, nicht nur von zahllosen gelesenen und wohlverwahrten Büchern. Aber diese Lektüre mißrät vollständig. Das Gedruckte löst sich aus dem Textzusammenhang, Buchstabenpartikel werden zu Waffen, die das Buch schmerzhaft gegen den Lesenden einsetzt, der sich nicht mehr wehren kann.

Als draußen die Polizei pocht, verbarrikadiert Kien die Tür mit Büchern, packt den Vorraum voll, stellt die Leiter in die Mitte des Zimmers und bewacht den brennenden Teppich. Als ihn die Flammen erreichen, bricht ein Lachen aus ihm heraus.

Nicht einzelne Lektüren haben ihn verwirrt wie Don Quijote, die Buchwelt selbst als ganze ist schuld daran, daß Kien der Wirklichkeit nicht mehr gewachsen ist – bis auch das Lesen nicht mehr gelingen will. Das aber hat seine Gründe. –

Unschwer erkennt man Peter Kien als paranoid, zumindest seit Therese ihn aus dem Hause geworfen hat. Er hat wohl auch das Leseverhalten eines ›Verrückten‹ eingenommen, der nur noch Bestätigung (seines Wissens) im zu Lesenden sucht, nichts Unerwartetes, kein Abenteuer, keine Entbindung des eigenen Denkens. Die Bücher sind hier auch nicht Auslöser eines abnormalen Verhaltens, so wenig wie etwa falsche Leseweisen diesem zugrunde liegen. Er ist ein Bibliomane, aber er liest nicht mehr, hat er doch die Bücherei in seinem Kopf. Schließlich aber endet die Welt der Bücher in jener Welt, die ihrer nicht bedarf, sie zerschellt an ihr. Nur mit den Büchern sucht Kien sich in der Welt zu behaupten, sie sind seine Wunderwaffe, Bollwerk auf dem Divan, auf dem er das Verlangen der Frau zu fürchten hat. Mit Büchern überlagert er seine der Ich-Schwäche inhärente Unlust, er kompensiert sie. Bücher scheinen ihm Schutz zu gewähren, seine Bibliothek ist eine Wohnung außerhalb der Welt, als Festung gegen diese aufgeführt. Aus den Büchern zieht er Bestätigung, aus der Bestätigung Kraft. Sie sind nicht nur Ersatz, sie sind ihm mehr als die zu allen Menschen abgebrochenen Beziehungen; in ihnen wird Lebloses lebendig, so wie ihm alles Lebendige eigentlich leblos ist – schließlich ist es ungedruckt.

Den Einbruch des aufgeweckten Knaben weiß die Haushälterin abzuwehren – und wird dann selbst auf dem Umweg über ein ausgeliehenes Buch zum wahren Einbrecher. Konfuzius scheint zur Heirat zur raten, doch bald muß Kien gegen die durchgeführte Okkupation eine Proklamation an die Armee seiner Bücher erlassen und den eingetretenen Kriegszustand erklären, nicht wahrnehmend, daß er bereits besiegt ist: die Bücher stehen nun ›mit dem Rücken zur Wand‹. Hier kann auch Konfuzius nicht mehr helfen.

Erstaunlich ist freilich seine ›Erfindung‹ der Blindheit und die Praxis der Erstarrung. Blindheit wird zur Verteidigungswaffe, aber es handelt sich dabei doch nur wieder um eine Abgrenzung von der Realität. Bestätigung meint er in der Philosophie zu finden, im esse percipi, der umgekehrte Lehrsatz wird dann zur Logik der abstrakten Weltverneinung: was nicht wahrgenommen wird, das ist nicht. Aber die Bücher verändern ihm nichts, sie sind nur das Arsenal von Zitaten, mit denen er sein Verhalten legitimiert. Taubengurren und Rosenduft kennt er eigentlich nur aus Büchern (so aus persischer Lyrik); sie bestätigen die Gegebenheit des Wirklichen nicht mehr. Die brutale Haushälterin, dann seine Frau, wird ihm erst als historische Gestalt verstehbar; was so auftaucht, wie er es aus Büchern kennt, verliert von seiner Bedrohlichkeit. Ist der Zerstörungstrieb die Folge ungelebten Lebens, wie die moderne Psychologie uns lehrt, dann ist *Die Blendung* ein Buch des Todes: Kien meint, Therese umgebracht zu haben, und als weltloses Ungeheuer bedroht und verstümmelt er sogar sich selbst, erwürgt er die Kanarienvögel. Das Feuer, in dem er schließlich endet, erscheint als große Reinigung, darin aber liegt nicht die Befreiung und Läuterung, sondern nur die Vernichtung. Versehentlich gelegt, sollte es nur die Blutflecken tilgen, sollte reinigen. Wissentlich gelegt, wäre es der gewollte Untergang. Versehentlich gelegt, hat er es doch nicht unwissentlich gelegt. Wo Bücher die Welt sind, ist ihr Brand der Weltbrand – der Geist ist gebrandmarkt. Kien rächt sich an der Welt durch Vernichtung dessen, was ihm die Welt war. Dies ist das Resultat der völligen Verblendung.

In kaum einem Buch der Weltliteratur spielen die Bücher eine derart wichtige Rolle wie im Roman Canettis, doch der Protagonist ist – anders als Don Quijote – kein Leser mehr. Er hat die Bücher alle im Kopf und braucht Titel und Inhalt gewissermaßen nur noch abzurufen, sein Gehirn funktioniert computergleich. Die materiale Wirklichkeit der gebundenen Bücher und der damit verbundene Lektürezustand, dem das Subjekt sich ausliefert, spielen für ihn längst keine Rolle mehr; er benötigt die Bücher eben nur noch, um sich mit ihrer Hilfe der für ihn gültigen Wirklichkeit zu versichern. Dem bei sich bleibenden Wissen wird die Bibliothek zum Asyl. Doch die Existenz Kiens wird darüber zu einer asozialen und monströsen. Er verwechselt das Dasein der Bücher mit der Gegenwart alles Lebendigen, dessen er selbst für sein ›Leben‹ nicht mehr bedarf. Ihm ist die Welt abhanden gekommen; eine Welt, der er abhanden gekommen ist, scheint es für ihn niemals gegeben zu haben.

REINHOLD GRIMM

INTERTEXTUELLES UND KEIN ENDE

Ein paar weitere Belege aus Günter Kunerts Lyrikschaffen

Die sogenannten Intertextualitäten, die seit Julia Kristevas vermeintlich sensationellem Buch von 1969[1] in Schwang gekommen sind, erfreuen sich vor allem in der amerikanischen Literaturkritik besonderer Beliebtheit. Doch man könnte sie wahrhaftig auch schlichter, ja schnoddriger benennen als dermaßen hochgestochen und aufwendig; jedenfalls erstrecken sie sich vom plattesten und billigsten Kalauer bis zu den mahnenden Worten der Größten der Weltliteratur. Von einem musikkundigen Freund erhielt ich zum Beispiel kürzlich folgenden Bierulk:

> Ein Musikstudent will ein Zimmer mieten. Die Schlummermutter weist ihn ab: »Musikstudent?! Kommt gar nicht in Frage! Ich hatte schon einmal einen Musikstudenten. Der kam zuerst sehr Beethoevlich, dann wurde er bei meiner Tochter Mozaertlich, brachte ihr einen Strauss mit, nahm sie beim Haendel und führte sie mit Liszt über den Bach in die Haydn. Da wurde er Reger und sagte: Frisch geWagnert ist halb gewonnen. Er konnte sich nicht Brahmsen. Ja – und jetzt haben wir einen kleinen Mendelssohn und wissen nicht wo-Hindemith.«[2]

Ich bitte um Nachsicht; aber derlei ist vielleicht nötig, um so gewichtige intertextuelle Verlautbarungen wie die eines Goethe oder Shakespeare ins rechte Licht zu rücken. Goethe schrieb in seinem *Westöstlichen Divan*:

> Wer nicht von dreitausend Jahren
> Sich weiß Rechenschaft zu geben,
> Bleib im Dunkeln unerfahren,
> Mag von Tag zu Tage leben.[3]

Shakespeare hinwiederum, der liebende Barde der *Sonette*, erklärte dort (unter Nr. 76):

> So all my best is dressing old words new,
> Spending again what is already spent [...][4]

---

1 Julia Kristeva: Σημειωτική: Recherches pour une sémanalyse. Paris 1969.

2 Steven Paul Scher (Dartmouth College); mündlich.

3 Johann Wolfgang von Goethe: Wanderers Gemütsruhe. (Westöstlicher Diwan, Buch des Unmuts). In: J. W. G.: Werke. Hamburger Ausgabe in 14 Bänden. Hrsg. v. Erich Trunz. Hamburg [4]1958 (im folgenden zit. als HA mit römischer Band-/arabischer Seitenzahl), hier: HA II/49.

4 [William] Shakespeare: The Sonnets/Sonette. Mit einem Nachwort [hrsg.] v. Helmut Viebrock. Frankfurt/M., Hamburg 1960, S. 80.

Kurzum, Intertextuelles – oder wie immer man solche Befunde modisch benennen mag – ist so alt wie die Literatur selbst.[5]

Und natürlich sind echte Intertextualitäten – bleiben wir bei Kristevas Slogan, um jedoch darunter konkrete Zitate, Kryptozitate, Anspielungen und dergleichen zu verstehen – keineswegs auf Gedichttexte beschränkt. Ich habe entsprechende Belege aus der Dramatik Bertolt Brechts und Friedrich Dürrenmatts sowie aus dessen Erzählkunst und derjenigen von Fritz Rudolf Fries schon im Übermaß beigebracht und kann mich hier mit bloßen Verweisen begnügen.[6] Indes möchte ich trotzdem, auch früherer Beiträge ungeachtet,[7] noch einmal zu Günter Kunert und seinem Lyrikschaffen zurückkehren. Worum es mir dabei namentlich geht, ist eine deutsch-englische Beziehung, die ja der Jubilarin – Germanistin und Anglistin, die sie ist – mehr als alle sonstigen Bezüge am Herzen liegen dürfte.

Kunerts »Zu einem Auden-Gedicht« überschriebene Verse verraten ihren intertextuellen Gesamtbezug bereits im Titel; hinzu kommt aber außerdem, wie der Dichter uns mit ähnlicher Offenheit bedeutet, eine massive intertextuelle Potenzierung.[8] Man überzeuge sich:

> Mit flacher Hand die Hexameter
> geklopft aufs nackte Schulterblatt
> der Römerin. Und wenig später
> sie aufnotiert, anstatt
> wie jene Frau ihn aufgenommen
> in sich und ihrer aeternalen [sic] Stadt.
> Was – außer Elegien – herausgekommen,
> bleibt ungesagt: Herr Goethe hat,
> schreibt Auden, sich exakt erwiesen
> als »Inbegriff von unsrer ganzen Art«:
> Weil einer in dem andern diesen
> nicht, sondern nur sich selbst gewahrt.[9]

Der Text von Wystan Hugh Auden, von dem diese Kunertschen Verse zehren, enthüllt sich als das einem gewissen Carlo Izzo gewidmete, nostalgisch den Süden bzw. Italien verklärende Langgedicht *Good-Bye to the Mezzogiorno*; und was

---

5 Zur Kritik an Kristeva vgl. Reinhold Grimm: Intertextual Biblical Configurations in Drama: The Case of Bertolt Brecht. In: Fu Jen Studies. Taipei, Taiwan 29 (1996), S. 55–66, insbes. S. 64.

6 Vgl. ebd. sowie Reinhold Grimm: Intertextuelle Fingerübungen? Zu zwei Kurzgeschichten von Fritz Rudolf Fries. In: Literatur für Leser 22 (2000), S. 185–198; ders.: Intertextualitäten: Einige Beispiele aus Dürrenmatts späterer Schaffenszeit. In: Die Verwandlung der »Stoffe« als Stoff der Verwandlung: Friedrich Dürrenmatts Spätwerk. Hrsg. v. Peter Rusterholz u. Irmgard Wirtz. Berlin 2000, S. 91–106.

7 Vgl. vor allem Reinhold Grimm: Intertextualität als Schranke: Übersetzungsprobleme bei Zitaten und dergleichen am Beispiel Günter Kunerts. In: Monatshefte 89 (1997), S. 208–220.

8 Zu dieser Begriffsverwendung vgl. ebd., S. 209.

9 Günter Kunert: Zu einem Auden-Gedicht. In: G. K.: Mein Golem: Gedichte. München, Wien 1996, S. 29.

Kunert davon intertextuell aufgegriffen hat, umfaßt zum mindesten volle drei vierzeilige Strophen. »As pupils«, setzt Auden in Strophe 16 ein,

> We are not bad, but hopeless as tutors: Goethe,
> Tapping homeric hexameters
> On the shoulder-blade of a Roman girl, is
> (I wish it were someone else) the figure
>
> Of all our stamp: no doubt he treated her well,
> But one would draw the line at calling
> The Helena begotten on that occasion,
> Queen of his second *Walpurgisnacht*,
>
> Her baby: between those who mean by a life a
> Bildungsroman and those to whom living
> Means to-be-visible-now, there yawns a gulf
> Embraces cannot bridge.[10]

Offensichtlich ist zunächst, daß die deutsche Prägung »Inbegriff von unsrer ganzen Art« Audens »figure / Of all our stamp« wiedergibt oder wiedergeben soll; genauso offensichtlich ist aber ferner, daß sich die intertextuelle Potenzierung schon bei Kunert als eine zweifache, mit seiner Vorlage indes sogar als eine dreifache entpuppt. Denn nicht nur die im deutschen Text – anders als im englischen – ausdrücklich genannten Goetheschen *Elegien*, sondern auch die in Kunerts Gedicht zwar bloß mittelbar, doch dafür desto unverkennbarer gegenwärtige Vorstellung vom Leben als »Bildungsroman« und mithin von Goethes *Wilhelm Meister*, ja zu allem Überfluß selbst noch die der »[Klassischen] Walpurgisnacht« und des »Helena«-Aktes aus *Faust II* kommen in diesem vielfachen Textgeflecht so frei wie nachdenklich-skeptisch ins Spiel. Was schließlich die von Auden bzw. Kunert anvisierten Verse aus Goethes *Römischen Elegien* betrifft, so haben sie im Original, wie man weiß, den gern zitierten Wortlaut:

> Oftmals hab' ich auch schon in ihren Armen gedichtet
> Und des Hexameters Maß leise mit fingernder Hand
> Ihr auf den Rücken gezählt. [...][11]

(Warum übrigens Kunert – denn bei Auden geschieht ja nichts dergleichen – Goethes unübertreffliche »fingernde Hand« zu einer »flachen« vergröbert hat, bleibt mir so unerfindlich wie seine Betonung des griechischen Fremdworts in dem Reim »Hexameter / später« ... es sei denn, er wolle beides als zusätzlichen, also sprachlich-bildlichen wie metrischen, Ausdruck seiner unverhohlenen Kritik an »Herrn« Goethe aufgefaßt wissen.)

---

[10] Wystan Hugh Auden: Good-Bye to the Mezzogiorno. In: W. H. A.: Collected Poems. Ed. by Edward Mendelson. New York 1976, S.486ff.; hier S. 487f.

[11] Johann Wolfgang von Goethe: Römische Elegien V. In: HA I/160.

Man könnte noch manches hinzufügen. Ich nehme davon Abstand und erwähne lediglich zwei Sonderfälle, die mich – hier wie anderswo – einer umständlicheren Beweisaufnahme entheben. Der erste davon bedarf kaum der Erläuterung: Titel wie Text des Gedichts sprechen für sich selbst. Jener, *Faust III: Schlußvorstellung*, verweist auf Friedrich Theodor Vischers berühmt-berüchtigte Parodie *Faust: Der Tragödie dritter Teil in drei Acten*, die 1862 unter dem deftigen Quadrupelpseudonym Deutobald Symbolizetti Alegoriowitsch Mystifizinsky erschien; dieser, in beziehungsreicher und aussagekräftiger Verfremdung, apostrophiert die bekannten Verse Mephistos aus *Faust I*, welche lauten:

»Grau, teurer Freund, ist alle Theorie,
Und grün des Lebens goldner Baum.«[12]

Bei Kunert liest sich das Ganze dann so:

Die Ideale abgetan:
Verdorrte Blätter
unbeschreiblich
raschelnd in der Erinnerung:
Grau teurer Freund
ist alle Utopie.
Nie wieder grün
des Lebens abgeholzter
Baum.[13]

Ähnlich ungewöhnlich – weil halb auf ein gesamtes Werk, halb auf Einzelheiten bezüglich – wirken die zahlreichen Intertextualitäten in Kunerts Gedicht *Atlantis*, das darum begreiflicherweise ebenfalls ungekürzt abgedruckt werden muß. Es verzichtet auf jedwede strophische Gliederung:

Als es unterging Sklaven
sollen geschrien haben in dieser Nacht
wie ihre Eigentümer: Homo sum.
Aber in den Legenden herrscht Stille
als wäre die Geschichte ein Konzert
gewesen und die Mitwirkenden heimgegangen.
Akten zur Beweisführung herbeigeschafft
ihre blutige Schrift verblichen aber.
Erneut gelang die Transsubstantiation:
Alle Getöteten wurden zu annehmlichen Zahlen.
Heute schon sind für morgen die Fundstücke
frei von Konservierungsmitteln: Alles
Rätsel für Nachgeborene.

---

12 Johann Wolfgang von Goethe: Faust. In: HA III/66.
13 Günter Kunert: Faust III: Schlußvorstellung. In: G. K.: Fremd daheim: Gedichte. München, Wien 1990, S. 81.

Wenn da wirklich geschrien wurde ist es ja
längst verhallt.
Amtlich als akkustisches [sic] Phänomen eingestuft.
Als Präzedenzfall
für alle Zukunft wo wir geschrien haben
werden.
Und die Unbetroffenen es deutlich überhört.
Und einige die Gelegenheit ergriffen
zu einem Gedicht: Spätfolge
von Untergängen die allein durch Ortsnamen
der Unterscheidung sich fügen.[14]

Das, womit Kunert in diesem Text auf ein gesamtes Werk, ja auf mehrere geschlossene Werke in ihrer Gesamtheit zielt, ist, wie ersichtlich, seine Bemerkung gegen Schluß, wonach »einige« hier (wie auch er selber) lediglich »die Gelegenheit [zu einem Gedicht] ergriffen« hätten. Nun besitzt Atlantis als literarischer Stoff zweifelsohne eine lange und ehrwürdige Geschichte;[15] doch dürften dem Dichter wohl eher Verse aus seiner eigenen Zeit und Gegenwart vorgeschwebt haben. Ein ebenso beachtliches wie durch und durch andersgeartetes Beispiel wäre etwa das mit dem Kunertschen von 1990 gleichnamige Gedicht von Walter Helmut Fritz, das erstmals 1976 veröffentlicht wurde. Man halte die beiden Gestaltungen nebeneinander:

Ein Land,
das es nie gab.

Aber es fällt
den Gedanken schwer,
es zu verlassen.

Helle Wege sind entstanden,
die zum Horizont führen.

Keine Müdigkeit.

Man muß die Dinge
nicht nur so sehen,
als seien sie schon gewesen.

Im Hafen
liegen die Schiffe,
die bei jeder Ausfahrt
das Meer hervorbringen.[16]

---

[14] Günter Kunert: Atlantis. Ebd., S. 117; die vom Üblichen abweichende Zeichensetzung wie im Original.
[15] Vgl. etwa Gertrude Kirschbaum: Das Atlantisproblem in der Literatur. Diss. [masch.]. Wien 1934.
[16] Walter Helmut Fritz: Atlantis. In: W. H. F.: Schwierige Überfahrt: Gedichte. Hamburg 1976, S. 17.

So der Fritzsche Text, mit dem verglichen Kunerts *Atlantis* ja geradezu wie ein kompromißloser Gegenentwurf anmutet. Den ersten Anstoß gab aber trotzdem, aller Wahrscheinlichkeit nach, Bertolt Brecht; denn an ergänzenden Einzelbezügen springen natürlich zwei auf Gedichte von ihm sofort ins Auge. Es sind dies einerseits ein mehrfacher, sowohl einleitender wie wiederkehrender, Bezug auf Brechts *Fragen eines lesenden Arbeiters* und andererseits ein flüchtiger einfacher auf Brechts *An die Nachgeborenen*. Den letzteren Text brauche ich nicht zu zitieren; was jedoch die Brechtschen *Fragen* anbelangt, so lauten die betreffenden, von Kunert offenbar als korrekturbedürftig empfundenen Verse folgendermaßen:

Selbst in dem sagenhaften Atlantis
Brüllten in der Nacht, wo das Meer es verschlang
Die Ersaufenden nach ihren Sklaven.[17]

Die von Kunert vorgenommene Änderung des Brechtschen Texts – und zwar als Ausweitung nicht bloß, sondern auch als Vertiefung – liegt klar zutage; und überdies erscheint die bekräftigende (und ja auch sonst von Brechts gelehrigem Schüler verwendete) Terenz-Stelle jetzt sogar, aufs äußerste verknappt, in ihrer lateinischen Urform »Homo sum«.[18]

Zum Abschluß kann ich es mir – selbst auf die Gefahr hin, mich zu wiederholen – doch nicht versagen, noch einen weiteren »Sonderfall« wenigstens kurz anzuführen. Was ich meine, ist Kunerts schwermütiges Gedicht *Verlorenes Venedig*. Man lese dessen zwei Strophen aufmerksam und wiederholt und erwäge vor allem das anschauliche, erst starre und statische, dann aber zumindest momentweise bewegte Bild, das sie entfalten:

Nichts mehr Nichts
außer diesen kühlen und dunklen
Gewölbebögen
mächtige Schenkel venerischer Paläste
die oben im Licht zerfallen
unterm verbröckelnden Gewand
Tiefer die völlig versteinte
Perspektive rahmt einen Streifen
Wasser
vor Alter schmutzig und träge

Eine Gondel jetzt
zöge vorbei als haltloser Traum
vergessen bevor man sich
seiner erinnert
So wäre alles Dagewesensein

---

17 Bertolt Brecht: Fragen eines lesenden Arbeiters. In: B. B.: Gesammelte Werke. Frankfurt/M. 1967, Bd. 9, S. 656.

18 Vgl. Terenz: Heautontimorumenos I, 1, 25.

zu beschreiben falls das
irgendwann irgendwem
einfiele.[19]

Volle drei Intertextualitäten sind hier, wie sich zeigt, am Werk: zwei davon entstammen der deutschsprachigen Literatur, eine der englischen. Indes, ich brauche darauf – auf Rilkes in Venedig angesiedeltes Sonett *Die Kurtisane*, Conrad Ferdinand Meyers Venedig-Gedicht *Auf dem Canal grande* und Thomas Otways Stück *Venice Preserved* aus dem 17. Jahrhundert – nicht mehr des näheren einzugehen, da ich all diese Zusammenhänge bereits mehrfach, zuletzt in meinem Festschriftbeitrag »Intertextualität und Übersetzung bei Gedichten von Günter Kunert und Günter Eich«,[20] im einzelnen untersucht und erschöpfend dargestellt habe. So kann ich mich wiederum auf den bloßen Hinweis beschränken.

Meine Bestands- oder Beweisaufnahme bliebe jedoch auf empfindliche Weise unvollständig, wenn ich nicht ergänzend noch einen zusätzlichen Befund, auf den man bei Kunert gleichfalls fortwährend stößt, etwas genauer in den Blick nähme. Das Stichwort liefert ein Satz aus dem Gedicht *Wahrnehmung*, das in dem Kunertschen Band *Mein Golem* von 1996 begegnet. Sie »mahlen / dich«, heißt es dort von den »Wortmühlen« höchst verräterisch, »trefflich klein«[21] – ein Geständnis, aus dem wir unverzüglich den verallgemeinernden Schluß ziehen dürfen, daß Günter Kunert in seiner Lyrik nicht allein ständig intertextualisiert, sondern auch häufig darüber reflektiert. Immer wieder sieht er sich veranlaßt, über sein intertextuelles Tun oder gar, wie hier, sein intertextuell bedingtes Leiden kritisch-historisch nachzudenken. In seinen früheren Schaffensjahren scheint derlei allerdings noch nicht besonders ausgeprägt gewesen zu sein; jedenfalls begegnen unter den in seiner Reclamauswahl (1987) versammelten Gedichten lediglich zwei, die sich entweder zur Gänze oder doch zum Teil mit derartigen Erfahrungen und Erkenntnissen befassen. Und beide, sowohl *Meine Sprache* von 1966 als auch *Klage* von 1987, haben nicht so sehr das Phänomen des Intertextuellen und dessen Weiterungen zum Gegenstand als vielmehr das Reservoir der dem Dichter zur Verfügung stehenden Wörter und Worte an sich. Das ältere dieser Kunertschen Versgebilde setzt sich, darin Hans Magnus Enzensbergers Gedichtsammlung *Landessprache* (1960) und namentlich deren einleitendem Titelgedicht[22] vergleichbar, mit dem sprachlichen Erbe auseinander, mit dem jeder deutschschreibende Lyriker der Generation von

---

[19] Günter Kunert: Verlorenes Venedig. In: G. K.: Berlin beizeiten: Gedichte. München, Wien 1987, S. 94.

[20] Vgl. Reinhold Grimm: Intertextualität und Übersetzung bei Gedichten von Günter Kunert und Günter Eich. In: Produktivität des Gegensätzlichen: Studien zur Literatur des 19. und 20. Jahrhunderts. Festschrift für Horst Denkler. Hrsg. v. Julia Bertschik u.a. Tübingen 2000, S. 233–242.

[21] Günter Kunert: Wahrnehmung. In: Kunert: Mein Golem, a.a.O., S. 20.

[22] Vgl. Hans Magnus Enzensberger: Landessprache. In: H. M. E.: Landessprache. Frankfurt/M. 1960, S. 5ff.

1929 – das Geburtsjahr nicht etwa Kunerts und Enzensbergers nur[23] – ja irgendwie fertig zu werden hat: also der »entstellten« und »erstarrten«, »verführten« und »veruntreuten«[24] deutschen Muttersprache. Das jüngere, auch in *Berlin beizeiten* aufgenommene dieser zwei Gedichte hingegen erschöpft sich im Rahmen unserer Betrachtung in dem doppelten Seufzer:

Mal macht mich Wörtermangel stumm,
mal macht ihr Überfluß mich dumm

und ergeht sich im übrigen in einem existentiellen Lamento über die angebliche Sinnlosigkeit des dichterischen Daseins: »Ich bin / in dieser Welt ganz ohne Sinn.«[25]

Anders – nämlich folgerichtig verschärft – und dennoch unweigerlich ähnlich wirken solche Selbstzeugnisse in den beiden Gedichtbänden *Mein Golem* und *Fremd daheim* (schon 1990 veröffentlicht). Was dabei auf Anhieb auffällt, ist zunächst die ständig umkreiste und stets aufs neue erfahrene und zum Ausdruck gebrachte Grundsituation des Lesens und daneben auch des Schreibens. Geradezu programmatisch bekennt zum Beispiel das Gedicht *Dem Oktober zu*:

Vielerlei Herbste
abgefallene Blätter bewegt
von keinem Windhauch
und von keinem Besen. Deckendes
Dach unsichtbarer Tiere.
Ähnlich hause auch ich
unter Büchern
überkommen aus Jahrhunderten
als wären das Bäume gewesen.[26]

Dieselbe geschützte und unberührte Lebenslage, die hier Kunert als Leser von sich aussagt, scheint auch für Kunert als Schreibenden zu gelten, obwohl offenbar weder dem einen noch dem anderen volles Verständnis, eher scheue Verhaltenheit und bestenfalls Staunen eignen. In der zweiten Strophe von *Bei Einvernahme* hat der Dichter dafür ein so plastisches wie recht aufschlußreiches, nun aber nicht mehr

---

23 Vgl. Reinhold Grimm: The Generation of 1929: Three German Poets and Their Humble Translator. In: Pembroke Magazine 24 (1992), S. 25-72. Daß jene der spanischen Literaturgeschichte entlehnte Generationsbezeichnung durch eine bestimmte Jahreszahl natürlich in einem losen und weiteren Sinne zu verstehen ist, brauche ich wohl nicht eigens zu unterstreichen. Vgl. zur Ergänzung auch meinen Beitrag »More Poetry from Germany«. In: Ebd. 26 (1994), S. 126–139.

24 Vgl. Günter Kunert: Gedichte. Auswahl von Franz Josef Görtz. Nachwort v. Uwe Wittstock. Stuttgart 1987, S. 19.

25 Vgl. ebd., S. 51 sowie Günter Kunert: Klage. In: Kunert: Berlin beizeiten, a.a.O., S. 116.

26 Günter Kunert: Dem Oktober zu. In: Kunert: Mein Golem, a.a.O., S. 68.

dem jahreszeitlichen Naturgeschehen, sondern der Dämmertiefe der Geschichte entliehenes Bild gewählt:

Immer wenn ich zurückdenke
an Gestern [sic] bin ich
eine kleine ägyptische Tonfigur
über Papyrus gebeugt
und alles aufzeichnend was
ich nicht zu verstehen vermag.[27]

Kunerts Lektüre ist freilich nicht (sowenig wie selbstredend sein Dichten) auf den Bezirk der Literatur oder gar der sogenannten ›schönen‹ oder ›schöngeistigen‹ Literatur beschränkt und eingeengt, sondern ufert gleichsam nach allen Seiten aus, ohne dabei doch im mindesten sinnlos oder einfach bloß willkürlich zu werden. Man betrachte und erwäge die folgenden drei Belege allein aus dem Band *Fremd daheim*. Zugegeben, das erste dieser Gedichte, *Gestern nacht* überschrieben, verharrt noch durchaus im Raum des Literarischen, ja sogar des Lyrischen:

Mittendrin erwacht
und aufgestanden. Schritte
in aller Stille, eigene. Am Ziel
der Tisch mit der zerkratzten Platte
mein Lebensgefährte. Las
in einem Buch so für mich hin [!]
aus Schweden die Gedichte
über Licht und Helligkeit
leuchtende Seen und dergleichen
was man so schreibt
im ewigen Dunkel
eines halben Jahres und begab mich
ermüdet heim
in meinen eignen Traum.
Drüber hinaus war mir
kein Sinn.[28]

In allernächster Umgebung dagegen, fast unmittelbar vorher und nachher, berichtet Kunert:

Nächtelang las ich mich blind
in Büchern über das Elend der Welt
Krieg Not und Tod
Feuer und Stahl
selber inmitten kaltgewordener Ruinen

---

[27] Günter Kunert: Bei Einvernahme. In: Kunert: Fremd daheim, a.a.O., S. 70.
[28] Günter Kunert: Gestern nacht. Ebd., S. 17.

selber entronnen
die Zeilen wie Brot
gierig verschlingend: Leben
Leben
Bis mein Zimmer erstrahlte
heftig im Glanz
eines strotzend sinnlosen
Morgen [sic][29].

Oder:

Wie das Grün wuchert
in diesem Garten höre ich
Stimmen sagen Aber das ist
noch nicht genug antworte ich
sprachloser
Dichter und höher will ich
die Bäume die Hecke das Kraut
das gegen den Tod wächst weil
seiner eigenen Wiederkehr sicher
weil es *Löwenzahn* heißt
Auf der Suche
nach solcher Gewißheit bin ich
Leser geworden
botanischer Handbücher und solcher
für gärtnerische Belange
unbändig verdorrend und voller Verlangen
nach einem Namen
gleichen Versprechens.[30]

Wie sehr bei dieser Kunertschen Lektüre Lesen und Leben, Leben und Lesen (und selbstverständlich zugleich auch das Schreiben) ineinander übergehen, ja unauflöslich miteinander verwoben sind, lehrt vollends ein mit dem bezeichnenden Titel *Lebensstoff* versehenes Gedicht aus *Mein Golem*:

Mit einem Rucksack
auf dem Rücken verabschiedet sich
mein Großvater weinend: Sein Zug
fährt nach Theresienstadt. Später
reicht mir der Präsident
aller Deutschen die Hand
und einen Orden. Da stapfe ich
schon glaubhaft verloren

---

[29] Günter Kunert: Biographie. Ebd., S. 14.

[30] Günter Kunert: Hinter der Hecke. Ebd., S. 20. Vgl. auch Günter Kunert: Elegie VII. In: Kunert: Mein Golem, a.a.O., S. 78: »›Natur ist ernst‹ hast du gelesen [...].«

durch das Übungsinferno
Brice Canyon Utah
vorbei an einem Kreislaufkollaps
und blicke aus einem Fenster
zehntausend Meter hoch und lehne mich
in den Sessel zurück
und mir ist
als läse ich das alles
in einem alten Buch.[31]

So oder so, ob im »Wörtermangel« oder im sprachlichen »Überfluß«: Kunerts »Wortmühlen« lassen nicht ab, den »Lebensstoff« des Dichters in beiderlei Bedeutung »trefflich klein« zu »mahlen«.

Doch was den Ausschlag gibt, ist gleichwohl mehr und mehr die erdrückende Erfahrung des Intertextuellen, die man geradezu als das Urerlebnis des späteren Kunert verbuchen kann. Gewiß, Günter Kunert erfährt sich nach wie vor zuweilen, in *Fremd daheim* wie sogar in *Mein Golem*, auch noch im gegenteiligen Sinne: so etwa wenn er in *Gegenüber der Deponie* – Verse, die ebenfalls ungekürzt angeführt werden müssen – seine dichterische Position zu bestimmen sucht. Die Umwelt draußen mit seiner scheinbar so abgeschotteten Innenwelt kontrastierend, beschreibt und bekennt er hier als »sprachloser Dichter«:

Rehe, ein Rudel, am Vormittag
vorm Fenster. Um infame Geräusche
der Autobahn unbekümmert. Wieder
sickert es naß
drüben aus dem grünen Schamgehügel
über froh gezeugtem Abfall
mein Schutterbe mein Giftnachkomme
dauerhaft abgetrieben
endzeitgemäß. Drinnen aber
die Bücher. Papierne Wälle
gegen Wirklichkeit.

Warum gebe ich die Welt verloren?

Weil in keinem geschrieben steht
was geschehen wird
was immer geschah
in vergangener Zukunft
von Wort zu Wort
zu Wortlosigkeit.[32]

---

[31] Günter Kunert: Lebensstoff. Ebd., S. 18.
[32] Günter Kunert: Gegenüber der Deponie. In: Kunert: Fremd daheim, a.a.O., S. 36.

Mit voller Bewußtheit wird das vorweg zusammenfassende Stichwort von Kunert sechs Jahre danach aufgegriffen, wenn er erklärt:

Geschlagen von Wortlosigkeit
angesichts der Züge der Horden der Herden
der Verwehenden
im Sturm jeglicher Geschichte ihrer Väter
gehaßt unausweichlich.[33]

Das Gedicht, das mit diesem Eingeständnis beginnt, ist nicht umsonst ausdrücklich *Positionsbestimmung* überschrieben.

Wie sehr in derartigen Äußerungen trotzdem, sei es offen oder untergründig, eine allgemeine Erfahrung von Intertextualität zum Ausdruck kommt, dürfte in beiden Fällen wohl deutlich geworden sein. Das Kunertsche Urerlebnis ist aber nicht allein ein erdrückendes, wie ich sagte, sondern zugleich ein zutiefst bedrückendes, ein schmerzliches, qualvolles; ja, im Grunde stößt es den Dichter förmlich ab, ruft in ihm Widerwillen und Abscheu hervor. Belege dafür bieten sich namentlich in *Fremd daheim* wieder allenthalben an. Bald setzt Kunert seine »Worte« wie auch die seiner »Freunde« bloßen »Geräuschen« gleich (so in *Standpunkt*);[34] bald »umgarnen« ihn, klagt er, »fahrige Worte bis zur Reglosigkeit« (so in *Zukunftsperspektive*);[35] und früher bereits stellte er schließlich angewidert und beinahe endgültig fest:

Alles Versprochene zeugt
alsobald Ekel wie Worte
glitschig vom Sabber
endlosen Gebrauchs: Prothesen
aus Allerweltsmündern.[36]

»Selbst ehrlichere Lieder«, heißt es anderswo vom Metier des Dichters, »verschweigen, was uns widerfährt«.[37] Doch dieses schmähliche Schweigen macht in Wahrheit nur die eine Hälfte, und noch nicht einmal die schlimmere, solch dichterischen Scheiterns oder Verschuldens aus; denn Kunert fährt fort:

Verlogenes Sagen und Singen,
ein Wortschwall als Leichentuch:
Wir hören die Stimmen klingen
und ignorieren den Fluch.

---

[33] Günter Kunert: Positionsbestimmung. In: Kunert: Mein Golem, a.a.O., S. 11.
[34] Vgl. Günter Kunert: Standpunkt. In: Kunert: Fremd daheim, a.a.O., S. 71.
[35] Vgl. Günter Kunert: Zukunftsperspektive. Ebd., S. 100.
[36] Günter Kunert: November. Ebd., S. 28.
[37] Vgl. Günter Kunert: Tägliche Abtreibung. Ebd., S. 84.

Erst damit gelangt das Kunertsche Versgebilde *Tägliche Abtreibung*[38], eine Art poetologischer Variante im Raum des Intertextuellen, zu seinem trübseligen Fazit.

Im selben Band, und zwar obendrein gleich auf der vorhergehenden Seite, findet sich ein Gedicht mit dem unzweideutigen Titel *Larmoyanz*. Und diese geschlossene Versfolge von lediglich siebzehn oft ganz kurzen Zeilen darf nun ohne Zögern und ohne jeden Zweifel als das krönende Selbstzeugnis Kunerts in Sachen Intertextualität eingestuft werden. »Zitate, Zitate«, bricht der Dichter hier hemmungslos und dennoch (man beachte die Interpunktion)[39] schon völlig gedämpft und resigniert aus. »Wozu«, fragt er ohne Fragezeichen,

> die Lippen überhaupt öffnen.
> Jede Zunge ein Sprungbrett
> reihenweis Toter
> mit dem Drang nach Unsterblichkeit.
> Lenin hat gesagt. Bereits Marx erklärte.
> Schon Goethe meinte.
> Und selbst Gott sprach.
> Am Anfang war das Wort.
> Aber daß es wie tausendfach gemahlene
> Spreu sei
> weiß es selber nicht. Aus Staub
> ist es zu Staub wird es
> sobald dein Mund zuklappt
> wie der Deckel
> über Du weißt schon
> welcher Kiste.[40]

Daß dieser Text übers Intertextuelle, ja über das Wort und die Sprache insgesamt, seinerseits von Intertexten nur so strotzt, ist offenkundig und bedarf keines Nachweises mehr. Ebenso offenkundig ist aber auch Kunerts Anwendung seiner betrüblichen Einsicht auf das eigene Schaffen. Denn wiederum in nächster Nachbarschaft und wiederum als geschlossene Versfolge erscheint in *Fremd daheim* ein Gedicht mit dem Titel *Ohne Adressaten*. Es beginnt mit der Zeile »Um nicht zu leben schreiben« und endet:

> Schreiben. Nur an niemand.
> Mit Worten die wiederholen
> daß alles längst gesagt ist. Nämlich
> geraunt geschrien geflüstert und
> geflucht unbrüderlichen Organismen
> ins freigewillt ertaubte Ohr.[41]

---

[38] Ebd.

[39] Weder an dieser Stelle noch sonstwo im Verlauf des Gedichts erscheint auch nur ein einziges Ausrufezeichen.

[40] Günter Kunert: Larmoyanz. In: Kunert: Fremd daheim, a.a.O., S. 83.

[41] Günter Kunert: Ohne Adressaten. Ebd., S. 87.

Und wie verhält es sich zu guter Letzt mit dem ja abermals vielsagend genug betitelten Gedicht *Sequenz* aus *Mein Golem*? Den beiden vorher zitierten Texten in seiner Versform aufs Haar ähnelnd, hat es folgenden Wortlaut:

> Wandere nachts.
> Wenn du meinst daß die Welt schläft
> und deine Ängste nicht sieht.
> Den Einsamen begleiten die Bücher
> von Wand zu Wand
> Vorgänger Zeugen Sprachkonzentrat
> leicht löslich erneut
> in Hirnflüssigkeit. Wandere nachts
> umher als Gefangener
> ihrer Sätze und Zeilen
> und deines eigenen Entsetzens
> vor soviel Vergeblichkeit
> vor soviel Geduld
> einer papiernen Bruderschaft
> der du zustrebst
> verschwiegenermaßen.[42]

Was in diesem Versgebilde vorliegt, ist offensichtlich nicht so sehr eine Klage über das Ausgeliefertsein ans Intertextuelle oder an die sprachliche Spreu überhaupt (wiewohl derlei keineswegs fehlt) als vielmehr eine echt Kunertsche Zusammenschau der Erfahrungen des Lesens und, wie verhüllt auch immer, des Schreibens vor dem Hintergrund ebenjener so bitteren wie allumfassenden Erkenntnis. Am dichterischen Schaffen freilich – einem exzessiven, geradezu hektischen oder manischen Schaffen insbesondere im Bereich der Lyrik – hat das alles Günter Kunert bislang nicht im geringsten gehindert, und es wird ihn künftig vermutlich genausowenig daran hindern. Was ja auch schwerlich wundernehmen kann; denn daß die Dichter sich wie Münchhausen am eigenen Schopf aus dem Sumpf zu ziehen vermögen, ist beileibe kein unbegreifliches Paradox, sondern spätestens seit Gottfried Benn[43] eine Selbstverständlichkeit, eine Binsenwahrheit – um nicht zu sagen: eine Plattheit.

Ich breche hier endgültig ab, obzwar es noch manches zu sagen gäbe, im Hinblick sowohl auf Kunert selbst als auch auf andere. Karl Krolow zum Beispiel, von Alter und Krankheit gezeichnet, teilte vollauf die Sprachskepsis des Jüngeren wie zugleich dessen ungeschmälerte Fähigkeit, sie und alles, was damit zusammen-

---

[42] Günter Kunert: Sequenz. In: Kunert: Mein Golem. a.a.O., S. 41.

[43] Vgl. hierzu Reinhold Grimm: Bewußtsein als Verhängnis: Über Gottfried Benns Weg in die Kunst. In: Die Kunst im Schatten des Gottes: Für und wider Gottfried Benn. Hrsg. v. R. G. u. Wolf-Dieter Marsch. Göttingen 1962, S. 40–84. Bis zu welchem Grad der von mir untersuchte Modellfall Benn samt dessen Gegenmodell Alfred Seidel im Bereich der Moderne – oder am Ende sogar darüber hinaus – verallgemeinert werden darf, mag hier offenbleiben.

hängt, schöpferisch zu bewältigen, ja zu überwinden. Das Eingangsgedicht des letzten Krolowschen Lyrikbandes, *Die zweite Zeit* von 1995, lautet:

Die Worte werden beliebig,
wenn man sie oft genug spricht,
und einige erst ergiebig,
wenn man sie schließlich bricht,

wenn man genug geheuchelt,
sie seien das A und das O.
Hat man sie endlich gemeuchelt,
braucht man sie nirgendwo.

Glaubt man sie lange vergessen,
tauchen sie wieder auf,
wird man an ihnen gemessen
im sterblichen Lebenslauf.[44]

---

[44] Karl Krolow: Die Worte. In: Karl Krolow: Die zweite Zeit: Gedichte. Frankfurt/M. 1995, S. 7. Wie fast zu erwarten, tragen diese drei Strophen die programmatische Überschrift *Die Worte*.

Ernst Erich Metzner

»UND DIE DICHTER LÜGEN ZU VIEL«

Ricarda Huchs aufgeklärt-neuromantische Mittelalterbild-Berichtigung in der Erzählung »Der arme Heinrich« von 1898/99

»Alles Unvergängliche – das ist nur ein Gleichnis!
Und die Dichter lügen zu viel.–«
(F. Nietzsche: Also sprach Zarathustra II:
Auf den glückseligen Inseln)[1]

VORBEMERKUNGEN: RICARDA HUCHS UND GERHART HAUPTMANNS ›NEUROMANTISCHE‹ HARTMANN-REZEPTIONEN UM 1900

Die deutsche Mittelalter-Literatur-Rezeption um 1900 steht und stand von vornherein unter dem Verdacht, daß damit dem bürgerlichen eskapistischen[2] Zeitgeschmack der »Stilkunst um 1900«[3] Tribut gezollt wird, die man als »Neuromantik«[4] bezeichnet hat und die ähnlich wie die Romantik durch eine »Wende ins Metaphysische«[5] und zurück zu den metaphysisch orientierten Texten des deutschen und europäischen Mediaevums gekennzeichnet ist; das gilt zumal für die Wiederaufbereitung der seit der Romantik, seit der ersten Textausgabe 1814 durch Jacob und Wilhelm Grimm[6], dem gebildeten Publikum Deutschlands und auch der übrigen Welt wieder bekannten mittelhochdeutschen legendarischen Verserzählung *Der arme Heinrich* des ›gelehrten Ritters‹ Hartmann von Aue – um 1200 – von der verborgenen Schuld, der unvermittelten göttlichen Heimsuchung und der gnadenhaften Errettung des aus menschlicher Sicht fehlerlos herrlichen, fürstengleichen Heinrich von Aue,[7] in dem man inzwischen einen Vorfahren des Dichters zu sehen gelernt hat.[8] In dem Maße, darf man mutmaßen, in dem die

---

1 Friedrich Nietzsche: Also sprach Zarathustra. München 1975, S. 66.

2 Vgl. Reinhild Schwede: Wilhelminische Neuromantik – Flucht oder Zuflucht? Ästhetizistischer, exotischer und provinzialistischer Eskapismus im Werk Hauptmanns, Hesses und der Brüder Mann um 1900. Frankfurt/M.1986, passim.

3 Richard Hamann/Jost Hermand: Stilkunst um 1900. München ²1973, passim.

4 Vgl. bes. Schwede: Wilhelminische Neuromantik, a.a.O., Kap. Neuromantik als Negation der Gegenwart, S. 26–37.

5 Hamann/Hermand: Stilkunst um 1900, a.a.O., S. 121.

6 Vgl. etwa Barbara Könneker: Hartmann von Aue. Der arme Heinrich. Frankfurt/M. 1987, S. 88ff.; vgl. Christoph Cormeau/Wilhelm Störmer: Hartmann von Aue. Epoche – Werk – Wirkung. München 1985, S. 238f.

7 Vgl. etwa Könneker: Hartmann von Aue, a.a.O., passim und Cormeau/Störmer: Hartmann von Aue, a.a.O., S. 142–159.

8 Vgl. Cormeau/Störmer: Hartmann von Aue, a.a.O., S. 33–36.

Neuromantik, die deutsche zumal, dem Vorwurf der national beschränkten Unangemessenheit und tatenlosen Zeitflucht vor dem Beginn des Ersten Weltkriegs, wenn nicht schlimmeren Verdächten ausgesetzt war und aus dem Bewußtsein der Gegenwart verdrängt wurde, sind denn auch die beiden gleichnamigen und fast gleichzeitigen Rezeptionen des mittelalterlichen deutschen Stoffes der beiden fast gleichaltrigen deutschen Autoren, R. Huch (1898/99) und G. Hauptmann (1902), ist also auch der frühere Text, die jugendstilartig-arabeskenhafte Erzählung, die »romantisierende Novelle«[9] Ricarda Huchs, die im Mittelpunkt dieser Annäherung steht, der Vergessenheit anheimgefallen oder zumindest der voreingenommenen Unterschätzung, was immer sich an Kenntnissen dem schnellen Urteil hätte entgegen stellen müssen; dasselbe gilt erst recht für die musikalische Anverwandlung durch Hans Pfitzner in einer Oper (nach einem Libretto von M. Grun) etwa derselben Zeit (1895).[10] So hat man Gerhart Hauptmann, aber implizit auch Ricarda Huch, die mit ihren Rezeptionen des *Armen Heinrichs* von 1902 und 1898/99 jeweils zum ersten Mal in ihrem damals bekannt gewordenen Oeuvre sich dezidiert dem christlichen Mittelalter – und wohlgemerkt einem deutschen – zuwandten, Modeabhängigkeit und Opportunismus unterstellt[11] – so vor allem dem einstigen ›Naturalisten‹ Gerhart Hauptmann – oder gar zu Wortführern statt zu Mitläufern der literaturgeschichtlichen Wende zur Neuromantik gestempelt[12] – so vor allem Ricarda Huch wegen ihres Erfolgsbuches *Blütezeit der Romantik* von 1899.

Nachdenklich muß demgegenüber schon stimmen, daß etwa Thomas Mann den dramatisierten *Armen Heinrich* von Gerhart Hauptmann, untertitelt mit *Eine deutsche Sage*, noch 1952 in Frankfurt am Main dasjenige Werk genannt hat, das ihm unter allen Hauptmann-Texten »am innigsten ans Herz gewachsen« sei.[13] Interessant daneben, daß derselbe Thomas Mann gerade eben nach dem Zweiten Weltkrieg, unter anscheinend ganz anderen politischen Vorzeichen, mit seinem

---

9 Fred Wagner: ›Heinrich und die Folgen‹. Zur Rezeption des ›Armen Heinrich‹ bei Hans Pfitzner, Ricarda Huch, Gerhart Hauptmann und Rudolf Borchardt. In: German Narrative Literature of the Twelfth and Thirteenth Centuries. Festschrift Roy Wisbey. Ed. by Volker Honemann u.a. Tübingen 1994, S. 261.

10 Vgl. zu allen genannten Rezeptionen, einschließlich der von R. Borchardt, F. Wagner: ›Heinrich und die Folgen‹, a.a.O, S.261–274. Zu Hauptmanns *Armen Heinrich* bes. Schwede: Wilhelminische Neuromantik, a.a.O., S.93–119, zu Ricarda Huchs *Armem Heinrich* bes. Bernd Balzer: Nachwort. In: Ricarda Huch: Ausgewählte Erzählungen. Frankfurt/M. u.a. 1980, S. 409–410. Vgl. auch Cormeau/Störmer: Hartmann von Aue, a.a.O., S. 239, und Könneker: Hartmann von Aue, a.a.O., S. 91f.

11 Vgl. bes. Schwede: Wilhelminische Neuromantik, a.a.O., S. 38–49 u. S. 93–119 (zu G. Hauptmann).

12 Georg Lukács (zu R. Huchs *Romantik*-Buch), vgl. Marcel Reich-Ranicki: Ricarda Huch, der weiße Elefant. In: Ricarda Huch. Studien zu ihrem Leben und Werk. Hrsg. v. Hans-Werner Peter. Braunschweig 1985, S. 5. Vgl. Karl-Heinz Bohrer: Die Kritik der Romantik. Frankfurt/M. 1989, S. 276–283.

13 Thomas Mann: Gerhart Hauptmann. In: Th. M.: Werke. Hrsg. v. Hans Bürgin. Bd. 3: Schriften und Reden zur Literatur, Kunst und Philosophie. Frankfurt/M. 1968, S. 267–380. Vgl. dazu Wolfgang Leppmann: Gerhart Hauptmann. Leben, Werk und Zeit. Bern u.a. 1986, S. 233.

Erwählten (1951) ebenfalls einen legendarischen Hartmann-Stoff rezipiert hatte, aber nun nicht einen in Deutschland verorteten in der Form eines prätentiösen (Blankvers-)Dramas wie Hauptmann, sondern einen dezidiert westeuropäischen, formal in der Nähe der ironischen Prosa von Ricarda Huchs *Armem Heinrich*, deren dichterisches Verfahren schon den Thomas Mann des *Tristan* und der *Buddenbrooks* beeinflußt haben mag (etwa was die ironisierende Namengebung von Nebenpersonen anlangt). Und Marcel Reich-Ranicki z.B., in seiner Rede anläßlich der Verleihung des Ricarda-Huch-Preises 1981, hat im Rückgriff auf Thomas Manns Diktum in dessen – ephemerer – Ricarda-Huch-Würdigung von 1924 hervorgehoben, daß Ricarda Huch in Deutschland »zutraulicher verehrt werden« würde, »wenn sie dümmer wäre«[14], und er hat dann Ricarda Huch (ohne allerdings ihren *Armen Heinrich* besonders zu erwähnen) von dem Verdacht des einseitigen neuromantischen Ästhetizismus zu befreien versucht: »verständnisvoll, doch niemals andächtig«[15] habe sie sich der Romantik genähert – eine Charakterisierung, die wohl auch und gerade für die fragliche Mittelalterrezeption der Ricarda Huch, für ihre hier besonders in Frage stehende Neuromantik-Nähe, Gültigkeit hat.

Wie soll man verstehen, muß man jedenfalls fragen, daß in einem resümierenden kritischen Werk wie der *Stilkunst um 1900*, in dem man die beiden Mittelalter-Rezeptions-Texte und ihre Verfasser doch genannt erwartet, Hauptmann und Huch kaum erwähnt werden, und jedenfalls nicht ihr *Armer Heinrich*? Ist das ein Zeichen, daß der Verdrängungsprozeß eben dieser Werke schon so weit fortgeschritten war, daß sie gar nicht mehr in die Untersuchung einbezogen wurden? Oder werden nicht vielmehr gerade diese Werke von Huch und Hauptmann durch die ausnehmende Verwahrung im interessanten Vorwort betroffen?:

> Daher wird ein aufmerksamer Leser so manches vermissen, was ihn an dieser Zeit besonders wert und wichtig erschien: das Positive und Vorwärtsweisende, die mehr ins Liberale tendierenden Elemente bei Dichtern wie Thomas Mann, Hermann Hesse oder Gerhart Hauptmann [...].[16]

Man möchte aus dem Wortlaut die Hoffnung schöpfen, daß das letzte Wort über Hauptmanns Schauspiel und vor allem über Ricarda Huchs ältere gleichnamige Erzählung noch nicht gesprochen ist. Jedenfalls beweist die Aussparung der Texte nicht nur in diesem Zusammenhang die Notwendigkeit der eingehenden Beschäftigung; sie verweist auf das »Defizit an sachlicher Werkuntersuchung«, das man für Huch mit Recht festgestellt hat, das man aber auch bezüglich des *Armen Heinrich*

---

[14] Zit. nach: Reich-Ranicki: Ricarda Huch, a.a.O., S. 3. Vgl. Thomas Mann: Zum sechzigsten Geburtstag Ricarda Huchs. In: Th. M.: Reden und Aufsätze I. Oldenburg 1965, S. 213.

[15] Reich-Ranicki: Ricarda Huch, a.a.O., S. 3.

[16] Hamann/Hermand: Stilkunst um 1900, a.a.O., S. 17; vgl. den Index S. 505; dagegen Schwede: Wilhelminische Neuromantik, a.a.O., S. 38ff. (G. Hauptmann), S. 50ff. (H. Hesse), S. 76ff. (Thomas Mann) und S. 93ff., S. 120ff., S. 171ff.

von Hauptmann immer noch konstatieren muß.[17] Und gerade die allzu knappen und oberflächlichen Aussagen, die Ricarda Huchs Erzählung in der Gegenwart mitgegeben wurden, zeigen bei genauerem Nachlesen, wie unangemessen voreingenommen man immer noch oder gerade heute urteilt.[18] Immer noch ist man so geneigt, die auffälligen Abweichungen Ricarda Huchs von der Vorlage normativ als Schwächen der Rezeption zu interpretieren.[19]

Die allgemein geringere eingehende Beschäftigung mit Ricarda Huchs *Armem Heinrich* verleiht den trotzdem geäußerten oberflächlichen Urteilen besonderes Gewicht; die politische Rehabilitierung infolge ihres unangepaßten Verhaltens zur Zeit des Nationalsozialismus ist gerade ihrem ›neuromantischen‹ Frühwerk anscheinend noch nicht dezidiert zugute gekommen.

Die Tatsache, daß beide Werke, fast gleichermaßen von der Gefahr der Verkennung betroffen, fast gleichzeitig erschienen sind, wobei Ricarda Huch, die augenscheinlich Distanziertere, Modernere, gewissermaßen wider Erwarten[20] vorausgeht, legt es nahe, hier auch zum ersten Mal der Frage nach der Art der an sich bereits wahrscheinlichen Abhängigkeit des jüngeren Hauptmannschen von dem wenig älteren Huchschen Werks zu stellen, wenn auch nicht zu beantworten, nicht nur die zunächst interessierende Frage nach der Art der Beziehung zur gemeinsamen Vorlage. Mag sein, daß von der hier andeutungsweise zu bewerkstelligenden neuen Deutung des Huchschen Texts ein neues Licht auf das Verständnis des jüngeren von Gerhart Hauptmann, als eines reagierenden, fällt; mag sein, daß sich bei dieser Intertextualität unerwartete geistige Affinitäten und Antagonismen feststellen ließen, die auch die Stelle innerhalb des jeweiligen Lebenswerks genauer bestimmbar machen und die Gemeinsamkeiten der Biographie der Zeitgenossen – Gerhart Hauptmann 1862–1946, Ricarda Huch 1864–1947 – in einem anderen Licht erscheinen lassen würden. Doch der fragliche Vergleich wird andernorts zu leisten sein – hier steht zunächst allein Ricarda Huchs Erzählung zur Diskussion.

HAUPTTEIL: RICARDA HUCHS »ARMER HEINRICH«

Die erzählerische Wiederaufbereitung des mittelhochdeutschen *Armen Heinrich* durch Ricarda Huch ist unter dem traditionellen – aber nach ihrem vorgeblich quellenkritischem Ansatz eigentlich nicht treffenden – Titel *Der arme Heinrich* zuerst 1898 in der *Deutschen Rundschau* und dann 1899 noch in dem Sammelband *Fra Celeste und andere Erzählungen* gedruckt worden;[21] man hätte nach Huch, den Worten gleich des Anfangs zufolge, den Titelhelden, »den man nachmals den ›armen Heinrich‹ nannte«, in seiner Zeit »seiner Natur nach ebensowohl den

---

17 Hans-Henning Kappel: Epische Gestaltung bei Ricarda Huch. Diss. Frankfurt/M. 1976, S. 42. Vgl. Schwede: Wilhelminische Neuromantik, a.a.O., S. 93–119, etwa S. 99.

18 So bes. das Nachwort von Balzer in Ricarda Huch: Ausgewählte Erzählungen, a.a.O., S. 409f.

19 Ebd.; vgl. Könneker: Hartmann von Aue, a.a.O., S. 92.

20 Vgl. Könnerker: Hartmann von Aue, a.a.O., S. 91.

21 Vgl. Cormeau/Störmer: Hartmann von Aue, a.a.O., S. 239.

Glücklichen nennen können«[22], und die unerwartete »naturalistische«, genau gesehen schon vom Anfang an text- und zeitkritische Blickrichtung bestimmt den weiteren Verlauf der Prosa. Georg Simmel hat diese neue Haltung der Autorin deutlich aus dem wenig späteren Roman *Aus der Triumphgasse* herausgelesen: »[...] all diese Menschen sind bis in ihre letzte Faser von ihrem Milieu und ihrem Schicksal bestimmt, und dennoch fühlen wir darunter als das eigentlich Treibende, die Natur und Mächte des Menschlichen überhaupt«.[23]

Vorausgegangen war der Erzählung von Ricarda Huch neben ihrer historischen Züricher Dissertation über ein Schweizer Thema aus der Zeit des Absolutismus u.a. der eng mit Renaissance- und Barock-Thematik verflochtene, aus ihrer Züricher Bibliotheksarbeit erwachsene Novellen-Band *Teufeleien* 1897 und vorher der auf die großbürgerliche Braunschweiger Herkunft von Ricarda Huch zurückverweisende Roman *Erinnerungen von Ludolf Ursleu dem Jüngeren* von 1892, der im Jahr ihrer Promotion als eine der ersten Frauen zum Dr. phil. ihr literarisches Ansehen begründete – und zugleich die Erwartungshaltung des Publikums und der späteren Wissenschaft bestimmte. Gleichzeitig in etwa mit dem *Armen Heinrich* veröffentlicht wurde dann – abermals ein Vorurteil, ein anderes, nährend – der erste Band ihres bekannten *Romantik*-Buchs,[24] das Georg Lukács den wichtigsten Anstoß zur Wiedergeburt der Romantik in Gestalt der Neuromantik genannt hatte.[25]

Der *Arme Heinrich* Ricarda Huchs weist sowohl beträchtliche Aufschwellungen als auch wesentliche Veränderungen des Inhalts auf, der nur im ersten Teil mit der überlieferten Verslegende in etwa übereinstimmt; der Bogen des Erzählten umfaßt jetzt das ganze Erwachsenen-Leben des ›Helden‹ bis zum ausführlich erzählten und reflektierten Tod. Auf diese Weise stellt der *Arme Heinrich* von Ricarda Huch sicherlich die irritierendste und bei genauerem Zusehen wohl auch die heute noch faszinierendste, wenn auch sichtlich die mißverständlichste moderne Annäherung an die berühmte mittelalterliche dichterische Aufbereitung durch Hartmann von Aue, der einer schriftlichen (lateinischen?) Vorlage zu folgen vorgibt, dar.

Sehr auffallend ist die Hereinnahme zahlreicher orientalischer Elemente und damit der Zuwachs an mittelmeerischer, ja morgenländischer Szenerie; zeitlich erscheint, dazu passend, die Handlung im wesentlichen in die Zeit vor dem 2. Kreuzzug (1147–49) und in diesen verlegt und nicht mehr in einer unbestimmten Vergangenheit angesiedelt.

Der Personenbestand ist – entsprechend Ricarda Huchs »Hang zur Weiträumigkeit« der Romanform –[26] deutlich vermehrt, alle wichtigen Personen der

---

[22] Zit. nach: Huch: Ausgewählte Erzählungen, a.a.O., S. 159.

[23] Georg Simmel nach Ulrich Ott/Friedrich Pfäfflin: Ricarda Huch (1862-1947). Eine Ausstellung des Deutschen Literaturarchivs im Schiller-Museum Marbach am Neckar (07.05.–31.10.1994). Marbach/Neckar 1994, S. 154.

[24] Vgl. Ott/Pfäfflin: Ricarda Huch (1864–1947), a.a.O., S. 50–151.

[25] Vgl. Georg Lucács zu R. Huchs *Romantik*-Buch, a.a.O.

[26] Else Hoppe: Die Novellen. In: E. H.: Ricarda Huch. Weg, Persönlichkeit, Werk. Stuttgart [2]1951, S. 150.

Erzählung, nicht nur wie bei Hartmann in seinem legendarisch anmutenden Text die Hauptgestalt »Heinrich«, sind mit Namen bezeichnet, so auch die opferwillige, naive und unschuldige Bauerntochter »Liebheidli«. Als ganz neue Rolle kommt schon bald die der schönen Frau »Irminreich« des Ritters Heinrich und die des mit eindeutig distanzierender Ironie benannten beschränkt-frommen Mönches »Baldrian« hinzu, später die der Tochter »Olaija« des arabischen Nekromanten »Almainete« und schließlich noch die Perserin »Scheramur« und ihre alte Dienerin; dazu erscheint der Patriarch von Jerusalem, usw.

Zusammenfassend der Inhalt:

Der in sich ruhende, lebenskräftige, oberflächliche und selbstbewußt ›glückliche‹ schwäbische Ritter Heinrich ist bei Ricarda Huch am Tag seiner Hochzeit mit der schönen adligen Irminreich, einer genau zu Heinrich passenden Partie, durch einen dreisten Aussätzigen bei Eintritt in die Hochzeitskapelle angesteckt worden; schon am nächsten Tag erkennt er die ersten Spuren der Krankheit an sich und flieht von Burg und Frau in die Einsamkeit, wo er in der abstoßenden Gesellschaft anderer Aussätziger die erste Berührung mit dem seelsorgerischen einfachen Mönch Baldrian hat; schließlich findet ihn Liebheidli, die schmächtige, wegen ihrer Frömmigkeit bekannte kindliche Tochter kümmerlicher Höriger, die ihm, von pubertärer hoffnungsloser Liebe zu Heinrich getrieben, schließlich im Herbst bei ihren nachgiebigen, abgestumpften Eltern in der Bauernhütte Unterschlupf besorgt.

Im Sommer darauf erfährt Heinrich von der angeblichen Möglichkeit der Rettung durch das freiwillige Blutopfer einer Jungfrau. Durch den ichbezogenen Heinrich wie beiläufig informiert, bringt Liebheidli ohne Mühe Heinrich dazu, den Opfergang nach Salerno anzunehmen. In der geliehenen Kutte Baldrians, der schon seit längerem mit großem theologischen Interesse der vermeintlichen Schuld des aussätzigen Ritters nachgeforscht hatte und den Ausgang begierig erwartet, reist Heinrich über das südliche Meer, auf dem Liebheidlis Liebessehnsucht sich schüchtern äußert. In Salerno führt der Nekromant arabischer Herkunft, von wissenschaftlichem Drang erfüllt, tatsächlich die für Liebheidli tödliche Operation aus, um an einen Menschenleib zu kommen. Heinrich erleidet einen Schock. Er genest aber nach Wochen eines langwierigen Siechtums wirklich und kehrt ohne besondere Gemütsbewegung wie neugeboren zu seiner Frau zurück – nunmehr allerdings aus der Nähe mit insistierender Neugier beobachtet von Bruder Baldrian, der an seinem Gottesbild irre wird.

Nach fünfzehn langen Jahren ist Heinrich des süßen Herrenlebens auf der Burg und bei seiner Frau müde, und er schließt sich aus Langeweile und Abenteuerlust in einer Art midlife-crisis dem Kreuzzug des deutschen Königs Konrad (III., 1147) an. Begleiter ist der voluminöse Baldrian, ein anderer Sancho Pansa, der Heinrich auch auf einem Abstecher nach Palermo begleitet, wo dieser – auf der Seefahrt an Liebheidli erinnert – von Almainete eine Liebesnacht mit der beschworenen Toten verlangt. Almainetes Bemühung wird überflüssig dadurch, daß seine Tochter Olaija, in den Ritter verliebt, die Stelle Liebheidlis einnimmt; der schnell getröstete Ritter geht mit Olaija als verkleidetem Pagen und Baldrian ins Heilige Land.

In Jerusalem lernt Heinrich, der sich gleichsam nebenbei kriegerisch bewährt, die faszinierende persische Sklavin Scheramur kennen, die ihn für ihre Zwecke mißbraucht und ihn, der seine Frau und Familie verlassen will, auch zum Abfall vom Christentum verführt. In einer turbulenten Ereigniskette, in der Baldrian schließlich die hexenhafte Amme der Scheramur im Affekt ermordet, tötet Olaija den untreuen Geliebten vor der Flucht mit Scheramur schmerzlos auf dem Ölberg. Der am heiligen Ort am Ostermorgen mit

Zeichen der Verklärung gefundene, am Ende gar vom Schein der Heiligkeit umgebene unheilige, auch noch mit einem sanften Tod beglückte Heinrich wird mit allen Ehren in der Grabeskirche beigesetzt.
Baldrian, der in diesem Tod keine Strafe sehen kann, kehrt verwirrt über den undurchschaubaren Gang der Ereignisse in seine schwäbische Klosterheimat zurück, und versucht dort seiner untröstlichen Schwermut in verzweifelter Hoffnung vor allem dadurch Herr zu werden,

> daß er die Lebensgeschichte Ritter Heinrichs in ein Buch schrieb, so wie er sie an Stelle Gottes angeordnet haben würde: nämlich daß die Güte und Treue des holdseligen Kindes das Herz ihres Herrn erweichten und er ihr Opfer nicht annahm, worauf er zur Belohnung seiner Krankheit ledig wurde und Liebheidli als seine Frau heimführte.[27]

Baldrians angeblicher, wohl lateinisch vorzustellender wahnhafter Wunschbild-Text ist anscheinend inhaltlich weitgehend identisch mit dem überlieferten mittelhochdeutschen Gedicht von Hartmann (der historisch ans Ende des 12. Jahrhunderts gehört) – ein Faktum, das uns noch beschäftigen muß und jene bildungsbürgerlichen Rezipienten sicher beschäftigen sollte, die von Hartmanns sehr bekannter Verslegende gewußt haben und auch davon, daß in ihr vage eine (bisher nicht bekanntgewordene) Quelle angegeben worden ist.

Doch zunächst zu allgemeinen Bemerkungen im Hinblick auf den historischen Ort der Novelle im Huchschen Werk!

Schon durch die äußerliche Nachbarschaft in *Fra Celeste und andere Erzählungen* (1899), aber auch durch die starke, von der Vorlage nicht erzwungene, doch nahegelegte Herausstellung italienischen Ambientes im Text selbst, erscheint der *Arme Heinrich* Ricarda Huchs sozusagen als Niederschlag der Triestiner – ›italienischen‹ – Jahre 1898–1900 der 1864 geborenen Ricarda Huch und ihres von materiellen Sorgen bestimmten ehelichen Zusammenlebens, zunächst seit dem 09.07.1898 in Wien, mit dem in bedrückenden Verhältnissen aufgewachsenen und sozial engagierten jüngeren italienischen Zahnarzt Ermanno Ceconi (1870–1922), dem 1899 das einzige Kind Ricardas, Marietta, entstammte; denn wenngleich der Text, schon 1898 im Vorabdruck in der *Deutschen Rundschau* 1895 erschienen, sicher noch nicht in Triest geschrieben ist, so entsprang er doch, während ihres vorangegangenen Wien-Aufenthaltes entstanden, schon aus dem engsten Kontakt mit ihrem italienischen Freund und Ehemann.[28] Spätestens der durch die Verbindung mit Ceconi bedingte Triestiner Aufenthalt, der einmal mehr die literarische Rolle der so inspirierenden wie, im Falle der Ricarda Huch, bedrückenden damals österreichisch-ungarischen Adriastadt am Schnittpunkt dreier Sprach- und Kulturräume um 1900 demonstriert und für Ricarda Huch in dem Roman *Aus der Triumphgasse* (1900/1901) gipfelte,[29] markiert schon nach bisherigem Dafürhalten

---

[27] Huch: Ausgewählte Erzählungen, a.a.O., S. 216.
[28] Vgl. Cormeau/Störmer: Hartmann von Aue, a.a.O., S. 239.
[29] Ott/Pfäfflin: Ricarda Huch (1862-1947), a.a.O., S. 152–155.

eine Wende in Ricarda Huchs Werk.[30] Ricarda Huch nennt die Bekanntschaft mit Ermanno Ceconi am 02.09.1919 rückblickend denn auch »Wendepunkt in meinem Leben«[31].

Die fragliche Mittelalterrezeption steht, wie der erste Band der schon in Zürich begonnenen umfänglichen *Romantik* aus den gleichen Jahren, somit genau besehen am Anfang des durch die Dominanz italienischer Themen bestimmten ›italienischem Jahrzehnts‹ des Werkes von Ricarda Huch, das auf ihr ›Schweizer Jahrzehnt‹ folgt. Zu fragen ist darum entschiedener als bisher – nachdem man den *Armen Heinrich* und auch die *Blütezeit der Romantik* noch als Niederschlag eines von Nietzsche beeinflußten vitalistischen Ästhetizismus (ohne gesellschaftlich engagierten Gegenwartsbezug), wie er etwa im renaissanceorientierten Frühwerk Heinrich Manns begegnet und wie er in ihrem vorhergegangenen Werk (wie sie meinte fälschlicherweise) festgestellt wurde,[32] zu interpretieren geneigt war[33] – ob nicht nur die von den Biographien und der Autobiographie herausgestellten Einflüsse der italienischen Welt und Kultur, sondern auch solche der konkreten Befindlichkeit der Braut- und Eheleute schon in dieser ersten, ›Wiener‹ Phase der ›italienischen‹ – genauer: ›österreichisch-ungarisch-italienischen‹ – Jahre in den Erzählungen und in der *Romantik* erkennbar werden.

Es wird also zu prüfen sein, ob nicht der *Arme Heinrich* und gerade der *Arme Heinrich* (trotz der auch dort noch erkennbaren Faszination durch das Lebenskräftige und Schöne), nicht so sehr weiter Ausfluß einer ästhetizistischen, eskapistischen, bewußt oder unbewußt durch Nietzsche und Nietzsche-Rezipienten beeinflußten Rückwende zu einer vitaleren, jetzt im Hochmittelalter angesiedelten Vergangenheit als vielmehr Niederschlag einer neuen, ethischen Zuwendung letztlich auch zur Wirklichkeit und Gegenwart, einer mit dem bloßen Anschein des Neu-Romantischen, ist. Konkret: Geht es in Ricarda Huchs *Armem Heinrich* noch immer wie vorher bei ihr um ›Umwertung‹ im Sinne Nietzsches, um die Aufwertung der »Genießenden« gegenüber den »Weltverächtern«, wie man dezidiert behauptet hat (trotz der entgegenstehenden Indizien)?[34] Geht es, absehend von ethischen Überzeugungen, nur um ein bewußtes (letztlich mißlungenes) »Gegenbild gegen die ethisch-religiöse Utopie der Vorlage«?[35]

Ricarda Huchs eigene biographische Äußerungen führen demgegenüber zusammen mit dem Werk in die angedeutete andere, von der *Armen-Heinrich*-Forschung irritierenderweise bisher nicht konsequent verfolgte Richtung: »Ungefähr seit

---

30 Vgl. etwa Marie Baum: Leuchtende Spur. Das Leben Ricarda Huchs. Tübingen u.a. 1950, S. 100f.

31 Zit. nach: Baum: Leuchtende Spur, a.a.O., S. 102.

32 Vgl. etwa Schwede: Wilhelminische Neuromantik, a.a.O., S. 143ff. Siehe hierzu auch: Ricarda Huch an J. V. Widmann, 23.09.1893. In: Bruno Hillebrand (Hrsg.): Nietzsche und die deutsche Literatur. Bd. 1: Texte zur Nietzsche-Rezeption 1873–1963. Tübingen 1978, S. 91. Vgl. Bernd Balzer im Nachwort zu Huch: Ausgewählte Erzählungen, a.a.O., S. 406–449, und Hoppe: Ricarda Huch, a.a.O., S. 130–148.

33 Vgl. Bohrer: Die Kritik der Romantik, a.a.O., S. 278f.

34 Balzer im Nachwort zu Huch: Ausgewählte Erzählungen, a.a.O., S. 409.

35 Cormeau/Störmer: Hartmann von Aue, a.a.O., S. 239.

meiner Heirat kam ein Bruch in mein Wesen«,[36] heißt es zum Beispiel. Im Rückblick auf ihren »Frühling in der Schweiz« spricht sie jedenfalls von dem damals aufgekommenen »modischen Naturalismus«, der die Wirklichkeit des Alltags möglichst schonungslos darstellte und ihre Wurzeln im Menschen und seiner Umwelt aufdecken wollte, als einer Geschmacksrichtung, der sie während ihrer ersten Werke feind gewesen sei; und sie meint, daß ihre Weltanschauung in der Schweiz »nach Kierkegaard damals eher eine ästhetische als eine ethische« war: »Ich hatte einen leidenschaftlichen Hang für das Schöne«.[37] In diesem Zusammenhang erscheint nicht zufällig der Name Nietzsches und die Vorstellung des Vitalismus in den Urteilen der Interpreten, von Ricarda Huch allerdings, wie gesagt, in Abrede gestellt.

Auf die eben vergangenen Schweizer Jahre zurück verweist sicher noch die Stoffwahl, die ein schweizerisch geprägtes mittelalterliches deutsches Herzogtum »Schwaben« unter dem staufischen deutschen König Konrad III. zu evozieren erlaubt, indem etwa die bei Hartmann unbenannte Bauerntochter mit eindeutig positivem ›provinzialistischem‹ Akzent »Liebheidli« genannt wird. Man hat gerade auch anläßlich des *Armen Heinrichs* der Ricarda Huch und seiner Schweizer Verwurzelung immer wieder auf Gottfried Keller und vor allem auf seine *Sieben Legenden* verwiesen,[38] im gleichen Atemzug hat man aber Kellers Einfluß als aufgesetzt bezeichnet, der wohl doch sehr wesentlich ist und vor allem darin besteht, daß Keller, einer Aussage von F. Th. Vischer zufolge, mit der Stoffwahl der Legenden gegen den »Terrorismus des Zeitgemäßen« protestieren und zugleich eine »deutliche gut protestantische Verspottung katholischer Mythologie [...] begehen wollte«.[39] Auch für Ricarda Huch könnte am Ende ihrer antinaturalistischen Phase noch ihr antinaturalistischer Affekt gegen den naturalistischen Zeitgeist zusammen mit einem gewissermaßen protestantischen, herkunftsbedingten antiklerikalen Gestus für ihr erstes Interesse am mittelalterlichen Gegenstand verantwortlich gewesen sein, was aber natürlich noch nichts für die Intention und Interpretation des abgeschlossenen Werks besagen muß.

Wesentliche Hinweise für die Deutung vor dem schweizerischen biographischen Hintergrund sind aber auch durch die bisher meines Wissens nicht erkannten Rückverweise der »Liebheidli«-Figur auf Gotthelfs »Erdbeeri-Mareili« und auf Johanna Spyris »Heidi«-Bücher zu gewinnen.

In anderer Weise autobiographisch bedingt dürfte die Stoffgestaltung sein etwa dadurch, daß Ricarda Huchs Leben vor ihrer Ehe mit Ermanno Ceconi durch eine zunächst hoffnungslose und dann von verzweifelter Hoffnung geprägte Beziehung zu einem verheirateten Mann, ihrem Vetter Richard, bestimmt war: Wohl nicht zufällig ist der *Arme Heinrich* Ricardas, in den sich Liebheidli verliebt, im Gegensatz zur Vorlage verheiratet. In der Zeichnung Liebheidlis mit ihrer absoluten

---

36 Zit. nach: Reinhard Buchwald: Bekennende Dichtung. Zwei Dichterbildnisse: Ricarda Huch und Hermann Hesse. Stuttgart 1949, S. 79.

37 Zit. nach: Ebd., S. 12f.

38 Vgl. etwa Hoppe: Ricarda Huch, a.a.O., S. 143–145 u. S. 147–149.

39 Zit. nach: Gerhard Kaiser: Gottfried Keller: das gedichtete Leben. Frankfurt/M. 1987, S. 400.

Opferbereitschaft läßt sich wohl die eigene Lebenshaltung Ricardas von einst wiedererkennen.

Je deutlicher die letztlich doch von Hartmann angeregten positiven Konnotationen der Mädchen-Gestalt sind, auf die allein sie in ihrem *Romantik*-Buch rekurriert (ohne die gesellschaftskritische Sicht der Erzählung einfließen zu lassen),[40] um so auffälliger erscheint bei Ricarda Huch die doch sehr grundsätzliche, wenn auch durch vordergründige epische Objektivität zurückgenommene Abstandnahme von der letztlich positiven Darstellung der Hauptfigur und ihres Lebenslaufs in der Legende Hartmanns, seines in den Augen der Welt am Anfang ganz vollkommenen Ritters Heinrich! Bei Ricarda Huch ist er, der »gesund und schön und begabt mit so angenehmer Geistes- und Gemütsverfassung war, daß ihn das Widrige der Welt nicht tief bekümmerte«[41], die Verkörperung des nur zu oft in seiner Unmenschlichkeit verkannten brutalen, erfolgreichen Egoismus der durch Natur und Geburt bevorzugten Herrschenden, in der – durch die Krankheit nur zeitweilig gefährdeten – gewinnendsten Gestalt.

Und seine skrupellose erfolgreiche, entgegen der Leser-Erwartung mit innerer Logik lang ausgedehnte und genau ausgesponnene Vita provoziert eine lähmende Ratlosigkeit der zugleich irritierten und faszinierten Leser gleichermaßen wie der Leidtragenden und Mitleidenden in der Geschichte, wenn nicht deren unterdrückten Haß gegen den Herrn und den Herrgott oder Herrengott, der solches zuließ. Dem modernen Rezipienten geht es schließlich ungewollt in etwa wie dem ironisierten mittelalterlichen mönchischen Freund-Feind des Helden, in dem eine »untröstliche Melancholie« brütet »über die wunderliche Larve der Welt, ob sie keiner je lüften könne und was wohl dahinter wäre«.[42]

Nicht nur aktuell Autobiographisches muß hinter dieser Umwertung der Heinrichsgestalt gesehen werden; sie ist jedenfalls Ausdruck jener wesentlichen weltanschaulichen Wandlung bei Ricarda Huch »ungefähr seit« ihrer italienischen Heirat, von der Ricarda, wie man sah, selbst spricht, und die über die mittelalterkritische, sozialkritische Wendung eine Rückkehr zu ihren protestantischen Wurzeln vorbereitet. Die deutliche ironische Distanzierung schon durch die Namengebung von der unübersehbaren (Neben-)Figur des »Baldrian« ist entsprechend nicht Ausdruck einer, wie man gesagt hat, »abgeklärten Denkungsart«, die mit Entsetzen Scherz treibt,[43] wohl aber eines sehr deutlich aufgeklärten Engagements für die nicht ohne Sympathie gezeichneten zu kurz Gekommenen der Geschichte, die gleichwohl oder gerade darum mehr oder weniger deutlich in ihrer Beschränktheit und Verbildung gezeichnet werden; dazu gehört der fromme Kleriker

---

40 Vgl. Ricarda Huch: Die Romantik. Blütezeit, Ausbreitung und Verfall. Tübingen 1951, S. 231. Der *Arme Heinrich* Hartmanns dient hier als Beweis für die »Verwandtschaft der Germanen zum Christentum«, die sich in der Mittelalterrezeption der Romantiker kundtue: »Beides, germanisch und christlich, ist die mittelalterliche Legende von der Liebe des jungfräulichen Kindes zu dem aussätzigen Ritter«, eine Liebe »ganz Opfer, ganz Seele, und dennoch leise und süß erwärmt von sinnlichem Blute«.

41 Huch: Ausgewählte Erzählungen, a.a.O., S. 159.

42 Ebd., S. 216.

43 Balzer im Nachwort zu Huch: Ausgewählte Erzählungen, a.a.O., S. 408.

Baldrian, dazu gehören aber auch die abgestumpften hörigen Eltern des Mädchens und schließlich auch das opferwillige, leidenssüchtige Mädchen selbst. Kein utopischer Ausgleich der gesellschaftlichen Gegensätze erscheint in dieser Zeit bei Ricarda mehr möglich oder in Sicht, wie denn auch von einer Heirat zwischen Heinrich und der Tochter des hörigen Bauern keine Rede ist. Interessanterweise hat im Blick auf dies alles die von nationalsozialistischer Ideologie geprägte Biographie von E. Hoppe, die wegen ihrer Materialfülle besticht, trotz der Herausarbeitung der biographischen Fakten und der Benennung anders gewichteter Einflüsse, etwa Kellers, den sicherlich kirchenkritischen *Armen Heinrich* Ricardas der Phase einer antichristlichen vitalistischen, letztlich wohl von Nietzsche und dem Renaissancekult der Zeit bestimmten Verherrlichung der Amoralität (in der Gestalt des Heinrich) zugerechnet,[44] indem man die unbezweifelbare Auseinandersetzung mit der mittelalterlichen Kirche und Kirchenfrömmigkeit als Abstandnahme von der christlichen Ethik mißverstehen zu dürfen meinte, wie sie in der nur vermeintlich positiven Zeichnung des Heinrich begegnet.

Mit Sicherheit stellt, das dürfte schon bisher klar geworden sein, die Rezeption der Hartmannschen Verslegende durch Ricarda Huch eine Prosa dar, die ihren besonderen Reiz durch die permanente Konfrontation mit der mittelalterlichen Vorlage gewinnt, die gewissermaßen als bekannt vorausgesetzt wird, allerdings für das adäquate Verständnis nicht unabdingbar ist. Hier hat eine Schriftstellerin entgegen dem ersten Anschein nicht einen romantisch verwilderten, in sich gebrochenen, sondern einen sehr konsequenten, so verhalten rationalen wie emotionalen poetischen Prosa-Text verfaßt – eine eminent kluge Frau, die im nachhinein die Kontinuität ihres sich wandelnden Werkes dadurch bestimmen zu können meinte, daß sie sich »als geborener Protestant«, mit einer »Vorliebe für Revolution und Rebellion« bezeichnet hat, wozu eine Aversion gegen den Absolutismus kam.

Die im wahrsten Sinne des Worts moderne Aneignung des Stoffs geschieht so durch eine Dichterin, die sich mehr und mehr als Historikerin zu erkennen gibt und geben wird: gewissermaßen vom Standpunkt der aufgeklärten, kritischen Geschichtswissenschaft aus, im Geist einer liebefähigen Aufgeklärtheit, nicht einer herzlosen Abgeklärtheit. Auch der Ausdruck »satirische Mittelalterkritik« greift da zu kurz, indem er die sehr wohl erkennbare ernsthafte Betroffenheit durch in der Romantik und Neuromantik verschwiegene mittelalterliche gesellschaftliche Gegebenheiten nicht erkennen läßt. Gerade im Hinblick auf das aufkommende neue romantische Interesse an der verklärten Mittelalterwelt der Literatur, dem Ricarda mit ihrer Stoffwahl ja offensichtlich nachgibt, wird bei Ricarda Huch eine Art alternative Mittelalterrezeption, eine im Sinne einer offenbar eben jetzt als besonders notwendig erachteten historisch-wissenschaftlichen Quellenkritik unternommen. Indem Ricarda Huch im Geist einer modernen (interessanterweise an die deutsche Vorromantik erinnernden) Aufklärung am Ende des 19. Jahrhunderts in der Rolle des fast allwissenden (wissenschaftlich desillusionierten) Erzählers des angeblich historischen deutsch-mittelmeerischen Stoffs ganz wesentlich vom

---

44 Vgl. etwa Hoppe: Ricarda Huch, a.a.O., S. 148.

Handlungsrahmen, Handlungsverlauf und von der Sinngebung der überlieferten mittelalterlichen dichterischen Legende Hartmanns abweicht, gibt sie vor, das Geschehene, das äußere und innere Leben des Helden Heinrich, so darbieten zu können, wie es sich *vor* der ersten Niederschrift, d.h. *vor* der schriftlichen Verfälschung zur frommen Legende, von der und deren psychologischer Begründung am Ende auch noch kurz berichtet wird, sehr viel weniger wunderbar und wohlgeordnet in der mittelalterlichen Wirklichkeit ereignet haben sollte, einer Wirklichkeit, die alles in allem in einem ganz neuen, unerwartet gesellschaftskritischen, jedenfalls gebrochenen Licht und in einem umfassenderen Ausschnitt erscheint. Ohne Zweifel steht dahinter, etwa in der negativen Zeichnung des Patriarchen von Jerusalem, der protestantisch-aufklärerische und zugleich vorromantische Einfluß auch von Lessings *Nathan*[45] und seinem Mittelalterbild – wo auf andere Weise die bei aller Standeskritik erkennbaren nationalromantischen Elemente in der Adaption Ricarda Huchs vorweggenommen erscheinen: ›Neue Vorromantik‹ statt ›Neuromantik‹, sollte man so im Hinblick auf sie lieber sagen!

Nicht zuletzt ›erweist‹ sich – wie bei Nietzsche und nachmals bei Hauptmann – das im mittelalterlichen Text überkommene Gottesbild als ganz und gar brüchig, als Ergebnis frommer (oder unfrommer) Täuschung und Selbsttäuschung, in diesem speziellen Fall wie generell, oder als Resultat guten (oder unguten) Glaubens. Die Krankheit wird nirgends als Strafe, die Heilung nicht als Belohnung erkennbar. Nur vom zwielichtigen Glück bzw. vom unbegreiflich günstigen Schicksal des »glücklichen« Heinrich ist die Rede. Sichtbar wird nach dem Willen der Schriftstellerin exemplarisch die trotz allen exotischen Beiwerks mehr oder weniger prosaisch-desillusionierende wirkliche mittelalterliche Geschichte (history) hinter der soviel wirkungsvolleren erbaulich-unwirklichen Verdichtung und Verfälschung zur Vers-›Geschichte‹ (story), wie sie durch Hartmann dem mittelhochdeutschen Publikum und indirekt dann auch dem neuzeitlichen bekannt wurde. Politische Folgerungen zu ziehen oder zu sehen, liegt nahe.

Kennzeichnend aber auch, daß die im deutschen kulturellen Vorfeld kanonisierte, unausgesprochen evozierte Gestalt des mittelhochdeutschen Dichters Hartmann von Aue – ebensowenig wie der nur beiläufig genannte deutsche König Konrad III. – bei Ricarda Huch nicht der dezidierten Kritik ausgesetzt wird, indem der bekannte historische Dichter selbst einem postulierten erfundenen ›Dichter‹, dem frommen Baldrian, dem ›Erfinder‹ einer falschen Wahrheit, der »zu viel« lügt, wie Nietzsches Zarathustra von allen Dichtern behauptet, zum Opfer fällt und nun seinerseits »zu viel« lügt, aus was für einem tieferen Grund auch immer.

Und: Nicht zufällig nimmt Ricarda Huch, indem sie, wie es nun scheint, ein – von uns eingangs vorangestelltes – Nietzsche-Wort aus dem dichterischen *Zarathustra* Nietzsches illustriert, mit der Zielrichtung ihrer ›prosaischen‹ Dichtungs-Kritik Stellung gegen Nietzsche und sein monumentalisierendes (Über-)Menschenbild selbst bzw. gegen eine zeitgenössische Haltung, die den Vitalismus und Atheismus, das Übermenschentum im Sinne Nietzsches und eben seines *Zarathustra,*

---

45 Vgl. etwa Balzer im Nachwort zu Huch: Ausgewählte Erzählungen, a.a.O., S. 410.

verherrlicht. Der Weg von der Dichterin zur Geschichtsschreiberin Ricarda Huch erscheint, wie angesprochen, mit dieser langen romantisierenden ›historischen‹ Erzählung vom *Armen Heinrich* von 1898/99 deutlich vorgezeichnet, und ihr Weg führt mit dem *Armen Heinrich*, aber wohl auch in ihrem *Romantik*-Buch, das sich apodiktisch gegen die Behauptung restaurativer Mittelalterrezeption der ›führenden Geister der Romantik‹ wendet,[46] nicht mit Nietzsche zur Neuromantik und zu einem neuen, im Blick auf das Mittelalter gewandelten eskapistischen Ästhetizismus, sondern, Nietzsche gegen Nietzsche selbst wendend, in Richtung auf eine ethische Weltsicht von der aufkommenden Neuromantik weg, ohne allerdings deren Faszination und die stärkere der Romantik selbst zu verleugnen und nicht ohne mit der zeitgenössischen Faszination durch romantische arabeske Erzählelemente zu rechnen. Irren wir nicht, so hat sich Ricarda Huch damit zwischen alle Stühle gesetzt, die die zeitgenössischen und modernen Rezipienten bereit hielten – zum Vorteil einer gerade auch sprachlich beeindruckenden Verhaltenheit des Urteils, das den Anschein der epischen Objektivität gewinnt und darum um so nachhaltiger überzeugt.

---

46 Ricarda Huch nach Bohrer: Die Kritik der Romantik, a.a.O., S. 282.

Dieter Seitz

DAS VERWEIGERTE GESPRÄCH

Dimensionen der Personengestaltung im »Herzog Ernst«

Das mittelhochdeutsche Epos vom *Herzog Ernst* erhält in der Literaturgeschichtsschreibung wechselnde Etikettierungen: Frühe, aber nur sehr kurze Fragmente einer Fassung des Stoffes (*Herzog Ernst A*), die man in die zweite Hälfte des 12. Jahrhunderts datiert, zählt man zu den vorhöfischen »Spielmannsepen«[1]. Die vollständige Version des Textes aus dem ersten Jahrzehnt des 13. Jahrhunderts, auf die man sich bei der Interpretation allein bezieht (*Herzog Ernst B*), wird dagegen mit dem nicht unproblematischen Begriff »Staatsroman« bezeichnet, um die politisch programmatische Dimension der Erzählung zu akzentuieren[2]. Offenbar war der Stoff verbreitet, denn es gibt aus dem 13. Jahrhundert allein drei lateinische Bearbeitungen und gegen Ende des Jahrhunderts findet er nochmals einen Bearbeiter, der eine nicht nur reimtechnisch und terminologisch moderne Fassung in deutscher Sprache herstellt, sondern der auch – ohne daß er den Gang der Handlung ändert – in der Gestaltung der Figuren spezifische Akzente setzt. Im 16. Jahrhundert erscheinen schließlich zwei Prosaversionen im Druck, Ausgangspunkt einer bis ins 19. Jahrhundert ungebrochenen Volksbuchkarriere.[3] Geht man von diesen Indizien der Rezeption aus, dann handelt es sich offenbar um einen der wichtigen Texte des Mittelalters, der parallel zu den höfischen Romanen präsent und verbreitet war.

In der Handlung des *Herzog Ernst* gibt es gleich zu Beginn einen entscheidenden Gelenkpunkt, der das Motiv für die weiteren Aktionen des Helden bildet, und in dem auch der Auszug des Herzogs in die märchenhaften und doch für das Wissen der Zeit so realen Gefilde des Ostens[4] seine eigentliche Ursache hat. Es ist

---

1 So bei Gisela Vollmann-Profe: Geschichte der deutschen Literatur von den Anfängen bis zu Beginn der Neuzeit. Bd. 1/2, S. 229ff.

2 Vgl. Hans-Joachim Behr: Art. »Herzog Ernst«. In: Lexikon des Mittelalters. München, Zürich 1977ff., Bd. 4, S. 2193.

3 Die verschiedenen Fassungen des *Herzog Ernst* sind verzeichnet und kurz charakterisiert bei Hans-Joachim Behr: *Herzog Ernst*. In: Mittelhochdeutsche Romane und Heldenepen. Hrsg. v. Horst Brunner. Stuttgart 1993, S. 59–74, hier S. 61ff. Neuerdings gibt es einen begründeten Vorschlag zu einer früheren Datierung der Fassung A bei Jasmin S. Rühl: Die literarischen Ausgestaltungen des Herzog-Ernst-Stoffes seit König Konrad III. vor ihrem staufischen und babenbergischen Hintergrund. Mediävistische Studien zur Datierung, Lokalisiertung und Interpretation auf der Grundlage der Weltgeschichte von ›Burg‹ und ›Stadt‹. Diss. Frankfurt/M. (im Druck).

4 Vgl. Francis G. Gentry: Herzog Ernst: An Interpretation. In: Fide et amore. Festschrift for Hugo Bekker on his sixty-fifth birthday. Ed. by William C. McDonald. Göppingen 1990, S. 103–109; hier S. 112ff.

die Entzweiung zwischen dem Kaiser Otto und dem Herzog Ernst, die erst ganz am Ende der Erzählung in der Versöhnung der beiden aufgehoben wird. Durch diese Konstellation der Handlung erscheinen die Unternehmungen des Herzogs auch als ein Bewährungsweg.

Doch ausgerechnet dieses zentrale Ereignis scheint auf den ersten Blick ganz unzureichend motiviert. Denn seit der Vermählung des Kaisers mit Ernsts Mutter war das Verhältnis zwischen Kaiser und Herzog eng und vertrauensvoll. Nun aber wird die Kooperation der beiden abrupt gestört, und zwar durch eine grundlose, einzig in Rivalität begründete Verleumdung durch den Pfalzgrafen Heinrich. Nachdem er sie erst entschieden zurückgewiesen hat, glaubt ihr der Kaiser ohne ersichtlichen Grund dann doch um so entschiedener. Er verurteilt Ernst und geht militärisch gegen ihn vor, ohne ihn überhaupt angehört zu haben. Dieser Übergang von der Nähe zur erbitterten Gegnerschaft,[5] die nicht nur für die Protagonisten, sondern für das ganze Land desaströse Folgen hat[6], vollzieht sich nicht nur ohne Grund, sondern auch ohne den Versuch eines klärenden oder explorativen Gesprächs und ohne daß der Kaiser der Bitte Ernsts um die Möglichkeit einer öffentlichen Verantwortung vor den Großen des Reichs entspräche. Handelt es sich bei dieser hartnäckigen Verweigerung des Gesprächs um das Zeichen der Unfähigkeit des Autors zur stimmigen psychologischen Anlage seiner Figuren oder um die vielzitierte »Motivation von hinten«, wie Clemens Lugowski sie genannt hat, also um die Begründung eines Ereignisses aus den Erfordernissen des Handlungsverlaufs statt aus den Motiven der Personen? Handelt es sich also gar nicht um einen Mangel, sondern um die historische Veränderung ästhetischer Maßstäbe?

Mir scheint, es lohnt sich, den Gang der Erzählung noch einmal im Detail zu analysieren, um dieses Problem zu lösen. Zuvor aber möchte ich einige allgemeine Überlegungen zum Status des literarischen Gesprächs vorweg schicken.

Man kann das Gespräch in seiner nichtliterarischen, seiner gesellschaftlichen Erscheinungsform mit Thomas Luckmann als den »in vieler Hinsicht für das

---

5 Eine Deutung des »Huldentzugs« im *Herzog Ernst* B in rechtshistorischer Perspektive und Begrifflichkeit findet sich bei: Monika Schulz: Âne rede und âne reht. Zur Bedeutung der *triuwe* im ›Herzog Ernst‹ B. In: Beitr. 120 (1998), S. 395–434. Zum Konflikt zwischen Otto und Ernst und den Positionen der Forschung vgl. Alexandra Stein: Die Wundervölker des ›Herzog Ernst (B)‹. Zum Problem körpergebundener Authentizität im Medium der Schrift. In: Wolfgang Harms/C. Stephen Jaeger (Hrsg.): Fremdes wahrnehmen – fremdes Wahrnehmen. Stuttgart, Leipzig 1997, S. 21–48. In diesem Aufsatz wird das Geschehen im *Herzog Ernst* als Bearbeitung einer gestörten Kommunikation gedeutet.

6 Der Text schildert die Kriegführung beider Parteien ohne Rechtfertigungs- und ohne Beschönigungszwänge als Raub, Verwüstung des gegnerischen Landes und Verstümmelung der gegnerischen Gefolgsleute. (Vgl. HE B, V. 165ff. u. V. 171ff.).
Der Text des *Herzog Ernst B* wird zitiert nach: Herzog Ernst. Ein mittelalterliches Abenteuerbuch. In der mittelhochdeutschen Fassung B nach der Ausgabe von Karl Bartsch mit den Bruchstücken der Fassung A hrsg. u. übersetzt v. Bernhard Sowinski. Stuttgart 1979. Zum Vergleich herangezogen wurde die Ausgabe von Cornelia Weber (Hrsg.): Untersuchung und überlieferungskritische Edition des Herzog Ernst B. Göppingen 1994.

Sprechen paradigmatische[n] Fall« sehen[7]. Denn als Kommunikationsform ist es situationsgebunden und zeichnet sich »im Vergleich mit anderen Formen der Kommunikation durch ein Höchstmaß an Unmittelbarkeit und Wechselseitigkeit« aus. »Gespräche setzen die leibhaftige Gegenwart wenigstens zweier Menschen voraus«.[8] Und weiter: »Das Höchstmaß an Unmittelbarkeit, das durch die leibhaftige Gegenwart der Gesprächspartner gegeben ist, hat für die Sprachlichkeit des Gesprächs gewichtige Folgen.« Denn Reden ist immer eingebettet in einen Kontext von nichtverbalen, willkürlichen oder unwillkürlichen Äußerungen, Lauten, Gesten, Aktionen etc. Deshalb sind »alle leiblichen Äußerungen, die willkürlich hervorgebracht werden können [...] für das Gespräch insgesamt konstitutiv.«[9]

Es sind diese Elemente des mündlichen Gesprächs, die dem Gespräch in der Literatur immer eine besondere Qualität geben, es deutlich als bloße Imitation des wirklichen erscheinen lassen. Aber das hat einen doppelten Aspekt. Denn mangeln dem literarischen Gespräch einerseits wichtige Züge der Situationsgebundenheit, so verstärkt es andererseits geradezu notwendig die Fiktion von Unmittelbarkeit und personaler Involviertheit. Das literarische Gespräch fingiert notwendig mehr oder weniger explizit den Ausdruck der Anwesenheit der im Text redenden und handelnden Figuren.

Daraus lassen sich Kriterien für die Beschreibung des literarischen Gesprächs gewinnen. Denn als Imitation einer Gesprächssituation kann es Merkmale aufnehmen, die etwa die situative Offenheit des mündlichen Gesprächs in eine Redefolge transformieren, in der die Inhalte der Reden aufeinander bezogen sind, die Sprechenden wirklich einander hören, sich antworten, in der die Rede des einen anzeigt, daß es die Rede des anderen gegeben hat und am Ende der Unterhaltung die Positionen andere sind, als sie am Anfang waren. Spontaneität und Produktivität einer literarischen Unterhaltung sind also Kriterien, anhand derer sich das Gespräch etwa von zeremoniell geregelter öffentlicher Rede unterscheiden läßt. Oder: wenn Gestik und Stimmausdruck nicht direkt wiedergegeben werden können, dann gibt es eine vergleichbare Ebene darin, daß die Personen redend etwas von ihrer Besonderheit preisgeben.

Wenn also das Gespräch in der Literatur in gewisser Weise im Gegensatz zur öffentlichen Rede definierbar ist, dann ist es auch Indikator für das Maß der Individualisierung der Personen über die Dimensionen ihrer öffentlichen Rolle hinaus.

Die eminente Rolle dialogischer Äußerung in der erzählenden Literatur erklärt sich sicherlich u.a. daraus, daß die fiktive Person, sobald sie redet, den Zugang zu ihrem Inneren eröffnet. Gespräch in der Literatur ist geradezu programmatisch Darstellung der Intentionen, des Denkens und der Gefühle der Personen – in dem

---

7 Thomas Luckmann: Das Gespräch. In: Karlheinz Stierle/Rainer Warning (Hrsg.): Das Gespräch. Poetik und Hermeneutik 11, München 1984, S. 49–63; hier S. 55.

8 Ebd., S. 53.

9 Ebd., S. 54. Luckmann konkretisiert, daß es sich dabei sowohl um »außersprachliche Laute [...] erst recht aber [um] jene Lautungen des Sprechens, die nicht ein Bestandteil des Sprachsystems im engeren Sinn sind« handelt.

Maße natürlich, wie dies nach dem Stand der historischen Entwicklung psychologischer Begrifflichkeit jeweils möglich ist.

Wenn ich also im folgenden die Gestalt und Funktion von Gesprächen in verschiedenen Fassungen des *Herzog Ernst* analysiere, dann ist – selbstverständlich – das Gespräch in literarischer Form Gegenstand, eine im Medium einer poetischen Technik, im Rahmen historisch bestimmter Gattungsentwicklung (für die es zugleich Indikator des Entwicklungsstandes ist) realisierte Fiktion. Es geht dabei also nicht um eine normative Definition des ›richtigen‹ Gesprächs, d.h. es ist nicht zu reden über die Möglichkeit z.B. eines ›symmetrischen‹ Dialogs unter Gleichen in der höfischen Gesellschaft des Feudalzeitalters. Möglichkeit und Formen des literarischen Gesprächs geben auch nicht direkte Auskunft über die ›dialogische‹ Qualität des Stils, der Sprache einer Gattung. Es scheint mir zunächst einzig aussagekräftig für den Charakter der Personengestaltung, für die mehr oder weniger vorhandene Tiefendimension bzw. Vielfalt der personalen Gestaltung von Namensträgern in der Erzählung.

Zurück zum *Herzog Ernst*: Nimmt man das eingangs zitierte Problem wieder auf, dann wäre wohl zunächst zu fragen, welche Art von Personen hier welches Verhältnis der Vertrautheit und der Kooperation eingehen. Hat die Art des Vertrautseins etwas damit zu tun, daß es so schnell in anscheinend nicht korrigierbares Mißtrauen umschlagen kann und daß die sprachliche Interaktion, der Versuch, mit Worten etwas über die Haltung und Absichten der nahestehenden Person zu erfahren, gar nicht erst in Betracht gezogen wird?[10]

Die enge Verbindung zwischen Otto und Ernst ist die Folge der »minne« zwischen dem Kaiser und Adelheid, der Mutter Ernsts. Ohne ihn noch zu kennen, ohne ihn also in irgendeiner persönlichen Eigenschaft wahrgenommen zu haben, trägt der Kaiser ihm »holdez herze«, ist ihm »holt und willic genuoc« (V. 561f.) und lädt ihn schließlich in »triuwelîcher minne« an den Hof ein »als ein herre sînen mannen tuot« (V. 566f.) Offenbar ist diese Zuneigung genauso vorbildliche Ausgestaltung eines »politischen« Verhältnisses – des Verhältnisses zwischen Herren – wie zuvor schon die Minne-Beziehung zwischen Ernsts Mutter und dem Kaiser. In ihr ist nämlich die Gefühls- und die erotische Bindung nicht die zur individuellen Person, sondern die zeitgemäß vorbildliche Erfüllung einer Funktion: Parallel zum Ausdruck der Gefühlsbindung und der erotischen Faszination

---

[10] Monika Schulz beurteilt das Verhalten des Kaisers als »unreht«. Nach (lehns- und reichs-) rechtlichen Auffassungen der Zeit sei der Huldentzug ohne Prüfung vor einem öffentlichen Forum ein Unrecht. Es handele sich also in dieser Sequenz um ein »Versagen des Herrschers als rex justus«. (Schulz: Âne rede und âne reht, a.a.O., S. 407) Schulz widerspricht damit der Deutung von Simon-Pelada (Hans Simon-Pelada: Schein, Realität und Utopie. Untersuchungen zur Einheit eines Staatsromans (Herzog Ernst B). Frankfurt/M. 1984), der (reichs-)politisch argumentierend Ottos Vorgehen als das im Interesse der Zentralgewalt einzig richtige erklärt. (Schulz: Âne rede und âne reht, a.a.O., S. 403ff.) Die im vorliegenden Aufsatz verfolgte Fragestellung zielt auf Elemente der narrativen Struktur und argumentiert nicht auf rechtshistorischer oder politischer Ebene, sie setzt die entsprechenden Klärungen vielmehr voraus.

durch ir vil edelen minne
sô liebte im ir vil schoener lîp (HE B, V. 528f.)

wird immer von der Stellung im Reich, von der Verpflichtung ihm gegenüber und der Ehre gesprochen, so zum Beispiel, wenn es heißt:

ich mache dich küniginne
ob allen roemischen rîchen.
sô kan sich dir gelîchen
in der werlde kein wîp (HE B, V. 364–367)

oder:

si sprach »ich sol gehôrsam
vil billîch dem rîche sîn« (HE B, V. 344f.)

und andererseits von der domestizierenden Wirkung eines vorbildlichen Minneverhältnisses erzählt:

sie wonte im alsô güetlîch mite,
daz er aller unrehten site
durch ir willen gar vergaz (HE B, V. 541–543).

Und auch dies hat eine reichspolitische Dimension:

sie lebten wünneclîche
(bî im stuont ouch daz rîche
mit êren fridelîche) (HE B, V. 553–555).

Die Erfülltheit und das praktizierte Wohlwollen in der Beziehung der Geschlechter setzt sich fort als politische Ordnung im Reich, als Ruhen der üblichen Rivalitäten

daz in dehein ungemach
von ir vetern nie geschach (HE B, V. 549f.).

Im Kontext dieses idealisierten Verhältnisses adoptiert der Kaiser Ernst quasi als Sohn und auch das ist von vorn herein als politisches Bündnis gemeint:

ich wil dich zeime sune hân
die wîle und wir bêde leben
ich wil dir lîhen unde geben
sô vil mînes guotes,
daz du dîns holdes muotes
nimmer entwîchest mir. (HE B, V. 584–589)[11]

---

[11] Vgl. auch HE B, V. 596ff. und V. 608ff.

Die als emotionale Nähe erscheinende Zuneigung, das ideale Vater-Sohn-Verhältnis, das ohne persönlichen Kontakt entsteht, ist von Anfang an als politische Kooperation funktionalisiert, als Bündnis zwischen Herrschern verschiedenen Ranges und hat seine Bedeutung in den sattsam bekannten Durchsetzungsschwierigkeiten der kaiserlichen Zentralgewalt. So wie die Herrscherfunktion nicht als Amt oder institutioneller Zusammenhang von der empirischen Person des Herrschers ablösbar ist, so ist die Person in der literarischen Darstellung hier nicht aufzuspalten in eine vom Herrscher getrennte Person mit einer quasi privaten Psychologie und den entsprechenden Kommunikationsfähigkeiten.

Wenn dann der verleumderische Angriff auf der gleichen Ebene des Herrschaftsverhaltens läuft, und dabei die Motive der Person des Herzogs in Frage gestellt werden, wenn die gleichen politischen Gefahren, deren Bannung das freundschaftlich-familiäre Bündnis gegolten hat, als Ergebnis dieses Bündnisses, das die enorme Stärkung der Stellung des Herzogs einschließt, beschworen werden, dann gibt es neben der Ebene des politischen Verdachts keine »personale« Ebene, auf der eine Klärung der »wahren« Motive möglich wäre. Dann gibt es keinen Platz für das »klärende persönliche Gespräch«.

Die Chance des rivalisierenden Intriganten, des Pfalzgrafen Heinrich, besteht darin, daß er das nach der Logik der feudalen Herrschaftsorganisation richtige Argument bringt:

> er wil sich dir genôzen
> in adel und an rîcheit
> [...]
> ez hât gemachet dîn golt.
> die fürsten sint im alle holt. (HE B, V. 684–688)

Daß dies nicht nur möglich und, angesichts der Reichsgeschichte der vergangenen zwei Jahrhunderte, wahrscheinlich, sondern als politische Intention eines der mächtigsten Reichsfürsten geradezu zwingend ist, läßt wahrscheinlich erscheinen, daß das zuerst noch entschieden geäußerte Vertrauen des Kaisers zerbricht. Um so mehr als es Heinrich gelingt, zu suggerieren, daß Gefahr im Verzuge sei und nur rasches und geheimes Handeln Abhilfe verspreche.[12]

Deutlicher und expliziter arbeiten die beiden lateinischen Fassungen aus dem 13. Jahrhundert die schwierige Entscheidungssituation Karls heraus und versuchen auf unterschiedliche Weise, seine Wendung gegen Ernst einsichtig zu machen.

---

[12] Eine Interpretation der Rivalität zwischen Friedrich und Ernst aus der politischen Funktion des Pfalzgrafen bei: Simon-Pelanda, a.a.O., S. 27ff. Sein Konzept eines »Staatsromans« macht es möglich, die Personen des Geschehens immer auch in ihrer öffentlichen Funktion zu thematisieren. Er muß deshalb den Vorgang der Verleumdung Ernsts bei Otto durch Heinrich nicht als psychologisch stimmigen Vorgang interpretieren, sondern sieht die politische Konstellation des feudalen Staatswesens, die die suggerierte Auflehnung des Verwandten, insofern der eine konkurrierende Herrenstellung hat, als systematisch naheliegend erkennt. (Vgl. ebd., S. 42ff., S. 79ff.).

Die *Gesta Ernesti Ducis*,[13] eine lateinische Prosafassung vom Beginn des 13. Jahrhunderts, die vielleicht auf den Text der Fassung A zurückgeht, stellt die Motive Heinrichs und den sich verstärkenden Verdacht des Kaisers, der schließlich zur Meinungsänderung führt, heraus und macht im Gespräch zwischen dem Pfalzgrafen und dem Kaiser das Verhalten Heinrichs verständlich. Anders als in der Fassung B argumentiert dieser auch deutlich mit einer permanenten Verschwörung, die Ernst angezettelt habe. Er redet von »geheimen Beratungen«, die jener fast täglich mit den Fürsten habe, beläßt es nicht bei der Andeutung des Wohlwollens, das ihn mit ihnen verbinde und deshalb gefährlich mache.[14]

Der Text ist auch expliziter in der Antwort des Kaisers, indem er einerseits begreiflich zu machen versucht, daß auch Heinrich ihm sehr nahe steht und dies es ihm überhaupt erst möglich mache, einen so ungeheuren Verdacht gegen einen so hoch geschätzten Mann vorzubringen (HE Erf., S. 11, 19–21). Und expliziter ist der Text auch darin, daß er andererseits das Dilemma des Kaisers präzis herausarbeitet. Otto erklärt sich in dieser Situation des göttlichen Rates bedürftig, wo »mein Geist von zwei Seiten bedrängt und gequält wird, auf der einen durch die Liebe zu einer so sehr geschätzten Mutter und ihrem Sohn, auf der anderen durch die Furcht vor und die Verwirrung angesichts so unseliger Umtriebe.«[15] Der Kaiser entscheidet sich auch hier für die geheime militärische Präventivaktion. In der Folge wird deshalb die rechtliche Seite dieses Vorgehens offen kritisiert, denn: »hoc leges inhibent, hoc forense iudicium non admittit. Nam iudicari non dicunt absens, nocens esse non habet nisi convictus«[16], d.h. verurteilt werden auch hier die Verfahrensmängel, die rechtliche Unkorrektheit des Vorgehens gegen Ernst.

Auch die lateinische Prosa aus der zweiten Hälfte des 13. Jahrhunderts,[17] in der die Szene recht zügig erzählt wird, macht explizite Erklärungsversuche. Hier ist das Gespräch zwischen Heinrich und Otto ansatzweise strategisch angelegt, indem Heinrich mit dem Lob von Adelheid und Ernst beginnt und so die Ungeheuerlichkeit des Verdachts selbst benennt.[18] Dennoch kommt er gleich zur Sache. Die Antwort Ottos hebt noch stärker, als dies in der Erfurter Fassung geschieht, darauf ab, daß nur einer, der ihm so nahe steht, ungestraft einen solchen Verdacht äußern könne, bringt dann aber sofort mit dem psychologischen

---

[13] Paul Lehmann (Hrsg.): Gesta Ernesti ducis. München 1927. (Im folgenden zit. als HE Erf.) Vgl. auch: Hans-Joachim Behr: Herzog Ernst. In: Die deutsche Literatur des Mittelalters. Verfasserlexikon. Begründet v. Wolfgang Stammler, fortgeführt von Karl Langosch. 2. völlig neu bearbeitete Aufl. Hrsg. v. Kurt Ruh u.a. Berlin, New York (VL), Bd. 3 (^{2}1981), Sp. 1188.

[14] HE Erf., S. 11, 9ff., speziell S. 11, 16f.

[15] »quod utrobique angitur spiritus meus hinc amore tam dilecte matris et prolis, inde metu et perturbacione tam infausti rumoris«. (HE Erf., S. 11, 28f.)

[16] (HE Erf., S. 12, 4f.) –»Das verbieten die Gesetze, das erlaubt die öffentliche Rechtsprechung nicht. Denn verurteilt werden kann nicht der Abwesende, für schuldig gehalten werden darf nur der Verurteilte.«

[17] Zit. nach: Moriz Haupt: Herzog Ernst. In: Zeitschrift für deutsches Altertum 7 (1849), S. 193–252 (im folgenden zit. als HE C).

[18] HE C, S. 197, 3ff.

Gemeinplatz: »Quia tuta fides nusquam, qua fallimur omnes«[19] die Wendung zum Mißtrauen.

Die Fassung C bringt dann eine besondere Version zur Begründung dafür, daß der Kaiser noch nicht einmal mit seiner Frau, deren Rolle in diesem Text sehr betont wird, das klärende Gespräch sucht und statt dessen die militärischen Unternehmungen gegen ihren Sohn geheim in Gang setzt. Hier mobilisiert Heinrich den frauenfeindlichen Topos von der Schwäche und der Inkonsequenz der weiblichen Natur: Würde die Kaiserin informiert, so versichert er Otto, würde sie aus weiblichem Wankelmut die Liebe zum Sohn höher stellen als die zum Ehegatten. »nam varium et mutabile semper mulier«.[20] Damit überzeugt er Otto davon, daß es wichtig ist, seiner Gemahlin nichts zu sagen, und sie damit ebenso wie ihren Sohn vom ›Gespräch‹ auszuschließen.

Beide Bearbeiter zeigen durch ihre unterschiedlichen Präzisierungen, daß sie den Gang des Geschehens an dieser Stelle für erklärungsbedürftig hielten. Aber auch in ihren Versionen, in denen es so etwas wie einen prozessualen Dialog gibt, in dem die Reden Wirkung auf den Gesprächspartner haben und dieser auf das Gesagte reagiert, und in dem auch die Wirkung auf das Gegenüber bemerkt wird und dies die weitere Gesprächstrategie bestimmt, auch in diesen Versionen ist es nicht das vertraulich-private Gespräch, das in einer Situation gesucht werden kann, in der eine Entscheidung äußerst schwierig ist und diese vom Urteil über die Glaubwürdigkeit einer nahestehenden Person abhängt, obwohl es in C als Möglichkeit des Gesprächs zwischen Ehepartnern anklingt. Auch bei ihnen gibt die öffentliche Funktion der Personen die Ebene an, auf der die Motive zu ihren Handlungen zu finden sind.

Es sind offenbar nur ganz bestimmte Ausprägungen des Gesprächs, die einer solchen Rollen- und Funktionspsychologie der handelnden Figuren entsprechen. Einige dieser Möglichkeiten werden im Fortgang der Handlung deutlich. Ich gehe zunächst wieder auf die Fassung B ein.

Einmal gibt es das Gespräch im Rat, also den Dialog in der Öffentlichkeit. Er hat die Form der beratenden Rede. Ein Beispiel dafür ist die Beratung, die Herzog Ernst abhält, nachdem ihm der Angriff der Heere des Reiches unter Führung Heinrichs bekannt geworden ist[21]. Auf dieser Ebene unterhält sich Ernst mit seinem Vertrauten, dem Grafen Wetzel. Auch später haben die Unterhaltungen mit ihm diesen beratenden Charakter, so beispielsweise in der Situation vor dem Magnetberg, in der Wetzel rät, sich in Häute einzunähen und von Greifen forttragen zu lassen.[22]

Eine formellere Variante des Ratsgesprächs ist die rechtfertigende Rede vor den im Rat versammelten Großen des Reichs, die den Status einer Gerichtsverhandlung hat. Das ist es, was Graf Wetzel in seiner Rede anläßlich der zitierten Rats-

---

19 HE C, S. 197, 21f. – »Da die Treue nirgends sicher ist, irgendwie sind wir alle fehlbar.«

20 HE C, S. 197, 33ff. – »Denn wankelmütig und der Veränderung geneigt ist immer das Weib.«

21 Vgl. HE B, V. 914ff.: »dô gienc der edel recke balt / mit den sînen ze râte.«

22 Vgl. HE B, V. 4168ff. Ähnlichen Charakter haben auch die Gespräche in Grippia, wo Wetzel zum beratenden Kommentar zu Ernsts Absichten aufgefordert ist, vgl. etwa V. 2699ff.

versammlung im Auge hat, wenn er davon spricht, daß der Kaiser den Herzog »ze rede kommen lân« (V. 934) solle. Später, Vers 981, heißt es, Otto beabsichtige ihn »âne rede und âne reht« zu ruinieren[23]. Diese rechtfertigende formelle »rede« einzufordern, ist die Politik Ernsts bis zu jenem Auftritt in Speyer, bei dem er Heinrich erschlägt, den Kaiser bedroht und sich damit selbst ins Unrecht setzt. Daß der Kaiser diese Rechtfertigung nicht zuläßt, ist dessen Unrecht.[24]

Auf den ersten Blick weniger formellen Charakter hat das Gespräch der Kaiserin mit Otto (HE B, V. 964ff.), in dem sie auf die Bitte ihres Sohnes hin zu vermitteln versucht und den Wunsch nach einer Möglichkeit zur Rechtfertigung vorträgt. Aber obwohl sie die Gelegenheit abwartet, mit dem Kaiser allein zu sprechen, und obwohl sie im Gepräch sehr überlegt vorgeht,

> zuo dem keiser quam sie sâ
> dâ sie in heimlîch wiste.
> sie sprach im zuo mit liste (HE B, V. 964–966)

ist es kein Gespräch unter sich nahestehenden Menschen, sondern eine Verhandlung zwischen Herrscherpersonen. Die Kaiserin eröffnet das Gespräch mit der offiziellen Bitte um Gehör, die der Herrscher schließlich »in vil starken unsiten« ablehnt.[25]

Als Bitte an den Herrscher erscheint auch auf institutioneller Ebene die Intervention der Fürsten zugunsten Ernsts:

> »obe wir iuch biten müezen,
> so erloubt uns, herre, mit guoten siten
> ein bete der wir iuch wellen biten
> und daz ez sî âne zorn.« (HE B, V. 1110–1114)

Sie wird ebenso mit kurzer herrscherlicher Geste abgewiesen:

> »ir bitet unbetelîche [...].« (HE B, V. 1160)

Schließlich gibt es dann auch so etwas wie das intime Gespräch zwischen zwei Personen. Als »gespraeche« (HE B, V. 1282) wird z.B. die Unterhaltung Ottos und Heinrichs im Vorfeld des Speyerer Reichstags bezeichnet. Kurz davor hatte der Erzähler berichtet, daß in dem Augenblick, als Ernst und Wetzel mit Gewalt in ihr Gemach eindringen, der König mit seinem Neffen »saz / heimlîch an eime râte.« (HE B, V. 1276f.) Dieses »Gespräch« ist also eine Unterredung,[26] bei der es, so legt der Zusammenhang nahe, um die Intrige gegen den Herzog geht.

---

[23] Das ist die Rechtsauffassung, auf die die Autorbemerkung in der oben zitierten Stelle aus der lateinischen Fassung HE Erf. anspielt.

[24] Vgl. Schulz: Âne rede und âne reht, a.a.O., S. 399f.

[25] Vgl. HE B, V. 967ff. u. V. 997ff.

[26] Das ist auch die Bedeutung des mittelhochdeutschen Wortes. Es kann, nach Lexer, auch noch »beratende Versammlung« bedeuten.

Vielleicht kann man so deuten: Wenn in den literarischen Personen ihre gesellschaftlich-öffentliche Funktion gestaltet wird, wie dies im *Herzog Ernst* der Fall ist, erscheint die Unterhaltung zwischen zwei Menschen wohl notwendig als Gegensatz zur Öffentlichkeit der Rede des Hofes und des Hoftages, und es erscheint somit das Gespräch als verschwörerisches Komplott, als Intrige. Dann sind alle qualitativen Auszeichnungen des Gesprächs wie Unmittelbarkeit der Konfrontation der Gesprächspartner, Mündlichkeit, individuelle Spontaneität etc. lauter Verdachtsmomente, weil sie einen Gegensatz bilden zur zeremoniell geregelten, öffentlich-repräsentativen Rede.[27]

Gespräche mit einer personalen Dimension scheint es also in den bis jetzt untersuchten Texten nicht zu geben. Dies sieht etwas anders aus, wenn man die Fassung D aus der zweiten Hälfte des 13. Jahrhunderts untersucht.

Man hat als Tendenz dieser »höfisierenden« Bearbeitung auf die reiche Ausgestaltung der Festschilderungen[28], und die »stärkere Betonung höfischer Lebensweise und ritualisierter Repräsentation«[29] verwiesen. Wichtig aber scheinen mir auch Veränderungen im Vokabular und der Ausführlichkeit des Gefühlsausdrucks.

Man kann dies schon an den Werbungsbriefen sehen, die Otto an die Herzogin und – das ist neu in D – die Herzogin als zustimmende Antwort an den König durch Boten einander senden: Schon der Brief, den der Kaiser mit eigener Hand schreibt (HE D, V. 183)[30], um damit die Zustimmung der bayrischen Herzogin zu einer ehelichen Verbindung zu erbitten, ist nicht mehr wie in B ein Amalgam von Statusangebot und proponierter »minne« als Wohlwollen und Ausschluß feindlicher Umgangsformen. Dies ist ein Minnebrief, in dem es um den Ausdruck des Überwältigtseins durch die Zuneigung zu einer Person geht und in dem von Begehren und der dringlichen Bitte um Erhörung die Rede ist:

> ân dich wolde ich niht genesen,
> du solt mîn fröude immer wesen,
> du mînes herzen sundertrût (HE D, V. 235–237).

Ganz parallel ist der Antwortbrief der Herzogin angelegt. Er beginnt mit Versicherungen der Unterwürfigkeit gegenüber Otto als ihrem Herrn und benennt dann ausdrücklich eine zweite Dimension, eine der personalen Bindung an ihn[31]

---

[27] In den lateinischen Fassungen des HE erscheinen in vergleichbarem Zusammenhang die Begriffe: »mysteria consiliorum tractabat« (HE C, S. 202, 8f. – »er besprach mit ihm die Geheimnisse der Verhandlungen«) und »misterium consilii« (HE Erf., S. 11, 16f.; etwa: »geheime Beratungen«).

[28] Joachim Bumke: Geschichte der deutschen Literatur im hohen Mittelalter. München 1990, S. 78.

[29] Hans-Joachim Behr: Herzog Ernst, a.a.O., Sp. 1182.

[30] Der Text des Herzog Ernst D wird zit. nach: Hans-Friedrich Rosenfeld (Hrsg.): Herzog Ernst D. Tübingen 1991 (= ATB 104).

[31] HE D, V. 364ff.: »hêrre, nu bin ich iuwer zwir / sît ich iuwer brief gelas«.

– als Wirkung seines Briefes. Sie spricht von Bindung ihrer ganzen Person, ihres Gefühls, ihres Denken und ihrer Sinne:

> vor ich mit dienste iuwer was,
> nu hân ich herze unde sin
> und daz frî gemüete mîn
> und den lîp in iuwer gebot gegeben. (HE D, V. 366–369)[32]

Die beiden Briefe gewinnen der Erzählung über den Herzog Ernst die sprachliche Dimension des Redens über Gefühl und innere Zustände des Wünschens und sinnlichen Begehrens hinzu – und dies, indem das Herrscherpaar ein vorbildliches Minneverhältnis vorführt. Es kommt damit zur Herrscherqualität quasi eine weitere ›Rolle‹ hinzu, eine Rolle aber, die zu explizit verbaler Verständigung Anlaß gibt. Es ist eine Fernliebe, ein Briefaustausch ohne leibliche Gegenwart des Partners. Aber es ist ein sprachlicher Austausch zur Bestätigung der inneren Übereinstimmung und des Begehrens. Verbalisiert wird darin zwar keine individuelle Qualität der Personen, aber doch ein Bereich ihres Lebens, der nicht in ihrer sozialen Funktion aufgeht. Die starke emotionale Bewegung, die die Adressaten beim Empfang des Briefes zeigen, bestätigt dies.

Dies zeigt sich etwa an der Reaktion Ottos: »Der keiser an sîn herze twanc / den brief« (HE D, V. 383ff.) oder an der Wirkung des Briefes auf die Herzogin:

> Dô die herzogîn gelas,
> waz an dem brieve geschriben was,
> ir wîplîche güete
> und ir lûterlîch gemüete
> begunde sie ze sorgen twingen,
> ir zuht mit schame ringen. (HE D, V. 253–258)

Daß in den Personen eine Gefühlsdimension involviert ist, zeigt sich auch an Nebenfiguren, etwa dem Boten, der im Gespräch sein Gefühl der freudigen Zustimmung äußert (HE D, V. 323–325).

Bei der Schilderung der anschließenden Hochzeit und der Phase der Kooperation Ottos mit Ernst gibt es nur leichte Umakzentuierungen. Die Ehe des Herrscherpaares ist eine vorbildliche Minne-Ehe, das Interesse der Erzählung gilt der Frau, ihrer makellosen Tugend, Treue und Untergebenheit und es gibt nicht mehr die für die Fassung B analysierte reichspolitische Funktion der »minne«. Entsprechend ist bei der Schilderung von Ernsts Karriere der Akzent auf die Funktion der Rechtsprechung verlegt, er ist hier der gerechte Richter nicht mehr der vorbildliche Reichsfürst wie in B und folglich fehlt auch die dezidierte Einbindung des Fürsten in die Politik der Zentralgewalt.[33]

---

[32] Danach wird wiederholt – wie im Brief Ottos: »mîn gemüete« (V. 371); »mîn herze« (V. 375); »mînen sinnen sît ir wert« (V. 376).

[33] Zur Veränderung der politischen Bezüge vgl.: Hans-Joachim Behr: Herzog Ernst, a.a.O., Sp. 1182; ders.: Literatur und Politik am Böhmerhof: Ulrich von Etzenbach ›HE‹ D und der sog. ›Anhang‹ zum ›Alexander‹. In: ZfdPh. 96 (1977), S. 410–429.

In unserem Zusammenhang interessant ist im folgenden die Gestaltung zweier Gespräche, die vom Stoff her vorgegeben sind, aber eine neue eigenständige Ausprägung erfahren: Es sind dies die Unterhaltung des Pfalzgrafen Heinrich mit Otto als Einleitung der Intrige und ein Gespräch der Kaiserin mit ihrem Gemahl. Bei allen Fassungen des HE war bis jetzt die Erzählung von der so schnellen und definitiven Veränderung der Haltung des Kaisers gegenüber dem Herzog eine der problematischsten Stellen. Die Fassung D hat hier eine eigene Variante, die eine psychologisch plausiblere Erklärung versucht, denn sie legt das Gespräch zwischen Heinrich und Otto so an, daß es unter veränderten Rahmenbedingungen stattfindet. Die Rivalität zwischen Heinrich und Ernst wird nun nicht mehr auf Machtkonkurrenz, sondern moralisierend auf die charakterliche Schwäche des Pfalzgrafen zurückgeführt:

den des sîn unfuoge twanc
daz sîn muot mit unwirde ranc.
im was von ganzen sinnen leit,
daz er sô vil wirdikeit
von herzog Ernsten hôrte sagen;
daz enkunde sîn ärge niht vertragen. (HE D, V. 503–506)

Hier in D war Ernst zuvor auch nicht zum übermächtigen Reichsfürsten, sondern zum obersten Richter gemacht worden. Eine Würde, deren Verlust als ersten Schritt der Distanzierung des Kaisers er leicht verschmerzt. (Also auch hier eine Lockerung der starren Verbindung zwischen ›Amt‹, Herrschaftsfunktion und Person. Ernst stehen hier andere Optionen offen, z.B. das ritterliche Turnieren.) Darüber hinaus gibt es eine beweglichere Gesprächsführung. Statt der zwei Blöcke von jeweils zwei gegeneinanderstehenden längeren Reden, gibt es hier einen dramatischen Dialog mit eher knappen Wechselreden. In ihm treffen gegensätzliche Positionen aufeinander, sind Emotionen beteiligt, zeigen die Kontrahenten Wirkung. Vor allem aber hat die Verleumdung im ersten Anlauf keinen Erfolg, die Unterredung wird abgebrochen

alsus bleip die rede stên (HE D, V. 582)

und es vergeht eine lange Zeit, bevor Heinrich einen zweiten, diesmal erfolgreichen Versuch macht:

darnâch was enbor lanc (HE D, V. 588)

und:

darnâch über lange gienc
Heinrîch zuo im aber sân (HE D, V. 596f.).

Der kaiserliche Sinneswandel vollzieht sich also nicht gleich, und in dieser zweiten Unterhaltung reflektiert Otto über Möglichkeiten, dem quälenden Zweifel zu entkommen: er äußert den Gedanken, sich seiner Frau mitzuteilen, er fragt Heinrich um Rat, wie er sich wohl allen Seiten gegenüber richtig verhalten könne. Kurz: Zum Erzählstil der Fassung D gehört eine Form des Gesprächs, das mehr ist als ein quasi ritueller Austausch fester Positionen (so wie analog die Personen tendenziell mit personalen Dimensionen, wie Gefühl und ›Charakter‹ ausgestattet sind).

Dazu ein letztes Beispiel: Wie in anderen Fassungen interveniert die Kaiserin zugunsten ihres Sohnes. Sie tut es hier mit dem gleichen Argument wie in B, aber die Situierung des Gesprächs ist anders. Denn hier wird die Dimension der Minnenden explizit ins Spiel gebracht. Sie ist nicht nur die Frau mit dem höchsten Rang im Reich, sie ist auch die Person, die in »minne« mit dem Kaiser verbunden ist. Deshalb ist ihre Unterhaltung nicht bloß eine formelle Bitte um Gehör, sondern zugleich ein Gespräch zwischen Menschen, die sich sehr nah sind.

> des nahtes, dô die reine lac
> bî irem herrn, die mit sorgen ranc,
> sie den an ir herze twanc,
> mit wîzen armen umbefie; (HE D, V. 986–989)

Es ist eine Unterhaltung mit hohem emotionalem Einsatz:

> irn munt hitzec unde rôt
> sie dem hêrren ofte bôt
> umb ires lieben sunes nôt,
> daz er in lieze ze rede komen (HE D, V. 1012–1015),

und die Forderung, daß es rechtlich billig ist, den Verleumdeten zu hören, wird ergänzt um ein Argument, das der besonderen persönlichen Beziehung zwischen der Mutter und dem Sohn entspricht:

> er ist ûz triuwen doch geborn
> und hât bôsheit bizher verkorn (HE D, V. 1007f.).

Dem vorgezeichneten Gang der Ereignisse entsprechend lehnt der Kaiser ab, aber, was in diesem Gespräch geschieht, bringt eine Autorbemerkung, die Ottos Ablehnung kommentiert, auf den Punkt:

> swâ ein friunt mich alsô twünge,
> an mir er gar errünge,
> swaz sîn wille waere. (HE D, V. 1023–1025)

Damit gibt der Autor zu erkennen, daß für ihn nicht nur der Rechtsstandpunkt zählt, sondern daß im Gespräch auch das persönliche Element, das Verhältnis zu einem anderen Menschen als solches von Gewicht und ein Argument ist.

So scheint ein Gespräch denkbar, das seinen Anlaß und seine Bedeutung nicht durch irgendeine Form der institutionellen Verankerung, sondern allein in der personalen Integrität des Gesprächspartners hat. Zwar findet ein solches Gespräch zwischen Otto und Ernst auch hier nicht statt, aber sein Ausbleiben wird kritisiert, die ›Verweigerung des Gesprächs‹ in jenem personalen Sinn zumindest gegenüber der Kaiserin wird verurteilt.

WALTER RAITZ

LITERARISCHE UNTERWEISUNG

Über Erzählerintervention und Rezeptionssteuerung in Hartmanns von Aue »Erec«

Mit Chrétiens de Troyes *Erec et Enide* beginnt eine neue Entwicklung in der abendländischen Erzählliteratur, die zum Roman.

Als bahnbrechende Neuerungen werden die Entwicklung zur Fiktionalität und die literaturtheoretische Selbstreflexivität der neuen Erzählkonzeption hervorgehoben,[1] außerdem der Ausbau der bereits bekannten epischen Doppelungsstruktur (Spielmannsepik, *Roman d'Eneas*) zur sinnkonstituierenden Symbolstruktur, die bis in religiös-metaphysische Bedeutungsdimensionen verweist:

> Die Differenz [zu den Spielmannsepen und dem *Roman d'Eneas* , W. R.] liegt jedoch nicht nur in der sehr viel einfacheren Linienführung dieser Doppelstrukturen, sondern vor allem darin, daß sich bei Chrétien anhand des gestuften Doppelkreises das Problem des Werkes symbolisch ausfaltet und löst.[2]

Daß Hartmann von Aue sich der Neuerungen der Chrétienschen Erzählkonzeption und ihrer literaturgeschichtlichen Bedeutung bewußt gewesen ist, als er auf der Grundlage von Chrétiens *Erec et Enide* seinen eigenen ersten Roman schrieb, ist durch neuere Untersuchungen gut belegt.

> In den 80er/90er Jahren des 12. Jahrhunderts hat Hartmann von Aue durch seine Übertragungen des *Erec* und des *Yvain* den Chrétienschen Artusroman mit bleibendem Erfolg in den deutschen Sprachbereich eingeführt. Es kann kein Zweifel darüber bestehen, daß er dabei das literaturtheoretische Konzept

---

1 Walter Haug: Chrétiens de Troyes *Erec*-Prolog und das arthurische Strukturmodell. In: W. H.: Literaturtheorie im deutschen Mittelalter. Darmstadt ²1992: »Es handelt sich um den ersten vulgärsprachlichen Roman des Mittelalters, den man als fiktiv bezeichnen darf. Und er ist dies nicht nur seiner Konstitution nach, sondern man ist sich zugleich seiner Fiktionalität, ihrer Möglichkeiten und auch ihrer Problematik in hohem Grade bewußt geworden.« (S. 91); »[...] der Übergang von der Mündlichkeit zur Schriftlichkeit eröffnet der Literatur nicht nur entscheidend neue Dimensionen, sondern Chrétien muß sich auch in einem hohen Maße bewußt gewesen sein, welche literarhistorische Schwelle er mit der Verschriftlichung der arthurischen Materialien überschritten hat.« (S. 103)

2 Walter Haug: Die Symbolstruktur des höfischen Epos und ihre Auflösung bei Wolfram von Eschenbach. In: DVjs 45 (1971), S. 668–705, hier: S. 670; vgl. auch Hans Fromm: Doppelweg. In: Werk-Typ-Situation. Studien zu poetologischen Bedingungen in der älteren deutschen Literatur. Hugo Kuhn zum 60. Geburtstag. Hrsg. v. Ingeborg Glier u. Gerhard Hahn. Stuttgart 1969, S. 64–79.

des Chrétienschen Modells durchschaut und verstanden hat. Denn, wo Chrétien gelegentlich sein Strukturmuster locker umspielte, da hat Hartmann das Schema strenger durchgezogen.[3]

Unter produktionsästhetischem Gesichtspunkt ist die Untersuchung der innovativen literaturgeschichtlichen Rolle Chrétiens wie Hartmanns für die Entwicklung der Erzählliteratur des Mittelalters in deutscher Sprache also seit geraumer Zeit Gegenstand der Forschung, weniger trifft dies auf die eng damit verbundene Frage nach der Rezeptionsfähigkeit der zeitgenössischen Hörer und Leser sowie nach den Bemühungen Hartmanns, diese in seinem Werk zugleich für eine adäquate Rezeption zu schulen, zu. Über die Formulierung dieser Problematik ist die Forschung, soweit ich sehe, nicht wesentlich hinaus gelangt. Worstbrock beschränkt sich auf die Feststellung, daß es das in der descriptio von Enites Pferd besonders rege »beständige Agieren des Autors mit dem Publikum« ist, das eine »nie absinkende ›Munterkeit‹ (Ruh)« des Stückes garantiert, Hartmann aber zudem »wie zur Einübung des Publikums gleich auch das Faszinosum gewußter Fiktion ausspielt«.[4] Singer hält die Frage, »ob und in welchem Maße Hartmann einen derart disponierten Leser voraussetzen konnte, daß eine adäquate Realisation seines Textes zu erwarten war«, für eine »letztlich nur hypothetisch zu beantwortende Frage«. Er hält es aber für möglich, daß Hartmann »(gegen Chrétien) den fingierten Dialog [zwischen Erzähler und Hörer, W. R.] in die Beschreibungs-

---

3 Walter Haug: Programmatische Fiktionalität. Hartmanns von Aue *Iwein*-Prolog. In: W. H.: Literaturtheorie, a.a.O., S. 119–133, hier: S. 119. Was das strengere Durchziehen des Strukturschemas betrifft, so ist dies, bezogen auf die sinnkonstituierende Doppelungsstruktur, schon durch die bahnbrechende Untersuchung Hugo Kuhns eindringlich belegt. (Vgl. Hugo Kuhn: *Erec*. In: Festschrift Paul Kluckhohn und Herrmann Schneider. Hrsg. v. seinen Tübinger Schülern. Tübingen 1948, S. 122–147) Auch das literaturtheoretische Interesse Hartmanns an der Fiktionalitätsproblematik – und damit sein Interesse an dem Autonomisierungsprozeß der Literatur – ist inzwischen in Untersuchungen mit unterschiedlichen theoretischen Ausgangspositionen für den *Erec* gut belegt. (Vgl. Franz Josef Worstbrock: Dilatatio materiae. Zur Poetik des *Erec* Hartmanns von Aue. In: FMST 19 (1985), S. 1–30 mit Bezug auf die descriptio von Enites Pferd: »Hartmann reflektiert sich als Subjekt fiktiven Erzählens und teilt sich so auch dem Publikum mit. Als erster Aneigner des Artusromans ist er in Deutschland auch der erste, der ein Bewußtsein für literarische Fiktionalität herausstellt und es herausbildet, indem er wie zur Einübung des Publikums gleich auch das Faszinosum gewußter Fiktion ausspielt. Das Pferd und sein Sattel sind nicht mehr Bestandteile einer in ihren Fakten zu glaubenden Historia, aber auch kein Lügengespinst. Sie sind möglich und legitim als Elemente eines Sinnganzen, das sich als poetisch konstituiert versteht.« (S. 26f.) Die erzähltheoretisch bemühteste Untersuchung in dieser Beziehung ist: Johannes Singer: »nû swîc, lieber Hartman: ob ich ez errâte?« Beobachtungen zum fingierten Dialog und zum Gebrauch der Fiktion in Hartmanns *Erec*-Roman (7493–7766) In: Dialog. Festschrift für Siegfried Grosse. Hrsg. v. Gert Rickheit u. Sigurd Wichter. Tübingen 1990, S. 59–74. Singer stimmt in bezug auf die Fiktionalitätsproblematik im wesentlichen Haug und Worstbrock zu, intendiert aber darüber hinauszugehen, indem er die Poetizität zumindest der Passage, in der Enites Pferd beschrieben wird, durch das von Hartmann evozierte Imaginäre begründet sieht. Dies zu diskutieren, ist allerdings hier nicht der Ort.

4 Worstbrock: Dilatatio materiae, a.a.O., S. 25ff.

passage [von Enites Pferd, W. R.] einfügt und so über die Thematisierung der ›Dialogizität‹ den Rezeptionshabitus des intendierten Lesers zu formen versucht«, daß Hartmann also »seinem Leser anzudeuten versuchte, wie die literarhistorische Wende nachzuvollziehen sei, und daß er bemüht war, die adäquate Realisation seines Textes selbst zu steuern«.[5]

Im folgenden werde ich versuchen, diesen rezeptionsästhetischen Aspekt näher zu betrachten, denn es ist anzunehmen, daß Hartmann an der rezeptionswirksamen literarischen Erziehung seines Publikums ein elementares Interesse gehabt haben wird, da einerseits der Erfolg des jungen Autors vom Verständnis der Rezipienten sehr direkt abhängig gewesen sein dürfte, andererseits aber bei einem deutschen Publikum noch kaum Voraussetzungen gegeben sein konnten für die Aufnahme des neuen, aus Frankreich übernommenen Stoffes und die von Chrétien entwickelte neue Erzählkonzeption. So konstatiert z.B. Wenzel:

> Der literarische Erwartungshorizont des höfischen Publikums ist im späten 12. Jh. bis zum Auftreten Hartmanns von Aue von der absolut dominierenden geistlichen Literaturtradition geformt.[6]

Auch Ruh vermutet wenig Erfahrung im Umgang mit dem neuen höfischen Roman bei Hartmanns »Hörerschaft«:

> Diese konnte sich in Kennerschaft und literarischem Urteil nicht mit dem Publikum messen, das Chrétien vor Augen hatte. Die Hörer mußten erzogen werden, zumal im Verständnis eines nach *matiere* und *san* neuen Erzähltypus. So bedient sie Hartmann mit Verständniskrücken: mit einfachen und eindeutigen Formeln, mit Erklärungen ad usum delphini. Wir dürfen sogar voraussetzen, daß damit nicht immer die ganze, sondern nur ein bestimmter Teil der Hörerschaft, und nicht immer derselbe, angesprochen wurde.[7]

Ruh bezieht sich damit offensichtlich auf die vielfältigen und überaus häufigen Erzähleraktionen und Erzählerhinwendungen zum Publikum, die man allerdings heute differenzierter bewerten wird. Das gilt nicht nur im Blick auf den erzähl- und literaturtheoretischen Status der Erzähleraktionen in der Passage der descriptio von Enites Pferd, den die neuere Forschung betont,[8] sondern auch im Blick auf die Vielfalt der übrigen Erzählerinterventionen, die die Forschung gesammelt und

---

5 Singer: »nû swîc«, a.a.O., S. 73f.

6 Horst Wenzel: Der *Gregorius* Hartmanns von Aue. Überlegungen zur zeitgenössischen Rezeption des Werkes. In: Euphorion 66 (1972), S. 323–354, hier: S. 325; Haug weist in seiner Interpretation des Prologs von Chrétiens *Erec et Enide* darauf hin, wie sehr selbst Chrétien bemüht ist, für seinen neuen arthurischen Roman um Verständnis zu werben. Vgl. Haug: *Erec*-Prolog, a.a.O., S. 100–103.

7 Kurt Ruh: Höfische Epik des Mittelalters. Bd. 1. Von den Anfängen bis zu Hartmann von Aue. ²1977, S. 112.

8 Vgl. Anm. 3.

systematisiert hat.[9] Auffallend ist der didaktische Gestus vieler Erzählerinterventionen, bei denen es sich z.T. um Sacherläuterungen, z.T. aber auch um Erläuterungen zum Erzählvorgang selbst handelt. Sie belegen, bei unterschiedlicher Wertung, übereinstimmend die Sonderstellung von Hartmanns *Erec* nicht nur unter den Werken dieses Autors selbst, sondern auch im Vergleich mit den vorhergehenden mittelhochdeutschen Erzähltexten. Wolfram von Eschenbach wird sich im *Parzival* mit Hartmanns Erzählstil auseinandersetzen und ihn weiterentwickeln, gleiches gilt für Gottfrieds von Straßburg *Tristan*.

Pörksen, dessen vergleichende Studie über das Hervortreten des Erzählers im mittelhochdeutschen Epos den *Vorauer* und *Straßburger Alexander*, das *Rolandslied*, die Spielmannsepen *Rother*, *Herzog Ernst* (B), *Münchner Oswald*, *Orendel*, *Salman und Morolf* sowie die Epen Hartmanns, Wolframs *Willehalm* und zu Einzelaspekten auch das *Nibelungenlied*, Gottfrieds *Tristan* und Wolframs *Parzival* berücksichtigt, faßt als hier interessierendes Ergebnis zusammen:

> Ein sehr markanter Einschnitt liegt in unserem Material [...] bei Hartmanns Erec. Hartmann [...] hat in diesem Epos anscheinend nicht nur den Artusroman für das deutsche Sprachgebiet gewonnen, sondern auch den auf vielseitige Weise geselligen und persönlichen Erzähler. Dieser Erzähler zeigt eine lebhafte Mimik, ist geistreich-kokett, ritterlich-höfisch, idealisierend und pädagogisch, anteilnehmend, selbstironisch und humoristisch [...] Man hat den Eindruck, daß er sich im Erec die erzähltechnischen Mittel eroberte und sie in der Freude des Entdeckens etwas zu häufig verwendet. [...] Die Typen erzählerischen Hervortretens sind zahlreich. Ihre Erfüllung ist teilweise noch formelhaft, der Variationsreichtum, ein allgemeines Kennzeichen der höfischen Epik, ist aber sehr viel größer als in den nichthöfischen Epen. Neben der sprachlichen Variationsbreite ist die häufigere Erweiterung einer Erzählformel zu einer ausführlichen digressio charakteristisch. [...] Der Erzähler verhält sich vor allem kommentierend zu seinem Stoff und tritt dem Publikum auf diesem indirekten Wege als Lehrer und Erzieher gegenüber, erweist sich als Ethiker und nicht selten als Humorist. [10]

Dieser allgemeine Befund läßt sich anhand signifikanter Einzelbeobachtungen zu den Erzählungen Hartmanns bei Pörksen sowie der Befunde einiger auf Hartmanns Werk beschränkter Untersuchungen zur Erzähltechnik und zur Profilierung des Erzählers (Arndt, Kramer) differenzieren und präzisieren. Sie zeigen aber übereinstimmend die Sonderstellung des *Erec*.

Die statistische Registrierung der wichtigsten Erzähleraktionen bei Pörksen, wie Ankündigungsformeln, Wahrheitsbeteuerungen, Exclamationen, Fragen, Ver-

---

9 Vgl. Uwe Pörksen: Der Erzähler im mittelhochdeutschen Epos. Formen seines Hervortretens bei Lamprecht, Konrad, Hartmann, in Wolframs Willehalm und in den »Spielmannsepen«. Berlin 1971; Hans-Peter Kramer: Erzählerbemerkungen und Erzählerkommentare in Chrétiens und Hartmanns *Erec* und *Iwein*. Göppingen 1971; Paul Herbert Arndt: Der Erzähler bei Hartmann von Aue. Formen und Funktionen seines Hervortretens und seiner Äußerungen. Göppingen 1980.

10 Pörksen: Der Erzähler im mittelhochdeutschen Epos, a.a.O., S. 207f.

gleiche, Vergleiche mit der Norm, Sentenzen, Quellenberufungen, humoristische Einschübe etc., die den Erzähler gegenüber dem epischen Geschehen einerseits distanzieren, andererseits aber die Kommunikation mit den Rezipienten und eine Rezeptionssteuerung intendieren, belegt dies eindrucksvoll:

	Erec (10 135)	Gregorius (4006)	Arm. Heinrich (1520)	Iwein (8166)
Ankündigungsformeln:	38	8	-	6
Wahrheitsbeteuerungen:	31	19	-	23
exclamatio:	8	7	1	4
Fragen:	30	4	3	7
Vergleiche:	13	1	2	1
Vergl. m.d. Norm:	56	13	7	18
Sentenzen:	8	8	-	30
Kunde:	8	1	-	-

Ähnliche, z.T. noch eindeutigere Verhältnisse gelten für Quellenberufungen, geistliche Exkurse, lobendes Hervortreten, humoristische Einschübe.[11]

Bis auf ganz wenige Fälle (z.B. Sentenzen) sind die Formen des Hervortretens des Erzählers im *Erec* überdurchschnittlich häufig; das ist selbst dann noch so, wenn man den unterschiedlichen Umfang der einzelnen Erzählungen berücksichtigt, also statt absoluter Werte relative errechnet.

Auf der Grundlage statistischer Befunde Arndts läßt sich dieses Bild noch weiter verdeutlichen. Er zählt die »Ich«-Nennungen in den Erzählerinterventionen in den epischen Teilen (also ohne Prolog und Epilog) und kommt zu folgenden Ergebnissen:[12]

Erec	Iwein	Gregorius	Armer Heinrich
150	75	48	3

Berücksichtigt man bei dieser Häufigkeit den Werkumfang, ergeben sich zwar relativ geringere Differenzen, die dominante Häufung beim *Erec* bleibt jedoch erhalten. Noch aufschlußreicher sind zwei weitere statistische Beobachtungen Arndts:

Erstens: »Im *Erec* erscheinen fast vier Fünftel aller ›Ich‹-Belege innerhalb von ›erzähltechnischen Bemerkungen‹, der Rest verteilt sich relativ gleichmäßig auf Passagen mit anderer Funktion.«[13] »Erzähltechnische Bemerkungen« sind Bemerkungen des Erzählers über den Erzählhergang selbst, Passagen mit anderer Funktion sind nach Arndt »kommentierende Bemerkungen, allgemeine oder verallgemeinernde Bemerkungen, Passagen mit besonderer Aktion des Erzählers und Passagen mit besonderer Interaktion von Erzähler und Publikum.«[14]

---

11 Ebd., S. 211.
12 Arndt: Der Erzähler bei Hartmann von Aue, a.a.O, S. 174.
13 Ebd., S. 176.
14 Ebd., S. 176, Anm. 2.

Zweitens: Im *Erec* gibt es eine bemerkenswerte Verteilung der »Ich«-Nennungen des Erzählers, denn in der ersten Hälfte des Textes findet sich nur ein Drittel der ›Ich‹-Belege, zwei Drittel häufen sich in der zweiten Hälfte. Hinzu kommt aber, daß auch hier nochmals eine signifikante Verdichtung der Erzähleraktionen zu beobachten ist:

> Völlig aus dem Rahmen fällt jedoch die Gruppe der Verse 7001–8000. In dieser Passage, die weniger als ein Zehntel des »Erec« ausmacht, findet sich ein Drittel aller »Ich«-Belege und fast die Hälfte aller direkten Anreden und Aufforderungen des Erzählers an das Publikum.[15]

Es ist dies die Versgruppe, in der in über 500 Versen auch Enites Pferd, dessen Sattel und Geschirr beschrieben werden und in der der Erzähler ein recht ironisches Spiel mit sich und seinem Publikum spielt – der Erzähler agiert hier nicht nur mit überdurchschnittlicher Häufigkeit, sondern er tut dies auch in ungewöhnlicher Weise. Ganz offensichtlich ist die in den fünfhundert Versen V. 7264–7765 gegebene Beschreibung als Schlüsselszene zur narrativen Aufklärung der Rezipienten über das Erzählen eines »Aventiure«-Romans gedacht.

Die Szene beginnt mit dem Abschied Erecs und Enites von König Giuvreiz. Der Aufbruch verzögert sich, denn man wartet darauf, daß die Pferde bereitgestellt werden. Der Erzähler überbrückt diese Zeit durch die Schilderung zunächst der ungewöhnlichen Schönheit und der besonderen Eigenschaften des für Enite zum Geschenk vorgesehenen Pferdes, dann auch durch die Beschreibung von dessen Sattel und Sattelzeug.

Es ist nicht unbedingt ein »symbolisches« Pferd, wie man aufgrund der ungewöhnlich erscheinenden Farbzeichnungen und Charaktereigenschaften gleich vermuten möchte. Wie der Kommentar von Okken[16] deutlich macht, muß vieles, was uns an dem Pferd ungewöhnlich erscheint, zu Hartmanns Zeit nicht ebenso empfunden oder gesehen worden sein, weder die Farbzeichnungen, noch Anatomie, Statur und Sanftmütigkeit des Damenreitpferdes. Dennoch provoziert andererseits gerade die Sorgfalt der Schilderung des extraordinären Pferdes Spekulationen, sie fordert geradezu auf, sich nicht mit dem besonderen Erscheinungsbild als einem nur realistischen zufrieden zu geben. Auch umgibt das Pferd durch seine Herkunft aus Zwergenbesitz eine numinose Aura. Und nicht zuletzt durch den Status des Pferdegeschenkes innerhalb des strukturellen Aufbaus der Erzählung – Enite hat in der kurz vorhergehenden Oringles-Szene ihr noch aus Karnant stammendes Pferd eingebüßt – drängt sich die symbolische Deutung auf. Mindestens ebenso erstaunlich wie Schönheit und Vollkommenheit des Pferdes ist aber die kunstvolle, detaillierte Schilderung dieser Schönheit und Vollkommenheit durch einen Erzähler, der früher, zu Anfang seiner Erzählung, als Enite von ihrem Onkel Îmâin ein Pferd zum Geschenk erhält, die Schilderung dieses Pferdes auf das

---

15 Ebd., S. 178.

16 Lambertus Okken: Kommentar zur Artusepik Hartmanns von Aue. Amsterdam, Atlanta 1993, S. 178ff.

Notwendigste seiner stattlichen Erscheinung beschränkt und die Schilderung des Sattels und der Sattelriemen geradezu unwirsch knapp hält:

> waz sol des langiu maere
> wie daz geworht waere?
> des muoz ich iuch vil verdagen:
> wan solde ich ez iu allez sagen,
> sô würde der rede ze vil.
> den lop ich iu enden wil
> mit vil kurzen worten:
> die darmgürtel wâren borten. (V. 1446–1453) [17]

Was also ist geschehen zwischen Vers 1454 und Vers 7264ff., das den Erzähler jetzt zu dieser kunstvollen descriptio veranlaßt? Nichts natürlich im Sinne eines Lernprozesses etwa oder einer besonderen Motivation. Erstaunlich ist der Vorgang auch nur für die Hörer oder Leser, die das Prinzip der bedeutungskonstituierenden Wiederholung im Modus der Steigerung als Strukturprinzip des Erzählens im »aventiure«-Roman noch nicht kennen oder noch nicht durchschaut haben, das aber die Erzählung in ihren Makro- und Mikrostrukturen bestimmt und ganz offensichtlich von Hartmann nicht nur zur Verdeutlichung des Sinns der Handlung, sondern auch zur Verdeutlichung der Erzählkonzeption und zur Rezeptionssteuerung angewendet wird.

Die Passage hat deutlich den Charakter einer literaturtheoretischen Demonstration. Der Erzähler erteilt, wenn auch ironisch und in unterhaltender Manier, eine bis dahin in der deutschsprachigen Literatur einmalige Lektion in puncto neuer Erzählkonzeption. Denn an zentraler Stelle, exakt in der Mitte der descriptio, ist ein komischer Disput des Erzählers, der als »Hartman« angesprochen wird, mit einem fiktiven Hörer inszeniert, der sich anmaßt, anläßlich der descriptio des besonders wertvollen und besonders kunstvoll gearbeiteten Sattels samt Sattel- und Saumzeug, die das Pferd trägt, in eine Art Wettstreit mit dem Erzähler zu treten und deren Beschaffenheit zu erraten. Der Erzähler läßt ihn aber kläglich scheitern (V. 7493–7524).

Verschiedene erzähltheoretische Beobachtungen können an diesem komischen Intermezzo und der folgenden descriptio des Sattels gemacht werden. Zunächst erleben die Zuhörer oder Leser, wie, fingiert, vor ihren eigenen Augen oder Ohren einer der ihren, der sich eine gewisse narrative Kompetenz zutraut, zum komischen Opfer seiner Selbstüberschätzung wird, weil er wohl einen kostbaren Sattel in seiner Gegenständlichkeit, also realiter, gut beschreiben kann, aber damit gerade demonstriert, daß er vom künstlerischen, literarischen Beschreiben eines Sattels nichts versteht. Daß literarisches Erzählen eine besondere Kompetenz erfordert, die dem Publikum gleich anschließend auch demonstriert werden wird, ist eine

---

[17] Hartmann von Aue: *Erec.* Mittelhochdeutscher Text und Übertragung von Thomas Cramer. Frankfurt/M. 1992 (1. Aufl. 1972). *Erec* wird im folgenden nach dieser Ausgabe nur mit Angabe der Verszahl im fortlaufenden Text zitiert.

erste Lehre, die damit erteilt ist. Eine weitere Lehre ist, daß ein in der Rezeption gelingendes literarisches Erzählen auch eine besondere Kompetenz des Publikums erfordert, nämlich die, die spezifische Realität der Literatur (an)erkennen zu können als eine in literarischen Traditionen sich begründende, narrativ erzeugte nicht-wirkliche Wirklichkeit, als Fiktion, deren Wahrheit nicht gegeben ist, sondern sich erschließt – hier im Modus der bedeutungskonstituierenden, steigernden Wiederholung. Das Erzählen einfacher faktischer Wirklichkeit hingegen hält der Erzähler ganz offensichtlich für Zeitverschwendung, wie sein Drängen auf Eile in dem komischen Dialog mit dem fiktiven Hörer deutlich macht:

»nû swîc, lieber Hartman:
ob ich ez errâte?«
ich tuon: nû sprechet drâte.
»ich muoz gedenken ê dar nâch.«
nû vil drâte: mir ist gâch. (V. 7493–7497)

Der Autor inszeniert das Intermezzo »Erzähler – Hörer«, um zu demonstrieren, daß es ihm auf eine andere Konzeption des Erzählens ankommt als die, die er als Erwartung des Publikums unterstellt.

So ist die Szene zunächst eine ebenso spaßige wie subtile Anspielung auf die Unkenntnis oder literarische Unerfahrenheit des Publikums. Die neue Literatur, der »Aventiure«-Roman, heißt dies, ist auf eine andere Art wahr, als dies Geschichtsdichtung, religiöse Epik, Spielmannsdichtung und wohl auch Aeneasroman sind, die Hartmanns Publikum gekannt haben mochte.

Mit der einsetzenden Beschreibung des Sattels und des Sattelzeuges durch den Erzähler erleben die Rezipienten sodann die eindrucksvolle Demonstration der neuen Erzählkunst, denn natürlich ist der Sattel ganz anderer Art als der, den der fiktive Hörer vor Augen hatte. Sattel und Sattelzeug, die nun beschrieben werden, sind in mehrfacher Hinsicht bedeutungstragend und symbolhaft – literarisch also, insofern sie einmal nach dem Prinzip der steigernden Wiederholung an die Differenz zum zwar schönen, aber »bedeutungslosen« Sattel des Pferdes erinnern, das einst Îmâîn Enite geschenkt hatte. Damit aber ist zugleich an das Strukturprinzip des neuen »Aventiure«-Romans erinnert. Die Zuordnung beider Pferde zu Enite macht aber auch die »Symbolstruktur« des »Aventiure«-Romans deutlich, da sich darin auch Enites eigene Geschichte und Bestimmung »objektiviert«.[18]

Die Bildprogrammatik, die Sattel, Satteldecke und Geschirr ziert, geht noch darüber hinaus, indem sie im Medium der Literatur, am Schicksal exemplari-

---

[18] Vgl. Otfried Ehrismann: Enite. Handlungsbegründungen in Hartmanns von Aue *Erec*. In: ZfdPh. 98 (1979), S. 321–344; hierzu bes. S. 339f.: »Die Darstellung des Pferdes faßt in einem Brennpunkt die Entwicklung der Heldin, ihren Aufstieg und ihre Distanzierung zusammen. Mit gutem Grund ist diese Passage als symbolisch vorweggenommene Krönung gedeutet worden« (S. 340).

scher[19] Liebespaare der literarischen Tradition, Gefahr und Rettung der Liebe und Ehre Erecs und Enites – und damit der »âventiure meine«[20], Sinn und Intention der ganzen Erzählung also – verdeutlicht.

Zunächst ist das die Darstellung des Trojastoffes, »daz lange liet von Trojâ« (V. 7546), die Zerstörung Trojas, die Flucht des Aeneas, die tragische Liebe Didos zu Aeneas, die Eroberung der Stadt Laurente und wie Aeneas schließlich Lavinia zur Frau gewann und glücklich im Land herrschte:

> wie er vrouwen Lavîniam
> zêlîchem wîbe nam,
> und wie dâ ze lande was
> gewaltic herre Ênêas
> âne alle missewende
> unz an sîns lîbes ende. (V. 7576–7581)

Sodann auch die auf der Borte des Sattelkissens zu sehende Geschichte,

> wie Tispê und Pîramus,
> betwungen von der minne
> behert rehter sinne,
> ein riuwic ende nâmen (V. 7709–7712).

Auch hier ist die Korrespondenz zum Geschehen um Erec und Enite unübersehbar – besonders für die Kenner der Metamorphosen Ovids, die die Klage der Tispe um den sterbenden Piramus unschwer als literarisches Vorbild der Klage Enites um den scheintoten Erec erkennen konnten.

Und nicht anders verhält es sich nach der Untersuchung Reinitzers mit der auf der Überdecke abgebildeten Hochzeit von Jupiter und Juno (V. 7658–7668).[21]

So zeigt sich, daß diese literarischen Motive nicht etwa als Bildungsreminiszenzen zu verstehen sind, die die Geschichte Erecs und Enites allenfalls illustrieren, sondern daß sie dem Strukturprinzip des bedeutungskonstituierenden Wiederholungsmodus folgen und diesen damit erneut demonstrieren: Es sind Kontraste zum sich zur Idealität steigernden Verhältnis von Liebe, Ehe und gesellschaftlicher Pflicht des höfischen Herrscherpaares, wie es Erec und Enite nach der Oringles-Szene zunehmend verkörpern.

---

[19] Vgl. Hajo Reinitzer: Über Beispielfiguren im *Erec*. In: DVjs 50 (1976), S. 597–639. Dort generell zur Funktion von Exempla in mittelalterlicher Literatur: »Interpretatorisch bedeutsam sind die Exempla dort, wo sie Handlung oder Personen werten, auslegen, charakterisieren, Entwicklungen voraussagen, zusammenfassen und abschließen. Sie sind dann in die Darstellung integrierte Erzählerbemerkungen, autorisierte Kommentare eines Textes und vermögen wertsetzend und erklärend Verständnishilfen für den kundigen Leser und Hörer zu sein« (S. 597f.).

[20] Vgl. den Begriff bei Gottfried von Straßburg im Zusammenhang mit Hartmann von Aue. Dazu: Walter Haug: Der aventiure meine. In: W. H.: Strukturen als Schlüssel zur Welt. Tübingen 1990, S. 447–463.

[21] Reinitzer: Beispielfiguren im *Erec*, a.a.O., S. 627f.

Dies zu gestalten und zu benennen, bedient sich Hartmann recht traditioneller Mittel, so der Tradition des Exempels nach dem Nachweis Reinitzers, der rhetorischen Regeln der dilatatio materiae, denen sich Worstbrock[22] zufolge die ganze Passage dieser descriptio verdankt, und auch die traditionelle Quellenberufung wird bemüht, wenn die Schilderung des Sattels nicht als Resultat der Anschauung oder als Erfindung, sondern als Quellenfund ausgegeben wird.[23] Dieser Sachverhalt wird von Haug im Blick auf Chrétien als ambivalent eingeschätzt und er dürfte es auch bei Hartmann sein:

> Was man jedoch vermißt, ist eine theoretische Erörterung, die der neuen Entwicklungsstufe prinzipiell gerecht geworden wäre [...] Das brachte ein Verfahren mit sich, bei dem mit überkommenen literaturtheoretischen Termini und Vorstellungen operiert, aber zugleich deutlich gemacht wurde, daß sie unzulänglich sind: Indem man vor Augen führte, daß sie nicht greifen, wurde indirekt auf die neue Position hingewiesen, wobei nicht immer klar zu entscheiden ist, ob sich darin nur schlicht das theoretische Ungenügen manifestiert oder ob nicht doch in der Darstellung des Ungenügens eine bewußte rezeptionsästhetische Strategie steckt. [24]

Dafür, daß im *Erec* Hartmanns der Versuch gemacht zu sein scheint, in rezeptionssteuernder Absicht an vertraute Erzählmuster der Rezipienten anzuknüpfen, um kontrastive Wirkungen zu erzielen, spricht auch die auffällige Diskrepanz zwischen dem in Erzähleräußerungen vorgenommenen Entwurf der Erzählerrolle und der Erzählpraxis selbst:

> Gliedernde Bemerkungen spielen zwar immer noch [wie in der ersten Hälfte der Erzählung, W. R.] eine Rolle, aber nur eine untergeordnete; wichtiger sind nun die Abkürzungsformeln, die imaginierten und die rhetorischen Fragen, das Dialogspiel des Erzählers mit einem fiktiven Hörer und andere besondere Formen seines Hervortretens, wie etwa die ironische Passage über die Namen der Meeresbewohner. Dabei stehen oft Gesagtes und Getanes in offenem Widerspruch zu einander: Der Erzähler sagt, er wolle sich kurz fassen; und er sagt dies öfter, obwohl er die Beschreibung immer weiter ausdehnt. Er tritt auf als derjenige, den die Ungeduld treibt, und doch geht er immer mehr ins Detail. Er stellt sich dar als ›tumben kneht‹, obwohl die Art, wie er die Beschreibung auflockert und sie geradezu ›spannend‹ macht, ihn als Meister seiner Kunst erweist. Es wird absichtlich ein ›Bild‹ des Erzählers konstruiert, das der ›Wirklichkeit‹ nicht entspricht.[25]

---

22 Vgl. Worstbrock: Dilatatio materiae, a.a.O.

23 Vgl. V. 7485ff.: »ouch tuot daz mînem sinne kranc, / daz ich den satel nie gesach: / wan als mir dâ von bejach / von dem ich die rede hân«.

24 Haug: *Erec*-Prolog, a.a.O., S. 104f.

25 Arndt: Der Erzähler bei Hartmann von Aue, a.a.O., S. 178.

Möglicherweise könnte die Methode der narrativen und interventionistischen Rezeptionssteuerung durch die Analyse der bislang wenig aufgehellten und nur unzureichend untersuchten übrigen Motive und Themen der descriptio von Enites Pferd, Sattel und Sattelzeug weitere Klärung erfahren. Mehr als einige erste Hinweise sind dazu hier nicht möglich.

Die in dieser Beziehung möglicherweise wichtigste Stelle dürfte die von der Forschung meist übergangene oder als nur komisch-unterhaltende Episode abqualifizierte zweite Erzählerintervention dieser Textpassage sein, die eine direkte (und indirekte) Instruktion der Rezipienten enthält. In den Versen 7610–7641 wendet sich der Erzähler anläßlich der Beschreibung der Darstellung des Elementes Wasser, das zusammen mit den anderen Elementen Erde, Luft und Feuer auf der kostbaren Satteldecke abgebildet ist, in deutlich ironischer Intention an die Rezipienten: Zu sehen, sagt er, sind der fast wirklichkeitsgetreu dargestellte Fisch (V. 7611: »sam er lebete«), sodann alle Meerwunder und was sonst auf dem Grund des Meeres lebt. Wenn ihm jemand deren Namen nennen könne, wolle er sie gerne kennenlernen und erwähnen.

dar zuo suochet iu einen man,
der iu si wol genennen kan: (V. 7618f.).

Sollten sie aber keinen finden können, so sollten sie seinem Rat folgen und selbst ans Meer reisen und den Meeresbewohnern befehlen, aus dem Meer zu ihnen auf den Strand zu kommen. Sollte auch das nichts nützen, was wohl wahrscheinlich sei, dann sollten sie sich selbst auf den Meeresgrund begeben, dort würden sie sie schon kennenlernen – allerdings »mit grôzem schaden, mit lützelm vrumen« (V. 7634) , mit großen Schaden und kleinem Nutzen. Daher rate er allen seinen Freunden, ihre Neugierde zu unterdrücken und zu Hause zu bleiben:

nû râte ich mînen vriunden sumen
daz si die niugerne lân
und hie heime bestân. (V. 7635–7637)

Und er schließt mit einer sentenzartigen Bemerkung:

swes ein man wol al den tac
sô rehte lîhte engelten mac
und nimmer mêr geniezen,
des lât iuch, vriunt, erdriezen. (V. 7638–7641)

Was man so teuer bezahlen muß, ohne davon Nutzen zu haben, das sollte den Freunden nicht erstrebenswert sein.

Die ironische Distanzierung gegenüber offensichtlichen Erwartungshaltungen der Rezipienten, phantastische, wundersame oder wunderliche und womöglich auf wundersame Weise in Erfahrung gebrachte Neuigkeiten, Kenntnisse von den Wundern der Welt und des Meeres, erzählt zu bekommen, endet mit einer

Warnung vor dem schädlichen Charakter der Neugierde, der curiositas.[26] Ihr, der schädlichen und sündhaften Augenlust, der *concupiscentia oculorum*, zu folgen oder entsprechende Erwartungen des Publikums zu befriedigen, kann nach der ironischen Distanzierung des Erzählers nicht Motivation des Erzählens im neuen Stil des »Aventiure«-Romans sein, dessen wundersame Begebenheiten und Erscheinungen damit zugleich auch abgegrenzt sind von den der nutzlosen, ja schädlichen Befriedigung der Neugierde dienenden Berichten über die unbekannten Wunder und Merkwürdigkeiten der Welt. Der neue »Aventiure«-Roman, heißt das aber auch, dient nicht in erster Linie der Unterhaltung, und schon gar nicht der Befriedigung der curiositas seiner Rezipienten, sondern der traditionsvermittelten, normativen, an der Ausbildung und Vermittlung höfischer Idealität orientierten Erziehung und Bildung, auch dann, wenn er unterhält, amüsiert und auf Sensation setzt. Indem dieser Anspruch zugleich narrativ vermittelt wird, erhält das Erzählen eine Selbstbezüglichkeit, die den Rezipienten außer über die inhaltlichen Intentionen der Erzählung zugleich auch über die Strukturen und Formen ihrer narrativen Vermittlung – über ihren literarischen Status also – zu unterweisen sucht.

---

[26] In erster Linie dürfte im *Erec* auf die Erzählungen von den Heer- und Wunderfahrten Alexanders des Großen angespielt sein, in denen berichtet wird, wie Alexander in einer Art Tauchglocke die Wunder des Meeres erkundete, z.B. im *Annolied*, in der *Kaiserchronik* und im *Basler Alexander*. Vgl. dazu: Henning Wuth: Morolfs Tauchfahrt. Überlegungen zur narrativen Bedeutung von »Technik« im Salman und Morolf. In: Archiv für das Studium der neueren Sprachen und Literaturen 235, Jg. 150 (1998), S. 328–344. Zur *curiositas*-Problematik vgl. Hans-Blumenberg: Die Legitimität der Neuzeit. Frankfurt/M. [2]1998 (dort besonders: Dritter Teil: Der Prozeß der theoretischen Neugierde, Kapitel 6: Aufnahme der Neugierde in den Lasterkatalog, S. 358ff.).
Wenn Reinitzer zu dieser Stelle meint: »Ironische Heiterkeit liegt über der Suche nach einer wirklichen Wirklichkeit, die unwesentlich ist. Nicht der Name, die Bedeutungsfunktion der Tiere ist wichtig – und nicht nur der Tiere, auch der Farben, der Steine, der Exempelfiguren«, dann ist das einerseits zutreffend, doch übersieht er andererseits den curiositas-Aspekt des Interesses an ›Benennungen‹ und damit den Warncharakter dieser Erzählerbemerkungen. (Reinitzer: Beispielfiguren im *Erec*, a.a.O., S. 616).

SIGLEN DER FONTANE-AUSGABEN

AF [Aufbau Fontane-Ausgabe] Hrsg. v. Peter Goldammer, Gotthard Erler u.a. Berlin, Weimar 1969–1993 (Bd./S.)

GB [Große Brandenburger Ausgabe] Hrsg. v. Gotthard Erler. Berlin, Weimar 1994ff. (Bd./S.)

HBV [Hanser Briefeverzeichnis] Die Briefe Theodor Fontanes. Verzeichnis und Register. Hrsg. v. Charlotte Jolles u. Walter Müller-Seidel. München 1987.

HF [Hanser Fontane-Ausgabe] Werke, Schriften und Briefe [zuerst unter dem Titel Sämtliche Werke]. Hrsg. v. Walter Keitel u. Helmuth Nürnberger. München 1962ff. (Abteilung, Bd./S.) Bsp.: (HF I, 7/123)

NF [Nymphenburger Fontane-Ausgabe] Sämtliche Werke. Hrsg. v. Edgar Groß, Kurt Schreinert u.a. München 1959–1975 (Bd./S.)

Prop [Propyläen Briefausgabe] Briefe. I-IV. Hrsg. v. Kurt Schreinert. Zu Ende geführt und mit einem Nachwort versehen von Charlotte Jolles. Berlin 1968–1971.

TABULA GRATULATORIA

Corinna Amberg
(Fulda-Bronnzell)

Dorothea von Arnim
(Kronberg)

Prof. Dr. Hugo Aust
(Universität Köln)

Claudia Bamberg
(Kelkheim)

Evelyn Beer
(Langen)

Dr. Brigitte Bender
(Mühltal)

Prof. Dr. Roland Berbig
(Humboldt-Universität Berlin)

Prof. Dr. Renate Böschenstein
(Universität Genf)

Dr. Silvia Bovenschen
(Universität Frankfurt/M.)

Prof. Dr. Helmut Brackert
(Universität Frankfurt/M.)

Prof. Dr. Gisbert Broggini
(Universität Frankfurt/M.)

Andrea Büttner
(Wiesbaden)

Dr. Hanna Delf von Wolzogen
(Th. Fontane-Archiv Potsdam)

Prof. Dr. Klaus Doderer
(Universität Frankfurt/M.)

Christine Döbert
(Obertshausen)

Christine dos Santos
(Offenbach)

Margarethe Echle
(Frankfurt/M.)

Karl Eh
(Spardorf)

Dr. Gotthard Erler
(Berlin)

Hildegard von Esebeck
(Frankfurt/M.)

Prof. Dr. Leonhard Fiedler
(Universität Frankfurt/M.)

Prof. Dr. Hubertus Fischer
(Universität Hannover)

Annemarie Fleischmann
(Frankfurt/M.)

Helmut Fossmeyer
(Offenbach)

Stefanie Freidank
(Frankfurt/M.)

Freies Deutsches Hochstift/
Frankfurter Goethe-Museum

Prof. Dr. Winfried Frey
(Universität Frankfurt/M.)

Rolf Friedgé, OStR.
(Kopernikusschule Freigericht)

Priv.-Doz. Dr. Frank Fürbeth
(Universität Frankfurt/M.)

Franz Funnekötter
(Frankfurt/M.)

Ulrike Gerrmann
(Frankfurt/M.)

Susanne Glotzbach
(Frankfurt/M.)

Delia Gottschalk
(Dietzenbach)

Prof. Dr. Dr. h.c. Reinhold Grimm
(University of California, Riverside)

Markus Guth
(Frankfurt/M.)

Prof. Dr. Christian Grawe
(The University of Melbourne)

Sibylle Greve-Boss
(Frankfurt/M.)

Michael Haas
(Frankfurt/M.)

Vivien Hacker
(Universität Lancaster England)

Dr. Ulrike Haffner
(Neu-Anspach)

Monika Hahn
(Eppstein-Vockenhausen)

Fatima Hasan
(Frankfurt/M.)

Dr. Christine Hehle
(Th. Fontane-Archiv Potsdam)

Priv.-Doz. Dr. Carola Hilmes
(Universität Frankfurt/M.)

Meike Hock
(Nauheim)

Prof. Dr. Hans Otto Horch
(RWTH Aachen)

Dr. Manfred Horlitz
(Potsdam)

Helmut Hübner
(Waldbrunn-Mülben)

Dr. med. Heinrich W. Ilsen
(Krankenhaus Nordwest Frankfurt/M.)

Prof. Dr. Hans-Dietrich Irmscher
(Universität Köln)

Julia Irsch
(Frankfurt/M.)

Helga Irsch-Breuer, M.A.
(Frankfurt/M.)

Prof. Dr. Klaus Jeziorkowski
(Universität Frankfurt/M.)

Prof. Dr. Charlotte Jolles
(London)

Prof. Dr. Dieter Kafitz
(Universität Mainz)

Prof. Dr. Dr. h.c. Werner Keller
(Universität zu Köln)

Dr. Ulrike Kienzle
(Universität Frankfurt/M.)

Prof. Dr. Dieter Kimpel
(Universität Frankfurt/M.)

Brigitte Kirschner, M.A.
(Frankfurt/M.)

Dr. Joachim Kleine
Theodor Fontane Gesellschaft e.V.
Freundeskreis Zeuthen

Margit Kluth
(Leverkusen)

Horst Köker
(Liederbach)

Dr. Martina Krießbach-Thomasberger
(Bad Soden)

Vera Kühner
(Neuruppin)

Ina Kuhlmann
(Frankenthal)

Nina Lauterborn
(Frankfurt/M.)

Christine Lenger, M.A.
(Frankfurt/M.)

Sibylle Leon, M.A.
(Wien)

Nicole Leischner, M.A.
(Frankfurt/M.)

Michael Maaser
(Universitätsarchiv Frankfurt/M.)

Rolf Mayer
(Frankfurt/M.)

Prof. Dr. Ernst Erich Metzner
(Universität Frankfurt/M.)

Patricia Miller
(Frankfurt/M.)

Dr. Renate Moering
(Freies Deutsches Hochstift
Frankfurt/M.)

Juliane Müller, M.A:
(Frankfurt/M.)

Prof. Dr. Walter Müller-Seidel
(München)

Josef Münz, M.A.
(Laufach)

Dr. Dietrich Naumann
(Universität Frankfurt/M.)

Priv.-Doz. med. Matthias W. Nitzsche
(Wittlich)

Prof. Dr. Helmuth Nürnberger
(Freienwill)

Erika Pfützner
(Langen)

Priv.-Doz. Bettina Plett
(Universität Köln)

Dr. Wolfgang Pleister
(München)

Gisela Propping
(Frankfurt/M.)

Prof. Dr. Walter Raitz
(Universität Frankfurt/M.)

Prof. Dr. Henry H. H. Remak
(Indiana University, Bloomington)

Ulrike Reifenstein
(Dachau)

Prof. Dr. Helmut Richter
(Falkensee)

Dr. Anne-Susanne Rischke
(Selters)

Dr. Gabriele Rohowski
(Universität Frankfurt/M.)

Kathrin Rottwald
(Frankfurt/M.)

Prof. Dr. Eda Sagarra
(Trinity College Dublin)

Prof. Dr. Michael Scheffel
(Universität Göttingen)

Dr. Uta Scheidemann
(Kronberg)

Sandra Schermuly
(Frankfurt/M.)

Diether Schlicker
(Memmingen)

Anastasia Schütz
(Frankfurt/M.)

Daniela Schwarzer, M.A.
(München)

Prof. Dr. Klaus von See
(Universität Frankfurt/M.)

Prof. Dr. Dieter Seitz
(Universität Frankfurt/M.)

Christina Sell
(Alzenau)

Jutta Sinsel
(Jossgrund)

Dr. Marina Stadler-Bodi
(Hamburg)

Dr. Dietmar Storch
(Hannover)

Ursula Tannhausen-Panzeram
Kelkheim

Christina Thorn
(Hanau)

Stephanie Tyszak
(Universität Frankfurt/M.)

PD Dr. Freyr Roland Varwig
(Universität Frankfurt/M.)

Prof. Dr. Conrad Wiedemann
(Technische Universität Berlin)

Ilse Winstel
(Frankfurt/M.)

Margarethe Wolf
(Oberursel)

Doris Wolff
(Bad Homburg v.d.Höhe)

Gisela Wolpert
(Kreuzwertheim)

Prof. Dr. Ralph-Rainer Wuthenow
(Universität Frankfurt/M.)

Prof. Dr. Hans Dieter Zimmermann
(TU Berlin)